Wie Katholiken die moderne Ökonomie entdeckten

Alina Potempa

Wie Katholiken die moderne Ökonomie entdeckten

Rezeptionsweisen in Spätaufklärung und Ultramontanismus

BRILL
SCHÖNINGH

Coverbild:
Jesus vertreibt die Händler aus dem Tempel, Église Saint-Aignan de Chartres (Glasfensterausschnitt), Foto:
Reinhardhauke, „Chartres_Saint_Aignan803“, Wikimedia Commons CC BY-SA 3.0,
https://creativecommons.org/licenses/by-sa/3.0/

Bibliografische Information der Deutschen Nationalbibliothek

Die Deutsche Nationalbibliothek verzeichnet diese Publikation in der Deutschen Nationalbibliografie; detaillierte bibliografische Daten sind im Internet über http://dnb.d-nb.de abrufbar.

Bei der vorliegenden Arbeit handelt es sich um die leicht überarbeitete Fassung einer von der Bergischen Universität Wuppertal angenommenen Dissertationsschrift.

www.schoeningh.de

Einbandgestaltung: Evelyn Ziegler, München
Herstellung: Brill Deutschland GmbH, Paderborn

ISBN 978-3-506-79518-2 (hardback)
ISBN 978-3-657-79518-5 (e-book)

Inhalt

Danksagung

Die vorliegende Arbeit, für die Publikation nur leicht überarbeitet, wurde im Wintersemester 2021/22 als Dissertation an der Fakultät für Geistes- und Kulturwissenschaften der Bergischen Universität Wuppertal angenommen und durch ein Promotionsstipendium des Cusanuswerks gefördert. Sehr vielen Menschen möchte ich an dieser Stelle herzlich für ihre Unterstützung auf dem langen Weg von der Idee zum Manuskript danken.

Alles begann mit einigen technikgeschichtlichen Seminaren bei Prof. Dr. Helmut Maier sowie einer Hilfskraftstelle bei Prof. Dr. Wilhelm Damberg am Lehrstuhl für Kirchengeschichte des Mittelalters und der Neuzeit an der Ruhr-Universität Bochum. Ihrer beider großen Offenheit für den interdisziplinären Austausch sowie ihrer ansteckenden Neugier, sich bislang kaum erschlossenen Themenfeldern zu widmen, ist es zu verdanken, dass dieses Projekt an den Start gehen konnte. Über die Jahre standen sie mir mit Rat und Tat zur Seite, nahmen sich sogar im Urlaub Zeit für die Lektüre meiner Entwürfe und stellten wichtige internationale Kontakte her. Für diese Betreuung, die in diesem Maße nicht selbstverständlich ist, danke ich ihnen von Herzen.

Prof. Dr. Wilhelm Damberg danke ich darüber hinaus ganz besonders für die vielen schönen Jahre als Hilfskraft und Mitarbeiterin an seinem Lehrstuhl, in denen ich nicht nur fachlich unglaublich viel gelernt habe. Ohne seine persönliche Unterstützung von Anfang an wäre vieles nicht möglich gewesen. Wim, bedankt voor alles! Meinen großen Dank möchte ich auch Dr. Karl Albrecht aussprechen, ebenfalls Unterstützer der ersten Stunde und inspirierender Gesprächspartner zum Thema. Dem Cusanuswerk danke ich für ein Promotionsstipendium, das mir viele Gelegenheiten bot, über den Tellerrand des eigenen Projekts zu schauen.

Meine Recherchen im belgischen Kontext wurden begleitet durch das Team des KADOC-KU Leuven, zu dem ich einige Wochen als Visiting Scholar stoßen durfte. Für den äußerst ertragreichen Aufenthalt in Leuven sowie die hieran anschließende für mich sehr gewinnbringende Zusammenarbeit möchte ich mich besonders bedanken bei Prof. Dr. Jan de Maeyer, Prof. Dr. Kim Christiaens, Dr. Peter Heyrman, Prof. Dr. Emiel Lamberts, Dr. Kristien Suenens, Prof. Dr. Dries Bosschaert, Prof. Dr. Leen van Molle und Prof. Dr. Wim Decock. Die finanziellen Mittel für meinen Rechercheaufenthalt stellte die RUB Research School bereit, wofür ich ebenfalls herzlich Danke sage. Für die Ermöglichung und Unterstützung meiner Recherchen in den Vatikanischen Archiven danke ich Prof. Dr. Martin Baumeister und dem DHI Rom. Auch allen Mitarbeiter:innen der besuchten Archive und Bibliotheken, die mir halfen, an die gewünschten Materialien zu kommen, möchte ich an dieser Stelle meinen Dank aussprechen, insbesondere Dr. Laurent Honnoré (Archives de l'Etat à Mons) und Clemens Rohfleisch (Universitätsbibliothek Heidelberg).

Viele Ideen zur Gestaltung der Studie verdanke ich den Diskussionen auf Tagungen und in Kolloquien, hier sei der Schwerter Arbeitskreis Katholizismusforschung hervorgehoben. Für wichtige Hinweise zu Quellenbeständen bedanke ich mich darüber hinaus bei Prof. Dr. Franz Xaver Bischof, Prof. Dr. Andreas Holzem, Prof. Dr. Christian Handschuh, Dr. Dennis Schmidt, Prof. Dr. Karl-Heinz Braun, Prof. Dr. Christine Roll, Prof. Dr. Dr. Harm Klueting, Prof. Dr. Bettina Braun, Prof. Dr. Frank Göttmann und Prof. Dr. Hans J. Münk.

Das Lehrstuhlteam in Bochum hat mich durch alle Phasen der Arbeit begleitet. Mein großer Dank für viele schöne Gespräche über meine Arbeit und weit darüber hinaus gilt Dr. Stephan Knops, Prof. Dr. Florian Bock, Tobias Schmitz, Miriam Niekämper, Lea Torwesten, Petra Schäfer, Paula Mork, Björn Szymanowski, Dr. Rosel Oehmen-Vieregge, Prof. Dr. Andreas Henkelmann, Leander Lott, Melissa Blitzner, Dr. Maria Schubert, Laura Sczudlik, Jonas Hülsbömer und Lena Widera. Die vielfältige Zusammenarbeit des Lehrstuhls mit der Forschungsstelle der Kommission für Zeitgeschichte in Bonn war mir über die Jahre der Promotion eine große Bereicherung, hierfür bedanke ich mich bei PD Dr. Frank Kleinehagenbrock, Dr. Christoph Kösters und Dr. Erik Gieseking.

Für den regelmäßigen interdisziplinären Austausch über die Eigenheiten des Promovierens danke ich meinen ältesten Freunden Dr. Carsten Feldkamp und Tobias Wilke. Leonie Kottke, Tobias Schmitz und Miriam Niekämper haben mir bei der Korrektur zur Seite gestanden, ich danke euch von Herzen für die viele Zeit und Mühe, die ihr investiert habt! Dr. Astrid Albert und dem Doktorandenkolloquium in Wuppertal sowie Prof. Dr. Birgit Aschmann und ihrem Lehrstuhlteam in Berlin danke ich für die Unterstützung und Begleitung meiner Vorbereitung auf die Verteidigung.

Zum Schluss das Wichtigste: Meine Familie hat nie den Glauben daran verloren, dass ich irgendwann fertig werde und mich in jeder nur erdenklichen Art und Weise unterstützt. (Das gilt auch für Lady und Nala, die ihren wohlverdienten Hunde-Mittagsschlaf stets neben, unter oder auf meinen Arbeitsmaterialien hielten.) Mama, Papa, Leonie, Christoph, Andi und Opa – euch gebührt der größte Dank.

Wuppertal, im März 2022
Alina Potempa

KAPITEL 1

Katholiken und die moderne Ökonomie – Zugang zu einer komplexen Geschichte

1.1 Einleitung

1.1.1 *Banken, Päpste und Max Weber – Impulse aus aktuellen Debatten*

„Mehr Liebe im Bankenturm", so lautete die Überschrift eines Artikels im Wirtschaftsressort der *ZEIT* am 24. Mai 2018. „Der Papst wettert gegen die Finanzwirtschaft. Hat er Recht?", fragte Autorin Lisa Nienhaus sich selbst und ihre kritische Leserschaft, deren Aufmerksamkeit sie durch die irritierende Verbindung einer christlichen Grundforderung mit einem Symbolbegriff für die wirtschaftlichen Machtstrukturen unserer Zeit mit hoher Wahrscheinlichkeit erlangt hatte. Diese Irritation war Programm, schließlich ging es Nienhaus vorrangig darum aufzuzeigen, „wie weit entfernt die Finanzwelt ist von demjenigen, der sich [...] zu ihrem obersten Kritiker aufgeschwungen hat: Papst Franziskus".[1]

Die *ZEIT*-Autorin bezog sich auf das kurz zuvor im Vatikan vorgestellte Papier *Oeconomicae et pecuniariae quaestiones*, das federführend von der Kongregation für die Glaubenslehre erstellt und hiernach von Papst Franziskus approbiert worden war. Im Hinblick auf „die Erfahrung der letzten Jahrzehnte" hatte die Kongregation darin eine ethische Grundlegung wirtschaftlicher Prinzipien und Handlungsweisen gefordert. Es habe sich schließlich deutlich gezeigt, so das Argument, „wie naiv das Vertrauen in eine vermeintliche funktionelle Unabhängigkeit der Märkte ist, die keiner Ethik unterliegt".[2]

Naiv, so nun allerdings der Tenor des *ZEIT*-Artikels, sei vor allem der Gedanke, die Wirtschafts- und Finanzwelt semantisch mit der Forderung nach einer „Kultur der Liebe" erreichen zu können – eine gleichwohl „für beide Seiten entlarvend[e]" Erkenntnis. Nienhaus brachte es auf den Punkt, wenn sie von der Notwendigkeit wirtschaftsethischer Anfragen an den Hochfinanzbereich sprach, gleichzeitig aber die Feststellung traf, dass dieser Branche

1 Nienhaus, Lisa: Mehr Liebe im Bankenturm, in: Die Zeit (24.05.2018).

2 *Oeconomicae et pecuniariae quaestiones*. Erwägungen zu einer ethischen Unterscheidung bezüglich einiger Aspekte des gegenwärtigen Finanzwirtschaftssystems (06.01.2018), URL: https://www.vatican.va/roman_curia/congregations/cfaith/documents/rc_con_cfaith_doc_20180106_oeconomicae-et-pecuniariae_ge.html (abgerufen am 17.01.2022), Zitate aus Abschnitt 21.

 | DOI:10.30965/9783657795185_002

„offenbar kein Papst aufschreiben“ könne, wie ethisch korrektes Verhalten nun konkret auszusehen habe.[3]

Erst recht kann dies, so ist ihr Argument fortzuführen, kein Papst Franziskus, der sein Pontifikat im Jahr 2013 mit einem der Wirtschaftswelt unvergesslichen Paukenschlag begann: „Diese Wirtschaft tötet.“[4] Auch in der Folgezeit sparte er nicht mit entsprechenden Fingerzeigen und deutete zuletzt noch die sozioökonomischen ‚Offenbarungen‘ der Corona-Krise, zum erneuten Leidwesen der Wirtschaftsressorts, als Mängelindizien eines freien Marktes.[5]

Dass Franziskus mit seinen Wirtschaftsdiagnosen einen neuralgischen Punkt der gesellschaftlichen Debatte traf und trifft, kann mit Blick auf das überbordende Interesse an wirtschaftsethischer Theorie und Praxis im Zuge der Weltwirtschaftskrise ab 2008 sowie inmitten der klima-, pandemie- und zuletzt auch kriegspolitischen[6] Debatten dieser Tage nicht bestritten werden. Die Fragen, ob, wie oder warum diese Diagnosen kommunikativ missglückten, tangieren in wissenschaftlicher Hinsicht wiederum das in den letzten Jahrzehnten interdisziplinär und international bereits vielbeforschte Feld zu Beziehungs- und Interaktionsformen von Religion und Wirtschaft. Maßgebliche Forschungsinitiativen aus der Perspektive christlicher Religiosität gingen hier vom englischen Ökonomen Anthony M. C. Waterman aus, der bereits in den 1970er Jahren zur Beziehung zwischen christlicher Theologie und ökonomischer Theorie geforscht und früh versucht hatte, Ökonomen und Theologen miteinander ins Gespräch zu bringen. In den 1990er Jahren, als er im Zuge

3 Vgl. Nienhaus: Mehr Liebe im Bankenturm (24.05.2018).

4 Apostolisches Mahnschreiben *Evangelii Gaudium* (24.11.2013), in: Denzinger, Heinrich; Hünermann, Peter (Hgg.): Kompendium der Glaubensbekenntnisse und kirchlichen Lehrentscheidungen. Enchiridion symbolorum definitionum et declarationum de rebus fidei et morum, 45. Aufl., Freiburg i. Br. u. a. 2017, S. 1549–1558, Zitat aus Abschnitt 53. Hier heißt es: „So wie das Gebot ‚du sollst nicht töten‘ eine klare Grenze setzt, um den Wert des menschlichen Lebens sicherzustellen, müssen wir heute sagen: Nein zu einer Wirtschaft des Ausschlusses und der Ungleichheit. Diese Wirtschaft tötet.“ Kirchliche Lehrschreiben und Konzilsdokumente werden in dieser Studie aus den Standardkompendien zitiert. Für die dort nicht enthaltenen Texte wird auf Internetseiten zurückgegriffen.

5 „Die Zerbrechlichkeit der weltweiten Systeme angesichts der Pandemie hat gezeigt, dass nicht alles durch den freien Markt gelöst werden kann […]“, Enzyklika *Fratelli Tutti* (03.10.2020), URL: http://www.vatican.va/content/francesco/de/encyclicals/ (abgerufen am 28.06.2021), Zitat aus Abschnitt 168. Auch hierzu blieb die kritische Reaktion in den Wirtschaftsressorts nicht aus: „Das Argument ist krumm: Hat irgendjemand im Ernst behauptet, der Markt sei in der Lage, eine Pandemie abzuwehren?“, Hank, Rainer von: Aus der Kirche austreten?, in: Frankfurter Allgemeine Sonntagszeitung (11.10.2020).

6 Schnell wurde ersichtlich, dass sich der 24. Februar 2022 und seine Folgen auch auf wirtschaftsethische Diskurse auswirken werden, was angesichts des Zeitpunkts der Drucklegung in dieser Studie lediglich noch angedeutet, nicht aber weiterverfolgt werden kann.

des gesteigerten Interesses an einer Geschichte des ökonomischen Denkens mit seinem Ansatz bereits vermehrt Gehör gefunden hatte[7], berichtete er von gewissen Startschwierigkeiten früher Konferenzen, in denen sich bekannte Muster spiegeln:

> The whole event was a spectacular disaster. Tempers were lost. Insults were hurled. Yet nothing seems to stick. Economists would make their own points with the confident air of blowing the theologians out of the water; the theologians would carry on as though nothing of any relevance had been said. And vice versa.[8]

Dies änderte sich – zumindest im akademischen Diskurs – in der Folgezeit rasant. Just im Jahr 2008, das in so entscheidender Weise wirtschaftsstrukturelle Missstände offenbarte und damit eine wirtschaftsethische Debatte in großem Stil eröffnete, wurde als Gemeinschaftsprojekt einiger Schweizer Hochschulen das Zentrum für Religion, Wirtschaft und Politik (ZRWP) gegründet, in dem über die Wechselbeziehung zwischen den drei Bereichen in einer globalisierten Welt geforscht wird.[9] Tagungs- und Sammelbände sowie Zeitschriften haben sich den Facetten der Interaktion von religiös-moralischen und wirtschaftlichen Grundannahmen mittlerweile aus einer historischen Perspektive gewidmet[10], ganz die Programmatik des 2014 erschienenen, vom

7 1995 wurde in Nizza zur Vernetzung nationaler Forschungen die *European Society for the History of Economic Thought* mit eigenem Publikationsorgan und diversen wissenschaftlichen Austauschforen gegründet.

8 Brennan, Geoffrey H.; Waterman, Anthony M. C.: Introduction: Economics and Religion?, in: Brennan, Geoffrey H.; Waterman, Anthony M. C. (Hgg.): Economics and Religion: Are They distinct?, Boston u. a. 1994, S. 3–18, hier 4. Vgl. als weiteren Konferenzband der 1990er Jahre auch Dean, James M.; Waterman, Anthony M. C. (Hgg.): Religion and Economics. Normative Social Theory, Boston u. a. 1999.

9 Vgl. als Eröffnungsband Liedhegener, Antonius (Hg.): Religion – Wirtschaft – Politik. Forschungszugänge zu einem aktuellen transdisziplinären Feld (Religion – Wirtschaft – Politik, 1), Zürich 2011.

10 Vgl. als Auswahl Hochgeschwender, Michael; Löffler, Bernhard (Hgg.): Religion, Moral und liberaler Markt. Politische Ökonomie und Ethikdebatten vom 18. Jahrhundert bis zur Gegenwart, Bielefeld 2011; Hilger, Susanne (Hg.): Kapital und Moral. Ökonomie und Verantwortung in historisch-vergleichender Perspektive, Köln u. a. 2007 und jüngst auch in diese Richtung Berger, Stefan; Przyrembel, Alexandra (Hgg.): Moralizing Capitalism. Agents, Discourses and Practices of Capitalism and Anti-Capitalism in the Modern Age, Cham 2019. Die Schweizerische Zeitschrift für Religions- und Kulturgeschichte widmete sich im Jahr 2019 dem Thema „Religion und Wirtschaft". Hinsichtlich des Zusammenspiels religiöser und wirtschaftlicher Annahmen ist auch der Forschungsstrang der modernen Religionsökonomie („Religious Economics") zu erwähnen, bei dem die Einflussnahme von ökonomischen Praktiken auf Religion(en) untersucht wird. Vgl. hierzu vor allem die Arbeiten Laurence R. Iannaccones und als deutschsprachige Zusammenfassung schon

starken universitären Interesse am Thema zeugenden *Oxford Handbook of Christianity and Economics* aufnehmend: „History is the best place to start for understanding relationships between Christianity and economics."[11]

Noch immer ist das Diktum Max Webers über eine besondere protestantische Affinität für kapitalistische Wirtschaftsweisen wichtiger Bezugspunkt der historischen Forschung.[12] Wenngleich mittlerweile angesichts ihrer analytischen Schwächen hinreichend problematisiert, ist die berühmte Weber-These hinsichtlich der ihr zugrunde liegenden Fragestellung nach dem Zusammenhang von religiösen und wirtschaftlichen Ideen, so wird vielfach argumentiert, wieder in hohem Maße aktuell geworden.[13] Noch immer verweist sie darüber hinaus auf eine ‚katholische Leerstelle', um die sich die Frage rankt, inwiefern die Prinzipien der liberal-kapitalistischen Ökonomie, gerade in den entscheidenden Phasen ihrer historischen Ausformung im 19. Jahrhundert, auch innerhalb katholischer Ideenkontexte auf durchaus fruchtbaren Boden treffen konnten.

1.1.2 *Von „intendierter Rückständigkeit" zum „Mangel an volkswirtschaftlichen Kenntnissen"? – Narrative zum deutschen Katholizismus im 19. Jahrhundert*

Beschäftigt man sich mit dem Verhältnis des deutschen Katholizismus ab 1800 zur wirtschaftlichen Entwicklung, so kommt man nicht umhin, den langen Schatten der katholischen Lebenswelt des Alten Reichs in die Betrachtung einzubeziehen. Der geistlichen Staatenwelt vor der Säkularisation 1803 wurde vielfach von (zumeist protestantischen) Zeitgenossen ökonomische Rückständigkeit in Gestalt fehlender Arbeitsmoral und mangelnden

---

Graf, Friedrich Wilhelm: Beeinflussen religiöse Weltbilder den ökonomischen Habitus?, in: Berghoff, Hartmut; Vogel, Jakob (Hgg.): Wirtschaftsgeschichte als Kulturgeschichte. Dimensionen eines Perspektivenwechsels, Frankfurt a. M. 2004, S. 241–264, hier 257–260.

11 Oslington, Paul: Introduction, in: Oslington, Paul (Hg.): The Oxford Handbook of Christianity and Economics, Oxford 2014, S. XII–XVI, hier XIV.

12 Vgl. als kommentierte Textausgabe Weber, Max: Die protestantische Ethik und der „Geist" des Kapitalismus. Textausgabe auf der Grundlage der ersten Fassung von 1904/05, hg. v. Klaus Lichtblau u. Johannes Weiß, 3. Aufl., Weinheim 2000.

13 Vgl. als neuere Problematisierungen, dabei aber bisweilen auch ‚Neuentdeckungen' der These im Kontext aktueller Forschungsfragen Sokoll, Thomas: The Moral Foundation of Modern Capitalism. Towards a Historical Reconsideration of Max Weber's ‚Protestant Ethic', in: Berger/Przyrembel (Hgg.): Moralizing Capitalism (2019), S. 79–108; Stackhouse, Max. L.: Weber, Theology and Economics, in: Oslington (Hg.): The Oxford Handbook of Christianity and Economics (2014), S. 307–336; Borutta, Manuel: Antikatholizismus. Deutschland und Italien im Zeitalter der europäischen Kulturkämpfe (Bürgertum. Neue Folge: Studien zur Zivilgesellschaft, 7), Göttingen 2010, S. 116–120.

wirtschaftspraktischen wie -politischen Sachverstands attestiert, was „weder von den Betroffenen selbst noch der neueren Forschung bestritten" worden ist, wie Hersche noch 2006 bemerkte.[14] Schon 1989 hatte er hierfür den Begriff der „intendierten Rückständigkeit" geprägt, der auf den Einfluss konfessionskultureller Faktoren auf wirtschaftliche Entwicklungsprozesse zielte. Das Beharren auf einer eher traditionellen Wirtschafts- und Lebensweise in katholischen Regionen sei durch die Brille geschichtswissenschaftlicher Fortschrittsnarrative vorschnell als Unvermögen, viel zu selten allerdings als Unwillen klassifiziert worden, sich dem zeitgenössischen Tempo staatlicher und staatswirtschaftlicher Rationalisierungsmaßnahmen zu beugen.[15]

Hieraus ergeben sich zwei wesentliche Aspekte: Erstens stellte sich das Feld der Wirtschaft besonders im ausgehenden 18. Jahrhundert als wesentlicher Bezugspunkt konfessioneller Identitätsaushandlungen dar.[16] Zweitens war diese Identitätsaushandlung hier offenbar kein rein diskursiver Akt, sondern beruhte auf dem materiellen Fundament anders, und möglicherweise

---

14 Vgl. Hersche, Peter: Muße und Verschwendung. Europäische Gesellschaft und Kultur im Barockzeitalter, Bd. 1, Freiburg i. Br. u. a. 2006, S. 449ff., Zitat: 449. Sogar von Katholiken selbst wurde dies angemahnt, vgl. z. B. Ickstatt, Johann Adam von: Warum ist, oder war bisher der Wohlstand der Protestantischen Staaten so gar viel größer als der Katholischen?, Wien 1782.

15 Vgl. Hersche, Peter: Intendierte Rückständigkeit. Zur Charakteristik des geistlichen Staates im Alten Reich, in: Schmidt, Georg (Hg.): Stände und Gesellschaft im Alten Reich (Veröffentlichungen des Instituts für Europäische Geschichte Mainz: Abt. Universalgeschichte, Beiheft, 29), Stuttgart 1989, S. 133–149. 2006 hatte Hersche diesen Gedanken noch einmal bestärkt, indem er auf die heute vielfach in Vergessenheit geratenen Arbeiten Alfred Müller-Armacks, des bekannten Mitbegründers der Sozialen Marktwirtschaft in der jungen Bundesrepublik, hingewiesen hatte. Müller-Armack hatte mit besonderem Fokus auf dem Antagonismus der christlichen Konfessionen zwischen dem 16. und 18. Jahrhundert konfessionelle „Wirtschaftsstile" herauszuarbeiten versucht: Typisch katholisch sei demnach die ständisch-handwerkliche Wirtschaftsweise, konserviert aus mittelalterlichen Tagen, calvinistisch dagegen eine frühe kapitalistisch-industrielle Entwicklung und schlussendlich lutherisch eine vermehrte Gründung staatswirtschaftlicher Einrichtungen, vgl. Müller-Armack, Alfred: Religion und Wirtschaft. Geistesgeschichtliche Hintergründe unserer europäischen Lebensform, 2., unveränderte Aufl., Stuttgart u. a. 1959, S. 542–546 und zu seinem Konzept generell Müller-Armack, Alfred: Genealogie der Wirtschaftsstile. Die geistesgeschichtlichen Ursprünge der Staats- und Wirtschaftsformen bis zum Ausgang des 18. Jahrhunderts, 3. Aufl., Stuttgart 1944. Hersche bedauerte den unmittelbaren Abbruch dieser Forschungsansätze gerade für den katholischen Bereich, den schließlich auch Max Weber bei seiner Profilierung eines protestantischen Wirtschaftsstils nicht dezidiert in den Blick genommen hatte, vgl. insgesamt Hersche: Muße und Verschwendung, 1 (2006), S. 94–111, 442–489.

16 Graf hat diesbezüglich von „konfessionskulturelle[n] Feindbegriffe[n]" bzw. „gruppenstabilisierende[n] Vorurteile[n]" gesprochen, vgl. Graf: Beeinflussen religiöse Weltbilder (2004), S. 249–254, Zitate: 254.

gewollt anders verlaufender wirtschaftlicher Entwicklungsprozesse bei den unterschiedlichen Konfessionen. Dies musste sich auf die Entwicklungen im 19. Jahrhundert auswirken, einem Jahrhundert, in dessen Kulturkämpfen ‚das Katholische' in besonderer Weise als Widerstand gegen die Moderne kategorisiert wurde[17] und in dem sich die katholische Welt nach der Säkularisation, also dem abrupten Wegfall politischer Macht, völlig neu zu sortieren hatte.

Die Auseinandersetzung mit der wirtschaftlichen Entwicklung stand hierbei zunächst nicht im Vordergrund: „Der Pauperismus vor und die Industrialisierung Deutschlands seit 1840/50 trafen auf einen Katholizismus, dessen Verhältnis zur Moderne sich in Auseinandersetzung nicht mit der wirtschaftlichen, sondern der politischen Entwicklung seit der Französischen Revolution ausgeformt hatte", hat Holzem hierzu zusammenfassend bemerkt. Der bereits weit vor der Jahrhundertmitte auch in deutschen Regionen auftretenden strukturellen sozialen Notlage wurde „mit den klassischen Mitteln christlicher Caritas", das heißt „individueller Hilfe und paternalistischer Fürsorge begegnet". Beides war nicht nur als christliche Pflichterfüllung, sondern immer auch als Kritik an staatlicher Fürsorge und Bevormundung zu verstehen, besonders geäußert seitens strengkatholischer Kreise, die für die „Freiheit der Kirche" von säkular-staatlichen Strukturen kämpften.[18]

Neben dieser karitativen Reaktion, die auch in der katholischen Publizistik vielfach propagiert wurde[19], kam es in der ersten Hälfte des 19. Jahrhunderts, so der einhellige Stand der Forschung, von katholischer Seite nur sehr vereinzelt zu direkten Reaktionen auf wirtschaftsstrukturelle Prozesse und Wirtschaftstheorien. Drei Personen sind in diesem Kontext besonders hervorgehoben worden: zunächst Franz von Baader (1765–1841), Bergbauingenieur mit England-Erfahrung, der wirtschaftsliberales Gedankengut vor

17 Vgl. Borutta: Antikatholizismus (2010).

18 Vgl. für diesen Abschnitt insgesamt Holzem, Andreas: Christentum in Deutschland 1550–1850, Bd. 2. Konfessionalisierung, Aufklärung, Pluralisierung, Paderborn 2015, S. 1073f. Zum generellen Vorrang von politischen gegenüber wirtschaftlichen Debatten auch bei Nicht-Katholiken im deutschen Raum, in dem die Brisanz der Sozialen Frage insgesamt spät wahrgenommen wurde, vgl. auch Stegmann, Franz Josef; Langhorst, Peter: Geschichte der sozialen Ideen im deutschen Katholizismus, in: Grebing, Helga (Hg.): Geschichte der sozialen Ideen in Deutschland. Sozialismus – Katholische Soziallehre – Protestantische Ethik. Ein Handbuch (Veröffentlichungen des Instituts für Soziale Bewegungen, Schriftenreihe A: Darstellungen, 13), Essen 2000, S. 599–866, hier 616f.

19 Vgl. Brandl, Manfred: Deutsche katholische Stimmen zu Sozialismus und Kommunismus, zur sozialen Lage und Industrialisierung bis 1850, in: Langner, Albrecht (Hg.): Katholizismus, konservative Kapitalismuskritik und Frühsozialismus bis 1850, München u. a. 1975, S. 165–193, hier 173–178.

dem Hintergrund der philosophischen Romantik rezipierte und die mittelalterliche Ständeordnung zurücksehnte – meist in einem Atemzug genannt mit Adam Müller (1779–1829), Staatstheoretiker und Philosoph mit ebenfalls romantischer Geisteshaltung, Kritiker der frühen preußischen Liberalisierung und romantisch-organischer Staats- und Gesellschaftsdenker.[20] Für beide war der für den Wirtschaftsliberalismus programmatische Rückzug des Staates aus sozio-ökonomischen Angelegenheiten vor dem Hintergrund des mittelalterlichen Idealbildes eines christlichen, hierarchisch verfassten Ständestaats nicht hinnehmbar. Mit dieser Ansicht konnten sie sich zwar nicht gesamtgesellschaftlich durchsetzen, nichtsdestotrotz gaben sie „mit der Idee der Eingliederung des Arbeiters in eine irgendwie erneuerte ‚ständische Gesellschaft' ein Stichwort" vor, „das den sozialen Katholizismus während des gesamten 19. und bis hinein ins 20. Jahrhundert immer wieder beschäftigen sollte".[21]

Weit häufiger noch als auf Baader und Müller wird in der Forschung hinsichtlich einer frühen ökonomischen Positionierung auf Wilhelm Emmanuel von Ketteler (1811–1877) verwiesen, langjähriger Bischof von Mainz, Mitglied des Paulskirchenparlaments und später politisch aktiv in der 1870 gegründeten

20 Vgl. zu ihren Ansichten Langner, Albrecht: Katholische und evangelische Sozialethik im 19. und 20. Jahrhundert. Beiträge zu ideengeschichtlichen Entwicklungen im Spannungsfeld von Konfession, Politik und Ökumene, Paderborn u. a. 1998, S. 49–59, 80–153; Langner, Albrecht: Zur konservativen Position in der politisch-ökonomischen Entwicklung Deutschlands vor 1848, in: Langner (Hg.): Katholizismus (1975), S. 11–74; Klein, Ernst: Die Auseinandersetzungen Adam Müllers mit den wirtschaftstheoretischen und wirtschaftspolitischen Auffassungen seiner Zeit, in: Langner (Hg.): Katholizismus (1975), S. 99–122; Schatz, Klaus: Zwischen Säkularisation und Zweitem Vatikanum. Der Weg des deutschen Katholizismus im 19. und 20. Jahrhundert, Frankfurt a. M. 1986, S. 144–148; Grenner, Karl Heinz: Wirtschaftsliberalismus und katholisches Denken. Ihre Begegnung und Auseinandersetzung im Deutschland des 19. Jahrhunderts, Köln 1967, S. 141–205; Roos, Lothar: Kapitalismus, Sozialreform, Sozialpolitik, in: Rauscher, Anton (Hg.): Der soziale und politische Katholizismus. Entwicklungslinien in Deutschland 1803–1963, Bd. 2, München/Wien 1982, S. 52–158, hier 61f. Als weiterer wichtiger Vertreter einer romantischen Gesellschaftstheorie wird im wirtschaftlichen Zusammenhang sporadisch der katholische Politiker Franz Joseph von Buß (1803–1878) genannt, der im Verlauf der Studie noch angesprochen werden wird. Ediert finden sich wichtige Quellentexte rund um die genannten Personen bei Grenner, Karl Heinz (Hg.): Katholizismus und wirtschaftlicher Liberalismus in Deutschland im 19. und 20. Jahrhundert (Beiträge zur Katholizismusforschung, Reihe A: Quellentexte zur Geschichte des Katholizismus, 12), Paderborn u. a. 1998.

21 Roos: Kapitalismus, Sozialreform, Sozialpolitik (1982), S. 62. Roos bemerkt darüber hinaus: „Es ist die Zeit der Entdecker und der Pioniere. Es gab kein Modell, das man einfach anwenden konnte. Das neue sozioökonomische System war ‚in der Eigenart seiner Dynamik' noch völlig unübersichtlich, es stand lediglich offenkundig im Widerspruch zum tradierten Sozialideal", S. 58.

katholischen Deutschen Zentrumspartei. Der Bischof sei kein „tiefer nationalökonomischer Denker" gewesen und habe sich hauptsächlich „aus pastoraler Sorge gegen den Wirtschaftsliberalismus" ausgesprochen.[22] Repräsentativ stehe er allerdings wie niemand sonst für die Entwicklung eines sozioökonomischen Programms der deutschen Katholiken im 19. Jahrhundert, die gemeinhin als „Übergang von caritativer Fürsorge zu Sozialreform und Sozialpolitik" charakterisiert wird.[23]

Ketteler trat als Prediger und Redner schon zur Jahrhundertmitte mit großen Sozialappellen zum katholischen Auftrag der Nächstenliebe in Zeiten grassierender sozialer Not in Erscheinung.[24] Die Notlage interpretierte er, wie das Gros seiner katholischen Zeitgenossen, zu diesem Zeitpunkt vorrangig als Versagen kirchlicher Sozialverkündigung. Demzufolge konnte aus seiner Sicht nur die Kirche die Soziale Frage lösen, indem sie eine gesamtgesellschaftliche Gesinnungsänderung anregte und vor allem selbst vorlebte.[25] Das Stichwort der Gesinnungsänderung implizierte immer auch eine kritische Einstellung zum auch im deutschen Raum mittlerweile zunehmend liberalisierten

---

22 Vgl. zur Einschätzung von Kettelers nationalökonomischen Kenntnissen Grenner: Wirtschaftsliberalismus (1967), S. 206–230, Zitate: 206, 224.

23 Vgl. für die folgenden Ausführungen grundlegend Iserloh, Erwin: Die soziale Aktivität der Katholiken im Übergang von caritativer Fürsorge zu Sozialreform und Sozialpolitik, dargestellt an den Schriften Wilhelm Emmanuel von Kettelers, in: Iserloh, Erwin (Hg.): Kirche – Ereignis und Institution, Bd. 1. Kirchengeschichte als Theologie. Aufsätze und Vorträge (Reformationsgeschichtliche Studien und Texte, Supplementband 3/1), Münster 1985, S. 266–284; Stegmann/Langhorst: Geschichte der sozialen Ideen im deutschen Katholizismus (2000), S. 619–624; Schatz: Zwischen Säkularisation und Zweitem Vatikanum (1986), S. 160–170; Roos, Lothar: Kirche – Politik – soziale Frage. Bischof Ketteler als Wegbereiter des sozialen und politischen Katholizismus, in: Rauscher, Anton; Roos, Lothar (Hgg.): Die soziale Verantwortung der Kirche. Wege und Erfahrungen von Ketteler bis heute, 2. Aufl., Köln 1977, S. 21–62, hier 23–39, letztgenannter Titel allerdings mit seiner Würdigung Kettelers als in jeder Hinsicht versierter ökonomischer Denker schon in den 1970er Jahren nicht mehr dem Forschungsstand entsprechend. Zum Verhältnis Kettelers zum politischen Liberalismus vgl. auch Birke, Adolph M.: Bischof Ketteler und der deutsche Liberalismus. Eine Untersuchung über das Verhältnis des liberalen Katholizismus zum bürgerlichen Liberalismus in der Reichsgründungszeit (Veröffentlichungen der Kommission für Zeitgeschichte bei der Katholischen Akademie in Bayern, Reihe B: Forschungen, 9), Mainz 1971, hier zum Wirtschaftsliberalismus besonders S. 37–42.

24 Vgl. für Kettelers frühe Ansprachen auf den Katholikentagen Filthaut, Ephrem: Deutsche Katholikentage 1848–1958 und die Soziale Frage, Essen 1960, S. 11–15.

25 Vgl. hierzu paradigmatisch Kettelers Rede vor der „Ersten Versammlung des katholischen Vereines Deutschlands" in Mainz, 4. Oktober 1848, in: Ketteler, Wilhelm Emmanuel von: Sämtliche Werke und Briefe, Abt. I, Bd. 1, Mainz 1977, S. 17–20.

Wirtschaftssystem[26], eine vertiefte Auseinandersetzung mit den Fragen liberaler Wirtschaftstheorie fand bei Ketteler allerdings zunächst nicht statt. Wohl am deutlichsten vermag dies die von der Ketteler-Forschung getroffene Aussage zu illustrieren, dass der Mainzer Bischof Reichtum zu dieser Zeit allein „als Anhäufung von Gütern, die dem lebensnotwendigen Konsum von hungernden Menschen entzogen sind“[27], betrachtete.

Diese eindimensionale Lesart von Wirtschaftssystem und Sozialer Frage änderte sich bei Ketteler in der Folgezeit. Spätestens in den 1860er Jahren geriet die Lage der verarmenden Arbeiterschaft in den Fokus seines Interesses. Als Katholik suchte er der Situation nun nicht mehr nur durch pastorale, sondern auch durch sozialpolitische Ansätze zu begegnen. In seiner 1864 veröffentlichten Denkschrift *Die Arbeiterfrage und das Christenthum* machte Ketteler sich für die zuvor von Ferdinand Lassalle ins Spiel gebrachten Produktiv-Assoziationen stark[28], wandte sich damit also bereits sozialstaatlich-strukturellen Ansätzen, nicht mehr allerdings wirtschaftsliberalen Ideen zu.

Der Bischof wurde in dieser Zeit zum maßgeblichen Akteur einer weiträumigen Öffnung des deutschen Katholizismus für die Beschäftigung mit wirtschaftspolitischen Fragen.[29] Der Katholikentag 1863 in Frankfurt machte die Arbeiterfrage auf maßgebliche Initiative Kettelers hin erstmals umfänglich zum Thema und empfahl sie den Katholiken zum „Studium“.[30] Das Thema verschwand „seit Frankfurt“ nicht mehr von der Tagesordnung. 1869 wurde eine „ständige[] Sektion für soziale Fragen“ ins Leben gerufen, „die die Aufgabe

---

26 Zur Jahrhundertmitte brach im deutschen Raum eine Hochphase des Wirtschaftsliberalismus an, die bis 1878 (Schutzzoll-Gesetzgebung Bismarcks) andauerte, vgl. Müller, Volker: Staatstätigkeit in den Staatstheorien des 19. Jahrhunderts (Studien zur Sozialwissenschaft, 108), Opladen 1991, S. 166–176.

27 Iserloh: Die soziale Aktivität (1985), S. 270.

28 Ketteler wandte sich allerdings zunächst gegen Lassalles Konzept der staatlichen Finanzierung der Assoziationen, vgl. zusammenfassend Iserloh: Die soziale Aktivität (1985), S. 276ff.

29 Ketteler selbst gab noch Anfang der 1860er Jahre an, bisher noch keine Zeit für eine intensive Auseinandersetzung mit wirtschaftspolitischen Fragen gefunden zu haben – was er nun zu ändern gedachte, vgl. Birke: Bischof Ketteler (1971), S. 38.

30 Im Beschluss der Generalversammlung hieß es zunächst vorsichtig: „Die General-Versammlung erklärt, daß sie sich dermalen nicht veranlaßt findet, sich über die großen socialen Zeitfragen in ihrem Verhältnisse zum Christenthum auszusprechen. Sie empfiehlt aber den Katholiken dringend, sich mit dem Studium dieser Frage zu beschäftigen, welche sicherlich nur im Lichte und durch den Geist des Christenthums einer dem sittlichen und materiellen Wohle wie der Einzelnen und der Gesellschaft entsprechenden Lösung entgegengeführt werden könne“, Verhandlungen der fünfzehnten Generalversammlung der katholischen Vereine Deutschlands zu Frankfurt am Main am 21., 22., 23. und 24. September 1863. Amtlicher Bericht, Frankfurt a. M. 1863, S. 347.

hatte, die Bildung christlich-sozialer Vereine zum Zwecke der ökonomischen wie moralischen Hebung des Arbeiterstandes und die Verbreitung der einschlägigen literarischen Erscheinungen zu fördern".[31] Außerdem wurde auf dem Katholikentag von 1869 in besonderer Weise auf eine Rede Kettelers aus demselben Jahr hingewiesen, in der dieser die Arbeiter zur Selbstorganisation aufgefordert hatte. Vielfach wird anhand dieser berühmt gewordenen Ansprache auf der Liebfrauen-Heide bei Offenbach am 25. Juli 1869 „die eigentliche Wende zu einer realistischen Sozialreform" bei Kirche und Klerus festgemacht.[32]

Nicht nur Ketteler trat in den 1860er Jahren auf großer katholischer Bühne mit eindringlichen Forderungen nach einer Kompetenzaneignung auf wirtschaftspolitischem Gebiet in Erscheinung.[33] Auch Ignaz von Döllinger (1799–1890), einer der bekanntesten katholischen Theologen des 19. Jahrhunderts, engagierte sich auf der Münchener Versammlung katholischer Gelehrter im Jahr 1863, dem so wichtigen „Schwellenjahr"[34], für eine Öffnung der katholischen Theologie und des katholischen Bildungsverständnisses für sozio-ökonomische Belange und Fachdiskurse. Passend zu seinem zeitgleich gehaltenen Plädoyer für eine zeitgemäße Aktualisierung katholischer Theologie[35] stellte er den folgenden Antrag:

---

31 Filthaut: Deutsche Katholikentage (1960), S. 47, 59.

32 Schatz hat argumentiert, Ketteler sei ab diesem Zeitpunkt nicht mehr davon ausgegangen, dass die kapitalistisch-liberale Wirtschaftsordnung demnächst verschwinde. Eine weitere „innerkirchliche Sensibilisierung für die Arbeiterfrage" erfolgte nur ein paar Monate später durch eine weitere Rede Kettelers vor der Fuldaer Bischofskonferenz, in der er eine vertiefende Bearbeitung der Arbeiterfrage innerhalb der theologischen Ausbildung forderte. Diese Rede fand allerdings wegen der Vorbereitung auf das anstehende Erste Vatikanische Konzil (1869/70) kaum Gehör, vgl. insgesamt Schatz: Zwischen Säkularisation und Zweitem Vatikanum (1986), S. 166f.

33 Wahrgenommen wurde diese Entwicklung auch von Karl Marx, der 1869 an Engels schrieb: „Bei dieser Tour durch Belgien, Aufenthalt in Aachen und Fahrt den Rhein herauf habe ich mich überzeugt, daß energisch, speziell in den katholischen Gegenden, gegen die Pfaffen losgegangen werden muß. Ich werde in diesem Sinn durch die Internationale wirken. Die Hunde kokettieren (z. B. Bischof Ketteler in Mainz, die Pfaffen auf dem Düsseldorfer Kongreß usw.), wo es passend scheint, mit der Arbeiterfrage", Karl Marx – Friedrich Engels. Briefwechsel, Bd. 4. 1868–1883, Berlin 1950, S. 272.

34 Begriff bei Roos: Kapitalismus, Sozialreform, Sozialpolitik (1982), S. 75.

35 Vgl. Bischof, Franz Xaver: Katholische Theologie zwischen Lagerbildung, Neuorientierung und Wissenschaftspathos. Döllingers *Rede über Vergangenheit und Gegenwart der Katholischen Theologie*, in: Bischof, Franz Xaver; Essen, Georg (Hgg.): Theologie, kirchliches Lehramt und öffentliche Meinung. Die Münchener Gelehrtenversammlung 1863 und ihre Folgen (Münchener Kirchenhistorische Studien, Neue Folge, 4), Stuttgart 2015, S. 35–47.

> Der Redner äußerte: Die Lage Europas und ganz besonders Deutschlands bringe es mit sich, daß die socialen und volkswirthschaftlichen Fragen in der Gegenwart weit mehr als jemals brennende Nothfragen geworden seien, und Niemand, der eine öffentliche Stellung einnehme, sich von ihnen fern halten dürfe, am wenigsten der Clerus. [...] Der Mangel an volkswirthschaftlichen Kenntnissen und die einseitig scholastische Behandlung dahin einschlägiger Materien habe zu Zeiten dann auch zu argen Fehlgriffen, die von kirchlicher Seite begangen worden, geführt.[36]

Der Antrag fand auf der Versammlung breite Zustimmung. Döllinger bat im Anschluss an die Diskussion insbesondere die katholischen Zeitschriften, sich der Materie anzunehmen – hier gingen laut Aussage des Theologen lediglich die *Historisch-Politischen Blätter* „schon seit mehreren Jahren mit rühmlichem Beispiel voran".[37] In der Tat hatte sich dieses katholische Periodikum der Thematik schon seit den 1850er Jahren vermehrt gewidmet, allerdings ganz im bekannten Duktus systematischer Ablehnung wirtschaftsliberaler Positionen vermengt mit restaurativen Forderungen.[38]

Die Tatsache, dass in den 1860er Jahren unter dem Eindruck eines zunehmend akut werdenden Versäumnisses eine konstruktiv-kritische und vor allem theologische Beschäftigung mit volkswirtschaftlichen Grundfragen innerhalb des deutschen Katholizismus überhaupt erst angeregt wurde, spricht Bände. Allzu lange, so ist etwa dem Antrag Döllingers zu entnehmen, habe man diese „Gebiete bisher beinahe unbeachtet gelassen, indem man dafür gehalten habe, die hier einschlagenden Fragen gehörten nicht zur Theologie".[39]

Dieser zeitgenössische Befund Döllingers wurde 100 Jahre später in den 1960er Jahren von der Studie Karl Heinz Grenners über die „Begegnung und Auseinandersetzung" zwischen „Wirtschaftsliberalismus und katholischem

---

36 Verhandlungen der Versammlung katholischer Gelehrten in München vom 28. September bis 1. Oktober 1863, Regensburg 1863, S. 76f.

37 Verhandlungen der Versammlung katholischer Gelehrten (1863), S. 81. Möglicherweise als Reaktion widmete sich die Broschüren-Reihe des Katholischen Broschüren-Vereins 1865 dem Thema „Industrie und Christenthum", vgl. Schneider, Bernhard: Armutsdiskurse, Armenfürsorge und Industrialisierung im „deutschen" Katholizismus während des langen 19. Jahrhunderts, in: Steinberg, Swen; Müller, Winfried (Hgg.): Wirtschaft und Gemeinschaft. Konfessionelle und neureligiöse Gemeinsinnsmodelle im 19. und 20. Jahrhundert (Histoire, 43), Bielefeld 2014, S. 35–62, hier 50.

38 Vgl. Stegmann/Langhorst: Geschichte der sozialen Ideen im deutschen Katholizismus (2000), S. 646; Grenner (Hg.): Katholizismus und wirtschaftlicher Liberalismus (1998), S. 27–31; Roos: Kapitalismus, Sozialreform, Sozialpolitik (1982), S. 71–74. Ediert finden sich exemplarische Artikel bei Grenner (Hg.): Katholizismus und wirtschaftlicher Liberalismus (1998).

39 Verhandlungen der Versammlung katholischer Gelehrten (1863), S. 81.

Denken“ im deutschen politischen Kontext des 19. Jahrhunderts bestätigt.[40] Der Moraltheologe Grenner diagnostizierte zunächst den Mangel einer gesamtkatholischen Auseinandersetzung mit wirtschaftsliberalen Prinzipien[41] und wählte den analytischen Zugang über Einzelpersönlichkeiten. Häufig ist in seiner Darstellung, in der er sich unter anderem Müller, Baader und Ketteler zuwandte[42], dennoch die Bemerkung zu lesen, dass trotz einer wirtschaftspolitischen Positionierung der jeweiligen Personen eine theologische Auseinandersetzung mit dem Wirtschaftsliberalismus nicht stattgefunden habe. Insgesamt vermag die Studie so den in ihrem Titel implizierten Anspruch nicht einzulösen, in der Darlegung wirtschaftspolitischer Positionen katholischer Einzelpersönlichkeiten gerade ein „katholisches Denken“ herauszukristallisieren, das in Dialog mit wirtschaftsliberalen Grundgedanken gebracht wurde.

Im Kaiserreich, an dessen Sozialgesetzgebung die neu gegründete katholische Deutsche Zentrumspartei maßgeblich mitwirkte[43], schwenkte man direkt ein auf den Kurs interventionistischer Politik.[44] Bestätigt wurde dieser Weg 1891 von der Enzyklika *Rerum Novarum* Papst Leos XIII., der wohlgemerkt ersten umfassenden lehramtlich-katholischen Stellungnahme zu den sozio-ökonomischen Entwicklungen dieses dahingehend so brisanten Jahrhunderts, die zum Grundlagentext der katholischen Soziallehre des 20. Jahrhunderts wurde. In Abkehr vom Wirtschaftsliberalismus und vor allem vom Sozialismus wurde darin zur Lösung der Arbeiterfrage nicht nur eine starke Kirche, sondern auch ein starker (Sozial-) Staat eingefordert, der eine sozialgerechte Arbeitswelt im christlichen Geist garantieren sollte.[45]

---

40 Vgl. Grenner: Wirtschaftsliberalismus (1967).

41 Vgl. Grenner: Wirtschaftsliberalismus (1967), S. 112–139.

42 Außerdem untersuchte Grenner Peter Franz Reichensperger (1810–1892), Franz Hitze (1851–1921) und Heinrich Pesch (1854–1926).

43 Auch die evangelische Kirche beteiligte sich stark, vgl. Jähnichen, Traugott: Wirtschaftsethik. Konstellationen – Verantwortungsebenen – Handlungsfelder (Ethik – Grundlagen und Handlungsfelder, 3), Stuttgart 2008, S. 38f.; Schatz: Zwischen Säkularisation und Zweitem Vatikanum (1986), S. 168f.

44 In den 1870er Jahren, spätestens mit Bismarcks Schutzzoll-Gesetzgebung von 1878, war die Blütezeit des deutschen Wirtschaftsliberalismus vorbei, vgl. Müller: Staatstätigkeit (1991), S. 166.

45 Vgl. Enzyklika *Rerum novarum* (15.05.1891), in: Denzinger/Hünermann (Hgg.): Kompendium (2017), S. 816–819. Der gesamte Text ist abgedruckt in: Die sozialen Enzykliken. Rerum novarum. Quadragesimo anno, Stuttgart/Düsseldorf 1953, S. 1–35.

1.1.3 *Die Geschichte ökonomischen Denkens und das Christentum – Neuere internationale Forschungstendenzen*

Bislang, so ist zu konstatieren, existieren keinerlei Forschungsarbeiten zu religiös-theologischen Annäherungen an liberal-kapitalistisches Gedankengut innerhalb des deutschen Katholizismus im 19. Jahrhundert – erst recht nicht vor den 1860er Jahren. Wie steht nun dieser Befund zur Geschichte des ökonomischen Denkens, wie sie von der neueren Forschung erzählt wird? Welche ethischen und sogar theologischen Anknüpfungspunkte und Problemstellen können im späten 18. und frühen 19. Jahrhundert gerade für eine katholische Auseinandersetzung überhaupt ausgemacht werden? Hierzu ist es erforderlich, noch einmal weiter auszuholen.

Überblicksdarstellungen zur Geschichte ökonomischer Ideen beginnen zumeist bei Aristoteles (384–322 v. Chr.), dessen wirtschaftliche Denkweisen im Rahmen einer praktischen Philosophie stets einen ethischen Bezug hatten, fahren unter dem Begriff der scholastischen Ökonomie fort mit der Aristoteles-Rezeption durch den mittelalterlichen Kirchenlehrer Thomas von Aquin (1225–1274), der erstmals eine umfassende christliche Stellungnahme zu wirtschaftlichen Prinzipien und Ordnungsvorstellungen formulierte, und gehen hiernach auf die merkantilistischen beziehungsweise kameralistischen[46] Staatswirtschaftsordnungen des 16. und 17. Jahrhunderts ein, bei denen die Wirtschaft als Mittel zur staatlichen Wohlstandsförderung und somit vorrangig als politisches Instrument verstanden wurde.[47]

Entscheidende Brüche zu diesen „vorklassisch“ oder auch „vorparadigmatisch“ genannten Stadien, in denen die Wirtschaftslehre sich klar eingebettet fand in ethische und später vor allem verwaltungstheoretische Topoi, werden im 18. Jahrhundert ausgemacht. Nicht nur entstanden zu dieser Zeit die ersten ökonomischen Lehrstühle, die die bestehenden Lehren systematisierten.[48] Auch kam es vermehrt zu Kritik an merkantilistischen

---

46 Im Kameralismus, der deutschen Variante des Merkantilismus, kamen Staat und Verwaltungssystem im Kontext der häufigen Behebung von Kriegsfolgen eine noch größere Bedeutung zu, als dies etwa im französischen Merkantilismus der Fall war.

47 Vgl. hierzu die Erzähllogik bei Söllner, Fritz: Die Geschichte des ökonomischen Denkens, 4. Aufl., Berlin/Heidelberg 2015; Ziegler, Bernhard: Geschichte des ökonomischen Denkens. Paradigmenwechsel in der Volkswirtschaftslehre, 2., überarb. Aufl., München 2008 und speziell für den deutschen Raum Brandt, Karl: Geschichte der deutschen Volkswirtschaftslehre, Bd. 1. Von der Scholastik bis zur klassischen Nationalökonomie, Freiburg i. Br. 1992.

48 Vgl. für den deutschsprachigen Kontext, in dem diese Entwicklung noch klar in der kameralistischen Tradition stand, Brandt: Geschichte der deutschen Volkswirtschaftslehre, 1 (1992), S. 74ff. Die erste Lehrstühle entstanden 1727 an den Universitäten Halle und Frankfurt an der Oder, 1763 wurde an der Universität Wien die erste Professur für

Prinzipien – wohl am deutlichsten vorgetragen von den französischen Physiokraten, die im ökonomischen wie philosophischen Sinne die Herrschaft der Natur forderten. Die theoretische Konzeptualisierung eines in sich geschlossenen Wirtschaftskreislaufs, die sie vornahmen, wurde schon zeitgenössisch als Manifestation einer „science nouvelle“ verstanden. Ihre zutiefst aufklärerisch geprägte Argumentation über eine „natürliche Ordnung“, die es auch wirtschaftlich durch Verzicht auf jegliche positive Steuerung sowie durch einen Fokus auf die landwirtschaftliche Produktion zur Entfaltung zu bringen gelte[49], hat Adam Smith (1723–1790) und seine wirtschaftsliberal ausgerichtete Nationalökonomie maßgeblich beeinflusst.

Der Schotte gilt mit seinem mehrbändigen ökonomischen Hauptwerk von 1776, *An Inquiry into the Nature and Causes of the Wealth of Nations* (im Folgenden *Wealth of Nations* abgekürzt), in dem er die Prinzipien einer liberalen Marktwirtschaft darlegte, als Begründer der wissenschaftlichen Schule der klassischen Nationalökonomie.[50] Freilich ist eine pauschale Grenzziehung zwischen einer ‚vorwissenschaftlichen‘ und einer ‚wissenschaftlichen‘ Periode der Wirtschaftslehre in Anbetracht verschiedenartiger Kontinuitätslinien weder möglich noch erstrebenswert. Hinsichtlich der „smithianische[n] Revolution“ kann aber festgestellt werden:

> Als Folge der Veröffentlichung des ‚Wealth of Nations‘ […] wurden die merkantilistischen Vorstellungen zunehmend abgelöst von der Idee eines ökonomischen Systems, das durch eigene Kraft vorangetrieben wird und dessen Bewegungen durch spezifische ökonomische Gesetze bestimmt sind […].[51]

Polizei- und Kameralwissenschaften eingerichtet. Besetzt wurde sie mit Joseph von Sonnenfels (1732–1817).

49 Vgl. zur Physiokratie neben den oben genannten Überblickswerken auch Priddat, Birger P.: Art. Physiokratie (Enzyklopädie der Neuzeit Online, 2005–2012), DOI: http://dx.doi.org/10.1163/2352-0248_edn_a3252000 (abgerufen am 13.11.2018); Beaud, Michael: A History of Capitalism 1500–2000, 5. Aufl., New York 2001, S. 61–67. Zum komplexen und hochinteressanten Zusammenspiel von Physiokratie und Aufklärung in Frankreich vgl. auch Häufle, Heinrich: Aufklärung und Ökonomie. Zur Position der Physiokraten im Siècle des Lumières (Münchener Romanistische Arbeiten, 48), München 1978.

50 Vgl. Söllner: Die Geschichte des ökonomischen Denkens (2015), S. 24–29. Das Attribut ‚klassisch‘ wurde von der Kritik Karl Marx’ in den wirtschaftsgeschichtlichen Forschungsdiskurs übernommen. Als ‚Ökonomische Klassik‘ wird heute insgesamt „eine Epoche des ökonomischen […] Denkens“ bezeichnet, „das im Zeitraum von etwa 1750 bis 1850 v.a. im Kontext der brit[ischen] und franz[ösischen] Aufklärung entwickelt wurde“, vgl. Plumpe, Werner; Köster, Roman: Art. Ökonomische Klassik (Enzyklopädie der Neuzeit Online, 2005–2012), DOI: http://dx.doi.org/10.1163/2352-0248_edn_a3056000 (abgerufen am 13.11.2018) und auch Söllner: Die Geschichte des ökonomischen Denkens (2015), S. 21–40.

51 Ziegler: Geschichte des ökonomischen Denkens (2008), S. 56.

Smith nannte seine Wissenschaft „Political Economy", womit er eine schon im Merkantilismus zu findende Bezeichnung neu konnotierte.[52] Den ersten Lehrstuhl für eine so verstandene Politische Ökonomie erhielt 1805 in England der Ökonom Robert Malthus (1766–1834).

Die Tatsache, dass Smith den individuellen Eigennutz als „Antriebsfeder" des Wirtschaftssystems verstand[53], ließ seine Politische Ökonomie zunächst nicht nur als Abkehr von merkantilistischen Denkweisen, sondern auch als Abkehr von ethischen Begründungszusammenhängen erscheinen. Da Smith zugleich aus der an Ethik interessierten Moralphilosophie kam und auch hierzu einschlägig publiziert hatte[54], entstand hinsichtlich seiner Erforschung das „Adam-Smith-Problem". Dieses kann mittlerweile als gelöst gelten, da eine starke moralische Überformung auch der ökonomischen Schriften Smiths herausgearbeitet werden konnte.[55] Man kann gar von einer Wiederentdeckung des Moralphilosophen Smith im Kontext der schottischen Aufklärung sprechen, die auf einer „Verknüpfung eines die egoistischen Neigungen des Individuums befördernden Utilitarismus mit einer religiös fundierten Morallehre" gründete und somit besonderen Nährboden für wirtschaftsethische Ansätze bot.[56] Sogar theologische Bezüge konnten im Werk des in einem calvinistisch-presbyterianischen Umfeld aufgewachsenen Schotten festgestellt werden – ein Punkt, der nur überraschen kann, hielte man die Riege der großen europäischen Aufklärer des 18. Jahrhunderts, zu denen auch Smith

52 In seiner Verwendung im Sinne der klassischen Nationalökonomie nach Smith verweist der Begriff ‚Politische Ökonomie' vor allem auf den Aspekt der politischen Garantie der liberal-ökonomischen Ordnung, vgl. Plumpe, Werner; Köster, Roman: Art. Ökonomie, politische (Enzyklopädie der Neuzeit Online, 2005–2012), DOI: http://dx.doi.org/10.1163/2352-0248_edn_a3054000 (abgerufen am 13.11.2018).

53 Vgl. Ziegler: Geschichte des ökonomischen Denkens (2008), S. 56.

54 1759 erschien von ihm *The Theory of Moral Sentiments*. Die Moralphilosophie beschränkte sich im damaligen Verständnis nicht auf ethische Fragen, sondern betrachtete das menschliche Verhalten und Zusammenleben insgesamt.

55 Deutlich wird dies besonders im Titel der neueren Smith-Biographie: Streminger, Gerhard: Adam Smith – Wohlstand und Moral. Eine Biographie, München 2017. Vgl. darüber hinaus Leonhard, Jörg: Moral der Ökonomie und Ökonomie der Moral. Die Differenzierung der Political Economy im Großbritannien des 18. und 19. Jahrhunderts, in: Hochgeschwender/Löffler (Hgg.): Religion, Moral und liberaler Markt (2011), S. 69–87; Wallacher, Johannes: Die bleibende Bedeutung der politischen Ökonomie von Adam Smith, in: Hochgeschwender/Löffler (Hgg.): Religion, Moral und liberaler Markt (2011), S. 89–105. Kuttner spricht davon, dass bei Smith „die Ökonomie noch unter dem Vorzeichen der Moral stand", vgl. Kuttner, Antje: Ökonomisches Denken und Ethisches Handeln. Ideengeschichtliche Aporien der Wirtschaftsethik, Wiesbaden 2015, S. 13 und zu Smith insgesamt 17–47.

56 Vgl. zu Smiths ökonomischen Ideen im Kontext der schottischen Aufklärung Diner, Dan: Aufklärungen. Wege in die Moderne, Stuttgart 2017, S. 44–59, Zitat: 45.

gezählt werden muss, fälschlicherweise für theologisch desinteressiert und atheistisch eingestellt.[57]

Wenngleich Smith sogar in seinem Hauptwerk gegen eine rückwärtsgewandte katholische Religiosität wetterte, die durch falsche Hörigkeitsstrukturen dem auch im ökonomischen Bereich zu realisierenden aufklärerischen Projekt der Emanzipation des mündigen Individuums nur im Weg stehe[58], existierte somit, so ist zu folgern, ein vielversprechendes Potential zu einer semantisch tieferen Verständigungsebene. Hierbei kommen nicht nur Gottes- oder Menschenbilder in Betracht, sondern auch die damit verknüpfte Idee der Erfüllung einer vorgezeichneten Weltordnung.[59]

Dass christliche Bekenntnisse mit dem Aufkommen der Politischen Ökonomie um 1800 nicht aus den wirtschaftlichen Diskursen verschwanden, ist gerade mit Blick auf den angelsächsischen Raum bereits umfassend herausgearbeitet worden. Die in der Forschung der letzten Jahrzehnte maßgeblich von Waterman konstatierte „Christian Political Economy" zwischen 1798 und 1833 war allerdings kein katholisches, sondern ein anglikanisches und protestantisches Phänomen: Malthus selbst stand als zugleich protestantischer Geistlicher wie Ökonom exemplarisch für die selbstverständliche Verbindung, die zwischen christlichen Biographien und ökonomischen Karrieren entstand

57 Zumeist sind deistische Gottesvorstellungen nachzuweisen, die einen Schöpfergott annehmen, der nicht ins Weltgeschehen eingreift. Vgl. zum „Smithschen Deismus" Ötsch, Walter O.: Gottesbilder und ökonomische Theorie. Naturtheologie und Moralität bei Adam Smith, in: Held, Martin u. a. (Hgg.): Normative und institutionelle Grundfragen der Ökonomik. Jahrbuch 6: Ökonomie und Religion, Marburg 2007, S. 161–179, hier 169–174. Umfassend zu den theologischen Bezügen bei Smith darüber hinaus Luterbacher-Maineri, Claudius: Adam Smith – Theologische Grundannahmen. Eine textkritische Studie (Studien zur theologischen Ethik, 119), Freiburg (Schweiz) 2008.

58 Vgl. Smith, Adam: Wohlstand der Nationen, übers. v. Max Stirner, hg. v. Heinrich Schmidt, Köln 2009, Fünftes Buch, Dritter Teil, S. 824–827. Die für diese Studie verwendete Übersetzung aus dem Jahr 1847 stammt von dem bekannten deutschen Philosophen Max Stirner (1806–1856), der bezeichnenderweise ein großer Kritiker des Christentums war.

59 Vgl. hierzu die drei Dimensionen der Wirtschaft, die bis heute für die Christliche Gesellschaftslehre als relevant definiert werden: ihr Sachziel, das im christlichen Sinne immer im Menschen und damit auch in Gott, nie in der Wirtschaft selbst liegt, ihre Ordnung und ihre Verteilungsprozesse, vgl. Höffner, Joseph: Christliche Gesellschaftslehre, hg. v. Lothar Roos, 3., durchges. Aufl., Erkelenz 2011, S. 178–253. Auch hier heißt es: „Die geistigen Väter des ökonomischen Liberalismus sind alles andere als gewissenlose Ausbeuter gewesen. Selten sind auf die Wirtschaft so große, ja geradezu pseudo-theologische Hoffnungen gesetzt worden wie zu Beginn des industriellen Zeitalters", S. 191f. Zur Idee der vorgezeichneten Weltordnung vgl. besonders die obigen Ausführungen zur Physiokratie.

und damit den „mainstream of Anglo-Scottish social theory in the early nineteenth century" formte.[60]

Auch auf Rezeptionen der Politischen Ökonomie in katholischen Kontexten wird mittlerweile vermehrt hingewiesen. Nicht zufällig konnten sie in Frankreich verortet werden, einem Land mit einflussreicher katholischer Tradition einerseits und starker Affinität zur liberalen Wirtschaftstheorie andererseits – nicht zuletzt wegen der französischen Physiokraten.[61] Waterman streifte wegen seines angelsächsischen Fokus' derartige Rezeptionsstränge nur kurz, machte allerdings bereits eine interessante Beobachtung: Im Gegensatz zur „Christian Political Economy" des angelsächsischen Bereichs trennten katholische Ansätze im französischen Raum der 1830er Jahre nicht explizit zwischen ökonomischer Wissenschaft und Theologie.[62] Diese Feststellung wirft gerade im Kontext des nun international umrissenen Forschungsstandes weiterführende Fragen auf, die es in dieser Studie zu bearbeiten gilt.

1.1.4 *Katholische Rezeptionsweisen der modernen Ökonomie? – Fragestellungen und Quellenkorpus*

Wie rezipierten, so ist zunächst auf allgemeiner Ebene zu fragen, Katholiken die moderne Nationalökonomie, die an den Universitäten ab 1805 als Politische Ökonomie gelehrt wurde? Wie entdeckten sie dabei modern-ökonomische Denkweisen und Postulate, in kritischer oder befürwortender Art und Weise, als Ausdrucksfeld ihres theologischen Selbstverständnisses und somit ihres Glaubens? Inwiefern war diese Rezeption und Entdeckung verschränkt mit den spezifischen Herausforderungen, vor denen der Katholizismus in einem Jahrhundert dramatischer, auch religiöser Veränderungen stand? Diese Fragen, die auf eine fruchtbare Verbindung von Kirchen- und Theologiegeschichte mit Wirtschaftsgeschichte abzielen, sind von den genuin wirtschaftsgeschichtlichen Forschungssträngen rund um die frankophone Genese eines „Catholic Economic Thought" noch nicht in den Blick genommen und erst recht nicht

60 Vgl. insgesamt Waterman, Anthony M. C.: Revolution, Economics and Religion. Christian Political Economy, 1798–1833, Cambridge 1991, Zitat: S. 14.

61 Vgl. Almodovar, António; Teixeira, Pedro: The Ascent and Decline of Catholic Economic Thought, 1830–1950, in: History of Political Economy, 40 (2008), S. 62–87; Faccarello, Gilbert: From the Foundation of Liberal Political Economy to its Critique. Theology and Economics in France in the Eighteenth Centuries, in: Oslington (Hg.): The Oxford Handbook of Christianity and Economics (2014), S. 73–93.

62 Vgl. Waterman: Revolution, Economics and Religion (1991), S. 12f. und zu dieser Trennung, die sich gerade im Zuge der Rezeption der Bevölkerungstheorie Malthus' ausbildete, Waterman, Anthony M. C.: Theology and the Rise of Political Economy in Britain in the Eighteenth and Nineteenth Centuries, in: Oslington (Hg.): The Oxford Handbook of Christianity and Economics (2014), S. 94–112, hier 106ff.

für den deutschen Kontext angegangen worden. Gerade die Forschungsbezeichnung eines „Catholic Economic Thought" suggeriert jedoch eine spezifische Katholizität von Rezeptionsweisen der modernen Ökonomie *bei* und *für* Katholiken[63], die es in dieser Studie erstmals analytisch zu fassen und schlussendlich auch zu diskutieren gilt. Katholizität wird hierbei zunächst nicht als dogmatische Größe verstanden, sondern immer auch als Produkt vielfältiger sozialer Aushandlungsprozesse und kirchlicher Suchbewegungen in einer Zeit, die dem Katholizismus in vielerlei Hinsicht seine gewohnten Selbstverständlichkeiten genommen hatte.

Analysiert wird vor dem Hintergrund dieser Fragestellungen und Vorüberlegungen das Engagement zweier Katholiken, die angesichts ihrer zeitgenössischen Prominenz und starken Publikationstätigkeit der Katholizismusforschung zwar nicht unbekannt sind, allerdings noch nicht in dieser Weise bearbeitet wurden: Ignaz Heinrich von Wessenberg (1774–1860), südwestdeutscher Theologe und Pastoralreformer, und Charles Périn (1815–1905), belgischer Ökonom an der Katholischen Universität Leuven.[64] Mit ihrem Wirken im theologischen, politischen und auch akademischen Bereich gelten sie der kirchengeschichtlichen Forschung als wichtige Vertreter innerkatholischer Entwicklungs- und Ausdifferenzierungsprozesse im 19. Jahrhundert. Die Analyse *gerade ihrer* ökonomisch-theologischen Positionen vermag, so ist zu folgern, die angesprochenen Suchbewegungen zu veranschaulichen und dabei zwei bislang von der Forschung nicht erfasste katholische Diskurs- und Ideenräume für ökonomische Fragestellungen zu erschließen, die jeweils weit über die einzelnen Biographien hinausweisen.

Wessenberg, langjähriger Generalvikar des Bistums Konstanz und kirchenpolitisch bis zu seinem Tod im Jahr 1860 äußerst streitbare Gestalt, stand Ideen der Aufklärung nahe und wirkte in den ersten Jahrzehnten des 19. Jahrhunderts vor allem auf pastoralreformerischer Ebene. Dass er sich, nicht zuletzt als Abgeordneter des Badischen Landtags ab 1819, auch wirtschaftspolitischen Fragen widmete, ist bislang lediglich innerhalb eines Aufsatzes aus den 1960er Jahren kursorisch angesprochen worden.[65] Weiter verfolgt und fruchtbar gemacht für theologische Analysen wurden diese zunächst rein ökonomischen Beobachtungen von der ausgiebigen Wessenberg-Forschung

63 Da in dieser Studie männliche Protagonisten untersucht werden, wird durchweg die maskuline Form verwendet. An Stellen, die keine eindeutigen Bezüge erlauben, wird die Form zur besseren Lesbarkeit gewählt und ist als generisches Maskulinum zu verstehen.

64 Für die Studie wird die flämische Stadtbezeichnung gewählt.

65 Vgl. Merk, Gerhard: Wessenbergs ökonomische und soziale Auffassungen, in: Freiburger Diözesan-Archiv, 88 (1968), S. 463–474.

seitdem erstaunlicherweise nicht. Für die hier gestellten Fragen machen sie den Theologen zu einem vielversprechenden Analysegegenstand.

Im Gegensatz zu Wessenberg hat Charles Périn im *Oxford Handbook of Christianity and Economics* als katholischer Ökonom des frankophonen Kontexts bereits knappe Erwähnung gefunden.[66] 1845 übernahm der Belgier, der zunächst als Jurist gearbeitet hatte, den zehn Jahre zuvor eingerichteten Lehrstuhl für Politische Ökonomie an der traditionsreichen Katholischen Universität Leuven. Während die deutschsprachige Forschung Périn bislang kaum behandelt hat, wurde er innerhalb der belgischen und französischen vor allem hinsichtlich seines radikal-politischen Engagements gegen die belgischen Liberalen und für die Reinstallation katholischer Machtansprüche in der zweiten Hälfte des Jahrhunderts bearbeitet.[67] An einer Analyse der Synthese ökonomischen und theologischen Denkens in seiner dahingehenden Hauptschaffensphase bis zu den frühen 1860er Jahren mangelt es allerdings bislang.

Als Untersuchungszeitraum wird entsprechend diesen Überlegungen sowie den Lebenszeiten Wessenbergs und Périns die Zeitspanne von 1800 bis 1865 angesetzt. Gerade die Mitte der 1860er Jahre wurde für den deutschen Kontext als entscheidende Startphase für eine katholisch-theologische Beschäftigung mit nationalökonomischem Gedankengut ausgemacht – umso interessanter erscheint ein Blick auf das, was dort, wie international, bereits vorher passiert war.

Da sowohl Wessenberg als auch Périn ausgiebig publizierten, werden als Quellen vor allem monographische Schriften, Zeitungs- und Zeitschriftenartikel herangezogen. Hinzu kommen die Akten der Badischen Ständeversammlung, die für den Zeitraum 1819 bis 1833 systematisch gesichtet wurden. Da Wessenberg in Konstanz eine umfängliche Bibliothek besaß und selbst nutzte, wurde der hier vorhandene Bestand an staatswirtschaftlichen Titeln ausgewertet. Die kursorische Durchsicht der Korrespondenzen des badischen Theologen im Konstanzer Stadtarchiv, in der Heidelberger

---

66 Vgl. Teixeira, Pedro; Almodovar, António: Economics and Theology in Europe from the Nineteenth Century. From the Early Nineteenth Century's Christian Political Economy to Modern Catholic Social Doctrine, in: Oslington (Hg.): The Oxford Handbook of Christianity and Economics (2014), S. 113–134, hier 116f.

67 Vgl. als Einstieg Maeyer, Jan de: La Belgique. Un élève modèle de l'école ultramontaine, in: Lamberts, Emiel (Hg.): The Black International – L'Internationale noire 1870–1878. The Holy See and Militant Catholicism in Europe – Le Saint-Siège et le Catholicisme militant en Europe (KADOC-Studies, 29), Leuven 2002, S. 361–386. Der diesbezügliche Forschungsstand wird, genau wie für Wessenberg, im Verlauf der Studie noch ausführlich dargelegt.

Universitätsbibliothek sowie in den vorhandenen Editionen ergab nur vereinzelte Funde zu ökonomischen Inhalten. Demgegenüber konnten im Nachlass Périns im Staatsarchiv Mons einige Korrespondenzen von Interesse ermittelt werden, die Aufschluss über die Rezeption seiner ökonomischen Vorstellungen im wirtschaftswissenschaftlichen Diskurs zu geben vermögen. Als ungedrucktes Material wurden zudem mehrere handschriftliche Mitschriften seines *Cours d'économie politique* im Universitätsarchiv Leuven gesichtet sowie weitere Nachlassbestandteile. Auch der Austausch zwischen Périn und Papst Pius IX., dessen Pontifikat von 1846 bis 1878 zeitlich parallel zur Wirkungszeit Périns in Leuven verlief, wird über Archivalien im Staatsarchiv Mons sowie im Archivio Apostolico Vaticano in die Betrachtung einbezogen. Zur weiterführenden Kontextualisierung dienen als Quellen schlussendlich auch kirchliche Lehrschreiben und Konzilsdokumente.

Da Wessenberg und Périn nicht in persönlichem Kontakt zueinander standen, kann keine persönliche Auseinandersetzung ausgewertet werden. Bedauernd kann dem hinzugefügt werden, dass eine solche sicherlich aufschlussreich gewesen wäre, können Wessenberg und Périn doch in vielerlei Hinsicht als Vertreter gegenläufiger Tendenzen im Katholizismus des 19. Jahrhunderts gelten. Während Wessenberg heute klar in der Tradition der Katholischen Aufklärung gesehen wird, stand Périn demgegenüber für eine streng Rom-treue, ultramontane Agitation gegen Aufklärungsdiskurse zur Mitte des 19. Jahrhunderts. Welche Rolle kategoriale Begriffe wie Ultramontanismus, Katholische Aufklärung oder auch Moderne für den Ansatz der Studie spielen, gilt es im Folgenden genauer zu erläutern.

1.1.5 *Katholische Aufklärung, Ultramontanismus und Moderne – Begriffe und analytische Implikationen*

Der gewählte Untersuchungszeitraum ist geprägt von katholischen, insbesondere päpstlichen Stellungnahmen gegen die Liberalitätsforderungen der Aufklärung. Dies ist zunächst mit der anti-kirchlichen Stoßrichtung der französischen Aufklärung zu erklären, außerdem gerade im deutschen Kontext mit der Erfahrung der Säkularisation von 1803, in der die Folgen von Revolution und gesellschaftspolitischem Umsturz für die Kirche auf dramatischste Art und Weise kulminierten. Der rapide Machtverlust der Kirche in gesellschaftsprägenden Diskursen sowie staatspolitischen Sphären führte zu einer immer stärker werdenden kirchlichen Abschottung vom säkularen Staatswesen bei gleichzeitiger Hinwendung zum römischen Papsttum. Als verbliebener Orientierungsanker konterkarierte dieses in seiner supranationalen Ausrichtung auf höchst willkommene Art und Weise das aufkommende Nationalstaatsdenken. Die „Ausrichtung der gesamten Kirche auf den Papst", jenseits der Berge (*ultra montes*) in Rom, für die sich zunächst als Selbst-, hiernach als Fremd- und schließlich auch als Forschungsbezeichnung der Begriff Ultramontanismus einbürgerte, erklärt sich aus der Überzeugung, die Kirche könne in derart turbulenten Zeiten nur als „monolithischer Block" die Auseinandersetzung mit der Moderne bestehen.[68]

Neben und vor allem unmittelbar vor den mächtigen, da Rom-gestützten, ultramontanen Strömungen des 19. Jahrhunderts gab es andere katholische Bewegungen, die den zeitgenössischen Katholizismus zu prägen suchten. Dass sich gerade im deutschsprachigen Raum, in dem die Aufklärung durch starke protestantische Rezeptionslinien keine genuin anti-kirchliche Denkbewegung verkörperte, auch Katholiken den Ideen der Aufklärung angenähert hatten, wurde – bedingt durch die lange nachwirkende ultramontane Besetzung der kirchenhistorischen Narrative – erst im Umfeld des Zweiten Vatikanischen Konzils in den 1960er Jahren herausgestellt.[69]

Inwiefern man allerdings unter „Katholischer Aufklärung" eine spezifisch an eine katholische Tradition und Theologie gebundene Aufklärung und nicht lediglich eine „Aufklärung im katholischen Deutschland" verstehen kann, hat in der Folgezeit zu Kontroversen geführt[70], die bis heute nicht gänzlich

---

68 Vgl. Lill, Rudolf: Der Ultramontanismus. Die Ausrichtung der gesamten Kirche auf den Papst, in: Weitlauff, Manfred (Hg.): Kirche im 19. Jahrhundert, Regensburg 1998, S. 76–94, hier 88; Schatz, Klaus: Art. Ultramontanismus, in: Lexikon für Theologie und Kirche, 10 (2001), Sp. 360ff. Zur Entwicklung des Forschungsbegriffs vgl. Fleckenstein, Gisela; Schmiedl, Joachim: Ultramontanismus in der Diskussion. Zur Neupositionierung eines Forschungsbegriffs, in: Fleckenstein, Gisela; Schmiedl, Joachim (Hgg.): Ultramontanismus. Tendenzen der Forschung (Einblicke: Ergebnisse – Berichte – Reflexionen aus Tagungen der Katholischen Akademie Schwerte, 8), Paderborn 2005, S. 7–19.

69 Bereits 1908 gab es Versuche zu einer Neubeurteilung des Aufklärungszeitalters aus katholischer Sicht, die allerdings noch nicht auf fruchtbaren Boden fielen. Die Erneuerungsbestrebungen des Konzils hin zu einem „weltoffenen Katholizismus" ließen eine Rehabilitierung katholischer Aufklärungsbestrebungen in besonderer Weise passend erscheinen, vgl. hierzu insgesamt Holzem: Christentum in Deutschland, 2 (2015), S. 776f.

70 Vgl. Klueting, Harm (Hg.): Katholische Aufklärung – Aufklärung im katholischen Deutschland (Studien zum achtzehnten Jahrhundert, 15), Hamburg 1993. Klueting sprach hier von der „Illusion einer Versöhnung oder Verbindung von Katholizismus und Aufklärung". Der Begriff „Katholische Aufklärung" sei wiederum „notwendig, um diese Illusion und die Übergangserscheinung, die im Zeichen dieser Illusion stand, erfassen zu können", Klueting, Harm: „Der Genius der Zeit hat sie unbrauchbar gemacht." Zum Thema *Katholische Aufklärung*. Oder: Aufklärung und Katholizismus im Deutschland des 18. Jahrhunderts. Eine Einleitung, in: Klueting (Hg.): Katholische Aufklärung (1993), S. 1–35, hier 9. Dem widersprach Schneider: „Das Konzept ‚Katholische Aufklärung' vermag deutlich zu machen, daß auch die aufklärerischen katholischen Reformbemühungen in die Gesamtentwicklung der frühneuzeitlichen katholischen Kirche hineingehören und keinen Meteoriteneinschlag bedeuten", Schneider, Bernhard: „Katholische Aufklärung":

ausgeräumt sind.[71] Weitgehend einig ist man sich aber mittlerweile darin, dass sich der Forschungsbegriff dazu eignet, eine spezifische Facette innerhalb des breiten Spektrums der Aufklärungsbewegungen zu markieren: Er beschreibt das global zu beobachtende Phänomen, dass sich Katholiken mit den Ideen und Idealen der Aufklärung identifizierten und diese in reformerischer, zugleich aber auch apologetischer Weise auf ihr eigenes Glaubensverständnis anwandten und somit ihre Religiosität zugleich zu erneuern wie zu verteidigen suchten.[72]

Im deutschen Kontext wird eine so verstandene Katholische Aufklärung, in deutlicher Phasenverschiebung zu protestantischen Entwicklungen, auf den Zeitraum zwischen 1760 und 1830 datiert[73] – letztere Jahreszahl maßgeblich festgemacht am Abbruch des pastoralreformerischen Wirkens Wessenbergs im südwestdeutschen Raum, welches als wesentliches Ausdrucksfeld der katholischen Aufklärungsbewegung gesehen wird.[74] In Anlehnung an die Studie Christian Handschuhs, die vor ein paar Jahren die aufklärerisch-katholischen Glaubensdiskurse um Wessenberg in den Blick genommen hat[75], sowie in Anbetracht der Tatsache, dass Wessenbergs ökonomisch-theologische Positionen in dieser Studie über 1830 hinaus erforscht werden, wird zur Kontextualisierung des Theologen auch der Begriff Katholische Spätaufklärung verwendet.

Wenngleich Wessenberg und Périn geradezu als Paradevertreter katholisch-aufklärerischer beziehungsweise ultramontaner Anschauungen kategorisiert worden sind und somit ad hoc bis zu einem gewissen Grad eine weltanschauliche

---

Zum Werden und Wert eines Forschungsbegriffs, in: Revue d'Histoire ecclésiastique, 93 (1998), S. 354–397, hier 390f.

71 Vgl. zur Lagebeschreibung Holzem: Christentum in Deutschland, 2 (2015), S. 777 und als Positionierung noch Klueting, Harm: Katholische Aufklärung nach 1803? Theologie und Kirche unter dem Eindruck des Umbruchs, in: Rottenburger Jahrbuch für Kirchengeschichte, 34 (2015), S. 23–34.

72 Vgl. Lehner, Ulrich L.: What is ‚Catholic Enlightenment'?, in: History Compass, 8/2 (2010), S. 166–178; Holzem: Christentum in Deutschland, 2 (2015), S. 777 und aus globalgeschichtlicher Perspektive jüngst Overhoff, Jürgen; Oberdorf, Andreas (Hgg.): Katholische Aufklärung in Europa und Nordamerika (Das achtzehnte Jahrhundert. Supplementa, 25), Göttingen 2019; Lehner, Ulrich L.: Die Katholische Aufklärung. Weltgeschichte einer Reformbewegung, Paderborn 2017.

73 Vgl. Holzem: Christentum in Deutschland, 2 (2015), S. 775f. Holzem führt hier als Gründe für die Phasenverschiebung vor allem macht- und bildungspolitische Voraussetzungen der katholischen Gebiete an.

74 Vgl. Holzem: Christentum in Deutschland, 2 (2015), S. 840–848.

75 Vgl. Handschuh, Christian: Die wahre Aufklärung durch Jesum Christum. Religiöse Welt- und Gegenwartskonstruktion in der Katholischen Spätaufklärung (Contubernium. Tübinger Beiträge zur Universitäts- und Wissenschaftsgeschichte, 81), Stuttgart 2014.

Gegnerschaft in der Luft liegt, wird in dieser Studie keine antagonistisch-vergleichende Lesart ihrer Positionen intendiert. Vielmehr sollen verschiedenartige katholische Rezeptionsweisen modern-ökonomischen Gedankenguts aufgezeigt werden, die mit ihren innerkatholischen Entstehungskontexten unmittelbar verwoben sind, dabei aber nicht mehr zwangsläufig deren Gegnerschaft behaupten müssen. Innerhalb der Analyse sollen die vorgegebenen Betrachtungskategorien zunächst angewandt, dabei hinsichtlich neuer (ökonomischer) Perspektiven erweitert[76], schlussendlich aber auch in ihrer Tauglichkeit zur Kategorisierung ökonomisch-theologischer Denkweisen im Katholizismus des 19. Jahrhunderts kritisch hinterfragt werden.

Insgesamt wird konzeptuell mit zunächst polarisierenden Begrifflichkeiten und damit verbundenen Kategorisierungen gearbeitet. Dies trifft nicht zuletzt auch auf die Gegenüberstellung von Katholizismus und Moderne zu, deren Anbruch innerhalb des Epochenkonzepts der neueren europäischen Geistes- und Sozialwissenschaften auch an den ökonomischen Entwicklungsprozessen unmittelbar nach 1800 festgemacht wird.[77] Die hierdurch erzeugten Spannungen gilt es analytisch fruchtbar zu machen, indem sie stets auch als in vielfältiger Art und Weise miteinander interagierende Energien gelesen werden, was wiederum gewohnte historiographische Relationierungen aufzubrechen und zu neuen Thesen zu führen vermag.

1.1.6 *Ideen und ihr „holistisch-synchroner Bezug" – Ansatz und methodisches Vorgehen*

Diese konzeptuellen Überlegungen münden in einem ideengeschichtlichen Ansatz, über den wirtschafts- und kirchen- beziehungsweise theologiegeschichtliche Perspektiven zusammengeführt werden. Durch die gleichzeitige Betrachtung der Ideenkontexte Religion und Wirtschaft kann die von der neueren Ideengeschichte artikulierte „Forderung, Ideen stets in ihrem

76 Eine Nähe zu ökonomischen Perspektiven weisen lediglich einige bereits vorliegende Studien zu Armutsdiskursen in aufklärerischen und ultramontanen Kreisen auf, vgl. als Überblick Holzem: Christentum in Deutschland, 2 (2015), S. 1071–1082 und als Auszüge aus Fallstudien Franz, Ingmar: Katholische Publizistik und die Diskurse um Armut und Soziale Frage bis zum Kulturkampf, in: Maurer, Michaela; Schneider, Bernhard (Hgg.): Konfessionen in den west- und mitteleuropäischen Sozialsystemen im langen 19. Jahrhundert. Ein „edler Wettkampf der Barmherzigkeit"? (Studien zur Kultur- und Sozialgeschichte des Christentums in Neuzeit und Moderne, 1), Berlin 2013, S. 59–94; Schröder, Christian: Kooperation – Konfrontation – Koexistenz. Katholische Armenfürsorge in Deutschland zwischen Spätaufklärung und Ultramontanismus, in: Maurer/Schneider (Hgg.): Konfessionen (2013), S. 143–162.

77 Vgl. Jaeger, Friedrich u. a.: Art. Moderne (Enzyklopädie der Neuzeit Online, 2005–2012), DOI: http://dx.doi.org/10.1163/2352-0248_edn_COM_312551 (abgerufen am 14.02.2022).

holistisch-synchronen Bezug zu betrachten", in besonderer Weise eingelöst werden. In Abkehr vom alten „ideengeschichtlichen Idealismus" sollen gemäß den Impulsen zur Erneuerung der Ideengeschichte durch die „Cambridge School" um Quentin Skinner vor allem die „kontextspezifische Intention[]" sowie die „kontextorientierte[] Rationalität" von Ideen in den Fokus gerückt werden.[78] Wenngleich sich die Analyse auf die ökonomisch-theologischen Ideen zweier wortgewandter Katholiken fokussiert, erschöpft sich das Erkenntnisinteresse zu keiner Zeit in der Herausarbeitung der „großen Gedanken der großen Männer".[79] Vielmehr geht es um die analytische Illustration der Art und Weise, über die kontextuelle Verknüpfbarkeit wirtschaftlicher und religiöser Ideen potentiell wirkmächtige Allianzen im Kampf um die Deutungshoheit über nie dagewesene Wandlungsprozesse zu knüpfen, wie sie sich im 19. Jahrhundert vor allem im Zuge wirtschaftlicher Transformationsprozesse ereigneten.[80]

In Anbetracht des heterogenen Quellenkorpus werden die Analysen, die nacheinander für Wessenberg und Périn erfolgen und vorab Einführungen in biographische Daten und wirtschaftlichen Wirkungskontext bieten, nach fünf Untersuchungsfeldern gegliedert: *Handel und Handelspolitik*; *Zunfttradition, Gewerbereform und korporatives Denken*; *Bildung in Zeiten des sozio-ökonomischen Umbruchs*; *Frühsozialistische Gesellschaftsentwürfe*; *Armuts- und Reichtumsverständnisse*. Diese Untersuchungsfelder sind gemäß den skizzierten Überlegungen als zentrale Spannungsfelder zwischen moderner Ökonomie und katholischer Denktradition zu verstehen, auf denen aber, so wird zu zeigen sein, durchaus gemeinsame Energien erzeugt werden konnten. Die wesentlichen Entwicklungen, Tendenzen und Ideen auf ökonomischer wie katholischer Seite, die es für die jeweiligen Felder zu bedenken gilt und vor deren Hintergrund die Positionen Wessenbergs und Périns hiernach zu deuten sind, werden im nachfolgenden Kapitel ausführlich eingeführt.

78 Vgl. Goering, Daniel Timothy: Einleitung: Ideen und Geistesgeschichte in Deutschland. Eine Standortbestimmung, in: Goering, Daniel Timothy (Hg.): Ideengeschichte heute. Traditionen und Perspektiven (Histoire, 112), Bielefeld 2017, S. 7–53, hier 50 (Zitate); Stollberg-Rilinger, Barbara: Einleitung, in: Stollberg-Rilinger, Barbara (Hg.): Ideengeschichte, Stuttgart 2010, S. 7–42, hier 40ff. und in diesen Sammelbänden besonders Skinner, Quentin: Wahrheit, Überzeugung und Interpretation, in: Goering (Hg.): Ideengeschichte heute (2017), S. 55–68; Skinner, Quentin: Bedeutung und Verstehen in der Ideengeschichte (1969/2009), in: Stollberg-Rilinger (Hg.): Ideengeschichte (2010), S. 61–94.

79 Goering: Einleitung (2017), S. 48.

80 Dementsprechend wird in der Ideengeschichte vom „Konstruktionswirken von Ideen" gesprochen, dessen Analyse wiederum eine Rekonstruktion „gedankliche[r] Ordnungen und Denksysteme" erfordert, vgl. Goering: Einleitung (2017), S. 48.

Das gewählte methodische Design ermöglicht es, die Quellen für die Analysen thematisch zu gliedern und dabei die bewusst sehr weit gefasste Frage nach katholischen Entdeckungsbewegungen auf miteinander verschränkte Elemente herunterzubrechen, die die Frage in sehr konkreter Weise bearbeitbar machen. Hierbei geht es zwar auch um die Herstellung einer gewissen Vergleichbarkeit. Ein dezidierter Vergleich der Positionen Wessenbergs und Périns steht aber – auch wegen der leichten zeitlichen Verschiebungen und der sehr unterschiedlichen Wirkungskontexte – zunächst nicht im Vordergrund. Als erster und grundlegender Schritt sollen zwei Wege einer katholischen Entdeckung der modernen Ökonomie aufgezeigt werden, die jeweils bis zu einem gewissen Grad eigenständige heuristische Perspektiven erfordern.

So scheint es etwa bei Wessenberg spannend, seine wirtschaftspolitischen Vorstöße im Kontext zeitgenössischer wirtschaftstheoretischer Stränge und Entwicklungsphasen des deutschen Raums sowie im Kontext wichtiger aufklärerisch-theologischer Denkströmungen seiner Zeit zu diskutieren. Bei Périn wiederum muss vorab auf eine Vorgeschichte spezifisch katholischer Rezeptionsstränge der Politischen Ökonomie im frankophonen Raum eingegangen werden, die für Wessenberg in dieser konkreten Form nicht ausgemacht werden kann. Zur Einschätzung des Belgiers im Kontext ultramontaner Strömungen ist darüber hinaus ein Blick nach Rom unabdingbar, wo er zeitweise erhebliche Rückendeckung genoss. In diesem Zusammenhang wird auch Périns bisher nirgends erforschter Beitrag zur Vorbereitung des 1864 veröffentlichten *Syllabus Errorum* betrachtet, eines der Höhepunkte päpstlich-ultramontaner Verlautbarungen im 19. Jahrhundert, in dem Pius IX. etwa den politischen Liberalismus als „Irrtum der Zeit“ verurteilte.[81] Es lohnt sich, gerade diese Episode in die Betrachtung einzubeziehen, um aufzeigen zu können, dass die vermeintlich so eindeutige Positionierung Roms zu den Liberalismen des 19. Jahrhunderts und damit zu zentralen Modernitätsdiskursen in vielerlei Hinsicht erstaunliche Facetten und Hintergründe hatte.

Ein Ausblick wird hiernach noch auf das Erste Vatikanische Konzil 1869/70 gegeben, einen weiteren Höhepunkt ultramontaner Agitation gegen den säkularen Liberalismus. Neben den großen theologischen Schauplätzen des Konzils rund um die Dogmatisierung päpstlicher Unfehlbarkeit in Glaubens- und Sittenfragen hat das zur Konzilsdiskussion von einer Theologenkommission vorbereitete Dekret über sozio-ökonomische Belange in der Forschung kaum je Beachtung gefunden. Wenngleich wegen des Konzilsabbruchs im

---

81 Vgl. *Syllabus* Pius' IX. bzw. Sammlung von Irrtümern, die in verschiedenen Verlautbarungen Pius' IX. geächtet wurden (08.12.1864), in: Denzinger/Hünermann (Hgg.): Kompendium (2017), S. 743–753.

Zuge der italienischen Besetzung des Kirchenstaats nicht promulgiert, liefert es einen nicht zu vernachlässigenden Einblick in die kuriale Gefühlslage in wirtschaftlichen Belangen zum Ende eines so entscheidenden – und von Périn maßgeblich mitgestalteten – Jahrzehnts kirchlicher Selbstfindung in Bezug auf wirtschaftliche Diskurse.

Abgerundet werden die Analysen zu Périn, indem seine ökonomischen Vorstellungen in Beziehung gesetzt werden zu den ‚Visionen' seiner unmittelbaren Vorgänger. Darüber hinaus werden auf Basis der Analyseergebnisse die für die Gesamtstudie so wesentlichen Ambivalenzen bezüglich einer zeitgenössischen und auch historischen Etikettierung von Périns Wirtschaftsvorstellungen zwischen den vermeintlichen Gegenpolen ‚ultramontan' und ‚modern' diskutiert. Hierzu wird auch die Rezeption des Belgiers durch zeitgenössische Ökonomen ausgewertet. Die Tatsache, dass Périn als Lehrstuhlinhaber im ökonomischen Bereich weit vernetzter war als Wessenberg, erklärt die im Vergleich längere Einzelanalyse.

Erst hiernach erfolgt ein direkter Vergleich zwischen den Positionen Wessenbergs und Périns. Dieser gliedert sich nun nicht länger nach den Untersuchungsfeldern, sondern sucht die Teilergebnisse auf abstrakter Ebene wieder zu einem Gesamtbild zusammenzufügen. Hierzu werden grundlegende Semantiken der Durchdringung von Religion und Ökonomie im Argument der beiden Katholiken vergleichend betrachtet. Wie verstanden Wessenberg und Périn *Wissenschaft* und somit auch die „science nouvelle" der modernen Ökonomie? Wie dachten sie vor einem religiösen Hintergrund *Fortschritt* in Zeiten ökonomischen Wachstums? Welche semantischen Implikationen lassen sich bei ihnen bezüglich der Idee von (*ökonomischer*) *Freiheit* ausmachen und was unterschied sie dabei genau von der deistischen Argumentation eines Adam Smith? Als Synthese vermag erst dies zu illustrieren, was katholische Rezeptionsweisen der modernen Ökonomie, in ihrer Verschiedenheit und Einheit zugleich, grundlegend ausmachte.

1.2 Religion und Wirtschaft im Spannungsfeld – Die Untersuchungsfelder

Die Untersuchungsfelder wurden nach zwei wesentlichen Überlegungen ausgewählt: Zunächst umfassen sie zentrale Diskurse sowohl für die Herausbildung der modernen Wirtschaftstheorie um und nach 1800 als auch für die christlich-katholische Tradition der letzten 2000 Jahre. Darüber hinaus markieren sie empfindliche Konfrontations- und Spannungsmomente zwischen Religion und Wirtschaft im Betrachtungszeitraum zwischen 1800 und 1865, vor deren Hintergrund die Quellen zu lesen sind.

1.2.1 *Handel und Handelspolitik*

Der Handel stellt sich seit Urzeiten als Grundpfeiler wirtschaftlicher Tätigkeit dar. Gerade auf dem Feld seiner politischen Organisation wurden daher um 1800 wichtige, wenn nicht gar die wichtigsten Weichenstellungen in Richtung moderner Volkswirtschaften vorgenommen. Bereits im mitteleuropäischen Merkantilismus des 17. und 18. Jahrhunderts sowie seiner deutschen Spielart, dem die Rolle des Staates noch stärker fassenden Kameralismus, war insbesondere der Außenhandel mit dem Ziel einer Maximierung des Handelsbilanzüberschusses aktiv gefördert worden. Angestrebt wurde ein steter monetär vergoltener Ausfuhrüberschuss, für den der eigene Warenexport möglichst hoch, der Warenimport dagegen so gering wie möglich gehalten werden musste. Dies setzte gezielte politische Steuerungsmaßnahmen voraus, weshalb die merkantile Handelspolitik – als Ausdruck des wirtschaftspolitischen Absolutismus par exellence – bei den aufklärerisch argumentierenden französischen Physiokraten in der zweiten Hälfte des 18. Jahrhunderts in den Verruf eines „système protecteur" geriet.[82]

Zwar traten im physiokratischen Wirtschaftsentwurf Handel und Gewerbe als wirtschaftliche Faktoren gegenüber der landwirtschaftlichen Produktion in den Hintergrund. Ein möglichst freier Handel stellte allerdings einen elementaren Baustein der von den Physiokraten forcierten Idee einer freien Wettbewerbsordnung dar, die sie als ökonomisches Implikat einer „natürlichen Ordnung" erkannten.[83] Die klassische Schule um und nach Adam Smith, der selbst maßgeblich von diesen Ideen inspiriert worden war, kritisierte hieran die alleinige Fokussierung der Agrarproduktion[84], übernahm aber im Wesentlichen die Forderung einer freien Wettbewerbsordnung und propagierte hierzu gerade die Vorteilhaftigkeit freier Handelswege.[85]

---

82 Vgl. Söllner: Die Geschichte des ökonomischen Denkens (2015), S. 9ff., 14; Ziegler: Geschichte des ökonomischen Denkens (2008), S. 48f.; Brandt: Geschichte der deutschen Volkswirtschaftslehre, 1 (1992), S. 39ff.

83 Die Landwirtschaft verstanden die Physiokraten als einzige Reichtumsquelle, Handel und Gewerbe dagegen nur als „sterile", das heißt nicht selbst produktive Methoden der Reichtumsumsetzung. Von Handelsliberalisierungen versprachen sie sich in praktischer Hinsicht vor allem eine Erhöhung der Preise für Agrarprodukte. Vgl. Söllner: Die Geschichte des ökonomischen Denkens (2015), S. 15–20; Irwin, Douglas A.: Against the Tide. An Intellectual History of Free Trade, Princeton 1996, S. 64ff.

84 Vgl. Smith: Wohlstand der Nationen (2009), S. 676–704 (Viertes Buch: Die Systeme der Politischen Ökonomie, Neuntes Kapitel: Die Agrarsysteme oder diejenigen Systeme der politischen Ökonomie, welche das Bodenprodukt als die einzige oder als die hauptsächlichste Quelle des Einkommens und Reichtums jedes Landes darstellen).

85 „Ein Handel, der durch Prämien und Monopole erzwungen wird, kann für das Land, zu dessen Gunsten sie gegeben worden sind, nachteilig sein und ist es auch gewöhnlich [...]. Derjenige Handel aber, der zwischen zwei Ländern ohne Zwang oder Beschränkung natürlich und regelmäßig getrieben wird, ist jederzeit für beide vorteilhaft", Smith: Wohlstand

Smith und die Physiokraten waren keinesfalls die ersten, die die Idee des Freihandels öffentlich vertraten: Ansätze zum Freihandel lassen sich bereits bei der mittelalterlichen Hanse finden, außerdem in den frühneuzeitlichen Niederlanden, wo der Jurist und Philosoph Hugo Grotius (1583–1645) mit seiner Denkschrift *Mare Liberum* bereits 1609 ein Manifest des freien Seehandels publizierte. Adam Smith allerdings legte dem Freihandel das Konzept eines freien Marktes zugrunde, auf dem der staatlich nicht reglementierte Warenaustausch zum Wohle aller Staaten und Regionen zugleich arbeitete, und machte ihn damit zum symbolischen Ausdruck seiner Kritik an merkantilistisch-absolutistischen Doktrinen.[86]

Wie stand nun das Christentum in seiner Geschichte zum Handel und zur Handelspolitik, agierte es doch von Beginn an in Regionen, die ohne den Handel nicht zu denken waren? Ins Auge springen hier zunächst diverse Verurteilungen und ethische Problematisierungen. „Was ist der Handel anderes als billiger einkaufen und dann teurer verkaufen wollen? Solche Kaufleute hat der Herr aus dem Tempel gejagt“[87] – so brachte der Kirchenvater Cassiodorus (6. Jahrhundert) die verbreiteten frühchristlichen Assoziationen des Handelsgeschäfts mit Habsucht, Täuschung, Ausbeutung, bis hin zu allgemeiner sozialer Ungerechtigkeit auf den Punkt.[88] Auch der Kirchenlehrer Thomas von Aquin (13. Jahrhundert), dessen „theologische Deutung der Gesamtwirklichkeit“ für die Theologie bis heute eine überaus wichtige Rolle spielt, äußerte

---

der Nationen (2009), S. 487 (Viertes Buch: Die Systeme der politischen Ökonomie, Drittes Kapitel, Zweiter Teil: Die Unvernünftigkeit solcher außerordentlicher Beschränkungen, auch nach anderen Grundsätzen dargetan). Nur in Ausnahmefällen war für Smith der Schutz der eigenen Industrien durch Handelsbeschränkungen erlaubt, etwa im Falle der Landesverteidigung, vgl. Smith: Wohlstand der Nationen (2009), S. 458–463 (Viertes Buch: Die Systeme der politischen Ökonomie, Zweites Kapitel: Beschränkungen der Einfuhr solcher Güter aus fremden Ländern, welche im Land selbst erzeugt werden können). Vgl. zu Smiths Freihandelsforderung auch Irwin: Against the Tide (1996), S. 75–86. In der Konzeption einer wirtschaftsliberalen Außenhandelstheorie machte sich im Folgenden insbesondere David Ricardo (1772–1823) einen Namen, vgl. Söllner: Die Geschichte des ökonomischen Denkens (2015), S. 37ff.

86 Vgl. Irwin: Against the Tide (1996), S. 86.

87 Zit. nach Thomas von Aquin: Ausgewählte Schriften zur Staats- und Wirtschaftslehre des Thomas von Aquino. Neue Übertragung mit Anmerkungen und einer kritischen Einführung v. Friedrich Schreyvogel, Jena 1923, S. 243.

88 Vgl. auch Stander, Hennie: Economics in the Church Fathers, in: Oslington (Hg.): The Oxford Handbook of Christianity and Economics (2014), S. 22–43, hier 31ff.; Irwin: Against the Tide (1996), S. 17f. Vereinzelt sind allerdings auch Aussagen überliefert, die die Möglichkeit einräumten, ein Handelsgeschäft mit christlicher Mäßigung zu treiben. Seipel fasst hierzu die Maßgabe Clemens' von Alexandria (2./3. Jh.) zusammen: „So darf derjenige, der etwas kauft oder verkauft, niemals zwei Preise der Dinge, die er kauft oder verkauft, nennen“, Seipel, Ignaz: Die wirtschaftsethischen Lehren der Kirchenväter, Graz 1972, S. 146.

sich zu wirtschaftlichen Fragen.[89] Den Handel fasste er dabei pragmatisch als „notwendiges Übel" auf[90], sei er doch der Gesellschaft notwendig, habe aber immer zumindest den „Anschein des Bösen" und sei daher gerade Klerikern strengstens zu untersagen.[91] Die Jahrhunderte hindurch galt der Handel den Christen als „hinter Landwirtschaft und Handwerk ethisch zurückstehende Erwerbsform"[92], was seinen Ausdruck nicht zuletzt darin fand, dass innerhalb der christlichen Stadt zumeist die Juden in die Tätigkeitsbereiche von Handel und Bankwesen gedrängt wurden.[93]

Doch die Beziehungsgeschichte zwischen Christentum und Handel ist keineswegs so eingleisig, wie es bis hierhin erscheinen mag. Zu schwer wog der Handel zu jeder Zeit als Wirtschaftsfaktor, als dass man ihn aus christlicher Sicht ausschließlich hätte problematisieren können. Weniger bekannt ist, dass im frühen Christentum auch die Idee Anklang fand, die göttliche Verteilung der Schöpfungsgaben als Aufforderung zum freien Austausch unter den Völkern und damit zur universellen Vereinigung der Menschheit zu verstehen. Die Forschung spricht in diesem Zusammenhang von der Idee der „Universal Economy".[94] Berühmter Vertreter war etwa der griechische Gelehrte Libanios (4. Jahrhundert), zu dessen Schülern unter anderem der Kirchenvater Johannes Chrysostomus zählte. Folgende Aussage von Libanios ist überliefert:

> God did not accord all things to all parts of the earth, but he has devided his gifts among different countries, so that people should have need one of the other, in order that from their mutual dependence they should be led to maintain society (community) together. Thus He has brought commerce into existence as a means available to all the world of enjoying in common all things wherever they were produced.[95]

---

89 Vgl. zu seinem ökonomischen Denken einführend Koslowski, Peter: Die Ordnung der Wirtschaft. Studien zur Praktischen Philosophie und Politischen Ökonomie, Tübingen 1994, S. 64–90, Zitat: 64.

90 Vgl. Söllner: Die Geschichte des ökonomischen Denkens (2015), S. 6; Brandt: Geschichte der deutschen Volkswirtschaftslehre, 1 (1992), S. 22f.

91 Vgl. Ausgewählte Schriften des Thomas von Aquin, S. 245–248.

92 Troeltsch, Ernst: Die Soziallehren der christlichen Kirchen und Gruppen (Ernst Troeltsch. Gesammelte Schriften, 1), 3. Neudr. d. Ausg. Tübingen 1922, Aalen 1977, S. 127. Dies sieht Hersche in der frühneuzeitlichen Entwicklung der katholischen Staatenwelt weitestgehend bestätigt, vgl. Hersche: Muße und Verschwendung, 1 (2006), S. 483–489.

93 Die Mitgliedschaft in Zünften etwa war ihnen verwehrt. Vor dem Hintergrund dieser Konstellation bildete sich das antisemitische Stereotyp des Wucher treibenden Juden aus. Schon die frühe Kirche sprach für Christen das allgemeine Verbot aus, Zinsen zu nehmen. Noch im Jahr 1745 wurde dieses Verbot, wenn auch abgeschwächt, zum letzten Mal päpstlich bestätigt. Offiziell zurückgenommen wurde es nie, vgl. Braudel, Fernand: Sozialgeschichte des 15. bis 18. Jahrhunderts, Bd. 2. Der Handel, München 1986, S. 626f.

94 Vgl. Viner, Jacob: Essays on the Intellectual History of Economics, Princeton 1991, S. 41f.

95 Zit. nach Viner: Essays (1991), S. 42.

Interessanterweise wurde Libanios auch vom niederländischen protestantischen Theologen, Völkerrechtler und Aufklärer Hugo Grotius rezipiert, der 1609 mit der bereits oben erwähnten Schrift *Mare Liberum* den Freihandel auf den Weltmeeren forderte.[96] Grotius argumentierte im Kontext der zeitgenössischen Auseinandersetzungen zwischen den Niederlanden und Spanien, dass das Meer nicht als nationaler Besitz aufgefasst werden könne und es demzufolge allen Völkern offenstehe, auf ihm gleichberechtigten Handel zu treiben.[97] Von päpstlicher Seite war diese Schrift umgehend auf den Index gesetzt worden – zum einen, da sie auch den von der Kirche vertretenen Anspruch auf die Weltmeere untergrub, zum anderen, da sie sich gegen die päpstlich unterstützte iberische Politik richtete.

Der Abbruch einer katholischen Tradition dieses alternativen Blicks auf Handel und Handelspolitik war damit allerdings nicht vollzogen. Grotius' Ausführungen zum Freihandel entsprangen nicht nur einer Rezeption des Gelehrten Libanios, sondern wurden zeitgenössisch auch durch die Vorlesungen des Dominikanermönches Francisco de Vitoria (1483–1546), eines Hauptvertreters der spätscholastischen Schule von Salamanca, inspiriert.[98] In diesem theologischen Kontext distanzierte man sich bereits deutlich von den alten Vorbehalten gegenüber dem Handelsgeschäft und sah im Gegenteil, ganz der Intention Libanios' entsprechend, im freien Warenverkehr ein „effektives Instrument der Erfüllung der Heilsgeschichte".[99] Insgesamt ist die

96 Vgl. Viner: Essays (1991), S. 42.

97 Dem vorausgegangen war ein konkreter Streit zwischen der niederländischen VOC (Vereinigte Ostindische Kompanie) und einem portugiesischen Handelsschiff. Grotius erstellte ein Gutachten, in dem er vor allem seine Vorstellungen eines naturrechtlich begründeten Selbstverteidigungsrechts der Völker entfaltete. Der 1609 eigenständig unter dem Titel *Mare Liberum* publizierte Text stellt ein Kapitel des Gutachtens dar. Vgl. zum Entstehungskontext und zur Rezeption ausführlich Weiß, Norman: Aspekte der Grotius-Rezeption am Beispiel von „Mare Liberum", in: Weiß, Norman (Hg.): Hugo Grotius: Mare Liberum. Zur Aktualität eines Klassikertextes (Potsdamer Studien zu Staat, Recht und Politik, 2), Potsdam 2009, S. 17–24.

98 Vgl. Thumfart, Johannes: Freihandel als Religion. Zur Ökonomischen Theologie in den völkerrechtlichen Entwürfen Hugo Grotius' und Francisco de Vitorias, in: Archiv des Völkerrechts, 62/2 (2008), S. 259–271; Thumfart, Johannes: 400 Jahre Freiheit der Meere – 400 Jahre Ökonomische Theologie? Ideengeschichtliche Skizze zu Hugo Grotius und Francisco de Vitoria, nach Giorgio Agamben, Carl Schmitt und Max Weber, in: Weiß (Hg.): Hugo Grotius: Mare Liberum (2009), S. 25–33.

99 Thumfart: Freihandel als Religion (2008), S. 269. Zum Blick auf den Handel in der spanischen Spätscholastik vgl. Chafuen, Alejandro A.: Faith and Liberty. The Economic Thought of the Late Scholastics, Lanham 2003, S. 73–76; Weber, Wilhelm: Wirtschaftsethik am Vorabend des Liberalismus. Höhepunkt und Abschluß der scholastischen Wirtschaftsbetrachtung durch Ludwig Molina S. J. (1535–1600) (Schriften des Institus für

Schule von Salamanca in der Forschung bereits vielfach als Wegbereiterin der nationalökonomischen Vorstellung eines freien Marktes ins Gespräch gebracht worden, den sie, wie beispielhaft Vitoria, allerdings auch missionstheologisch konnotierte.[100] Die Vereinigung der Welt, ökonomisch verwirklicht durch freie Handelswege, sollte vor allem eine Vereinigung unter dem katholischen Glauben sein.[101]

1.2.2 *Zunfttradition, Gewerbereform und korporatives Denken*

Die Geschichte des europäischen Handwerks ist spätestens seit dem Mittelalter in besonderer Weise mit der Geschichte des Christentums verknüpft. Schon bei den Kirchenvätern ist eine insgesamt wohlwollende Haltung gegenüber dem Handwerksberuf zu erkennen.[102] Seinen festen Platz „im Gefüge der christlichen Welt, ja im göttlichen Heilsplan" erhielt er allerdings erst durch die Zunftordnung in der mittelalterlichen Stadt.[103] Die „Verbindung von Wirtschaft und Religion in einer einzigen Institution" gilt heute als „erstaunlichste[] Eigenschaft[] der Zünfte".[104] Wie nirgendwo sonst spiegelte sich hier die Assoziation ehrenhafter handwerklicher Arbeit mit einem tugendhaften christlichen Dasein. Gemeinsame religiöse Aktivitäten sowie sozial-karitatives

---

Christliche Sozialwissenschaften der Westfälischen Wilhelms-Universität Münster, 7), Münster 1959, S. 94–98.

100 Vitoria hatte sich unter anderem mit der Frage der Legitimation der christlichen Mission in Amerika durch die Spanier beschäftigt, vgl. Francisco de Vitoria: Vorlesungen II (Relectiones). Völkerrecht – Politik – Kirche (Theologie und Kirche, 8), hg. v. Ulrich Horst u. a., Stuttgart 1997. Vgl. als knappen Forschungsüberblick zu wirtschaftlichen Perspektiven in der spanischen Spätscholastik Decock, Wim; Birr, Christiane: Recht und Moral in der Scholastik der Frühen Neuzeit 1500–1750 (methodica – Einführungen in die rechtshistorische Forschung, 1), Berlin/Boston 2016, S. 74ff. Besonders sei darüber hinaus verwiesen auf Chafuen: Faith and Liberty (2003); Roover, Raymond de: Scholastic Economics. Survival and Lasting Influence from the Sixteenth Century to Adam Smith, in: The Quarterly Journal of Economics, 69/2 (1955), S. 161–190.

101 Vgl. Thumfart: 400 Jahre Freiheit der Meere (2009), S. 29f.

102 Es wird lediglich darauf hingewiesen, dass das Handwerk nichts für den „Götzendienst" herstellen dürfe, vgl. Seipel: Die wirtschaftsethischen Lehren (1972), S. 158f.

103 Vgl. Schulz, Knut: Handwerk, Zünfte und Gewerbe. Mittelalter und Renaissance, Darmstadt 2010, S. 18. Ernst Troeltsch hat das „Ideal der Stadt", das sich gerade bei Thomas von Aquin zeigte, als grundlegend für die zeitgenössische christliche Gesellschaftslehre herausgestellt. Mit „ihrem Friedensprinzip, ihrer Begründung auf freie Arbeit und korporative Arbeitsgruppen, mit ihrem stärkeren geistigen Interesse und ihrer fürsorglichen, jeden schützenden Verwaltung", an der auch die Gewerbetreibenden teilhatten, sei sie wesentlicher „Boden für die christlichen Ideale" geworden, vgl. Troeltsch: Die Soziallehren (1977), S. 344f.

104 „In der Landwirtschaft, im Adel oder in der öffentlichen Verwaltung gab es nichts Vergleichbares", Kluge, Arnd: Die Zünfte, Stuttgart 2007, S. 312.

Handeln waren essenzieller Bestandteil der Zunftzugehörigkeit und fungierten nicht zuletzt als allgemeiner „Appell an eine christliche Lebensführung".[105] Einerseits wurde so im zünftigen Ehrverständnis ein christliches Bekenntnis zum Distinktionsmerkmal guter handwerklicher Arbeit.[106] Andererseits fand dadurch handwerkliche Arbeit, die im christlichen Mittelalter immer auch die „Makel" der Körperlichkeit und des Gewinnstrebens trug, ihre ethische Legitimation.[107] Aus bildungsgeschichtlicher Perspektive ist etwa seit dem 8. Jahrhundert festzustellen, dass die als „mechanische Künste" beschriebenen technisch-handwerklichen Berufe geringer geschätzt wurden als die geistigen Tätigkeiten der „freien Künste".[108]

Die wirtschaftlichen, sozialen und politischen Gründe für den Niedergang der Zünfte nach ihrer mittelalterlichen Blütezeit sind vielfältig und müssen an dieser Stelle nicht weiter erläutert werden.[109] Fest steht, dass im 18. Jahrhundert, als Adam Smith das Zunftsystem kritisierte und die Einführung einer allgemeinen Gewerbefreiheit forderte[110], der politische Reformbedarf gewerblicher Strukturen bereits klar erkannt sowie erste Liberalisierungsversuche

---

105 Das Privatleben der Mitglieder unterlag der sozialen Kontrolle der (christlichen) Gemeinschaft, vgl. hierzu insgesamt Kluge: Die Zünfte (2007), S. 312f., Zitat: 313. Zur Sozialdisziplinierung im Zunftwesen, etwa in Form von Glücksspiel- und Trinkverboten oder des Umgangs mit Prostitution, vgl. auch Heusinger, Sabine: Die Zunft im Mittelalter. Zur Verflechtung von Politik, Wirtschaft und Gesellschaft in Straßburg (Vierteljahrschrift für Sozial- und Wirtschaftsgeschichte. Beihefte, 26), Stuttgart 2009, S. 135f. Exemplarische Momente gemeinsam gelebter und gleichzeitig normativ zur Schau getragener Religiosität waren etwa Fronleichnamsprozessionen, an denen die Zünfte seit dem Spätmittelalter verbreitet gemeinschaftlich teilnahmen, oder Begräbnis- bzw. Gedenkzeremonien für verstorbene Mitglieder.

106 Jüdische Handwerker etwa waren in Deutschland im Mittelalter eine absolute Ausnahme. Die Aufnahme in christliche Zünfte wurde ihnen zumeist verwehrt, vgl. hierzu ausführlich Kluge: Die Zünfte (2007), S. 119–123.

107 Heusinger spricht in dieser Hinsicht von „symbolische[m] Kapital, das die Handwerkszünfte dem Makel körperlicher Arbeit und dem Vorbehalt gegenüber kaufmännischem Gewinnstreben entgegensetzten", Heusinger: Die Zunft im Mittelalter (2009), S. 165.

108 Während noch in der Spätantike die Idee artikuliert wurde, „dass die mechanischen Künste geradezu Wunderwerke hervorbringen und die Natur überlisten könnten", erfolgte zum Ende des 8. Jahrhunderts „eine Akzentverschiebung von der Theorie der Mechanik hin zur praktizierten Handwerkskunst", die mit der Abgrenzung von den „freien Künsten" einherging, vgl. Schulz: Handwerk, Zünfte und Gewerbe (2010), S. 132–141, Zitate: 133.

109 Vgl. hierzu ausführlich Kluge: Die Zünfte (2007), S. 389–424.

110 Vgl. zur ausführlichen Kritik, die Smith am Zunftwesen übte, Smith: Wohlstand der Nationen (2009), S. 127–154 (Erstes Buch: Von den Ursachen des Fortschritts in den produktiven Arbeitskräften und von der Ordnung, nach welcher der Arbeitsertrag sich naturgemäß unter die verschiedenen Volksklassen verteilt, Zehntes Kapitel, Zweite Abteilung: Ungleichheiten, welche ihren Grund in der europäischen Wirtschaftspolitik haben).

unternommen worden waren.[111] Im Zuge der schrittweisen Einführung der Gewerbefreiheit im 19. Jahrhundert sprachen sich auch prominente Katholiken im deutschen Raum für eine Erneuerung berufssolidarischer Strukturen, damit aber zugleich auch gegen die allgemeine Gewerbefreiheit und das als soziale Bedrohung empfundene Prinzip der freien Konkurrenz aus.[112] Zu stark waren korporative Ideen im Sinne der religiös fundierten wirtschaftlichen Solidargemeinschaft im Katholizismus verankert, als dass man sich gänzlich vom Zunftgedanken verabschieden wollte. Hinzu kam die starke Präsenz ständischer Ideen, die durch die Zünfte mitgetragen worden waren: Der mittelalterliche Ständestaat galt Katholiken noch im 19. Jahrhundert vielfach als Idealform gesellschaftlicher Organisation, zu der man zurückkehren müsse, um die Massenverelendung zu stoppen.[113]

Das 19. Jahrhundert war auf katholischer Seite insgesamt geprägt von Versuchen, den alten ständisch-korporativen Zunftgedanken in neuer, zeitgemäßer Form gesellschaftlich zu verwirklichen und so weniger den ökonomischen als vielmehr den sozialen Herausforderungen der sich industrialisierenden und – nach verbreiteter katholischer Wahrnehmung viel wichtiger – sich individualisierenden Gesellschaft gerecht zu werden. Für den deutschen Kontext sei hier besonders auf die zur Jahrhundertmitte vielerorts gegründeten Gesellenvereine verwiesen, aus denen mit der „Kolping-Bewegung [...] die erste große geglückte katholische Sozialinitiative"[114] im deutschen Raum hervorgegangen ist – mit dem Priester Adolph Kolping (1813–1865) bezeichnenderweise initiiert von einem entschiedenen Gegner der allgemeinen Gewerbefreiheit.[115]

---

111 Vgl. Kluge: Die Zünfte (2007), S. 426–429.

112 So etwa Ketteler, vgl. Roos: Kirche – Politik – soziale Frage (1977), S. 24f.

113 Vgl. Stegmann/Langhorst: Geschichte der sozialen Ideen im deutschen Katholizismus (2000), S. 631–641.

114 Schatz: Zwischen Säkularisation und Zweitem Vatikanum (1986), S. 163.

115 Kracht hat hierzu in seiner Quellenschau bemerkt: „Liberalismus und Revolution waren für Kolping immer mit atheistischen Vorstellungen verbunden, weil sie eine höhere Ordnung nicht anerkennen wollten und damit gesellschaftliche Strukturen des organischen Ganzen tangieren würden (z. B. Gewerbefreiheit)", Kracht, Hans Joachim: Adolph Kolping. Priester, Pädagoge, Publizist im Dienst christlicher Sozialreform. Leben und Werk aus den Quellen dargestellt, Freiburg i. Br. u. a. 1993, S. 379. Kracht zitiert Kolping zur Zeit der Gründung von dessen erstem Gesellenverein in Köln um 1850: „Die alten *Formen* der Zünfte mögen sich in vieler Beziehung überlebt haben, zum Teil sind sie schon längst gefallen, die Handwerker-Verhältnisse der Gegenwart anpassen, mag oft sehr schwer sein, wenn man Alle zufrieden stellen will, sicher wird man auch dann es nicht allen Menschen recht machen, aber die unbeschränkte Gewerbefreiheit ist einmal ein so großes praktisches Übel, daß kein besonnener Mensch, wenn er mit der Sache

Abgerundet werden muss diese Skizze mit einem Blick auf die frühneuzeitliche gewerbliche Entwicklung des katholischen Raumes. Nur sehr vereinzelt haben sich dort vor 1800 protoindustrielle Strukturen, das heißt vor allem Manufakturen und Verlagssysteme, ausgebildet, wie Hersche in seiner konfessionsvergleichenden Studie herausgestellt hat. Den von der merkantilistischen und kameralistischen Wirtschaftspolitik des 17. und 18. Jahrhunderts so viel geforderten Gewerbefleiß, verbunden mit einem staatlich geförderten Ausbau gewerblicher Strukturen, beobachteten Reisende vor allem in protestantisch regierten Regionen.[116] Bei Katholiken erkennt Hersche demgegenüber eine „agrarische Ideologie", die sich paradigmatisch ausgedrückt fand in der Reagrarisierung Italiens nach dem dortigen Wirtschaftszusammenbruch im 17. Jahrhundert.[117] Deutlich wird daran, dass die vorindustrielle Forderung nach Gewerbefleiß und politischer Gewerbeförderung innerhalb eines katholischen Kontextes noch zu Beginn des 19. Jahrhunderts eine klar protestantische Konnotation trug.

1.2.3 *Bildung in Zeiten des sozio-ökonomischen Umbruchs*

Bereits vor 1800 sowie in den ersten Jahrzehnten des 19. Jahrhunderts fanden im Bereich der wirtschaftlichen Bildung entscheidende Transformationen statt, die vor allem im Kontext zweier Entwicklungen zu verorten sind: zum einen der zunehmenden Fokussierung der (bürgerlichen) Werte Fleiß beziehungsweise „Industriosität" in der ländlichen Volksbildung des 18. Jahrhunderts[118], zum anderen im Kontext des wachsenden Erfordernisses, gerade die handwerklichen und technischen Berufsbildungsvoraussetzungen den aufkommenden industriellen Wirtschaftsstrukturen anzupassen.

---

hinreichend vertraut ist, dazu raten kann", zit. nach Kracht: Adolph Kolping (1993), S. 394 [Hervorhebung im Original].

116 Als einzige Ausnahme nennt Hersche die „katholische" Textilindustrie des östlichen Schwaben. Vgl. insgesamt Hersche: Muße und Verschwendung, 1 (2006), S. 472–483 und zur wirtschaftspolitischen Forderung des Gewerbefleißes Brandt: Geschichte der deutschen Volkswirtschaftslehre, 1 (1992), S. 44.

117 Vgl. Hersche: Muße und Verschwendung, 1 (2006), S. 466–472, Zitat: 458.

118 Vgl. Herrmann, Ulrich: Pädagogisches Denken, in: Hammerstein, Notker; Herrmann, Ulrich (Hgg.): Handbuch der deutschen Bildungsgeschichte, Bd. 2. Vom späten 17. Jahrhundert bis zur Neuordnung Deutschlands um 1800, München 2005, S. 97–133, hier 110f. Herrmann zitiert hierzu beispielhaft aus der *Schrift Über den Charakter des Bauern* (1786) des Aufklärungsphilosophen Christian Garve (1742–1798). Der Begriff „Industriosität" stand im 18. Jahrhundert vor allem für Fleiß und Regsamkeit, vgl. auch Blankertz, Herwig: Bildung im Zeitalter der großen Industrie. Pädagogik, Schule und Berufsbildung im 19. Jahrhundert (Das Bildungsproblem in der Geschichte des Europäischen Erziehungsdenkens, 15), Hannover u. a. 1969, S. 23 (Anmerkung 41).

Für die deutsche Volksaufklärung ist gerade die Vermittlung agrarischen Wissens als zentral herausgestellt worden.[119] Im Forschungsdiskurs hat sich darauf aufbauend, insbesondere durch die technik- und wissensgeschichtlichen Arbeiten Marcus Popplows, der Begriff der Ökonomischen Aufklärung als Beschreibung der „heterogenen Aktivitäten zur Förderung insbesondere der Landwirtschaft durch Bereitstellung externen, aber dennoch möglichst praxisnahen Expertenwissens im 18. Jahrhundert" etabliert.[120] Als Medien der Ökonomischen Aufklärung gelten die Zeitschriften der im 18. Jahrhundert vielerorts gegründeten Ökonomischen Sozietäten sowie die groß angelegten Enzyklopädie-Projekte des Kameralismus. Besonders hervorzuheben ist die zwischen 1773 und 1858 vom preußischen Kameralisten Johann Georg Krünitz (1728–1796) und seinen Nachfolgern in Berlin herausgegebene *Oekonomische Encyklopädie*, in der in insgesamt 242 Bänden vor allem das landwirtschaftliche und gewerbliche Wissen der Zeit für die aufgeklärte Staatsbürokratie kompiliert wurde.[121]

Das hier über einen Elitendiskurs erzeugte, gleichzeitig aber einer breiteren Schicht bereitgestellte praxisnahe ökonomische Wissen gilt gemeinhin zwar nicht als inhaltliche Grundlage der späteren Industrialisierungsprozesse, darf aber – gerade hinsichtlich der enormen Dynamik seiner Produktions- und Distributionsmechanismen – zumindest als Mitvoraussetzung für spätere wirtschaftliche Entwicklungen gelten.[122] Derartige staatlich angeregte Wissensvermittlung verband sich zeitgenössisch mit der pädagogischen Forderung einer „Verfleißigung des Menschen"[123], der – ganz im Geiste der Aufklärung – sein sozio-ökonomisches Schicksal zumindest partiell selbst in die Hand nehmen könne durch stete Arbeitsamkeit, die flankiert werden

119 Vgl. Siegert, Reinhart: Volksbildung im 18. Jahrhundert, in: Hammerstein/Herrmann (Hgg.): Handbuch der deutschen Bildungsgeschichte, 2 (2005), S. 443–484, hier 449ff.

120 Vgl. Popplow, Marcus: Die Ökonomische Aufklärung als Innovationskultur des 18. Jahrhunderts zur optimierten Nutzung natürlicher Ressourcen, in: Popplow, Marcus (Hg.): Landschaften agrarisch-ökonomischen Wissens. Strategien innovativer Ressourcennutzung in Zeitschriften und Sozietäten des 18. Jahrhunderts (Cottbuser Studien zur Geschichte von Technik, Arbeit und Umwelt, 30), Münster u. a. 2010, S. 2–48, hier 13.

121 Krünitz, Johann Georg: Oekonomische Encyklopädie oder allgemeines System der Staats-, Stadt-, Haus- und Landwirthschaft, in alphabetischer Ordnung, erschienen 1773–1858 in Berlin. Als umfassende Studie vgl. Fröhner, Annette: Technologie und Enzyklopädismus im Übergang vom 18. zum 19. Jahrhundert. Johann Georg Krünitz (1728–1796) und seine Oeconomisch-technologische Enzyklopädie, Mannheim 1994.

122 Diese These findet sich bei Popplow, Marcus: Vom Nutzen der Wissensgeschichte für die Technikgeschichte der Frühen Neuzeit, in: Wissensformen der Technik – Ferrum. Nachrichten aus der Eisenbahnbibliothek. Stiftung der Georg Fischer AG, 86 (2014), S. 6–14.

123 Herrmann: Pädagogisches Denken (2005), S. 110.

sollte von der Erlangung wahrhaft nützlicher wirtschaftlicher Kenntnisse und Fertigkeiten. Aus den Aktivitäten der Ökonomischen Aufklärung gingen entscheidende Impulse für die Entstehung eines differenzierten landwirtschaftlichen Bildungswesens im 19. Jahrhundert hervor.[124]

Für die handwerklich-gewerbliche Berufsbildung im deutschen Raum stellte sich die erste Hälfte des 19. Jahrhunderts als wichtige Transformationsphase dar. Noch im 18. Jahrhundert ist, in regionalen Abstufungen, „reformresistente[] Traditionalität" und ein „dominante[s] Beharrungsvermögen" hinsichtlich alter Berufsbildungsstrukturen festzustellen:

> Die fachliche Eigenart der Berufsausbildung im Gewerbe folgte [...] weniger einer intellektuell orientierten, auf Effizienz zielenden Ratio als vielmehr der Vermittlung von Erfahrungsregeln, die weitgehend der Schriftlichkeit entbehrten. Im methodischen Konzept des imitatio majorum, des Vormachens, Zusehens und Nachmachens, verkörperte sich die starre Regelhaftigkeit der Vermittlung von Kenntnissen und Fertigkeiten, deren Qualität weitgehend von der Befähigung des Meisters abhing: Sozialisation ging einstweilen noch vor Qualifikation.[125]

Die wirtschaftliche Berufsbildung unter staatliche Kontrolle zu stellen, war bereits im 18. Jahrhundert eine alte Forderung deutscher Kameralisten[126], entsprechende Schulkonzepte setzten sich flächendeckend allerdings erst im 19. Jahrhundert durch. Neben Schulen für Bergbau, Bauwesen, Land- und Fortwirtschaft sowie Textiltechnik, um nur eine Auswahl zu nennen, traten die Gewerbeschulen hervor, in denen der spezifisch handwerklichen Lehre mathematisch-naturwissenschaftlicher Unterricht zur Seite gestellt wurde. Als schulische „Neuschöpfung" spielten sie eine wichtige Rolle für die Industrialisierungsprozesse der deutschen Staaten, indem sie gerade dem

---

124 Vgl. Schmiel, Martin: Landwirtschaftliches Bildungswesen, in: Jeismann, Karl-Ernst; Lundgreen, Peter (Hgg.): Handbuch der deutschen Bildungsgeschichte, Bd. 3. Von der Neuordnung Deutschlands bis zur Gründung des Deutschen Reiches 1800–1870, München 1987, S. 306–309.

125 Bruchhäuser, Hanns-Peter: Berufsbildung, in: Hammerstein/Herrmann (Hgg.): Handbuch der deutschen Bildungsgeschichte, 2 (2005), S. 401–420, hier 401ff. Wie stark die Krise der zünftigen Berufserziehung nicht nur hinsichtlich der überholten Lehrmethodik das pädagogische Denken der Zeit beeinflusst hat, hat bereits Stratmann deutlich gemacht, vgl. Stratmann, Karl Wilhelm: Die Krise der Berufserziehung im 18. Jahrhundert als Ursprungsfeld pädagogischen Denkens (Kölner Arbeiter zur Pädagogik), Ratingen 1967.

126 Die Forderung wurde bereits im 17. Jahrhundert von Johann Joachim Becher (1635–1682) formuliert. Georg Heinrich Zincke (1692–1769) und Johann Heinrich Gottlob von Justi (1720–1771) sprachen sich im 18. Jahrhundert für eine entsprechende Verschulung aus, vgl. Bruchhäuser: Berufsbildung (2005), S. 405f.

niederen Bürgertum „eine nahezu einzigartige Einrichtung der Qualifizierung und eine Schleuse der Mobilität" boten.[127]

Für die Ausbildung höherer technischer Beamter existierte seit 1794 in Paris mit der berühmten Ecole Polytechnique das Modell einer polytechnischen Schule. Im französischen Schulkonzept verkörperte sie die Idee, durch ein vorbereitendes, vor allem mathematisches Studium die späteren schulisch ausgelagerten, angewandten Spezialstudien (an den Ecoles d'application) auf ein gemeinsames theoretisches Fundament stellen zu können.[128] Wenngleich die Ecole Polytechnique international hohes Ansehen genoss, verliefen die schulischen Entwicklungen in den einzelnen Staaten, den strukturellen Gegebenheiten gemäß, unterschiedlich. Bis in die 1820er Jahre entstanden etwa in Wien, München und Karlsruhe anders konzipierte Modelle polytechnischer Schulen und Institute. Wenngleich sie ebenfalls „polytechnisch", das heißt Fachklassen zusammenschließend, ausgerichtet waren, boten sie über die theoretischen Grundstudien hinaus höhere praktische Ausbildungsgänge.[129]

Mit den Forderungen nach einer verbesserten Berufsbildung für die wirtschaftlichen und technischen Berufe und den daraus folgenden entsprechenden Schulgründungen wurde unmittelbar die Frage tangiert, welche Art von Bildung für den Einzelnen und dessen optimale Eingliederung in die gerade ökonomisch fortschreitende Gesellschaft notwendig war und daher staatlich gewährleistet werden sollte. Auch das prominent von Wilhelm von Humboldt (1767–1835) vertretene neuhumanistische Bildungsideal, das gerade zu einer rein lebenspraktisch zweckgebundenen Bildung immer in kritischer Distanz stand und die möglichst universelle Bildung für den Einzelnen einforderte, ist im späten 18. und frühen 19. Jahrhundert zu verorten.[130] Bei vielen

127 Vgl. zur Entwicklung des Gewerbeschulwesens in Preußen Lundgreen, Peter: Fachschule, in: Jeismann/Lundgreen (Hgg.): Handbuch der deutschen Bildungsgeschichte, 3 (1987), S. 293–305, hier 300–305, Zitate: 300, 304.

128 Vgl. Lundgreen: Fachschule (1987), S. 294f.; Blankertz: Bildung (1969), S. 61–73. Technisches Wissen selbst stand in diesem Fall beim polytechnischen Studium eher im Hintergrund, vgl. hierzu auch Guagnini, Anna: Technik, in: Rüegg, Walter (Hg.): Geschichte der Universität in Europa, Bd. 3. Vom 19. Jahrhundert zum Zweiten Weltkrieg (1800–1945), München 2004, S. 488–514, hier 492.

129 Vgl. hierzu besonders die tabellarische Gegenüberstellung bei Lundgreen: Fachschule (1987), S. 295f. und für den internationalen Vergleich auch Guagnini: Technik (2004), S. 492–496.

130 Vgl. Jäger, Georg; Tenorth, Heinz-Elmar: Pädagogisches Denken, in: Jeismann/Lundgreen (Hgg.): Handbuch der deutschen Bildungsgeschichte, 3 (1987), S. 71–104, hier 75f. „Die Erziehung für die Gesellschaft", so lässt sich zusammenfassen, „sollte ersetzt werden durch eine Erziehung zum gebildeten einzelnen; im Hintergrund stand die Vorstellung, daß dieser ein (im Bedarfsfall) um so nützlicheres Glied der Gesellschaft, ein um so brauchbarerer Diener des Staates sein würde", Maurer, Michael: Bildung, in: Hahn,

der großen deutschen Aufklärer war die Meinung verbreitet, Erziehung müsse „in kritischer Distanz zu Beruf, Ökonomie, Staat und Gesellschaft erfolgen, weil nur so der die Unvernünftigkeit und Unmündigkeit verewigende Druck der Herrschaftsverhältnisse reduziert werden könne“.[131]

Welche ersten Spuren können nun gelegt werden in Bezug auf katholische Positionierungen zu den dargelegten Entwicklungen und Kontroversen? Zunächst ist es entscheidend, dass sich die Katholische Aufklärung im deutschen Raum am markantesten im Bereich der bildungsbetonten Volksaufklärung manifestierte.[132] Auch darüber hinaus, bezieht man etwa Aspekte einer aufgeklärten Klostergelehrsamkeit mit ein, muss die Katholische Aufklärung vorrangig als „breit angelegte Bildungsbewegung“ gesehen werden, die sich „nicht als (teil)säkularisierendes Einströmen des religiösen Wissens in einen Mainstream des mit fortschrittlicher Nationalkultur identifizierten protestantischen Bildungskanons beschreiben“ lässt: „Die konfessionelle Kultur sollte nicht eingeebnet, sondern zeitgemäß fortentwickelt werden.“[133] Gerade vor dem Hintergrund eines protestantischen Bildungskanons müssen allerdings die preußisch-kameralistischen Bestrebungen zu einer Ökonomischen (Volks-)Aufklärung gesehen werden, was für die Analysen eine interessante Grundkonstellation entstehen lässt.

Zusätzlich ist zu bedenken, dass gerade der Bildungsbereich als zentraler Bestandteil der post-reformatorischen, katholisch-konfessionellen Kultur ausgemacht werden kann[134], was ein katholisches Interesse an bildungspolitischen Fragen in eine lange Tradition stellte. Gerade die zunehmende Einspeisung ökonomisch-technischer Elemente in berufliche Bildungskontexte, die – wie der zeitgenössische Niedergang der Zünfte exemplarisch zeigte – nicht mehr

---

Hans-Werner; Hein, Dieter (Hgg.): Bürgerliche Werte um 1800. Entwurf – Vermittlung – Rezeption, Köln u. a. 2005, S. 227–238, hier 230. Humboldt hatte für eine klare Trennung zwischen der nötigen gewerblich-praktischen und der allgemeinen Bildung plädiert, vgl. Bruchhäuser: Berufsbildung (2005), S. 412.

131 Blankertz: Bildung (1969), S. 50f.

132 Siegert hat hierzu paradigmatisch bemerkt, dass „[d]as allgemeine Aufklärungsgefälle zwischen protestantischen und katholischen Gegenden […] im Bereich der Volksaufklärung längst nicht so deutlich ausgeprägt“ war wie etwa im Bereich der Literaturgeschichte. Im Gegenteil „sind […] süddeutsche katholische Regionen Hochburgen der Aufklärung und insbesondere der Volksaufklärung in Deutschland geworden“, vgl. Siegert: Volksbildung (2005), S. 470.

133 Vgl. zu den „katholischen Varianten der aufgeklärten Bildungsbewegung“ Holzem: Christentum in Deutschland, 2 (2015), S. 777–801, Zitate: 777, 800.

134 Katholische Regionen zeichneten sich gegenüber protestantischen in der Frühen Neuzeit gerade dadurch aus, dass die Kirche das Bildungssystem maßgeblich prägte, vgl. Hersche, Peter: Muße und Verschwendung. Europäische Gesellschaft und Kultur im Barockzeitalter, Bd. 2, Freiburg i. Br. u. a. 2006, S. 847f.

auf selbstverständliche religiöse Sozialisationsstrukturen aufbauen konnten, brachte die Herausforderung mit sich, der Religion im Wirtschaftsleben einen neuen, gleichsam aktualisierten Platz zuzuweisen.

Insgesamt ist der Bereich der Bildung für die Konfrontation von christlicher Tradition und ökonomischer Entwicklung im Betrachtungszeitraum daher in vielerlei Hinsicht wesentlich und aussagekräftig. Nicht unerwähnt bleiben darf schlussendlich, dass Adam Smith, der die Bildung aus seinem liberalen Wettbewerbskonzept stets ausgeklammert und sie als wichtige Aufgabe des Staates gesehen hatte, seine Religionskritik gerade mit Referenz zur Bildungsthematik vorbrachte. Von der einen Seite kritisierte er, dass die Kirche durch das Beharren auf der lateinischen Sprache die Trennung zwischen einer gelehrten und einer ungelehrten Sprache manifestiert und so gerade theologische Bildung exklusiv gemacht habe; von der anderen Seite argumentierte er, dass gerade (säkulare) Bildung die Menschen von fehlgeleiteter Religiosität befreien könne.[135] Diese klassische aufklärerische Kritik stellte diejenigen Katholiken vor große Herausforderungen, die ihre Religiosität in der ersten Hälfte des 19. Jahrhunderts auch auf dem Feld struktureller Bildungsumbrüche einzubringen suchten.

1.2.4 *Frühsozialistische Gesellschaftsentwürfe*

Die erste Hälfte des 19. Jahrhunderts war wirtschaftsgeschichtlich auch durch die Herausbildung einiger heterogener, von der Forschung später als frühsozialistisch betitelter Gesellschaftsentwürfe geprägt. Diese bildeten sich vor allem in bürgerlich-mittelständischen Kreisen als kritische Reaktion auf die Standpunkte der klassischen Nationalökonomie aus.[136] Bewusst soll hier von Gesellschaftsentwürfen die Rede sein, um gerade die damit einhergehenden Ordnungsvorstellungen in den Blick zu nehmen, die sich sowohl an zeitgenössischen wirtschaftsliberalen Konzepten als auch an theologischen Anschauungen abarbeiteten.

Besondere Bedeutung kam in dieser Hinsicht der Auseinandersetzung mit dem Prinzip des Privateigentums zu, für das das Christentum zu gänzlich verschiedenen Zeiten starke Befürworter hervorgebracht hat und das

---

135 Vgl. insgesamt Smith: Wohlstand der Nationen (2009), S. 778–837 (Fünftes Buch: Die Finanzen des Staates, Erstes Kapitel, Dritter Teil: Ausgaben für öffentliche Werke und Anstalten).

136 Hölscher hat diesbezüglich auf die irrführende „Etikettierung" durch den Begriff Frühsozialismus hingewiesen, schließlich „handelte es sich noch keineswegs um eine Arbeiter[bewegung]", vgl. Hölscher, Lucian: Die Entdeckung der Zukunft, 2. Aufl., Göttingen 2016, S. 93.

daher als wesentliche Säule der Christlichen Soziallehre gelten kann.[137] Schon die jesuanischen Aussagen des Neuen Testaments werden gemeinhin als klare Befürwortung eines maßvollen Privatbesitzes angesehen.[138] Die Gütergemeinschaft der Jerusalemer Urgemeinde ist aus heutiger Sicht nicht als positiv-rechtliche, sondern als moralische Ordnung anzusehen.[139] Im Fokus stand hierbei weniger die Ablehnung des Privatbesitzes als vielmehr die Aufforderung zur christlichen Liebestätigkeit, die erst als Konsequenz eine Form materieller Gleichheit erschuf.

Jene Almosenforderung, die sich gerade an wohlsituierte Christen richtete und eine Form des gerechten kapitalistischen, nicht kommunistischen Ausgleichs anstrebte, wurde in der Folgezeit von den Kirchenvätern mit besonderem Nachdruck erhoben. Wenngleich sich bei ihnen auch einige Stellungnahmen in Richtung des gemeinschaftlichen Besitzes finden lassen[140], so ist insgesamt, auch hinsichtlich der wirtschaftlichen Gegebenheiten in den ersten Jahrhunderten nach Christi Geburt, nicht von einer kommunistischen Grundhaltung auszugehen. Vielmehr zielten wohl die meisten, auch die auf den ersten Blick ambivalenten Aussagen, in die Richtung, „durch die Analogie mit der Gleichheit aller Menschen in Bezug auf das Übernatürliche [...] eine gewisse ideale Gleichheit in Betreff der natürlichen Güter als geziemend" hinzustellen.[141]

137 Vgl. Höffner: Christliche Gesellschaftslehre (2011), S. 210–217.

138 Natürlich wurde das Eigentum dabei nicht zum Selbstzweck erhoben. Es diente – verstanden als Gabe Gottes, die einen verantwortungsvollen Umgang impliziert – lediglich der basalen Selbstversorgung, die das Wohl des Nächsten stets mitbedachte. Vgl. hierzu insgesamt Meeks, M. Douglas: Economics in Christian Scriptures, in: Oslington (Hg.): The Oxford Handbook of Christianity and Economics (2014), S. 3–21, hier 12ff.

139 Dabei geriet die Gemeinde in derartige ökonomische Not, dass sie auf die Unterstützung durch andere Gemeinden angewiesen wurde, vgl. insgesamt Utz, Arthur F.: Der Begriff des Eigentumsrechts in der katholischen Soziallehre und seine Beziehung zur Wirtschaftsordnung, in: Utz, Arthur F. (Hg.): Die katholische Soziallehre und die Wirtschaftsordnung, Trier 1991, S. 109–162, hier 116f.

140 Vgl. Stander: Economics in the Church Fathers (2014), S. 25f.; Gordon, Barry: Theological Positions and Economic Perspectives in Ancient Literature, in: Brennan/Waterman (Hgg.): Economics and Religion (1994), S. 19–40, hier 36.

141 Vgl. hierzu ausführlich Seipel: Die wirtschaftsethischen Lehren (1972), S. 84–119, Zitat: 85. Auch Augustinus wird heute vor allem in diese Richtung verstanden: „Augustine expressed the conviction of many Church Fathers when he said that in order to be the rightful owner of one's possessions, one has to use them well", Stander: Economics in the Church Fathers (2014), S. 26.

Thomas von Aquin zählte das Privateigentum im Mittelalter zum Naturrecht des Menschen.[142] Nützlich sei das Eigentum für das gesellschaftliche Zusammenleben, so führte er aus, vor allem aus drei Gründen:

> [...] erstens weil jeder viel mehr für das, was ihm allein gehört, Sorge trägt, als für das, was allen oder was doch vielen gemeinsam ist. [...] Zweitens aber, weil sich die menschlichen Angelegenheiten viel ordentlicher abwickeln lassen, wenn dem einzelnen die Sorge für bestimmte Dinge als für sein Eigentum überlassen wird und es eine große Verwirrung geben würde, wenn jeder wahllos, was ihm gerade unterkommt, besorgen würde. Drittens, weil dadurch die menschlichen Beziehungen mehr in Frieden gehalten werden können, wenn jeder mit seinem Eigentum zufrieden ist.[143]

Auch gemäß der Thomistischen Sozialphilosophie sollte Eigentum aber lediglich maßvoll, das heißt in familien- und existenzsicherndem Sinne, erworben und verwaltet werden.[144]

Vor dem Hintergrund dieser christlich-katholischen Tradition erscheint die moderne ökonomische Theorie um 1800 nicht als Bruch oder Irritation, sondern vielmehr als stimmige Bestätigung. Schon die Physiokraten machten, ganz im Sinne der großen französischen Aufklärer, das Privateigentum zu einem Grundpfeiler ihrer marktwirtschaftlichen Ordnungsvorstellungen.[145] Auch für die klassische Nationalökonomie nach Smith war das Eigentumsprinzip zentral, symbolisierte und erfüllte es doch die Forderung nach Selbstbestimmung und Autonomie des Einzelnen in dessen persönlicher Lebensgestaltung in Form einer weitgehenden Emanzipation von staatlicher Bevormundung. Gegen die dieser Forderung zugrundeliegende liberale Überzeugung einer durch freie Konkurrenz automatisch eintretenden Interessensharmonie, die sich auch auf Ebene der Güterverteilung ausdrückte, wandten sich die frühsozialistischen Ansätze in der ersten Hälfte des 19. Jahrhunderts. Innerhalb ihrer gemeinsamen Zielsetzung, ein neues solidarisches Wirtschafts- und damit zugleich Gesellschaftssystem zu etablieren, lassen sich heterogene Ansätze ausmachen. Als einflussreich erwiesen sich besonders frühsozialistische Theorien aus Frankreich und Großbritannien, kaum dagegen aus Deutschland.[146]

---

142 Wenn auch zum sekundären, d. h. hinzugerechneten Naturrecht, vgl. Ausgewählte Schriften des Thomas von Aquin, S. 134 und zu Thomas' Position auch Utz: Der Begriff des Eigentumsrechts (1991), S. 118–125.

143 Ausgewählte Schriften des Thomas von Aquin, S. 133.

144 Vgl. Troeltsch: Die Soziallehren (1977), S. 346.

145 Vgl. Häufle: Aufklärung und Ökonomie (1978), S. 79; Beaud: A History of Capitalism (2001), S. 58f.

146 Vgl. als Überblick Brandt, Karl: Geschichte der deutschen Volkswirtschaftslehre, Bd. 2. Vom Historismus bis zur Neoklassik, Freiburg i. Br. 1993, S. 114–126; Ramm, Thilo: Der

Im frankophonen Raum, der für die Analysen eine besondere Rolle spielt, agierten in diesem Kontext an prominenter Stelle die Katholiken Henri de Saint-Simon (1760–1825) und Charles Fourier (1772–1837), die jeweils eigene Denkschulen begründeten und mit ihren utopisch-sozialistischen Ansätzen auch den späteren Marx wesentlich beeinflussten.[147] Jüngst ist gerade die religiöse Dimension ihrer gesellschaftsreformerischen Ansätze stärker in den Blick geraten, von der sich Marx in der Folgezeit wiederum deutlich abgrenzte.[148]

Einen „romantischen Sozialismus" vertretend beklagten Saint-Simon und Fourier „die desaströsen Folgen der Revolution, das intellektuelle und moralische ‚Vakuum', den herrschenden Individualismus" und „sahen es als ihre Aufgabe an, dieses Vakuum mit einer neuen Lehre zu füllen".[149] Beide verstanden diese Lehre christlich, Saint-Simon betitelte seine letzte Schrift explizit *Le Nouveau Christianisme* (1825) und verfasste unmittelbar vorher einen *Catéchisme des industriels* (1824). Das *Neue Christentum* vereinte für Saint-Simon die Erfolge der Wissenschaften mit der christlichen Vision umfassender Liebe und Brüderlichkeit. In der ihm vorschwebenden Neuformierung der industriellen Gesellschaft[150] strebte er noch keine sozialistische Wirtschaftsordnung par exellence an, skizzierte allerdings neue politische und materielle Hierarchien. Sozio-ökonomische Veränderungen wie die Abschaffung von Klassenprivilegien und die Sicherstellung einer gerechten Entlohnung interagierten bei ihm aufs engste mit einem Christentum, das sich auf seinen ethischen Auftrag rückbesann und so zur ökonomischen Kraft wurde. Doch damit nicht genug: Hierdurch gehe die Menschheit, so der

Frühsozialismus. Begriffs- und Wirkungsgeschichte, in: Langner (Hg.): Katholizismus (1975), S. 123–144.

147 Vgl. Söllner: Die Geschichte des ökonomischen Denkens (2015), S. 218.

148 Vgl. hierzu jüngst Strube, Julian: Sozialismus, Katholizismus und Okkultismus im Frankreich des 19. Jahrhunderts. Die Genealogie der Schriften von Eliphas Lévi (Religionsgeschichtliche Versuche und Vorarbeiten, 69), Berlin/Boston (eBook-Ausgabe) 2016, besonders S. 52–62. Wenngleich Marx und auch Engels diese frühsozialistischen Denkschulen in vielerlei Hinsicht schätzten und auch gegenüber Angriffen verteidigten, so zählte doch „[e]ine polemische Abgrenzung gegenüber den religiösen Gedanken ihrer Vorläufer […] zu den Hauptstrategien" bei der Profilierung ihrer Lehren, vgl. Strube: Sozialismus, Katholizismus und Okkultismus (2016), S. 57. Die Abgrenzung wurde vor allem über den Begriff des „wissenschaftlichen Sozialismus", als Gegenstück zum „utopischen Sozialismus", vollzogen, vgl. Ziegler: Geschichte des ökonomischen Denkens (2008), S. 80.

149 Strube: Sozialismus, Katholizismus und Okkultismus (2016), S. 53.

150 Industrie meinte für Saint-Simon noch nicht die wirtschaftliche Organisationsform, sondern eine „auf Fleiß (‚industria') und dem nötigen technischen Können basierende Form des Wirtschaftens", Hölscher: Die Entdeckung der Zukunft (2016), S. 94.

geschichtstheoretische Ansatz Saint-Simons, auf Erden in den finalen Zustand ewiger Harmonie und christlicher Nächstenliebe über und erlebe damit ein „neues Christentum" finaler religiös-ökonomischer Erfüllung.[151]

Genau wie Saint-Simon kritisierte auch Charles Fourier die nationalökonomischen Prinzipien der freien Konkurrenz und des Privateigentums. Er machte sich für genossenschaftliche Assoziationen stark, die für ihn nicht lediglich den materiellen, sondern vor allem auch den geistigen Interessen des Einzelnen entgegenkommen sollten, indem sie – gleichsam durch automatischen Ausgleich der Einzelinteressen – eine kollektive Teilhabe nicht nur am gemeinsam erwirtschafteten Reichtum, sondern vor allem an der göttlichen Gnade ermöglichten.[152]

Frühsozialistische Schulen wie die der Saint-Simonisten und Fourieristen, die in den 1830er und 1840er Jahren in Frankreich wirkten, stellten also nicht nur für wirtschaftsliberale Denker eine Bedrohung dar, sondern wurden auch zur Herausforderung für den durch sie ebenfalls, wenn auch ganz anders adressierten Katholizismus. In ihren Forderungen nach Assoziationen, die als wirtschaftliche Solidargemeinschaften fungierten, standen sie christlich-korporativem Denken auf eigentümliche Weise nah, unterwanderten dieses aber zugleich durch eine heilsgeschichtliche Aufladung eines materiellen Kollektivismus. Auch der Anspruch, auf Basis wirtschaftspraktischer Modifikationen ein neues Christentum mit neuer Kirche zu erschaffen, das aus den Trümmern des alten in zukunftsweisender Version wiedererstehen sollte, musste hinsichtlich des kirchlichen Verständnisses von Tradition kritische Anfragen hervorrufen. So zeigt sich, dass eine katholische Auseinandersetzung mit frühsozialistischem Gedankengut sich nicht auf die Kritik an kollektivistischen und kommunistischen Forderungen beschränken konnte. Darüber hinaus musste Stellung bezogen werden zum weltanschaulichen Anspruch, den die sozialistische Utopie bereits zu diesem Zeitpunkt vortrug

---

151 Vgl. zur Lehre Saint-Simons, die an dieser Stelle nicht ausführlich dargelegt werden kann, in den Quellenanalysen aber hinsichtlich einiger Aspekte konkretisiert wird, Petermann, Thomas: Der Saint-Simonismus in Deutschland. Bemerkungen zur Wirkungsgeschichte (Europäische Hochschulschriften, Reihe 20: Philosophie, 126), Frankfurt a. M. u. a. 1983, S. 2–46; Hölscher: Die Entdeckung der Zukunft (2016), S. 93–97; Brandt: Geschichte der deutschen Volkswirtschaftslehre, 2 (1993), S. 116f.; Müller: Staatstätigkeit (1991), S. 266–270; Gueslin, André: L'invention de l'économie sociale. Le XIXe siècle français, Paris 1987, S. 31–40.

152 Vgl. zur Lehre Fouriers ausführlich Hölscher: Die Entdeckung der Zukunft (2016), S. 98–102; Brandt: Geschichte der deutschen Volkswirtschaftslehre, 2 (1993), S. 118f.; Müller: Staatstätigkeit (1991), S. 270ff.; Gueslin: L'invention de l'économie sociale (1987), S. 40–54. Zur Einordnung Saint-Simons und Fouriers in den frühsozialistischen Ideenkontext vgl. auch Ramm: Der Frühsozialismus (1975).

und dabei noch überaus deutlich aus einem christlichen Weltgestaltungsimpuls ableitete.

1.2.5 *Armuts- und Reichtumsverständnisse*

Die Kritik an der nationalökonomischen Wirtschaftstheorie im 19. Jahrhundert beklagte in vielfältiger Art und Weise die zunehmend offenbar werdende Diskrepanz zwischen der Theoretisierung nationalen Wohlstands und der Verelendung großer Teile der eigenen Bevölkerung. Auch die katholische Wirtschaftsrezeption und -kritik musste sich maßgeblich in diesem Rahmen bewegen, schließlich drehten sich die ethischen Debatten des Christentums seit jeher in besonderer Weise um die Frage, wie die gleichzeitige Existenz von Armut und Reichtum in dieser Welt zu verstehen und zu behandeln ist.

Welche Reichtumsverständnisse lassen sich zunächst in der Wirtschaftstheorie und Wirtschaftspolitik um 1800 ausmachen? Reichtum stellte sich für Smith vorrangig als dynamische, nicht mehr als statische Größe dar, wie ihn noch die Merkantilisten verstanden hatten. Jene hatten vor allem die staatlichen Edelmetallbestände als Maß für den Volksreichtum angesehen und so Geldbesitz unmittelbar mit Volksreichtum gleichgesetzt.[153] Aufbauend auf das bereits bei den Physiokraten formulierte Bestreben, Reichtum demgegenüber mehr über zirkulierende Produktionsprozesse zu begreifen, setzte Smith als Reichtumsmaß die nationalen Produktionsanstrengungen und hier insbesondere die Ausbildung des Produktionsfaktors Arbeit an.[154] Über das Prinzip der Arbeitsteilung würde hier die größtmögliche Produktivität sichergestellt, außerdem eine „naturgemäße", wie Smith sie nannte, Verteilung des Arbeitsertrags sichergestellt.[155] Über den Wirkungszusammenhang zwischen gesteigerter Produktivität, Marktwachstum, gesteigerter Nachfrage nach Arbeitskräften und dem Wachstum der Löhne skizzierte Smith eine Volkswirtschaft, die über ihr stetes Wachstum zugleich reich wurde und bereits war,

---

153 Vgl. Söllner: Die Geschichte des ökonomischen Denkens (2015), S. 10; Brandt: Geschichte der deutschen Volkswirtschaftslehre, 1 (1992), S. 44.

154 Vgl. zum Reichtumsbegriff der Physiokraten, die im Gegensatz zu Smith allerdings noch die Landwirtschaft als alleiniges Feld der Reichtumsvermehrung ansahen, Söllner: Die Geschichte des ökonomischen Denkens (2015), S. 16; Brandt: Geschichte der deutschen Volkswirtschaftslehre, 1 (1992), S. 87. Zu Smiths Konzeption vgl. Brandt: Geschichte der deutschen Volkswirtschaftslehre, 1 (1992), S. 137ff. Zur Auseinandersetzung Smiths mit dem Konzept der Merkantilisten vgl. Smith: Wohlstand der Nationen (2009), S. 423–448 (Viertes Buch: Die Systeme der Politischen Ökonomie, Erstes Kapitel: Prinzipien des Handels- oder Merkantilsystems).

155 Vgl. Smith: Wohlstand der Nationen (2009), S. 11–105 (Erstes Buch: Von den Ursachen des Fortschritts in den produktiven Arbeitskräften und von der Ordnung, nach welcher der Arbeitsertrag sich naturgemäß unter die verschiedenen Volksklassen verteilt).

wobei ebendieses Prozessuale zumindest der Idealvorstellung nach eine Teilhabe aller an diesem Reichtum ermöglichte.[156]

Auf welche christlich-katholischen Traditionen trafen diese wirtschaftswissenschaftlichen Paradigmenwechsel um 1800? Als Leitlinie ist hier sicherlich die besondere Affinität des Christentums zu ‚den Armen' zu klassifizieren. „[D]ie Zuwendung Gottes besonders zu den Armen als einer oft nicht näher bestimmten gesellschaftlichen Gruppe" zieht sich wie ein roter Faden durch die Texte des Alten und Neuen Testaments.[157] Reichtum stellte in dieser Hinsicht nicht nur die Möglichkeit, sondern vielmehr die ethische Verpflichtung dar, sich den Armen auch in materieller Hinsicht zuzuwenden. Ein für den christlichen Glauben der nächsten zweitausend Jahre absolut wesentliches Denkmuster findet sich darin grundgelegt: Der Arme wurde für den Reichen zur Notwendigkeit, um seinen Reichtum im christlichen Sinne zu legitimieren. Der tendenziell mit einem rein materiellen Lebensfokus assoziierte reichhaltige Güter- und Geldbesitz konnte ausschließlich durch wohltätiges Handeln gegenüber den Armen vor Gott gerechtfertigt werden. Wohltätigkeit wurde dem Reichen damit zum einzigen Mittel, das ewige Seelenheil zu erlangen. Schneider spricht hinsichtlich der enormen theologischen Aufwertung der Armen bei gleichzeitiger Fokussierung des wohltätigen Handelns der Reichen treffend von einer „paradoxale[n] Konstruktion von Wirklichkeit".[158]

Auch von den Kirchenvätern wurde die christliche Pflicht zur Wohltätigkeit gegenüber den Armen immer wieder betont und dabei als alternativloses Konzept einer strukturellen Armutsbekämpfung angesehen[159] – ebenfalls eine christliche Denkweise, die sich bis weit in die Moderne als äußerst wirkmächtig erweisen sollte und gerade für diese Studie von besonderem Interesse ist. Was Reichtum angeht, so ist bei den Kirchenvätern zwar der übliche christliche Vorbehalt gegenüber einem nach sittlichem Verständnis schädlichen Streben nach materiellen Gütern festzustellen.[160] Es finden sich aber auch Aussagen, in denen nicht Reichtum als solcher, sondern lediglich sein schlechter Gebrauch

156 Paradigmatisch hierzu bemerkte Smith: „Nicht die dermalige Größe des Nationalreichtums, sondern sein beständiges Wachsen bringt ein Steigen des Arbeitslohns hervor. Demnach steht der Arbeitslohn nicht in den reichsten Ländern am höchsten, sondern in den blühendsten oder denjenigen, welchen am schnellsten reich werden", Smith: Wohlstand der Nationen (2009), S. 75.

157 Vgl. Schneider, Bernhard: Christliche Armenfürsorge von den Anfängen bis zum Ende des Mittelalters. Eine Geschichte des Helfens und seiner Grenzen, Freiburg i. Br. u. a. 2017, S. 25–44, Zitat: 31.

158 Vgl. Schneider: Christliche Armenfürsorge (2017), S. 79.

159 Vgl. Stander: Economics in the Church Fathers (2014), S. 34.

160 Vgl. Seipel: Die wirtschaftsethischen Lehren (1972), S. 56–61.

verurteilt wurde.[161] Dieser bereits frühkirchlich und patristisch festgelegte „Referenzrahmen" des christlichen Sprechens über Armut und Reichtum wurde in den Folgejahrhunderten immer wieder herangezogen.[162]

Thomas von Aquin betonte im 13. Jahrhundert in diesem Sinne, dass „weder Reichtum noch Armut noch etwas anderes Äußerliches ein menschliches Gut an sich" seien, „sondern immer nur eingeschränkt auf das Verhältnis zum Gute der Tugend" hin verstanden werden dürften: „[D]och sind diese Dinge darum nicht schlechthin als Übel zu beurteilen, sondern ihr schlechter Gebrauch."[163]

Was ein guter beziehungsweise schlechter Gebrauch auch von Armut sein konnte, wurde seit dem Spätmittelalter vermehrt diskutiert. Schneider hat für diese Zeit auf einen „Wahrnehmungswandel im Blick auf die sozialen Gegebenheiten" hingewiesen, zu dem „theologische, philosophische und politische Diskurse substanziell bei[trugen], die mit den gesellschaftlichen Veränderungen einhergingen, in denen z. B. über eine gerechte, gute Herrschaft und die besten Wege zur christlichen Vervollkommnung weiter nachgedacht wurde".[164] Zunehmend wurde nun zwischen würdigen und unwürdigen Armen unterschieden, Letztere als betrügerische Bettler, die etwa Arbeitsunfähigkeit nur vortäuschten. Insgesamt sei zu dieser Zeit die „Tendenz zu beobachten, Armut und Bettel zunehmend als problematisch dazustellen".[165]

Gerade von protestantischer Seite wurden zur großflächigen Bekämpfung der Armut Disziplinierungskonzepte sowie Leitlinien einer neuen Armenpolitik entwickelt, die allerdings im katholischen Raum kaum Fuß fassen konnten: Das altbekannte „Reziprozitätsschema [...], wonach der Arme heilsnotwendig war, weil er dem Reichen Gelegenheit gab, durch ein Almosen ein Verdienst zu erwerben, das ihm ermöglichte, in den sonst schwierig zu erreichenden Himmel [...] einzugehen", konnte auch jetzt nicht aufgebrochen werden und blieb für den katholischen Blick auf Armut weiterhin dominierend.[166] Ins-

161 Vgl. Stander: Economics in the Church Fathers (2014), S. 27.

162 Schneider betont, dass sich auf diesen „permanenten Referenzrahmen [...] noch am Vorabend der Reformation nicht nur Prediger und Theologen, sondern auch gewöhnliche Laienchristen [...] bezogen", Schneider: Christliche Armenfürsorge (2017), S. 374f.

163 Ausgewählte Schriften des Thomas von Aquin, S. 171.

164 Schneider: Christliche Armenfürsorge (2017), S. 310.

165 Vgl. insgesamt Schneider: Christliche Armenfürsorge (2017), S. 312–325, Zitat: 314.

166 Vgl. Hersche: Muße und Verschwendung, 2 (2006), S. 770–793, Zitat: 783 und als Forschungsüberblick hierzu auch Schneider, Bernhard: Armut und Konfession. Ergebnisse und Perspektiven (kirchen-)historischer Forschungen zum Armutsproblem unter besonderer Berücksichtigung des 19. Jahrhunderts und des deutschen Katholizismus, in: Schneider, Bernhard (Hg.): Konfessionelle Armutsdiskurse und Armenfürsorgepraktiken im langen 19. Jahrhundert (Inklusion/Exklusion – Studien zu Fremdheit und

besondere eine staatliche Armenfürsorge musste damit von ihren Anfängen an kritisch beäugt werden, ersetzte sie doch den für das christliche Heilskonzept so wichtigen Gedanken freiwilliger Wohltätigkeit durch die Idee einer sozialstrukturell garantierten Gerechtigkeit.

Weiterhin wurde allerdings im katholischen Kontext die Unterscheidung zwischen einem würdigen, das heißt unverschuldet in Armut geratenen Armen und einem unwürdigen Armen, dessen materielle Not als Ergebnis moralischer Schwäche gedeutet wurde, stark gemacht. Als Konstante katholischer Armutsdiskurse findet sie sich noch bis weit ins 19. Jahrhundert hinein weitertradiert.[167]

Auf allen fünf Untersuchungsfeldern, so konnte gezeigt werden, ergaben sich hinsichtlich der Formulierung einer ökonomisch-theologischen Position im 19. Jahrhundert, die mit der christlichen und hiernach konfessionell-katholischen Tradition nicht zu brechen suchte, gleichzeitig aber offen für ökonomische Entwicklungen war, spezifische Herausforderungen, aber auch besondere Chancen. An diese allgemeinen Vorüberlegungen gilt es bei den nachfolgenden Quellenanalysen, wo immer möglich, anzuknüpfen.

Armut von der Antike bis zur Gegenwart, 15), Frankfurt a. M. 2009, S. 9–58. Schneider stellt hier als Grund für die konfessionell unterschiedlichen Entwicklungen auch heraus, dass im katholischen Raum ein Netzwerk kirchlicher Einrichtungen die Armenfürsorge übernommen hatte, in das hinein sich Armen- und Arbeitshäuser nur schwer etablieren konnten.

167 Vgl. Holzem: Christentum in Deutschland, 2 (2015), S. 1069ff.; Collinet, Michaela: Frohe Botschaft für die Armen? Armut und Armenfürsorge in der katholischen Verkündigung des späten 18. und frühen 19. Jahrhunderts (Konfession und Gesellschaft, 49), Stuttgart 2015; Maurer, Michaela: „Vater der Armen"?! Arme und Armut in der Verkündigung katholischer Bischöfe, in: Schneider (Hg.): Konfessionelle Armutsdiskurse (2009), S. 89–118.

KAPITEL 2

Moderne Ökonomie im Kontext Katholischer Spätaufklärung: Ignaz Heinrich von Wessenberg (1774–1860)

2.1 Grundlagen

2.1.1 *Wessenberg – Biographie und Forschungsstand*

Eine Einführung in das Leben und Wirken des langjähren Konstanzer Generalvikars Ignaz Heinrich von Wessenberg muss – so machen es diverse biographische Abrisse zu seiner Person vor – mit einer einleitenden Bemerkung zur historischen Brisanz der Lebensdaten des Theologen beginnen. Zwischen 1774, dem Jahr seiner Geburt in Dresden, und 1860, dem Jahr seines Todes in Konstanz, veränderte sich die Gesellschaft enorm, in der er als „wacher Zeitgenosse"[1] agierte. Er durchlebte eine Zeit der Revolutionen und Reformen, zugleich aber auch der Restaurationen und Beharrlichkeiten – eine Gegenüberstellung, die nicht zuletzt für kirchliche und wirtschaftliche Entwicklungen seiner Zeit Geltung beansprucht.

Wessenberg wurde von seinem Vater, Prinzenerzieher am kurfürstlich-königlichen Hof zu Dresden und glühender Anhänger des katholischen Reformabsolutismus Josephs II., im aufklärerischen Kontext erzogen.[2] Die scholastische Ausrichtung des Jesuiten-Gymnasiums, das er ab 1790 besuchte, nahm er als starken Kontrast zu seinem jugendlichen Wissens- und Denkhorizont wahr. Diese Erfahrung sollte zum starken Impuls für seine zukünftige theologische Ausrichtung werden. Es folgten ab 1792 theologische, juristische und philosophische Studien an den aufgeklärten Universitäten Dillingen,

1 Braun, Karl-Heinz: Einleitung, in: Braun, Karl-Heinz (Hg.): „... wie unzählig viele sind noch gar nicht über den dürren Buchstaben hinweggekommen!". Bildung bei Ignaz Heinrich von Wessenberg (1774–1860) (Tagungsberichte der Katholischen Akademie der Erzdiözese Freiburg), Freiburg i. Br. 2014, S. 9–16, hier 10.

2 Die folgende biographische Darstellung stützt sich in ihren Sachinformationen auf die Angaben bei Holzem, Andreas: Art. Wessenberg, Ignaz Heinrich von, in: Theologische Realenzyklopädie, 35 (2003), S. 662–667; Bischof, Franz Xaver: Iganz Heinrich von Wessenberg (1774–1860) – Kirchenreformer im frühen 19. Jahrhundert, in: Leimgruber, Stephan; Bürki, Bruno (Hgg.): Theologische Profile. Schweizer Theologen und Theologinnen im 19. und 20. Jahrhundert, Freiburg (Schweiz) 1998, S. 19–33; Braun, Karl-Heinz: Art. Wessenberg, Ignaz Heinrich von, in: Gatz, Erwin (Hg.): Die Bischöfe der deutschsprachigen Länder 1785/1803 bis 1945. Ein biographisches Lexikon, Berlin 1983, S. 808–812.

 DOI:10.30965/9783657795185_003

Würzburg und Wien, wo Wessenberg sich insbesondere praktischen Fragen der Liturgie und Pastoral widmete, sich aber auch für das Kirchenrecht und die Kirchengeschichte interessierte. Während dieser Zeit machte er unter anderem Bekanntschaft mit den Theologen Johann Michael Sailer, der ihn besonders in seinen pastoraltheologischen Anschauungen maßgeblich prägen, und Karl Theodor von Dalberg, der Wessenberg bereits 1802 in seiner Funktion als Bischof von Konstanz zu seinem Generalvikar ernennen sollte. Vorausgegangen war dem in Wessenbergs klerikalem Werdegang 1799 die Subdiakonatsweihe. Die Priesterweihe empfing er erst im Jahr 1812.

Nach der Säkularisation von 1803, die auf drastische Art und Weise den Untergang der Reichskirche besiegelte, setzte sich Wessenberg zusammen mit Bischof Dalberg auf nationaler Ebene für eine Neuordnung der kirchlichen Strukturen im deutschen Raum ein. Als Bevollmächtigter Dalbergs schlug er auf dem Wiener Kongress das Konzept einer vereinigten deutschen Kirche unter Führung eines Primas vor, was allerdings weder bei den nach Unabhängigkeit trachtenden deutschen Landesherren noch beim Heiligen Stuhl, der darin den römischen Primatsanspruch gefährdet sah, auf Zustimmung stieß. Auf pastoraler Ebene konnte Wessenberg, gerade durch die starke kirchenpolitische Inanspruchnahme Dalbergs nach 1803, weitgehend ungehindert seine kirchlichen Reformvorstellungen im Bistum Konstanz ausleben und implementieren. Seine Reformtätigkeit, der er sich „mit einer im deutschen Sprachraum ohne Vergleich dastehenden Intensität und konzeptionellen Klarheit“[3] widmete, lässt sich in zwei sich überlappende Bereiche unterteilen: den der Klerusbildung und -fortbildung und den der generellen Seelsorgeerneuerung im Bistum.

Wessenberg institutionalisierte eine feste Ausbildungsstruktur für die Weihekandidaten, die nach Abschluss ihres Theologiestudiums zumeist ein höchst unterschiedliches Bildungsniveau aufwiesen. Außerdem reinstitutionalisierte er die bereits vom Trienter Konzil (1545–1563) angedachten Pastoralkonferenzen als regelmäßige und verpflichtende Austauschplattform für den Klerus. Dort sollte dieser sich über alltägliche Fragen einer den Zeitumständen angemessenen Seelsorge, aber auch über Erlasse der Bistumsleitung austauschen und sich für die pastorale Arbeit gegenseitig ermutigen. Schriftliche Stellungnahmen, die Wessenberg hierbei zu festgelegten pastoralen Themen von den Klerikern einforderte und anschließend zumeist selbst durchsah, wurden bis 1827 im Rahmen der eigens gegründeten, monatlich erscheinenden Zeitschrift *Archiv für die Pastoralkonferenzen in den Landkapiteln des Bisthums*

---

3 Holzem: Art. Wessenberg, TRE (2003), S. 663.

Konstanz sowie kurzzeitig unter dem Vorgängertitel *Geistliche Monatsschrift mit besonderer Rücksicht auf das Bisthum Constanz* publiziert.

Auch im Bereich der generellen Seelsorgereform stand der Bildungsaspekt im Vordergrund, wenn auch anders nuanciert. Um das intellektuelle Verständnis der heiligen Messe bei den Gläubigen zu fördern, verpflichtete Wessenberg die Priester des Bistums zu einer Sonntagspredigt sowie zu einer regelmäßigen Christenlehre. Außerdem führte er die Sakramentenspendung in Volkssprache ein.

Insgesamt brachten Wessenberg sowohl seine kirchenpolitischen Vorstellungen als auch seine pastoralreformerischen Ansichten, über die er schnell eine große lokale Anhängerschaft generierte, in Konflikt mit Rom. Gerade die durch sein nationalkirchliches Konzept und die Eigenständigkeit seiner Seelsorge-Reformen gezeigten episkopalistischen Tendenzen, die die bischöfliche Autorität gegenüber der päpstlichen aufwerteten, mussten einer in Krisenzeiten um hierarchische Stabilität bemühten Kirche ein Dorn im Auge sein. Der Druck, der sich über die Jahre der Wessenbergschen Reformen angestaut hatte, entlud sich schließlich in vollem Maße nach dem Tod Bischof Dalbergs im Jahre 1817, als Rom die Wahl Wessenbergs zum Kapitularvikar, dem temporären Verwalter des Bistums bis zur Wahl eines neuen Bischofs, nicht anerkannte. 1821 wurde das Bistum, dessen Angelegenheiten Wessenberg wegen seines starken Rückhalts in Baden nichtsdestotrotz weiter verwaltet hatte, per päpstlicher Bulle gänzlich aufgelöst und auf die neu gegründeten Bistümer Freiburg und Rottenburg aufgeteilt – ein Verwaltungsakt, der schwerlich allein mit kirchlichen Umstrukturierungsmaßnahmen nach dem Wiener Kongress zu erklären ist. Die Wahl zum Erzbischof des neu zusammengesetzten Bistums Freiburg, die Wessenberg erneut gewann, verwehrte Rom ihm ebenfalls, woraufhin er sich nach Abwicklung der Bistumsangelegenheiten von Konstanz 1827 aus dem kirchlichen Leben zurückzog.

Wessenbergs Wirken wird heute gemäß dieser Geschehnisse im Konfliktfeld zwischen einer Katholischen (Spät-)Aufklärung, der der Theologe gerade mit seiner Pastoralreform gemeinhin alternativlos zugeordnet wird[4], und einem in der ersten Hälfte des 19. Jahrhunderts international erstarkenden Ultramontanismus gedeutet, zu dem er auch hinsichtlich seiner staatskirchlichen Ansätze in klare Opposition geraten war.[5] Gerade im „katholischen

4 Vgl. neben den bereits genannten Titeln besonders Handschuh: Die wahre Aufklärung (2014).

5 Vgl. zu dieser Kontextualisierung ausführlich Schatz, Klaus: Aufklärung, Staatskirchentum und Ultramontanismus im ersten Viertel des 19. Jahrhunderts, in: Braun, Karl-Heinz (Hg.): Kirche und Aufklärung. Ignaz Heinrich von Wessenberg (1774–1860) (Schriftenreihe der Katholischen Akademie der Erzdiözese Freiburg), Freiburg i. Br. 1989, S. 9–27 und auch Bischof: Wessenberg (1998), S. 28ff.

Denkhorizont des 19. Jahrhunderts", so hat es Holzem betont, galt weit über seinen Tod hinaus das „Stichwort ‚der Geist Wessenbergs' als Chiffre für gegensätzliche Positionsbestimmungen an den kirchenpolitischen und frömmigkeitsgeschichtlichen Konfliktlinien zwischen einem liberalen, aufgeklärten Bildungskatholizismus und einer ultramontanen Umgestaltung der katholischen Lebensformen".[6]

Wessenberg verstand seine Religiosität in einem ständigen konstruktiven Dialog mit der modernen Welt statt – wie die meisten Ultramontanen – als Exklusionsinstrument, um sich von dieser über die Konstruktion einer geschlossenen Heilsgemeinschaft abzugrenzen.[7] Im Kontext einer spätaufklärerischen „Welt- und Gegenwartskonstruktion", die Handschuh für die Kreise um und mit Wessenberg untersucht hat, wurde „nicht weniger unternommen als der Versuch, die zeitgenössische katholische Frömmigkeit zu aktualisieren und einen alternativ zu denkenden Heilsweg zu eröffnen, der in der eigenen Umgebungsgesellschaft anschlussfähig war" und durch ein Agieren in und mit ihr erst ermöglicht wurde[8]:

> Genuin handelte es sich hier um eine religiös dominierte Wahrnehmung der eigenen Wirklichkeit, um ein kollektives Selbstbild, das den ‚idealen' gläubigen Katholiken und dessen ebenso ideales innerweltliches Verhalten zu bestimmen und zu definieren suchte. Anhand dieser normativen Vorgaben ließ sich klar bestimmen, was ein aufgeklärter Katholik zu glauben und wie er sich zu verhalten hatte […].[9]

Dass die Formulierung derart normativer Ansprüche auf Ebene von Pastoral und Liturgie in ihrer Rigorosität gerade hinsichtlich tradierter Religiositätsvorstellungen kontrovers rezipiert wurde, liegt auf der Hand: „Gegnern oder verständnislos Betroffenen", so hat Holzem es drastisch formuliert, „erschienen der Habitus und die Maßnahmen der aufgeklärten Geistlichen als rigorose Beeinträchtigung oder Protestantisierung", gar als „verfehlte[] Preisgabe vermeintlich katholischer, faktisch restaurativ-ultramontaner (kirchen-)politischer

6 Holzem: Christentum in Deutschland, 2 (2015), S. 841.

7 Vgl. Braun, Karl-Heinz: Der Gottsucher. Wie stellt er die Gottesfrage?, in: Braun (Hg.): Bildung bei Wessenberg (2014), S. 23–36, hier 25, 34 und auch Braun, Karl-Heinz: „Die Lebensgeister der Kirche, Glaube und Liebe, bedürfen, um stets ungeschwächt und ungestört zu wirken, der beständigen Erneuerung". Zum Kirchenbild Ignaz Heinrich von Wessenbergs, in: Decot, Rolf (Hg.): Kontinuität und Innovation um 1803. Säkularisation als Transformationsprozeß: Kirche, Theologie, Kultur, Staat (Veröffentlichungen des Instituts für Europäische Geschichte Mainz, Abteilung für Abendländische Religionsgeschichte, 65), Mainz 2005, S. 21–38, hier 36.

8 Vgl. Handschuh: Die wahre Aufklärung (2014), S. 11–15, Zitat: 15.

9 Handschuh: Die wahre Aufklärung (2014), S. 15.

Strategien und Frömmigkeitsstile".[10] Seiner Forderung nach einem allein durch das Evangelium inspirierten „reine[n] Christentum, frei von Zusätzen" und „gegen alle Verzerrungen und Verkrustungen"[11], entsprach die Aufforderung an die Priester in den Pastoralkonferenzen, sich unter der leitenden Perspektive einer Hinterfragung von Frömmigkeitsformen Alltagsfragen der Seelsorge zu widmen. Die hiernach publizierten Aufsätze dienen der Forschung heute als Zeugnis einer Frömmigkeitsmodernisierung unter Wessenberg[12] und werden auch in dieser Studie einbezogen.

Zwischen 1819 und 1833 nahm Wessenberg eine politische Tätigkeit als Abgeordneter der Ersten Kammer des Großherzogtums Baden wahr, zunächst als Kirchenvertreter, hiernach als Vertreter des grundherrlichen Adels.[13] Baden, staatlich reorganisiert und vergrößert unter Napoleon, hatte sich trotz der im Zuge der Neuzusammensetzungen zwangsläufig stark ins Gewicht fallenden demographischen und insbesondere konfessionellen Heterogenität über den Wiener Kongress hinaus als stabil erwiesen. Dort hatte es von der allgemeinen Einschätzung profitiert, „brauchbarer Faktor zur Friedenssicherung im neugeordneten Europa" zu sein.[14] Wessenberg agierte hier in einem Staat,

---

10 Holzem: Christentum in Deutschland, 2 (2015), S. 844.

11 Baumgartner, Konrad: Bemühungen um Seelsorge und Seelsorger im Kreis um Sailer und Wessenberg, in: Gatz, Erwin (Hg.): Der Diözesanklerus (Geschichte des kirchlichen Lebens, 4), Freiburg i. Br. u. a. 1995, S. 58–65, hier 65.

12 Vgl. als umfassende Auswertung Gründig, Maria E.: „Zur sittlichen Besserung und Veredelung des Volkes". Zur Modernisierung katholischer Mentalitäts- und Frömmigkeitsstile im frühen 19. Jahrhundert am Beispiel des Bistums Konstanz unter Ignaz H. von Wessenberg, Stuttgart 1997.

13 Diese Angaben gehen aus den entsprechenden Protokollen hervor und werden bestätigt bei Beck, Joseph: Freiherr I. Heinrich v. Wessenberg – Sein Leben und Wirken. Zugleich ein Beitrag zur Geschichte der neuern Zeit. Auf der Grundlage handschriftlicher Aufzeichnungen Wessenbergs, Freiburg i. Br. 1862, S. 339. Beck, der Wessenberg nahe stand, verfasste diese frühe biographische Schrift unter anderem auf Basis einiger zusammenhängender autobiographischer Aufzeichnungen des Theologen, die ihm nach dessen Tod übergeben worden waren. Diese Aufzeichnungen wurden von ihm entgegen entsprechenden Ankündigungen nie der Öffentlichkeit zugänglich gemacht und sind bis heute nicht auffindbar, vgl. hierzu auch die Ausführungen von Kurt Aland im Vorwort zur Edition einiger autobiographischer Aufzeichnungen: Ignaz Heinrich von Wessenberg. Autobiographische Aufzeichnungen (Ignaz Heinrich von Wessenberg – Unveröffentlichte Manuskripte und Briefe, I/1), hg. v. Kurt Aland, Freiburg i. Br. u. a. 1968, S. 9–15. Aland fügte in dieser Edition die bei Beck zu findenden Zitate mit weiteren fragmentarischen Aufzeichnungen zusammen. Zur Person Beck vgl. Brechenmacher, Karl: Joseph Beck (1803–1883). Ein Badischer Spätaufklärer (Contubernium. Beiträge zur Geschichte der Eberhard-Karls-Universität Tübingen, 29), Tübingen 1984.

14 Vgl. hierzu ausführlich Hug, Wolfgang: Geschichte Badens, 2., durchges. Aufl., Darmstadt 1998, S. 199–216, Zitat: 206. Etwa zwei Drittel der badischen Bevölkerung waren katholisch,

der, umgeben vom allgemein aufklärungsfreundlichen Klima der Staaten im deutschen Südwesten, liberalen Ideen nicht zuletzt durch entsprechend engagierte Herrscherpersönlichkeiten viel Entfaltungsspielraum bot.[15] Im Jahr 1818 trat in Baden eine Verfassung in Kraft, die ohne jeden Zweifel als eine der liberalsten ihrer Zeit angesehen werden kann und dementsprechend schon zeitgenössisch als außergewöhnlich wahrgenommen wurde.[16] Wessenberg selbst, so geht es etwa aus den Ausführungen Becks hervor, trieb die Arbeiten an der Verfassung bei dem zu dieser Zeit bereits erkrankten Großherzog Karl Ludwig Friedrich (1786–1818) energisch voran.[17] Maßgeblich beruhte sie schlussendlich auf dem Entwurf des Staatsrats Karl Friedrich Nebenius (1784–1857), der in den 1820er und 1830er Jahren die badische Landespolitik prägte und ein enger Freund Wessenbergs war.

Immer wieder wurde Wessenberg während seiner Zeit als Politiker mit Rücktritts- und Ausschlussforderungen konfrontiert, die sich darauf bezogen, dass er kirchenpolitisch in Ungnade gefallen war.[18] Zum allseits erwarteten Rückzug Wessenbergs kam es schließlich im Jahr 1833 durch eine gemeinschaftliche Erklärung einiger badischer Grundbesitzer, die sich gegen eine weitere politische Tätigkeit Wessenbergs aussprachen.[19]

In den folgenden Jahrzehnten bis zu seinem Tod im Jahr 1860, in denen „die Entwicklungen des südwestdeutschen Katholizismus […] über den teils weiterhin hoch Geschätzten hinweg"[20] gingen, führte er ein Leben

---

ein Drittel protestantisch, dazu zählten allerdings die meisten höheren Beamten sowie das Herrscherhaus.

15 Hug sieht gerade die Pfalz, Vorderösterreich und Baden, Letzteres besonders hinsichtlich der Politik des Großherzogs Karl Friedrich (1728–1811), als „Exempel" für eine nach den Idealen der Aufklärung ausgerichtete Reformpraxis in spätabsolutistischen Staaten und fügt hinzu: „Im Unterschied zu Frankreich, wo Vordenker der Aufklärung den Wandel des politischen Systems vorausgedacht und miterzwungen haben, erschienen aufgeklärte Politiker und aufgeklärte Theorien im deutschen Südwesten zu gleicher Zeit; Denken und Handeln im neuen Geist durchdrangen einander […]. Die konsequentesten Aufklärer waren hier die Herrscher selbst, nicht ihre Kritiker", Hug: Geschichte Badens (1998), S. 178.

16 Vgl. Hug: Geschichte Badens (1998), S. 210–216. Baden ist zu dieser Zeit natürlich nicht als „Zentrum mit politischem Gewicht wie Preußen oder Österreich", sondern viel eher als „Sammelpunkt liberaler Bestrebungen und […] Blickpunkt fortschrittlich Gesinnter" anzusehen, vgl. Fischer, Wolfram: Wirtschaft und Gesellschaft im Zeitalter der Industrialisierung. Aufsätze – Studien – Vorträge, Göttingen 1972, S. 86.

17 Vgl. Beck: Wessenberg (1862), S. 334–337. Beck betont hier das „hohe Vertrauen, das Großherzog Karl auf die Einsichten und den Charakter des Mannes setzte", S. 334.

18 Vgl. Beck: Wessenberg (1862), S. 337f.

19 Vgl. Beck: Wessenberg (1862), S. 355.

20 Holzem: Art. Wessenberg, TRE (2003), S. 664.

als Privatgelehrter mit eigener Bibliothek in Konstanz.[21] Nicht zuletzt auf seinen Reisen, die er vielfach dokumentierte, beobachtete er weiterhin aufmerksam das Weltgeschehen, betätigte sich publizistisch und mischte sich in diverse Debatten ein. Noch unmittelbar vor seinem Tod veröffentlichte er sein monumentales zweibändiges Spätwerk *Gott und die Welt oder das Verhältniß aller Dinge zu einander und zu Gott* (1857), in dem er Gott und Welt „in einem universalen Zusammenhang zu begreifen und in eine vom Glauben getragene harmonische Synthese zu bringen" suchte.[22] Insgesamt wird es heute als „Generalschlüssel" zu Wessenbergs intellektuellem Vermächtnis gesehen, da es „Früheres mit einer noch stärker reflektierten Gesamtschau" offenlegt und dabei die Interessensgebiete des Theologen in ihrer ganzen Vielfalt abbildet.[23] Für die Studie stellt es sich damit als eine besonders wichtige Quelle dar.

Überblickt man den Forschungsdiskurs zu Leben und Wirken Wessenbergs, so stellte das Zweite Vatikanische Konzil in den 1960er Jahren eine deutliche Zäsur dar. War Wessenberg vorher immer wieder mit vermeintlich katholizismus-feindlichen liberalen Strömungen des 19. Jahrhunderts assoziiert und so langfristig zum Negativexempel der leichtfertigen Öffnung kirchlicher Strukturen für weltliche Anliegen stilisiert worden, so wurde er nun zum prophetischen „Wegbereiter" einer reformierten Religiosität und Kirchlichkeit – etwa wegen seines Engagements für eine deutschsprachige Volksliturgie oder auch seines kirchenpolitischen Eintretens gegen den päpstlichen Zentralismus.[24] Verstärkt wurde seitdem das Quellenmaterial zu Leben

21 Vgl. hierzu ausführlich Klöckler, Jürgen: Der Bürger in Konstanz: Unnahbar und distanziert. Der letzte Konstanzer Bistumsverweser nach 1827, in: Braun (Hg.): Bildung bei Wessenberg (2014), S. 133–148.

22 Vgl. Bischof: Wessenberg (1998), S. 31.

23 Vgl. Braun: Der Gottsucher (2014), S. 27.

24 Vgl. Holzem: Art. Wessenberg, TRE (2003), S. 665; Weitlauff, Manfred: Zwischen Katholischer Aufklärung und kirchlicher Restauration. Ignaz Heinrich von Wessenberg (1774–1860), der letzte Generalvikar und Verweser des Bistums Konstanz, in: Rottenburger Jahrbuch für Kirchengeschichte, 8 (1989), S. 111–132, hier 112f. und paradigmatisch für die Neuentdeckung Wessenbergs in den 1960er Jahren Müller, Wolfgang: Wessenberg in heutiger Sicht, in: Zeitschrift für Schweizerische Kirchengeschichte, 58 (1964), S. 293–308. Natürlich hatte es in den rund hundert Jahren zwischen Wessenbergs Tod und der Nachkonzilszeit bereits Darstellungen gegeben, die Wessenbergs Wirken früh zu würdigen suchten. Exemplarisch hervorzuheben ist neben der frühen Biographie Becks die Arbeit Johann Baptist Müllers aus dem Jahr 1916, in der Wessenbergs pädagogische Leistung im Kontext der Priester- und Volksbildung positive Beachtung gefunden hatte, vgl. Müller, Johann Baptist: Ignaz Heinrich von Wessenberg, ein christlicher Pädagog. Ein Beitrag zur Geschichte der Pädagogik im 19. Jahrhundert, Paderborn 1916.

und Wirken Wessenbergs studiert, maßgeblich eröffnet durch Kurt Aland, der zwischen den 1960er und 1980er Jahren umfangreiche Editionen herausgab.[25]

Neben den liturgischen[26] und kirchenpolitischen Anschauungen[27] des Theologen wurden insbesondere seine pastoralreformerischen Initiativen dezidiert aufgearbeitet.[28] Die Tatsache, dass Wessenbergs Wirken in alledem stets unter die Hermeneutik einer Begegnung zwischen Kirche und Aufklärung gestellt wurde[29], machte die nachkonziliaren Wessenberg-Studien äußerst anschlussfähig für den neueren Forschungsdiskurs zur Katholischen Aufklärung.[30] Diese Zuordnung spiegelt sich auch in der jüngeren Tendenz, gerade Wessenbergs Bildungs- und Spiritualitätsverständnis näher unter die Lupe zu nehmen.[31]

25 Vgl. Ignaz Heinrich von Wessenberg. Autobiographische Aufzeichnungen (Edition Aland); Ignaz Heinrich von Wessenberg. Reisetagebücher (Ignaz Heinrich von Wessenberg – Unveröffentlichte Manuskripte und Briefe, IV), hg. v. Kurt Aland, Freiburg i. Br. u. a. 1970; Ignaz Heinrich von Wessenberg. Kleine Schriften (Ignaz Heinrich von Wessenberg – Unveröffentlichte Manuskripte und Briefe, III), hg. v. Kurt Aland, Freiburg i. Br. u. a. 1979; Die Briefe Johann Philipps von Wessenberg an seinen Bruder (Ignaz Heinrich von Wessenberg – Unveröffentlichte Manuskripte und Briefe, II), hg. v. Kurt Aland, Freiburg i. Br. u. a. 1987. Kleinere publizierte Denkschriften und Artikel Wessenbergs wurden für diese Studie teils über die hier genannte Edition, teils über die entsprechenden Zeitungen und Zeitschriften, teils über den Nachlass Wessenbergs in der Universitätsbibliothek Heidelberg (Heid. Hs. 638) eingesehen und zitiert. Aland spricht in seiner Edition von „unveröffentlichten Schriften", da Wessenberg einige von ihnen zusätzlich für eine Sammelpublikationen vorgesehen hatte, die allerdings zu seinen Lebzeiten nicht realisiert wurde.

26 Vgl. hierzu schon die frühen Darstellungen Keller, Erwin: Die Konstanzer Liturgiereform unter Ignaz Heinrich von Wessenberg, Freiburg i. Br. 1965; Vollmar, Paul: Die liturgischen Anschauungen des Ignaz Heinrich von Wessenberg (1774–1860), Zürich 1971.

27 Vgl. Bäumer, Remigius: Das Verhältnis von Staat und Kirche in der Sicht von Ignaz von Wessenberg, in: Portmann-Tinguely, Albert (Hg.): Kirche, Staat und katholische Wissenschaft in der Neuzeit. Festschrift für Heribert Raab zum 65. Geburtstag (Quellen und Forschungen aus dem Gebiet der Geschichte, Neue Folge: Heft 12), Paderborn u. a. 1988, S. 279–297.

28 Vgl. Gründig: Zur sittlichen Besserung (1997); Bischof, Franz Xaver: Ignaz Heinrich von Wessenbergs Bemühungen um die Fortbildung der Priester, in: Rottenburger Jahrbuch für Kirchengeschichte, 14 (1995), S. 91–108; Baumgartner: Bemühungen um Seelsorge und Seelesorger (1995).

29 Vgl. hierzu besonders den Tagungsband Braun, Karl-Heinz (Hg.): Kirche und Aufklärung. Ignaz Heinrich von Wessenberg (1774–1860) (Schriftenreihe der Katholischen Akademie der Erzdiözese Freiburg), Freiburg i. Br. 1989.

30 Eine entsprechende Literaturübersicht wurde in der Einleitung gegeben.

31 Vgl. hierzu den äußert vielfältigen Tagungsband Braun, Karl-Heinz (Hg.): „… wie unzählig viele sind noch gar nicht über den dürren Buchstaben hinweggekommen!". Bildung bei Ignaz Heinrich von Wessenberg (1774–1860) (Tagungsberichte der Katholischen Akademie der Erzdiözese Freiburg), Freiburg i. Br. 2014 und zur Spiritualität Wessenbergs

Insgesamt gilt Wessenberg der Forschung heute als „Kristallisationspunkt der Auseinandersetzung des Katholizismus mit der anbrechenden Moderne".[32] Mit außergewöhnlicher „intellektuelle[r] Bewusstheit und energische[r] Gestaltungsfreude"[33] widmete er sich nicht nur genuin kirchlichen Bereichen, sondern einer ganzen Bandbreite von Themen. Erstaunlich wenig Beachtung gefunden haben in der Wessenberg-Forschung bislang die wirtschaftlichen Ansichten des vielseitig interessierten Theologen[34], die in dieser Studie erstmals in ihrer ganzen Bandbreite zu erfassen und dabei – ebenfalls ein Desiderat – als immer auch theologisch fundierte Positionen zu deuten sind. Aufbauend auf die von der jüngeren Wessenberg-Forschung klar formulierte hermeneutische Grundannahme, Wessenberg habe als intellektuell-spiritueller und dabei pädagogisch ambitionierter „Brückenbauer" zwischen Gott und der Welt agiert und in der Demonstration ihrer Verbindbarkeit eine „heilige Pflicht" erkannt[35], werden auch seine ökonomischen Ansätze vor dem Horizont seines aufgeklärten Religiositätsverständnisses gelesen.

2.1.2 *Wirtschaft in Baden (1820er und 1830er Jahre)*

Wessenberg agierte nicht nur in einer staats- und kirchenpolitisch höchst brisanten Zeit als Kirchenmann, Politiker und Privatmann in Baden. Auch durchlebte er bis zu seinem Tod entscheidende wirtschaftliche Transformationen im gesamtdeutschen Kontext, die auch im Großherzogtum ihren Niederschlag fanden. Im Folgenden soll die wirtschaftliche Situation Badens in den für Wessenbergs Engagement entscheidenden 1820er und 1830er Jahren skizziert werden. Wie ist die badische Wirtschaftspolitik dieser Zeit zu charakterisieren? Welche Aussagen können hinsichtlich der definierten Untersuchungsfelder bereits für Baden getroffen werden und sind dementsprechend bei den Analysen zu bedenken?

---

in Verbindung mit seinem starken Kunstinteresse Bangert, Michael: Bild und Glaube. Ästhetik und Spiritualität bei Ignaz Heinrich von Wessenberg (Studien zur christlichen Religions- und Kulturgeschichte, 11), Stuttgart 2009.

32 Die Formulierung stammt von Holzem: Art. Wessenberg, TRE (2003), S. 665, aber auch Braun und Bischof haben in diese Richtung argumentiert.

33 Braun: Einleitung (2014), S. 10.

34 Vgl. hierzu einzig Merk: Wessenbergs ökonomische und soziale Auffassungen (1968), der allerdings nur kursorische Beobachtungen auf Basis unzusammenhängender Äußerungen Wessenbergs formuliert. Für das Untersuchungsfeld *Bildung in Zeiten des sozio-ökonomischen Umbruchs* kann auf Vorarbeiten durch Moser und Gründig zurückgegriffen werden: Moser, Arnulf: Wessenberg und die Berufsbildung, in: Freiburger Diözesan-Archiv, 98 (1978), S. 540–554; Gründig: Zur sittlichen Besserung (1997).

35 Vgl. Braun: Der Gottsucher (2014), S. 25–28, Zitate: 25, 28 (letztes Zitat von Wessenberg).

Die 1820er und 1830er Jahre werden für den deutschen Kontext gemeinhin als Phase der Frühindustrialisierung beschrieben.[36] Zum berühmten Take-off, einer Zeit des zunächst auf Regionen und Sektoren begrenzten industriellen Durchbruchs, kam es dort erst in den 1840er und 1850er Jahren.[37] Die deutschen Einzelstaaten wiesen in der Phase der Frühindustrialisierung sehr unterschiedliche wirtschaftliche Strukturen auf. Hahn hat drei charakteristische Wirtschaftszonen unterschieden: nahezu rein agrarische Strukturen im Norden, erste gewerblich-frühindustrielle Zentren vom Rheinland bis nach Schlesien und eine wiederum agrarisch geprägte Zone im Süden und Südwesten, in der sich allerdings – anders als im Norden – die kleingewerbliche Produktion ebenfalls als starker Wirtschaftsfaktor darstellte.[38] Das Großherzogtum Baden erwies sich im Hinblick auf diese Einteilung nicht als Ausnahme. Landwirtschaft und Kleingewerbe bildeten zu dieser Zeit die „staatstragende[n] Säule[n]"[39] der Wirtschaft des Kleinstaates, die industrielle Entwicklung steckte noch in den Kinderschuhen und stellte noch keinen bedeutenden Teil der Volkswirtschaft dar.[40]

Baden richtete seine Wirtschaftspolitik in den 1820er und 1830er Jahren vorrangig darauf aus, die bestehenden Verhältnisse zu konsolidieren.[41] Ziel der badischen Wirtschaftspolitik war demzufolge „nicht die Modernisierung von Wirtschaft und Gesellschaft, [...] sondern viel allgemeiner [...], auf den

---

36 Die deutsche Frühindustrialisierung, d. h. „jene Anlaufs- oder Vorbereitungsphase [...], die der entscheidenden Beschleunigung des Wirtschaftswachstums und dem Durchbruch der Industriellen Revolution vorausgeht", wird zwischen 1815 und 1840 angesetzt, vgl. Hahn, Hans-Werner: Die Industrielle Revolution in Deutschland (Enzyklopädie Deutscher Geschichte, 49), 3., durchges. Aufl., München 2011, S. 13–24, Zitat: 13. Schon für das 18. Jahrhundert lassen sich protoindustrielle Strukturen, d. h. „Formen gewerblicher Massenproduktion" ausmachen, die aber „keine direkten Vorläufer der späteren Industrialisierung" bildeten, vgl. Hahn: Die Industrielle Revolution (2011), S. 7f., Zitat: 8.

37 Vgl. Hahn: Die Industrielle Revolution (2011), S. 24–35; Ziegler, Dieter: Das Zeitalter der Industrialisierung (1815–1914), in: North, Michael (Hg.): Deutsche Wirtschaftsgeschichte. Ein Jahrtausend im Überblick, 2. Aufl., München 2005, S. 197–286, hier 197; Hahn, Hans-Werner: Zwischen Fortschritt und Krisen. Die vierziger Jahre des 19. Jahrhunderts als Durchbruchsphase der deutschen Industrialisierung (Schriften des Historischen Kollegs: Vorträge, 38), München 1995.

38 Vgl. Hahn, Hans-Werner: Geschichte des Deutschen Zollvereins, Göttingen 1984, S. 18.

39 Müller, Hans Peter: Das Großherzogtum Baden und die deutsche Zolleinigung, 1819–1835/36 (Europäische Hochschulschriften, Reihe 3: Geschichte und ihre Hilfswissenschaften, 217), Frankfurt a. M. 1984, S. 27.

40 Vgl. Boelcke, Willi A.: Wirtschaftsgeschichte Baden-Württembergs von den Römern bis heute, Stuttgart 1987, S. 214.

41 Müller spricht von der „Grundtendenz [...] einer Erhaltung, Verbesserung und Stabilisierung der überkommenen agrarisch-kleingewerblichen Strukturen", Müller: Das Großherzogtum Baden (1984), S. 69.

selbstständigen Kleinbetrieb zugeschnitten, eine Förderung des ‚Gewerbefleißes‘ und des ‚Nahrungsstandes‘ der Bevölkerung“.[42] Das heißt allerdings nicht, dass wesentliche Impulse der modernen Wirtschaftstheorie dabei nicht bereits als Mittel diskutiert oder gar schon realisiert wurden, bedenkt man gerade die äußerst liberale Linie der neu in Kraft getretenen badischen Verfassung von 1818. Rund um den politisch ‚alten‘ Gedanken einer staatlichen Gewerbeförderung wurden in Baden schon in den 1820er Jahren zwei zentrale ‚neue‘ Instrumente debattiert: zum einen die Einführung der Gewerbefreiheit und zum anderen die Reform der gewerblich-technischen Bildung.

Preußen hatte schon im Alten Reich an vorderster Front für die Abschaffung der Zünfte gekämpft und im Zuge der Staatsreformen nach 1806 dann 1810/11 die alte Zunftverfassung aufgehoben. Dies hatte erheblichen Widerstand hervorgerufen und kann aus heutiger Sicht längst nicht als Startschuss zu einer einheitlichen Entwicklung im deutschen Raum gesehen werden: Insgesamt war dort – Preußen eingeschlossen – bis über die Mitte des 19. Jahrhunderts hinaus „ein ständiges Hin und Her von Zunft-Aufhebungen und -Wiedereinführungen, von Lockerung und Stärkung ihrer Privilegien“ zu beobachten.[43] Wie in den allermeisten deutschen Staaten wurde auch in Baden erst in den 1860er Jahren die allgemeine Gewerbefreiheit vollumfänglich eingeführt.[44] Der gesamte süddeutsche Raum hatte sich zunächst „massiv“ gewehrt und lediglich Reformedikte auf den Weg gebracht, die aber „das verkrustete Zunftwesen im Handwerk keines süddeutschen Staates grundlegend erschüttert[en]“.[45] Auch in Baden konnten die alten Gewerbestrukturen wegen starker Widerstände nur „mit äußerster Vorsicht“ gelockert werden.[46]

Neben einer Reform der Gewerbeordnung kristallisierten sich im deutschen Raum bereits weit vor Mitte des 19. Jahrhunderts die gewerblich-technischen Bildungseinrichtungen und -formate als Handlungsfelder heraus, auf denen die heimische gewerbliche Produktion staatlich gefördert werden konnte. Hier erweist sich das Großherzogtum Baden aus wirtschaftshistorischer Sicht als besonders interessant. Im Kontext der Gründungswelle technischer Schulen

---

42 Fischer: Wirtschaft und Gesellschaft (1972), S. 78.

43 Vgl. Fischer: Wirtschaft und Gesellschaft (1972), S. 306 und für die preußischen Wirtschaftsreformen besonders Ziegler: Das Zeitalter der Industrialisierung (2005), S. 252–255.

44 Eine Übersicht zur Einführung der Gewerbefreiheit in den deutschen Staaten findet sich bei Kluge: Die Zünfte (2007), S. 442. Baden führte die Gewerbefreiheit wie Württemberg, Weimar und Meiningen 1862 ein. Zwischen 1861 und 1869 wurde die Gewerbefreiheit in allen deutschen Staaten eingeführt, lediglich Preußen und Nassau (1819) waren vorangeschritten.

45 Ziegler: Das Zeitalter der Industrialisierung (2005), S. 256.

46 Vgl. Boelcke: Wirtschaftsgeschichte (1987), S. 177.

und Institute im deutschsprachigen und insbesondere preußischen Raum während der 1820er und 1830er Jahre entstand in Baden 1825 mit dem Karlsruher Polytechnikum das führende Institut für den Bereich der wissenschaftlich-technischen Bildung während der Zeit der deutschen Frühindustrialisierung.[47] Auch in der Gründung von ausbildungsbegleitenden Gewerbeschulen, dort ebenfalls verstanden als „elementarer Bestandteil staatlicher Gewerbepolitik", zeigte sich das Großherzogtum im deutschen Vergleich in den 1830er Jahren zusammen mit Württemberg früh als äußerst engagiert und erfolgreich.[48]

Jenseits der Gewerbepolitik stand in Baden in diesen Tagen auch die Außenhandelspolitik zur Debatte. Preußen hatte durch seine Zollreform von 1818, die die innerpreußischen Zollgrenzen weitgehend beseitigte, erste „Fakten" in Richtung eines deutschen Freihandelsraums geschaffen.[49] Bis zum groß angelegten Zusammenschluss der deutschen Staaten im Deutschen Zollverein, der gegenüber dem vorherigen Wust an Einzeltarifen und mühsamen Grenzkontrollen „erstmals seit vielen Jahren stabile handelspolitische Verhältnisse" schuf, sollte es allerdings wegen komplexer einzelstaatlicher Interessenlagen und diverser regionaler Zollunionsversuche noch bis 1834 dauern.[50]

Das Prinzip des Freihandels stand in diesen Jahren hinsichtlich seiner konkreten Anwendbarkeit auf die deutschen realpolitischen Konstellationen stark in der Diskussion. Auch die Zollvereinsvereinsverträge kehrten protektionistischen Ansätzen nicht den Rücken, sondern schützten die deutsche Industrie nach außen weiterhin bis zu einem gewissen Grad mit hohen

---

47 Vgl. Ziegler: Das Zeitalter der Industrialisierung (2005), S. 258f.

48 Vgl. Rothe, Georg: Die Gewerbeschule des Großherzogtums Baden als frühes Modell einer Teilzeitschule im dual-alternierenden System, Karlsruhe 2011, S. 42, 69–77, Zitat: 42. Die Gewerbeschulen in Württemberg konnten allerdings qualitativ zu dieser Zeit nicht an die badischen heranreichen: „So bestand keine Schulpflicht, der Unterricht wurde nicht von besonders ausgebildeten Gewerbelehrern erteilt und auch aufgrund der wenigen Unterrichtsstunden und der Lehrinhalte mußte ihre langfristige Wirkung auf das Kleingewerbe gering bleiben", Haverkamp, Frank: Staatliche Gewerbeförderung im Grossherzogtum Baden unter besonderer Berücksichtigung der Entwicklung des gewerblichen Bildungswesens im 19. Jahrhundert (Forschungen zur Oberrheinischen Landesgeschichte, 29), Freiburg i. Br. u. a. 1979, S. 137.

49 In Mitteleuropa war eine derartige binnenwirtschaftliche „Freizügigkeit" zu dieser Zeit einzigartig, vgl. Fischer: Wirtschaft und Gesellschaft (1972), S. 67 und zum preußischen Zollgesetz auch Ziegler: Das Zeitalter der Industrialisierung (2005), S. 256f., Zitat: 256; Hahn: Geschichte des Deutschen Zollvereins (1984), S. 20–27.

50 Vgl. hierzu insgesamt Hahn: Geschichte des Deutschen Zollvereins (1984); Ziegler: Das Zeitalter der Industrialisierung (2005), S. 199f.; Hahn: Die Industrielle Revolution (2011), S. 22, Zitat: 23.

Tarifen.[51] Im Großherzogtum Baden, das wegen seiner geographischen Lage stets nicht nur an günstigen innerdeutschen Handelskonstellationen, sondern auch an erschwinglichen Tarifen in Richtung der Schweiz und nach Frankreich interessiert sein musste, wurde über eine Handelspolitik debattiert, die der spezifischen Situation des Landes entgegenkam. Gerade in den 1820er Jahren ächzte Baden, das trotz einiger Verhandlungen keiner der zwischenzeitlich entstehenden innerdeutschen Zollunionen beitrat, unter einer zunehmenden handelspolitischen Isolierung. Jenseits des erschwerten Zugangs zu den deutschen Märkten fiel hier besonders die französische Schutzzollpolitik ins Gewicht, die Baden „von seinen natürlichen Märkten" abschottete.[52] Der Beitritt Badens zum Zollverein, der erst ein Jahr nach dessen offizieller Gründung erfolgte, sollte dennoch kein Selbstläufer werden und provozierte eine rege Debatte im Großherzogtum.

Wie im deutschen Raum insgesamt wuchs auch in Baden die Bevölkerung in der ersten Hälfte des 19. Jahrhunderts rasant, was zu schweren Versorgungskrisen und zunehmender Massenverelendung führte.[53] Die zunehmende Kluft zwischen Arbeitsnachfrage und Arbeitsangebot rief in Baden Vertreter einer romantischen Sozialkritik wie den katholischen Abgeordneten Franz Josef von Buß (1803–1878) auf den Plan. Aus der Not einer wirtschaftlich begonnenen, aber noch nicht sozialpolitisch eingeholten Modernisierung heraus forderte er 1837 in seiner berühmten „Fabrikrede" die „Bewahrung der Natur eines ackerbauenden Staates" und damit eine völlig überholte wirtschaftspolitische Maßgabe, verwies dabei allerdings pionierhaft auf die strukturellen Problemlagen

51 Hahn sieht im Zollvereinstarif „einen Mittelweg zwischen Freihandel und Protektionismus, durch den die deutsche Industrie einerseits einen gewissen Schutz erhielt, andererseits aber von den weiter notwendigen Importen englischer Industrieerzeugnisse und einem entwicklungsfördernden Konkurrenzdruck nicht völlig abgeschnitten wurde", Hahn: Die Industrielle Revolution (2011), S. 23.

52 Vgl. Müller: Das Großherzogtum Baden (1984), S. 45f., Zitat: 45.

53 Zu den größten Hungerkrisen in Südwestdeutschland kam es 1816/17 und 1847/48, vgl. Boelcke: Wirtschaftsgeschichte (1987), S. 165f. Hahn spricht für den deutschen Raum generell von einer „schwierige[n] Übergangszeit, in der sich die Auflösung der alten Strukturen beschleunigte, während die neuen vor allem bis Mitte der dreißiger Jahre nur allmählich an Gewicht gewannen". Er betont als entscheidenden Faktor das enorme Bevölkerungswachstum, das einerseits die Wirtschaftsexpansion begünstigte, die Gegebenheiten dabei allerdings schnell überstrapazierte und so direkt zur Pauperismuskrise der 1840er Jahre führte, vgl. Hahn: Die Industrielle Revolution (2011), S. 14f., Zitat: 14. Zum Bevölkerungswachstum in Baden zu dieser Zeit, das als arge Krise wahrgenommen wurde, vgl. auch Fischer: Wirtschaft und Gesellschaft (1972), S. 107; Fischer, Wolfram: Der Staat und die Anfänge der Industrialisierung in Baden 1800–1850, Bd. 1. Die staatliche Gewerbepolitik, Berlin 1962, S. 327.

im Industrialisierungsprozess.[54] Im Angesicht der grassierenden enormen Armut kam auch in Baden die Frage auf, inwieweit der Staat den wirtschaftlichen Entwicklungsprozess der Industrialisierung steuern oder sogar gerade noch rechtzeitig stoppen konnte.

Zur zumeist kritischen Rezeption frühsozialistischen Gedankenguts aus Frankreich und Großbritannien kam es im deutschen Raum ab den 1830er Jahren.[55] Eigene Schulen bildeten sich nicht aus. Als Erklärung hierfür wird neben der Sprachbarriere gemeinhin vor allem die Tatsache ins Feld geführt, dass Engels und Marx sich in ihren Ansätzen rasch von der frühsozialistischen Argumentation abgrenzten.[56]

Nach diesem kursorischen Blick auf die realpolitischen Gegebenheiten in Baden hinsichtlich aller Untersuchungsfelder gilt es abschließend, näher auf den Stand der dortigen Rezeption wirtschaftsliberaler Theorie einzugehen. Bereits die wirtschaftlichen Lehren der französischen Physiokraten wurden im deutschen Sprachraum zum Ende des 18. Jahrhunderts rezipiert.[57] Großherzog Karl Friedrich von Baden stand in der zweiten Hälfte des 18. Jahrhunderts in unmittelbarem Kontakt zu einigen führenden französischen und deutschen Physiokraten und versuchte, deren Lehren für die Regierung des badischen Staates nutzbar zu machen.[58]

Die Gedanken Adam Smiths verbreiteten sich in Deutschland, auch bedingt durch einige zeitnahe Übersetzungen, insgesamt schnell. Führend in der akademischen Rezeption und Kritik der klassischen Nationalökonomie wurden zu Beginn des 19. Jahrhunderts zunächst die Universitäten Königsberg und Göttingen, hiernach auch die Universität Heidelberg, wo der Staatswissenschaftler Carl Heinrich Rau (1792–1870) unterrichtete.[59] Im Kontext

---

54 Vgl. Boelcke: Wirtschaftsgeschichte (1987), S. 201 (letztes Zitat von Buß) und zur wirtschaftspolitischen Einordnung der Rede schon Fischer: Der Staat, 1 (1962), S. 384f.

55 Vgl. als Überblick Petermann: Der Saint-Simonismus (1983), S. 47–98.

56 Vgl. Ramm: Der Frühsozialismus (1975), S. 123ff.

57 Vgl. Brandt: Geschichte der deutschen Volkswirtschaftslehre, 1 (1992), S. 87, 102–113.

58 So wurden unter Leitung des bekanntesten deutschen Physiokraten Johann August Schlettwein (1731–1802) in Baden einige Verwaltungsexperimente durchgeführt, die aber allesamt scheiterten. Die Physiokratie erwies sich dieser Tage als „auf die deutschen politischen und ökonomischen Verhältnisse schlicht nicht übertragbar", vgl. Priddat, Birger P.: Produktive Kraft, sittliche Ordnung und geistige Macht. Denkstile der deutschen Nationalökonomie im 18. und 19. Jahrhundert (Beiträge zur Geschichte der deutschsprachigen Ökonomie, 13), Marburg 1998, S. 49–64, Zitat: 49; Boelcke: Wirtschaftsgeschichte (1987), S. 118f.

59 Vgl. Recktenwald, Horst Claus: Der schottische Nationalökonom und Moralphilosoph und die Deutschen, in: Recktenwald, Horst Claus (Hg.): Ethik, Wirtschaft und Staat. Adam Smiths politische Ökonomie heute (Wege der Forschung, 617), Darmstadt 1985,

zunehmender Kritik am Kameralismus fielen die Forderungen Smiths und seiner Nachfolger zwar auf fruchtbaren, reformfreudigen Boden, führten aber keineswegs zur Abkehr vom staatszentrierten Wirtschaftsdenken – vielmehr dagegen zu einer neuen, gleichsam moderneren Begründung seiner Notwendigkeit.[60] Als „Besonderheit der deutschen Smithrezeption" ist dementsprechend herausgestellt worden, „daß sie sich ohne Parallele einer politischen Liberalisierung vollzog". Die wirtschaftliche Liberalisierung erfolgte „unter dem staatswirtschaftlichen Vorzeichen einer starken Obrigkeit, einer Bürokratie, deren souveräne Handlungsweise an die merkantilistischen Methoden erinnert".[61] Insgesamt entwickelte sich so eine eigentümliche „Symbiose von kantischem Rechtsstaat, Smiths natürlicher Ordnung und traditioneller deutscher Polizeiwissenschaft".[62]

Ganz im Duktus der kameralistischen Tradition eines starken Staates verblieb auch der Ökonom Friedrich List (1789–1846), der den deutschen Diskurs der 1820er und 1830er Jahre in besonderer Weise prägte. Sein Wirtschaftskonzept, das er in diversen Publikationen und zeitweise als Professor für Staatsverwaltungspraxis in Tübingen ausbreitete, vor allem aber Zeit seines Lebens praktisch verfolgte, richtete er ganz auf die Nation und ihre politische Einigung aus. Die Prinzipien des klassischen Wirtschaftsliberalismus hielt er nur im Hinblick auf industriell voll entwickelte Nationen für anwendbar.[63] Für wirtschaftsliberale Prinzipien setzte er sich folglich nur als Mittel zum Zweck ein, so etwa für einen innerdeutschen Freihandel, der die nationalen Handelsinteressen unmittelbar begünstigte. List hatte auch im Großherzogtum wortführende Anhänger. Nicht zuletzt fällt hierunter Nebenius, der oben erwähnte Staatsminister und Freund Wessenbergs, der maßgeblich an der Verfassung von 1818 mitgewirkt hatte und Baden in den wichtigen Zollunionsverhandlungen der 1820er Jahre vertrat.[64]

S. 391–399; Brandt: Geschichte der deutschen Volkswirtschaftslehre, 1 (1992), S. 160–168; Langner: Zur konservativen Position (1975), S. 37–41.

60 Vgl. Priddat: Produktive Kraft (1998), S. 111–132 und zur Position Raus diesbezüglich auch Hentschel, Volker: Art. Rau, Carl, in: Neue Deutsche Biographie, 21 (2003), S. 193.

61 Langner: Zur konservativen Position (1975), S. 39.

62 Vgl. auch Müller: Staatstätigkeit (1991), S. 94 (Zitat), 107–128.

63 Lists Konzept der protektionistischen Vorbereitung der eigenen Nation für den freien Wettbewerb fasst Priddat wie folgt zusammen: „Jede Nation soll ihre eigenen Wachstumspotentiale entfalten können, um in der Zukunft ein wirtschaftlich kompetenter, gleichberechtigter Wettbewerbspartner im internationalen Handel sein zu können." Vgl. zu List insgesamt Priddat: Produktive Kraft (1998), 233–259, Zitat: 236; Brandt: Geschichte der deutschen Volkswirtschaftslehre, 2 (1993), S. 36–40.

64 Vgl. Priddat: Produktive Kraft (1998), S. 237 und für Nebenius' Engagement in der badischen Zollpolitik Müller: Das Großherzogtum Baden (1984), S. 101–161.

2.1.3 *Staatswirtschaftliche Titel in der Wessenberg-Bibliothek*

Erste Hinweise darauf, wie und auf Basis welcher Autoritäten Wessenberg sich in diesem wirtschaftspolitischen Kontext ökonomisches Wissen aneignete, liefert eine kursorische Betrachtung des Bestands an staatswirtschaftlichen Titeln in seiner Bibliothek. Im Jahr 1862, nur zwei Jahre nach seinem Tod, erstellte sein Sekretär F. A. Kreuz einen Bibliothekskatalog, der ein Jahr später in Konstanz gedruckt wurde.[65] Die etwa 20.000 aufgelisteten Titel setzen sich aus Bücherkäufen und -schenkungen zusammen und bezeugen die vielfältigen Interessensgebiete seines Besitzers. Gerade nach seinem kirchlichen und politischen Rückzug verbrachte Wessenberg viel Zeit in seiner Bibliothek, die er immer „als ein wirkliches Arbeitsinstrument" verstand und dementsprechend nutzte.[66] Bereits 1867 wurde der Bibliotheksbestand, der schon zu Lebzeiten des Theologen der Allgemeinheit zur Nutzung zur Verfügung stand, stark erweitert.

Kreuz gliederte die Bibliothekstitel nach Hauptgebieten, eines davon die „Rechts- und Staatswissenschaft". In diesen Bereich fallen ca. 1000 Titel, hierunter – wie im Bestand Wessenbergs insgesamt – auch viele internationale Werke. Überblicksartig soll im Folgenden auf einige der ‚großen Namen' der zeitgenössischen Wirtschaftswissenschaft eingegangen werden, die sich in Wessenbergs Sammlung finden.

Zunächst springen die Namen einiger wichtiger Merkantilisten beziehungsweise Kameralisten des deutschen Raums ins Auge. Mit Samuel von Pufendorf (1632–1694) findet sich bereits der Name eines überaus renommierten deutschen Frühmerkantilisten in Wessenbergs Bestand. Pufendorf hatte mit seinen natur- und völkerrechtlichen Schriften die aufgeklärt-absolutistische Staatsphilosophie, auch im Sinne ihrer Wirtschaftsvorstellungen, maßgeblich geprägt.[67] Zusammen mit Grotius gilt Pufendorf heute darüber hinaus als wichtigster protestantischer Rezipient der spanischen Spätscholastiker, von denen er die Idee übernahm, Gott habe durch seine Schöpfung die Völker zu gegenseitigem, friedlichem Austausch angeregt. Dies stellte für ihn allerdings keinen Widerspruch zu der eher protektionistischen Handelspolitik dar, die er selbst befürwortete.[68]

---

65 Vgl. Kreuz, F. A.: Katalog der v. Wessenbergischen Bibliothek, wissenschaftlich geordnet und aufgestellt (Juli 1862), Konstanz 1863.

66 Vgl. Klöckler: Der Bürger in Konstanz (2014), S. 143ff.; Ortlepp, Helge: Die Wessenberg'schen Gründungen in Konstanz, in: Braun (Hg.): Kirche und Aufklärung (1989), S. 85–105, hier 85–92, Zitat: 87.

67 Vgl. Brandt: Geschichte der deutschen Volkswirtschaftslehre, 1 (1992), S. 57.

68 Vgl. Chafuen: Faith and Liberty (2003), S. 136f.

Auch einige Schriften Johann Heinrich Gottlob von Justis (1720–1771), des „erste[n] große[n] Systematiker[s] der merkantilistischen Ideen“[69], zeitweise Professor für Kameralistik in Wien, sind in Wessenbergs Bibliothek vorhanden. Darüber hinaus fallen aus dem Bereich merkantil-kameralistischen Schrifttums die Namen August Ludwig von Schlözer (1735–1809) sowie Joseph von Sonnenfels (1732–1817) ins Gewicht, Letzterer ebenfalls Lehrstuhlinhaber in Wien. Außerdem sind kameralistische Zeitschriften im Katalog gelistet.[70]

Die physiokratische Lehre aus Frankreich rezipierte Wessenberg wohl vor allem über den bekanntesten deutschen Physiokraten, Johann August Schlettwein (1731–1802), der lange in badischen Diensten stand. Im Katalog werden drei Bände des von Schlettwein herausgegebenen *Archivs für den Menschen und Bürger* erwähnt, in denen dieser sich begeistert über die französischen Physiokraten geäußert hatte. Darüber hinaus findet sich eine Schrift Karl Arnds (1788–1877) in der Bibliothek. Dieser gehörte ebenfalls zu den wenigen deutschen Ökonomen, die physiokratisch argumentierten.[71]

Adam Smiths *Wealth of Nations* ist in dreibändiger deutscher Übersetzung von 1799 vorhanden.[72] Mehrere Textstellen sind markiert, was belegt, dass das Werk über die Jahre hinweg ausgiebig genutzt wurde. Dass Wessenberg ebendiese Ausgabe selbst studierte, verdeutlicht die Markierung einer Passage, die der Theologe 1814 in einem Artikel im *Archiv für die Pastoralkonferenzen* zitierte. Thematisiert wird hier die Rolle des Staates im Bereich der Erziehung und Volksbildung – ein für Wessenberg offenbar essenzieller Punkt innerhalb seiner Smith-Rezeption. Über diese Passage, die in den späteren Analysen ausführliche Beachtung findet[73], lassen sich weitere Markierungen als von Wessenberg selbst gesetzte identifizieren. Interessanterweise strich er genau die Stellen an, bei denen Smith Kritik an einem „auf Eigennutz gegründete[n] Eifer der Geistlichkeit“ übte, die das Volk nicht zur Mündigkeit, sondern zu „Thorheit und Aberglauben“ erziehe, um die eigene Macht zu festigen.[74] Außerdem kennzeichnete er die These Smiths, „[d]ie allmähligen Fortschritte

69 Brandt: Geschichte der deutschen Volkswirtschaftslehre, 1 (1992), S. 59.

70 So etwa das *Neueste Magazin für Oekonomen und Kameralisten. Herausgegeben von Löwe und Beringer.*

71 Vgl. zu beiden Brandt: Geschichte der deutschen Volkswirtschaftslehre, 1 (1992), S. 105–108.

72 Der Übersetzung, die in Breslau und Leipzig erschien, lag die vierte Ausgabe des englischen Originals zugrunde.

73 Vgl. die Analyse zum Untersuchungsfeld *Bildung in Zeiten des sozio-ökonomischen Umbruchs.*

74 Vgl. Wessenbergs Ausgabe: Smith, Adam: Untersuchungen über die Natur und die Ursachen des Nationalreichthums, Bd. 3, 2. Aufl., Breslau/Leipzig 1799, S. 175 [heutige Signatur in der Wessenberg-Bibliothek: 3451-3].

in Manufacturen, Künsten und Handel zerstörten die weltliche Macht der Geistlichkeit".[75] Hieraus wird ersichtlich, dass Wessenberg Smiths Ideen nicht jenseits seiner Religiosität und kirchlichen Verwurzelung rezipierte, sondern sie im Gegenteil gerade vor diesem Hintergrund wahrnahm und zu diskutieren gedachte. Die Kritik Smiths an katholischen Gesellschaftsstrukturen war für ihn kein Hindernis für eine konstruktive Auseinandersetzung mit dessen ökonomischen und bildungsstrukturellen Forderungen, sondern eher ein besonderer Moment der Ansprache für eine aktualisierte katholische Frömmigkeit im Kontext neuer sozio-ökonomischer Herausforderungen und Chancen. Nicht zufällig brachte er wesentliche Gedanken Smiths früh in sein pastoralreformerisches Austauschforum im Bistum Konstanz ein, wo auf gleich mehreren Ebenen Bildungsfragen innerhalb kirchlicher Strukturen verhandelt wurden.

Aus dem Bereich der klassischen Schule der Nationalökonomie rezipierte Wessenberg nicht nur Smith selbst, sondern etwa auch Jean-Baptiste Say (1767–1832) mit seinem *Traité d'économie politique* von 1803, der im französischen Original vorliegt. Auch Schriften Robert Malthus' (1766–1834), des ersten Lehrstuhlinhabers für Politische Ökonomie ab 1805, besaß er in deutscher Übersetzung. Darüber hinaus sind Titel des in Genf beheimateten Hugenotten Jean-Charles-Léonard Simonde de Sismondi (1773–1842) im Bestand erwähnenswert, der sich kritisch mit Smiths Werk auseinandersetzte.[76]

Interessanterweise finden sich demgegenüber keine Schriften der populären Smith-Rezipienten des deutschen Raums wie etwa Georg Friedrich Sartorius (1765–1828, Göttingen), Christian Jacob Kraus (1753–1807, Königsberg) oder Carl Heinrich Rau (Heidelberg), der oben bereits erwähnt wurde. Allerdings sind Schriften von Friedrich Julius Heinrich von Soden (1754–1831), Ludwig Heinrich von Jakob (1759–1827) sowie Gottlieb Hufeland (1760–1817) vorhanden – allesamt Vertreter der sogenannten „deutschen Gebrauchswertschule", die Elemente des klassischen Liberalismus mit dem Gedanken eines den individuellen Interessen vorangehenden gemeinsamen Staatsziels kombinierte.[77] Auch ein Werk Gottfried August Arndts (1748–1819), der sich früh dem klassischen Wirtschaftsliberalismus zugewandt hatte, wird im Katalog von Kreuz genannt. Arndts moralphilosophischer Lehrstuhl in Leipzig wurde 1809 in einen ökonomischen umgewandelt.[78] Nicht aufgeführt werden

75 Smith: Untersuchungen (1799), S. 197f.

76 Vgl. zu Sismondi Brandt: Geschichte der deutschen Volkswirtschaftslehre, 1 (1992), S. 149f.

77 Vgl. zur deutschen Gebrauchswertschule Brandt: Geschichte der deutschen Volkswirtschaftslehre, 1 (1992), S. 169–184.

78 Vgl. Brandt: Geschichte der deutschen Volkswirtschaftslehre, 1 (1992), S. 76.

die Schriften Friedrich Lists, lediglich solche der wichtigen badischen Wirtschaftspolitiker Nebenius und Karl von Rotteck (1775–1840), die wiederum dem engen Umfeld Lists zuzuordnen sind.[79] Gerade das Fehlen jeglicher Schriften Lists, der im Zeitraum zwischen den 1820er und 1840er Jahren viele ökonomische Schriften, darunter 1841 vor allem *Das nationale System der politischen Ökonomie*, publizierte, fällt im staatswirtschaftlichen Titel-Bestand unmittelbar ins Auge und gibt für die nachfolgenden Analysen erste Hinweise.

Wessenberg, so kann bereits hier festgehalten werden, eignete sich ein umfängliches staatswirtschaftliches Wissen an und rezipierte Grundlagentexte der modernen Nationalökonomie immer auch vor dem Hintergrund wesentlicher Kenntnisse des merkantil-kameralistischen Staatsdenkens einerseits und der merkantilismus-kritischen physiokratischen Lehren andererseits. Gleichzeitig nahm er Kritik und Modifikationen der klassischen Schule über einige deutsche Rezeptionsstränge sowie frühsozialistische Schriften aus Frankreich wahr. In seiner Bibliothek befindet sich auch die bereits 1817 von Saint-Simon publizierte Schrift *L'industrie ou discussions politiques, morales et philosophiques*.

Abschließend darf nicht unerwähnt bleiben, dass Wessenberg auch die 1829 erschienene Schrift *Economie politique ou principes de la science des richesses* von François Xavier Joseph Droz (1773–1850) besaß. Der französische Gelehrte gilt heute als einer der Ersten, der sich an einer Verbindung nationalökonomischer Lehren mit christlichen Wertvorstellungen versuchte.[80]

2.2 Wessenbergs ökonomisch-theologische Positionen

2.2.1 *Schöpfungsordnung im „Zollkrieg"? – Handel und Handelspolitik*

Der Bereich des Handels und der Handelspolitik stellte ein überaus wichtiges wirtschaftspolitisches Handlungsfeld und zugleich theologisches Reflexionsfeld für Wessenberg dar.[81] Im Folgenden wird zunächst sein dahingehendes

79 Vgl. Priddat: Produktive Kraft (1998), S. 237f. List kritisierte bisweilen, Rotteck würde in Wirtschaftsfragen zu sehr die staatsrechtliche, zu wenig aber die nationalökonomische Perspektive einnehmen.

80 Vgl. Almodovar/Teixeira: The Ascent and Decline (2008), S. 65ff. Auf Droz wird bei der Nachzeichnung früher Ansätze zu einer katholischen Politischen Ökonomie in Frankreich im Vorfeld der Périn-Analysen noch näher eingegangen.

81 Ausgewählte Teile der nachfolgenden Analyse sind bereits publiziert in Potempa, Alina: Ein „schöne[s] Band, Allen gleich vortheilhaft"? Katholische Stimmen zum Freihandel in Spätaufklärung und Ultramontanismus, in: Schweizerische Zeitschrift für Religions- und Kulturgeschichte, 113 (2019), S. 87–108.

politisches Engagement in den 1820er und 1830er Jahren nachgezeichnet. Innerhalb der zu dieser Zeit nicht nur ökonomisch, sondern in hohem Maße auch weltanschaulich geführten Debatte über eine angemessene gesamtdeutsche Handelspolitik fiel Wessenberg, wenngleich selten explizit theologisch argumentierend, durch besondere Positionierungen auf. Seine Argumentation gilt es hiernach in Verbindung zu setzen zu der theologisch konnotierten Gesamtreflexion gesellschaftlicher Entwicklungen und Debatten, die er in seinem Spätwerk in den 1850er Jahren auch mit Blick auf den Bereich des Handels formulierte.

Wessenberg in den handelspolitischen Debatten der 1820er Jahre

> Vernünftige Freyheit ist die Vorbedingung aller physischen und geistigen Entwickelung des Menschen. Wie der menschliche Geist niedergehalten wird durch Bande des Gedankenverkehrs, so wird der Wohlstand der Völker gebeugt durch Fesseln, welche der Produktion und dem Verkehr materieller Güter angelegt werden. Nur alsdann werden die Völker der Erde den höchsten Grad des physischen Wohlstandes erreichen, wenn sie allgemeinen, freyen, unbeschränkten Handelsverkehr unter sich festsetzen.[82]

Dieses eindringliche Plädoyer für den freien Handel stammt aus einer Petition des Deutschen Handels- und Gewerbsvereins, einer im Frühjahr 1819 als Reaktion auf die schlechte deutsche Wirtschaftslage nach Ende der napoleonischen Herrschaft ins Leben gerufenen Vereinigung deutscher Kaufleute um den bekannten Ökonomen Friedrich List.[83] Der Wiener Kongress von 1815 hatte den deutschen Ländern nicht die vielfach erhoffte Handelseinheit gebracht. Zusätzlich verschärft hatte sich die Lage für einige deutsche Staaten durch das preußische Zollgesetz von 1818, das zwar einen preußischen Freihandelsraum schuf, für die restlichen deutschen Staaten allerdings hohe Transitzölle im preußischen Gebiet veranschlagte.[84] Auch wichtige ausländische Handelspartner wie England, Frankreich oder Russland erhoben

---

82 Beylage 1 zur Sitzung vom 10. May 1819, in: Verhandlungen der Ersten Kammer der Ständeversammlung des Großherzogthums Baden 1819. Erstes Heft, von ihr selbst amtlich herausgegeben, Karlsruhe 1819, S. 53–63, hier 56.

83 Hahn sieht in dieser Vereinsgründung den „erste[n] wirksame[n] Ansatz einer organisierten wirtschaftlichen Interessenvertretung des insgesamt noch schwachen und schmalen Wirtschaftsbürgertums." Vgl. zum Verein insgesamt Hahn: Geschichte des Deutschen Zollvereins (1984), S. 28f., Zitat: 28.

84 Vgl. zum preußischen Zollgesetz von 1818 ausführlich Hahn: Geschichte des Deutschen Zollvereins (1984), S. 20–27. In der Petition hieß es hierzu: „Dieses Mauthsystem hat, wir müssen es offen gestehen, uns – wie ganz Deutschland – in dem ersten Augenblick in die größte Bestürzung versetzt, denn es scheint bey dem ersten Anblick nicht sowohl gegen

zu dieser Zeit hohe Zölle, die den Export deutscher Waren erschwerten. In einem „beispiellosen Akt der Selbsthilfe“[85] forderte nun eine national-liberale Bewegung um List den allgemeinen innerdeutschen Freihandel und verwies dabei nicht nur auf den schlechten Zustand von Handel und Gewerbe, sondern wie gesehen auch auf den Wert der Freiheit für ein materiell wie geistig fortschrittliches Staatsgebilde.

Das Großherzogtum Baden wurde in dieser Angelegenheit um Unterstützung gebeten und schloss sich der Petition an.[86] Insgesamt sah es sich in den 1820er Jahren als kleiner Staat einer zunehmenden handelspolitischen Isolierung ausgesetzt – der verhinderte Zugang zu den Absatzmärkten des Rheinlands durch das preußische Zollgesetz ist hier erst als Anfang zu sehen.[87] Wie positionierte sich nun Wessenberg in dieser Zeit, die geprägt war vom „Glaubenskrieg zwischen Freihändlern und Schutzzöllnern“ und in der „die Handelsmisere zu einem Dauerthema der Badischen Landtage“ geworden war?[88]

Hierzu soll eine Episode nachgezeichnet werden, die sich im Juli des Jahres 1822 ereignete. Schon vorher hatte sich Wessenberg in Kommissionen zur Prüfung handelspolitischer Fragen engagiert, deren Debatten sich allerdings zumeist in Detailfragen zur Zollpolitik verloren und wenig Auskunft über seine persönliche Position zu geben vermögen.[89] Mittlerweile befand sich Baden in einem richtiggehenden „Zollkrieg“ mit Frankreich, das im Frühjahr die Schutzzölle auf einige badische Produkte erneut erhöht hatte, und litt zugleich

---

den Handel mit Frankreich und England, als gegen den Handel mit Deutschland gerichtet zu sein“, Beylage 1 (10. May 1819), S. 60.

85 Müller: Das Großherzogtum Baden (1984), S. 9.

86 Vgl. Beylage 1 (10. May 1819), S. 53f. und Protokoll der Sitzung vom 29. May 1819, in: Verhandlungen der Ersten Kammer der Ständeversammlung des Großherzogthums Baden 1819. Zweytes Heft, von ihr selbst amtlich herausgegeben, Karlsruhe 1819, S. 173–182, hier 175f.

87 Vgl. Müller: Das Großherzogtum Baden (1984), S. 46.

88 Zitate aus Müller: Das Großherzogtum Baden (1984), S. 10, 46.

89 In der Diskussion über die Erhöhung des Einfuhrzolls auf französische Weine hatte Wessenberg zwei Jahre zuvor im von ihm vorgetragenen Kommissionsbericht genauere Daten zu den Auswirkungen der Zollerhöhungen bzw. -senkungen auf den badischen Weinmarkt gefordert, vgl. Beylage 82 zur Sitzung vom 30. August 1820, in: Verhandlungen der Ersten Kammer der Ständeversammlung des Großherzogthums Baden 1820. Zweyte Abtheilung: Fünftes Heft, von ihr selbst amtlich herausgegeben, Karlsruhe 1820, S. 790–796. Noch im selben Jahr unterstützte er die Einführung einer neuen Chausseegeldordnung, die das Zahlungssystem vereinfachte und somit den Handel erleichterte, vgl. Beylage 89 zur Sitzung vom 1. September 1820, in: Verhandlungen der Ersten Kammer der Ständeversammlung des Großherzogthums Baden 1820. Zweyte Abtheilung: Sechstes Heft, von ihr selbst amtlich herausgegeben, Karlsruhe 1820, S. 911ff.

weiterhin auch an innerdeutschen Zollregelungen.[90] Kurzzeitige Hoffnungen hatte es für Baden durch den Plan einer süddeutschen Zolleinigung gegeben, dessen Verwirklichung seit Herbst 1820 in den Darmstädter Verhandlungen angestrebt worden war. Im Sommer 1822 standen die Verhandlungen allerdings durch die zu starke Divergenz der Einzelstaatsinteressen kurz vor ihrem endgültigen Scheitern.[91]

Als Reaktionen auf die französischen Zollerhöhungen waren im Mai 1822 vom Großherzogtum bereits ein Einfuhrverbot französischer Weine sowie eine Zollerhöhung an der Grenze zu Rheinbayern ausgesprochen worden. Wessenberg hatte sich bereits bei Bekanntmachung der Vergeltungsmaßnahmen gegen Frankreich kritisch gezeigt, indem er nachgefragt hatte, „ob nicht zu besorgen sey, daß der Verschluß der inländischen geringen Weine, z. B. am Kaiserstuhl, die bisher, um verkauft zu werden, der Aufbesserung vielleicht überrheinischer Weine bedürften, einen verderblichen Stoß erhalten werde". Mit dem Argument, „daß jedoch die Regierung einen Nebenzweck dem Hauptzwecke unterordnen müße", war sein Einwand abgewiesen worden.[92]

Im Juli 1822 wurde nun in der Ersten Kammer ein Antrag der Zweiten Kammer auf ein Einfuhrverbot weiterer ausländischer Handelsartikel diskutiert. Wessenberg engagierte sich in der dreiköpfigen Prüfungskommission des Antrags und verfasste den entsprechenden Bericht als Vorlage zur Kammerdiskussion.[93] Interessanterweise findet sich diesem Bericht im Protokoll allerdings ein „Beybericht" des Hofrats Rotteck beigefügt, ebenfalls Mitglied der Prüfungskommission um Wessenberg, der den Ausführungen Wessenbergs deutlich widersprach.[94] Karl von Rotteck, seit 1818 Inhaber des Lehrstuhls für Staatswissenschaft an der Universität Freiburg, ist als zentrale politische Figur

90 Zeitgenossen sahen Baden als Hauptopfer der französischen Zollpolitik dieser Tage. Gleichzeitig wurde der badische Handel durch die Zollpolitik deutscher Staaten, neben Preußen besonders Württemberg und Bayern, behindert, vgl. insgesamt Müller: Das Großherzogtum Baden (1984), S. 45, 85f., Zitat: 86.

91 Zum Verlauf der Verhandlungen und der Rolle Badens vgl. ausführlich Müller: Das Großherzogtum Baden (1984), S. 110–120.

92 Vgl. Protokoll der Sitzung vom 18. May 1822, in: Verhandlungen der Ersten Kammer der Ständeversammlung des Großherzogthums Baden 1822. Erster Band: Zweytes Heft, von ihr selbst amtlich herausgegeben, Karlsruhe 1822, S. 253–259, hier 256f.

93 Vgl. Beylage 78 zur Sitzung vom 10. July 1822, in: Verhandlungen der Ersten Kammer der Ständeversammlung des Großherzogthums Baden 1822. Zweyter Band: Beylagen, von ihr selbst amtlich herausgegeben, Karlsruhe 1822, S. LXXVIII–XCVI.

94 Vgl. Beylage 79 zur Sitzung vom 10. July 1822, in: Verhandlungen der Ständeversammlung 1822, 2/Beylagen, S. XCVII–CXXVIII.

des südwestdeutschen Liberalismus anzusehen und somit zunächst nicht einer weltanschaulichen Gegnerschaft Wessenbergs verdächtig.[95]

Wessenberg beklagte in seinem Bericht zunächst die internationalen wirtschaftspolitischen Entwicklungen nach dem Wiener Kongress: Die dort geschürte Hoffnung auf gegenseitige Handelsliberalisierungen sei enttäuscht worden. Im Gegenteil habe sich nach und nach ein „System der Ausschließung nicht nur in Frankreich und England [...], sondern [...] auch in Oesterreich und Preußen mehr und mehr" ausgebildet, sodass die „Schwierigkeit, die wahren oder vermeinten – finanziellen und staatswirthschaftlichen Interessen aller deutschen Staaten, der südlichen und nördlichen, durch Uebereinkunft auszugleichen in immer unfreundlicherm Lichte" erscheine.[96] Da die Darmstädter Verhandlungen bisher zu keinem Ergebnis geführt hätten, sei die badische Regierung, so rief Wessenberg in Erinnerung, von beiden Kammern zum Erlass provisorischer Verordnungen in Absprache mit den Nachbarregierungen bemächtigt worden, um bis zum Zustandekommen einer möglichen Zollunion der Handelsmisere zu begegnen. Diese Vereinbarung werde durch die Forderung der Zweiten Kammer nach eigenmächtig beschlossenen Einfuhrverboten für Baden nun unterlaufen, weshalb Wessenberg eine Unterstützung des Begehrens im Namen der Mehrheit der Prüfungskommission ablehnte.[97]

Darüber hinaus nannte er ideelle Bedenken, die dem entgegenstünden. Derart prohibitive Wirtschaftsstrukturen würden sich direkt gegen „die Grundlagen der bürgerlichen Freyheit, des kostbarsten irdischen Guts, dessen Beschützung dem Staat anvertraut ist", richten. Damit würden „die wohlbegründeten Rechte vieler Individuen" verletzt, und zwar sowohl hinsichtlich des aktiven eigenen Handels mit den betroffenen Waren als auch hinsichtlich deren passiven Konsums – beides wäre dem Antrag gemäß verboten.[98] Als ökonomisches Gegenargument nannte Wessenberg Schwierigkeiten in der genauen Ausführung solcher Verbote für einen verhältnismäßig kleinen Staat wie Baden, der sich in der Warenproduktion „nicht selbst genügen" könne „wie große". Im Gegenteil könne „[e]in Prohibitivsystem [...] einen kleinen Staat in die Gefahr einer höchst nachtheiligen Handelsisolierung versetzen"[99]:

95 Vgl. zur Biographie Friedrich, Manfred: Art. Rotteck, Karl von, in: Neue Deutsche Biographie, 22 (2005), S. 138ff.

96 Vgl. Beylage 78 (10. July 1822), S. LXXVIIIf., Zitat: LXXIX.

97 Vgl. Beylage 78 (10. July 1822), S. LXXXI. Hierbei ging es neben dem bereits bestehenden Einfuhrverbot für französische Weine vor allem um die Einfuhr von gebrannten Wassern, Essig und Seidenstofffabrikaten.

98 Vgl. Beylage 78 (10. July 1822), S. LXXXV–LXXXVIII.

99 Beylage 78 (10. July 1822), S. LXXXVIIIf.

> Die zuverläßigste und dauerhafteste Grundlage des Handels wird immer die Befriedigung der wechselseitigen Bedürfnisse seyn. Nach der Natur der Sache ist Jedermann geneigt, von demjenigen zu kaufen, der die beste und wohlfeilste Waare biethet, und an den zu verkaufen, der den höchsten Preiß bezaht. Jede Störung dieses natürlichen Gleichgewichts ist bedenklich. Jedes Verbot, auch nur eines einzelnen Artikels kann aber leicht eine solche Störung veranlassen; denn ein Verbot reizt zu Verboten, eines zieht das andere nach sich, und eine Reihe gegenseitiger Verbote hebt zuletzt allen Handelsverkehr auf.[100]

Aus diesem Argument heraus sprach Wessenberg sich für die zu dieser Zeit verhandelte Option einer süddeutschen Handelsunion unter Einschluss der Schweiz aus, durch die kleinere Mitgliedsstaaten durch freie Handelswege und gemeinsame Märkte in den Genuss der Handelsvorteile großer Staaten kämen.[101]

Insgesamt wies die Argumentation des Theologen drei Ebenen auf: die Ebene des aufgeklärt-liberalen Politikers, der für die bürgerlichen Freiheiten plädierte, die Ebene des pragmatischen Wirtschaftspolitikers, der ökonomische Nachteile für die Wirtschaft des Großherzogtums abzuwenden suchte, und – dies erscheint besonders für die Konfrontation mit Rotteck entscheidend – die Ebene des weltanschaulich argumentierenden Wirtschaftstheoretikers, der ganz wie Adam Smith und vor ihm die Physiokraten von einem „natürlichen Gleichgewicht" des Marktes sprach, das durch Handelssperren, auch solche der Vergeltung, empfindlich gestört werde.

Der nachfolgende Widerspruch Rottecks bezog sich insbesondere auf jenen Vergeltungsaspekt. Einführend rechtfertigte der Abgeordnete seine zusätzlichen Darlegungen mit der Kompliziertheit der Sache, bei der „eine mehrseitige Beleuchtung […] nur wünschenswerth seyn" könne. Schließlich seien in die Kommission, so sein Argument, bewusst „Mitglieder von entgegengesetzten […] Ansichten" gewählt worden, um „das Verlangen ausgesprochen zu haben, die beiderseitigen Ansichten – als zwischen welchen der Vergleich unmöglich ist – gesondert vorgetragen zu hören".[102] Offenbar war bereits zum Zeitpunkt der Kommissionseinsetzung bekannt, dass gerade Wessenberg und Rotteck im verhandelten Punkt unterschiedliche Auffassungen vertraten.

Zunächst verlief Rottecks Argumentation allerdings ganz im Sinne Wessenbergs: Die Handelsfreiheit sah er als unbedingt nützlich an „[f]ür die Einzelnen als solche, d. h. für diejenigen, die da kaufen oder verkaufen wollen, für Konsumenten und Producenten als solche und jeden für Sich

---

100 Beylage 78 (10. July 1822), S. LXXXVIX.
101 Vgl. Beylage 78 (10. July 1822), S. XC.
102 Beylage 79 (10. July 1822), S. XCVII.

betrachtet".[103] Er unterschied allerdings zwischen „Privatinteressen" und dem „Gesammtinteresse" des Staates.[104] Für den Handel gelte in dieser Hinsicht:

> Unbedingt nützlich für die Gesamtheit ist nur die allgemeine Handelsfreiheit, d. h. welche vollständig und allseitig, also in Ansehung aller Waaren und von allen Völkern gewährt ist.[105]

Sollte diese Gegenseitigkeit nicht gewahrt sein, könne „in Fällen der Noth, zumal der durch fremde Handelsbedrückung erzeugten Noth, das System der Prohibition ein Rettungsmittel werden". Jenes werde aber „[i]n allen andern Fällen", so Rotteck weiter, „trotz augenblicklicher oder scheinbarer, oder bis auf einen gewissen Punct hin zu erringender Vortheile [...] früh oder spät zu wesentlichem Nachtheil führen".[106] Ganz wie Friedrich List hielt er protektionistische Maßnahmen für legitime temporäre Hilfsmittel, um die Wettbewerbsfähigkeit der eigenen Wirtschaft zu garantieren – ein Gedanke, den Wessenberg mit Blick auf die gegenseitigen Aufstachelungen eines „Zollkriegs" nicht mitgegangen war. Rotteck argumentierte,

> [...] daß, wenn einmal durch verkehrte oder feindselige Maßregeln einzelner Staaten das Naturverhältniß verrückt oder gestört worden, es dann für die hierdurch Gekränkten nothwendig – ein Rettungsmittel vor noch größerem Uebel – wird, die von den Andern begangene Uebertretung des Naturgesetzes durch eine gleichmäßig dagegen verfügte Uebertretung wieder aufzuheben, und also das gestörte Gleichgewicht der Action und Reaction wieder herzustellen.[107]

Für ebendies plädierte er als politische Maßnahme in der aktuellen Notsituation. Die Regierung solle nicht nur, wie bereits beschlossen, mit den benachbarten Staaten in Handelsverhandlungen treten, sondern darüber hinaus „ermächtigt werden", durch ein ausgesprochenes Verbot ausländischer und hier aktuell insbesondere französischer Handelsartikel „auch für Sich allein wohlthätig zu seyn". Im schlimmsten Fall könne sich Baden dazu, gleichsam als Lehrstück für protektionistische Staaten, gänzlich isolieren und so

---

103 Beylage 79 (10. July 1822), S. XCIX.

104 „Allein diese Gesammtheit ist nicht blos ein Aggregat oder eine Summe von Einzelnen, sondern sie ist auch ein Selbstlebendiges ein organisches Ganzes, an desssen Gesundheit und Kraft hinwider alle einzelnen Glieder – abgesehen von ihren unmittelbaren Privatinteressen – teilnehmen", Beylage 79 (10. July 1822), S. C.

105 Beylage 79 (10. July 1822), S. CI.

106 Rotteck grenzte sich an dieser Stelle auch deutlich vom „in der Theorie so ziemlich veralteten, jedoch in der Praxis leider immer noch vorherrschenden [...] Mercantilsystem[]" ab, vgl. insgesamt Beylage 79 (10. July 1822), S. CIV.

107 Beylage 79 (10. July 1822), S. CVI.

„zur allgemeinen Ertödtung alles auswärtigen Handels“ beitragen, denn, so Rotteck: „Nichts mangelt ihm, was absolutes Bedürfniß ist.“[108] Dem Antrag der Zweiten Kammer schloss er sich damit in vollem Umfang an und stellte sich dem Fazit des Kommissionsberichts Wessenbergs, das in einer eindeutigen Ablehnung des Antrags bestanden hatte, direkt entgegen. Wenngleich beide Abgeordneten den Wert des Freihandels für Baden auf lange Sicht betonten, kamen sie zu konträren Ansichten über die richtige Handelspolitik in unmittelbar protektionistischen Umgebungen.

Gut eine Woche nach Veröffentlichung der beiden Stellungnahmen wurden diese in der Sitzung vom 19. Juli 1822 diskutiert.[109] Rotteck schilderte noch einmal in drastischen Worten seine Prognose für den Fall des Verzichts auf Warenverbote:

> Vergebens erhofft man von der Natur die Wiederherstellung des Gleichgewichts. Wohl ist in ihr eine wiederherstellende Kraft, aber keine unendliche, und eine fortwährende Beleidigung ihrer Gesetze straft sie zuletzt mit Untergang. Wird ein Land fortwährend durch äußern Handelsdruck [...] in seiner Production und Lebensthätigkeit gehemmt, so tritt wohl auch wieder ein Gleichgewicht ein, nämlich eine mit den verminderten Mitteln der Erhaltung sich vermindernde Bevölkerung, fortschreitende Verödung des Landes, und endlich der Untergang.[110]

Wessenberg widersprach dem mit einem längeren Wortbeitrag:

> In dem Augenblicke, wo die mit Recht gewünschte Handelsfreyheit von den Dächern gepredigt wird, höre ich indessen mit Verwunderung nur von Prohibitivmaßregeln reden. Unser Recht, dergleichen als Retorsion zu verfügen, ist außer Zweifel. Aber ob wir dadurch uns selbst Vortheil bringen, ob wir dadurch Nachtheil von uns abwenden, ob wir gegen unsere eigenen Staatsangehörigen recht oder unrecht handeln würden [...]?[111]

Im Interesse Badens könne es „unmöglich liegen, ein ansehnliches Nachbarvolk [...] unfreundlich zu stimmen“.[112] Stattdessen müsse deutlicher als bisher geschehen auf eine innerdeutsche und in diesem Fall insbesondere süddeutsche Wirtschaftsunion hingearbeitet werden, die sich zum einen gegen

108 Beylage 79 (10. July 1822), S. CXXVff.

109 Vgl. Protokoll der Sitzung vom 19. July 1822, in: Verhandlungen der Ersten Kammer der Ständeversammlung des Großherzogthums Baden 1822. Zweyter Band: Zweytes Heft, von ihr selbst amtlich herausgegeben, Karlsruhe 1822, S. 153–224, hier 169–224.

110 Protokoll 19. July 1822, S. 205f.

111 Protokoll 19. July 1822, S. 207f.

112 Protokoll 19. July 1822, S. 207.

Frankreich wesentlich wirkungsvoller behaupten, andererseits aber auch im Hinblick auf freie Handelsrouten mit gutem Beispiel vorangehen könne.[113]

Trotz dieses nochmaligen Plädoyers gegen den Antrag der Zweiten Kammer stimmte die Versammlung schlussendlich der Position Rottecks zu und formulierte dazu den Beschluss, „die Großherzogliche Regierung nunmehr unbedingt zu ermächtigen, alle Maßregeln, welche die Lage des Landes in Beziehung auf die auswärtigen Handelsverhältnisse erfordern möchte, zu ergreifen".[114] Unmittelbar darauf kam es zum „Höhepunkt" des badisch-französischen „Zollkriegs": Ein neuer Zolltarif wurde eingeführt, der tatsächlich einige Einfuhrverbote beinhaltete sowie diverse Eingangszölle noch einmal deutlich erhöhte.[115] Die Darmstädter Verhandlungen über einen süddeutschen Handelsverein, für den auch Wessenberg sich neben vielen anderen Kammermitgliedern zu dieser Zeit stark machte, scheiterten in der Folge ebenfalls.[116]

Wessenberg widersprach in dieser Episode deutlich dem List-nahen zollpolitischen „Credo der badischen Regierung der 1820er Jahre, Freihandel als wünschenswertes, aber derzeit nicht realisierbares Ideal"[117] anzusehen. Temporäre Vergeltungszölle oder gar Einfuhrverbote hielt er mit deutlichem Verweis auf die physiokratisch formulierte Idee einer „natürlichen" Wirtschaftsordnung für einen gefährlichen ideellen wie wirtschaftspraktischen Fehlgriff, da sie den Handelspartner kaum zur Liberalisierung bewegen, geschweige denn die eigene Wirtschaftskraft fördern könnten. Schon Adam Smith hatte vor derartigen Maßnahmen in Anbetracht des großen wirtschaftlichen Schadens

113 „Meiner innersten Ueberzeugung nach kann nur eigene Handelsfreyheit unter uns Teutschen zur Handelsfreyheit mit dem Auslande den Weg bahnen. Wie könnten wir hoffen, die Fesseln des Auslandes zu zerbrechen, so lange wir fortführen, die eigenen zu schleppen? Wenn es daher noch irgend eines Antrags an unsere Regierung dermalen bedürfte, so würde ich den vorschlagen, daß sie gebeten werde, alles aufzubieten, auch mit Nachsetzung des bloß finanziellen Vortheils, damit der innere Verkehr im ganzen Umfange aller süddeutschen Staaten gänzlich freygegeben werde", Protokoll 19. July 1822, S. 208.

114 Protokoll 19. July 1822, S. 218f.

115 Nicht nur gegenüber Frankreich galt, zumindest vorübergehend, dieser verschärfte Zolltarif, sondern ebenso gegenüber Staaten, die keine vergleichbaren Maßnahmen ergriffen hatten, vgl. Müller: Das Großherzogtum Baden (1984), S. 86; Fischer: Der Staat, 1 (1962), S. 125f.

116 Insgesamt habe sich, so Müller, „[d]er gemeinsame Widerstand gegen das preußische Zollgesetz [...] nicht als tragfähige Basis einer Zolleinigung [...] erwiesen", vgl. Müller: Das Großherzogtum Baden (1984), S. 117–120, Zitat: 119. Wessenberg wurde noch im Januar 1823 in die „Commission zu Begutachtung der Eröffnung der Regierung in Betreff der Darmstädter Verhandlungen" gewählt. Die Verhandlungen scheiterten bereits im darauffolgenden Juli.

117 Müller: Das Großherzogtum Baden (1984), S. 85.

gewarnt, sollte sich nicht eine unmittelbare „Wahrscheinlichkeit“ bieten, „daß man durch sie die Aufhebung der verdrießlichen Verbote und hohen Zölle bewirken könne“.[118] Zwar bezog sich Wessenberg in seiner Argumentation nicht explizit auf den Schotten, jedoch ist seine Positionierung als klarer Verweis auf den Stand zeitgenössischer wirtschaftstheoretischer Erkenntnis zu lesen, die „mit Recht [...] von den Dächern“ gepredigt werde und hinter die auch die badische Realpolitik nicht zurückfallen dürfe.

Nach dem Scheitern der Darmstädter Verhandlungen nahm Baden noch in den 1820er Jahren an weiteren innerdeutschen Zolleinigungsversuchen teil, konnte allerdings keine Erfolge verbuchen. Im Gegenteil sah sich das Großherzogtum zu Beginn der 1830er Jahre auch „an seinen deutschen Grenzen endgültig von Hochzoll-Mauern umgeben“.[119] Unter anderem diese Misere veranlasste Wessenberg im Jahr 1830 dazu, eine Denkschrift zu publizieren. Unter dem Titel *Wünsche des Badischen Volkes. Eine Zuschrift an Seine Königliche Hoheit den Durchlauchtigsten Großherzog von Baden von einem treuergebenen Badischen Staatsbürger* richtete er sich direkt an den seit diesem Jahr amtierenden Großherzog Leopold I., der zunächst als liberaler als sein Vorgänger Ludwig I. galt.[120] Wessenberg formulierte darin seine Erwartungen an die neue Regentschaft. Insgesamt erhoffte er sich eine klare Abkehr von der bisherigen politischen Leitlinie, „daß es zur Würde und zum Wesen einer guten Regierung gehöre, daß sie in allen Angelegenheiten der Untergebenen unmittelbar und bis ins Detail eingreife, und sich regelnd und beschränkend, richtend und vollziehend ihrer zweckmäßigen Besorgung versichere“.[121] Demgegenüber stellte er, nun theologisch ganz explizit, seine Vorstellung der göttlichen Schöpfung:

---

118 Smith bezog sich dabei zudem auf Güter, die im eigenen Land hergestellt werden können. Dies traf auf die Artikel, deren Verbot zu dieser Zeit in Baden diskutiert wurde, nicht immer zu. Vgl. zu Smiths Argument Smith: Wohlstand der Nationen (2009), S. 463ff. (Viertes Buch: Die Systeme der politischen Ökonomie, Zweites Kapitel: Beschränkungen der Einfuhr solcher Güter aus fremden Ländern, welche im Land selbst erzeugt werden können).

119 Vgl. Müller: Das Großherzogtum Baden (1984), S. 46f., 141–158, Zitat: 46.

120 Vgl. Gerteis, Klaus: Art. Leopold, Großherzog von Baden, in: Neue Deutsche Biographie, 14 (1985), S. 271.

121 Wünsche des Badischen Volkes an Seine Königliche Hoheit den Durchlauchtigsten Großherzog von Baden von einem treuergebenen Badischen Staatsbürger, Zürich 1830, S. 7. Die Politik seines Vorgängers Ludwig I. von Baden zeichnete sich vor allem durch einen autokratischen Stil aus, vgl. Gerteis, Klaus: Art. Ludwig, Großherzog von Baden, in: Neue Deutsche Biographie, 15 (1987), S. 354f.

> Wie ganz anders verfährt der Schöpfer in seiner Regierung! Er hat die verschiedenen Theile des Weltalls so eingerichtet, daß Alles und Jedes sich, durch Entfaltung und Anwendung der in sie gelegten Kräfte, gleichsam selbst zu ordnen und zu regieren, die Schöpferhand aber ganz aus dem Spiele zu seyn scheint. Sollte es nicht auch die Aufgabe der ächten menschlichen Regierungsweisheit seyn, mit der Einmischung in die Angelegenheiten der Einzelnen und der Gemeinden sparsam, und überall bedacht zu seyn, mit Wenig Viel auszurichten?[122]

Deutlich wird hier, dass Wessenberg das in den politischen Debatten der 1820er Jahre auch von ihm so stark beanspruchte Bild des „natürlichen Gleichgewichts" sehr konkret an eine schöpfungstheologische Position rückzubinden vermochte. Vor allem diese Position machte ihn zu einem Gegner selbst einer nur temporär protektionistischen Zollpolitik und brachte ihn damit in Opposition zu seinem wirtschaftspolitischen Umfeld. Sein Grundvertrauen in die Überlegung, dass ein doppelter Eingriff in die göttliche Ordnung (durch Frankreich *und* Baden) auch doppelten Schaden anrichten statt Verhältnisse wieder ins Gleichgewicht bringen würde, bezog sich auf eine dem menschlichen Handeln vorausgehende höhere Autorität, die er hier klar als göttliche Schöpferautorität benannte.

Wessenbergs Bemerkung, dass „die Schöpferhand [...] ganz aus dem Spiele zu seyn scheint", erinnert ohne Zweifel an deistische Aussagen. Der Deismus, im 18. Jahrhundert zu fassen als „Glauben an eine erste Ursache, die die Welt geschaffen hat, aber nicht länger irgendeine Kontrolle als Vorsehung über sie ausübt", wird heute als eine verbreitete „Religionsphilosophie der eur[opäsichen] und nordamer[ikanischen] Aufklärung" verstanden.[123] Die deistische Grundannahme, der Schöpfergott habe sich nach dem Schöpfungsakt aus dem Lauf der Welt zurückgezogen, widersprach der christlichen Grundannahme einer göttlichen Offenbarung innerhalb der Welt. Die Wessenberg-Forschung der letzten Jahre hat deutlich herausgearbeitet, dass Wessenberg hinsichtlich der Gesamtheit seiner theologischen Vorstellungen zwar kein Deist, allerdings zumindest der dem Deismus nahestehenden

---

122 Wünsche des Badischen Volkes (1830), S. 7f.

123 Vgl. zum Begriff Byrne, Peter u. a.: Art. Deismus (Religion in Geschichte und Gegenwart 4 Online, 1998–2007), DOI: http://dx.doi.org/10.1163/2405-8262_rgg4_COM_03476 (abgerufen am 14.02.2022) und zur Vielfalt der Definitionen auch Schröder, Winifried: Der Deismus in der Philosophie der Neuzeit, in: Schröder, Winifried (Hg.): Gestalten des Deismus in Europa (Wolfenbütteler Forschungen, 135), Wiesbaden 2013, S. 7–27.

Physikotheologie sehr zugeneigt war.[124] In dieser theologischen Denkrichtung, die sich in der Frühen Neuzeit im Kontext naturwissenschaftlich fundierter Weltbilder ausbildete, wurde Gott aus den Funktionslogiken der Natur heraus erkannt, ohne dass dabei allerdings sein weiteres Wirken in der Welt ausgeschlossen wurde.[125] Die vorwiegend von Protestanten vertretene Physikotheologie wird heute als frühe Spielart aufgeklärter Theologie gefasst.[126] Der Gedanke, die übernatürliche Offenbarung aus der Erkenntnis von Sinn und Ordnung innerhalb der natürlichen Welt erfassen zu können, ist in den Diskursen der Katholischen Aufklärung um Wessenberg bereits nachgewiesen worden.[127] Die von Handschuh skizzierte „Welt- und Gegenwartskonstruktion“ aufgeklärter Katholiken erwies sich, so kann hier gezeigt werden, als genuin affin für ein Wirtschaftsdenken zwischen Physiokratie und Physikotheologie.

Wessenberg führte zwar keinen physikotheologischen Gottesbeweis, übernahm das hier artikulierte Muster eines inspirierenden Staunens über die Funktionsfähigkeit der Schöpfung aber, um eine liberale Staatspolitik, auch und gerade für den Bereich der Wirtschaft, zu fordern. Der Handel stellte sich für ihn als Feld par excellence dar, auf dem man den Dingen gemäß der göttlichen Schöpfungsordnung ihren freien Lauf lassen konnte. Wessenberg versicherte dem Großherzog in dieser Hinsicht, die badische Regierung könne sich „durch nichts wohlthätiger erweisen“, als indem sie weitgehende Handelsfreiheit gewährt „und alle Schranken entfernt, die nicht durchaus nothwendig sind, um andere wohlbegründete Rechte zu beschützen“.[128]

Bereits in dieser Schrift machte er darüber hinaus sehr deutlich, dass er dem Beitritt Badens zu einem Deutschen Zollverein unter preußischer Führung – einer in den 1820er Jahren immer wieder am politischen Horizont des Deutschen Bundes erscheinenden und seit 1827 sehr konkret verhandelten Option – kritisch gegenüberstand. Der innerdeutsche Freihandel würde hier nur auf Kosten starker Zollgrenzen nach außen gewährt:

---

124 Vgl. Braun: Der Gottsucher (2014), S. 25f., 30f.; Braun: Zum Kirchenbild Wessenbergs (2005), S. 30f. Die Abgrenzbarkeit Wessenbergs ökonomischer Positionen von deistischen Vorstellungen wird zum Schluss der Studie noch ausführlich diskutiert.

125 Vgl. zur Einführung Michel, Paul: Physikotheologie. Ursprünge, Leistung und Niedergang einer Denkform, Zürich 2008.

126 Zu ihrem Verfahren fasst Holzem zusammen: „Naturwissenschaft und Naturerfahrung wurden teleologisch gedeutet und vertieft; Tier-, Menschen- und Pflanzenwelt griffen aufgrund eines vorausschauenden göttlichen Heilsplans so ineinander, dass die Mechanik des Weltenlaufs die liebende Zuwendung des Mechanikers transparent werden ließ“, Holzem: Christentum in Deutschland, 2 (2015), S. 741ff., Zitat: 741.

127 Vgl. Handschuh: Die wahre Aufklärung (2014), S. 51f., 215.

128 Wünsche des Badischen Volkes (1830), S. 9.

> Man übersehe aber ja nicht, daß [...] die Wegräumung aller Zollstätten von Staat zu Staat inner dem Bunde nicht hinreiche, sondern daß dazu auch eine Vereinbarung nöthig sey, gegen das Ausland nur gemäßigte Zollsätze zu bestimmen. Für die deutschen Länder, die an die Schweiz, an Frankreich, an Belgien, und an Holland grenzen, ist der Handel mit diesen Nachbarn von großer Wichtigkeit.[129]

Am 1. Januar 1834 wurde durch die sechs größeren deutschen Staaten Preußen, Bayern, Württemberg, Sachsen, Kurhessen und Hessen-Darmstadt sowie 15 kleinere Staaten ebenjener Deutsche Zollverein gegründet und so die lang ersehnte innerdeutsche Handelsliberalisierung verwirklicht, die die nationalliberale Bewegung um List schon 1819 angestrebt hatte.[130] Die Gründung des Zollvereins gilt heute als entscheidende Weichenstellung in Richtung der Industrialisierung der deutschen Staaten.[131]

Baden war bereits früh aus den Beitrittsverhandlungen ausgestiegen.[132] Gerade die Außen- und Transitzollregelung der Zollvereinigung wurde als Bedrohung für den eigenen Handel, insbesondere mit Frankreich und der Schweiz, wahrgenommen.[133] Ein Beitritt zum Zollverein stellte, so ist zu bedenken, „für Baden eine stärkere Veränderung seiner wirtschaftspolitischen Haltung und seiner wirtschaftlichen Struktur als wohl für jeden anderen

---

129 Wünsche des Badischen Volkes (1830), S. 12.

130 In der Bewegung wird gemeinhin bereits eine „der treibenden Kräfte für eine deutsche Zollunion" gesehen, vgl. Fischer: Wirtschaft und Gesellschaft (1972), S. 113. Als umfassende Studie zum Zollverein vgl. Hahn: Geschichte des Deutschen Zollvereins (1984) und als jüngeren Forschungsüberblick Hahn, Hans-Werner; Kreutzmann, Marko (Hgg.): Der Deutsche Zollverein. Ökonomie und Nation im 19. Jahrhundert, Köln u. a. 2012.

131 Fischer hat bereits 1972 in seiner „Fallstudie einer Zollunion" betont: „Der Zollvereinsapparat, so schwerfällig er auch war, erreichte doch Erhebliches. Fraglos erleichterte er die Entwicklung des modernen deutschen Verkehrssystems und intensivierte den Handel. Gleichzeitig unterstützte er das Wachstum der jungen Industrie und verhinderte unökonomische Standortentscheidungen", Fischer: Wirtschaft und Gesellschaft (1972), S. 123f. Ähnlich stellt Ziegler noch 2005 fest: „Es kann [...] nicht ernsthaft daran gezweifelt werden, daß das ‚Zwillingspaar' Zollverein und Eisenbahn die entscheidende Voraussetzung für die Herausbildung einer interregionalen Arbeitsteilung in Deutschland gewesen ist", Ziegler: Das Zeitalter der Industrialisierung (2005), S. 200f.

132 Müller spricht von „selbstgewählte[r] Isolierung" und vom Scheitern diverser Vermittlungsversuche, vgl. Müller: Das Großherzogtum Baden (1984), S. 147–159, Zitat: 132.

133 Vgl. Hahn: Geschichte des Deutschen Zollvereins (1984), S. 83. Zwar waren die Tarife des Zollvereins „im zeitgenössischen europäischen Vergleich" auch nach außen hin tendenziell „eher liberal", dies galt allerdings gerade nicht für die für den badischen (Transit-)Handel wichtigen Luxus- und Kolonialwaren, die mit hohen Zöllen belegt wurden, vgl. Ziegler: Das Zeitalter der Industrialisierung (2005), S. 205 und für weitere Waren auch Fischer: Der Staat, 1 (1962), S. 128f.

deutschen Staat" dar.[134] Trotz der Zollerhöhungen der vergangenen Jahre hatte Baden bis zu dieser Zeit kaum Grenzüberwachungen benötigt.[135]

Aufgrund des „wachsenden Anpassungsdruck[s]" kam es allerdings bereits am 12. Mai 1835 – im Vergleich zu den Verhandlungen mit anderen ‚Nachzüglern' relativ schnell – zum Abschluss eines ersten Beitrittsvertrags, der Baden etwa für den Handel mit der Schweiz Sonderkonditionen zubilligte.[136] Wessenberg war zu dieser Zeit nicht mehr Abgeordneter der Ständekammer, mischte sich aber durch mehrere Publikationen noch einmal in die öffentliche Debatte ein – ein deutliches Indiz dafür, welche Wichtigkeit er den handelspolitischen Entwicklungen seiner Zeit beimaß.[137]

Wessenberg und der „Preußische Zollverein"

Bereits 1833 hatte sich Wessenberg in einer politischen Denkschrift unter dem Titel *Deutschlands Gegensätze*[138] noch einmal zur Frage der zukünftigen Handelspolitik zwischen den deutschen Staaten geäußert. Erneut forderte er hier innerhalb Deutschlands den freien Handel mit geringen Zollsätzen gegenüber dem Ausland, möglichst gar als „Hauptartikel der Gesetzgebung des Bundes und der sämmtlichen Verfassungen".[139]

---

134 Vgl. Fischer: Der Staat, 1 (1962), S. 129.

135 „Es besaß nur sehr wenige Zollgebäude. Meist genügten gemietete Räume, in denen Gewerbetreibende nebenberuflich sich als Zollbeamte betätigten", Fischer: Der Staat, 1 (1962), S. 129.

136 Vgl. Hahn: Geschichte des Deutschen Zollvereins (1984), S. 83f. und zum Verlauf der Beitrittsverhandlungen ausführlich Müller: Das Großherzogtum Baden (1984), S. 188–239.

137 Dass ihn Handelsfragen auch als Privatmann nicht losließen, spiegeln auch einige Berichte, die er von seinen Reisen zwischen 1828 und 1847 anfertigte. Bewundernd äußerte er sich etwa über den Freihafen von Genua, kritisch über die dortige Politik hoher Eingangszölle, vgl. Mittheilungen aus Tagebüchern von Reisen in Italien, der Schweiz, Frankreich, der Rheinlande, den Niederlanden u Deutschland, 1828–1847. Siebenzehnter Abschnitt: Der Freihafen. Der Spaziergang Aqua Sola. Theater. Die Landhäuser in der Umgegend. Taubstummenanstalt. Volksleben, undatiert, in: Ignaz Heinrich von Wessenberg. Reisetagebücher (Edition Aland), S. 126–133. Bei einer Tirolreise 1828 beklagte er die dortigen Handelssperren, vgl. Mittheilungen aus Tagebüchern von Reisen in Italien, der Schweiz, Frankreich, der Rheinlande, den Niederlanden u Deutschland, 1828–1847. Erster Abschnitt: Durchreise durch Tyrol, 1828, in: Ignaz Heinrich von Wessenberg. Reisetagebücher (Edition Aland), S. 18–27.

138 Deutschlands Gegensätze. Von einem Süddeutschen, besonderer Abdruck aus dem dritten Theil des „Prometheus", Aarau 1833. Wessenberg erläuterte in dieser Schrift seine Ansichten zu den deutschen Einheitsbestrebungen. Dabei sprach er sich gegen unreflektierte Freiheitsforderungen aus, verwies auf starke gesellschaftliche Gegensätze innerhalb des Deutschen Bundes und skizzierte Maßnahmen, die es für eine wahrhaft freiheitliche Vereinigung der Staaten zu ergreifen gelte.

139 Deutschlands Gegensätze (1833), S. 73.

1834, im Jahr der Zollvereinsgründung, publizierte er eine Schrift, die unter dem Titel *Wäre der Beitritt Badens zum Preussischen Zollverein wünschenswerth* allein der badischen Beitrittsfrage gewidmet war.[140] Wessenberg sprach hier nicht vom „Deutschen" (oder auch „Teutschen"), sondern vom „Preussischen" Zollverein, wie es zeitgenössisch – anspielend auf eine die Einzelstaatsinteressen ignorierende preußische Hegemonialmacht – vor allem die Gegner des Vereins taten.[141] In seiner Denkschrift widersprach er offen niemand Geringerem als Karl Friedrich Nebenius, dem List-nahen „handelspolitischen Experten der badischen Bürokratie" dieser Tage, der bereits 1819 sehr konkrete Vorstellungen zu einer gemeinsamen deutschen Zollverfassung geäußert und Baden unter anderem in den Darmstädter Verhandlungen vertreten hatte.[142] Nebenius sah den Beitritt zum Zollverein für die badische Produktausfuhr als Notwendigkeit an. 1833 hatte er ebenfalls in einer längeren Publikation für den Beitritt geworben und damit die öffentliche Debatte entfacht.[143] Wessenberg sprach nun hinsichtlich Nebenius' Stellungnahme von „naiven Bekenntnisse[n]" und warf dem Politiker vor, Badens wirtschaftlichen Vorteil in seinem Argument auf zutiefst spekulative „günstige[...] Wechselfälle" zu gründen.[144] Baden sei „kein eigentliches Fabrikland und auch nicht geeignet,

---

140 Wäre der Beitritt Badens zum Preussischen Zollverein wünschenswerth? Von einem Badner, Konstanz 1834. Er publizierte die Schrift wegen der verbreiteten Kritik an seiner Person bewusst anonym („Von einem Badner"), wie aus dem Briefwechsel mit seinem langjährigen Korrespondenzpartner Heinrich Zschokke (1771–1848), einer führenden Gestalt der Schweizer Volksaufklärung, hervorgeht, vgl. Wessenberg an Zschokke (21.12.1833), in: Der Briefwechsel 1806–1848 zwischen Ignaz Heinrich von Wessenberg und Heinrich Zschokke (Quellen zur Schweizer Geschichte: Neue Folge, 10), bearb. v. Rudolf Herzog und Othmar Pfyl, Basel 1990, S. 110ff. Im selben Jahr publizierte Wessenberg noch eine zweite Auflage der Schrift mit einigen illustrierenden Erweiterungen. Grundlage der nachfolgenden Analyse ist die erste Auflage, in der die zentralen Thesen entfaltet werden. Wo es für die Analyse weiterführend erscheint, werden die Ergänzungen der zweiten Auflage hinzugezogen.

141 Vgl. Müller: Das Großherzogtum Baden (1984), S. 175.

142 Vgl. Hahn: Geschichte des Deutschen Zollvereins (1984), S. 83f., Zitat: 83; Müller: Das Großherzogtum Baden (1984), S. 102f., 110f.

143 Vgl. Müller: Das Großherzogtum Baden (1984), S. 165ff. Die Schrift erschien unter dem Titel *Denkschrift für den Beitritt Badens zu dem zwischen Preußen, Bayern, Würtemberg, den beiden Hessen und mehreren anderen deutschen Staaten abgeschlossenen Zollverein.*

144 Vgl. Wäre der Beitritt Badens (1834), S. 16. In der zweiten Auflage ergänzte Wessenberg diesbezüglich an anderer Stelle, dass eine „Verarmung des Badischen Landes [...] im Falle der Nichtanschließung [...] keineswegs erwiesen" sei: „Der Baierisch-Würtembergische und Hessische Zollverein besteht schon mehrere Jahre an der Badischen Grenze, ohne daß daraus eine Verarmung der Badner erfolgt wäre. Auch die Schweiz, obgleich schon lange beinahe von allen Seiten mit Sperrmauthen umgeben, ist nicht verarmt", Wäre

ein solches zu werden“[145], führte er mit Verweis auf die Tatsache an, dass vor allem Fabrikindustrien von der Zollunion Vorteile erwarten konnten.[146] Während er in der ersten Auflage der Schrift hierbei nur aus ökonomischer Perspektive argumentierte, verwies er in der zweiten Auflage – drei Jahre vor der berühmten „Fabrikrede“ des badischen Abgeordneten Buß – bereits auf soziale Problemlagen: Fabrikarbeit bringe oftmals erhebliches Elend mit sich, ein Fabriksystem sei also nicht anzustreben.[147]

Die Beitrittsdebatte werde zumeist mit einem erheblichen Maß an Selbstsucht geführt, so argumentierte Wessenberg insgesamt, dies könne aber in Anbetracht der zu bedenkenden Einzelinteressen nie auf den richtigen Weg führen. Das „Beste des Vaterlandes“ könne nur durch Orientierung an einem „höhern Gesichtspunkt“ realisiert werden, der nicht weniger als „alle Interessen umfaßt“.[148] Das Sprechen von einem „höhern Gesichtspunkt“ steht hierbei in deutlicher Kontinuität zu seinem ein paar Jahre zuvor erfolgten Verweis auf die göttliche Schöpfungsordnung. „Nebst dem denkenden Geist und dem Gewissen jedes einzelnen ist nichts in der Welt, das für sein wahres Gedeihen so sehr der Freiheit bedarf, als der Handel“[149], so führte Wessenberg mit Verweis auf die Erschaffung des Menschen hin zur Freiheit seiner Selbstentfaltung aus. Zollvereine stellten sich für ihn mit dem künstlichen „Zauberbann ihrer Schlagbäume“[150] auch in dieser Hinsicht als Umkehrung der „natürliche[n] Ordnung“[151] dar. Dass dieser „Zauberbann“ auch sittlichen Verfall mit sich bringen würde, war für ihn eine logische Konsequenz: Die bislang niedrigen Durchgangszölle in Baden hätten kaum Anreiz zu einer „alle Moralität zugrunde richtende[n] Schmuggelei“ geboten und sich so dem badischen Volk zugleich in sittlicher wie ökonomischer Hinsicht als vorteilhaft erwiesen[152] – für ihn Beweis genug für die Rechtmäßigkeit eines auch religiös

---

der Beitritt Badens zum Preussischen Zollverein wünschenswerth? Von einem Badner, zweite, verbesserte und sehr vermehrte Ausgabe, Konstanz 1834, S. 19.

145 Wäre der Beitritt Badens (1834), S. 8f.

146 Vgl. hierzu Fischer: Der Staat, 1 (1962), S. 129f. Wessenberg gab für den Fall eines Beitritts auch die Erhöhung der Kosten für Kolonialwaren zu bedenken, vgl. Wäre der Beitritt Badens (1834), S. 11. Die Kolonialwarenzölle waren in Preußen traditionell überdurchschnittlich hoch und wurden auch im Zuge der Beitrittsverhandlungen nicht gesenkt, vgl. Hahn: Geschichte des Deutschen Zollvereins (1984), S. 64, 84.

147 Wäre der Beitritt Badens, 2. Aufl. (1834), S. 11f.

148 Wäre der Beitritt Badens (1834), S. 3.

149 Wäre der Beitritt Badens (1834), S. 4.

150 Wäre der Beitritt Badens (1834), S. 8.

151 Wäre der Beitritt Badens (1834), S. 21 (Anmerkung 1 zu S. 4).

152 Vgl. Wäre der Beitritt Badens (1834), S. 6f. Müller hat hinsichtlich dieses in der zeitgenössischen Debatte durchaus gängigen Arguments betont, dass auch in Baden in

konnotiertes Verweises auf eine von Gott angelegte und angeregte „natürliche Ordnung".

Internationale Entwicklungen, etwa in England und Frankreich, gaben Wessenberg Anlass zur Hoffnung, dass in Fragen des Freihandels den Völkern „allmählich [...] die Schuppen von ihren Augen" sinken würden.[153] Wie schon in den politischen Debatten der frühen 1820er Jahre rekurrierte er auch in seiner Denkschrift auf ein Fortschreiten ökonomischer Erkenntnis, das sich mit aufklärerischen und gleichzeitig theologischen Grundwerten über die bestmögliche Verfasstheit von Gesellschaften deckte. „[F]ür den Badner" liege, so bemerkte er, „etwas Peinliches in dem Gedanken, gerade jetzt in einen strengen Mauthverband einzutreten, wo die Stimme aller Völker sich gegen die Systeme der Handelssperre so mächtig erhebt".[154] „Die besten Lehrer der Staatswirthschaft, Adam Smith, Say, Droz, Sismondi, Soden stimmen hierin überein"[155], stellte er mit Verweis auf prominente nationalökonomische Theoretiker heraus, die sich gegen Schutzzollsysteme ausgesprochen hatten. Werke aller Genannten befanden sich wie gesehen in der Bibliothek des Theologen und können spätestens durch die hier vorliegende Erwähnung als sein wirtschaftswissenschaftlicher Rezeptionshorizont angesehen werden. Aufbauend auf diesen Wissensstand versicherte Wessenberg: „Ein Staat, der durch Verarmung seiner Nachbarn sich bereichern will, rechnet falsch"[156], und hüllte damit einen christlichen Grundsatz in ein ökonomisch höchst modernes Gewand.

Noch zweimal äußerte sich Wessenberg 1834, im so entscheidenden Jahr vor dem badischen Zollvereinsbeitritt, mit der gleichen Argumentation im *Badischen Volksblatt*. Ohne seinen Namen zu nennen, warb er hier für seine Denkschrift und drückte die Hoffnung aus, dass „die Mitglieder der badischen Landstände, denen diese Schrift gewidmet ist, die gewichtigen Thatumstände, die darin mit Rücksicht auf alle Verhältnisse dargestellt sind, reiflich in Erwägung ziehen".[157]

---

diesen Tagen erheblich geschmuggelt wurde, vgl. Müller: Das Großherzogtum Baden (1984), S. 48f.

153 Vgl. Wäre der Beitritt Badens (1834), S. 4. In England werde der Wunsch nach Handelsliberalisierung mittlerweile klar geäußert und auch in Frankreich stünden derartigen Entwicklungen nur noch „einige Finanzverlegenheiten" und „die selbstsüchtigen Interessen der großen Guts- und Fabrikbesitzer" entgegen.

154 Wäre der Beitritt Badens (1834), S. 7.

155 Wäre der Beitritt Badens (1834), S. 30 (Anmerkung 10 zu S. 9).

156 Wäre der Beitritt Badens (1834), S. 28 (Anmerkung 10 zu S. 9).

157 Ueber die Förderung der Gewerbe im Großherzogthum Baden, in: Badisches Volksblatt (20.05.1834). Der zweite Artikel erschien drei Monate später: Noch ein Wort über das Verhältniß Badens zum preußischen Zollverein, in: Badisches Volksblatt (13.08.1834).

Wessenbergs Position in der Zollvereinsdebatte war in hohem Maße streitbar und bereits im Verlauf des Jahres 1834 nicht mehr mehrheitsfähig. Der Beitritt zum Zollverein wurde, auch bei ursprünglichen Gegnern, zunehmend „als ein unvermeidliches Faktum" angesehen, dem man sich zu stellen gedachte.[158] Die wirtschaftlich starken und von industriellem Aufschwung gekennzeichneten Jahre, die für Baden nach dem Beitritt im Jahr 1835 folgten, wurden zeitgenössisch häufig mit der Beitrittsentscheidung erklärt, was diese nachträglich legitimieren konnte.[159] Nebenius nannte die Zollvereinsgründung 1838 eines „der heilvollsten Ereignisse" der deutschen Geschichte.[160]

Die Stellungnahmen Wessenbergs mögen in dieser Hinsicht nicht den realwirtschaftlichen Erfordernissen gerecht geworden sein. Allerdings zeigen sie gerade deswegen, welches Grundvertrauen der Theologe in schöpfungstheologische Ordnungsvorstellungen aufzubringen vermochte, die er in den wirtschaftsliberalen Forderungen der klassischen Nationalökonomie insbesondere für den Bereich der Handelspolitik praktisch ausgedrückt fand.

Theologische Reflexion des Handels im Spätwerk

In theologischer Hinsicht noch wesentlich expliziter reflektierte Wessenberg den Handel zwanzig Jahre nach diesen Debatten in seiner letzten großen, zweibändigen Publikation von 1857. Unter dem Titel *Gott und die Welt oder das Verhältniß aller Dinge zueinander und zu Gott* thematisierte er in Anbetracht seines starken politischen Engagements der 1820er und 1830er Jahre auch den Handel in seinem Verhältnis zur christlichen Theologie. Gleich zu Beginn des zweiten Bandes, in dem er sich vor allem den ‚weltlichen Dingen' zuwandte, stellte er heraus:

> Allmählig kamen die gemeinsamen Angelegenheiten der menschlichen Gesellschaft unter die Leitung der Religionsvereine, der Staatsvereine, der Wissenschaft, der Kunst und des Handelsverkehrs, und es knüpften diese fünf Mächte vorzüglich die Bande, welche die Gesellschaft gemäß des Menschen Doppelnatur, zugleich den geistigen und den leiblichen Bedürfnissen, entsprechend zusammenhalten und in sie Leben und Streben, Einheit und Uebereinstimmung bringen sollen.[161]

Handel und Warenverkehr wurden hier in eine Reihe mit den großen Institutionen gesellschaftlicher Ideenproduktion und -distribution gestellt

158 Vgl. Fischer: Der Staat, 1 (1962), S. 135.
159 Vgl. Müller: Das Großherzogtum Baden (1984), S. 260f.
160 Zit. nach Müller: Das Großherzogtum Baden (1984), S. 261.
161 Wessenberg, Ignaz Heinrich von: Gott und die Welt oder das Verhältniß aller Dinge zu einander und zu Gott, Bd. 2, Heidelberg 1857, S. 8f.

und symbolisierten in Wessenbergs Argumentation die der menschlichen „Doppelnatur" entsprechende Zusammengehörigkeit eines geistigen und materiellen Austauschs zwischen den Völkern.[162] Mit dem Bild der „Doppelnatur" rekurrierte Wessenberg auf die uralte philosophische Idee einer Dichotomie von Seele und Leib, die im Christentum in vielfältiger Form weitertradiert worden war.[163] Er selbst sprach in diesem Zusammenhang an anderer Stelle auch von „Geist und Leib" oder „Geist und Sinnenwelt", betonte aber immer wieder, dass beide „Naturen" nur im Zusammenspiel den Menschen ausmachten. Der Mensch komme „außer sich, sowohl wenn sein Geist die Sinnenwelt ganz außer Acht läßt, als wenn er sich ganz in dieselbe versenkt".[164]

Diese Schablone übertrug Wessenberg nun auf ökonomische Reflexionen: Materielle und sinnliche Selbstsucht könne den Menschen zwar leicht dazu verleiten, sich „alle Güter [...] zum ausschließlichen Eigenthum zu machen", angelegt sei im geistigen Teil seiner Natur aber ein starkes Geselligkeits- und Mitteilungsbedürfnis. „[N]ur durch Mittheilung" komme der Mensch, so Wessenberg, „zum vollen Genuß seiner eigenen Wirksamkeit und seines Besitzthums."[165]

Dabei könne „jedes bewährte Gut, jede nützliche Entdeckung, Erfindung, Kenntniß und Kunst der gesamten Menschheit zum Vortheil gereiche[n]"[166], sodass nicht nur das materielle Wohl aller, sondern auch eine friedliche Verständigung gesichert werde:

> Der Handel ist eines der mächtigsten Vehikel zur Förderung und Unterhaltung einer der Wohlfahrt und Gesittung zuträglichen Verbindung der Völker. Seine Hemmungen und Störungen aber sind meist das Erzeugniß der Selbstsucht.[167]

Noch einmal prangerte er Schlagbäume an, die von „ein[em] Heer von Eigenmächtigkeiten vertheidigt" würden „wie ein Palladium der Staatswohlfahrt, taub für die Stimme des gesunden Verstandes und des geraden Rechtssinnes". Dort, wo die Freiheit nicht als basales „Element für des Handels Belebung und Gedeihen" durch den Staat garantiert wurde, werde das „schöne[] Band,

162 Wessenberg sprach hinsichtlich der menschlichen „Doppelnatur" vom Zusammenspiel geistiger und leiblicher Interessen bzw. der „Macht des Geistes gegenüber den Kräften der äußern Natur", Wessenberg: Gott und die Welt, 2 (1857), S. 3.

163 Vgl. Grawe, Christian: Art. Doppelnatur (Historisches Wörterbuch der Philosophie Online, 1971–2007), DOI: 10.24894/HWPh.736 (abgerufen am 14.02.2022).

164 Wessenberg, Ignaz Heinrich von: Gott und die Welt oder das Verhältniß aller Dinge zu einander und zu Gott, Bd. 1, Heidelberg 1857, S. 90.

165 Wessenberg: Gott und die Welt, 2 (1857), S. 3.

166 Wessenberg: Gott und die Welt, 2 (1857), S. 3f.

167 Wessenberg: Gott und die Welt, 2 (1857), S. 249 (Überschrift des XXIV. Abschnitts).

Allen gleich vortheilhaft", das sich dauerhaft nur durch die gesetzliche Sicherstellung freier Handelswege auszubilden vermöge, zerschnitten.[168] Dies könne, so Wessenberg, keinesfalls im Sinne Gottes sein:

> Nicht umsonst hat die schöpferische Weisheit ihre Gaben auf Erden verschieden ausgetheilt. Die große Verschiedenheit in der Zeugungskraft des Bodens und auch im Thier- und Mineralreich in den verschiedenen Himmelsstrichen beabsichtigt augenscheinlich die Beförderung des Austauschs zwischen den Völkern.[169]

Physikotheologie, die hier zumindest die Erkenntnis des Wesens und Wollens Gottes aus der Naturbeobachtung ableitete, vermischte sich an dieser Stelle mit der Idee der „Universal Economy": Aus der funktionalen, materiellen Schöpfungsanlage heraus rekonstruierte Wessenberg die konkrete Aufforderung an die Menschheit, in gegenseitigen Austausch und wohlwollenden Kontakt zu treten. Die bereits in den 1830er Jahren entsprechend formulierte Aussage, „[e]in Staat, der durch Verarmung seiner Nachbarn sich bereichern will, rechnet falsch"[170], wiederholte Wessenberg nun mit unmittelbarem Gottesbezug: „Daß ein Land sich durch Verarmung des andern bereichere, ist nicht der Natur und der Menschlichkeit (Gottes ewiger Anordnung) gemäß."[171]

Einen Geistesverwandten erkannte er, auch argumentativ, in dem langjährigen britischen Premierminister Robert Peel (1788–1850), der im Jahr 1846 die berühmten Corn Laws abgeschafft und so – höchst umstritten – die protektionistischen Strukturen des britischen Getreidehandels massiv gelockert hatte. Wessenberg zitierte ihn wie folgt:

> Am Ende wird die Ueberzeugung vorherrschen, daß durch Ermunterung des freien Verkehrs unter den Nationen der Erde wir die besondere Wohlfahrt einer jeden fördern und auch die wohlthätigen Absichten eines allweisen Schöpfers erfüllen, welcher den verschiedenen Ländern verschiedenartigen Boden, verschiedenartiges Klima, verschiedenartige Erzeugungsfähigkeit zutheilte, nicht etwa, um sie von einander unabhängig zu machen, sondern ganz im Gegentheil, damit sie ihre gegenseitige Abhängigkeit fühlen und anerkennen, durch den Austausch ihrer Befriedigungsmittel die Güte der Vorsehung in Gemeinschaft genießen, und in dem Handelsverkehr ein beglückendes Mittel finden, um die Civilisation zu fördern, nationale Eifersucht und nationales Vorurtheil zu mildern, und den allgemeinen Frieden, sowohl durch die Rücksicht auf

168 Vgl. Wessenberg: Gott und die Welt, 2 (1857), S. 250f.
169 Wessenberg: Gott und die Welt, 2 (1857), S. 250.
170 Wäre der Beitritt Badens (1834), S. 28 (Anmerkung 10 zu S. 9).
171 Wessenberg: Gott und die Welt, 2 (1857), S. 253.

> nationales Interesse, als durch die Verbindlichkeit christlicher Pflicht zu befestigen.[172]

Wessenberg erkannte hierin „[g]oldene Worte“ eines Politikers, der sich sogar auf der großen politischen Bühne nicht scheute, „seine langjährige Verfechtung des Sperrsystems als einen großen Irrthum zu bekennen“. England gehe damit gerade für die langfristige Bekämpfung von Not und Elend voran, „[a]ndere Länder werden folgen“, so seine Hoffnung, „bei „solche[m] Einlenken in die Bahn, die der von Gott angeordneten Natur gemäß ist“.[173] Eine derart radikale freihändlerische Positionierung, die die Ansichten der „Anti-Corn-Law-League“ teilte, war im deutschen Kontext dieser Tage alles andere als selbstverständlich.[174]

Auf der Suche nach wirtschaftsethischen Aussagen zum Bereich des „Handels und Verkehrs“ fällt auch eine Passage in Betracht, in der Wessenberg sich zu Kolonialwesen und Sklavenhandel äußerte. Er befürwortete die Nutzung kolonialer Produktivkräfte im Sinne eines gewinnbringenden Austauschs für Kolonialmacht und Kolonie. Für den Fall, dass diese Beidseitigkeit nicht gewährleistet sein sollte, könne das Kolonialsystem nicht funktionieren.[175] Demgemäß sprach er sich gegen den Sklavenhandel aus, der „auch in der Christenheit noch Duldung und Schutz findet“, obgleich „der Fluch des Himmels auf einem so greulichen Gewerbe wie de[m] Sklavenhandel“ liege.[176] Dieser Punkt eignete sich für Wessenberg dazu, den Wert der Freiheit noch einmal aus einer Transferperspektive zu beleuchten:

> Für Völker, die sich viel mit Handel beschäftigen, in welchem sie die Fundgruben ihres Wohlstands finden, ist der Sklavenhandel um so schmachvoller, als Freiheit das wahre Lebenselement des Handels ist, und in Handelsvölkern naturgemäß

---

172 Zit. nach Wessenberg: Gott und die Welt, 2 (1857), S. 256 (Anmerkung 10). Wessenberg zitierte Peel aus der 236. Ausgabe der *Augsburger Allgemeinen Zeitung* des Jahres 1846.

173 Wessenberg: Gott und die Welt, 2 (1857), S. 256 (Anmerkung 10).

174 Artikuliert wurde sie etwa im 1847 von Journalisten und Professoren gegründeten Deutschen Freihandelsverein, der sich, wie auch Wessenberg, gegen die Politik des Deutschen Zollvereins aussprach. Tendenziell war aber eine große Skepsis vorherrschend, vgl. Brandt: Geschichte der deutschen Volkswirtschaftslehre, 1 (1992), S. 214ff.

175 Vgl. Wessenberg: Gott und die Welt, 2 (1857), S. 257.

176 Wessenberg: Gott und die Welt, 2 (1857), S. 259. Insgesamt ist die Beziehung der katholischen Kirche zum Sklavenhandel in der Aufklärungszeit als ambivalent zu sehen: Nur wenige Kirchenmänner hinterfragten die Legitimationsgrundlage rassistischer Theorien, zugleich propagierten sie die Gleichheit aller Menschen vor Gott im Sinne des Evangeliums, vgl. Lehner: Die Katholische Aufklärung (2017), S. 200–225.

> immer Freiheitsgeist rege wurde, der eine unbeschränkte, despotische Herrschaft nicht aufkommen ließ.[177]

Die Einstellung zum Sklavenhandel schied für Wessenberg das würdige vom unwürdigen Handelsvolk, Letzteres ohne Verständnis und Gespür für die ethische Verpflichtung, die blühende Handelsbeziehungen aus der Erkenntnis der ihnen zugrunde liegenden Mechanismen und (christlichen) Werte mit sich brächten. Eine gewisse Nähe ist bei diesem Argument zum physiokratischen Diskurs über Sklaverei und Kolonialwesen auszumachen. Ganz im Gegensatz zu vielen Größen der philosophischen Aufklärungsbewegung lehnten die Physiokraten beides in ihrer zeitgenössischen Form radikal ab und argumentierten dabei in erster Linie mit „Wirtschaftsfakten" und „handfeste[n] ökonomische[n] Zielvorstellungen", die mit naturrechtlichen Forderungen perfekt korrelierten.[178]

Sein Beharren auf freiheitlichen Grundordnungen deutet bereits an, dass Wessenberg nicht einseitig in Richtung der ‚Versorgung' fremder Völker und Kulturen mit christlichen Wahrheiten zu argumentieren gedachte, denen durch Handelsbeziehungen sichere Exportrouten gewährt wurden. Er sprach von einer „Vielseitigkeit der Erkenntnisse und Bildung", die durch die Handelsbeziehungen ermöglicht werde.[179] Als Katholik sah er freilich dennoch die christliche Religion seit ihrem Bestehen als wesentlichen Faktor der Völkerverbindung und strebte „eine Verbrüderung" an, „welche der gemeinsamen Bestimmung entspricht, nach welcher alle Menschen nur Eine Familie bilden sollten, welche den Einen Gott als ihren gemeinsamen Vater verehren".[180] Wesentlich war es für Wessenberg aber vor allem zu betonen, so kann zum Schluss der Analyse zusammenfassend festgehalten werden, dass seine Religion die universell gültige Wahrheit über ‚die Welt', das heißt über die menschliche Existenz und ihre „natürliche Ordnung" in der ihr gezielt erschaffenen Umgebung, formuliere – eine Ordnung, die durch eine liberale Handelspolitik nicht nur versinnbildlicht, sondern praktisch verwirklicht werden konnte.

2.2.2 *Von „Radicalreformen" und katholischem Gewerbefleiß – Zunfttradition, Gewerbereform und korporatives Denken*

Die Förderung des Gewerbefleißes war für Wessenberg, ebenso wie die Verwirklichung weitgehenden Freihandels, in wirtschaftlicher wie christlicher Hinsicht eine zentrale zeitgenössische Forderung, für die er sich auf

177 Wessenberg: Gott und die Welt, 2 (1857), S. 259f.
178 Vgl. Häufle: Aufklärung und Ökonomie (1978), S. 28–32, Zitate: 31.
179 Vgl. Wessenberg: Gott und die Welt, 2 (1857), S. 249.
180 Wessenberg: Gott und die Welt, 2 (1857), S. 272.

verschiedenen Ebenen einsetzte. Maria Gründig hat in ihrer Auswertung der von Wessenberg im Rahmen seiner aufklärerischen Pastoralreform zwischen 1804 und 1827 herausgegebenen Zeitschrift *Archiv für die Pastoralkonferenzen in den Landkapitels des Bisthums Konstanz* (in den nachfolgenden Analysen auch *Archiv* abgekürzt) bereits eine deutliche Tendenz zu einer gewandelten katholischen Arbeitsethik festgestellt: Die Erfüllung wirtschaftlicher Berufspflichten wurde, so Gründig, in vielen Beiträgen als Form der Gottesverehrung verstanden – eine Denkweise, die bis dato nahezu ausschließlich in protestantischen Kreisen zu finden gewesen war. Zum ersten Mal lasse sich im *Archiv* eine breite Verankerung der Arbeits- und Fleißethik des aufgeklärten Bürgertums im katholischen Kontext feststellen, da Arbeit nicht länger als „eine Folge der Vertreibung aus dem Paradies [...] und als Strafe Gottes", das heißt als „notwendiges Übel", verstanden wurde, „das möglichst auf ein Minimum reduziert werden sollte".[181]

Schon 1820 war auch auf politischer Ebene zu erkennen, dass Wessenberg die gewerbliche Arbeit in einen Zusammenhang mit einer tugendhaften Lebensführung brachte. Im Kontext der Diskussion um eine mögliche Abschaffung des Lotteriespiels betonte der Theologe, der sich Zeit seines Lebens vor allem auf Grund ethischer Bedenken gegen das Glücksspiel aussprach, dessen „verderbliche[] Wirkungen [...] auf den Gewerbsfleiß".[182] Jenen „Gewerbsfleiß" sah er bereits zu Beginn seiner Zeit als Abgeordneter am besten dadurch gefördert, dass die allgemeine Gewerbefreiheit eingeführt wurde – ein Gedanke, mit dem er in den 1820er Jahren im Großherzogtum Baden noch auf verlorenem Posten stand, wie zu zeigen sein wird. „Am Zunftwesen und der Erhaltung des mittelständischen Handwerks", so hat Boelcke für die badische Wirtschaftsgeschichte betont, „schieden sich sogar die liberalen Geister, obwohl sie alle das Postulat einer freien und gleichen Bürgergesellschaft vertraten".[183] Dies ist am ehesten damit zu erklären, dass das Handwerk in Baden den Kern der bürgerlichen Gesellschaft in frühindustrieller Zeit darstellte, mit dessen wirtschaftsstruktureller Neufassung basale gesellschaftliche Umbrüche

181 Vgl. insgesamt Gründig: Zur sittlichen Besserung (1997), S. 265–276, Zitat: 267. Spezifisch für den Gewerbefleiß und die Gewerbeentwicklung hat Hersche in seiner konfessionsvergleichenden Studie auf den deutlichen Vorsprung der protestantischen gegenüber den katholischen Regionen Europas hingewiesen, vgl. Hersche: Muße und Verschwendung, 1 (2006), S. 472–483.

182 Vgl. Beylage 31 zur Sitzung vom 19. July 1820, in: Verhandlungen der Ersten Kammer der Ständeversammlung des Großherzogthums Baden 1820. Erste Abtheilung: Zweytes Heft, von ihr selbst amtlich herausgegeben, Karlsruhe 1820, S. 214f. 1845 widmete Wessenberg seiner Glücksspielkritik ein eigenes Drama, vgl. Wessenberg, Ignaz Heinrich von: Die Spielbank. Ein tragisches Schauspiel, Konstanz 1845.

183 Boelcke: Wirtschaftsgeschichte (1987), S. 177.

befürchtet wurden.[184] In den 1820er Jahren war allerdings die Debatte um eine zumindest modernisierte badische Gewerbeordnung in vollem Gange, an der sich auch Wessenberg beteiligte.[185] Besonders deutlich machte er seine Position während einer mehrtägigen Diskussion im Januar des Jahres 1823, die im Folgenden nachgezeichnet werden soll.

Wessenbergs Vorstoß zur Einführung der allgemeinen Gewerbefreiheit

Als konkreter Anlass der Diskussion diente die von der Zweiten Kammer bereits 1822 ausgesprochene Bitte, die Erste Kammer möge sich bei der Regierung für eine zeitgemäße Veränderung der Gewerbeordnung einsetzen. Hierunter wurde vor allem eine Reform zünftiger Strukturen verbunden mit einer zumindest partiellen Gewährung der Gewerbefreiheit verstanden. Eine Kommission der Ersten Kammer hatte in einem längeren Bericht zum Ende des Jahres grundsätzliche Zustimmung signalisiert, sich jedoch eindeutig dafür ausgesprochen, dass die Zünfte zwar reformiert, das heißt in ihrem Geist wieder von „Selbstsucht und niedrige[m] Eigennutz" befreit, werden sollten, aber nicht gänzlich abgeschafft werden dürften.[186] In der anschließenden Diskussion des Kommissionsberichts in der Ersten Kammer meldeten sich allerdings auch liberalere Stimmen zu Wort, darunter im späteren Verlauf auch Wessenberg.

Zunächst fand am 4. Januar 1823 ein erster Meinungsaustausch statt, von dem allerdings noch keine Wortbeiträge des Theologen überliefert sind. Wortführend agierte hier Hofrat Karl Salomo Zachariä, Jurist an der Universität Heidelberg, der eine längere Rede zugunsten der vollständigen Gewerbefreiheit mit vollständiger Abschaffung der Zünfte hielt. Eine irgendwie geartete Beschränkung der Gewerbefreiheit sei dem „Geiste" der freiheitlichen badischen Verfassung nicht mehr angemessen. Es gelte, dem Gedanken der bürgerlichen Freiheit sämtliche Teilbereiche der Gesellschaft zu unterstellen.[187]

---

184 Vgl. Boelcke: Wirtschaftsgeschichte (1987), S. 178.

185 „Seit Beginn des Landtags", hat Fischer hierzu bemerkt, „wurde die Frage einer Gewerbeordnung wieder und wieder in oft ermüdender Breite behandelt", Fischer: Wirtschaft und Gesellschaft (1972), S. 97f.

186 Vgl. Beylage 134 zur Sitzung vom 10. December 1822, in: Verhandlungen der Ersten Kammer der Ständeversammlung des Großherzogthums Baden 1822. Dritter Band: Zweytes Heft, von ihr selbst amtlich herausgegeben, Karlsruhe 1822, S. I–XVI, hier VIII.

187 „Wenn sich die ganze Masse von Vorstellungen, die bisher bey einem Volke im Umlauf waren, plötzlich verändert, so kann die Erscheinung nicht ausbleiben, daß auch alle seine geselligen Einrichtungen wesentlich umgestaltet werden", Protokoll der Sitzung vom 4. Januar 1823, in: Verhandlungen der Ersten Kammer der Ständeversammlung des Großherzogthums Baden 1822/23. Vierter Band: Erstes Heft, von ihr selbst amtlich herausgegeben, Karlsruhe 1822/23, S. 68–102, hier 85–92, Zitat: 89f.

Den Vorschlag der Zweiten Kammer fasste er als „Gewerbefreiheit mit Zünften" zusammen, den der Kommission als „Zünfte mit Gewerbefreiheit" – beides sei „nicht [...] ausführbar", denn: „Das Unvereinbare lässt sich nicht vereinigen."[188] Diese radikal liberale Positionierung fand schon in dieser Sitzung kaum Zustimmung. Ein Kommissionsmitglied etwa hielt dagegen: „Jetzt gleich durch Einführung einer unbedingten Gewerbefreyheit alle Schranken öffnen, würde die bereits bestehende Unordnung noch größer machen [...]".[189]

In der fortgesetzten Diskussion im Landtag drei Tage später diskutierte auch Wessenberg eifrig mit. Diesmal war er es, der die Diskussion mit einer ausführlichen Darstellung seines Standpunkts zur Streitfrage einleitete. „Aus voller Ueberzeugung", so eröffnete er seine Rede, „stimme ich für das Begehren eines Gesetzes, wodurch der Grundsatz der allgemeinen Gewerbefreyheit ausgesprochen, und die wenigen nothwendigen Ausnahmen genau und bestimmt bezeichnet werden."[190] Damit schloss er sich dem Standpunkt von Hofrat Zachariä an.[191] Dessen Argumentation folgend hob er etwa die Errungenschaft der Studierfreiheit hervor, hinter der die Gewerbegesetzgebung nicht zurückfallen dürfe:

> Alle Gründe, die der Studirfreyheit das Wort reden, sprechen eben so stark, wo nicht noch stärker, für die Gewerbefreyheit, und den möglichen Inconvenienzen der Studirfreyheit wird gerade durch die Gewerbefreyheit am Besten, und ohne sie nie ganz begegnet, indem sie denselben entweder zuvorkommt, oder sie wieder ausgleicht.[192]

Diese Argumentation funktionierte nicht nur auf einer weltanschaulichen, sondern ebenso auf einer praktischen Ebene: Der Laufbahn des studierten Staatsbeamten könne durch eine freie und dadurch florierende Gewerbslandschaft eine Alternative an die Seite gestellt werden. Auch für den badischen Handel sei sie förderlich, schließlich könne nie die für alle Seiten so gewinnbringende Handelsfreiheit herrschen, „wo und solange Zunftzwang die Gewerbe noch umschlingt".[193] Eine Zunftreform, wie sie von der Kommission

188 Protokoll 4. Januar 1823, S. 90.

189 Protokoll 4. Januar 1823, S. 93.

190 Protokoll der Sitzung vom 7. Januar 1823, in: Verhandlungen der Ständeversammlung 1822/23, 4/1, S. 106–138, hier 110.

191 Im Gegensatz zu Zachariä sprach Wessenberg sich allerdings für Gewerberäte aus, die die Einhaltung der freiheitlichen Gewerbeordnung beaufsichtigen sollten, vgl. Protokoll 7. Januar 1823, S. 110f.

192 Protokoll 7. Januar 1823, S. 112.

193 Protokoll 7. Januar 1823, S. 112.

befürwortet worden war, hielt er dagegen für ein kaum durchführbares, geschweige denn erfolgsversprechendes Vorhaben:

> Es hieße dieß einen Mohren weiß waschen wollen. Nicht in der Form der Zünfte (diese ist ziemlich gleichgültig) liegt ihr Nachtheil, sondern in ihrem Geist, ihrer Tendenz. Dieser Geist, diese Tendenz treten den Verbesserungen des Gewerbewesens selbstsüchtig in den Weg; sie lassen sich nur durch Aufhebung der Zünfte austreiben.[194]

Ein derart kritischer Blick auf die Zünfte und auch ihre Tradition stach nicht nur im katholischen, sondern auch im deutschen politischen Kontext hervor, in dem ganz wie im Kommissionsbericht ein gemäßigt liberaler Kurs im Umgang mit altehrwürdigen Zunftstrukturen vorherrschte.[195] Wessenberg argumentierte mit dem „hervorragende[n] Flor der Gewerbe in England und Frankreich", wo bereits liberale Strukturen etabliert worden waren, bezog sich aber erneut auch auf die „vorzüglichsten staatswirthschaftlichen Schriftsteller vor und nach der Französischen Revolution":

> [...] Adam Smith, Stewart, Forbonnais, Turgot, Say, Ganith, Chaptal, erklären sich alle einstimmig gegen das Zunftwesen, das seinen Nutzen längst überlebt hat.[196]

Das Argument, die Zünfte zum Schutz der im Gewerbe tätigen Arbeiter aufrecht zu erhalten, hielt Wessenberg für nicht tragbar. „Der gute, geschickte Arbeiter", so erwiderte er hierauf, „wird die Gewerbefreyheit nicht scheuen, er kann bey ihr nur gewinnen, wenn aber der schlechte dadurch zurückgesetzt wird, so geschieht ihm nur, was Rechtens ist, nicht das mindeste Unrecht."[197]

Wessenberg vertrat hier in radikaler Weise den Gedanken der freien Konkurrenz, den er über den Aspekt der Wertschätzung „guter, geschickter" Arbeit legitimierte. Als basales Strukturelement einer liberalen Wirtschaftsordnung rekurrierte er aber in der Debatte immer wieder auch auf den Bildungsaspekt: Ganz wie Adam Smith selbst argumentiert hatte, forderte auch Wessenberg als Grundlage des freien Wettbewerbs ein staatlich garantiertes

---

194 Protokoll 7. Januar 1823, S. 112.

195 Etabliert wurde eine „Vielfalt unterschiedlich abgestufter Zwischenformen" zwischen Zunftsystem und Gewerbefreiheit, wobei „viele[] Abstufungen[] manchmal bis zur Unkenntlichkeit mit Restbeständen älterer Ordnungen vermischt" wurden, Fischer: Wirtschaft und Gesellschaft (1972), S. 323, 66.

196 Protokoll 7. Januar 1823, S. 112f.

197 Protokoll 7. Januar 1823, S. 113f.

Ausbildungssystem.[198] Hierzu regte er zum Ende seines Beitrags die staatlich unterstützte Gründung von Gewerbeschulen sowie gewerbliche Prüfungen an, die von unabhängigen Gewerberäten abgenommen werden sollten.[199] Damit bezog sich Wessenberg auf das von den Kommissionsmitgliedern vorgebrachte Argument mangelnder Aus- und Weiterbildungschancen für Handwerker, die der freien Marktkonkurrenz ausgesetzt wurden.

Auf Wessenbergs längere Ausführungen folgten einige kritische Stimmen, die mehrfach betonten, keinesfalls dem konservativen Lager zugerechnet werden zu dürfen. Kommissionsmitglied Freiherr von Falkenstein etwa positionierte sich folgendermaßen:

> Ich muß bekennen, daß ich [...] kein Freund von eigensinnigem Festhalten an dem bisher Bestandenen bin, und daß ich daher jeden Schritt zu einem verbesserten Zustande gewiß zu schätzen weiß; nur kann ich mich bey solchen Radicalreformen einer gewissen ängstlichen Besorgniß nicht erwehren, daß der Eifer für das Bessere zu weit führen, und daß das bestehende Gute mit dem Bösen zugleich vertilgt werden möchte. Auch halte ich es nicht für räthlich, daß gleichzeitig so viele neue gewagte Versuche gemacht werden, wenn sie gleich größtentheils auf sehr schönen Theorieen beruhen.[200]

Gerade der letzte Satz kann nicht anders denn als Seitenhieb gegen Wessenbergs Versuch gewertet werden, gerade den Stand internationaler ökonomischer Theorie als Argument gegen gemäßigte Reformvorschläge in Stellung zu bringen und damit der badischen Politik zugleich eine gewisse Unkenntnis in Belangen aktueller Wirtschaftstheorie zu unterstellen. Falkenstein hielt dem nun ein bekanntes Argument der deutschen Nationalökonomie um Friedrich List entgegen, die zwar den wirtschaftsliberalen Forderungen im Grunde zustimmte, sie aber nur schrittweise und behutsam im deutschen Kontext zu etablieren strebte. England und Frankreich etwa, die Wessenberg als Vorbilder herausgestellt hatte, stünden, so Falkenstein, „schon auf dem Puncte [...], zu dem Wir erst hinzukommen trachten“, und könnten daher nicht als unmittelbare Vergleichsobjekte dienen.[201]

---

198 Vgl. Smith: Wohlstand der Nationen (2009), S. 778–837 (Fünftes Buch: Die Finanzen des Staates, Erstes Kapitel, Dritter Teil: Ausgaben für öffentliche Werke und Anstalten).

199 „Die Beurtheilung der Arbeit aber wird nicht der öfters neidischen, oder eifersüchtigen Genossenschaft des betreffenden Gewerbs zu überlassen, sondern dem unpartheyischen Gewerberath zu übertragen seyn“, Protokoll 7. Januar 1823, S. 114.

200 Protokoll 7. Januar 1823, S. 117.

201 Vgl. Protokoll 7. Januar 1823, S. 117.

Dass Wessenbergs Forderungen also selbst den Liberalen zu liberal waren, zeigte sich auch an der Reaktion des liberalen Abgeordneten Rotteck. Die Folgen einer allgemeinen Gewerbefreiheit hielt er für dramatisch:

> Hebt man die Zünfte auf, und proclamirt man eine ganz uneingeschränkte Gewerbsfreyheit, so entsteht sofort ein ungezähmtes Rennen nach Gewinn im Fache der Gewerbethätigkeit ein Krieg Aller gegen Alle. [...] In diesem Kriege Aller gegen Alle wird aber bald der Arme verdrängt und unterdrückt werden, durch Jenen, der ein großes Capital hat.[202]

Damit drückte Rotteck, so hat es Müller formuliert, die auch bei den badischen Liberalen zu dieser Zeit noch vorherrschende „Fixierung auf die bestehende vorindustrielle Gesellschaft" exemplarisch aus.[203] Rotteck sah darüber hinaus in der Erhaltung reformierter zünftiger Gewerbsstrukturen eine für den Staat wesentliche erzieherische Komponente. Auch die Zünfte seien ein Verbund, „worin nämlich der Einzelne sich angewöhnt, sich nicht blos als isolirtes Wesen, sondern als Theil einer Gesammtheit zu betrachten, und dieser Gesammtheit mit Interessen, Pflichten und Liebe verbunden zu sein." Schließlich gebe es, so Rotteck weiter,

> [n]ichts Traurigeres, und mehr den kältesten Egoismus Nährendes [...], als eine Verfassung, wornach auf einer Seite blos die Regierung oder die hohe Idee der Staatsgesammtheit, und auf der andern Seite lauter Einzelne – Millionen von Einzelnen – sich befinden.[204]

Interessanterweise wandte sich der Abgeordnete damit mit ureigenen christlichen Bedenken gegenüber dem Liberalismus als solchem, nämlich der Furcht vor einer zu stark individualisierten und zu wenig heilsgemeinschaftlich verfassten Gesellschaft, gerade gegen den Theologen Wessenberg. Jener hatte dagegen besonders in den zünftigen Kollektivstrukturen den moralisch verwerflichen Gedanken der zwar kollektiven, dabei aber arg exklusivistischen Selbstbereicherung erkannt, wie er daraufhin nochmal betonte:

> Uebrigens kann ich mir keine Zünfte vorstellen, die nicht mehr oder weniger auf eine, dem Gewerbe selbst nachtheilige, Ausschließung hinarbeiten würden.[205]

---

202 Protokoll 7. Januar 1823, S. 122f.
203 Vgl. Müller: Das Großherzogtum Baden (1984), S. 72.
204 Protokoll 7. Januar 1823, S. 124f.
205 Protokoll 7. Januar 1823, S. 138.

Vor der abschließenden Abstimmung über die Annahme des von Wessenberg abgelehnten Kommissionsentscheids erläuterte der Theologe noch einmal die Funktion von Gewerberäten, die im französischen System bereits sinngemäß integriert seien. „Diese Gewerberäthe", so führte er aus, „würden [...] die Zünfte, die man jetzt ohne Zunftzwang will fortbestehen lassen, ganz überflüssig machen, und sie in allem dem, was zur Förderung des Gewerbewesens geschehen kann, für die Gewerbe insgesammt ersetzen."[206] Er selbst schlug „ein Gesetz" vor,

> wodurch die allgemeine Gewerbefreyheit als Grundsatz klar ausgesprochen, die wenigen nothwendigen Ausnahmen genau und bestimmt bezeichnet, die Gewerbefreyheit aber mittelst einer zweckmäßigen Gewerbeordnung vor störenden Mißbräuchen gesichert, und die unmittelbare Beaufsichtigung und Handhabung dieser Gewerbeordnung eigenen gewählten Gewerberäthen übertragen werde.[207]

Dieser Vorschlag wurde von den Kammermitgliedern abgelehnt. Der Kommissionsentscheid wurde mit 14 zu 2 Stimmen angenommen.[208]

In der Sitzung am nächsten Tag wurden weitere Details des Antrags der Zweiten Kammer diskutiert und beschlossen.[209] Wessenberg nahm dies zum Anlass, um noch einmal seinen Standpunkt einzubringen:

> Soll aber Gewerbefreyheit wirklich Platz greifen, so sehe ich nicht ein, wie Zünfte mit ihr zu vereinbaren wären, d.i. örtliche Vereine, die sich im ausschließenden Besitze von Gewerben befinden, und den Zutritt nach Gutfinden öffnen und schließen können. Wenn gleich die zweyte Kammer den Grundsatz allgemeiner Gewerbefreiheit nicht förmlich ausgesprochen hat, sondern nur mögliche Annäherung zu derselben; so hat sie doch anerkannt, daß auch diese Annäherung unmöglich würde, wenn die Zünfte ferner bestünden. Ehrwürdig ist der Ursprung der Zünfte; sie waren Freystätten der Gewerbe. Aber mit den Zeiten haben auch sie sich verändert; sie sind aus Freystätten Zwangsanstalten der Gewerbe geworden.[210]

---

206 Protokoll 7. Januar 1823, S. 137f.

207 Protokoll 7. Januar 1823, S. 138.

208 Vgl. Protokoll 7. Januar 1823, S. 138. Es ist davon auszugehen, dass neben Wessenberg der Abgeordnete Zachariä gegen den Entscheid stimmte, dies wurde aber im Protokoll nicht explizit erwähnt.

209 Streng genommen war bisher schließlich nur der Kammerentscheid zum grundlegenden Artikel 1 angenommen worden, der beinhaltete, „daß [...] die hohe Regierung um eine zeitgemäße, die Gewerbefreyheit möglichst begünstigende, Gewerbeordnung gebeten werden möchte", Beylage 134 (1. December 1822), S. VII.

210 Protokoll der Sitzung vom 8. Januar 1823, in: Verhandlungen der Ersten Kammer der Ständeversammlung des Großherzogthums Baden 1822/23. Vierter Band: Zweytes Heft, von ihr selbst amtlich herausgegeben, Karlsruhe 1822/23, S. 175–207, hier 178.

Zwar ruderte Wessenberg hier im Vergleich zu vorherigen Wortmeldungen etwas zurück, indem er auf einen „ehrwürdigen Ursprung" der Zünfte verwies. Erneut forderte er aber die vollumfängliche Abschaffung der Zünfte, worüber in dieser Sitzung noch einmal eigens abgestimmt wurde. Wie nicht anders zu erwarten, stimmten die Mitlieder der Kammer (diesmal geschlossen) gegen seine Forderung.[211]

Wenngleich an dieser Stelle nicht auf Einzelheiten der weiteren Diskussion über Detailfragen der Gewerbereform eingegangen werden kann, soll nicht unerwähnt bleiben, dass Wessenberg auch in weiteren kleineren Einzelentscheidungen – bisweilen als einziger – überstimmt wurde: so etwa hinsichtlich seiner Forderungen, eine gewerbliche Prüfung durch unabhängige Gewerberäte statt Zunftgenossen abnehmen zu lassen[212], die Gewerbeerlaubnis an das Gemeindebürgerrecht zu knüpfen[213] oder die Verwendung des Zunftvermögens zu gewerbsförderlichen oder sozialen Zwecken fest zu verfügen.[214]

Dennoch beließ es der Theologe nicht bei diesem politischen Vorstoß. In der bereits erwähnten Denkschrift *Wünsche des Badischen Volkes* von 1830 forderte er neben der Freiheit für den Handel vom neuen Großherzog Leopold I. auch die Gewährung der allgemeinen Gewerbefreiheit.[215] Auch in der Denkschrift *Deutschlands Gegensätze*, die Wessenberg drei Jahre später veröffentlichte, fand sich eine entsprechende Stellungnahme:

> Die Ausdehnung und die Wichtigkeit des Gewerbstandes verdient jetzt die größte Aufmerksamkeit des Staats. Es muß diesem daran liegen, daß der Gewerbstand sich behaglich und geehrt fühle, gemäß dem alten deutschen Sprüchwort: ‚Handwerk hat goldenen Boden.' Dazu ist vor allem Gewerbsfreiheit erforderlich. Viel würde aber auch dazu beitragen, wenn der berufsgemäßen Bildung des Gewerbstandes eine gleich große und freigebige Fürsorge, wie der gelehrten Bildung, gewidmet würde.[216]

Wie schon zehn Jahre zuvor regte Wessenberg hier auch den Ausbau von Bildungsstrukturen im gewerblichen Bereich an und plädierte, worauf in dieser Studie noch zurückzukommen sein wird, für eine gesellschaftliche Aufwertung

211 Vgl. Protokoll 8. Januar 1823, S. 185.
212 Vgl. Protokoll 8. Januar 1823, S. 190f.
213 Vgl. Protokoll 8. Januar 1823, S. 199f.
214 Vgl. Protokoll 8. Januar 1823, S. 203f.
215 „Dem Handel und den Gewerben kann die Regierung sich durch nichts wohlthätiger erweisen, als indem sie ihnen Freiheit gewährt […]", Wünsche des Badischen Volkes (1830), S. 9.
216 Deutschlands Gegensätze (1833), S. 72.

gewerblicher Bildung.[217] 1834 äußerte er sich auf ähnliche Weise im *Badischen Volksblatt* und sprach sich ergänzend für die Gründung einer Badischen „Gesellschaft für Förderung der Gewerbe“ aus, die „durch Aussetzung von Preisen“, „Verbreitung nützlicher Schriften“ sowie „durch Unterstützung der Gewerbschulen [...] wohlthätigen Einfluß üben“ könne. Außerdem forderte er „eine jährliche Ausstellung der besten Erzeugnisse der gesammten Industrie“ in Baden, „wodurch die Kunde der vorzüglichen Leistungen verbreitet und dazu aufgemuntert“ werde.[218]

Dass Wessenberg derartige Ausstellungen selbst besucht hatte, geht aus entsprechenden Reiseberichten hervor. Beeindruckt berichtete er etwa vom Besuch der Brüsseler Ausstellung von 1830, die „beinah alle erdenklichen Artikel des Gewerbefleisses“ gezeigt habe.[219] Immer wieder achtete er bei seinen Reisen auf den Stand der örtlichen Gewerbe und hob besonderen Gewerbefleiß hervor. Wo die Zunftordnung bereits aufgehoben war, führte er blühendes Gewerbe darauf zurück – so etwa für die kleine französische Stadt Dole:

> Die Menge von Handwerks- und Kramläden bezeugt hier, wie in so manchen andern französischen Landstädtchen eine starke Betriebsamkeit, die unstreitig der Aufhebung der alten Zunftformen großen Vorschub verdankt.[220]

Der „Geist“ und die „mechanischen Künste“ – Ein theologischer Blick auf Handwerk und Gewerbeordnung im Spätwerk

In den 1850er Jahren äußerte Wessenberg sich noch einmal umfänglich zu den Themen Gewerbefleiß und Gewerbefreiheit – diesmal aus theologischer Perspektive, wobei er die handwerkliche und auch die industrielle Tätigkeit insgesamt betrachtete. Ein eigenes Kapitel in seinem Spätwerk widmete er den „mechanischen Künsten“, die „ganz oder zum Theil durch blos mechanische

---

217 Vgl. hierzu die nachfolgende Analyse zum Untersuchungsfeld *Bildung in Zeiten des sozioökonomischen Umbruchs*.

218 Vgl. insgesamt Ueber die Förderung der Gewerbe (20.05.1834). Laut Fischer existierte zu dieser Zeit bereits seit über zehn Jahren ein ähnlicher Verein in Karlsruhe, der auch Ausstellungen ausrichtete, vgl. Fischer: Der Staat, 1 (1962), S. 172–179. Wessenberg sprach dementsprechend von einer solchen Einrichtung in Württemberg.

219 Vgl. Holland, Belgien u die Rheingegenden. Eine Reise im J. 1830. Hauptkirche Rathaus. Mont de Pieté. Kunst u. Industrieausstellung, in: Ignaz Heinrich von Wessenberg. Reisetagebücher (Edition Aland), S. 226ff., hier 227.

220 Mittheilungen aus Tagebüchern von Reisen in Italien, der Schweiz, Frankreich, der Rheinlande, den Niederlanden u Deutschland, 1828–1847. Dreiundzwanzigster Abschnitt: Macon. Chalons sur Saone. Dole. Beaume les Dames. Besancon, in: Ignaz Heinrich von Wessenberg. Reisetagebücher (Edition Aland), S. 155–161, hier 156.

Kräfte betrieben werden" und dabei, so Wessenberg, „zunächst die Vervollkommnung des materiellen Lebens, mittelbar aber auch die Erleichterung des geistigen" bezweckten.[221] Die technischen Errungenschaften in der klein- und großgewerblichen Güterproduktion stellte er als Kunstform auf eine Stufe mit den Werken der „schönen Künste" – beide seien Ausdruck des „allgemeinen Bildungstriebs" des Menschen.[222]

Wessenberg griff hier den mittelalterlichen und maßgeblich von Theologen getragenen Diskurs über die „artes mechanicae" auf, in dem über Jahrhunderte die Stellung der Handwerker- und Ingenieurstätigkeit gegenüber der auf ein Universitätsstudium aufbauenden gelehrten Tätigkeit verhandelt worden war. Zwar erfuhr die gewerbliche Arbeit darin zunächst eine Aufwertung, da sie überhaupt im Verhältnis zur gelehrten Bildung systematisiert wurde, zugleich kam es in der Verhältnisbestimmung allerdings zu einer regelmäßigen Abwertung.[223] Wessenberg trat dem entgegen, indem er die Trennung zwischen der mechanischen und der geistigen Schaffenskraft aufweichte. Lobend erwähnte er technische Erfindungen, die, „[v]on der Erfahrung und der Wissenschaft geleitet", einst Rohstoffe erst zugänglich und Naturkräfte nutzbar gemacht und so gerade in ihrem Zusammenspiel maßgeblich dazu beigetragen hätten, dass die Menschheit in ihrer geistigen wie materiellen Entwicklung fortschreiten könne.[224]

„Alle Materie", so betonte Wessenberg, „ist dem Geist untertan."[225] Allerdings könne der Geist, so ist die Argumentation des Theologen zusammenzufassen, hervorragend auch dort wirken, wo es um die Vervollkommnung des materiellen Lebens der Menschen gehe. Gerade dort seien christliche Tugenden auszuleben, die zur „Veredelung des Geistes" führten:

---

221 Vgl. Wessenberg: Gott und die Welt, 2 (1857), S. 219. Als Definition gab er hier an: „Mechanisch heißen die Künste, die ganz oder zum Theil durch blos mechanische Kräfte betrieben werden."

222 Vgl. Wessenberg: Gott und die Welt, 2 (1857), S. 219. Bezeichnenderweise ist Kapitel XXII zu den mechanischen Künsten eingerahmt durch das vorhergehende Kapitel „Die Wissenschaft und die Schriftstellerei, als Werkstätten und Vermittlung geistiger Bildung" sowie das nachfolgende Kapitel „Die schönen Künste dienen zur Veredelung und Erheiterung des gesellschaftlichen Lebens".

223 Dies dient nur als knappe Zusammenfassung des Diskurses, ergänzend sei verwiesen auf Schulz: Handwerk, Zünfte und Gewerbe (2010), S. 132–141 und die diesbezüglichen Erläuterungen bei der Einführung des Untersuchungsfelds *Zunfttradition, Gewerbereform und korporatives Denken*.

224 Als Erfindungen nannte Wessenberg etwa Wind- und Wassermühlen, Backöfen, den Pflug und das Rad, vgl. insgesamt Wessenberg: Gott und die Welt, 2 (1857), S. 220f., Zitat: 221.

225 Wessenberg: Gott und die Welt, 2 (1857), S. 220.

> Sehr wohl vereinbarlich mit dem Gewerbefleiß ist eine wahre Veredelung des Geistes, die der Verweichlichung und falschen Bildung fremd bleibt, und sich ihr entgegensetzt. Die wirkliche Vereinigung häuslicher Tugenden mit dem Gewerbefleiß gehört zu den würdigsten Aufgaben einer wahren (ächtchristlichen) Gesittung.[226]

Schließlich sei gerade eine blühende Wirtschaft der Nährboden für „Ausschweifungen, [...] zu denen die Gewinnsucht und der Gewinn selbst den sinnlichen Menschen so leicht zu verlocken pflegen, wenn dabei der Sinn für das Höhere verloren geht und erlischt."[227]

Über das Christentum, als notwendigen Rahmen für eine im geistigen wie materiellen gesunde Volkswirtschaft, vermochte Wessenberg sogar dem industriellen Gewerbe, das er in den 1850er Jahren nun auch im deutschen Raum mehr und mehr vor Augen hatte, etwas Positives abzugewinnen. Noch 1834 hatte er in der Beitrittsdebatte zum Deutschen Zollverein wie gesehen vor Fabriken in Baden gewarnt, die nur Not und Elend mit sich brächten. Nun zitierte er zunächst Georg Franz August Graf von Buquoy (1781–1851), einen frühen böhmischen Nationalökonomen, mit der Aussage: „Industrie [...] ist schätzbar, bezweckt aber doch nur zeitlichen Gewinn, und nimmt keine der Eigenschaften in Anspruch, wovor sich der Mensch mit Ehrfurcht beugt." Dem fügte Wessenberg vorsichtig optimistisch in Klammern hinzu: „Doch schließt ihr Geist höhere Gesittung nicht aus."[228]

Sogar das für Adam Smith so zentrale Prinzip der Arbeitsteilung, dessen sozialer Gefahren sich der Schotte bereits bewusst war, befürwortete er für die Fabrikarbeit nicht nur in ökonomischer Hinsicht. Schließlich könne „auch im Kleinen der Vollendung nachgestrebt werden". Dass „der sittliche Zustand an den reichsten Fabriktoren" allerdings bislang noch „ein trauriges Zeugniß" biete, liege an noch mangelhaft existierenden Möglichkeiten für die Arbeiter, „ihren Geist mit denjenigen Wahrheiten zu durchdringen und zu befreunden, welche die Grundlage aller Sittlichkeit und Tugend sind".[229] In diesen Bereich gelte es in Zukunft zu investieren.[230]

---

226 Wessenberg: Gott und die Welt, 2 (1857), S. 225.

227 Wessenberg: Gott und die Welt, 2 (1857), S. 225.

228 Wessenberg: Gott und die Welt, 2 (1857), S. 222.

229 Wessenberg: Gott und die Welt, 2 (1857), S. 223.

230 Auch Smith setzte diesbezüglich seine Hoffnung in staatlich garantierte Bildungsstrukturen. Die entsprechenden Ausführungen Smiths markierte Wessenberg in seiner Bibliotheksausgabe und zitierte sie im *Archiv für die Pastoralkonferenzen*. Hierauf wird im Untersuchungsfeld *Bildung in Zeiten des sozio-ökonomischen Umbruchs* noch eingegangen.

Allseits werde, so Wessenberg, in diesen Zeiten „große materielle Betriebsamkeit gefordert" – „[i]hr rechtes Maß zu ermitteln, damit sie sich nicht selbst zerstöre, und die sittlichen Interessen zu sehr gefährde", sei nun dringlichste Aufgabe.[231] Eine „ächtchristliche Gesittung", die die gewerbliche Tätigkeit achtet und den Gewerbefleiß förderte, ihn aber zugleich in den Dienst „des Höheren" stellte, war hierzu aus Sicht Wessenbergs ebenso notwendig wie die Einführung der allgemeinen Gewerbefreiheit.[232] Dass er sich dabei nicht gänzlich von christlichen korporativen Idealen verabschiedete, blieb ihm dennoch wichtig zu betonen:

> Körperschaften, zu denen sich die Glieder der verschiedenen Berufsklassen vereinigen, können ausnehmend wohlthätig für das Ganze wirken, wenn sie es sich zur Aufgabe machen die Arbeiten ihres Berufs zu vervollkommnen, die Ausbildung, den Wetteifer, die Sittlichkeit und das Ehrgefühl ihrer Genossen zu fördern und ihnen in allen Nöthen brüderlich zu Hülfe kommen. Hingegen gibt es nichts Verderblicheres, als ein Körperschaftsgeist, der auf Monopolisierung der Arbeiten durch feindseliges Kastenwesen, auf selbstsüchtiges Ab- und Ausschließen, auf Erschwerung des Eintritts neuer, obwohl tüchtiger Glieder ausgeht.[233]

Der erneute Seitenhieb gegen die zu dieser Zeit noch immer nicht gänzlich abgeschaffte Zunftordnung ist unverkennbar. „Körperschaftsgeist", so führte Wessenberg aus, könne nur dann „Gutes stiften", wenn „der Geist ächter liebreicher Verbrüderung (wie ihn das Christenthum empfiehlt), seine Grundlage und Triebfeder" sei.[234] Auffallend ist auch hier die Verwendung des Attributs „ächt" im Zusammenhang mit einem (aufgeklärten) Christentum, das sich gerade hinsichtlich der möglichen Anknüpfungspunkte an moderne wirtschaftliche Verhaltensweisen gegen die Verfälschung der eigenen Tradition wehrte. Die zeitgenössischen Umbrüche im Gewerbesystem erschienen Wessenberg aus diesem christlichen Selbstverständnis heraus wohl „radical" nur insofern, als dass sie zu den Wurzeln christlicher Wertvorstellungen zurückführten.

---

231 Vgl. Wessenberg: Gott und die Welt, 2 (1857), S. 222.

232 Hinsichtlich der allgemeinen Gewerbefreiheit betonte Wessenberg hier noch einmal: „Nichts fördert die mechanischen Künste mehr als Wetteifer, und diesen belebt am meisten die Freiheit unter dem Schutz guter Gesetze", Wessenberg: Gott und die Welt, 2 (1857), S. 221. Vollumfänglich eingeführt wurde die allgemeine Gewerbefreiheit in Baden erst 1862, ein paar Jahre nach dieser Publikation.

233 Wessenberg: Gott und die Welt, 2 (1857), S. 108f.

234 Vgl. Wessenberg: Gott und die Welt, 2 (1857), S. 109.

2.2.3 *Ökonomische Aufklärung und schulische Neuordnung – Bildung in Zeiten des sozio-ökonomischen Umbruchs*

Wie bereits mehrfach angeklungen ist, stellte sich für Wessenberg die Institutionalisierung adäquater gewerblicher Bildungsstrukturen als wesentliche Facette der Forderung staatlicher Gewerbeförderung dar. Für eine ökonomische Bildung, die den sozialen und wirtschaftlichen Herausforderungen der ersten Hälfte des 19. Jahrhunderts gerecht wurde, setzte er sich allerdings nicht nur auf politischer, sondern auch auf pastoralreformerischer Ebene ein. Die Schauplätze seines Engagements, das sich immer auch auf die theoretische Reflexion zeitgenössischer Bildungsbegriffe in ihrer Beziehung zur Religion bezog, gilt es im Folgenden darzustellen.

Ökonomische Aufklärung in der Pastoralreform Wessenbergs

Um Wessenbergs Vorstellungen von ökonomischer Bildung in ganzer Breite untersuchen zu können, lohnt sich als erstes ein Blick in das *Archiv für die Pastoralkonferenzen in den Landkapiteln des Bisthums Konstanz*. Die von Wessenberg zwischen 1804 und 1827 herausgegebene Zeitschrift vereinte in sich den aufklärerischen Anspruch, die priesterliche Bildung im Bistum zu verbessern, mit der aufklärerischen Methodik, dazu vor allem in gegenseitigen Austausch zu treten, den die Zeitschrift abbildete. Wessenberg veröffentlichte dort ausgewählte Aufsätze, die er die Priester im Rahmen der von ihm initiierten Pastoralkonferenzen zu verschiedenen Themen zu schreiben anregte, und äußerte sich auch selbst zu von ihm als pastoral relevant erkannten gesellschaftlichen Fragen und Entwicklungen.[235] Das wirtschaftliche Denken des Einzelnen im Kontext seiner Religiosität war dabei wenig überraschend auch Thema, schließlich ging es im *Archiv* grundlegend um die Versöhnung einer (auch ökonomisch) aufgeklärten Weltsicht mit katholischen Frömmigkeitsstandards – Letztere in ihrer Gesamtheit als übergeordnetes Objekt des Modernisierungsanliegens.[236]

Wie bereits im vorangegangenen Analyseteil anklang, hat Gründig in ihrer Gesamtauswertung des *Archivs* bereits auf die wirtschaftliche Dimension vieler Aufsätze hingewiesen. Sie identifiziert eindeutige Anleitungen zum „Ökonomischen Handeln" und spricht schlussendlich gar von der „Religion als

235 Vgl. zum *Archiv* und der mit ihm verbundenen Pastoralreform Gründig: Zur sittlichen Besserung (1997); Bischof: Fortbildung der Priester (1995) (beide bieten eine Übersicht über die behandelten Themengebiete); Holzem: Christentum in Deutschland, 2 (2015), S. 840–845; Handschuh: Die wahre Aufklärung (2014).

236 Gründig betitelt ihre Studie demgemäß: „Zur Modernisierung katholischer Mentalitäts- und Frömmigkeitsstile…".

Produktionsfaktor".[237] Dabei stützt sie ihre Argumentation besonders auf den Aspekt der gewandelten Arbeitsethik, die aus den Beiträgen der *Archiv*-Autoren rekonstruiert werden kann: „Hauptziel" vieler Darstellungen sei es gewesen, „die Gläubigen zu konzentrierter Arbeit zu erziehen und eine Verminderung des Müßiggangs durchzusetzen", wobei die Arbeit zunehmend als „Möglichkeit betrachtet [wurde], Gott zu ehren", und somit „zu einem positiven, einem religiösen Wert" aufgewertet, ja geradezu „sakralisiert" wurde.[238] Hierzu führt sie einige Beispiele an, etwa einen längeren Aufsatz gegen die „Volkslustbarkeiten", die in diesen Zeiten, so der Autor des Aufsatzes, „der Sittlichkeit, [...] der Oekonomie und der Zufriedenheit des guten Landmanns nachtheilig" seien. Vonnöten sei dagegen, so die Forderung des Autors, ein Seelsorger, der dem Landvolk „den Trieb, die Berufspflichten zu erfüllen", wieder „rege macht, und das Löbliche, Gute und Segensvolle der Industrie und der sparsamen Häuslichkeit recht fühlbar vorstellt".[239]

Die Forderung nach Erfüllung der „Berufspflichten" zog sich auch durch die Aufsätze, die sich kritisch mit dem katholischen Wallfahrts- und Feiertagswesen auseinandersetzten. Diesem wurde eine sittliche und ökonomische Schädigung der Gemeinschaft durch Vernachlässigung der Haus- und Hofpflege bescheinigt. Das Thema tauchte im *Archiv* über die Jahre immer wieder auf, entsprechende Aufsätze wurden von Wessenberg selbst prämiert.[240] Gerade anhand der Kritik an Wallfahrten und Feiertagen macht Gründig deutlich, wie sehr die Religion im aufgeklärten Kontext zu einem „Produktionsfaktor" werden konnte: Kritisiert wurde nämlich nicht allein der heimische

237 Vgl. Gründig: Zur sittlichen Besserung (1997), S. 261–280, Zitate: 265, 276.

238 Vgl. Gründig: Zur sittlichen Besserung (1997), S. 266–270, Zitate: 266, 268.

239 Wachter, Karl: Von den Volkslustbarkeiten im moralischen Gesichtspunkt, in: Archiv für die Pastoralkonferenzen in den Landkapiteln des Bisthums Konstanz (1804, 2), S. 182–197, hier 182f., 193. Als „Volkslustbarkeiten" wurden etwa Wirtshausbesuche oder bestimmte Spiele bezeichnet.

240 Ausgezeichnet wurden etwa schon früh die Aufsätze des Pfarrers Fridolin Huber: Huber, Fridolin: Belehrung des Volkes über die Wallfahrten, in: Archiv für die Pastoralkonferenzen in den Landkapiteln des Bisthums Konstanz (1804, 2), S. 198–210; Huber, Fridolin: Belehrung des Volkes über die Wallfahrten, Beschluß, in: Archiv für die Pastoralkonferenzen in den Landkapiteln des Bisthums Konstanz (1804, 2), S. 269–288.

Produktionsausfall[241], sondern ebenso die monetäre Investition fernab der dörflichen Wirtschaft – eine eindeutig kapitalistische Argumentationsfigur.[242]

Über Gründigs Argumentation hinausgehend soll im Folgenden aufgezeigt werden, dass das *Archiv für die Pastoralkonferenzen* zudem überaus deutlich an den Innovationsdiskurs der Ökonomischen Aufklärung im protestantisch-kameralistischen Kontext des 18. Jahrhunderts anknüpfte[243]: zum einen dadurch, dass es auf sehr konkrete Art und Weise praktisches agrarisches und sogar physikalisches Wissen und nicht lediglich eine neue Arbeitsmentalität zu vermitteln suchte; zum anderen dadurch, dass es dabei häufig auf die Wissensautoritäten des kameralistischen Elitendiskurses verwies.

Zunächst fällt auf, dass das zu dieser Zeit äußerst populäre *Noth- und Hilfsbüchlein für Bauersleute* des protestantischen Volksaufklärers Rudolph Zacharias Becker (Ersterscheinung 1788) mehrfach im Archiv empfohlen wurde.[244] Wessenberg selbst erwähnte es in einem Artikel von 1805 und bezeichnete es als eine „Schrift[], welche dem Seelsorger trefliche Anleitung gebe[], um sein Volk vor dem Aberglauben zu schützen".[245] Das praktische Wissen, das hier zur Haus- und Hofhaltung vermittelt wurde, diente in diesem Kontext nicht nur der ökonomischen Aktualisierung herkömmlicher Verhaltensweisen, sondern immer auch der religiösen Bildung der Gläubigen. Dementsprechend wurde das Hilfsbüchlein auch in einem Aufsatz von 1806 hervorgehoben:

---

241 Sehr konkret wurde hierbei auf die bäuerliche Realität Bezug genommen, so etwa in einem Aufsatz von 1804, in dem Konferenzergebnisse zusammengefasst wurden: „Wie oft mußtet ihr eine Arbeit, die im Herbste mit großem Nutzen hätte geschehen können, mit Nachtheil auf das Frühjahr verlegen; und mancher ehemalige Feyertag war schuld, daß ihr mit Schaden eine nöthige Arbeit verschieben, und Statt reifer, trockner Frucht, überreife und nasse in die Scheune führen mußtet", Konferenz-Resultate über die Frage: Wie kann das Volk am beßten belehrt und angehalten werden, an den abgebrachten Feyertagen zu arbeiten?, in: Archiv für die Pastoralkonferenzen in den Landkapiteln des Bisthums Konstanz (1804, 2), S. 3–24, hier 17.

242 Vgl. Gründig: Zur sittlichen Besserung (1997), S. 276f.

243 Vgl. Popplow: Die Ökonomische Aufklärung (2010) und hierzu die Erläuterungen, die bei der Einführung des Untersuchungsfelds *Bildung in Zeiten des sozio-ökonomischen Umbruchs* gegeben wurden.

244 Bereits Gründig hatte diese Beobachtung gemacht, allerdings nicht weiter ausgewertet, vgl. Gründig: Zur sittlichen Besserung (1997), S. 278.

245 Wessenberg, Ignaz Heinrich von: Konferenz-Nachricht, in: Archiv für die Pastoralkonferenzen in den Landkapiteln des Bisthums Konstanz (1805, 2), S. 239–249, hier 243. Auch für den Landschulunterricht wurde es empfohlen, vgl. Demeter, Ignaz: Was soll und kann in Landschulen gelehrt werden?, in: Archiv für die Pastoralkonferenzen in den Landkapiteln des Bisthums Konstanz (1805, 2), S. 40–66, hier 47.

> [...] da würdest du manches Nützliche zur Erhaltung der Gesundheit für Menschen und Vieh finden, und gewiß mehr Vortheil daraus ziehen, als aus solchen thörichten Mitteln, die nur nach Aberglauben riechen, und auf dem falschen Grundsatze beruhen, als könnte der Teufel nach Willkür dem Menschen und dem Vieh Schaden zufügen, welches [...] der Allmacht und der Güte Gottes widerspricht.[246]

Über ein fingiertes Gespräch zwischen einem Pfarrer und einem Bauern, Ersterer als belehrende Instanz aufgeklärter Frömmigkeit, wurde in diesem Text unter anderem die Sicherstellung des Viehwohls angesprochen, die nicht länger im „Benediziren" gesucht werden solle:

> Sage mir, hat man nicht schon öfters benedizirt, und geweihte Sachen gebraucht, ohne daß die Kuh Milch gab? [...] Hörst du also deine Hausfrau klagen: Unsre Kühe geben keine Milch, diese oder jene Here muß den Kühen aufsässig seyn: so stimme doch einem so lieblosen, ehrabschneiderischen, falschen und abergläubischen Urtheile nicht bey; sondern geh du als der Vernünftigere in den Stall, gieb acht, ob die Kühe zur bestimmten Zeit gut gefüttert werden; untersuche, ob sie nicht zu viel arbeiten und laufen müssen; prüfe genau, ob im Stalle alles reinlich sey, und die Luft frey durchstreichen könne.[247]

Sollte die Kuh nur farbige Milch geben, die zur Verwertung ungeeignet war, so solle der Bauer ihr „eine Hand voll Salz und eben so viel Klettenwurzeln" geben. Dies helfe sicherlich besser „als die Thorheit, daß man die Milch von der Kuh siedet, die Hausthüren zuschließt, die Milch mit Ruthen peitschet, und nur dreymal aufsieden läßt."[248]

Die Vermittlung praxisnahen agrarischen Wissens wurde auch hier, gleichsam als doppelte Diskreditierung „abergläubischer" Praktiken, direkt verbunden mit der Aufklärung über die eigene Religiosität. Einen weiteren Beitrag von 1805, der dies in seiner Gesamtkomposition exemplarisch veranschaulicht, gilt es näher zu betrachten. Diskutiert wurde die Frage, ob das Glockengeläut Gewitter abzuschwächen oder gar aufzuhalten vermag und so dem Landmann, der die Ernteschädigung fürchtete, ökonomisch nützlich sein konnte. Im Hinblick auf die Durchdringung technisch-ökonomischen, diesmal dezidiert physikalischen, und religiösen Wissens kann gerade diese Frage zeitgenössisch als symbolisch angesehen werden. Schließlich setzte sie zunächst voraus, den Blitzeinschlag nicht mehr als göttliches Zeichen zu codieren, und

246 Wachter, Karl: Gespräch zwischen einem Pfarrer und einem Bauern, in: Archiv für die Pastoralkonferenzen in den Landkapiteln des Bisthums Konstanz (1806, 1), S. 459–481, hier 470.

247 Wachter: Gespräch (1806, 1), S. 468f.

248 Wachter: Gespräch (1806, 1), S. 469.

gleichzeitig die Glocke nicht nur als geweihten Gegenstand, sondern auch als Körper mit physikalischen Eigenschaften zu betrachten.[249]

Drei Teilfragen wurden nun erörtert. Schon unter der Ersten, „Welches ist die geistliche Wirkung der Glocken bey den Gewittern?", wurde die Richtung des Beitrags sehr deutlich: Die Glocken hätten „gar keine solche Wirkung", weder Kraft ihrer Weihe, durch die sie „dem kirchlichen Gebrauche [ge]widmet", noch Kraft zusätzlicher Benediktionen, durch die sie „dem besondern Schutze und Segen Gottes" anempfohlen worden seien.[250] Argumentiert wurde mit der kirchlichen Lehre selbst:

> Hat nun aber die Kirche bey ihren Weihungen die Absicht nicht in geweihten Sachen eine geheime geistliche Kraft zu bringen, so darf auch kein Katholik eine solche Kraft annehmen, ohne abergläubisch zu werden, und der Weihung Kräfte zuzuschreiben, von welchen die Kirche nichts weiß, und nichts wissen will.[251]

Dies wurde im Folgenden durch dezidierte Erläuterungen zu Bedeutung und Absicht liturgischer Zeremonielle und Handlungen begründet. Diese vermöchten schlussendlich immer nur eine Schutzbitte an Gott auszudrücken, eine göttliche Kraftaussendung könne allerdings niemals garantiert werden.[252] Der Boden für ‚anderweitiges' Wissen über Glocken war damit pastoral bereitet.

Frage zwei, „Welches ist die natürliche Wirkung der Glocken aufs Gewitter? Oder kann durch das Anziehen und Zusammenläuten der Glocken, blos nach ihrer physischen Kraft betrachtet, das Gewitter zertheilt, und aus unserm Gesichtskreise vertrieben werden?", wandte sich bereits sehr konkreter Physik zu. Zwei physikalische Eigenschaften der Kirchenglocken, zum einen ihr schallender Körper, zum anderen ihre enorme Körpermasse, wurden auf ihre möglichen Wirkungen zur Gewittervertreibung hin analysiert. Der „Glockenschall" könne, so wurde formuliert, „nicht merklich auf die Wolken wirken":

> […] er müßte dies vermittelst der Luft thun, diese kann er aber […] nicht merklich erschüttern, nicht merklich von ihrem Platze verdrängen (er wirkt ja nur

249 Im erweiterten Kontext dieser Diskussion stand auch die Erfindung des Blitzableiters im 18. Jahrhundert. Zur „Neuordnung des Wissens", die damit einherging, vgl. umfassend Möhring, Christa: Die Geschichte des Blitzableiters. Die Ableitung des Blitzes und die Neuordnung des Wissens um 1800, Berlin (Univ. Diss.) 2005.

250 Vgl. Ueber den Aberglauben, der in Betreff des Glockenläutens bey Hochgewittern, des Wettersegens etc. unter dem Volke herrschet. Erste Konferenz, in: Archiv für die Pastoralkonferenzen in den Landkapiteln des Bisthums Konstanz (1805, 2), S. 3–17, hier 4.

251 Ueber den Aberglauben, 1 (1805, 2), S. 4f.

252 Vgl. Ueber den Aberglauben, 1 (1805, 2), S. 4–9, besonders 7f.

> auf ihre kleinern Theilchen) also kann er auch die Wolken nicht merklich erschüttern, vertheilen oder verjagen.[253]

Auch der großen Körpermasse der Glocke wurde eine entsprechende Wirkung abgesprochen. Die entstehenden Lufterschütterungen könnten niemals bis zu den Wolken reichen, selbst Nebel werde, wie oft gesehen, dadurch nicht vertrieben.[254] Abschließend wurde sogar auf Gefahren hingewiesen, die mit Glockengeläut bei Gewittern einhergingen:

> [...] eine Reihe traurige Erfahrungen setzt es außer Zweifel, daß die durch das Wetterläuten in Bewegung gesetzten Metalle, anstatt die Gewitterwolken zu zerstreuen, vielmehr den Blitz anziehen, woraus ein doppelter Schaden zu befürchten ist; denn der Blitz kann den Thurm in Flammen setzen, und die Menschen, die dort mit Läuten beschäftigt sind, tödten.[255]

Neben dem Expertenwissen kam hier das für die Wissensproduktion der Ökonomischen Aufklärung so entscheidende Erfahrungswissen ins Spiel.

Frage drei, „Sollte nicht das fortwährende Glockenläuten und besonders das Zusammenläuten aller Glocken, wenn das Gewitter über einem Orte steht, überall abgeschaft werden, wie es schon in vielen Ländern geschehen ist?“, ist hiernach als Resümee zu sehen. Zur Bejahung der Frage wurde zunächst erneut die Gefahr des Blitzeinschlags in hoch gelegene metallene Körper betont.[256] Im Anschluss daran wurde eine längere Passage aus der *Oekonomischen Encyklopädie* von Krünitz zitiert. Krünitz' monumentales Enzyklopädie-Werk wird neben den Zeitschriften der zeitgenössischen Ökonomischen Sozietäten heute als eine der wichtigsten Quellen für die Ökonomische Aufklärung des späten 18. und frühen 19. Jahrhunderts angesehen.[257]

---

253 Ueber den Aberglauben, 1 (1805, 2), S. 11.

254 Vgl. Ueber den Aberglauben, 1 (1805, 2), S. 11f.

255 Ueber den Aberglauben, 1 (1805, 2), S. 12.

256 Vgl. Ueber den Aberglauben, 1 (1805, 2), S. 13.

257 Vgl. Popplow, Marcus: Art. Technische Literatur (Enzyklopädie der Neuzeit Online, 2005–2012), DOI: http://dx.doi.org/10.1163/2352-0248_edn_COM_362955 (abgerufen am 09.02.2021). Bezeichnenderweise sind gerade (protestantische) Kirchenleute als Adressaten der Enzyklopädie anzusehen, die das erworbene Wissen an die Landbevölkerung weitergeben konnten, vgl. Fröhner, Annette: Präsentation und Qualität technischer Beschreibungen in der Oeconomisch-technologischen Encyklopädie von Johann Georg Krünitz, in: Troitzsch, Ulrich (Hg.): „Nützliche Künste“. Kultur- und Sozialgeschichte der Technik im 18. Jahrhundert (Cottbuser Studien zur Geschichte von Technik, Arbeit und Umwelt, 13), Münster u. a. 1999, S. 149–162, hier 155.

Hier wurde aus dem Artikel „Gewitter" zitiert. Krünitz berichtete von einem französischen Benediktinermönch, der bereits 1768 die „merkwürdige Beobachtung" gemacht habe, „daß die Glocken, welche zur Zeit eines nahen Gewitters eben stark geläutet werden, sich elektrisieren, und die elektrischen Strahlen, welche aus der Gewitterwolke fließen, an sich ziehen". Der Enzyklopädist bestätigte die Richtigkeit dieser Beobachtung:

> Unstreitig verbreitet sich während dem Läuten ein ununterbrochner Strahl des elektrischen Feuers aus der Wolke bis zu den Glocken. Ist nun dieser Strahl entweder zu häufig, oder zu stark, welches nicht leicht fehlen kann, wenn die Gewitterwolke senkrecht über dem Thurm hängt, so können alsdenn die Glocken die übermäßige Menge des elektrischen Feuers nicht alle annehmen, sondern es kann oder muß vielmehr ein Theil derselben sich losmachen, und in die Stränge ziehen, welche solange das Gewitter dauert, gemeiniglich feucht sind, und der elektrischen Materie oft zum Wegweiser dienen, um durch eine natürlich Folge diejenigen zu erschlagen, welche die Glocken läuten.[258]

Krünitz führte einige bezeugte Fälle an und riet insgesamt:

> Es würde daher meines Erachtens sehr wohl gethan seyn, [...] diese gefährliche Gewohnheit, bey Gewitter (zu läuten) unter allen Umständen abzuschaffen.[259]

Bezeichnenderweise wurde die ökonomisch-physikalisch aufgeklärte Verhaltensanweisung Krünitz', gleichsam zur religiösen Beruhigung des frommen Landvolks, nun noch einmal über die ‚Reinigung' der katholischen Frömmigkeit von fehlgeleiteten Traditionsvorstellungen legitimiert: Die frühen Christen in unmittelbarer Nachfolge Jesu hätten noch gar keine Glocken gekannt und somit auch bei Gewitter nicht geläutet.[260]

Die auch hier deutlich aufscheinende Passung zwischen Ökonomischer und Katholischer Aufklärung beschränkte sich nicht nur auf thematische Aspekte und die Aktivierung spezifischer Wissensautoritäten, wie etwa Krünitz und Becker, sondern wurde darüber hinaus auch in der Konzeption des *Archivs* ersichtlich. Ebenso wie die Zeitschriften der zeitgenössischen Ökonomischen Sozietäten trieben auch hier vorab veröffentlichte Fragen, zu deren Beantwortung Beiträge verfasst wurden, den Diskurs voran. Zwar waren es keine eigentlichen „Preis-Fragen", sondern sogenannte „Konferenz-Fragen", dennoch wurden nur die aus seiner Sicht besten Einreichungen von

---

258 Zit. nach Ueber den Aberglauben, 1 (1805, 2), S. 14.
259 Zit. nach Ueber den Aberglauben, 1 (1805, 2), S. 14.
260 Vgl. insgesamt Ueber den Aberglauben, 1 (1805, 2), S. 15f.

Wessenberg veröffentlicht.[261] Dies entsprach ganz dem Nützlichkeitspostulat, das auch die Preisfragen der Sozietäten auszeichnete.

Die skizzierten Befunde fügen sich in den Stand der Wessenberg-Forschung. Holzem hat jüngst herausgestellt, dass die „kirchliche[n] Zugriffsinteressen auf die ländliche Religion und Wirtschaftsweise" innerhalb der Pastoralreform Wessenbergs „nicht leicht zu trennen" gewesen seien, „auch wenn sich Wessenberg gegen eine Vereinnahmung der Geistlichen als Agenten der ‚Landes-Polizey' stets gewehrt" habe. Nicht zuletzt die Assoziationen mit dem kameralistischen Beamtentum des protestantischen Staates, die nun auch hinsichtlich der ökonomischen Wissensgenerierung nachgewiesen werden konnte, trugen Wessenbergs Reformen den Vorwurf der „Protestantisierung" ein.[262]

Adam Smith im „Archiv für die Pastoralkonferenzen"

Auch unter institutionellem Blickwinkel wurde das Thema zeitgemäßer ökonomischer Bildung im *Archiv* verhandelt. Wessenberg publizierte im Jahr 1807 einen längeren eigenen Artikel unter dem Titel *Blicke auf Schulwesen und Literatur*, in dem er „gute Schulen" für die „Gewerbsklassen" als dringliches Bedürfnis benannte.[263] Viel zu vielen Haushalten fehle es, so Wessenberg, an zwei elementaren Werken: einem Evangelienbuch und einem „Handbuch, welches die Summe der Kenntnisse in sich faßte, deren der Gewerbsmann, als solcher, als Bürger und als Christ, nicht ohne Nachtheil entbehrt".[264] Dem Duktus des *Archivs* entsprechend sah er beide Seiten – eine religiöse Bildung,

261 Vorab wurden die Fragen innerhalb der örtlichen Pastoralkonferenz diskutiert. Wessenberg selbst hatte einen Katalog möglicher Fragen erstellt, aus dem allerdings nicht verpflichtend ausgewählt werden musste. Die Fragen mussten, so die einzige Vorgabe, stets die Praxis pastoraler Arbeit im Blick behalten, vgl. Bischof: Fortbildung der Priester (1995), S. 101f.

262 Vgl. Holzem: Christentum in Deutschland, 2 (2015), S. 844. Gründig hat darauf hingewiesen, dass im *Archiv* insgesamt häufig protestantische Autoren rezipiert wurden, außerdem katholische Kirchenmänner und Prediger wie Jacques B. Bossuet, Claude Fleury oder François Fénelon aus Frankreich, das sich vom opulenten Barock-Katholizismus der Frühen Neuzeit durch eine eher schlichte, protestantisch anmutende Religiosität unterschied, vgl. Gründig: Zur sittlichen Besserung (1997), S. 275 und zum „konfessionsgeschichtlichen Sonderfall Frankreich" Hersche, Peter: „Klassizistischer" Katholizismus. Der konfessionsgeschichtliche Sonderfall Frankreich, in: Historische Zeitschrift, 262 (1996), S. 357–389.

263 Wessenberg, Ignaz Heinrich von: Blicke auf Schulwesen und Literatur, in: Archiv für die Pastoralkonferenzen in den Landkapiteln des Bisthums Konstanz (1807, 2), S. 249–300, hier 258.

264 Wessenberg: Blicke auf Schulwesen (1807, 2), S. 259. Wessenberg warnte in diesem Zusammenhang vor dem um sich greifenden Romankonsum.

die zu den Ursprüngen der christlichen Botschaft zurückkehrte, und eine wirtschaftliche Bildung, die sich im Alltag als nützlich erwies – als unmittelbar miteinander verbundene Postulate einer zeitgemäßen Volksbildung an.

Darüber hinaus machte er sich bereits in diesem frühen Artikel für den Ausbau der wirtschaftlichen Lehreinheit an Universitäten stark. Drei Fakultäten nur sah er für den „Zweck einer Universität" als notwendig an: „die juridische, die kameralistische oder staatswirthschaftliche und die medizinische".[265] Wessenberg ging damit über die Forderung kameralwissenschaftlicher Lehrstühle, wie sie seit 1727 – beginnend mit den Universitäten Halle und Frankfurt an der Oder – im deutschen Raum zahlreich gegründet worden waren, hinaus: Er sprach sich für eigenständige wirtschaftswissenschaftliche Fakultäten aus, wie sie im deutschen Kontext bislang nur vereinzelt existierten. Zehn Jahre nach Wessenbergs Artikel wurde in Tübingen eine ebensolche Fakultät gegründet. Vorausgegangen waren dem schon im späten 18. Jahrhundert Gründungen in Gießen und Mainz. An der Universität Heidelberg, die seit den politischen Neuordnungen zu Beginn des 19. Jahrhunderts zum Großherzogtum Baden gehörte, existierte seit Ende des 18. Jahrhunderts eine „Staatswissenschaftliche Sektion" innerhalb der philosophischen Fakultät.[266]

Auch in einem Artikel von 1814 beschäftigte sich Wessenberg mit Bildungsfragen. Unter dem Titel *Ansichten über Volksaufklärung* verband er Ausschnitte seiner im gleichen Jahr publizierten Denkschrift *Die Elementarbildung des Volks im Achtzehnten Jahrhundert* mit Ausschnitten zweier anderer thematisch relevanter Publikationen und synthetisierte so seine eigene Position mit dem volksaufklärerischen Diskurs. Eingangs zitierte er eine längere Passage aus der 1790 erschienen Abhandlung *Über Volksaufklärung, ihre Gränzen und Vortheile* des Schulreformers und Theologen Johann Ludwig Ewald (1748–1822). Dieser hatte sich für die Aufklärung des einfachen Landvolks stark gemacht, hierbei allerdings auch vor den Gefahren einer „allzuausgedehnte[n] Aufklärung" gewarnt, die zu nutzloser „Vielwisserey" oder „Zweifelsucht" führe.[267]

Hieran schloss Wessenberg einen Teil seiner eigenen Schrift an, in dem er sich deutlich dafür ausgesprochen hatte, volksaufklärerische Maßnahmen durch staatliche Schulreformen rückhaltlos zu fördern. Schließlich lehre „die Erfahrung aller Zeiten […], daß Sittlichkeit, Bürgertugenden, Fleiß

---

265 Wessenberg: Blicke auf Schulwesen (1807, 2), S. 283f. Die theologische Fakultät verwies er an dieser Stelle an „die besonderen Bildungsanstalten für christliche Volkslehrer", „gedeihe [sie doch] nicht wohl im Zirkel des profanen Disputs".

266 Vgl. insgesamt Brandt: Geschichte der deutschen Volkswirtschaftslehre, 1 (1992), S. 73–76.

267 Zit. nach Wessenberg, Ignaz Heinrich von: Ansichten über Volksaufklärung, in: Archiv für die Pastoralkonferenzen in den Landkapiteln des Bisthums Konstanz (1814, 1), S. 241–268, hier 242.

und Wohlstand mit der Aufklärung und Bildung eines Volkes in genauem Verhältniße stehen".[268] Wie Ewald prangerte er allerdings, etwa auf das neuhumanistische Bildungsideal vieler Aufklärer abzielend, „Missverhältniß[e]" zwischen der Vermittlung nützlicher Kenntnisse und der Weitergabe unnützen Wissens an.[269] Dabei kritisierte er die Annahme, „alle Veredelung müsse vom Verstand ausgehen", was die Wissensvermittlung nicht nur zum Selbstzweck mache, sondern auch zu einer „[z]u geringe[n] Beachtung des sittlichen und religiösen Gefühls bey der Elementarbildung" geführt habe.[270] Bildung, die nicht die unmittelbaren ökonomischen Erfordernisse priorisierte, hielt er auch für eine Gefahr angemessener religiöser Unterweisung, womit er erneut die Entwicklungstendenzen ökonomischer mit denen religiöser Bildung parallelisierte.

Interessanterweise setzte Wessenberg als dritten Textbaustein nun eine Passage aus Adam Smiths Hauptwerk, der *Untersuchung über die Natur und die Ursachen des Nationalreichthums*, ein, in der die Frage behandelt wurde, ob und inwieweit der Staat sich ins Bildungs- und Erziehungswesen einmischen sollte. Dass Wessenberg ebenjene Passage für besonders relevant hielt, verdeutlichen entsprechende Markierungen, die er in der Textausgabe aus seiner Bibliothek vornahm. Smith argumentierte an dieser Stelle, dass die für den einzelnen Arbeiter oft eintönige Arbeitswelt, die gerade durch Anwendung des ökonomisch höchst sinnhaften Prinzips der Arbeitsteilung hervorgebracht werde, als Ausgleich staatlich gewährleistete und geförderte Bildungs- und Erziehungseinrichtungen benötige. Zwar entwickle der Arbeiter zumeist eine gewisse „Geschicklichkeit in dem eigenen Gewerbe", diese scheine aber „auf Kosten aller seiner geistigen [...] Tugenden erworben zu seyn".[271] Gerade in einem wirtschaftlich erfolgreichen Staatsgebilde, das „im Anbau, Kunstfleiß und Handel fortgerückt ist", aber „den Geist des gemeinen Volks" damit leider „um desto mehr verdüstert" habe, sei es eine staatliche Pflicht, grundlegenden Unterricht für jedermann sicherzustellen.[272] Den für die gesellschaftlichen Transformationsprozesse im Zuge der Industrialisierung

268 Wessenberg: Ansichten (1814, 1), S. 248.

269 Vgl. Wessenberg: Ansichten (1814, 1), S. 255.

270 Vgl. Wessenberg: Ansichten (1814, 1), S. 253.

271 Anders sei dies noch bei den „barbarischen Völkerschaften [gewesen], die von der Jagd, der Viehzucht oder auch von einem sehr einfachen Ackerbau, ohne Künste, Manufakturen und Handel leben" und bei denen „jeder Mensch durch die Mannigfaltigkeit seiner Beschäftigungen zum angestrengten Gebrauche seiner Verstandeskräfte genöthigt" worden sei, insgesamt zit. nach Wessenberg: Ansichten (1814, 1), S. 257f.

272 Zit. nach Wessenberg: Ansichten (1814, 1), S. 265.

so wichtigen Bildungsbereich unterstellte Smith damit gerade nicht dem Wettbewerbsprinzip liberaler Marktwirtschaften.

Dieser Gedanke wurde von Wessenberg klar unterstützt, wie aus der nachfolgenden Textpassage deutlich wird, die er nun wieder aus seiner eigenen Publikation beifügte. Darin vertrat er allerdings auch die Position, die von Smith berechtigterweise geforderte grundlegende Volksbildung könne gerade durch Geistliche geleistet werden. Der Religionskritiker Smith hätte hier, so Wessenberg, sicherlich seine Zweifel gehabt. Nicht ohne Grund finden sich in Wessenbergs eigener Smith-Ausgabe wie gesehen Passagen markiert, in denen Smith sich kritisch mit einer aus seiner Sicht dem Eigennutz frönenden Geistlichkeit, die eine gefährlich machtvolle soziale Stellung innehabe, auseinandergesetzt hatte.

Auch auf den „jüngere[n] Mirabeau"[273] verwies Wessenberg an dieser Stelle als einen im Aufklärungskontext prominenten Kritiker einer umfassend unterrichtenden Geistlichkeit. Jener habe vor allem das Argument angeführt, die Geistlichkeit erziehe prinzipiell „nicht für das gegenwärtige, sondern vielmehr nur für ein künftiges Leben", was Wessenberg wiederum – auch als Antwort auf die Kritik Adam Smiths – entschieden zurückwies:

> Allein was ist alle Bildung ohne Religion? […] Es ist ganz falsch, daß [dieselbe] nur für ein künftiges, und nicht zunächst für dieses Leben bilde, indem [sie] ausdrücklich lehrt, daß unser Zustand im künftigen Leben sich genau nach unserm Verhalten im gegenwärtigen, gemäß der ewigen Gerechtigkeit, richte, wo die Tugend ihre Belohnung, das Laster seine Bestrafung erhält. Und sind die Tugenden, die das Evangelium empfiehlt, nicht die gemeinnützigsten?[274]

Genau dies suchte Wessenberg gerade hinsichtlich der Weitergabe grundlegender ökonomischer Denk- und Handlungsweisen im *Archiv* immer wieder herauszustellen. Den Stand der auch im Kontext der modernen Wirtschaftstheorie geforderten Volksbildung brachte er damit in direkten Zusammenhang mit einer entsprechenden Aus- und Vorbildung der Priester, die für ihn als zentrale Bildungsmultiplikatoren fungierten.[275]

---

273 Honoré Gabriel de Riqueti, comte de Mirabeau (1749–1791) war Politiker der Revolutionszeit, aufklärerischer Publizist und Physiokrat.

274 Wessenberg: Ansichten (1814, 1), S. 266f.

275 Braun hat die Wichtigkeit der Multiplikatoren für Wessenbergs Bildungsverständnis jüngst noch einmal hervorgehoben, vgl. Braun: Einleitung (2014), S. 11. Zum Bild des engagierten Geistlichen „im aufgeklärt-katholischen gesellschaftlichen Gefüge" vgl. besonders Handschuh: Die wahre Aufklärung (2014), S. 176f. Gründig sieht in ihrer Studie zum *Archiv* die Geistlichkeit in der Rolle des „Motor[s] für die Verbürgerlichung der Gesamtgesellschaft", vgl. Gründig: Zur sittlichen Besserung (1997), S. 291–296, Zitat: 292.

In diesem Artikel zeigt sich insgesamt, dass Wessenberg einen katholischen Zugang zur liberalen Ökonomie nach Smith auch dadurch fand, dass diese den Wettbewerbsgedanken immer nur auf Basis fest garantierter Bildungsstrukturen formulierte. Der Bildungsbereich stellte sich schließlich gerade für den Pastoralreformer Wessenberg als exemplarisches Feld dar, um eine aufgeklärte katholische Religiosität als Mittel zur Handhabung moderner sozio-ökonomischer Herausforderungen und somit – entgegen der ureigenen Religionskritik Adam Smiths – als noch immer ausgesprochen relevante Kraft für eine ökonomisch fortschreitende Gesellschaft zu profilieren.

Wessenberg und die Gewerbeschulen im Großherzogtum Baden
Im politischen Kontext setzte sich Wessenberg in den 1820er und 1830er Jahren, einer innerdeutsch wie international äußerst wichtigen Formierungsphase in Sachen technisch-beruflicher Ausbildungskonzepte, vor allem für den Aufbau eines staatlich gewährten (klein-)gewerblichen Bildungswesens ein.[276] Sein Engagement in diesem Bereich ist bereits partiell aufgearbeitet[277], worauf in der nachfolgenden Analyse an verschiedenen Stellen verwiesen werden kann. Vor allem das genaue Argument des Theologen ist allerdings bislang nicht untersucht worden, das gerade im Rahmen dieser Studie wichtige Anhaltspunkte zum Bildungsbegriff und Bildungsverständnis Wessenbergs zu geben vermag.

Schon 1822 sprach Wessenberg sich für die staatliche Unterhaltung polytechnischer, das heißt höherer technische Lehranstalten, aus – diese seien für das Land „ein wahres Bedürfniß".[278] Dabei grenzte er sich allerdings klar von der Vorstellung ab, in Baden ein der Pariser Ecole Polytechnique nacheiferndes Lehrkonzept zu institutionalisieren. Statt eines Grundlagenstudiums in Mathematik und den Naturwissenschaften, wie es die 1794 gegründete Pariser

276 Der Begriff Kleingewerbe wurde zeitgenössisch synonym zum Begriff Gewerbe verwendet und meinte vorrangig das Handwerk. Unter Großgewerbe wurde das Manufaktur- und Fabrikwesen gefasst, vgl. Haverkamp: Staatliche Gewerbeförderung (1979), S. 28.

277 Vgl. Moser: Wessenberg und die Berufsausbildung (1978). Knapp findet Wessenbergs Engagement in diesem Bereich auch Erwähnung bei Rothe: Die Gewerbeschule (2011); Hasfeld, Robert: Berufsausbildung im Großherzogtum Baden. Zur Geschichte des „dualen Systems" im Handwerk (Studien und Dokumentationen zur deutschen Bildungsgeschichte, 63), Frankfurt a. M. 1996; Haverkamp: Staatliche Gewerbeförderung (1979).

278 Protokoll der Sitzung vom 3. December 1822, in: Verhandlungen der Ersten Kammer der Ständeversammlung des Großherzogthums Baden 1822. Dritter Band: Erstes Heft, von ihr selbst amtlich herausgegeben, Karlsruhe 1822, S. 74–116, hier 102. Historischer Kontext ist die Debatte, ob das bisher privat unterhaltene Polytechnische Institut in Freiburg, 1818 als erste derartige Einrichtung in Baden gegründet, staatlich finanziert werden sollte, vgl. Haverkamp: Staatliche Gewerbeförderung (1979), S. 44–51.

Schule vermittelte, forderte er die Eingliederung polytechnischer Schulbildung in ein „Stufenkonzept" einer von Anfang an praxisorientierten Ausbildung. Die staatlich unterhaltene polytechnische Anstalt sollte hier als Dach für die von den Gemeinden zu errichtenden und zu tragenden Gewerbe- und Industrieschulen fungieren, die zunächst die Grundlagen mechanischer und gewerblicher Arbeit vermittelten, bevor in der höheren Lehranstalt übergreifende Studien und Spezialisierungen vorgenommen werden konnten.[279]

1825 wurde das Karlsruher Polytechnikum gegründet mit einem zu dieser Zeit international einzigartigen Konzept, das die Ausbildung von Gewerbetreibenden und technischen Beamten zusammenhängend und unter einem Dach erfolgen ließ.[280] Dies ließ allerdings, so Haverkamp, eine eigenartige „Vermischung von niederer und höherer Bildung innerhalb eines Unterrichtsganges" entstehen: „Die Unvereinbarkeit so unterschiedlicher Ausbildungsniveaus innerhalb eines Lehrplanes" sei „den führenden Männern nicht bewußt" gewesen.[281] Weiterhin wurde dabei der bereits von Wessenberg angesprochene Mangel an einem niederen Schulwesen offenbar, das auf die Lehrzeit im Polytechnikum vorbereitete. Dies mahnte der Theologe in den frühen 1830er Jahren noch einmal an, unter anderem in seiner schon mehrfach zitierten Denkschrift an den Großherzog. Die Schule in Karlsruhe könne „den beabsichtigten Nutzen nur dann vollständig leisten, wenn in allen Städten des Landes gute technische Lehranstalten ihr in die Hände arbeiten", für dieses „dringende[] Bedürfniß" sei „an den meisten Orten noch Nichts, an andern noch viel zu Wenig geschehen". Hier sei nun vor allem „[e]in kräftig wohlwollendes Wort [der] Königl. Hoheit" gefragt, das „das Gefühl des Bedürfnisses allgemein wecken und die nöthigen Gewerbsschulen ins Daseyn rufen"

---

279 Vgl. Moser: Wessenberg und die Berufsausbildung (1978), S. 541ff. Nur kurze Zeit später forderte Wessenberg die Gründung von Gewerbeschulen im Kontext seines Plädoyers für die allgemeine Gewerbefreiheit, vgl. Protokoll 7. Januar 1823, S. 114. Zum damaligen Industrieschulwesen in Baden vgl. Marquardt, Wolfgang: Geschichte und Strukturanalyse der Industrieschule. Arbeitserziehung, Industrieunterricht, Kinderarbeit in niederen Schulen (ca. 1770–1850/70), Hannover (Univ. Diss.) 1975, S. 464–493.

280 Auch in den polytechnischen Einrichtungen in Wien (Gründung 1815) und in München (Gründung 1827) wurde auf beiden Ebenen ausgebildet, allerdings noch nicht vereinigt unter einem Dach, vgl. Lundgreen: Fachschule (1987), S. 295f. Zur Karlsruher Gründung vgl. Hoepke, Klaus-Peter: Geschichte der Fredericana. Stationen in der Geschichte der Universität Karlsruhe (TH) von der Gründung 1825 bis zum Jahr 2000 (Veröffentlichungen aus dem Universitätsarchiv Karlsruhe, 1), Karlsruhe 2007, S. 21–44; Rothe: Die Gewerbeschule (2011), S. 49–52.

281 Vgl. Haverkamp: Staatliche Gewerbeförderung (1979), S. 57.

könne.[282] Im Jahr 1831 brachte Wessenberg darüber hinaus eine „Motion auf Errichtung von Gewerbsschulen" in die Erste Kammer des Landtags ein.[283]

Moser hat darauf hingewiesen, dass Wessenberg unter dem Begriff der Gewerbeschule keine berufsbegleitende Teilzeitschule für gewerbliche Lehrlinge verstand. Gemeint war von ihm eine bürgerliche Vollzeitschule, „die zur Polytechnischen Schule im gleichen Verhältnis stehen sollte wie das Gymnasium zur Universität", das heißt „bewußt eine Alternative zur höheren Schule bilden soll[te]".[284] Schaut man sich über die Darstellung Mosers hinaus Wessenbergs genaue Argumentation in seiner Motion an, so fällt gerade mit Blick auf den theologischen Hintergrund des Badners die Vehemenz auf, mit welcher er die bisherigen, von der Kirche maßgeblich mitgetragenen Bildungskategorien aufbrach. Viele Schüler, so Wessenberg, würden in diesen Tagen nach Abschluss der Elementarschule und vor dem Eintritt ins Berufsleben aus Mangel an Alternativen aufs Gymnasium geschickt, „nur um sie dem Müßiggang zu entreißen": „Aber, was sie eigentlich brauchten, wird hier nicht gelehrt, und was hier gelehrt wird, können sie nicht brauchen." Die Alleinstellung der gymnasialen und universitären Bildung als geistige Bildung aufbrechend beklagte er „die Vermehrung von Studirenden ohne Talente, und die geringe Zahl junger Leute, die ihr Gewerb mit Geist zu treiben gelernt haben". Eine „fortschreitende Civilisation" rufe danach, den bereits zahlreich entstandenen Bildungseinrichtungen für „verschiedene Classen im Volke" nun endlich auch eine solche für „die große, zahlreiche und höchst schätzbare wichtige Classe des Gewerbs- und Handelsstandes" hinzuzufügen.[285]

Wessenberg konnte 1831 die Mehrheit der Abgeordneten für sein Anliegen gewinnen. Von seiner Motion und den anschließenden Debatten ging eine große Dynamik im Bereich gewerblicher Bildungsinitiativen in Baden aus.[286] Zwar zog sich Wessenberg in der Folge aus der aktiven politischen Arbeit in der Ersten Kammer zurück, dennoch blieb die Bildung der Gewerbetreibenden ihm ein großes Anliegen, für das er sich weiter publizistisch engagierte. Dies hängt auch damit zusammen, dass der politische Startschuss zur Gründung von Gewerbeschulen seitens der badischen Regierung erst 1834, das heißt drei

---

282 Vgl. Wünsche des Badischen Volkes (1830), S. 9f.

283 Vgl. hierzu ausführlich Moser: Wessenberg und die Berufsausbildung (1978), S. 543–547.

284 Moser: Wessenberg und die Berufsausbildung (1978), S. 544.

285 Zitate aus dem Protokoll der Sitzung vom 15. April 1831, in: Verhandlungen der Ersten Kammer der Ständeversammlung des Großherzogthums Baden 1831. Erster Band, von ihr selbst amtlich herausgegeben, Karlsruhe u. a. 1831, S. 79–84.

286 Fischer hat hierzu etwa die vermehrte Herausgabe von Lehrbüchern, Gewerbekalendern und entsprechenden Statistiken angeführt, vgl. Fischer: Der Staat, 1 (1962), S. 168.

Jahre nach Wessenbergs großem politischen Vorstoß, fiel. Im Mai 1833 legte Wessenberg beiden Landtagskammern noch einmal eine längere Publikation unter dem Titel *Ueber die Bildung der gewerbetreibenden Volksklassen überhaupt und in Baden insbesondere* vor, in der er erneut auch auf bildungsphilosophische Überlegungen rekurrierte.[287] Außerdem thematisierte er die Rolle des Klerus innerhalb gewerblicher Bildungsstrukturen. Insbesondere von der Zweiten Kammer, der mittlerweile auch Rotteck angehörte, wurde die Publikation mit viel Lob rezipiert.[288]

Es sei an der Zeit, so Wessenberg hier, „den Gewerb- und Handelstand zu einem Grad von Wichtigkeit zu erheben, der unsrer Vorzeit unbekannt war“[289], und dieser Entwicklung besonders im Bildungssystem Rechnung zu tragen. Gerade Handwerkern bringe es wenig, Grundkenntnisse in lateinischer Grammatik zu erwerben, hinter denen der eigentliche gewerbliche Unterricht wie in „gelehrte[] Windeln eingezwängt“ zurückstehe.[290] Erneut sprach er sich für ein Stufenmodell aus unteren und oberen technischen Bildungseinrichtungen aus. Gerade Gewerbeschulen würden sich, so Wessenberg,

> als eines der wirksamsten Mittel erproben, um dem Gewerbstand das ihm gebührende Ansehen zu verschaffen, und ihm zu dem Grad geselliger und bürgerlicher Achtung den Weg zu bahnen, der unter gebildeten, zivilisirten Völkern Niemandem versagt wird, der seine Geschäfte nicht gedankenlos und blos mechanisch, sondern auch mit Anwendung der intellectuellen Kräfte als Geisteswerk betreibt.[291]

287 Nur knapp erwähnen die Schrift Moser: Wessenberg und die Berufsausbildung (1978), S. 547ff.; Rothe: Die Gewerbeschule (2011), S. 59; Hasfeld: Berufsausbildung (1996), S. 205. Es findet sich bei ihnen allerdings keine Analyse zum bildungsphilosophischen Argument Wessenbergs.

288 Dies geht auch aus einem Brief des Abgeordneten Bernhard Moerdes an Wessenberg hervor: Moerdes an Wessenberg, 10.06.1833. StAKN, X XVII, M 1626. Moerdes sprach darin den generellen Dank der Zweiten Kammer für Wessenbergs volksbildnerische Initiativen aus. Die aktuelle Schrift sei insbesondere durch Rotteck gelobt worden. Der Antrag auf Errichtung von Gewerbeschulen wurde in diesem Zusammenhang von der Ständeversammlung wiederholt. Dies wurde Wessenberg durch Johann Adam Grausbeck mitgeteilt, der heute vor allem als Autor theologischer Schriften bekannt ist und mit Wessenberg in sporadischem Briefkontakt stand, vgl. Grausbeck an Wessenberg, 11.06.1833. StAKN, X XVII, G 825a 4.

289 Wessenberg, Ignaz Heinrich von: Ueber die Bildung der Gewerbetreibenden Volksklassen überhaupt und im Großherzogtum Baden insbesondere. Nebst einem Anhange v. J. W. Straßer, Konstanz 1833, S. 3.

290 Vgl. Wessenberg: Ueber die Bildung (1833), S. 2.

291 Wessenberg: Ueber die Bildung (1833), S. 11.

Das „Geisteswerk“ sah Wessenberg in der „Bemeisterung und Anwendung der Naturkräfte zur Förderung der Gewerbe mittelst der Kunst“, schließlich bezwecke die „Menschenbildung überhaupt die Herrschermacht der Vernunft und des Gemüths über die sinnliche Natur“.[292] Erneut finden sich hier die bereits oben erläuterten Anklänge an die alte Debatte über die bildungsphilosophische Einordnung der „artes mechanicae“. Eine anwendungsorientierte ökonomische und technische Bildung stilisierte Wessenberg an dieser Stelle zur wesentlichen Grundform jedweden menschlichen Bildungsbedürfnisses und somit zu einer Art von Bildung, die sich keinesfalls hinter ihrem „gelehrten“ Gegenstück verstecken müsse. In dieser Hinsicht kritisierte er den traditionellen Umgang mit den universitären „Wissenschaften“:

> Die Wissenschaften wurden wie Zauberschlösser, hoch über das Leben erhaben und dem gemeinen Verstand unzugänglich, angestaunt; ihre Priester wie Zauberer angesehen. [...] Die Wissenschaft war wortreich, aber unfruchtbar.[293]

Auf niedrigster Ebene suchte Wessenberg diese Tendenz schon mit Gewerbeschulen zu bekämpfen, denen eine spezialisiertere, wissenschaftlich fundierte, aber dennoch auf die Praxis ausgerichtete Ausbildung in polytechnischen Anstalten folgen konnte[294] – beides als unmittelbar fruchtbare Ausbildungsstufen für wirtschaftliche Tätigkeiten.

---

292 Wessenberg: Ueber die Bildung (1833), S. 11.

293 Wessenberg: Ueber die Bildung (1833), S. 1.

294 Wessenberg differenzierte hier noch einmal zwischen polytechnischen Schulen und Hochschulen. Die Bildung an polytechnischen Schulen solle „eine praktische seyn, ohne daß sie deswegen der wissenschaftlichen Begründung des Unterrichts ermangeln dürfe“, diejenige an polytechnischen Hochschulen die Vermittlung aller Wissenschaften umfassen, „die auf Künste, Gewerbe und Handel einen wichtigen Einfluß ausüben“. Als Fakultäten einer solchen bisher in Baden nicht verwirklichten Hochschule sah Wessenberg eine mathematische, eine physikalische, eine technische und eine historische vor und befürwortete auch hier eine „Absonderung“ vom bisherigen Universitätsbetrieb, vgl. insgesamt Wessenberg: Ueber die Bildung (1833), S. 19ff. Ergänzend ist an dieser Stelle anzumerken, dass Wessenberg 1833, das heißt im selben Jahr, eine Schrift zur *Reform der Deutschen Universitäten* publizierte. Hierin bekräftigte er noch einmal den bereits im *Archiv für die Pastoralkonferenzen* geäußerten Wunsch, jede Universität möge auch eine staatswirtschaftliche (nicht polytechnische) Fakultät bekommen. Wo keine nahegelegene polytechnische Bildungseinrichtung existierte, regte er allerdings (quasi als Notlösung) an, eine technische Abteilung der philosophischen Fakultät beizufügen, vgl. Die Reform der Deutschen Universitäten. Ein Beitrag zur Unterrichtsfrage unserer Zeit, Würzburg 1833, S. 25. Wessenberg nutzte auch diese Schrift, um nochmal auf den Mangel an Gewerbeschulen hinzuweisen und den gemeinhin abwertenden Blick auf praktisch-gewerbliche Bildung zu kritisieren.

Die Aufwertung einer solchen gewerblich-technischen Bildungslaufbahn gegenüber der gymnasial-universitären[295] zeigte sich im Konzept des Theologen Wessenberg auch dadurch, dass er, wie vorher schon im *Archiv*, Geistliche als Leiter der Gewerbeschulen ins Spiel brachte:

> Endlich machen es die Gewerbschulen, die an manchen Orten errichtet werden, sehr wünschbar, daß der Ortspfarrer tüchtig sey, solche Schulen zu leiten und sich mit Theilnahme und Erfolg für ihr Gedeihen und ihren Fortgang zu verwenden.[296]

Auch der Ortspfarrer sollte schließlich, so begründete Wessenberg, „im Stande seyn, über Manches im Leben belehrende Auskunft zu ertheilen, besonders in Gegenständen der Wirthschaft und der Naturerscheinungen". Schließlich seien gerade die Geistlichen „dazu berufen, überall der Wahrheit Vorschub zu geben"[297] – eine Parallelisierung, die schon in der religiösen Überformung einer Ökonomischen Aufklärung deutlich geworden war. „Daß für den Religionsunterricht der Gewerbschüler gesorgt werden müsse", verstand sich aus Sicht des Theologen darüber hinaus „von selbst".[298]

Innerhalb des Gewerbestandes strebte Wessenberg – auch auf Basis dieser Schulen – ein neues Gemeinschaftsgefühl an, das sich durch gemeinsame Aktivitäten und Bildungsveranstaltungen manifestierte. Hierzu regte er Vereinsgründungen innerhalb der Handwerkerschaft an, die stark an die christlich-soziale Dimension des Zunftwesens anknüpften.[299] Gleichzeitig sah er das Handwerk nicht als abgeschotteten Wirtschaftsfaktor, sondern regte im Gegenteil gerade dazu an, es etwa für die Landwirtschaft zu öffnen. „Beinahe jeder Bauer", so argumentierte Wessenberg, „könnte irgend ein Handwerk lernen, das ihn in den vielen Tagen des Jahres, welche ihm die Beschaffung des Feldes und der Viehzucht übrig läßt, nützlich beschäftigte." In einer Fußnote ergänzte er, erneut auf die Bildungsposition Adam Smiths Bezug nehmend: „Viel Treffliches hierüber enthält Smiths Werk vom Nationalreichthum [...]".[300]

295 Wessenberg sprach sich strikt gegen eine „Vermischung" von gewerblicher und gelehrter Bildung aus, wohl wissend, dass letztere noch immer eine stärkere Lobby hatte: „Um aber ihrer Bestimmung zu entsprechen, müssen die Gewerbschulen selbstständig und abgesondert von den gelehrten Schulen bestehen. Jede Vermischung bringt der Gewerbschule Verderben. Wo sie statt findet, wird die Richtung der Gewerbschule der gelehrten untergeordnet", Wessenberg: Ueber die Bildung (1833), S. 12.

296 Wessenberg: Ueber die Bildung (1833), S. 26.

297 Wessenberg: Ueber die Bildung (1833), S. 25.

298 Wessenberg: Ueber die Bildung (1833), S. 9.

299 Vgl. Wessenberg: Ueber die Bildung (1833), S. 14f.

300 Wessenberg: Ueber die Bildung (1833), S. 16.

Dieser habe außerdem bereits richtig bemerkt, dass „ein großer Theil dessen, was auf Schulen und Universitäten gelehrt wird, nicht als schickliche Vorbereitung zu den Geschäften des Lebens betrachtet werden" könne.[301]

Pathetisch beschloss Wessenberg seinen erneuten Vorstoß in die politische Debatte mit der Aussage, „[r]echt menschliche Bildung" sei das „gemeinschaftliche[] Endziel". Hierzu gelte es einen „edeln Wetteifer" zwischen den Schulformen anzuregen, die in gegenseitiger Wertschätzung unabhängig voneinander agieren sollten: „Unnöthige Abhängigkeit verletzt und erniedrigt; Selbstständigkeit erhebt und veredelt."[302]

Wie ist Wessenbergs engagiertes Auftreten vor allem für den Ausbau des gewerblichen Schulwesens in Baden nun im zeitgenössischen Kontext zu deuten?[303] Nach Moser liegt Wessenbergs Verdienst darin, „als einer der ersten in Deutschland Konzepte entwickelt" zu haben „zu einem Stufenbau von Schulen, der [...] eine Alternative zu humanistischer Schulbildung, theoretischem Studium und höherem Staatsdienst bot".[304] Kaum könne er allerdings als „Patron" derjenigen Gewerbeschulen gelten, die in Baden 1834, im Kontext einer generellen Neuordnung des dortigen Schulwesens, entstanden: Diese seien eher als Lehrlingsschulen anzusehen, in denen die konkrete berufliche Ausbildung (in Teilzeit, nicht Vollzeit) erfolgte. Hierneben wurde als Alternative zur Gymnasialbildung eine „Höhere Bürgerschule" (als Vollzeitschule) eingerichtet – maßgeblich auf die didaktischen Überlegungen Nebenius' zurückgehend, der 1833 ebenfalls eine konzeptuelle Schrift vorgelegt hatte. Darin hatte er Wessenbergs Konzept der Gewerbeschule, in der beide Ausbildungsbereiche unter dem Oberbegriff Gewerbeschule verbunden waren, abgelehnt.[305]

Der Regierungserlass vom 15. Mai 1834, der die Gründung von Gewerbeschulen in Baden beschloss, legte allerdings – ganz im Sinne Wessenbergs – auch fest, dass jeder Lehrling zum Besuch der Gewerbeschule verpflichtet wurde. Im deutschen Kontext ist Baden damit einer der ersten Staaten überhaupt, der eine derartige Berufsschule nicht nur einrichtete, sondern zudem

---

301 Vgl. Wessenberg: Ueber die Bildung (1833), S. 18.

302 Wessenberg: Ueber die Bildung (1833), S. 40.

303 Noch einmal äußerte er sich 1834 im *Badischen Volksblatt* und betonte die Dringlichkeit von Gewerbeschulen, vgl. Ueber die Förderung der Gewerbe (20.05.1834).

304 Moser: Wessenberg und die Berufsausbildung (1978), S. 554.

305 Vgl. Moser: Wessenberg und die Berufsausbildung (1978), S. 549–554 und zu Nebenius' Argument auch Rothe: Die Gewerbeschule (2011), S. 60–68; Haverkamp: Staatliche Gewerbeförderung (1979), S. 79f.

obligatorisch machte.[306] Dass auch Wessenbergs Überlegungen über Baden hinaus insbesondere in Württemberg positiv rezipiert wurden, geht aus einer Korrespondenz aus dem Jahr 1837 hervor.[307] 1829 war in Stuttgart eine Vereinigte Kunst-, Real- und Gewerbeschule gegründet worden, aus der bereits 1832, als getrennte Einrichtungen, eine Kunst- und eine Gewerbeschule hervorgegangen waren.

Insgesamt kann festgehalten werden, dass es – bei aller terminologischen Uneindeutigkeit, die den zeitgenössischen Diskurs prägte – Nebenius *und* Wessenberg waren, denen das Großherzogtum die Einrichtung berufsschulischer Bildungsstrukturen verdankte: Wessenberg als in vielerlei Hinsicht ausgebremster bildungsphilosophischer Inspirator, Nebenius als letztendlicher konzeptueller Umsetzer.[308] Die vorangegangene argumentative Analyse legt nahe, dass es Wessenberg jenseits konkreter Schultyp-Konzeptionen vor allem darum ging, die praktische Berufsbildung gegenüber der Gelehrtenbildung gesellschaftlich aufzuwerten und somit auch neuhumanistischen Bildungskonzepten kritisch gegenüberzutreten. Den sozio-ökonomischen Umbrüchen seiner Zeit suchte er somit auch auf einer übergeordneten Ebene zu begegnen, einer Ebene, auf der er grundlegende Annahmen über die „Menschenbildung überhaupt" und somit auch über die Rolle kirchlicher Lehrer verhandelte.

Durch seinen Vorschlag, Geistliche in das gewerbliche Bildungssystem zu integrieren, erzeugte er wie schon innerhalb seiner Pastoralreform gerade keine Konkurrenzsituation zwischen ökonomischer und religiöser Bildung. Ein solches Konkurrenzdenken war zeitgenössisch keinesfalls von der Hand zu weisen, schließlich nahmen gerade die gewerblichen Sonntagsschulen, die zu dieser Zeit vielerorts entstanden[309], mit dem Sonntagsunterricht eine traditionelle christliche (Lehr-)Bastion in Anspruch. Wenngleich der

306 Vgl. Fischer: Der Staat, 1 (1962), S. 167ff. Fischer schätzt Wessenbergs Anteil an dieser Entwicklung als hoch ein.

307 Vgl. Nagel an Wessenberg, 20.12.1837. StAKN, X XVII, N 1716. Höchstwahrscheinlich ist der spätere Abgeordnete des Württembergischen Landtags, Philipp Ferdinand Amandus Friedrich Nagel (1799–1870) der Absender.

308 Schon Beck hat in seiner frühen Wessenberg-Biographie bemerkt, dass Wessenberg und sein Freund Nebenius zu dieser Zeit maßgeblich zusammenwirkten: „Beide vortreffliche Männer haben durch ihre vereinte Wirksamkeit um das gesamte Schul- und Unterrichtswesen und um die gewerblichen und höheren industriellen Interessen des badischen Landes Verdienste sich erworben, die der dortige Lehr- und Gewerbestand für immer wird dankbar anerkennen müssen." Nebenius habe, so erläuterte Beck allerdings ein wenig irreführend, dabei „mit kundiger Hand rasch in's Leben zu rufen" verstanden, was Wessenberg angeregt hatte, vgl. Beck: Wessenberg (1862), S. 351f.

309 Etwa in Württemberg und Preußen, vgl. Lundgreen: Fachschule (1987), S. 300f.; Blankertz: Bildung (1969), S. 86f.

Unterricht in der badischen Gewerbeschule schlussendlich meist an den Werktagabenden und nicht sonntags stattfand, hatte Wessenberg sich in seinem Konzept gegen den Sonntagsunterricht nie gewehrt, sondern ihn im Gegenteil sogar befürwortet.[310]

„Sittlich-religiöse Bildung" und „Bildung in anderer Beziehung" – Wessenberg und Bildungsfortschritt

Als Synthese und Erweiterung der nun vorliegenden Analyseergebnisse soll abschließend noch ein kursorischer Blick in die Schriften geworfen werden, die Wessenberg ganz allgemein dem Thema Bildung und Bildungsfortschritt widmete. Neben der bereits erwähnten Schrift von 1814, *Die Elementarbildung des Volks im Achtzehnten Jahrhundert*, fällt die daran anschließende Publikation von 1835, *Die Elementarbildung des Volkes in ihrer fortschreitenden Ausdehnung und Entwickelung*, in Betracht.[311] Dass gerade diese Schriften, auch in ihrer zeitlichen Abfolge, vom Gedanken des Fortschritts durch Bildung, aber auch des Bildungsfortschritts in der Geschichte durchdrungen sind, wird bereits an der Titelwahl deutlich.

Zielrichtung seiner Ausführungen von 1814, die Wessenberg in Auszügen wie gesehen auch im *Archiv* publizierte, war es vor allem, die Wichtigkeit volksbildnerischer Initiativen herauszustellen, die gerade in der zweiten Hälfte des 18. Jahrhunderts „Epoche" gemacht hätten.[312] Ausführlich widmete er sich den großen Vordenkern in diesem Bereich: Von Rousseau, der die Kritik an einer reinen Gelehrtenbildung sprichwörtlich salonfähig gemacht habe und mit seinem Ideal einer naturgemäßen Erziehung bereits auf große Vorgänger wie Sokrates und Aristoteles zurückschauen könne, über die großen zeitgenössischen Schulreformer und pädagogischen Theoretiker wie Basedow, Rochow und Pestalozzi spannte Wessenberg den großen Bogen eines auf dem rechten Weg fortschreitenden gesellschaftlichen Erziehungs- und Bildungsverständnisses.[313] Zur weiteren Erläuterung zitierte er auch die „gehaltreichen und scharfsinnigen Bemerkungen [...] über den Wert der Volksbildung" aus

310 Vgl. Moser: Wessenberg und die Berufsausbildung (1978), S. 554.

311 Auch in Wessenbergs Spätwerk *Gott und die Welt* finden sich entsprechende Passagen, deren Analyse hier allerdings keine neuen Erkenntnisse bringen könnte. Vgl. hierzu besonders die bereits im vorigen Teil angesprochenen Ausführungen im Kapitel „Die mechanischen Künste bezwecken zunächst die Vervollkommnung des materiellen Lebens und mittelbar auch die Erleichterung des Geistigen", Wessenberg: Gott und die Welt, 2 (1857), S. 219–226.

312 Vgl. Wessenberg, Ignaz Heinrich von: Die Elementarbildung des Volks im 18. Jahrhundert, Zürich 1814, S. VII.

313 Vgl. Wessenberg: Die Elementarbildung (1814), S. 14–17.

Adam Smiths ökonomischem Hauptwerk, mit dem er seine Ausführungen auch im *Archiv* in Verbindung gebracht hatte:

> Die Regierung hat bey ihrer Obsorge für den Unterricht des gemeinen Mannes vorzüglich darauf zu sehen, daß in ihm die Vernunft, diese göttliche Gabe, die den Menschen zum Menschen macht, gehörig entwickelt und angebaut, und daß die natürliche Herzhaftigkeit, worauf die Stärke der Kriegsheere und somit die Sicherheit des Staats immer zuletzt hauptsächlich beruht, stets belebt und unterhalten werde. Denn nichts macht den Bürger eines Staats verächtlicher und nichtswürdiger, als Geistesverstümmelung, Unvernunft und Feigherzigkeit. [...] Je besser unterrichtet der gemeine Mann ist, je weniger ist er durch Aberglauben und Schwärmerey verführbar; zwey Abwege, auf denen, bey unwissenden Nationen, das Volk zu den größten Ausschweifungen gebracht werden kann.[314]

Passenderweise wählte Wessenberg hier eine Stelle, in der Smith sich auf eine „göttliche Gabe" bezog – wenn auch vor dem Hintergrund der deistischen Annahme, ein aus der Welt zurückgezogener Schöpfergott könne vom Menschen allein durch seinen Verstand erfasst werden.[315] Wie Smith argumentierte Wessenberg, „daß der Reichthum, die Stärke und die Festigkeit eines Staates in der harmonischen Bildung aller Klassen die einzig zuverläßige und dauerhafte Grundlage und Bürgschaft finden können".[316] Dem fügte er an anderer Stelle ganz in liberaler Manier hinzu, die Volksbildung werde „auch in jedem Lande verkrüppeln, wo die Regierung ihre Sorgfalt ins Anordnen des Details der Bildungsanstalten setzt, anstatt die bestehenden Anstalten wirksam zu schützen, um zu ihrer Vermehrung und Verbesserung aufzumuntern".[317]

Schon 1814 übte Wessenberg deutliche Kritik an neuhumanistischen Bildungskonzepten, was im Hinblick auf sein späteres Engagement im Bereich der Berufsbildung wenig überraschend erscheint:

> Manche Pädagogen verwechselten die Verstandesbildung mit Vielwissen, und die Ueberschätzung des Letztern gab ihnen die Meinung: Jedem Menschen sey von Allem einige Kenntniß, wo nicht unentbehrlich, doch sehr nützlich. Dadurch wurde das Gedächtniß auf Kosten der Denkkraft geübt, diese aber mehr gelähmt als entwickelt, und der Volksunterricht, mit Stoff überhäuft, verlor an innerm Gehalt [...]. Die Verhältnisse des gemeinen Mannes machen für ihn jedes Wissen nachtheilig, das ihn nicht zu seinem Berufe geschickter, oder weiser und besser machen kann.[318]

314 Zit. nach Wessenberg: Die Elementarbildung (1814), S. 101f.

315 Vgl. zum „Smithschen Deismus", auf den im Verlauf der Studie noch weiter eingegangen wird, Ötsch: Gottesbilder und ökonomische Theorie (2007), S. 169–174.

316 Wessenberg: Die Elementarbildung (1814), S. 88.

317 Wessenberg: Die Elementarbildung (1814), S. 20.

318 Wessenberg: Die Elementarbildung (1814), S. 97.

Fälschlicherweise sei die „Veredelung" des Menschen im Zuge der Aufklärung des Öfteren mit dem oberflächlichen Schein der Universalbildung verwechselt worden, anstatt mit tief verinnerlichter religiöser und sittlicher Bildung assoziiert zu werden, die zur wahren Vervollkommnung des Menschen innerhalb jedweden Bildungskanons führe.[319] Dem Leser gab Wessenberg hierzu die Lehre mit auf den Weg:

> Der Menschen Würde und wahres Wohl sey wesentlich von ihrer Bildung abhängig. Die sittlich-religiöse aber sey die wichtigste, weil ihrer ein Jeder bedarf, um die Bildung in anderer Beziehung und die Güter der Erde nicht selbstsüchtig zu mißbrauchen, sondern zum Wohl des Ganzen anzuwenden [...].[320]

Die „Bildung in anderer Beziehung" thematisierte Wessenberg nun verstärkt in seiner zweiten Publikation zum Thema im Jahr 1835.[321] Ohne den Stellenwert religiöser Bildung zu schmälern[322], betonte er diesmal besonders die Wichtigkeit des technisch-gewerblichen Bildungswesens, für das er sich in der Zwischenzeit wie gesehen vielfach engagiert hatte. Zwanzig Jahre zuvor hatte er es – dem Stand seiner Entwicklung in Deutschland gemäß – nur sporadisch erwähnt.[323] Jetzt integrierte er mehrere Kapitel seiner zwei Jahre zuvor publizierten Denkschrift *Ueber die Bildung der gewerbetreibenden Volksklassen* und stellte damit geradezu bildlich nicht nur die Anschlussfähigkeit ökonomischer Bildung an ein sich zeitgemäß fortentwickelndes Bildungsverständnis heraus, sondern schrieb gerade dieser – als großen Zusatz gegenüber dem 18. Jahrhundert – eine zentrale Rolle im zeitgenössisch empfundenen Bildungsaufbruch zu.

Die fortschreitende Verbindung praktisch-ökonomischer Ausbildungsverfahren mit einer grundlegenden Schulbildung verstand Wessenberg hier aber nicht nur als Chance einer inhaltlichen Bildungsverbesserung, die der Hebung des allgemeinen Wohlstands diente. Auch sah er sie als Ermöglichung umfassender gesellschaftlicher Teilhabe an einer religiösen Grundbildung an, die den Einzelnen zur Erfüllung seiner göttlichen wie beruflichen Bestimmung zugleich zu führen vermöge. „Des Unterrichts in der Moral", so Wessenberg,

---

319 Vgl. Wessenberg: Die Elementarbildung (1814), S. 96.

320 Wessenberg: Die Elementarbildung (1814), S. 226.

321 Eine detaillierte Zusammenfassung der Schrift findet sich bei Hasfeld: Berufsausbildung (1996), S. 205–209.

322 Große Teile der Schrift von 1814 übernahm er wörtlich.

323 An einer Stelle hatte er die Industrieschulen im Norden Deutschlands gelobt, vgl. Wessenberg: Die Elementarbildung (1814), S. 13.

bedürfe „der Bauer wie der Gelehrte oder der Staatsbeamte“[324], schließlich gebe es „doch in der Welt eine einzige Art von öffentlicher Erziehung, die alle Stände umschlingt und alle Verhältnisse des Menschen umfasst: die Religion“.[325]

Statt auf universelle Bildung setzte Wessenberg auf die universalisierende Kraft religiöser Bildung, die jedwede berufliche Bildung, sei sie basal oder spezialisiert, integrativ aufnehmen und aktiv fördern könne. Indem sie sich auch auf dem niedrigsten fachlichen und vor allem praktischen Bildungsniveau bereits voll entfalten konnte, legitimierte gerade ihre Priorisierung im Argument Wessenbergs den Widerstand gegen die Geringschätzung praxisorientierter ökonomischer Bildung gegenüber der bis zu einem gewissen Grad immer christlich konnotierten Gelehrsamkeit. Als integrative Kraft war gerade die aufgeklärt-religiöse Bildung für ihn Motor des Bildungsaufbruchs des 19. Jahrhunderts, indem sie neuen Formen von „Bildung in anderer Beziehung“ ihren angemessenen Platz und Entfaltungsraum zuwies, um zum Wohle der Gemeinschaft zu wirken.

2.2.4 *Ein „neues“ Christentum für die Industrie? – Frühsozialistische Gesellschaftsentwürfe*

Als Überleitung zwischen den vorangegangenen Ausführungen und dem nun zu betrachtenden Untersuchungsfeld zur Rezeption frühsozialistischer Gesellschaftsentwürfe sei zunächst auf einen verbindenden Aspekt hingewiesen: Viele Anhänger des französischen Frühsozialisten Henri de Saint-Simon (1760–1825) waren ihrerzeit Schüler an der Pariser Ecole Polytechnique und verschrieben sich – ganz wie ihr Meister – der Idee einer Reorganisation der Gesellschaft durch die Vermengung industriell-technischen Fortschrittsdenkens mit christlichen Heilserwartungen.[326] Frühsozialistische Schulen wie die der Saint-Simonisten oder der Fourieristen, die vor allem in den 1820er und 1830er Jahren auszumachen sind, agierten damit an der Schnittstelle von ökonomisch-technischer Wissenschaft, Gesellschaftstheorie und Religion,

---

324 Wessenberg, Ignaz Heinrich von: Die Elementarbildung des Volkes in ihrer fortschreitenden Ausdehnung und Entwickelung, neue, ganz umgearbeitete und doppelt vermehrte Auflage, Konstanz 1835, S. 21.

325 Wessenberg: Die Elementarbildung (1835), S. 11.

326 Vgl. Blankertz: Bildung (1969), S. 73f. Wie schon bei der Einführung des Untersuchungsfelds angemerkt, verstand Saint-Simon unter „Industrie“ seiner Zeit gemäß noch keine wirtschaftliche Organisationsform, sondern eine „auf Fleiß (‚industria‘) und dem nötigen technischen Können basierende Form des Wirtschaftens“, Hölscher: Die Entdeckung der Zukunft (2016), S. 94.

schließlich entsprangen sie in Frankreich über ihre Gründerfiguren zutiefst christlichen Kontexten.

Wessenberg rezipierte zu einem für den deutschen Kontext frühen Zeitpunkt das Gedankengut des französischen Frühsozialismus.[327] Bereits in den frühen 1830er Jahren äußerte er sich in den *Freimüthigen Blättern über Theologie und Kirchenthum*, einem wichtigen Sprachrohr des süddeutschen liberalen Katholizismus, mehrfach zu Saint-Simon und seinen Anhängern. Grundlage seiner Auseinandersetzung stellte, so ist anzunehmen, besonders die 1817 von Saint-Simon publizierte Schrift *L'industrie ou discussions politiques, morales et philosophiques* dar, die in Wessenbergs Bibliotheksbestand ausgemacht werden konnte. Dass der Theologe allerdings auch anderweitige Äußerungen Saint-Simons in seine Auseinandersetzung einbezog, zeigt bereits ein Artikel von 1831, in dem er auch auf spätere Denkschriften des Franzosen Bezug nahm.

Saint-Simon hatte gegenüber dem französischen König Karl X., in einer diesem zur Thronbesteigung 1824 gewidmeten Schrift, deutliche Kritik am Zustand der französischen Geistlichkeit geäußert. Er beklagte,

> [...] daß die Lehren der Geistlichkeit alle Kraft verloren haben; daß sie nicht länger eine Stütze für die Königl. Macht seyn können, und daß sie der Moral nur deshalb noch zur Grundlage dienen, weil diese bisher von den Wissenschaftlich-Gebildeten (die jetzt ihre ehemalige Stelle einnehmen) noch nicht auf ihre neue Grundlage festgestellt ist [...].[328]

Wessenberg nahm diesen Vorwurf zum Anlass, in einem Artikel ausführlich *Von dem Ansehen der Geistlichen in unsern Tagen* zu sprechen, welches für ihn nicht zuletzt als Pastoralreformer immer eine besondere und dabei sehr persönliche Rolle gespielt hatte. Zu seinem Bedauern musste er Saint-Simon in der Hinsicht zustimmen, „daß die Geistlichkeit sich im geistigen Einfluß auf die Völker von den Wissenschaftlich-Gebildeten habe überflügeln lassen"[329]:

> Es ist hieraus einleuchtend, daß die Geistlichkeit, um wieder zu mehr Ansehen und Einfluß zu gelangen, sich alles Ernstes befleißen müßte, so viel möglich die wissenschaftliche Bildung, mit allen ihren Früchten und Fortschritten anzueignen, und hierin die Laien wo nicht zu übertreffen, doch gleichen Schritt mit ihnen zu halten. Noch wesentlicher aber ist es für den Klerus, daß er, allen unhaltbaren Theorien und Ansprüchen entsagend, seine wahre Stärke in der

327 Die deutsche Rezeption, vorwiegend in Intellektuellenkreisen, setzte nach der 1830er Revolution in Frankreich ein, vgl. Petermann: Der Saint-Simonismus (1983), S. 47–53.

328 Zit. nach Von dem Ansehen der Geistlichen in unsern Tagen, in: Freimüthige Blätter über Theologie und Kirchenthum, II/1 (1831), S. 47–57, hier 47.

329 Von dem Ansehen (1831), S. 48.

> festen Begründung der Moral der Völker auf das von Mißbräuchen gereinigte Christenthum suche.[330]

Seine pastoralreformerischen Initiativen in ihrer Sinnhaftigkeit bestätigend beharrte Wessenberg auf der Notwendigkeit, die Bildung der Geistlichkeit zu verbessern und insbesondere für wissenschaftliche Themenfelder zu öffnen. Dies stellte sich für ihn als logische Konsequenz aus der Diagnose Saint-Simons dar – nicht aber die Übertragung der ureigensten Aufgabe der Geistlichkeit, der Begründung der Moral, an gebildetere soziale Gruppen.

Wessenberg kam damit direkt auf die Grundforderung Saint-Simons nach einer „neuen, wissenschaftlichen Religion"[331] zu sprechen, in der Rationalität Philanthropie ergab und sich traditionell-religiöse und sozial-utopische Diskurse in besonderer Weise durchdrangen. Hierbei kritisierte er die Annahme, moralisches Verhalten könne allein einem gebildeten Verstand, nicht aber einem sittlich religiösen Willen entspringen. Auch hier rekurrierte er zur Erläuterung auf die Idee der menschlichen Doppelnatur:

> So viel wird Jedermann eingestehen müssen, daß es in der Moral weniger um die Einsicht, als um die Willenskraft zu thun ist. [...] D[er] Widerstreit zwischen der Einsicht und der Thatkraft hat seinen Ursprung in des Menschen Doppel-Natur: der Geist erkennt und billigt das Gute; die Sinnlichkeit aber zieht oft zum Bösen hin, weil es ihr angenehm däucht. Die Hauptsache besteht demnach darin: dem Willen die erforderliche Stärke zu geben, daß er stets für dasjenige sich entscheide, was der Geist für gut erkennt, und das verwerfe, wozu die Sinnlichkeit sich angereizt fühlt, während der Geist es für bös erkennt.[332]

Bereits in diesem frühen Artikel zeigt sich, dass Wessenberg den Ansatz Saint-Simons fruchtbar machen konnte, um seine eigenen Vorstellungen vom Nutzen der Religion im Kontext sozialgesellschaftlicher Transformationsphasen auszudrücken. Zugleich bot ihm Saint-Simon die Bestätigung, dass seine eigenen konfessionell-reformerischen Impulse eine gewisse Dringlichkeit besaßen. Schließlich wurden die von ihm bearbeiteten ‚Missstände', wie hier zu sehen, leicht zum Sprungbrett für Bewegungen, die sich gänzlich von Kirche und traditionellem Christentum wegbewegten. Dass Saint-Simon mit seinen religiös überformten wirtschaftlichen Ordnungsvorstellungen darüber

---

330 Von dem Ansehen (1831), S. 49.

331 Strube: Sozialismus, Katholizismus und Okkultismus (2016), S. 86. Nähere Ausführungen zum Wissenschaftsbegriff Wessenbergs im Kontext seiner ökonomisch-theologischen Positionen folgen im Abschlusskapitel der Studie. Hier werden auch weitere Zitate aus Wessenbergs Artikel gegeben.

332 Von dem Ansehen (1831), S. 50f.

hinaus auf seine Weise Ähnliches explizierte wie Wessenberg selbst, stellte zudem ein aussagekräftiges Abgrenzungsmoment dar, vor dessen Hintergrund Wessenberg seine eigene Herangehensweise an wirtschaftliche Diskurse schärfen konnte.

Dies lässt sich in einem Artikel erkennen, den Wessenberg zwei Jahre später über den *St. Simonismus in seiner weitern Enwickelung* publizierte.[333] Die Ideen der Saint-Simonisten, die er nun, wie für den zeitgenössischen Rezeptionskontext typisch, die „Sekte St. Simons" nannte[334], fasste er wie folgt zusammen: „Alles" sei bei ihnen auf die Wohlfahrt der Gesamtgesellschaft ausgerichtet, in der „der einzelne Mensch nur sofern einen Werth" habe, „als er durch sein eingreifen in den Mechanismus der Gesellschaft ihre Interessen mitbefördern hilft". Dies funktioniere vorranging über die „industrielle[] Beschäftigung" – „sey es zur Produktion oder zur Förderung der Wissenschaft und Kunst" – die damit die „religiöse Moral" schlechthin darstelle[335]:

> Offenbar geht das Hauptbestreben der Sekte St. Simons [...] dahin, der gesammten Gesellschaft eine religiöse Grundlage und sämmtlichen industriellen Beschäftigungen eine religiöse Weihe zu geben.[336]

An sich sei dies zwar ein „löbliche[s] Bestreben"[337], in seinen praktischen Forderungen, die den Grundansichten des aus Sicht Saint-Simons geschichtsteleologisch abzulösenden ‚alten' Christentums widersprachen, allerdings ein schwerlich zu befürwortendes Unterfangen. Zentral galt dies aus Sicht Wessenbergs für die Forderung

> eine[r] Art Gütergemeinschaft, in dem Sinne, daß das Individuum die Bestimmung, wie viel Vermögen einem Jeden nach seiner Fähigkeit und seinem Verdienst gebühre, der Entscheidung einer höhern Behörde überlassen soll.[338]

In der Tat hatte Saint-Simon nur „eine Art Gütergemeinschaft" propagiert, in der das Eigentum „den Besten zur Verwertung zur Verfügung steht", Klassenprivilegien aber weitgehend aufgehoben wurden.[339]

---

333 Vgl. Der St. Simonismus in seiner weitern Entwickelung, in: Freimüthige Blätter über Theologie und Kirchenthum, IV/2 (1833), S. 19–32.

334 Vgl. Der St. Simonismus (1833), S. 19 und zur zeitgenössischen Bezeichnung Petermann: Der Saint-Simonismus (1983), S. 54.

335 Vgl. Der St. Simonismus (1833), S. 19f.

336 Der St. Simonismus (1833), S. 19.

337 Der St. Simonismus (1833), S. 19.

338 Der St. Simonismus (1833), S. 20.

339 Vgl. Brandt: Geschichte der deutschen Volkswirtschaftslehre, 2 (1993), S. 117.

Wessenberg betonte, mit der Ablehnung jeglicher Form der Gütergemeinschaft in Kontinuität zu den großen „Religions- und Staatenstifter[n]" zu stehen, die als Grund besonders den Anreizverlust zur individuellen Tätigkeit genannt hatten.[340] Schon Thomas von Aquin hatte, wie eingangs herausgestellt, in diese Richtung argumentiert. Gleichzeitig wies Wessenberg aber darauf hin, dass der Saint-Simonismus die Notwendigkeit eines solchen Anreizes sehr wohl mitbedachte, dies allerdings auf eine Art und Weise, die der christlichen Anthropologie zutiefst suspekt sein musste:

> Ich sehe in der St. Simonischen Theorie keine andere Triebfeder, als den kalkulirenden Verstand, der nach einer richtigen Berechnung den eigenen Vortheil nirgends besser und sicherer befördert finden soll, als durch die möglichste Beförderung des Vortheils der Gesammtheit. So richtig aber an sich diese Berechnung seyn möchte, so ist doch sehr zu bezweifeln, ob der Verstand der Meisten sich zur Anerkennung der Richtigkeit dieser Berechnung erheben werde, und noch zweifelhafter ist es, ob der Mensch bei dem ihm inwohnenden selbstischen Bestreben geneigt seyn werde, jener Berechnung stets Folge zu geben [...]. Ein Hauptunterschied zwischen dem Christenthum und dem St. Simonismus besteht darin, daß ersteres die genaueste Rücksicht auf die Doppelnatur des Menschen nimmt, einer jeder seiner Anlagen, Schwächen und Bedürfnisse abhelfend entgegen kommt und durch Triebfedern, die, über alle Berechnungen des Verstandes und über alle Triebe des Eigennutzes erhaben sind, seinen freithätigen Willen zur unbeschränkten Ausübung der Liebe anregt, und ermuntert; wogegen der St. Simonismus des Menschen Doppelnatur unberücksichtigt läßt und alles Heil von den Berechnungen des Verstandes erwartet.[341]

Auch hier wird deutlich, welche grundlegende anthropologische Dimension eine theologische Rezeption frühsozialistischer Theorien und Annahmen implizierte – eine Dimension, die zwar über die Diskussion einer Privateigentumsordnung entfaltet werden konnte, schnell allerdings weit über eine solche hinauswies. Wessenberg fokussierte hier erneut die Frage nach den mit- und gegeneinander agierenden „Triebfedern" und Bedürfnissen im menschlichen Wesen und landete dementsprechend zum wiederholten Male bei der menschlichen „Doppelnatur", hier vor allem auf die Dichotomie rationaler Verstandeskraft und emotional-religiöser Liebeskraft bezogen. Gerade als katholischer Aufklärer trat er der Annahme entgegen, der „kalkulierende

---

340 „Ob eine Gütergemeinschaft dem Bedürfniß und Interesse der Gesellschaft zusage? Diese Frage haben die Religions- und Staatenstifter mehrentheils verneinend entschieden, weil die Freiheit dadurch zu sehr beschränkt und ein vorzüglicher Antrieb zum Wetteifer in der persönlichen Ausbildung und Thätigkeit verschwinden würde, worin doch die stärkste Grundlage öffentlicher Sicherheit, Ordnung und Wohlfart besteht", Der St. Simonismus (1833), S. 20.

341 Der St. Simonismus (1833), S. 21f.

Verstand" des Einzelnen könne jemals zur allein bestimmenden Kraft einer Gesellschaft werden, die im zugleich ökonomischen wie religiösen Sinne fortschreiten wolle.

Demgegenüber profilierte er die christliche Lehre einer menschlichen Natur, die den Verstand und dessen Bildung zwar hoch schätzte, aber immer im Zusammenspiel mit empathischer Stärke und Schwäche sah. Rationalität beinhaltete für ihn immer auch die Aktivierung religiöser Sinnstiftungspotentiale, die weit über eine reine Verstandeslogik und damit auch über eine irdische Wirklichkeit hinauswiesen. In diesem Sinne kritisierte Wessenberg den Saint-Simonismus auch für die Annahme, „die Glückseligkeit schon in der (irdischen) Wirklichkeit" finden zu können, in der aus einer rational begründeten sozialen Logik heraus das Einzelinteresse mit dem Gesamtinteresse zur Verschmelzung gebracht werden könne.[342]

Gerade dass Saint-Simon damit eine zunächst wissenschaftlich-rationale Herangehensweise mit christlichem Vokabular auflud, machte ihn für den ebenfalls an der Schnittstelle von ökonomischer (Verhaltens-)Theorie und traditionellem Christentum agierenden Theologen Wessenberg besonders brisant: Wo Wessenberg ein katholisches Christentum durch Aufklärung über seine eigenen Glaubenswahrheiten für ökonomisches Denken und Handeln zu öffnen suchte, machte Saint-Simon ebenjenes rein rationale ökonomische Denken und Handeln zur neuen Glaubenswahrheit.

Hinsichtlich des Beharrens auf einer individuellen Verstandeskraft stellte Wessenberg zudem einen logischen Widerspruch innerhalb der frühsozialistischen Theorie fest. Schließlich werde zugleich eine hierarchisch verfasste Gemeinschaft vorausgesetzt, die eine wahrhaft freie Willensbildung unmöglich mache:

> Ueber der Verstandesbildung übersieht der St. Simonismus die noch einflußreichere und für Tugend und Zufriedenheit weit wesentlichere Bildung des Willens, und um diese wo möglich überflüssig zu machen, nimmt er dem freien Willen beinahe allen Spielraum und übergibt alle Fürsorge für der Menschen Wohlfart dem Verstand der Obern, mit welchem, wie er voraussetzt, der Verstand der Untergebenen von selbst übereinstimmen müsse: eine Voraussetzung, die täglich durch die Erfahrung widerlegt wird.[343]

Damit werde „die Vertheilung der irdischen Güter nach dem Maße der Fähigkeit eines Jeden zu ihrer gemeinnützigen Verwendung einem menschlichen Gerichtshof übertragen", dem fälschlicherweise „die Fähigkeit zur

342 Vgl. Der St. Simonismus (1833), S. 22.
343 Der St. Simonismus (1833), S. 23.

Ausübung eines so allvermögenden, allwissenden und unfehlbaren Richteramts zugemuthet" werde.[344] Wessenberg sprach hier schon damals den, auch aus heutiger Sicht, „entscheidende[n] Schwachpunkt" der Argumentation des Saint-Simonismus an.[345]

Mit Blick auf die Forderung, das Prinzip der Gütervererbung durch ein behördlich gesteuertes Verteilungssystem nach beruflicher Fähigkeit und Tüchtigkeit zu ersetzen, erläuterte Wessenberg:

> Allein um dieses in Ausführung zu bringen, dringen sie dem Menschen statt der göttlichen Vorsehung, die die Schicksale derselben mit umfassender Berücksichtigung ihres jetzigen und künftigen Lebens fügt und leitet, eine menschliche Behörde auf, deren Blick sich auf die irdischen Verhältnisse beschränkt, und auch für diese nur sehr kurzsichtig und zahllosen Täuschungen ausgesetzt ist.[346]

Erneut auf das Menschenbild des Saint-Simonismus abzielend sah Wessenberg darin eine Degradierung der Menschen zu „Drahtpuppen und Automaten", denen man „aus Besorgniß, daß sie die Erdengüter mißbrauchen möchten", lieber jede Form der freien Verfügung über sie entzog. Als „Schutzwehr gegen diesen Mißbrauch" in einem der „göttlichen Vorsehung" gemäßen liberaleren Wirtschaftskonzept empfahl er die „sittliche[] Bildung des Willens".[347] Eine gerechte Verteilung der Güter könne sicherlich nicht „mit Zwang"[348] hergestellt werden – dies münde unmittelbar in einem „Ideal von Despotismus [...], hinter welchem alle bisherigen Versuche absoluter Gewaltherrschaft weit zurückblieben".[349]

Die Artikel des deutschen Theologen, so kann festgehalten werden, waren innerhalb der katholischen Presse der frühen 1830er Jahren im deutschen Raum nicht die einzigen, die den Saint-Simonismus thematisierten. Wessenbergs Artikel zum *Ansehen der Geistlichen* von 1831 war hier allerdings, so kann begründet vermutet werden, der erste, der die Lehre Saint-Simons umfänglich zum Thema machte. Zwei kritische Rezensionen zu Schriften Saint-Simons

---

344 Vgl. Der St. Simonismus (1833), S. 24.

345 „Saint-Simon will die Freiwilligkeit von Entscheidungen nicht antasten, setzt aber gleichzeitig Konsens über kollektivistische Vorgaben voraus – was dem Modell einen utopischen Anstrich verleiht. Er unterstellt einfach, daß die Industriellen zur Lösung gesamtgesellschaftlicher Probleme prädestiniert sind, weil ihre Partikularinteressen mit dem Allgemeininteresse übereinstimmen", Müller: Staatstätigkeit (1991), S. 267.

346 Der St. Simonismus (1833), S. 26.

347 Vgl. Der St. Simonismus (1833), S. 26.

348 Der St. Simonismus (1833), S. 27.

349 Der St. Simonismus (1833), S. 31. Dass Wessenberg insbesondere den Verzicht auf eine Privateigentumsordnung mit „Despotismus" assoziierte, wird auch in seinem Spätwerk deutlich, vgl. Wessenberg: Gott und die Welt, 2 (1857), S. 87.

erschienen 1832 in der *Theologischen Quartalschrift*, ein kritischer Artikel wurde 1833 im *Katholik* veröffentlicht. In beiden Zeitschriften, die den zeitgenössischen katholisch-theologischen Diskurs maßgeblich prägten, dominierte die kritische theologische Auseinandersetzung mit dem Anspruch der Saint-Simonisten, das ‚alte' Christentum durch eine ‚neue' rationale Offenbarung abzulösen. Auf die konkrete wirtschaftliche Dimension der frühsozialistischen Theorie, die Wessenberg insbesondere 1833 ansprach, wurde dagegen nur am Rande Bezug genommen.[350]

Auch Wessenberg lieferte hierzu keine dezidierte Analyse, machte aber deutlich, dass er die wirtschaftlichen, die religiös-anthropologischen und die eschatologischen Grundannahmen des frühsozialistischen Denkhorizonts für gleichermaßen verfehlt hielt. Dies wird auch daran deutlich, dass er insbesondere seinem zweiten Artikel – mit Blick auf eine spätere erneute Publikation, die allerdings nie realisiert wurde – in dieser Hinsicht wesentliche handschriftliche Zusätze beifügte. Um die sozio-ökonomische Situation gerechter zu gestalten, so ergänzte er später, bedürfe es „der Aufhebung des Eigenthumsrechts und des Erbrechts keineswegs, sondern nur weiser und billiger Gesetze, um den Mißbräuchen [...] zu begegnen und jedes Monopol in den Gewerben und im Handel zu verhindern."[351] Wessenberg nutzte die Auseinandersetzung mit dem Saint-Simonismus nun unmittelbar auch dazu, seine zentralen wirtschaftspolitischen Forderungen zu explizieren: weitgehende Handels- und Gewerbefreiheit verbunden mit angemessenen Bildungsstrukturen.[352]

Als weiteren späteren Einschub formulierte der Theologe nun auch einen längeren Abschnitt zu Charles Fourier (1772–1837), einem weiteren

---

350 Vgl. hierzu die Zusammenfassung der Artikel bei Stegmann, Franz Josef: Der Frühsozialismus in katholischen Periodica, in: Langner (Hg.): Katholizismus (1975), S. 145–164, hier 153ff. Wessenbergs Artikel bleiben in diesem Aufsatz unerwähnt.

351 Wessenberg hatte einige seiner kleineren publizierten Schriften für eine spätere zusammenhängende Publikation vorgesehen. Aland gestaltet seine Edition nach diesem, nie verwirklichten Vorhaben Wessenbergs und gibt hier auch die entsprechenden Änderungen an, die von Wessenberg vorgenommen wurden. Vgl. hier Ignaz Heinrich von Wessenberg. Kleine Schriften (Edition Aland), S. 269. Eigentumsgesetze sollten für Wessenberg, wie alle Gesetze, „die Vortheile, die aus der Ungleichheit der Menschen hervorgehen können, fördern und die Nachtheile, die daraus für die Gesellschaft entstehen, abwehren oder so viel möglich vermindern". Wichtig sei eine gesetzlich geregelte Eigentumsvererbung, die die Erhaltung der Familien sicherstelle, „auf deren geordneter Wohlfahrt wieder die der Staatsgesellschaft vorzüglich beruht", so führte er in seinem Spätwerk weiter aus, vgl. insgesamt Wessenberg: Gott und die Welt, 2 (1857), S. 88.

352 Durch Bildung erst, so bestätigte Wessenberg diesen Gedanken in seinem Spätwerk, könne garantiert werden, dass in einer liberalen wirtschaftlichen Grundordnung die Güterverteilung gerecht sei, vgl. Wessenberg: Gott und die Welt, 2 (1857), S. 87f.

einflussreichen französischen Frühsozialisten. Fourier hatte bereits versucht, die Ansichten Saint-Simons zur gemeinschaftlichen und gerechten Arbeitsverteilung in einem modellartigen Gemeindeentwurf praktisch umzusetzen:

> Um die Arbeit zu erleichtern und für Alle und Jede anziehend zu machen, schlägt er vor, die ganze Bevölkerung in Normalgemeinden, jede von etwa 400 Familien, abzutheilen, welche in einem gemeinschaftlichen Gebäude vereinigt wären, wo jede Familie eine ihrem Geschmack und ihren Mitteln entsprechende Wohnung nähme und eben so auf einem der gemeinschaftlichen Tische sich unterzeichnete. Für alle Gattungen der häuslichen, landwirthschaftlichen und Manufactur-Arbeiten theilte sich eine jede solche Gesellschaft in Serien d.i. eine Anzahl von Personen, die eine bestimmte Arbeit freiwillig übernehmen, und die Serien würden wieder in Gruppen abgetheilt, deren gemeinsame Arbeit immer nur zwei Stunden hintereinander dauern soll. Der Ertrag dieser Arbeiten soll unter die Familien nach Verhältniß ihres Kapitals, ihrer Talente und der Arbeit vertheilt werden.[353]

Wessenberg hielt die Umsetzung schon im Kleinen für problematisch; aber erst recht „im Großen", so führte er aus,

> würde sich die Begierde nach Gewinn, die Haupttriebfeder aller Erwerbsamkeit, und die Liebe der Freiheit, das Lebenselement derselben, mächtig entgegensträuben, welchen beiden das System engere Schranken zieht, als die der Moral und des Rechts.[354]

Eine Religion, die das moralische Empfinden förderte und nicht hinter ökonomischer Kalkulation zurückstehen ließ, sowie ein staatlich garantiertes Recht auf religiöse wie wirtschaftliche Bildung stellten sich für ihn als einzige Mittel dar, um der dem wirtschaftlichen Fortkommen und auch den menschlichen Bedürfnissen in seinen Augen so gewinnbringenden Liberalität die notwendigen Zügel anzulegen.

Die Tatsache, dass Wessenberg nun über Saint-Simon hinaus auch auf Fourier zu sprechen kam, verdeutlicht, wie intensiv er sich – auch nach der Publikation seiner frühen Artikel – mit frühsozialistischen Strömungen auseinandersetzte. Bezeichnenderweise formulierte er nun das Fazit, der Saint-Simonismus sei „eine verunglückte und ungeschickte Anwendung einiger Lehren des Christenthums auf das bürgerliche Leben und die Staatsgesellschaft", habe er doch „das Wesen der ächten Liebe und Bruderschaft, welche das Christenthum lehrt [...] ganz mißkannt".[355] Dem „neuen" Christentum

353 Ignaz Heinrich von Wessenberg. Kleine Schriften (Edition Aland), S. 270.
354 Ignaz Heinrich von Wessenberg. Kleine Schriften (Edition Aland), S. 270f.
355 Ignaz Heinrich von Wessenberg. Kleine Schriften (Edition Aland), S. 269.

Saint-Simons stellte er damit ein „ächtes" Christentum gegenüber, das gerade nicht in Form einer ökonomisch-rationalen Offenbarung zur industriell-wissenschaftlichen Religion werden musste, um auf die entstehende Industriegesellschaft nachhaltig einwirken zu können.

2.2.5 *Nationalreichtum, Geld und „ewige Wahrheiten" – Armuts- und Reichtumsverständnisse*

Wessenbergs ökonomisch-theologische Positionen, die bis hierhin herausgearbeitet wurden, ergaben sich nicht zuletzt aus spezifischen ökonomischen wie theologischen Verständnissen von Armut und Reichtum, die es nun zu betrachten gilt. Einer abschließenden Gesamtschau entsprechend wird als Quelle hierzu hauptsächlich Wessenbergs Spätwerk *Gott und die Welt* herangezogen. Es finden sich allerdings bereits vorher einige diesbezüglich relevante Aussagen des Theologen, die nicht unerwähnt bleiben dürfen.[356]

Schon im „Zollkrieg" der 1820er Jahre, in dem Wessenberg sich 1822 gegen ein Verbot ausländischer Handelsartikel aussprach, lassen seine Äußerungen Rückschlüsse auch auf sein Verständnis von (nationalem) Reichtum zu:

> Gesetzt aber auch, das fragliche Verbot würde den Geldausfluß vermindern; ist denn das Geld unser höchstes Gut? Ist es ein wichtigeres Gut, als die bürgerliche Freyheit? – Mir scheint, hier werde die Ordnung der Natur umgekehrt, und das Mittel zum Zweck erhoben. – Selbst der Nationalreichthum besteht, wie bereits von andern bemerkt worden, nicht im Gelde. Dieses ist blos ein Vehikel zur Förderung des Verkehrs. Ist eine große Menge Geldes in einem Lande, so werden in der Regel die Waaren theuer; ist wenig Geld darin im Umlauf, so werden die Waaren wohlfeiler. Für sich selbst macht die Masse der Baarschaft kein Volk reich, sondern sein wahrer Reichthum beruht auf einem glücklichen Gleichgewichte zwischen der Production und Consumtion. Dieß ist auch die wahre Handelsbilance. Jede andere ist nur scheinbar.[357]

Wessenberg hatte sich damals gegen jedwede Form von Protektionismus ausgesprochen und sein handelspolitisches Argument auf die Erläuterung der Bedeutung von internationalen Kapitalströmen für die nationale Wirtschaft hin geweitet. Hierbei rezipierte und befürwortete er – zwar ungenannt, aber doch deutlich – das grundlegende Argument Adam Smiths zur nationalen Reichtumserzeugung und damit zugleich die zentrale Kritik am

356 Nicht für die Analyse herangezogen wird diesmal das *Archiv für die Pastoralkonferenzen*, in dem gerade das Thema Armut im Hinblick auf die aufklärerische Implementierung von Arbeits- und Fleißtugenden häufig Erwähnung fand. Wessenberg selbst trat hierbei allerdings kaum in Erscheinung. Vgl. als Überblick Gründig: Zur sittlichen Besserung (1997), S. 281–291.

357 Protokoll 19. July 1822, S. 210.

merkantilistischen Wirtschaftsdenken. Auffällig ist erneut der physiokratienahe Verweis Wessenbergs auf eine „natürliche Ordnung", die durch die Gleichsetzung von Geldbesitz mit nationalem Wohlergehen korrumpiert werde – und zwar zugleich hinsichtlich bürgerlicher wie wirtschaftlicher Werte.

In Betracht fällt diesbezüglich auch Wessenbergs zentrale Aussage, die christliche und ökonomische Logiken innerhalb handelspolitischer Debatten in besonderer Weise verknüpfte: „Ein Staat, der durch Verarmung seiner Nachbarn sich bereichern will, rechnet falsch"[358] – und später in theologischer Fassung: „Daß ein Land sich durch Verarmung des andern bereichere, ist nicht der Natur und der Menschlichkeit (Gottes ewiger Anordnung) gemäß."[359] Die merkantilistische Vorstellung, dass ein Staat vor allem durch Anhäufung einer gewissen Geldmenge reich werde, lehnte der Theologe immer auch aus einer christlichen Grundhaltung heraus ab, was die physiokratische „natürliche Ordnung" erst zu einer christlichen Schöpfungsordnung machte.

„Der wahre materielle Reichthum eines Landes", so führte Wessenberg in seinem Spätwerk darüber hinaus aus,

> besteht in der Fruchtbarkeit und Ergiebigkeit seines Bodens und seiner Gewerbsamkeit; nicht in den Geldsummen, welche die Einwohner an den Staat entrichten müssen, sondern in denen, welche dieser ihnen im Beutel läßt; nicht in der Anhäufung von Schätzen im Besitz von Wenigen neben der Dürftigkeit der Meisten, sondern in einer solchen ebenmäßigen Vertheilung des Vermögens, daß ein gewisser Wohlstand der Mehrheit sie in den Stand setzt, der Dürftigkeit der Wenigern zu Hülfe zu kommen.[360]

Mit dieser dynamischen und gerade nicht statischen Reichtumskonzeption, die vielmehr auf die optimierte Nutzung von Wertschöpfungspotentialen und die Ermöglichung von Verteilungsgerechtigkeit als auf die einseitige Anhäufung von Wertmengen auf Seiten gesellschaftlicher Reichtumsverwahrer abzielte, ging Wessenberg nicht nur kritisch mit dem Merkantilsystem ins Gericht. Auch drückte er aus, dass er – wie auch Adam Smith – über rein physiokratische Konzepte hinauszugehen bereit war: Nicht die „Ergiebigkeit seines Bodens" allein stellte sich für ihn als Basis der nationalen Werterzeugung dar, sondern genauso die Gewerbsamkeit, die für die Physiokraten ganz im Gegensatz zur Smithianischen Produktionstrias von Arbeit, Boden und Kapital noch einen niederrangigen Produktionsfaktor dargestellt hatte.[361]

---

358 Wäre der Beitritt Badens (1834), S. 30 (Anmerkung 10 zu S. 19).

359 Wessenberg: Gott und die Welt, 2 (1857), S. 253. Vgl. zu diesen Zitaten auch die Analyse zum Untersuchungsfeld *Handel und Handelspolitik*.

360 Wessenberg: Gott und die Welt, 2 (1857), S. 109.

361 Vgl. Söllner: Die Geschichte des ökonomischen Denkens (2015), S. 25f.

Die „wahre Quelle des Reichthums“, so drückte Wessenberg es im Folgenden auch aus, läge gerade in der „vorzüglich guten Bearbeitung der Stoffe welche die Erde zum nutzbringenden Gebrauch darbietet“.[362]

Das obige längere Zitat zeigt darüber hinaus, dass der Theologe in alledem auch innerhalb des alten christlichen Denkmusters verblieb, kleinere Vermögensunterschiede als Ermöglichung einer christlich inspirierten Verteilungsdynamik zu sehen, die nun nicht zuletzt wirtschaftspolitisches Credo geworden war. In dieser Dynamik erwies sich der Vermögende dem Armen als wohltätig, investierte so in die Volkswirtschaft und sicherte sich, ganz im heilsökonomischen Sinne, nicht zuletzt sein eigenes Seelenheil. Auch an anderer Stelle bemerkte Wessenberg in christlicher Perspektive:

> Die Ungleichheit in der Vertheilung der irdischen Glücksgüter, die so Viele zum Mißmuth und Andere zur Ueberhebung veranlaßt, lehrte Christus als eine aus der Beschaffenheit der menschlichen Gesellschaft entstehende Thatsache ansehen, welche Jeglichem Verpflichtungen auferlege, durch deren Erfüllung jede Ungleichheit Allen zur Veredelung, zur Aneignung unvergänglicher Schätze, zur Verstärkung des Bandes der Liebe, gereichen würde.[363]

Passend zu dieser zweigleisigen Argumentation zwischen christlichen und wirtschaftstheoretischen Lehrsätzen bezog sich Wessenberg als argumentative Autorität nicht nur auf Adam Smith, von dessen Position er auch die Kritik an übermäßigen staatlichen Steuer- und Abgabesystemen übernahm.[364] Auch das „mosaische Gesetz“, das „der Anhäufung der Grundstücke im Besitz Weniger dadurch zu begegnen gesucht [hatte], daß der Arme das von ihm verkaufte Gut im Jubeljahr zurückerhielt“[365], fand bei ihm Erwähnung. Ebenjenes Gesetz des geregelten Güteraustauschs unter im Glauben vereinten Brüdern, die einst „alle Güter als Eigenthum Gottes und jeden Besitzer nur als Miethsmann Gottes“ betrachteten, diente Wessenberg zwar nicht mehr als explizite Handlungsanleitung, aber noch immer als Leitgedanke:

---

362 Wessenberg: Gott und die Welt, 2 (1857), S. 110.

363 Wessenberg: Gott und die Welt, 2 (1857), S. 300.

364 Wessenberg zitierte Smith aus dem *Wohlstand der Nationen*: „Nichts lernt sich geschwinder als die Kunst, die Taschen des Volks zu durchsuchen. Adam Smith Nationalreichthum 5. V. k. 2.“ und kommentierte dazu weiter: „Am drückendsten werden die Abgaben, wo der Staat sie verpachtet, sowohl wegen der Härte der Betreibung, als wegen ihrer Willkühr“, Wessenberg: Gott und die Welt, 2 (1857), S. 109 (Anmerkung 64).

365 Dem fügte Wessenberg die Klage und Drohung Jesajas hinsichtlich der Missachtungen dieses Gesetzes bei (Jes 5,8): „Wehe denen, die da reihen Haus an Haus, Feld an Feld, bis kein Platz mehr ist und ihr allein im Lande wohnet“, Wessenberg: Gott und die Welt, 2 (1857), S. 109 (Anmerkung 65).

> Obgleich dieses Gesetz erloschen ist und das Meiste davon jetzt nicht mehr ausführbar wäre, so beweist es doch Gottes unveränderlichen Willen, daß jeder Mensch seinen Mitmenschen als Bruder (als Gottes Kind) behandeln soll. Der Sinn der Lehre Christi aber geht dahin, daß wir durch Erfüllung des Gebots der Liebe alle Zwangsgesetze in Hinsicht der Unterstützung der bedürftigen Menschen überflüssig machen sollen.[366]

Insbesondere forderte er zur „Mildthätigkeit gegen die unverschuldete Armuth" auf, womit er den alten christlichen Diskurs über würdige und unwürdige Armut aktivierte.[367] Hinsichtlich der Reichtumsverteilung argumentierte er dafür, auf „die unerschöpfliche Wunderkraft ächter Nächstenliebe" statt auf Zwangsgesetze zur Mildtätigkeit zu bauen, die Erstere niemals nachhaltig, da sittlich nicht verankert, ersetzen könnten.[368]

Jedoch blieb Wessenberg nicht bei diesem für den Katholizismus in den 1850er Jahren sehr typischen Pochen auf Sittlichkeit und Nächstenliebe stehen. Neben einem modernen wirtschaftsstrukturellen Verständnis der Reichtumserzeugung offenbarte er auch einen sozio-ökonomisch versierten Blick auf die strukturellen Ursachen von Armut, an denen zur Erzeugung einer verbesserten Verteilungsgerechtigkeit angesetzt werden konnte. Insbesondere kritisierte er – ganz im Sinne Smiths – Staatsverwaltungssysteme, die es ermöglichten, im Sinne der Staatskasse „das Vermögen Aller wie einen Schwamm auszupressen", statt eine leistungsgerechte Verteilung zu gewährleisten:

> Ein solches Verwaltungssystem muß die Grundquelle des Nationalreichthums zerstören, und dem Staat selbst sein Grab bereiten. Es ist die eigentliche Pflanzstätte der stets sich mehrenden Massen von Eigenthumslosen, die blos von der Hand in den Mund leben, mithin, beständig der Noth und dem Hungertod blosgestellt [...].[369]

Für die staatliche Finanzverwaltung forderte er eine „[f]este und genaue Ordnung", die zu jeder Zeit den leitenden Prinzipien von Transparenz und Kontrolle unterstehen sollte.[370] Zusätzlich zu einem reformierten Verwaltungssystem regte er Gesetze an, die „zur Arbeitsamkeit befähigen und ermuntern" und so Armut präventiv bekämpfen konnten.[371] Statt für nachträgliche

366 Wessenberg: Gott und die Welt, 2 (1857), S. 112 (Anmerkung 69).

367 Vgl. Wessenberg: Gott und die Welt, 2 (1857), S. 112.

368 Vgl. besonders Wessenberg: Gott und die Welt, 2 (1857), S. 112.

369 Wessenberg: Gott und die Welt, 2 (1857), S. 110.

370 Vgl. Wessenberg: Gott und die Welt, 2 (1857), S. 114f. Hierfür hatte er sich bereits in den 1830er Jahren publizistisch eingesetzt, vgl. Wessenberg, Ignaz Heinrich von: Die badische Finanzgesetzgebung, in: Der Zeitgeist. Ein Volksblatt, 17 (08.08.1833), S. 65f.

371 Vgl. Wessenberg: Gott und die Welt, 2 (1857), S. 111.

„Zwangsgesetze“ argumentierte Wessenberg für die gesetzliche Schaffung vorbeugender Rahmenbedingungen und struktureller Anreize, die eine Spaltung der Gesellschaft in bettelarme und schwerreiche Mitglieder von vornherein verhindern sollten. Ein stabiler und zahlenmäßig führender „begüterter Mittelstand, welcher durch Arbeitsamkeit und gute Wirthschaft sich erhält“, stellte für ihn die dauerhafte Grundlage der gesamten Staatswohlfahrt dar.[372]

Wessenberg sprach sich in diesem Zusammenhang auch gegen eine zu schnelle Industrialisierung aus und verwies auf die „Schauder erregende Darstellung“ einer verarmenden Masse im Frühwerk Friedrich Engels:

> Jede Industrie aber, welche die Begünstigung des Staats verdient, muß ihren Boden im Lande haben, sonst ist sie nur eine Treibhauspflanze, ohne selbstständiges Leben. Ist es nicht eine auffallende Erscheinung, daß die Verarmung ungeheurer Volksmassen und ihr tiefes Elend gerade in denjenigen Ländern, wo die Industrie die größte Ausdehnung und den höchsten Grad von Vollendung errungen hat, in weit furchtbarerm Maße zunimmt, als in denen, wo die Industrie noch in der Wiege liegt oder doch nur geringe Fortschritte gemacht hat? [...] Das Buch: Die Lage der arbeitenden Klasse in England von Friedr. Engels, Leipz. 1845, enthält eine der augenscheinlichen Auffassung entnommene, Schauder erregende Darstellung.[373]

Die „Industrie durch lauter künstliche Mittel zur größten Höhe und Ausdehnung emporzubringen“, so Wessenberg weiter, erhebe „eine unbegrenzte Gewinnsucht zur Königin der Welt“ und richte damit die Massen zugrunde.[374] Als positives Gegenbeispiel führte er die Schweiz mit ihrer fortgeschrittenen industriellen Entwicklung ohne gleichzeitige Verarmungsprozesse an. Diese zeitgenössisch besondere Kombination resultiere aus wirtschaftlicher Liberalität und zugleich daraus, „daß viele Fabrikarbeiter eigene Wohnungen besitzen [...] und in den Besitz eines, wenn auch kleinen Grundeigenthums kommen, dessen Erträgniß am besten vor Noth schützt.“[375] Diesen Ausführungen schloss Wessenberg grundlegende Überlegungen zur Wichtigkeit

---

372 Vgl. Wessenberg: Gott und die Welt, 2 (1857), S. 111. Mehrfach bezog sich Wessenberg in dieser Argumentation auf Aristoteles' staatsphilosophische Schrift *Politiká*. Ebenfalls werde hier, so Wessenberg, die Arbeitsamkeit als „Grund- und Lebenselement der bürgerlichen Gesellschaft“ herausgestellt, die „überall gedeihen [wird], wo ihr keine unnatürliche Richtung gegeben, und wo sie nicht durch unnöthige Beschränkung der Freiheit gehindert oder gestört wird“, vgl. insgesamt Wessenberg: Gott und die Welt, 2 (1857), S. 111 (mit Anmerkung 68).

373 Wessenberg: Gott und die Welt, 2 (1857), S. 111f. (Anmerkung 68).

374 Vgl. Wessenberg: Gott und die Welt, 2 (1857), S. 112 (Anmerkung 68).

375 Wessenberg: Gott und die Welt, 2 (1857), S. 112 (Anmerkung 68).

stabiler Besitzverhältnisse an, die aus rechtschaffener Arbeit, nicht aber aus Zufallsspekulationen hervorgehen sollten.[376]

Insgesamt wird hier deutlich, dass für Wessenberg aus einem modern-nationalökonomischen Verständnis von Reichtumserzeugung nicht folgte, die nationale Wirtschaft schnellstmöglich zu industrialisieren. Im Gegenteil setzte er darauf, dass eine liberalisierte Wirtschaftspolitik mit starker Privateigentumsordnung immer genau das (industrielle) Wachstum zuließ, das das Land mit seinen Gegebenheiten bereits tragen konnte, ohne dabei ein zu starkes soziales Ungleichgewicht zu erzeugen. Das etwa in England zu beobachtende Arbeiterelend schob er in erster Linie nicht auf den Wirtschaftsliberalismus, sondern vielmehr auf eine zu schnelle Industrialisierung der Wirtschaftsstrukturen.

Auch Baden sah sich gerade in den 1840er Jahren, das heißt unmittelbar vor Wessenbergs diesbezüglichen Äußerungen, zunehmend mit sozialen Missständen konfrontiert. Der Vorwurf der zu schnellen Industrialisierung verbunden mit einem „übermäßigen Fabrikbetrieb" wurde seit der bereits erwähnten „Fabrikrede" Franz Joseph von Buß' im Jahr 1837 vielfach erhoben.[377] Wessenberg brachte hier also keinen neuen Gedanken ein. Er verknüpfte ihn aber in außergewöhnlicher Weise mit einem Grundvertrauen in die auch sozioökonomische Funktionalität wirtschaftsliberaler Strukturen, die durch staatliche Gesetze ermöglicht, abgesichert und motivational gefördert wurden.[378]

Dass ein solches Vertrauen für ihn gerade keinen Widerspruch zu traditionellen Leitlinien des christlichen Armutsdiskurses darstellte, verdeutlichte Wessenberg auch durch eine seinem Spätwerk beigefügte Beilage mit dem Titel *Das einzige unfehlbare Mittel gegen Not und Elend in der menschlichen Gesellschaft*. Hier ging es ihm nun weniger um die Reflexion aktueller staatswirtschaftlicher Gegebenheiten als vielmehr darum, das Christentum als noch immer wichtigstes Prinzip zur Lösung sozialer Probleme in sich wirtschaftlich modernisierenden Gesellschaften zu profilieren. Nicht ohne Grund, so ist zu vermuten, setzte Wessenberg ein solches Kapitel ans Ende seiner umfänglichen

376 Vgl. Wessenberg: Gott und die Welt, 2 (1857), S. 113f. Diesen Gedanken verband er auch mit einer Kritik am Glücksspiel, wie er sie Zeit seines Lebens immer wieder geäußert und auch literarisch verarbeitet hatte, vgl. Wessenberg: Die Spielbank (1845).

377 Vgl. Fischer: Der Staat, 1 (1962), S. 382ff., Zitat: 384.

378 Buß hatte sich dagegen in seiner Rede deutlich gegen eine liberale Wirtschaftspolitik positioniert und etwa die Forderung nach einer Einführung der allgemeinen Gewerbefreiheit kritisiert, vgl. Beilage Nr. 4 zum Protokoll der 16. öffentlichen Sitzung v. 25. April 1837, in: Verhandlungen der Stände-Versammlung des Großherzogthums Baden im Jahr 1837. Enthaltend die Protokolle der Zweiten Kammer mit deren Beilagen. Drittes Beilagenheft, von ihr selbst amtlich herausgegeben, Karlsruhe 1837, S. 253–276, hier 266.

Ausführungen, stellte es für diese bei allen wirtschaftstheoretischen Bezügen doch noch immer den klaren Referenzrahmen dar.

Deutlicher als zuvor konnotierte er hier die „Schule der Noth" als „Schule der Liebe"[379] und sprach von „Theorien", die – vom „Verstand" beziehungsweise der „sinnlichen Natur" erzeugt – den „Eigennutz [...] zur Grundfeste der Gesellschaft" zu machen strebten und damit zu jeder Zeit soziale Not maßgeblich bedingt hätten.[380] Wenngleich diese Aussage nur noch wenig aufklärerisch klang und mit Blick auf sich modernisierende Gesellschaften eher die für den streng-katholisch ultramontanen Diskurs typische Verurteilungssemantik bediente, so fällt doch Eines auf: Wessenberg konnte mit derartigen „Theorien" schwerlich die Nationalökonomie Smiths und seiner Nachfolger meinen, auf die er sich im selben Werk immer wieder befürwortend bezogen hatte. Gerade dadurch, dass Smith im Verfolgen eigener Interessen einen wichtigen Motor wirtschaftlicher Prozesse gesehen hatte, eignete sich seine Wirtschaftstheorie für derartige Verurteilungen gemeinhin in besonderem Maße.[381]

Wessenberg stellte hier demgegenüber heraus, dass es „Aberglaube" – und gerade nicht „christlich" – sei zu meinen, eine gesetzlich untermauerte Liberalisierung der Gesellschaft verbunden mit dem Bestreben, den allgemeinen Wohlstand zu erhöhen, müsse aus ethischer Sicht abgelehnt werden:

> Sie [dementsprechend Denkende] möchten der Welt weiß machen, die Erweiterung gesetzlicher Freiheit und die Erhöhung des Wohlstandes der Volksmassen könne nicht bewerkstelligt werden, ohne ihren religiösen Glauben zu schwächen und auszulöschen, wobei sie diesen Glauben schnöde mit dem Aberglauben verwechseln. Sie können oder wollen nicht zu der wesentlich christlichen Idee sich erheben: daß gerade darin die höchste Vollendung der christlichen Verbrüderung bestehe, die folgsame Anerkennung der ewigen Wahrheiten und die Bestrebung nach fortschreitender Verbesserung der zeitlichen Lebensumstände der Menschen allgemein in Uebereinstimmung zu bringen.[382]

Für ebendieses „In-Uebereinstimmung-bringen" von „ewigen Wahrheiten" und „zeitlichen" Bedürfnissen, von christlichem Glauben und wirtschaftlicher Entwicklung stand Wessenberg immer aufs Neue ein, wie nun auf verschiedenen Feldern gezeigt werden konnte. Stets implizierte diese „Uebereinstimmung"

---

379 Wessenberg: Gott und die Welt, 2 (1857), S. 484f., Zitat: 485.

380 Vgl. Wessenberg: Gott und die Welt, 2 (1857), S. 485.

381 Vgl. Smith: Wohlstand der Nationen (2009), S. 20–23 (Erstes Buch: Von den Ursachen des Fortschritts in den produktiven Arbeitskräften und von der Ordnung, nach welcher der Arbeitsertrag sich naturgemäß unter die verschiedenen Volksklassen verteilt, Zweites Kapitel: Von dem Prinzip, welches zur Teilung der Arbeit führt).

382 Wessenberg: Gott und die Welt, 2 (1857), S. 491f.

auch für den Aufklärer aber eine klare Hierarchie zwischen dem Ewigen (als geistig-religiöse Erfüllung) und dem Zeitlichen (als materielle Erfüllung):

> Starken und vielseitigen Anklang findet zwar auch heut zu Tage die Ansicht: die Verbesserung der Volkszustände müsse von der Befriedigung der materiellen Interessen ausgehen, indem man die Lasten des Volks erleichtert, seine Rechte erweitert, seiner Freiheit größern Spielraum gibt, die Gewerbe ermuntert und die Wege ihres Absatzes vervielfältigt. Diese Fürsorgen sind gewiß höchst preiswürdig und können nicht wenig beitragen, manche Uebelstände zu beseitigen. Das Christentum gibt dazu seinen vollen Beifall. Doch fordert dasselbe uns auf, vor Allem nach der Gerechtigkeit zu trachten, indem ohne sie alle andern Güter uns einen nur sehr bedingten, ungewissen Vortheil bringen können. [...] In unsern gesitteten Ländern [...] hat es sich jederzeit als ein Mißgriff erwiesen, wenn man eine gründliche Verbesserung der Volkszustände dadurch zu erzielen hoffte, daß man alle Sorge nur der Förderung der materiellen Wohlfahrt zuwendete, ohne zugleich in ebenmäßigem Verhältniß für die Steigerung und Veredelung der geistigen, vorzüglich der sittlich-religiösen Bildung in allen Reihen der Gesellschaft wirksame Vorkehrung zu treffen.[383]

2.3 Zwischenfazit und weiterführende Diskussion

2.3.1 *Bildungsstrukturen für die „Universal Economy" – Zusammenfassung der Ergebnisse*

Wessenberg trat in seiner politischen und publizistischen Schaffensphase zwischen den 1820er und den 1850er Jahren durchweg als starker Befürworter des Freihandels in Erscheinung, den er auch in unmittelbar protektionistischen Umgebungen als leitendes Prinzip einforderte. Die „Zollkriege", die im Jahrzehnt vor der Gründung des Deutschen Zollvereins 1834 auch unter Beteiligung Badens ausgefochten wurden, verurteilte er mit Verweis auf die großen Namen der nationalökonomischen Wirtschaftstheorie wie Smith oder Say. Hierbei bestätigte und theologisierte er den schon physiokratischen Grundgedanken der wirtschaftsliberalen Verwirklichung einer „natürlichen Ordnung", in der alle gleichermaßen zu ihrem Recht kamen. Ein derart regulierender Eingriff in die göttliche Schöpfungsordnung, wie ihn Vergeltungszölle verkörperten, musste sich für ihn nicht zuletzt als ökonomischer Missgriff erweisen, der der eigenen Wirtschaft mehr Schaden als Nutzen zufügte.

Der Gedanke der Selbstbereicherung auf Kosten anderer, den er in hohen Zollsätzen erkannte, stellte sich für ihn im Zusammenspiel mit dem Verweis auf die christliche Schöpferautorität als Dreh- und Angelpunkt des Transfers

383 Wessenberg: Gott und die Welt, 2 (1857), S. 492f.

zwischen ökonomischen und religiösen Wahrheiten dar: Ein der christlichen Ethik widersprechendes Verhalten konnte er hier mit einem wirtschaftstheoretisch überholten Verhalten gleichsetzen. Der Fortschritt ökonomischer Theoriebildung implizierte für Wessenberg damit zugleich ein fortschreitendes Einholen uralter christlicher Wahrheiten über den Menschen und sein Dasein in Gesellschaft.

Das in christlicher Tradition immer wieder kritisch beäugte Feld des Handels öffnete sich so in vielversprechender Art und Weise für ethische Dimensionen: Gerade hier bot sich im Kontext moderner wirtschaftlicher Forderungen die Gelegenheit, den Willen des göttlichen Schöpfers zu erfüllen. Eine faire Behandlung des Handelspartners (und eine Vermeidung von „Zollkriegen") war hierzu ebenso entscheidend wie die Förderung weiterer Handelsbeziehungen, die die Menschen in stete und friedliche Verbindung miteinander zu bringen vermochten. Das schon frühchristlich nachweisbare Denkmuster der „Universal Economy", das auch in den wirtschaftsliberalen Positionen der spanischen Spätscholastik seinen Niederschlag gefunden hatte, ist in der Argumentation Wessenbergs insgesamt unverkennbar.

So stark sich Wessenberg Zeit seines Lebens für den Freihandel aussprach, so sehr setzte er sich parallel für die Einführung der allgemeinen Gewerbefreiheit im Großherzogtum Baden ein. Eine Reform des zeitgenössisch auch in Baden in die Kritik geratenen Zunftwesens, verbunden mit der Gewährung partieller Gewerbefreiheit, genügte ihm nicht. Stattdessen trat er bereits in den 1820er Jahren mit der gerade für einen Theologen radikalen Forderung vor, die Zünfte, eine überaus traditionsreiche christliche Sozialform, gänzlich abzuschaffen. Bereits in ihrer Grundidee (Monopolbildung statt freier Konkurrenz) erkannte er eine Gefährdung der zeitgenössisch vielfach geforderten Steigerung des Gewerbefleißes. In seiner Argumentation bezog er sich erneut auf Adam Smith selbst sowie auf weitere Theoretiker, die die Gewerbefreiheit befürwortet hatten. Gleichzeitig ging es ihm in seiner Forderung, so reflektierte er es gerade in seinem Spätwerk, aber um mehr als um die Herausstellung staatswirtschaftlicher Zusammenhänge. Aus einer tiefen Wertschätzung der „artes mechanicae" heraus sah er die christliche „Veredelung des Geistes" gerade auch dort als möglich an, wo fleißig und technisch versiert gewirtschaftet wurde. Aus dem individuellen Gewerbefleiß – traditionell eher protestantisch konnotiert – machte er damit auch eine katholische Tugend.

Den im Christentum tradierten korporativen Idealen widersprach Wessenberg mit seiner kategorischen Ablehnung einer Gewerbeordnung, die noch mit Elementen der alten Zunftordnung vermischt war, seiner Ansicht nach allerdings nicht. Vielmehr differenzierte er zwischen falschem und „ächtem" Körperschaftsverständnis, Letzteres als in der Lage, einen wirtschaftlich förderlichen freien „Wetteifer" mit „Sittlichkeit und Ehrgefühl" und somit in praktischer Hinsicht mit der Unterstützung des in Not geratenen Nächsten zu verbinden. Erneut erwies sich damit für ihn christliche als ökonomische Wahrheit: Ausschluss und Abschottung seien auf dem Markt wie innerhalb der christlichen Liebesgemeinschaft hinderlich.

Religiöse und ökonomische Intentionen durchdrangen sich auch auf den vielseitigen Einsatzfeldern, auf denen Wessenberg sich als Pastoralreformer, Politiker und Bildungstheoretiker für eine zeitgemäße Verbreitung anwendungsorientierter ökonomischer Bildung einsetzte. Im *Archiv für die Pastoralkonferenzen* konnte ein expliziter Bezug zu den Wissensautoritäten des maßgeblich vom preußisch-kameralistischen Staatsbeamtentum getragenen Elitendiskurses der Ökonomischen Aufklärung nachgewiesen werden. Der neuere Forschungsbegriff der Ökonomischen Aufklärung erweist sich, so konnte gezeigt werden, heuristisch auch für die aufgeklärt-katholische Pastoralreform Wessenbergs als fruchtbar: Das Gelingen der „Aktualisierung" katholischer Frömmigkeit wurde nicht zuletzt an der Annahme und Verbreitung praxisnahen und erfahrungserprobten ökonomischen Wissens gemessen, welches als wirkmächtiges Gegensymbol „abergläubischer" Praktiken fungierte.

Wessenbergs Position in bildungspolitischen Fragen baute maßgeblich auf der alten Forderung Adam Smiths auf, Volksbildung innerhalb eines liberalen Wirtschaftssystems als wesentliche Aufgabe des Staates zu begreifen. Aus dieser Motivation heraus setzte er sich als Politiker insbesondere zu Beginn der 1830er Jahre vor allem für den staatlichen Ausbau unterer gewerblicher Bildungsstrukturen, das heißt konkret für die Gründung von Gewerbeschulen, ein. Von diesen Schulen, die als Alternative zur gymnasialen Geistesbildung schulische Grundbildung mit einer Vermittlung praktischer Berufskenntnisse mischen sollten, erhoffte er sich neben der unmittelbaren Förderung gewerblicher Produktion nicht zuletzt auch eine den wirtschaftlichen Umbrüchen Rechnung tragende gesellschaftliche Aufwertung der gewerblichen gegenüber der geistigen Berufstätigkeit.

Diese Aufwertung vollzog der Theologe und Pastoralreformer Wessenberg selbst in hohem Maße darüber, dass er die gewerblich-berufliche und auch die höhere technische Bildung in eine wohlwollende Beziehung zur religiösen Bildung setzte. Auch auf die Kritik Adam Smiths an einer selbstsüchtigen Machtausübung der Geistlichkeit reagierend schlug er aufgeklärte Kirchenmänner als Lehrer in Gewerbeschulen vor und rühmte, gerade in seinen bildungstheoretischen Texten, die integrative Kraft grundlegender religiöser Bildung gegenüber dem von ihm als sinnlos erachteten Postulat der „Vielwisserey" für neue Bildungserfordernisse. Bildungstheoretisch gesprochen ist Wessenberg damit als Kritiker des neuhumanistischen Bildungsideals zu sehen, das er in vielerlei Hinsicht selbst verkörperte. Eine angemessene sittlich-religiöse Ausbildung ersetzte für ihn die Wirkung, die im Neuhumanismus der Universalbildung zugesprochen wurde, indem sie den eigenen (auch ökonomischen) Wissensstand stets in den Kontext größerer Sinn- und Lebensfragen stellte.

Wessenberg setzte sich in den 1820er und 1830er Jahren nicht nur mit wirtschaftsliberalen Denkern, sondern auch mit frühsozialistischen Gesellschaftsentwürfen auseinander, die als Reaktion auf die sozialen Missstände gegenläufige wirtschaftliche Visionen formulierten. Im deutschen Vergleich sehr früh und im katholischen Kontext wohl als Erster rezipierte er die französischen Frühsozialisten und Katholiken Saint-Simon und Fourier. Wessenberg befürwortete zwar ihr Anliegen, Religion und industrielle Wirtschaftsgesellschaft auf ideelle Art und Weise miteinander in Beziehung zu bringen und so den vielfach neu entstandenen sozio-ökonomischen Fragen auf einer diskursübergreifenden Ebene zu begegnen. Die wirtschaftliche Tätigkeit und kollektive Wirksamkeit des Einzelnen allerdings allein auf eine kalkulierende Verstandesleistung zurückzuführen und dabei als Phase eines Transformationsprozesses des ‚alten' hin zu einem ‚neuen' industriell-wissenschaftlich abbildbaren Christentum zu begreifen, hielt er für eine gefährliche Verabsolutierung wirtschaftlicher Rationalität. Dem entgegen setzte er eine christliche Anthropologie, die über das Rationale und Materielle hinaus das Emotionale und Geistige in die Motivationsstruktur menschlichen Verhaltens einbezog und so eine liberale Wirtschaftsordnung ermöglichen konnte, die nicht zwangsläufig in ungerechter Güterverteilung münden musste.

Dass wirtschaftliche Rationalität bei den Saint-Simonisten und auch den Fourieristen in einer Form der Gütergemeinschaft, das heißt in einem für die christliche Tradition tendenziell immer problematischen wirtschaftlichen Konstrukt mündete, stellte sich für Wessenberg nur als logische Weiterführung ihrer aus seiner Sicht problematischen religiös-anthropologischen Annahmen dar. Einen internen logischen Widerspruch im Gesellschaftsentwurf Saint-Simons entdeckte er zudem in der gleichzeitigen Idealisierung der individuellen Verstandesleistung und der grundlegenden Vernachlässigung von Bildungsstrukturen, verbunden mit einer starken Hierarchie, die Mündigkeit kaum aufkommen ließ. Die Forderung Saint-Simons, die Geistlichkeit nach und nach durch wissenschaftlich Gebildete zu ersetzen, stellte sich in diesem Zusammenhang als besonderer Reibungspunkt zur bildungsbetonten Pastoralreform Wessenbergs dar.

Saint-Simons Vision eines ‚neuen' Christentums konnte aus Sicht des deutschen Theologen, so lässt sich zusammenfassen, weder in wirtschaftlicher

Hinsicht reüssieren noch in heilsgeschichtlicher Perspektive funktionieren. Dadurch, dass das ‚alte' Christentum dies auf beiden Ebenen zu entlarven vermochte, stellte es sich für Wessenberg an dieser Stelle noch einmal exemplarisch als bestens gerüstet dar, um gerade mit seinen ‚alten' Werten auf die entstehende Industriegesellschaft einwirken zu können.

Dies galt nicht zuletzt auch für den ideellen und praktischen Umgang mit der Dichotomie von Armut und Reichtum, für den Wessenberg zugleich nationalökonomisch höchst moderne wie christlich höchst traditionelle Ansichten an den Tag legte. Ganz im Sinne Adam Smiths sah er den Reichtum eines Landes nicht mehr in dessen angesammelten Geldmengen begründet und vollzog somit klar den Bruch zur merkantilistischen Theorie. Stattdessen setzte er, wie Smith, die Nutzung landwirtschaftlicher und gewerblicher Potentiale sowie die damit einhergehende Investition in internationale Verteilungsdynamiken, von denen schlussendlich alle Seiten profitieren konnten, als Reichtumsmaß an. Gerade diese Konzeption machte Reichtum für ihn auch zu einem christlich vertretbaren Gut, schließlich war darin nicht länger eine Selbstbereicherung auf Kosten anderer impliziert.

Armut, insbesondere die von ihm als „unverschuldet" kategorisierte, verstand Wessenberg auch in den 1850er Jahren zwar noch immer vor allem als Aufforderung zur christlichen Mildtätigkeit und Nächstenliebe. Dabei reflektierte er sie aber auch in staatsstruktureller Hinsicht und mahnte ihre systemischen Ursachen, wie ein fehlerhaftes Verwaltungssystem oder mangelnde Anreize zur Arbeitsamkeit, an. Beide Reflexionsebenen verband er, indem er angesichts der akuten sozialen Notlage zur Mitte des 19. Jahrhunderts den christlichen Glauben und dessen „ewige Wahrheiten" als wichtigstes Element für den Prozess einer gelingenden sozio-ökonomischen Modernisierung profilierte. Insbesondere forderte er dazu auf, ganz wie er es Zeit seines gesellschaftlich aktiven Lebens getan hatte, christliche Wertvorstellungen als fruchtbares Feld zum Aufbau einer liberalen und wirtschaftlich prosperierenden Gesellschaft zu begreifen, welche so wiederum ihr stabilstes soziales Fundament bekommen könne.

Betrachtet man Wessenbergs Ansichten zu Armut und Reichtum im ökonomischen wie theologischen Sinne abschließend auf einer Metaebene, so fällt eine weitere wesentliche argumentative Parallelität ins Auge. Im christlichen wie ökonomischen Sinne konnte er den Sinn dynamischer Werterzeugungsketten feststellen – anders gesagt: Wahrhaft reich werden beziehungsweise bereits sein konnte nach beiden Logiken nur derjenige, der seine Wertschöpfungspotentiale, seien es Kapital, Arbeit oder Boden, der Marktdynamik einspeiste. Schließlich ließ sich für den Theologen ohne weiteres auch die christliche Heilsdynamik in diesem Sinne formulieren: Nah an den größten

Wert christlichen Lebens, das eigene Seelenheil, konnte auf Erden nur derjenige kommen, der seine materiellen und geistigen Potentiale in den für alle Seiten fruchtbaren Dienst der Gemeinschaft stellte.

2.3.2 *Wessenberg als Wirtschaftspolitiker*

Die Herausarbeitung von Wessenbergs ökonomisch-theologischen Positionen hat nicht zuletzt Eines deutlich gezeigt: Die bereits umfangreiche Wessenberg-Forschung ist auch um eine Einschätzung des wirtschaftspolitischen Wirkens des Theologen im zeitgenössischen Kontext zu erweitern. Bereits Merk hatte in den 1960er Jahren auf Basis einiger kursorischer Beobachtungen herausgestellt, dass der Theologe im wirtschaftlichen Bereich außergewöhnlich liberale Positionen vertrat.[384] Diese Feststellung konnte nun erstmals umfassend belegt und gleichzeitig synthetisiert werden mit entsprechenden theologischen Grundannahmen und religiösen Motivationen, die im Hintergrund von Wessenbergs wirtschaftspolitischem Handeln und Denken standen. Darüber hinaus ist es auf der Grundlage der Analyseergebnisse erstmals möglich, Wessenberg mit seinen wirtschaftspolitischen Positionen und auch Ambitionen dezidiert einzuordnen zwischen den zeitgenössisch führenden Wirtschaftspolitikern und Wirtschaftstheoretikern des deutschen Raumes.

Wirtschaftshistorisch gesehen fiel seine Zeit als politischer Abgeordneter in eine Phase, für die hinsichtlich der deutschen Politik gemeinhin das Paradigma des „kompensierenden Staats“ angesetzt wird. Von 1795 bis 1835 sei eine „Symbiose von kantischem Rechtsstaat, Smiths natürlicher Ordnung und traditioneller deutscher Polizeiwissenschaft“ zu beobachten gewesen, als Programm vertreten von Politikern wie Rotteck in Baden.[385] Wessenberg rezipierte zwar auch Klassiker der traditionellen kameralistischen deutschen Polizeiwissenschaft, wie sein Bibliotheksbestand offenbart, hielt allerdings bereits in den 1820er Jahren wie gesehen eine „Symbiose“ aus Kameralismus und Adam Smith nicht mehr für nötig. Seine in den Publikationen und politischen Debatten immer wieder auftauchenden direkten Bezüge zu Smith und anderen Theoretikern der klassischen Nationalökonomie demonstrierten, dass er die wirtschaftsliberalen Grundprinzipien bereits für nahezu vollständig auf den deutschen Raum übertragbar hielt. Zwar waren gerade in den Zolldebatten bei Wessenberg auch pragmatische Argumente auszumachen, es überwog alles in allem aber bis in sein Spätwerk hinein die Rechtfertigung des

384 Vgl. Merk: Wessenbergs ökonomische und soziale Auffassungen (1968). Aus den für diese Studie gewählten Untersuchungsfeldern streifte Merk lediglich die Themen Gewerbefreiheit, Freihandel und Armutsbekämpfung.

385 Vgl. Müller: Staatstätigkeit (1991), S. 107–128, Zitat: 94.

bildungsstrukturell ermöglichten Wirtschaftsliberalismus vom theoretischen und weltanschaulichen Prinzip, *nicht* von der lokalen Gegebenheit her.

Damit argumentierte Wessenberg gegen niemand geringeren als Friedrich List, den gerade zu seiner politisch aktiven Zeit wohl einflussreichsten deutschen Staatswissenschaftler, dessen Position zu großen Teilen Politiker wie Nebenius und Rotteck in Baden vertraten. Bezeichnenderweise finden sich keinerlei Werke Lists innerhalb des von Wessenberg aktiv genutzten Bibliotheksbestands. Der Vorkämpfer für den Deutschen Zollverein hatte wirtschaftsliberale Politik nur zugunsten einer perspektivisch zu einenden deutschen Nation befürwortet, die durch staatliche Schutzsysteme zunächst behutsam an die Mechanismen eines internationalen freien Wettbewerbs heranzuführen sei. Insbesondere in den Diskussionen um den Beitritt Badens zum Deutschen Zollverein und um die Einführung der allgemeinen Gewerbefreiheit wurde Wessenberg mit der List-Position konfrontiert, dass das hierbei jeweils angesprochene wirtschaftsliberale Grundprinzip auf lange Sicht zwar anzustreben sei. Dabei dürfe der derzeitige wirtschaftliche Entwicklungszustand allerdings nicht außer Acht gelassen werden, sodass zunächst abgesicherte erste Schritte zu dessen späterer Realisierung anzustreben seien (Beitritt zu einem Zollverein mit weitgehendem internen Freihandel, Reform des Zunftwesens).

Dies lässt Wessenberg als überaus auffälligen Abweichler von der großen Linie der badischen Politik dieser Tage erscheinen, die zunächst rein pragmatisch auf die Förderung der gewerblichen Produktion, nicht aber auf die Einführung einer neuen Wirtschaftsordnung ausgerichtet war. Gerade Wessenbergs Vorstoß zur Einführung der allgemeinen Gewerbefreiheit kann in seiner Besonderheit nicht hoch genug eingeschätzt werden, führt man sich den enormen Widerstand gegen diese Radikalmaßnahme vor Augen, der gerade im süddeutschen Raum in der ersten Hälfte des 19. Jahrhunderts festzustellen war. Selbst Liberale wie Rotteck fürchteten wie gesehen in den 1820er Jahren einen „Krieg Aller gegen Alle", sollten die Zünfte gänzlich abgeschafft werden. Dieses Zitat spiegelt paradigmatisch die enorme Skepsis vor einer zu schnellen wirtschaftlichen Liberalisierung der für das Großherzogtum so zentralen handwerklichen Strukturen, die von der großen Mehrheit der Abgeordneten um Wessenberg geteilt wurde. In der Forschung ist diesbezüglich bemerkt worden, „die Einführung der Gewerbefreiheit zu diesem frühen Zeitpunkt gegen den Willen der Bevölkerung" hätte „einer politischen Wahnsinnstat geglichen mit unabsehbaren Folgen im Falle eines Scheiterns".[386] Umso mehr lässt Wessenbergs Verhalten, so ist zu folgern, sein tiefes Vertrauen in

386 Hasfeld: Berufsausbildung (1996), S. 154.

die Selbstordnungskräfte liberaler Marktstrukturen erkennen – ein Vertrauen, das sich ganz offensichtlich aus mehr speiste als aus konkreten politischen Vorerfahrungen.

Konzepte zur Gewerbeförderung durch Bildung trafen in der badischen Wirtschaftspolitik der 1820er und 1830er Jahre dagegen auf einen überaus fruchtbaren Boden. In der Forderung eines staatlichen Ausbaus gewerblicher Bildungsstrukturen – auch ein Credo der List-Schule – konnten sich die Ansichten Wessenbergs daher mit denen von Nebenius und anderen weitgehend treffen. Wie bereits in der Forschung herausgestellt wurde, konnte sich Wessenberg zwar in konzeptuellen Detailfragen gegenüber Nebenius schlussendlich nicht durchsetzen.[387] Allerdings, und dies konnte gerade durch die erstmals umfängliche Betrachtung der Argumentationsweise des Theologen in den Analysen herausgestellt werden, darf Wessenberg als zeitgenössisch zentrale Figur hinsichtlich der ideellen Rahmung des Ausbaus (klein-)gewerblicher Bildungsgänge gelten.

Schon Müller hat in seiner frühen Wessenberg-Studie von 1916 die „[h]armonische Ausbildung des ganzen Menschen für seine ganze Lebensaufgabe" als „Wessenbergs pädagogisches Ideal" herausgestellt.[388] Dies lässt sich übertragen auf Wessenbergs Engagement für das badische Gewerbeschulwesen, bei dem es ihm ebenfalls vorrangig darum ging, Bildung und Ausbildung als brauchbar für alle Dimensionen des menschlichen Lebens zu gestalten. Die Behauptung, Wessenberg lege demzufolge im Gegensatz etwa zu Nebenius in Bildungsfragen lediglich eine sozialpolitisch pädagogische, nicht aber nationalökonomische Motivation an den Tag[389], ist dennoch zurückzuweisen. Wie nun insgesamt aufgezeigt werden konnte, waren Wessenbergs Forderungen im wirtschaftlichen Bereich stets Ausdruck einer weltanschaulichen Position und nationalökonomischen Berechnung zugleich, die sich durch ihr Zusammenfallen immer auch gegenseitig legitimierten.

Mit seinem Widerstand gegen den Beitritt Badens zum Zollverein stellte Wessenberg sich, dies gilt es abschließend zu erörtern, gegen ein Projekt, das die deutsche Industrialisierung und damit die wirtschaftliche Moderne in entscheidender Art und Weise einleitete.[390] Zeitgenössisch lag seine wirtschaftspragmatische Argumentation gegen die Umwandlung Badens in ein „Fabrikland", das durch Eigenproduktion vom Zollverein profitieren würde,

387 Vgl. Moser: Wessenberg und die Berufsausbildung (1978).

388 Vgl. Müller: Wessenberg (1916), S. 183.

389 Vgl. Hasfeld: Berufsausbildung (1996), S. 211.

390 Vgl. Ziegler: Das Zeitalter der Industrialisierung (2005), S. 200f.; Fischer: Wirtschaft und Gesellschaft (1972), S. 123f.

allerdings auch den großen deutschen Ökonomen keineswegs fern: Der Heidelberger Staatswissenschaftler Rau etwa, der die badischen Verhältnisse gut kannte, sah zur Zeit der Beitrittsentscheidung Fabriken für die bis dato handwerklich und landwirtschaftlich geprägte Staatswirtschaft des Großherzogtums ebenfalls als wenig wünschenswert an.[391]

Nur ein paar Jahre nach Wessenbergs politisch aktiver Zeit hielt der katholische Abgeordnete von Buß 1837 im badischen Landtag die berühmte „Fabrikrede", in der er auf die soziale Not der Fabrikarbeiterschaft aufmerksam machte und zukunftsweisend strukturelle Sozialleistungen des Staates forderte, gleichzeitig aber mit einem höchst konservativen, ständischen Gesellschaftsbild argumentierte.[392] Wessenbergs Skepsis gegenüber Fabriken, so ist vergleichend zu konstatieren, speiste sich zur Zeit der Beitrittsdebatte um 1834 weniger aus derartigen Sozialprognosen als aus wirtschaftsstrukturellen Überlegungen zur badischen Situation.[393] Damit holte er zwar zu diesem frühen Zeitpunkt die soziale Dimension des Industrialisierungsprozesses noch nicht ein, stellte diesem aber auch keine wirtschaftlich veralteten Gesellschaftsvisionen gegenüber. Sein Argument gegen die badische Industrialisierung war keine (katholische) Gesellschaftskritik, sondern eher eine fallspezifische wirtschaftliche Abwägung.[394]

20 Jahre später warnte Wessenberg im veränderten Kontext einer nun fortgeschrittenen deutschen Industrialisierung davor, Baden zu schnell zu industrialisieren. Sein Pochen auf eine wirtschaftliche Stabilisierung des handwerklich-gewerblichen Mittelstands verbunden mit einer schrittweisen industriellen Weiterentwicklung der heimischen Produktion zeigt, dass die Vision schnellstmöglicher wirtschaftlicher Liberalisierung für ihn nicht bedeutete, die traditionellen badischen Wirtschaftsfaktoren auch schnellstmöglich zu transformieren. In dieser Hinsicht wählte er den bedachten Kurs, nicht ohne darauf zu verweisen, dass in seinen Augen gerade liberale Wirtschaftsstrukturen, die Privateigentum und Bildung hoch ansetzten, die beste Voraussetzung für eine sozial gelingende Industrialisierung darstellten.

---

391 Vgl. Müller: Das Großherzogtum Baden (1984), S. 43.

392 Vgl. zur Rede Boelcke: Wirtschaftsgeschichte (1987), S. 201; Fischer: Der Staat, 1 (1962), S. 384f.

393 Lediglich in der zweiten Auflage seiner Denkschritt zur Zollvereinsdebatte von 1834 wies er auch auf die Entstehung sozialer Problemlagen durch Fabriken hin, vgl. Wäre der Beitritt Badens, 2. Aufl. (1834), S. 11f.

394 Ergänzend zu den Analysen sei hier noch erwähnt, dass sich auch im von Wessenberg zwischen 1804 und 1827 herausgegebenen *Archiv für die Pastoralkonferenzen* bereits vereinzelt positive Stimmen zum Fabrikwesen und zur Maschinenarbeit finden lassen, auf die bereits Schneider hingewiesen hat, vgl. Schneider: Armutsdiskurse (2014), S. 52f.

Wenngleich Wessenberg sich mit seinen äußerst streitbaren, weil teilweise radikalen wirtschaftsliberalen Vorstellungen in Baden zu seiner Zeit in wesentlichen Punkten nicht durchsetzen konnte, zog er sich in den frühen 1830er Jahren wohl weniger aus diesem Grund aus dem politischen Kontext zurück. Viel mehr ins Gewicht fiel seine kirchenpolitisch äußerst heikle Stellung, die dazu führte, dass er vermehrt mit Rücktrittsforderungen konfrontiert wurde. Die Tatsache, dass er nach seinem Ausscheiden weiterhin wirtschafts- und damit verbundene bildungspolitische Schriften einreichte und anderweitig publizierte, zeigt an, wie stark er sich über seine politische Karriere hinaus mit seinen hier vertretenen Positionen identifizierte. In offensichtlicher Weise symbolisierten diese für ihn mehr als realpolitisches Geschäft und müssen deshalb auch als Ausdruck seiner Religiosität verstanden werden.

2.3.3 *Wessenberg als ökonomisch-katholischer Aufklärer*

Wessenberg stach mit seinem wirtschaftstheoretischen Wissen einerseits und seinem wirtschaftspolitischen Engagement andererseits als katholischer Theologe in der ersten Hälfte des 19. Jahrhunderts unmittelbar heraus. Dadurch, dass er nicht bloß theologisch reflektiert war und – gleichsam auf einem anderen Blatt – eine wirtschaftspolitische Position vertrat, sondern beide Seiten auf spezifische Art und Weise immer wieder miteinander vermengte, lässt er sich als hervorragendes Fallbeispiel zur Beantwortung der in dieser Studie gestellten Fragen fassen. Durch die Ableitung wirtschaftsliberaler und damit verbundener bildungspolitischer Forderungen aus religiösen Grundannahmen entdeckte er modern-ökonomische Denkweisen und Postulate nicht zuletzt als Ausdrucksfeld seines theologischen Selbstverständnisses und seines Glaubens.

Diese Entdeckung ist keinesfalls als Startschuss zu den in der Einleitung grob skizzierten sozialkatholischen Initiativen der Folgezeit zu sehen, die sich bereits für eine tiefgreifende sozialstaatliche Intervention öffneten und auch wirtschaftsregulativ einen viel stärkeren Staat einforderten, als es Wessenberg jemals getan hat. Die Meinung des badischen Theologen wurde im deutschen Sozialkatholizismus niemals „zur Auffassung der Mehrheit“, wie es Merk fälschlicherweise suggeriert hatte.[395]

Es stellt sich also die Frage, wie ein solcher ‚wirtschaftsliberaler Ausschlag‘ im Diagramm katholischer Religiosität und Theologie im deutschen Raum zu dieser Zeit zu erklären ist. Was veranlasste den Theologen Wessenberg – jenseits seines übergreifenden Interesses an verschiedensten

---

395 Vgl. Merk: Wessenbergs ökonomische und soziale Auffassungen (1968), S. 474. Auf diesen Aspekt wird im Fazit und Ausblick der Studie noch ausführlich eingegangen.

Wissensbereichen – überhaupt dazu, seine theologische Bildung in konstruktive Beziehung zu wirtschaftlichen Themen zu setzen?

Wessenbergs Ansinnen, ökonomisches Denken mit einem religiösen Selbstverständnis zu verknüpfen, fiel zu dieser Zeit nicht gänzlich vom Himmel. In besonderer Weise war es verschränkt mit den kirchenpolitischen und theologischen Kontexten, mit denen er Zeit seines Lebens in Berührung gekommen war. Zunächst ist hier der Josephinismus zu nennen, die absolutistische Reformpolitik des katholischen Österreich unter Maria Theresia und insbesondere ihrem Sohn Joseph II., die sich auch durch eine starke staatliche, zumeist restriktive Einflussnahme auf Kirche und Frömmigkeitsformen auszeichnete.[396] „Zielsetzungen der Staatssouveränität, Ökonomie und Volkspädagogik mischten sich [...] in jenen Einzelmaßnahmen, mittels derer die Kirche dem Staatsziel der allgemeinen Wohlfahrt dienstbar gemacht werden sollte“[397], hat Holzem entsprechend zusammengefasst. Wessenberg stand ohne Zweifel gerade über seinen familiären Kontext noch in der Tradition josephinischen Denkens des 18. Jahrhunderts. Sein Vater war „begeisterter Anhänger“ der josephinischen Reformen.[398] Insbesondere der Gedanke allgemeiner Wohlstandsförderung durch eine Bereinigung der Kirche von Frömmigkeitsvollzügen, die dem staatsbürgerlichen Dasein hinderlich waren, fand sich in Wessenbergs *Archiv für die Pastoralkonferenzen* häufig wieder.[399]

396 Vgl. zum Josephinismus einführend Reinalter, Helmut: Einleitung. Der Josephinismus als Variante des Aufgeklärten Absolutismus und seine Reformkomplexe, in: Reinalter, Helmut (Hg.): Josephinismus als aufgeklärter Absolutismus, Wien u. a. 2008, S. 9–16; Reinalter, Helmut: Aufgeklärter Absolutismus und Josephinismus, in: Reinalter, Helmut (Hg.): Der Josephinismus. Bedeutung, Einflüsse und Wirkungen (Schriftenreihe der Internationalen Forschungsstelle „Demokratische Bewegungen in Mitteleuropa 1770–1850“, 9), Frankfurt a. M. u. a. 1993, S. 11–21 und spezifisch zu dessen Kirchen- und Religionspolitik Holzem: Christentum in Deutschland, 2 (2015), S. 809–840; Pranzl, Rudolf: Das Verhältnis von Staat und Kirche/Religion im theresianisch-josephinischen Zeitalter, in: Reinalter (Hg.): Josephinismus als aufgeklärter Absolutismus (2008), S. 17–52. Der Josephinismus wird nicht nur als geistesgeschichtliches Phänomen (der Aufklärung), sondern auch als pragmatisches Reformhandeln in Krisenzeiten verstanden, vgl. hierzu auch Zöllner, Erich: Bemerkungen zum Problem der Beziehungen zwischen Aufklärung und Josephinismus, in: Reinalter (Hg.): Der Josephinismus (1993), S. 22–28.

397 Holzem: Christentum in Deutschland, 2 (2015), S. 813.

398 Vgl. Müller, Wolfgang: Ignaz Heinrich von Wessenberg (1774–1860), in: Fries, Heinrich; Schwaiger, Georg (Hgg.): Katholische Theologen Deutschlands im 19. Jahrhundert, Bd. 1, München 1975, S. 189–204, hier 189; Braun, Karl-Heinz: Die Causa Wessenberg, in: Braun (Hg.): Kirche und Aufklärung (1989), S. 28–59, hier 29f.

399 Vgl. zum josephinischen Einschlag in Wessenbergs Religiositätsverständnis auch Braun: Der Gottsucher (2014), S. 23f. Harm Klueting hat darauf hingewiesen, dass man die deutsche Katholische Aufklärung allerdings nicht generell als „Ergebnis oder Folge“ des österreichischen Josephinismus sehen kann, vgl. Klueting, Harm: Deutschland und

Schaut man sich die staatswirtschaftlichen Dimensionen josephinischer Politik an, so ist aber festzustellen, dass noch nicht die moderne Wirtschaftstheorie, etwa der Physiokraten oder der frühen Nationalökonomen, als Motor der ökonomischen Modernisierung des Landes fungierte, sondern ganz der politische Pragmatismus, wirtschaftliche Defizite schnellstmöglich zu beheben.[400] Wessenberg ging nicht als Einziger seiner josephinisch sozialisierten Familie in wirtschaftspolitischer Hinsicht über diese Grundlinien hinaus. Auch bei seinem Bruder Johann von Wessenberg (1773–1858), der lange im österreichischen Staatsdienst stand, ist diese Tendenz festzustellen. Mehrfach sprach sich Johann in den Briefen an seinen Bruder, mit dem er intensiven Kontakt pflegte, für den Freihandel und dabei auch explizit gegen das im Deutschen Zollverein verwirklichte Listsche Schutzzollsystem aus. List werde, so schrieb er in einem Brief von 1846, „mit seinem Geschwätz nicht mehr lange ausreichen":

> [...] die großen Schutzzölle haben die Fabrizierung schlechter Ware ungemein befördert – für die Vervollkommnung der Ware ist nichts getan worden. [...] Als Prinzip der Industrie kann kein anderes als der möglichst freien Handelsfreiheit gelten. Durch das Prohibitionssystem und hohe Schutzzölle ist noch nirgend weder die Industrie noch der Handel blühend geworden. Seit zwanzig Jahren predige ich gleiches in Oesterreich – allein auch meistens tauben Ohren oder unwißenden [...].[401]

---

der Josephinismus. Wirkungen und Ausstrahlungen der theresianisch-josephinischen Reformen auf die außerösterreichischen deutschen Territorien, in: Reinalter (Hg.): Der Josephinismus (1993), S. 63–102. Holzem fasst Josephinismus und Wessenbergsche Pastoralreform als zwei verschiedene „Themen" bzw. „Verfahren" einer „Aufklärung als Reform von Kirche und Gesellschaft", die allerdings dem Volk wohl bisweilen als deckungsgleich erschienen: „Die von der Pastoralreform Betroffenen nahmen kaum einen Unterschied wahr zwischen der politischen Pragmatik des Josephinismus und dem religiösen Erneuerungswillen der Wessenbergianer, zumal sich viele Maßnahmen und Vorschriften ähnelten und überschnitten", vgl. insgesamt Holzem: Christentum in Deutschland, 2 (2015), S. 775–850, Zitat: 845.

400 Vgl. zur Wirtschaftspolitik im Josephinismus ausführlich Hackl, Bernhard: Die staatliche Wirtschaftspolitik zwischen 1740 und 1792. Reform versus Stagnation, in: Reinalter (Hg.): Josephinismus als aufgeklärter Absolutismus (2008), S. 191–272 und hier besonders die Schlussfolgerungen auf S. 263. Bisweilen ist für die theresianisch-josephinische Zeit vom „jüngeren Merkantilismus" gesprochen worden, der „nicht mehr die Oberaufsicht des Staates über alle Wirtschafts- und Sozialfragen, sondern [...] besonders die ideelle Verpflichtung des Herrschers" betonte, vgl. Reinalter, Helmut: Sozialreformen Josephs II., in: Reinalter (Hg.): Josephinismus als aufgeklärter Absolutismus (2008), S. 163–190, hier 170f., Zitat: 171. Nicht vergessen werden darf allerdings, dass Joseph II. sich für physiokratisches Gedankengut interessierte und die allgemeine Gewerbefreiheit befürwortete, vgl. Hersche: Muße und Verschwendung, 2 (2006), S. 999.

401 J. v. Wessenberg an I. v. Wessenberg (06.02.1846), in: Briefe Johann Philipps von Wessenberg (Edition Aland), S. 300f., hier 300. Diese Position vertrat Johann von Wessenberg auch

Leider ist eine Antwort Wessenbergs nicht erhalten. Die Ergebnisse der Analysen legen allerdings nahe, dass er seinem Bruder in dieser Aussage gänzlich zustimmte. Den fruchtbaren Austausch der Brüder über wirtschaftliche Fragen belegt auch ein Brief ein Jahr später, in dem Johann auf die Diagnosen Friedrich Engels hinwies. Dieser, so Johann, „mag recht gesehen haben", wenn er die Ursache des englischen Elends „in dem zu großen Misverhältniß zwischen der akerbauenden und der manufakturierenden Bevölkerung" erkannte.[402] In seinem Spätwerk zitierte Wessenberg wie gesehen ebenfalls Engels.

Josephinische Ideen, vermengt mit moderner Wirtschaftstheorie, stellten nicht die einzige Denkströmung seiner Zeit dar, an die Wessenberg mit der Verbindung von Religion und Wirtschaft anknüpfte. Darüber hinaus konnten in den Analysen Argumentationsfiguren festgestellt werden, die physikotheologisch inspiriert erscheinen. Die zeitgenössisch vor allem im Protestantismus anzutreffende Physikotheologie, in der Gott über seine Schöpfung erkannt und gepriesen wurde, war ebenfalls eine einflussreiche Spielart aufgeklärt-christlicher Religiosität.[403]

Darauf, dass sich in Wessenbergs schöpfungstheologischer Lyrik einige physikotheologische Anklänge finden lassen, hat bereits Braun hingewiesen.[404] Im Rahmen dieser Studie konnte erstmals nachgewiesen werden, dass sich diese Anklänge auch in der Rechtfertigung seiner wirtschaftspolitischen Position finden lassen: Stets offenbarte er ein tiefes Vertrauen in die ökonomische Funktionsfähigkeit der Schöpfung, sofern sie nicht durch übermäßige Regularien, Sperren und Verbote behindert wurde. Liberale Wirtschaftspolitik wurde so in seinem Argument gleichzeitig zu einem Ausdruck wahrer Gotteserkenntnis wie zum effektiven Instrument für die Erfüllung des göttlichen Heilsplans. Gerade in handelspolitischen Fragen konnte er schließlich leicht auf das alte Denkmuster der „Universal Economy" zurückgreifen: Die Vorgaben der Schöpfung zeigten für ihn den Willen des Schöpfers an, in einen friedlichen und freien Austausch zu treten. Das hierbei entstehende Bild der damit in mehrfacher Hinsicht unter einer Botschaft vereinigten Menschheit hatte schon immer eine besondere christliche Heilskonnotation.

---

in größeren Denkschriften, vgl. Wessenberg, Johann von: Betrachtungen über einzelne Gegenstände der Staatswirthschaft, Freiburg 1856. Fillafer hat jüngst darauf hingewiesen, dass sich liberale Katholiken im Österreich des Vormärz eigenständig mit den Theorien Adam Smiths auseinandersetzten, vgl. Fillafer, Franz Leander: Aufklärung habsburgisch. Staatsbildung, Wissenskultur und Geschichtspolitik in Zentraleuropa 1750–1850, Göttingen 2020, S. 303–309.

402 Vgl. J. v. Wessenberg an I. v. Wessenberg (07.02.1847), in: Briefe Johann Philipps von Wessenberg (Edition Aland), S. 325f., hier 325.

403 Vgl. Holzem: Christentum in Deutschland, 2 (2015), S. 741ff.

404 Vgl. Braun: Der Gottsucher (2014), S. 30.

Die Tatsache, dass Wessenberg wirtschaftstheoretisches und christliches Wissen derart homogenisierte, bestätigt, was Handschuh zur Wissenskonstruktion im aufgeklärten Katholizismus festgestellt hat:

> Es gab [...] ein kohärentes System von aufeinander verwiesenen Wissensreservoiren, die sowohl die Welt- als auch die Selbstwahrnehmung der Gläubigen organisierten [...]. Kern war und blieb aber ein einziger, auch anderen Epochen eigener Grundgedanke: Der Weg des einzelnen Christen zum Heil unter den Bedingungen der je eigenen Zeit [...].[405]

Wessenberg verwies christliche und ökonomische „Wissensreservoire" aufeinander, ganz im Vertrauen „auf die ihm individuell von Gott gegebene Möglichkeit, Aufklärung, menschliche Vernunft und Gottesglaube authentisch im eigenen Leben miteinander zu vereinbaren", „Aufklärung im innerweltlich-philosophischen Sinne" so also „keinesfalls Selbstzweck" werden zu lassen.[406] Dies ließ ihn für den katholischen Kontext ausgesprochen früh zu einer positiven Einstellung gegenüber wirtschaftsliberalen Transformationsprozessen finden, zu deren Mitgestaltung er aus seiner Sicht auch und gerade als Katholik gefragt war.

Dies leitet über zu der Frage, mit welcher Implikation durch die Einbindung ökonomischen Wissens in das Selbstverständnis katholischer Religiosität bei Wessenberg eine Form Katholischer Aufklärung vollzogen wurde. Handelte es sich hier um eine in spezifischer Weise an katholische Tradition und Theologie gebundene Form der Aufklärung oder lediglich um eine Aufklärung, die im und für den katholischen Kontext stattfand?

Die Anknüpfung Wessenbergs an physikotheologische Denkformen sowie an die ökonomischen Volksaufklärungsbemühungen der kameralistischen Tradition lassen erkennen, dass ‚seine' Katholische Aufklärung deutliche Schnittmengen zu Aufklärungsbewegungen des protestantischen Raums aufwies. Dennoch waren für ihn jedwede Aufklärungsbemühungen – gerade im *Archiv für die Pastoralkonferenzen* – immer in erster Linie eine Verteidigung des katholischen Glaubensvollzugs, gerade wenn dieser zeitgemäß aktualisiert worden war. Erlag er nun, was eine liberale Wirtschaftspolitik und deren auch religiöse Rechtfertigung betraf, der „Illusion einer Versöhnung oder Verbindung von Katholizismus und Aufklärung"[407], wie sie Klueting zu Beginn der 1990er Jahre in der Forschungsdebatte zum Begriff Katholische Aufklärung konstatierte?

---

405 Handschuh: Die wahre Aufklärung (2014), S. 218.

406 Vgl. Handschuh: Die wahre Aufklärung (2014), S. 214.

407 Klueting: Eine Einleitung (1993), S. 9.

Die Tatsache, dass Wessenberg in Rom wegen vielem, nicht aber wegen seiner äußerst wirtschaftsliberalen Ansichten aneckte, zeigt – neben dem Mangel einer dortigen Auseinandersetzung – an, dass in dieser Hinsicht die „Illusion" historisch zumindest nicht markiert werden kann. Nichtsdestotrotz lohnt es sich an dieser Stelle, den Begriff der Illusion aufzunehmen, fiel Wessenberg gerade in den badischen Debatten um Freihandel und Gewerbefreiheit doch aus Sicht seines politischen Umfelds vielfach mit illusorischen Forderungen auf. Seine Forderungen nach rasanter und umfassender wirtschaftlicher Liberalisierung fanden ihren Rückhalt, so kann nach den Analysen festgehalten werden, nicht nur in einer gründlichen Lektüre Adam Smiths, sondern auch in tiefreligiösen Anschauungen, die mit der katholischen Tradition nicht zu brechen suchten. Denkt man diesen Gedanken weiter, so kommt man zu dem Schluss, dass nicht die von Wessenberg vertretene katholisch gestützte Wirtschaftstheorie der Aufklärung als solche eine Illusion darstellte, sondern vielmehr die Überzeugung, man könne sie innerhalb des noch immer kameralistisch geprägten deutschen Wirtschaftsdiskurses in den 1820er Jahren vollumfänglich durchsetzen.

KAPITEL 3

Katholische Politische Ökonomie und Ultramontanismus: Charles Périn (1815–1905)

3.1 Die Vorgeschichte zur katholischen Politischen Ökonomie Périns

Charles Périn stand – ganz im Gegensatz zu Wessenberg – bereits in der Tradition einiger früherer katholischer Rezeptionsstränge der Politischen Ökonomie im frankophonen Raum, auf die besonders die jüngere Forschung hingewiesen hat. Maßgeblich prägten Périn die Pionierarbeiten seines persönlichen Mentors und Vorgängers auf dem Lehrstuhl für Politische Ökonomie an der Universität Leuven, Charles de Coux (1787–1864). Nach einem allgemeinen Überblick über frühe Rezeptionen soll daher auf De Coux' Grundgedanken hinsichtlich der Vermengung von Theologie und Ökonomie ausführlicher eingegangen werden. Hierzu werden über die bestehende Forschung hinaus ausgewählte Originaltexte herangezogen.[1]

3.1.1 *Katholische Ansätze in Frankreich zu Beginn des 19. Jahrhunderts*

In Frankreich, wo sich um Jean-Baptiste Say (1767–1832) früh eine nationalökonomische Denkschule in der Tradition Smiths etablierte, entwickelten sich schon unmittelbar nach 1800 über die Netzwerkstrukturen katholisch-sozialer Hilfsorganisationen die ersten kritischen katholischen Rezeptionsstränge zu den Smithianischen Lehren. In diesem Zusammenhang ist von einer „First Generation" eines „Catholic Economic Thought" gesprochen worden, zu der auch De Coux gezählt wird.[2] Angetrieben von der Erfahrung zunehmender Massenverelendung zu Beginn des 19. Jahrhunderts, die nicht mehr allein durch politische Umstürze erklärt werden konnte, wurden Wirtschaftsprozesse und die untrennbar mit ihnen verbundenen Prinzipien der modernen Politischen Ökonomie zum Gegenstand sozial-christlicher Kritik.[3] Diese Kritik wurde

1 Bei der nun beginnenden Analyse französischer Quellentexte werden über den Fußnotenapparat deutsche Übersetzungen der längeren Zitate bereitgestellt. Wo keine zeitgenössische Übersetzung vorliegt, wird eine freie Übersetzung gegeben.

2 Vgl. Almodovar/Teixeira: The Ascent and Decline (2008), S. 65–69; Faccarello: From the Foundation (2014), S. 85–88; Teixeira/Almodovar: Economics and Theology (2014), S. 115f.

3 Vgl. Faccarello, Gilbert: A dance teacher for paralized people? Charles de Coux and the dream of a Christian political economy, in: The European Journal of the History of Economic Thought, 24/4 (2017), S. 828–875, hier 829.

 | DOI:10.30965/9783657795185_004

getragen von einer anti-protestantischen Rhetorik, die sich innerhalb des französischen Katholizismus des 19. Jahrhunderts mit besonderer Intensität ausbildete. Der kritische christliche Blick auf den andauernden staatswirtschaftlichen Modernisierungsprozess wurde als katholischer propagiert und fungierte so als wichtige Bastion gegen den vielfach wahrgenommenen gesellschaftlichen Bedeutungsverlust katholischer Religiosität, auch im Zuge der Verbreitung deistischer oder atheistischer Weltbilder.[4]

Wichtig ist, dass es sich hierbei noch nicht um eine nach außen hin fassbare Denkschule, sondern zunächst um individuelle und in ihrer Gesamtheit heterogene Ansätze handelte.[5] Allesamt waren sie dem Versuch gewidmet, eine katholische Antwort auf diejenige Wissenschaft zu formulieren, die wie keine zweite sämtliche Diskurse bediente, die ohne traditionellen Religionsbezug auskamen:

> Although new, this science was influential enough to cause the church to perceive it as a sort of threatening Magna Carta of modernity, not only because its doctrines packed together most of the [...] new political and philosophical ideas but also because its unveiled materialistic emphasis had won a frightening doctrinal supremacy over the traditional values supported by Catholic ethics, philosophy, and natural law [...].[6]

Nicht nur Charles de Coux formulierte im französischen Kontext eine solche Antwort. Als wesentlich bekanntere Namen werden heute der bereits in der Wessenberg-Bibliothek als Autor vertretene François Xavier Joseph Droz (1773–1850) sowie Alban de Villeneuve-Bargemont (1784–1850) genannt. Zusammen mit De Coux agierten sie in den 1840er Jahren in der katholischen Société d'économie charitable, über die sich die zeitgenössischen katholischen Sozialinitiativen in Frankreich vernetzten.[7]

De Coux, Droz und Villeneuve-Bargemont wiesen in ihren Positionierungen je unterschiedliche Schwerpunktsetzungen auf. Droz, Moralphilosoph wie Smith, nahm den Grundgedanken des Schotten vom Zusammenhang zwischen gesellschaftlicher Freiheit und materiellem Wohlstand bereits in einer frühen Schrift von 1801 auf und projizierte auf die neue ökonomische Wissenschaft

4 Vgl. Faccarello: A dance teacher (2017), S. 830f.

5 Vgl. Teixeira/Almodovar: Economics and Theology (2014), S. 115.

6 Almodovar/Teixeira: The Ascent and Decline (2008), S. 64.

7 Vgl. Misner, Paul: Social Catholicism in Europe. From the Onset of Industrialization to the First World War, London/New York 1991, S. 70ff. Almodovar und Teixeira halten Vereinigungen wie diese, zusammen mit ihrer publizistischen Außendarstellung, für zentral hinsichtlich des „initial acknowledgement of a Catholic variety of economic thought", vgl. Almodovar/Teixeira: The Ascent and Decline (2008), S. 65.

eine Art Heilserwartung im Sinne einer moralischen wie materiellen Weltverbesserung. Da er den anzustrebenden gesellschaftlichen Optimalzustand häufig mit dem Begriff der Glückseligkeit statt mit den eher religiösen Begriffen Gerechtigkeit, Nächstenliebe oder Wohltätigkeit umschrieb und sich somit mit seinem Vokabular nicht eindeutig im religiösen Diskurs bewegte, wird sein Ansatz bisweilen als lediglich „indirekt" katholisch bezeichnet.[8]

Alban de Villeneuve-Bargemont, Mitglied einer alten provençalischen Adelsfamilie, stellt mit seiner Schrift *Economie politique chrétienne, ou, Recherches sur la nature et les causes du paupérisme, en France et en Europe, et sur les moyens de le soulager et de le prévenir* (1837) den heute wohl bekanntesten Referenzpunkt hinsichtlich einer frühen katholischen Kritik an der Politischen Ökonomie dar. Vor dem Hintergrund politisch-konservativer Ansichten, die er während der Restaurationszeit öffentlich vertrat, forderte er eine sozialpolitische Reform auf Basis christlicher Werte. Im Vergleich zu Droz, der den Wirtschaftsliberalismus alles in allem befürwortete, näherte er sich dem System mit einer grundlegenden Skepsis an. Die Konsequenzen einer liberalen Wirtschaftspolitik ohne christliche Wertvorstellungen skizzierte er – wohl halb prognostisch, halb beschreibend – mit apokalyptischen Anklängen und plädierte dabei für eine grundlegende Reorganisation des Wirtschaftssystems auf dem Fundament moralischer Erneuerung. Hierbei setzte er nicht nur auf die freiwillige Ausrichtung des eigenen Lebens nach christlichen Werten, sondern ebenso bereits auf Staatsinterventionen, das heißt auf eine grundlegende Umgestaltung institutioneller Rahmenbedingungen, insbesondere was die Güter- und Reichtumsverteilung anging.[9]

De Coux' Ansatz, publizistisch bereits zu Beginn der 1830er Jahre verbreitet, unterschied sich von dem Villeneuve-Bargemonts vor allem dadurch, dass er auf Ebene der ökonomischen Wissenschaft selbst und damit weit theoretischer angesiedelt war.[10] De Coux ging es keineswegs um eine kategorische Ablehnung der Politischen Ökonomie nach Smith, sondern vielmehr um die Beweisführung, dass der christliche Glaube essenzieller Bestandteil

---

8 Vgl. Almodovar/Teixeira: The Ascent and Decline (2008), S. 66f. Als Droz' wichtigste Titel sind zu nennen: *Des lois relatives aux progrès de l'industrie* (1801) und *Economie politique ou principes de la science des richesses* (1829).

9 Eine kompakte Zusammenfassung seines Ansatzes gibt Faccarello: From the Foundation (2014), S. 88ff. Vgl. darüber hinaus Misner: Social Catholicism (1991), S. 50ff.; Almodovar/Teixeira: The Ascent and Decline (2008), S. 67f.; Teixeira/Almodovar: Economics and Theology (2014), S. 115.

10 So beurteilt es etwa Faccarello: A dance teacher (2017), S. 830. Insgesamt spricht er hinsichtlich der milieu-spezifisch unterschiedlichen Hintergründe Villeneuve-Bargemonts und De Coux' von einem „Tale of Two Traditions", vgl. Faccarello: From the Foundation (2014), S. 85.

dieser neuen Wissenschaft sein müsse: „[...] Coux was interested in bridging the gap between political economy and religion, not in enlarging it."[11] In De Coux' Werk finde sich damit, so Faccarello, die Geburtsstunde einer „Christian political economy".[12]

Zur prägenden Erfahrung war für De Coux bereits in jungen Jahren der englische Pauperismus geworden, den er durch die Emigration der Familie aus dem postrevolutionären Frankreich nach England miterlebt hatte. Zunächst hatte ihn der ökonomisch höchst fortschrittliche Zustand des nicht-katholischen Landes irritiert, in dem er die Offenbarung einer realen und nicht nur polemisch vorgetragenen wirtschaftlichen Rückständigkeit katholischer Gesellschaften zu erkennen glaubte. Auf den zweiten Blick wurde er allerdings der strukturellen Massenverelendung gewahr, was ihn motivierte, die Schwächen im offenbar nur scheinbar so überlegen modernen Wirtschaftssystem und dessen liberalen Grundprinzipien zu ergründen – und hierin den Mangel einer katholischen Grundlage des modernen ökonomischen Freiheitsverständnisses zu diagnostizieren.[13]

Mit dem hieraus entwickelten Anliegen, moderne Freiheitsdiskurse mit der christlich-katholischen Tradition zu verbinden, stand De Coux par exellence ein für die Ideen des französischen Theologen Félicité de Lamennais (1782–1854), zu dessen engstem Anhängerkreis er heute gezählt wird.[14] Zu Beginn der 1830er Jahre arbeitete De Coux in Frankreich mit bei *L'Avenir*, dem

11 Almodovar/Teixeira: The Ascent and Decline (2008), S. 68.

12 Vgl. Faccarello: A dance teacher (2017), S. 834. Dieser Begriff wird in der Forschung nicht einheitlich verwendet. Waterman nutzt ihn zur Beschreibung des „mainstream of Anglo-Scottish social theory in the early nineteenth century", in dem Grundannahmen der klassischen Politischen Ökonomie und der anglikanischen und protestantischen Theologie gleichermaßen vertreten waren. Diese Tradition unterscheide sich von den Tendenzen im frankophonen Raum gerade dadurch, dass Theologie und Wissenschaft hier schnell stärker als zwei getrennte Bereiche wahrgenommen worden seien, vgl. Waterman: Revolution, Economics and Religion (1991), S. 9–14, Zitat: 14 und die entsprechenden Ausführungen in der Einleitung.

13 De Coux suchte die Ursache sofort auf strukturtheoretischer Ebene und verschrieb sich, in den Worten Faccarellos, einem Projekt: „To give political economy what it is lacking", vgl. hierzu und zu De Coux' Biographie insgesamt Faccarello: A dance teacher (2017), S. 834–841.

14 Vgl. zu Lamennais, seinem Kontext und seinen Ideen ausführlich Viaene, Vincent: Belgium and the Holy See from Gregory XVI to Pius IX (1831–1859). Catholic Revival, Society and Politcs in 19th Century Europe (KADOC-Studies, 26), Leuven 2001, S. 64–76; Verhülsdonk, Andreas: Religion und Gesellschaft. Félicité Lamennais (Europäische Hochschulschriften, Reihe 13: Französische Literatur und Sprache, 164), Frankfurt a. M. u. a. 1991 und aus der älteren Forschung Derré, Jean-René: Lamennais, ses amis et le mouvement des idées à l'époque romantique 1824–1834, Paris 1962.

kurzlebigen Zeitschriftenprojekt des zeitgenössisch durch seine Liberalität arg polarisierenden Lamennais. Jener hatte sofort Interesse für De Coux' Idee gezeigt, gerade den zeitgenössisch so wirkmächtigen Diskurs der Politischen Ökonomie aus katholischer Sicht zu prüfen und ideell neu zu justieren. So wurde De Coux im Frankreich der späten 1820er und frühen 1830er Jahre zum Ökonomie-Experten eines katholischen Milieus, das sich in seinem Aufbruch in die liberale Zivilgesellschaft ganz dem Ziel verschrieb, den Katholizismus in einer veränderten Gesellschaft zu alter, diskursprägender Stärke zurückzuführen.[15]

1834 erhielt De Coux den Ruf an die Katholische Universität Leuven, der seinem Anliegen einer konstruktiven Verbindung von Katholizismus und wissenschaftlicher Ökonomie perfekt entgegenkam. Nach Auflösung der traditionsreichen Leuvener Universität im Zuge der französischen Besatzung war diese repräsentative katholische Bildungsinstitution 1834/35 neugegründet worden.[16] Mit ihrem Anliegen, moderne Wissenschaft und selbstbewussten Katholizismus in einen produktiven Einklang zu bringen, fungierte die Leuvener Universität, die sich von Anfang an stark international ausrichtete, zeitgenössisch als „Labor" und Denkfabrik.[17]

Lamennais selbst signalisierte De Coux, für wie wichtig er eine katholische Arbeit auf dem Feld der „science nouvelle" hielt:

> Je regretterais extrêmement que vos travaux dans les journaux vous fissent abandonner ou seulement suspendre votre cours d'économie politique, que

15 Vgl. zum Kontext der Zeitschrift *L'Avenir*, die bezeichnenderweise den Untertitel „Dieu et la liberté" trug, und der Rolle De Coux' ausführlich Verhülsdonk: Religion und Gesellschaft (1991), S. 96–117; Faccarello: A dance teacher (2017), S. 832ff.; Faccarello: From the Foundation (2014), S. 86ff.; Misner: Social Catholicism (1991), S. 44ff. In den letzten Jahren wurde das intellektuelle Milieu um Lamennais auch im Kontext des französischen „Catholic Romanticism" beleuchtet, vgl. Harrison, Carol E.: Romantic Catholics. France's postrevolutionary generation in search of a modern faith, Ithaca u. a. 2014, S. 124–129.

16 Die Universität war 1834 zunächst in Mechelen gegründet worden, ein Jahr später aber an den Traditionsstandort Leuven übergesiedelt. Vgl. zur Gründung im kirchenpolitischen Kontext Mathes, Richard: Löwen und Rom. Zur Gründung der Katholischen Universität Löwen unter besonderer Berücksichtigung der Kirchen- und Bildungspolitik Papst Gregors XVI. (Beiträge zur neueren Geschichte der katholischen Theologie, 18), Essen 1975. Auf die politische Situation Belgiens und die diesbezügliche Einordnung der Universitätsgründung wird in der biographischen Einführung Périns eingegangen.

17 „[...] Louvain's atmosphere was that of a small denomination college, in which a relatively homogeneous faculty had many opportunities to leave a strong imprint on future Catholic elites. The University had an outspoken sense of its European mission as a laboratory for the reconciliation of Catholicism and the modern sciences [...]", Viaene: Belgium and the Holy See (2001), S. 81.

> vous pourriez [...] intituler la science nouvelle. Tout le monde désire et attend la continuation de ce bel ouvrage.[18]

De Coux' Politische Ökonomie, wie er sie von nun an als Lehrstuhlinhaber vertrat, blieb in vielerlei Hinsicht fragmentarisch und kann noch nicht als zusammenhängendes System begriffen werden.[19] Dennoch inspirierte sie die Konzepte der nachfolgenden „zweiten Generation" katholisch-ökonomischer Denker und darunter insbesondere die Ideen Charles Périns maßgeblich.

3.1.2 *Charles de Coux' (1787–1864) „Economie politique chrétienne"*

Im Folgenden soll es nicht darum gehen, De Coux' Kritik an der Politischen Ökonomie im Detail zu erläutern.[20] Vielmehr liegt der Darstellungsfokus auf Selbstverständnis und Grundannahmen des frühen katholischen Ökonomen in Bezug auf die Verbindung von katholischer Theologie und moderner liberaler Ökonomie – ein Aspekt, der in den wenigen vorhandenen Arbeiten zu De Coux nie fokussiert herausgearbeitet worden ist. Als Quellen wurden daher einige Texte aus den 1830er Jahren ausgewählt, mit denen De Coux sein Projekt einleitete und begründete. Dieses ideelle Fundament, so ist vorab anzukündigen, erweist sich als wesentlich für die Politische Ökonomie, die Périn als De Coux' enger Vertrauter und Nachfolger ab den 1840er Jahren vertrat.

Bei seiner Antrittsrede an der neu gegründeten Universität Leuven im Jahr 1835 erläuterte De Coux sein wirtschaftswissenschaftliches Konzept wie folgt:

> Ainsi l'Economie sociale et politique a une tâche facile à définir, la tâche de découvrir les lois qui fécondent le travail, et en font sortir pour le plus grand nombre, la plus grande somme possible de biens matériels. Mais ces lois, dans ce qu'elles ont de primitif, ne sauraient être le résultat du vouloir arbitraire de l'homme; elles découlent nécessairement de sa nature intime, de ce qu'il est et

18 Lamennais à De Coux, 19.10.1833. Archives de l'Etat à Mons, Périn Charles, Correspondance. Lettres reçues, 101. Freie Übersetzung: „Ich würde es sehr bedauern, wenn Ihre Arbeit in den Zeitungen Sie dazu veranlassen würde, Ihren Kurs über Politische Ökonomie, die Sie [...] als die neue Wissenschaft bezeichnen können, aufzugeben oder auch nur auszusetzen. Jedermann wünscht und erwartet die Fortsetzung dieser schönen Arbeit." 1839 äußerte sich Lamennais in einem Brief noch einmal in diese Richtung: Ihm scheine es, diese Wissenschaft werde mit jedem Tag wichtiger, vgl. Lamennais à De Coux, 04.02.1839. Archives de l'Etat à Mons, Périn Charles, Correspondance. Lettres reçues, 101. Périn hat die Briefe Lamennais' an De Coux nach dessen Tod verwahrt, weshalb sie sich heute im Nachlass Périns befinden.

19 Vgl. Faccarello: A dance teacher (2017), S. 838f., der hier unter der Überschrift „an enigma" auf De Coux' nur spärliche und keineswegs systematische Publikationstätigkeit in diesem Bereich verweist.

20 Hier sei auf die Zusammenfassung bei Faccarello: A dance teacher (2017) verwiesen.

non de ce qu'il peut se faire, et pour les trouver, nous sommes obligés de remonter aux lois organiques de la société elle-même.[21]

De Coux machte damit von Beginn an deutlich, dass die wirtschaftswissenschaftlich zentrale Frage nach dem materiellen Wohlergehen der größtmöglichen Zahl für ihn immer nur über die größeren Fragen nach der Genese menschlichen Willens und den Prinzipien sozialen Zusammenlebens beantwortet werden konnte. Dies machte für ihn die Grundsätze der Politischen Ökonomie, wie sie zeitgenössisch vertreten wurden, für sich genommen unzureichend. Mit seinem Konzept einer „Economie sociale" formulierte er eine aus seiner Sicht notwendige ‚Einleitung' für die Wissenschaft der „Economie politique", und zwar eine Einleitung, die allem Folgenden erst die nötige Stabilität und damit die bestmögliche Funktionalität garantiere: „[...] l'économie sociale représente donc l'élément de la sécurité, et l'économie politique celui de la liberté."[22]

Ein Reichtum, der wahrhaft alle reich machte, konnte laut De Coux nur entstehen, wenn die Gesellschaft *vor* Anwendung liberal-ökonomischer Prinzipien den sicheren Boden dafür geebnet hatte, dass ein individuelles Vorteilsstreben nie auf Kosten anderer ausgetragen wurde. Jenes Vorteilsstreben sah auch er als unverzichtbaren Motor ökonomischer Modernisierung an. Den auf freiheitliche Selbstregulierung bauenden Prinzipien des Wirtschaftsliberalismus stellte er somit als Vorbedingung eine spezifische Sozialisation der wirtschaftlich partizipierenden Individuen voran, die Sicherheit hinsichtlich der Erwartbarkeit individueller Handlungsspielräume generierte. Selbstredend sprach De Coux hierbei ausschließlich von einer christlichen Sozialisation, die für ihn gerade den „esprit de sacrifice", den Geist des Opfers, im gesellschaftlichen

21 Discours prononcé par Monsieur le Professeur De Coux le 4 décembre 1835 à l'ouverture de son Cours d'économie politique à l'Université catholique de Louvain, Louvain 1835, S. 8. Freie Übersetzung: „Die Soziale und Politische Ökonomie hat also eine leicht zu definierende Aufgabe, nämlich die Gesetze zu entdecken, die die Arbeit fruchtbar machen, und daraus für die größte Zahl die größtmögliche Menge an materiellen Gütern hervorzubringen. Aber diese Gesetze können in ihrer Ursprünglichkeit nicht das Ergebnis des willkürlichen Willens des Menschen sein; sie ergeben sich notwendigerweise aus seiner innersten Natur, aus dem, was er ist, und nicht aus dem, zu was er sich machen kann, und um sie zu finden, sind wir gezwungen, zu den organischen Gesetzen der Gesellschaft selbst zurückzugehen."

22 Coux, Charles de: Cours d'économie sociale, discours préliminaire, in: L'Université Catholique. Recueil religieux, philosophique, scientifique et littéraire, Tome Premier: Première livraison (1836), S. 90–97, hier 95. Freie Übersetzung: „[...] die Soziale Ökonomie repräsentiert also das Element der Sicherheit, die Politische Ökonomie das der Freiheit."

Miteinander etablierte.[23] Demgegenüber stünde bei alleinigem Vertrauen auf die Grundsätze der Politischen Ökonomie, so De Coux weiter, der „esprit de […] la cupidité", der Geist der Gier und Begierde, der jeden einzelnen ausschließlich mit Blick auf seine materiellen Begehrlichkeiten handeln lasse.[24]

Gesamtgesellschaftlicher Reichtum, wie ihn die großen Ökonomen in diesen Tagen anstrebten, sei, so fasste De Coux zusammen, bis zum Schluss immer eine „création toute sociale", eine gänzlich soziale Kreation, für die es moralische Grundwerte benötige, die man außerhalb des Katholizismus vergebens suche.[25] Hierbei war es für den katholischen Ökonomen essenziell zu betonen, dass auch der Katholizismus das Streben nach materiellen Reichtümern nicht von vornherein moralisch diskreditiere, sondern es im Gegenteil, ebenso wie die nicht-katholischen Ökonomen, als Konstante des von Eigenliebe getriebenen menschlichen Wesens verstand.[26] Diese Veranlagung gelte es nun aber, wohlgemerkt zum moralisch wie ökonomisch Besten, in die Bahnen christlich-sozialer Werte zu lenken. Das katholische Prinzip des „sacrifice" bedinge die stete Unterordnung des eigenen Interesses unter das Gemeinschaftsinteresse, allerdings – und das ist der entscheidende Punkt in De Coux' Argumentation – zum schlussendlichen Vorteil aller:

> C'est cet esprit, en effet, qui détruit dans leur germe les passions perturbatrices du repos publique, qui entretient la paix des familles, console de chaque souffrance, assure le pain quotidien du pauvre et de l'infirme; c'est lui enfin qui rend possible cet immense développement du crédit, c'est-à-dire, de confiance

---

23 Faccarello bezeichnet das ethisch aufgeladenen Prinzip des „sacrifice" bei De Coux als „stable social link susceptible to generate a real prosperity", Faccarello: From the Foundation (2014), S. 91.

24 Vgl. Coux: Cours d'économie sociale, discours préliminaire (1836), S. 95.

25 Vgl. Discours De Coux (1835), S. 9; Coux: Cours d'économie sociale, discours préliminaire (1836), S. 95.

26 „Le désir du bien-être matériel, l'amour de la richesse est inhérent à notre nature et s'il ne se manifeste pas toujours avec la même intensité, du moins il existe partout", Discours De Coux (1835), S. 6. Freie Übersetzung: „Das Verlangen nach materiellem Wohlergehen, die Liebe zum Reichtum ist unserer Natur inhärent, zeigt sich nicht immer in gleicher Stärke, existiert aber überall." Und an anderer Stelle: „C'est que la nature humaine est ainsi faite. L'amour du *moi* est […] le motif déterminant de ses actes; l'homme rapporte tout à lui, il se fait centre, et quand il tolère un rival dans ses affectations, ce rival doit être Dieu lui-même", Coux, Charles de: Cours d'économie sociale, seconde leçon, in: L'Université Catholique. Recueil religieux, philosophique, scientifique et littéraire, Tome Premier: Troisième livraison (1836), S. 274–281, hier 280 [Hervorhebung im Original]. Freie Übersetzung: „Die menschliche Natur ist so geschaffen. Die Eigenliebe ist […] das dominierende Motiv in ihren Handlungen; der Mensch bezieht alles auf sich, er macht sich zum Mittelpunkt, und wenn er einen Rivalen hinsichtlich dieser Vorlieben akzeptiert, muss es Gott selbst sein."

réciproque auquel toutes les branches de la production doivent une si grande part de leur fécondité.[27]

Auf Basis der These, dass nur der soziale „Geist" des Katholizismus die so wichtigen grundlegenden Antagonismen des ökonomischen Denkens, Eigenwohl gegenüber Gemeinwohl, auf lange Sicht stabil aufzulösen vermöge, stellte De Coux den wissenschaftlichen Anspruch einer isoliert auftretenden Politischen Ökonomie in Frage. Ein individuell-materielles Vorteilsstreben, für das allein die Habgier als Motivation vorausgesetzt wird, sei schließlich in hohem Maße der individuellen Willkür unterworfen und so niemals nach festen Regeln messbar.[28] Wissenschaftlich erfassbar werde es gerade erst dadurch, dass sich die Selbstliebe nach festen christlich-sozialen Regeln in eine Liebe zum Gemeinschaftswesen transformiere – ein Vorgang, den er in seinem Kurs zu entschlüsseln und zu analysieren gedachte:

> [...] du moment où cet amour parvient à secouer le joug des cupidités individuelles, il se transforme en amour du bien public. Sa marche se régularise, il a des règles fixes, une philosophie et une logique, en sorte qu'il possède alors les éléments constitutifs d'une véritable science. Cette science qui, sous le nom d'Économie sociale et politique sera l'objet de nos études, fait donc une entière abstraction de l'intérêt privé, en ce sens qu'elle le subordonne d'une manière absolue à l'intérêt général.[29]

---

27 Coux: Cours d'économie sociale, discours préliminaire (1836), S. 93. Freie Übersetzung: „Es ist in der Tat dieser Geist, der die Leidenschaften, die den öffentlichen Frieden stören, in ihrem Keim zerstört, der den Frieden der Familien aufrechterhält, jedes Leid tröstet und den Armen und Schwachen das tägliche Brot sichert; es ist schließlich dieser Geist, der jene ungeheure Entwicklung des Kredits, d. h. des gegenseitigen Vertrauens, ermöglicht, dem alle Produktionszweige so viel von ihrer Fruchtbarkeit verdanken."

28 „Mais lorsqu'il se renferme dans les étroits replis de l'égoïsme, quand ses aspirations demeurent exclusivement personnelles, il représente ce que l'on peut concevoir de plus divers, de plus variable, de plus contradictoire, et ses tendances sont trop incohérentes pour que l'on puisse jamais les soumettre à des règles fixes, les recueillir en un corps de doctrines", Discours De Coux (1835), S. 6f. Freie Übersetzung: „Aber wenn sie [das Verlangen nach materiellem Wohlergehen, die Liebe zum Reichtum] sich in den engen Gängen der Selbstsucht bewegt, wenn ihre Bestrebungen ausschließlich persönlich bleiben, repräsentiert sie das Vielfältigste, Veränderlichste, Widersprüchlichste, und ihre Tendenzen sind zu inkohärent, um jemals festen Regeln unterworfen zu werden oder um in einem Korpus von Lehren gesammelt zu werden."

29 Discours De Coux (1835), S. 7. Freie Übersetzung: „[...] in dem Moment, wo es dieser Liebe gelingt, das Joch der individuellen Begierden abzuschütteln, wird sie zu einer Liebe des Gemeinwohls. Ihr Lauf reguliert sich, sie hat feste Regeln, eine Philosophie und eine Logik, also wesentliche Elemente einer richtiggehenden Wissenschaft. Diese Wissenschaft, die unter dem Namen Soziale und Politische Ökonomie Gegenstand unserer Studien sein

Über diesen Argumentationszusammenhang machte De Coux einen christlich-katholischen Gesellschaftsentwurf nicht nur zur notwendigen Bedingung für das ökonomische Fortkommen der Gesamtgesellschaft, sondern ebenso für dessen wissenschaftliche Abbildbarkeit, Nachweisbarkeit und nicht zuletzt zukünftige Planbarkeit im Kontext moderner ökonomischer Theoriebildung. Hierarchisch unterschied er als Wissenschaftler zwischen dem (rein göttlichen) Gesetz, das den Reichtum als Möglichkeit erst erschaffe, und dem (rein ökonomischen) Gesetz, das ihn erst hiernach ökonomisch realisiere. Wie folgt erläuterte er dies in seiner Antrittsrede in Leuven:

> [...] je puis vous assurer que je ne perdrai jamais de vue la relation qui existe entre la loi qui crée, et la loi qui développe la richesse. Les économistes de l'école de Smith, ces hommes dont les immenses travaux nous seront si utiles, avaient méconnu cette relation, et les seules erreurs où ils soient tombés proviennent de cette cause.[30]

Eine „Economie politique", die sich selbst als oberstes Prinzip des ökonomisch einträglichen Zusammenlebens verstand und jedwede soziale Bedingtheit verneinte, löse, so der Vorwurf De Coux', die Gesellschaft von ihren Wurzeln.[31] Die großen Ökonomen wie Smith oder Say seien zwar zu würdigen für ihren Entwurf der „sekundären" Gesetze zur gesellschaftlichen Reichtumserzeugung, gerade aber dafür zu kritisieren, dass sie diese Gesetze als primäre propagierten – ein Anspruchsdenken, das De Coux zuvorderst als Verführung durch den Protestantismus, hiernach durch die Philosophie (der Aufklärung) deutete.[32] Faktisches Ergebnis dieser falschen Hierarchisierung

---

wird, nimmt also eine vollständige Abstraktion des Eigeninteresses vor, indem sie es in absoluter Weise dem allgemeinen Gesellschaftsinteresse unterstellt."

30 Discours De Coux (1835), S. 17f. Freie Übersetzung: „Ich kann Ihnen versichern, dass ich niemals die Beziehung aus den Augen verliere, die besteht zwischen dem Gesetz, das den Reichtum erschafft, und dem, das den Reichtum entwickelt. Die Ökonomen der Smith-Schule, diese Männer, deren viele Arbeiten uns so nützlich sind, haben diese Beziehung verkannt, was ihre einzigen Fehler verursacht hat."

31 „Ils prenaient la société pour un fait indestructible, pour un arbre, si j'ose ainsi parler, tellement vivace, que l'on pouvait le séparer de ses racines, le suspendre entre le ciel et la terre, et cependant obtenir de ses rameaux le même ombrage et les mêmes fruits", Discours De Coux (1835), S. 18. Freie Übersetzung: „Sie hielten die Gesellschaft für eine unzerstörbare Tatsache, für einen Baum, wenn ich so sprechen darf, der so lebendig ist, dass man ihn von seinen Wurzeln trennen und ihn zwischen Himmel und Erde schweben lassen könnte, und dennoch von seinen Zweigen denselben Schatten und dieselben Früchte bekäme."

32 „Ces hommes si justement célèbres ont expliqué avec une merveilleuse sagacité les lois secondaires qui règlent le progrès de la fortune publique. Mais leur raison, si haute qu'elle fût, avait été viciée par le protestantisme d'abord, par la philosophie ensuite [...]", Coux:

sei die gleichzeitige Reichwerdung und Verelendung der Gesellschaft[33], was De Coux zu düsteren Prognosen hinriss, die lediglich durch einen neuen sozialkatholischen Blick auf die Politische Ökonomie, gleichsam als „weapon against the protestants“[34], abgewendet werden könnten:

> Une longue suite de crises, et enfin une grande catastrophe seraient donc inévitables, si les théories des économistes anticatholiques pouvaient conserver leur ancienne influence.[35]

In alledem gestand De Coux ein, dass das katholische Prinzip des Opfers und Verzichts in materieller Hinsicht zunächst tatsächlich schwer mit der Hervorbringung stabiler gesellschaftlicher Reichtumsverhältnisse in Verbindung gebracht werden könne. Dem Irrtum, dass diese Dimensionen nicht zusammengehen könnten, sei er selbst bis zu dem Zeitpunkt erlegen, als der „Unglaube“ nach der Entwicklung einer so vielversprechenden Wirtschaftstheorie und industriellen Entwicklung doch noch seine materiellen Schattenseiten, ergo den Pauperismus, offenbart habe.[36] Infolgedessen beschrieb er die

---

Cours d'économie sociale, discours préliminaire (1836), S. 93. Freie Übersetzung: „Diese zu Recht berühmten Männer erklärten mit wunderbarer Klugheit die sekundären Gesetze, die den Fortschritt des öffentlichen Glücks regeln. Aber ihre Vernunft, so hoch sie auch war, war erst durch den Protestantismus, dann durch die Philosophie verunreinigt worden [...].“

33 „Qui oserait nier les immenses progrès de la richesse depuis cinquante années? Mais à coté de cette opulence, la lèpre du paupérisme grandit [...]“, Coux: Cours d'économie sociale, discours préliminaire (1836), S. 95. Freie Übersetzung: „Wer würde den immensen Reichtumszuwachs seit fünfzig Jahren negieren? Aber an der Seite dieser Opulenz wächst der Aussatz des Pauperismus [...].“

34 Zitat aus Faccarello: From the Foundation (2014), S. 92.

35 Coux: Cours d'économie sociale, discours préliminaire (1836), S. 95. Freie Übersetzung: „Eine lange Abfolge von Krisen und schlussendlich eine große Katastrophe sind unvermeidbar, wenn die Theorien der antikatholischen Ökonomen ihren alten Einfluss bewahren können.“ In der Veränderung der ökonomischen Lehrsätze sah De Coux eine Frage auf Leben und Tod für die Gesellschaft, „question de vie ou de mort pour la société“, Coux, Charles de: Introduction à un Cours d'économie politique. Essais d'économie politique, Louvain 1832, S. 41.

36 „Cependant, il faut le reconnaître, Messieurs, l'erreur où tombèrent alors des Catholiques eux-mêmes, avait en soi quelque chose de plausible, et je la partagerais encore, si le triomphe industriel de l'incrédulité ne portait déjà ses tristes fruits. Car notre religion est une religion toute de sacrifice. Elle exige de nous une continuelle abnégation, une constante résignation, et elle classe parmi les plus grands vices, la soif désordonnée de la richesse“, Coux: Cours d'économie sociale, discours préliminaire (1836), S. 92. Freie Übersetzung: „Allerdings muss man erkennen, meine Herren, dass der Irrtum, dem die Katholiken selbst verfielen, etwas Plausibles an sich hatte, und ich selbst würde ihn noch vertreten, wenn der industrielle Triumph des Unglaubens nicht schon seine traurigen

divergierenden Blicke auf die Generierung von Reichtümern zwischen nichtkatholischen und katholischen Ökonomen wie ihm selbst wie folgt:

> Au lieu de chercher avec le catholicisme la richesse de chacun dans la richesse de tous, ils cherchèrent la richesse de tous dans la richesse de chacun. Dès lors, au lieu de s'appauvrir au profit du prochain, on voulut s'enrichir à ses dépens, et une concurrence doublement ruineuse par ses excès d'abord, et puis par la mauvaise foi qui en fut la suite, envahit le monde.[37]

Als katholischer Ökonom sah De Coux sich dieser Tage in der Pflicht, den Katholizismus als einzige gesellschaftliche Grundlage zu propagieren, die ein im spirituellen wie materiellen Sinne einträgliches Auskommen für alle schaffen könne.[38] Zwar sei es innerhalb der universitären Wirtschaftskurse nicht seine Aufgabe, die Einzigartigkeit und Überlegenheit katholischer Wahrheiten im rein religiösen Kontext herauszustellen. Er könne diese allerdings sehr wohl hinsichtlich ihrer materiellen Konsequenzen prüfen und sie so in einer zeitgenössisch so vielfach angefragten Perspektive als relevant profilieren:

> [...] vous reconnaîtrez avec moi, que la société catholique possède dans sa constitution le gage d'une supériorité nécessaire, absolue, en quelque sorte fatale sur les autres sociétés. Messieurs, la mission de vous démontrer la vérité de notre sainte Religion ne m'a point été confiée. J'ai seulement le droit, et comme Economiste le devoir de la comparer dans ses résultats purement matériels à toutes les doctrines rivales.[39]

Früchte tragen würde. Denn unsere Religion ist ganz eine Religion des Opfers. Sie verlangt von uns eine kontinuierliche Entsagung, eine stete Resignation, und sie klassifiziert die unbändige Sucht nach Reichtum als eines der größten Laster."

37 Coux: Cours d'économie sociale, discours préliminaire (1836), S. 93. Freie Übersetzung: „Statt wie mit dem Katholizismus den Reichtum jedes einzelnen im Reichtum von allen zu suchen, suchen sie den Reichtum von allen im Reichtum jedes einzelnen. Statt sich im Sinne des Wohls des Nächsten für die Armut zu öffnen, wollen sie sich fortan auf seine Kosten bereichern, so entsteht auf der Welt eine in zweifacher Hinsicht zerstörerische Konkurrenzsituation, zunächst wegen der Ausschweifungen, hiernach wegen des falschen Glaubens, der daraus folgt."

38 Insgesamt betonte De Coux immer wieder, dass eine Glaubenswahrheit, die sich auf das bestmögliche Funktionieren einer Gesellschaft bezieht, dabei stets auch deren materielles Wohlergehen einschließe, vgl. auch schon Coux: Introduction (1832), S. 1.

39 Discours De Coux (1835), S. 12. Freie Übersetzung: „[...] Sie werden mit mir übereinstimmen, dass die katholische Gesellschaft in ihrer Beschaffenheit die Garantie einer notwendigen, absoluten, gewissermaßen fatalen Überlegenheit über die anderen Gesellschaften besitzt. Meine Herren, die Mission, Ihnen die Wahrheit unserer heiligen Religion zu demonstrieren, wurde mir nicht aufgetragen. Ich habe lediglich Anrecht darauf und als Ökonom die Pflicht dazu, sie in ihren rein materiellen Konsequenzen mit allen rivalisierenden Lehren zu vergleichen."

Der Kanon der für die Staatsämter erforderlichen Wissenschaften erweitere sich zeitgenössisch um den Bereich der Ökonomie, gerade jetzt sei also auch eine katholische Auseinandersetzung mit der Materie der modernen Wirtschaftstheorie gefragt.[40] Dass De Coux einen solchen Pionierkurs nun an der Universität Leuven, einem Ort mit alter katholisch-akademischer Tradition halten konnte[41], wurde zum Sinnbild für seinen Anspruch, alte religiöse Glaubenssätze innerhalb eines exemplarischen Diskurses moderner Säkularität kommunikationsfähig und sogar in höchstem Maße relevant zu halten.

Oft ist herausgestellt worden, wie wenig konkret De Coux in seinen Ausführungen darüber wurde, wie nun katholische Prinzipien des gesellschaftlichen Zusammenlebens systematisch auf eine Volkswirtschaft übertragen werden könnten, etwa im Bereich struktureller Pauperismus-Abhilfe.[42] Seine Herangehensweise, so kann auch hier resümierend festgehalten werden, war vor allem ideeller Natur. Erst die abstrakte Idee, die Politische Ökonomie mit einem katholischen Bekenntnis zu unterlegen und sie so sozialethisch zu kontrollieren, eröffnete ihm allerdings die Möglichkeit, eine diskursfähige *katholische* Politische Ökonomie im akademischen Kontext zu profilieren, die Périn weiter ausformte. Vor dem Hintergrund dieser Herleitung wird im Folgenden von der *katholischen Politischen Ökonomie* Périns gesprochen.

3.2 Grundlagen

3.2.1 *Périn – Biographie und Forschungsstand*

Genau wie Wessenberg konnte Périn zum Zeitpunkt seines Todes im Jahr 1905 auf eine beachtliche Lebenszeit mit erheblichen gesellschaftlichen Transformationsprozessen zurückblicken. Périn erlebte die so entscheidende Formierungsphase des modernen belgischen Staates nach der Revolution von 1830 und spielte im weiteren Verlauf des Jahrhunderts eine zentrale Rolle in den Debatten um die Haltung von Kirche und Katholiken gegenüber der äußerst liberalen belgischen Verfassung. Mit seinem vielschichtigen Engagement zur

40 Vgl. Discours De Coux (1835), S. 4f. De Coux sprach diesbezüglich auch von einer „carrière nouvelle", einer neuen Karriere, die er mit seinen Kursen zu etablieren gedachte, vgl. Coux: Introduction (1832), S. 40.

41 Über die Tradition des Ortes und die damit einhergehende Verpflichtung leitete er seine Antrittsrede an der Universität ein, vgl. Discours De Coux (1835), S. 3f.

42 Vgl. etwa Teixeira/Almodovar: Economics and Theology (2014), S. 116. Faccarello gibt einen Überblick zu den diesbezüglichen Ausführungen De Coux', betont aber, dass diese in vielerlei Hinsicht uneindeutig blieben, vgl. Faccarello: A dance teacher (2017), S. 854–859.

politischen Stärkung katholischer Positionen in einer sich modernisierenden Gesellschaft polarisierte er bis zum Schluss und scharte dabei eine seine Lebenszeit überdauernde Anhänger- wie Gegnerschaft um sich.

Charles Henri Xavier Périn wurde 1815, im Jahr des Wiener Kongresses, im belgischen Mons geboren. Er wuchs somit im Königreich der Vereinigten Niederlande auf, zu dem die südlichen, überwiegend katholischen Niederlande – seit Ende des 18. Jahrhunderts Belgien genannt – mit den nördlichen, überwiegend protestantischen Niederlanden nach Ende der Napoleonischen Ära verbunden worden waren.[43] Das Verhältnis zwischen katholischer Kirche und Staat blieb durch das bereits zur Besatzungszeit unter Napoleon 1801 geschlossene Konkordat geregelt, das das katholische Bekenntnis unter staatlichen Schutz stellte, dem Staat allerdings zugleich die Einflussnahme auf kirchliche Strukturen gestattete.[44] Die dadurch faktisch erzeugte Kontrolle der katholischen Kirche durch den Staat, die sich Mitte der 1820er Jahre exemplarisch etwa durch die Einführung einer staatlichen Prüfung für Priesteramtskandidaten zeigte, führte zu der für diese Zeit höchst außergewöhnlichen Annäherung zwischen Katholiken und Liberalen im Süden des Königreichs. Vereint im Protest gegen die Gängelungen durch den Monarchen, sei es in Sachen Religionsausübung oder liberaler Zugeständnisse, fand man sich zur politischen Agitation zusammen, die schlussendlich in der Belgischen Revolution von 1830 mündete.[45]

Hinsichtlich der Motivation der Katholiken zum Unionismus, wie das Bündnis mit den Liberalen zeitgenössisch genannt wurde, können heute verschiedene Interessengruppen ausgemacht werden. Konservative Kreise erhofften sich eine Wiederherstellung prä-napoleonischer Zustände, das heißt eine enge Allianz von Thron und Altar. Daneben gab es ideelle Anhänger einer Verbindung von Katholizismus und Liberalismus, die damit die Richtung

---

43 Vgl. zur politischen Entwicklung des niederländischen Raums seit der französischen Expansion, die im Folgenden grob skizziert wird, ausführlich Erbe, Michael: Belgien, Niederlande, Luxemburg. Geschichte des niederländischen Raumes, Stuttgart u. a. 1993, S. 180–207. Zur konfessionellen Heterogenität des Gebietes und den Ängsten der katholischen Belgier, vom protestantischen Monarchen ‚protestantisiert' zu werden, vgl. auch Aubert, Roger: Die anderen europäischen Kirchen, in: Jedin, Hubert (Hg.): Handbuch der Kirchengeschichte, Bd. VI/1. Die Kirche in der Gegenwart: Zwischen Revolution und Restauration, Freiburg i. Br. 1971, S. 173–196, hier 175–180.

44 Vgl. zum Konkordat und seinen berühmten „organischen Artikeln" Aubert, Roger: Kirche und Staat in Belgien im 19. Jahrhundert, in: Conze, Werner (Hg.): Beiträge zur deutschen und belgischen Verfassungsgeschichte im 19. Jahrhundert, Stuttgart 1967, S. 5–25, hier 6f.

45 Zwischen Liberalen und Katholiken gab es natürlich auch Schnittmengen, vgl. auch Strikwerda, Carl: A House Devided. Catholics, Socialists, and Flemish Nationalists in Nineteenth Centruy Belgium, Lanham 1997, S. 27f.

Lamennais', des zeitgenössischen Vordenkers des liberalen Katholizismus in Europa schlechthin, einschlugen. Zwischen diesen beiden Polen etablierte sich die pragmatische „Mechelner Schule", die weder eine Rückkehr zum alten System noch eine ideelle Vermengung zwischen Katholizismus und Liberalismus, sondern schlicht eine möglichst reibungslose Integration einer starken Kirche in neue konstitutionelle Möglichkeiten und Gegebenheiten anstrebte.[46] Von ihr gingen maßgebliche Impulse für die neue Verfassung aus, die als eine der ältesten ihrer Art bis heute das Ideal des liberalen Verfassungsstaates verkörpert.[47]

Der Kirche wurde durch die Verfassung eine durchaus vorteilhafte Position zugesichert. Weitgehende Unabhängigkeit etwa im Unterrichts- und Erziehungsbereich führte zu einem Neuerblühen kirchlicher Strukturen in der zeitgenössisch so besonderen und von Rom äußerst kritisch beäugten Konstellation eines liberalen Verfassungsstaates. In der belgischen Verfassung sah man dort nicht selten das „Manifest der Schule Lamennais'", des zu dieser Zeit für seine liberalen Ansichten von der Kirche bereits zunehmend attackierten und schlussendlich auch verurteilten Theologen.[48] Das wesentlich durch die Verfassung ermöglichte „katholische Reveil", gekennzeichnet durch „eine plötzlich freiwerdende religiöse Energie", die sich auf die nun ermöglichte Mitgestaltung einer erneuerten Gesellschaft richtete, vermochte die

46 Vgl. Aubert: Kirche und Staat (1967), S. 11. Aubert weist hier auf die gegenseitige Beeinflussung zwischen Lamennais und denjenigen belgischen Katholiken hin, die die Freiheitsrechte aus religiösem Prinzip heraus einforderten. Vgl. zum Einfluss Lamennais' auf Belgien auch Braive, Gaston; Lamberts, Emiel: Lettres de Charles de Coux à l'abbé de Haerne (1831–1832), in: Revue d'Histoire ecclésiastique, 66/3 (1971), S. 887–928; Jürgensen, Kurt: Lamennais und die Gestaltung des belgischen Staates. Der liberale Katholizismus in der Verfassungsbewegung des 19. Jahrhunderts (Veröffentlichungen des Instituts für Europäische Geschichte Mainz: Abt. Universalgeschichte, 29), Wiesbaden 1963.

47 Vgl. zur Verfassungsgestalt Erbe: Belgien, Niederlande, Luxemburg (1993), S. 212f. und speziell zum Einfluss der „Mechelner Schule" Aubert, Roger: Die erste Phase des katholischen Liberalismus, in: Jedin (Hg.): Handbuch der Kirchengeschichte, VI/1 (1971), S. 320–347, hier 334f. Zu Entstehungsprozess und Ursprüngen der belgischen Verfassung von 1831 vgl. insgesamt auch Gilissen, John: Die belgische Verfassung von 1831. Ihr Ursprung und ihr Einfluß, in: Conze (Hg.): Beiträge (1967), S. 38–69.

48 Vgl. Aubert: Kirche und Staat (1967), S. 17f. und zur schrittweisen kirchlichen Verurteilung der Ideen Lamennais' Verhülsdonk: Religion und Gesellschaft (1991), S. 118–138. Diese Verurteilung verunsicherte die verfassungstreuen Katholiken in Belgien zunächst, bis die belgischen Bischöfe sich zu der Deutung durchrangen, die liberalismus-feindlichen päpstlichen Aussagen bezögen sich auf ein ideal-theologisches, nicht ziviles System, vgl. Aubert: Die erste Phase (1971), S. 336–343.

Kritik jedoch abzuschwächen – zumal es vor allem mit der Erstarkung ultramontaner Frömmigkeitsstrukturen einherging.[49]

Périn, der in ein anti-revolutionär eingestelltes und somit den romantischen Frömmigkeitsidealen des frühen Ultramontanismus genuin affines, tiefreligiöses französisches Emigranten-Milieu hineingeboren wurde, studierte zunächst Jura an der Katholischen Universität Leuven.[50] An der im Kontext des „Reveils" wiedererrichteten katholischen Universität[51] engagierte sich Périn über sein Fach hinaus in studentischen Lese- und Schreibzirkeln, wo er sich bereits früh mit der Frage nach dem Verhältnis materieller Interessen zu christlichen Grundprinzipien beschäftigte. Schon als Student machte er die für seinen späteren Werdegang so entscheidende Bekanntschaft mit Charles de Coux, dem ersten Professor für Politische Ökonomie an der noch jungen Universität. Mit der international zu beobachtenden Neu- und Wiedereinrichtung

---

49 Zu den demonstrativen sozialen Aktivitäten und den dahinterliegenden romantischen Frömmigkeitsidealen, die nun in eine neue Zeit katapultiert wurden, vgl. vor allem Viaene, Vincent: Katholisches Reveil und ultramontane Pietät in Belgien (1815–1860), in: Fleckenstein/Schmiedl (Hgg.): Ultramontanismus (2005), S. 111–134, hier 113 und für die Entwicklung religiöser Institutionen zu dieser Zeit auch Bartier, John: Politische Parteien und soziale Klassen in Belgien, in: Conze (Hg.): Beiträge (1967), S. 93–146, hier 131f. Zum besonderen Verständnis der Trennung zwischen Staat und Kirche, das diesen Entwicklungen zugrunde lag, vgl. Viaene, Vincent: „La liberté comme en Belgique". The semantic stakes of „separation" between church and state in Belgium, in: Hölscher, Lucian (Hg.): Baupläne der sichtbaren Kirche. Sprachliche Konzepte religiöser Vergemeinschaftung in Europa (Bausteine zu einer europäischen Religionsgeschichte im Zeitalter der Säkularisierung, 10), Göttingen 2007, S. 117–135.

50 Vgl. für alle nun folgenden grundlegenden biographischen Informationen Stevens, Fred: Charles Périn, in: Decock, Wim; Oosterhuis, Janwillem (Hgg.): Great Christian Jurists in the Low Countries (Law and Christianity, 1), Cambridge 2021, S. 249–265; Louant, Armand: Art. Périn, in: Biographie nationale de Belgique, II (1959), Sp. 665–670; Dumont, Cécile; Louant, Armand: Inventaire des papiers Charles Périn. Introduction (Archives de l'Etat à Mons), Bruxelles 1986; Madey, Johannes: Art. Charles-Henry-Xavier Périn, in: Biographisch-Bibliographisches Kirchenlexikon, 7 (1994), S. 191f.; Abts, Johan; Vynck, Sharon: Charles Périn (ODIS Datenbank KADOC – KU Leuven, 2013), URL: https://www.odis.be/hercules/search2.php?searchMethod=simple&search=p%C3%A8rin (abgerufen am 28.06.2021).

51 Mathes fasst hierzu zusammen: „Warum sich angesichts der neuen Verfassungsmöglichkeiten mit einer Verbesserung der rein kirchlichen Studien zufrieden geben? Gab es nicht jetzt endlich Gelegenheit, [...] der antikirchlichen Indoktrination der jungen Elite zu wehren? Warum nicht gleich die günstige Gelegenheit ausnutzen und das katholische Schulsystem zum krönenden Abschluß bringen [...]?", Mathes: Löwen und Rom (1975), S. 161.

der katholischen Universitäten zu dieser Zeit hatte dort auch das Fach der Politischen Ökonomie Einzug gehalten.[52]

Nach seiner juristischen Promotion arbeitete Périn zunächst wenige Jahre als Anwalt in Brüssel, bevor er 1844 den Ruf zurück an die Leuvener Universität erhielt, wo er von nun an als Professor im Öffentlichen Recht und im Völkerrecht unterrichtete. Ein Jahr später übernahm er auch den Lehrstuhl De Coux'[53], der über die Jahre zu seinem intellektuellen Mentor und engen Vertrauten geworden war, nun aber Belgien verließ.[54]

Bis zu dieser Zeit schätzte Périn die liberale Verfassung, insbesondere für die Lehrfreiheit, die sie den Katholiken gewährte. Im weiteren Verlauf der 1840er Jahre wurden allerdings zunehmende Spannungen zwischen den politischen Fraktionen deutlich, die bis 1847 gemeinsam in unionistischen Kabinetten regierten[55]: Während auch die ultramontanen Katholiken sich vor allem in pragmatischer Hinsicht mehr und mehr mit dem liberalen System identifizierten, das ihnen alle Möglichkeiten gab, die Geschicke des Landes maßgeblich zu prägen, kritisierten die Liberalen die ‚Katholisierung' liberal-staatlicher Domänen. Damit prangerten sie im Umkehrschluss die Instrumentalisierung liberaler Gegebenheiten für deren schleichende, aber dennoch gezielte ideelle Abschaffung an.[56]

52 Die Leuvener Universität war die erste der großen katholischen Universitäten, die zu dieser Zeit (wieder-)gegründet wurden. Es folgten 1842 die Universität Notre Dame (Indiana) und 1852 die Universität Laval (Quebec). In Frankreich erfolgten die Gründungen erst nach 1875, vgl. Almodovar/Teixeira: The Ascent and Decline (2008), S. 70.

53 Die Bestätigung, dass er den „Cours d'économie politique" übernehmen konnte, erhielt Périn von Rektor De Ram im Sommer 1845, vgl. De Ram à Périn, 11.08.1845. Archives de l'Etat à Mons, Périn Charles, Correspondance. Lettres reçues, 301.

54 De Coux übernahm in Frankreich ab 1845 den Posten des Chefredakteurs des ultramontanen Journals *L'Univers*. Vgl. zu seiner Zeit in Frankreich ausführlich Coux-Euzennat, Marguerite-Marie De: Action institutionnelle ou engagement social. Lettres de Charles de Coux à Charles Périn, à Lacordaire et à l'abbé Maret de 1845 à 1849, in: Revue d'Histoire ecclésiastique, 85/3 (1990), S. 669–700.

55 Zur „Zeit des Unionismus" vgl. Erbe: Belgien, Niederlande, Luxemburg (1993), S. 212–218.

56 Aubert bemerkt hierzu, dass sich „aus dem Mittelweg zwischen Verbundenheit und wirklicher Trennung von Staat und Kirche, wie ihn die Verfassung von 1831 geschaffen hatte, im Lauf der Jahre die völlige Unabhängigkeit der katholischen Kirche" entwickelte, „während sie gleichzeitig in steigendem Maße von den staatlichen Institutionen beschützt wurde [...]", vgl. insgesamt Aubert: Kirche und Staat (1967), S. 18ff., Zitat: 20 und zu den katholischen (besonders schulpolitischen) Erfolgen, die maßgeblich zur Aussöhnung der Ultramontanen mit dem liberalen Staatssystem beitrugen, auch Aubert, Roger: Das Fortbestehen des katholischen Liberalismus in Westeuropa, in: Jedin (Hg.): Handbuch der Kirchengeschichte, VI/1 (1971), S. 349–368, hier 360–365.

Die Liberalen, die zwischen 1847 und 1870 nahezu ununterbrochen die Regierung stellten[57], reagierten mit entsprechenden Gegenmaßnahmen. Zunächst bezogen sich diese auf den Bereich der Schulpolitik, bis in die 1860er Jahre vor dem Hintergrund zunehmender Radikalisierungen auf beiden Seiten allerdings auch auf die Säkularisierung anderer katholischer Kernbereiche, wie etwa den des Klosterwesens.[58] Während bei den Liberalen zur Mitte des Jahrhunderts der Antiklerikalismus erstarkte, formierte und organisierte sich bei den Katholiken das ultramontane Netzwerk weiter. Hieraus ging sehr bald eine dezidiert anti-liberale Bewegung hervor, die nun die Verfassung selbst zu bekämpfen suchte.[59] Zwar stellte diese Bewegung im belgischen Katholizismus der 1860er Jahre, der mehrheitlich noch die konstitutionellen Freiheiten zu verteidigen suchte, die Minderheit dar. Diese Minderheit agitierte allerdings lautstark gegen die „Freiheiten zum Untergang" und wurde zudem von keinem Geringeren als Papst Pius IX. selbst unterstützt, der mit seiner Enzyklika *Quanta Cura* von 1864 überaus deutlich Stellung gegen den politischen Liberalismus bezog.[60]

Charles Périn wurde zum charismatischen und wortgewaltigen Anführer dieser anti-liberalen Kampagne, spiegelte mit seiner Biographie also in wesentlichen Aspekten die Entwicklungsprozesse des postrevolutionären belgischen Ultramontanismus. Mehrfach wurde Périn bis in die 1870er Jahre von Papst Pius IX. persönlich empfangen, der das Engagement und die Publikationen des Belgiers schätzte und diesen zum „porte-parole autorisé du Vatican" machte.[61] In diversen Monographien und Artikeln beleuchtete Périn

57 Lediglich zwischen 1855 und 1857 kam noch einmal ein unionistisches Kabinett zustande, vgl. insgesamt Erbe: Belgien, Niederlande, Luxemburg (1993), S. 218–224.

58 Nach den schulpolitischen katholischen Erfolgen der frühen 1840er Jahre stellte der von den Liberalen 1846 einberufene Kongress zur Verteidigung der „Säkularisationsprinzipien" den Wendepunkt dar, vgl. hierzu und zur Folgezeit ausführlich Aubert, Roger: Die Offensive der liberalen Regierungen in den nichtdeutschsprachigen Ländern, in: Jedin (Hg.): Handbuch der Kirchengeschichte, VI/1 (1971), S. 705–725, hier 714–720.

59 Die Liberalen betrachteten ihre Säkularisationspolitik als „Rückkehr zum Buchstaben der Verfassung", Aubert: Die Offensive (1971), S. 715. Demgegenüber kam es ab 1848 zu einer „phase d'orientation ou […] phase innovatrice de l'action ultramontaine", vgl. Maeyer: La Belgique (2002), S. 362–365. Vgl. zu den hier relevanten Publikationsorganen und Wortführern auch die entsprechenden Aufsätze bei Lamberts, Emiel (Hg.): De kruistocht tegen het liberalisme. Facetten van het ultramontanisme in België in de 19e eeuw (KADOC-Studies, 2), Leuven 1984.

60 Vgl. Enzyklika *Quanta cura* (08.12.1864), in: Denzinger/Hünermann (Hgg.): Kompendium (2017), S. 741ff. und zur belgischen Entwicklung Aubert: Die Offensive (1971), S. 718; Aubert, Roger: Innerkatholische Kontroversen im Blick auf den Liberalismus, in: Jedin (Hg.): Handbuch der Kirchengeschichte, VI/1 (1971), S. 738–760, hier 745.

61 Vgl. Dumont/Louant: Inventaire Périn. Introduction (1986).

liberale Anschauungen im politischen, rechtlichen wie ökonomischen Bereich von einem ultramontan-katholischen Standpunkt aus – was dem Papst nicht zuletzt für den liberalismus-kritischen *Syllabus Errorum* von Interesse sein musste, der der Enzyklika *Quanta Cura* als Verzeichnis von 80 „Irrtümern" angehängt wurde.

Als wirtschaftliches Hauptwerk Périns gilt heute seine 1861 erschienene zweibändige Publikation *De la richesse dans les sociétés chrétiennes*, die vor allem aus einem starken Gedankenaustausch mit Charles de Coux hervorging.[62] Périn legte mit diesem Werk sein Meisterstück vor, von dessen Grundthesen er auch in den folgenden Jahrzehnten nicht mehr abwich.[63] Sein Nachfolger Victor Brants würdigte es noch rund 50 Jahre später als epochale, weil erstmals systematische katholische Positionierung zu den um 1860 dominierenden liberalen und sozialistischen Wirtschaftskonzepten.[64] Périn gliederte seine Ausführungen in sieben Einzelbücher, in denen er sich mit verschiedenen Dimensionen des ökonomischen und des christlichen Diskurses über Reichtum auseinandersetzte: Wie wird er erzeugt? Welche Gesetzmäßigkeiten liegen seinem Umtausch und seiner Verteilung zugrunde? Was bedeutet die gleichzeitige Existenz von Armut und Reichtum für eine christliche Gesellschaft? Inwiefern können christliche Denk- und Lebensformen Reichtum erzeugen? Und darauf aufbauend: Was *ist* wahrer Reichtum für einen Christen in der Industriegesellschaft? Eine derart umfassende und zugleich komprimierte Auseinandersetzung mit diesen Fragestellungen aus katholischer Perspektive ist für diese Zeit einmalig. Périns hier vorliegende Ausführungen dienen den nachfolgenden Analysen als zentrale Quelle.

In vielen Ländern wurde *De la richesse dans les sociétés chrétiennes* zeitnah übersetzt.[65] Schon früh war auch in Deutschland der Wunsch nach einer Übersetzung lautgeworden, gerade mit dem Verweis auf die bisherige Vernachlässigung des Themas innerhalb der deutschen katholischen Publizistik.[66]

---

62 Vgl. Brants, Victor: Charles Périn. Notices sur sa vie et ses travaux (Extrait de l'Annuaire de l'Université catholique), Louvain 1906, S. 14.

63 „Périn y développe sa doctrine économique définitive [...]", Dumont/Louant: Inventaire Périn. Introduction (1986).

64 Vgl. Brants: Charles Périn (1906), S. 10–28, besonders 12ff.

65 So etwa in Frankreich, Italien, Österreich-Ungarn, Spanien und sogar Brasilien, vgl. Louant: Art. Périn, Biographie Nationale (1959), Sp. 670.

66 Vgl. hierzu etwa die Bemerkung im *Literarischen Handwerker*: „Es ist leider wahr, daß die Geister bei uns für diese Art von Studium noch sehr wenig vorbereitet sind; eben deshalb würde aber auch die Übersetzung eine ‚That' sein, und ohne Zweifel würde sie sich in einigen Jahren, wenn erst der ‚Katholik' durch gediegene Artikel die für Religion, Politik, Gesellschaft u. Leben gleich hohe Wichtigkeit dieses Zweiges der Wissenschaft den deutschen Katholiken zum Bewußtsein gebracht hat, für den muthigen Verleger auch

Übersetzt und nach Autorisierung durch Périn herausgegeben wurden die zwei Bände bis 1868 schließlich unter dem Titel *Ueber den Reichthum in der christlichen Gesellschaft* vom Eichstätter Domvikar Joseph Weizenhofer im Verlag Friedrich Pustet (Regensburg).[67]

Auf politischer Ebene polarisierte Périn zu dieser Zeit mit seiner Kritik am politischen Liberalismus des belgischen Staates. Im belgischen Episkopat fanden sich Unterstützer wie Gegner Périns. An der Universität Leuven wiederum, wo zumeist ein verfassungskonformer liberaler Katholizismus befürwortet wurde, sah er sich hauptsächlich von Gegnern in Professoren- wie Studierendenschaft umgeben. An den Mechelner Kongressen, die Mitte der 1860er Jahre nach dem Modell der deutschen Katholikentage in Belgien stattfanden, nahm Périn als prominenter Redner teil. Hier wurden ebendiese Polarisierungen bereits deutlich sichtbar.[68] Die Rede, die Périn auf dem ersten Mechelner Kongress im Jahr 1863 über die „Mission sociale de la Charité" hielt, dient den nachfolgenden Analysen ebenfalls als wichtige Quelle.

Wenngleich der Untersuchungszeitraum nur bis 1865 angesetzt wird, bis wohin Périn seine ökonomisch-theologischen Positionen voll entfaltet hatte, soll kurz auf die weiteren Entwicklungen bis zu seinem Tod im Jahr 1905 eingegangen werden. In den 1870er Jahren radikalisierten sich sowohl die Liberalen als auch die Ultramontanen weiter, Letztere vernetzt über die 1875 ins Leben gerufene, äußerst einflussreiche Confrérie de Saint-Michel, der Périn zunächst

materiell lohnen. Geben wir darum die Hoffnung nicht auf!", [Besprechung *De la richesse dans les sociétés chrétiennes*], in: Literarischer Handwerker, 11 (1863), S. 21f., hier 22.

67 Périn, Charles: Ueber den Reichthum in der christlichen Gesellschaft, 2 Bde. Übersetzung v. Joseph Weizenhofer, Regensburg u. a. 1866–68. Weizenhofer war durch die Anzeige im *Literarischen Handwerker* (s. vorherige Fußnote) auf den Gedanken einer Übersetzung gekommen und fragte diesbezüglich im Januar 1863 bei Périn an, vgl. Weizenhofer à Périn, 14.01.1863. Archives de l'Etat à Mons, Périn Charles, Correspondance. Lettres reçues, 371. Hochachtungsvoll sprach Weizenhofer hier von einer „eminent christlichen und eminent wissenschaftlichen Arbeit".

68 „La Droite conservatrice et le groupe catholique-libéral soutenaient une intégration des catholiques dans la société moderne et s'opposaient à une organisation ou à un cloisonnement idéologique catholique extrême", Maeyer: La Belgique (2002), S. 363. Zu den Mechelner Kongressen, „die die Tätigkeit der kirchlichen Werke, die sich regellos vermehrt hatten, koordinierten und vor allem eine mächtige Bewegung der öffentlichen Meinung zur Unterstützung des katholischen Widerstands auf parlamentarischer Ebene provozieren sollten", vgl. auch Aubert: Die Offensive (1971), S. 717; Erbe: Belgien, Niederlande, Luxemburg (1993), S. 221 und hinsichtlich ihrer Bedeutung für die spätere konfessionelle Parteigründung schon Simon, Aloïs: Le Parti Catholique belge 1830–1945, Bruxelles 1958, S. 64.

als Präsident vorstand.[69] Zu Fall brachte ihn schlussendlich eine kirchen- und medienpolitische Affäre: Zum Ende des Jahres 1880 gelangten private Briefe an die Presse, in denen Périn und andere Ultramontane seines Umfelds das Oberhaupt der belgischen Bischöfe, Kardinal Dechamps, und mit ihm die Verteidiger des konstitutionellen Liberalismus im Episkopat schwer kritisiert und verunglimpft hatten.[70] Eine Weiterführung seiner kirchenpolitischen Karriere war unter diesen Umständen nicht denkbar, zumal der nach dem Tod Pius' IX. im Jahr 1878 neu gewählte Papst Leo XIII. die belgischen Katholiken nun zum vereinten Engagement für den Verfassungsstaat aufrief und sich gegen weitere Radikalisierungen aussprach. Im Juli 1881, nachdem weitere Briefe veröffentlicht worden waren, ermahnte er Périn in einer persönlichen Audienz, die belgischen Katholiken in dieser schwierigen Zeit nicht zu spalten, sondern zu versöhnen.[71] Im darauffolgenden August forderte er dies – nicht ohne eine implizite Schuldzuweisung an Périn – öffentlichkeitswirksam in der Enzyklika *Licet Multa* ein.[72]

Unmittelbar darauf zog sich Périn – nach eigener Wahrnehmung als Unverstandener und Opfer von Intrigen – aus seiner Lehrtätigkeit in Leuven zurück, blieb aber weiterhin publizistisch aktiv.[73] Den Wahlerfolg einer neu gebildeten katholischen Partei, in der sich Katholisch-Liberale und Ultramontane im gemeinsamen Widerstand vor allem gegen die liberale Schulpolitik schlussendlich zusammengetan und politisch organisiert hatten[74], erlebte er im Jahr

69 Vgl. zu dieser Phase, die einem Bürgerkrieg ähnelte, Maeyer: La Belgique (2002), S. 365f. Aus der Perspektive des Kampfes um nationale Identität, deren Repräsentanz von beiden Seiten beansprucht wurde, vgl. auch Vos, Louis: Konjunkturen des belgischen Patriotismus im 19. und 20. Jahrhundert, in: Koll, Johannes (Hg.): Nationale Bewegungen in Belgien. Ein historischer Überblick (Niederlande-Studien, 37), 2. Aufl., Münster 2009, S. 41–72, hier 50f.

70 Vgl. zur Vorgeschichte und den Details der Affäre Kenis, Leo: De theologische faculteit te Leuven in de negentiende eeuw 1834–1889 (Verhandelingen van de Koninklijke Academie voor Wetenschappen, Letteren en Schone Kunsten van België, 143), Brussel 1992, S. 432–441; Maeyer, Jan de: De rode baron. Arthur Verhaegen 1847–1917 (KADOC-Studies, 18), Leuven 1994, S. 153; Stevens: Charles Périn (2021), S. 250f.

71 Vgl. Kempeneers, Joseph: Charles Périn 1815–1905 de l'école libérale d'inspiration chrétienne (La pensée catholique), Liège 1930, S. 4f.

72 Vgl. Enzyklika *Licet Multa* (03.08.1881), URL: https://www.vatican.va/content/leo-xiii/en/encyclicals/documents/hf_l-xiii_enc_03081881_licet-multa.html (abgerufen am 14.02.2022).

73 Périn ließ diese ‚Verurteilung' bis zu seinem Tod nicht los. Er veröffentlichte nach seinem Rückzug einen Bericht, in dem er von Intrigen der liberalen Katholiken gegen seine Person sprach, vgl. Bequé, Maurice; Louant, Armand: Le dossier „Rome et Louvain" de Charles Périn, in: Revue d'Histoire ecclésiastique, 50 (1955), S. 36–124.

74 Vgl. Erbe: Belgien, Niederlande, Luxemburg (1993), S. 224ff.; Maeyer: La Belgique (2002), S. 377–380. Zur Parteigründung vgl. auch Soete, Jean-Luc: L'ultramontanisme et la

1884 bereits als Privatmann. 1905 starb er als Hochbetagter im belgischen Ghlin.

Bereits in den Jahren unmittelbar vor und nach Périns Tod erschienen aus dem Kreis seiner persönlichen Anhängerschaft einige Schriften, die seine akademischen Verdienste würdigten. Hierunter fallen in exponierter Stellung die fragmentarisch gebliebene, biographische Abhandlung seines Schülers und universitären Nachfolgers Victor Brants[75], außerdem die umfangreichere Schrift Justin Fèvres.[76] Zwar nannte Fèvre Périn den „créateur de l'économie politique chrétienne", ging allerdings in seinen Ausführungen kaum auf das wirtschaftswissenschaftliche Werk des Ökonomen, sondern vielmehr auf dessen biographische Stationen ein. Erste wirtschaftliche Kontextualisierungen Périns erschienen jedoch ebenfalls zeitnah, insbesondere durch Paul Michotte, selbst noch Student bei Périn.[77] Einige Jahre später wurde Périn, als Gründer einer „école libérale d'inspiration chrétienne", auch in theologisch-philosophischer Perspektive rezipiert.[78]

Ab den 1940er Jahren ist eine verstärkte Wahrnehmung des katholischen Ökonomen im Kontext sozialkatholischer Initiativen festzustellen. Erwähnung fand er in entsprechenden Überblicksdarstellungen.[79] Es folgten die

formation du parti catholique en Belgique de 1875 à 1884, in: Lamberts (Hg.): De kruistocht (1984), S. 200–221; Simon: Le Parti catholique belge (1958) und zu den Etappen ultramontanen Engagements in Belgien insgesamt Lamberts, Emiel: Het ultramontanisme in België, 1830–1914, in: Lamberts (Hg.): De kruistocht (1984), S. 38–63.

75 Brants: Charles Périn (1906). Zu Brants (1856–1917), der zur Zeit der Lehrstuhlübernahme 1881 stark von Périn beeinflusst war, hiernach aber auch andere Wege einschlug, vgl. Meerts, Kristin: De Leuvense hoogleraar Victor Brants. Een brugfiguur in het sociaalkatholicisme, in: Bijdragen tot de geschiedenis, LXV (1982), S. 197–233; Meerts, Kristin: De Leuvense hoogleraar Victor Brants. Sociale ideeën tussen katholieke romantiek en realisme (1856–1891), in: Bijdragen tot de geschiedenis, LXVI (1983), S. 101–130.

76 Vgl. Fèvre, Justin: Charles Périn. Créateur de l'Economie Politique chrétienne, Paris 1903.

77 Vgl. Michotte, Paul: Études sur les théories économiques qui dominèrent en Belgique de 1830 à 1886, Louvain 1904; Michotte, Paul: Un économiste belge: Charles Périn (Extrait de la Revue Sociale Catholique de juin–juillet 1905), Louvain 1905; Eblé, Maurice: Les écoles catholiques d'économie politique et sociale en France. Evolution, position et rapports, Paris 1905.

78 Vgl. Kempeneers: Charles Périn (1930).

79 Vgl. Duroselle, Jean-Baptiste: Les débuts du catholicisme social en France (1822–1870), Paris 1951; Rezsohazy, Rudolph: Origine et formation du catholicisme social en Belgique, 1842–1909, Louvain 1958; Kothen, Robert: La pensée et l'action sociale des catholiques, 1789–1944, Louvain 1945.

Périn-Studien Armand Louants[80], der in den 1980er Jahren den bis heute verwendeten Katalog des Périn-Nachlasses im Staatsarchiv Mons mitherausgab.[81]

Im Forschungsdiskurs der 1980er bis frühen 2000er Jahre, maßgeblich geprägt von den Recherchen rund um das Documentatie- en onderzoekscentrum voor Religie, Cultuur en Samenleving der Katholieke Universiteit Leuven (KADOC), stand weniger die Erforschung Périns selbst im Vordergrund als vielmehr die historische Konturierung seines ultramontanen Umfelds in Belgien.[82] Sowohl der Sammelband zum ultramontanen „kruistocht tegen het liberalisme"[83] im 19. Jahrhundert als auch der Tagungsband zur „Black international", einem international für die Belange Roms agierenden katholischen Netzwerk[84], skizzierten die für Périn relevanten und sich im Verlauf des Jahrhunderts zunehmend politisierenden katholischen Aktionsfelder. Auch die 2001 am KADOC publizierte Studie Vincent Viaenes zur postrevolutionären Formierungsphase des belgischen Katholizismus analysierte den religiösen wie politischen Hintergrund, vor dem Périn bis 1860 agierte und agitierte.[85]

Im Jahr 2008 fanden Périn und auch De Coux als Ökonomen knappe Erwähnung in einer einschlägigen Leuvener Studie zum Zusammenspiel von Gesetzen, Ideen und Krisenwahrnehmungen in den Entwicklungsprozessen der sich schrittweise liberalisierenden belgischen Landwirtschaftspolitik zwischen 1830 und 1884.[86] Während die katholische Politische Ökonomie De Coux' und Périns hier allerdings nur am Rande erwähnt wurde, fand sie zeitnah in einem internationalen Forschungsstrang größere Beachtung. Das bereits

---

80 Neben seinem oben erwähnten Artikel in der Biographie Nationale seien hier genannt: Louant, Armand: Charles Périn et Pie IX, in: Bulletin de l'Institut historique belge de Rome, 27 (1952), S. 181–220; Bequé/Louant: Le dossier „Rome et Louvain" (1955).

81 Vgl. Dumont, Cécile; Louant, Armand: Inventaire des papiers Charles Périn (Archives de l'Etat à Mons), Bruxelles 1986.

82 Eine nicht publizierte Examensarbeit zu Périn von 2004 ist allerdings erwähnenswert, die in der Universitätsbibliothek der KU Leuven eingesehen werden kann: Delen, Bram: Economische utopie en katholieke wetenschap. Een intellectueel portret van Charles Périn (1815–1905), Onuitgegeven licentiaatsverhandeling, Leuven 2004. Delen strebt hier vor allem eine intellektuell-philosophische Kontextualisierung Périns an, beschäftigt sich dabei allerdings nicht mit dessen konkreten ökonomischen Forderungen. Delens Ausführungen werden für die abschließende Analyse zum Wissenschaftsverständnis Périns hinzugezogen.

83 Vgl. Lamberts (Hg.): De kruistocht (1984).

84 Vgl. Lamberts, Emiel (Hg.): The Black International – L'Internationale noire 1870–1878. The Holy See and Militant Catholicism in Europe – Le Saint-Siège et le Catholicisme militant en Europe (KADOC-Studies, 29), Leuven 2002.

85 Vgl. Viaene: Belgium and the Holy See (2001).

86 Vgl. Dijck, Marteen van: De wetenschap van de wetgever. De klassieke politieke economie en het Belgische landbouwbeleid 1830–1884, Leuven 2008, S. 73–77.

in der Einleitung erwähnte, dem aktuellen Forschungsstand entsprechende *Oxford Handbook of Christianity and Economics* von 2014 maß Périn in dieser Hinsicht eine kaum zu überschätzende Bedeutung zu, bot allerdings keinerlei vertiefende Analyse des Belgiers.[87] Zwischen De Coux und Victor Brants sei Périn mit seinen Thesen die Schlüsselfigur in der systematischen Ausformung eines katholisch-ökonomischen Standpunkts zur Mitte des 19. Jahrhunderts gewesen.[88] Neben dieser, auf die Genese wirtschaftlicher Ideen abzielenden Sichtweise ist in der allerjüngsten Forschung vermehrt wieder eine sozialhistorische Perspektive auf den belgischen Katholizismus eingenommen worden, die das Engagement Périns nur sporadisch streift.[89]

In der deutschsprachigen Forschung hat Périn bislang insgesamt kaum Beachtung gefunden. Jenseits lexikalischer und handbuchartiger Erwähnungen, die den Kontrast zwischen deutschen sozialstaatlichen Positionierungen und den Ideen Périns hervorhoben[90] oder den Belgier darüber hinaus im Kontext der Genese sozialethischer Denkweisen erwähnten[91], hat Périn kaum je Eingang in deutsche Aufsätze und Monographien gefunden.[92] Hier wie international, so kann zusammenfassend festgehalten werden, sind gerade die Impulse

87 Vgl. Oslington, Paul (Hg.): The Oxford Handbook of Christianity and Economics, Oxford 2014.

88 Vgl. aus dem Kreis der Handbuch-Autoren hierzu auch schon früher Almodovar/Teixeira: The Ascent and Decline (2008), S. 70ff.

89 Vgl. hierzu in einem international vergleichenden Band besonders Molle, Leen van: Social Questions and Catholic Answers. Social Reform in Belgium, c. 1780–1920, in: Molle, Leen van (Hg.): Charity and Social Welfare (The Dynamics of Religious Reform in Northern Europe 1780–1920, 4), Leuven 2017, S. 101–122 und schon früher Molle, Leen van; Maeyer, Jan de: Das Ausbalancieren von öffentlicher und privater Initiative auf dem Markt der Wohltätigkeit. Belgien im 19. Jahrhundert, in: Maurer/Schneider (Hgg.): Konfessionen (2013), S. 257–282. Jüngst hat sich Hendrik Moeys in diesem Zusammenhang spezifisch mit den politischen und ideologischen Ursprüngen des belgischen Welfare States auseinandergesetzt, die die katholischen Standpunkte um Périn unmittelbar tangieren, vgl. Moeys, Hendrik: Subsidiarity Social Provision before the Welfare State. Political Theory and Social Policy in Nineteenth-Century Belgium, Leuven (Univ. Diss.) 2017 und auch Moeys, Hendrik: Social Policy by Other Means from a Comparative Historical Perspective. Continuity and Change in Nineteenth-Century Belgium (1820–1900), in: Journal of Comparative Policy Analysis (2018), S. 1–16.

90 Vgl. etwa Stegmann/Langhorst: Geschichte der sozialen Ideen im deutschen Katholizismus (2000), S. 684.

91 Vgl. etwa Dirsch, Felix: Solidarismus und Sozialethik. Ansätze zur Neuinterpretation einer modernen Strömung der katholischen Sozialphilosophie (Schriften des Instituts für Christliche Sozialwissenschaften der Westfälischen Wilhelms-Universität Münster, 55), Berlin 2006, S. 328–335.

92 Hier zu erwähnen ist lediglich noch Merk, Gerhard: Volkswirtschaftslehre und katholische Sozialtheorie, in: Zeitschrift für Evangelische Ethik, 11 (1967), S. 257–275, hier 260f.

jüngerer Forschungsperspektiven rund um die Geschichte ökonomischen Denkens, die zur Verbindung einer kirchen- und theologiegeschichtlichen mit einer wirtschaftsgeschichtlichen Betrachtung Périns in hohem Maße anregen, noch nicht aufgenommen worden. Es mangelt zudem an einer systematischen Erfassung von Périns Positionen hinsichtlich verschiedener ökonomischer Debatten, die über die gewählten Untersuchungsfelder abgebildet werden. Darüber hinaus gilt es, die Périn-Forschung zu erweitern durch eine Betrachtung der Wirkung von Périns ökonomisch-theologischen Ideen in den päpstlich-kurialen Kontext der 1860er Jahre hinein, in dem erste lehramtliche Antworten auf die sozio-ökonomische Misere gesucht wurden.

3.2.2 *Wirtschaft in Belgien (1830er bis 1860er Jahre)*

Périn lebte im Gegensatz zu Wessenberg schon in seinen frühen Lebensjahren in einem voll industrialisierten Staat. Dies hängt nicht nur mit der Lebenszeitverschiebung der beiden Personen zusammen: Belgien gilt gemeinhin als das im kontinentaleuropäischen Kontext am frühesten industrialisierte Land.[93] Schon unter französischer Besatzung und im Königreich der Vereinigten Niederlande bis 1830 hatten gerade die belgischen Provinzen mit ihrer Textilproduktion, einer deutlich vermehrten Steinkohleförderung sowie dem Dampfmaschineneinsatz die entscheidenden Entwicklungen zur Industriegesellschaft vollzogen. Mit der auf Industrie und Handel fokussierten niederländischen Politik insbesondere der 1820er Jahre, die die Landwirtschaft mehr und mehr vernachlässigte, ging allerdings früh auch die Verarmung der Landbevölkerung in den flämischen Provinzen einher.[94] Strukturelle soziale Nöte, verstärkt noch durch einige gravierende Ernteausfälle, werden heute als wichtige Faktoren für den Ausbruch der Revolution von 1830 gesehen.[95]

Die nun folgenden Jahrzehnte bis zum Ende der 1860er Jahre können grob in zwei Phasen eingeteilt werden: in die Zeit vor den großen Agrar- und Versorgungskrisen zum Ende der 1840er Jahre und in die Zeit danach, in der gerade als Reaktion auf die Notlage wirtschaftspolitisch neue Wege eingeschlagen wurden.[96] Bis 1845 war die Wirtschaft des neuen belgischen Staates von hoher Stabilität gekennzeichnet. Die Zahl der in der Landwirtschaft

93 Die belgischen Entwicklungen verliefen in vielerlei Hinsicht parallel zu denen in Großbritannien, vgl. Strikwerda: A House Devided (1997), S. 33.

94 Vgl. Erbe: Belgien, Niederlande, Luxemburg (1993), S. 199f.

95 Vgl. Erbe: Belgien, Niederlande, Luxemburg (1993), S. 203f.

96 Vgl. für diese Periodisierung schon Michotte, Paul: Le mouvement scientifique en Belgique 1830–1905. Les sciences économiques, Louvain 1907.

Beschäftigten blieb prozentual gesehen hoch.[97] Wirtschaftspolitisch dominierten protektionistische und interventionistische Grundhaltungen.[98]

Dies änderte sich vor dem Hintergrund der großen Versorgungskrisen zwischen 1845 und 1848[99], die Regierung und Parlament dazu brachten, politisch-strukturelle Veränderungen zur künftigen Produktionssteigerung in Erwägung zu ziehen. Das erste rein liberale Kabinett, das ab 1847 an der Macht war, schlug um 1850 erstmals umfassend den Weg wirtschaftlicher Liberalisierung ein.[100] Van Dijck betont in seiner Studie, dass die Maßnahmen dieser Zeit bereits vor dem Hintergrund einer theoretischen Rezeption der klassischen Nationalökonomie gesehen werden müssen, die zeitgenössische Krisenwahrnehmung sich hier also unmittelbar mit strukturtheoretischen Überlegungen und Debatten zu einer zukunftsfähigen belgischen Ökonomie vermischt habe.[101] Die liberale belgische Wirtschaftspolitik der zweiten Hälfte des 19. Jahrhunderts wurde von einer entsprechend liberalen Denkschule in der Tradition der französischen Smith-Rezeption flankiert, der Ökonomen wie Gustave de Molinari (1819–1912), Charles le Hardy de Beaulieu (1816–1871), Charles de Brouckère (1796–1860) oder Jean Arrivabene (1787–1881) zuzuordnen sind.[102]

97 Trotz des starken Bevölkerungswachstums (4,4 Millionen bis 1850) waren 1846 noch 54,6 Prozent der belgischen Bevölkerung in der Landwirtschaft beschäftigt, nur 31,5 Prozent dagegen in der Industrie. Diese Zahlen stammen aus Erbe: Belgien, Niederlande, Luxemburg (1993), S. 217. Die flämische Landwirtschaft blühte in der Zeit des Unionismus noch einmal auf und wurde gar im Ausland als Modell studiert, vgl. Dijck: De wetenschap van de wetgever (2008), S. 107f.

98 Vgl. zu den protektionistischen Strukturen ab 1830 ausführlich Michotte: Études (1904), S. 5–21 und spezifisch zur Landwirtschaftspolitik Dijck: De wetenschap van de wetgever (2008), S. 107–150. Van Dijck kommt zu dem Schluss, dass zu dieser Zeit die wirtschaftspolitischen Debatten in Belgien noch gar nicht mit dem Vokabular der Politischen Ökonomie geführt wurden.

99 Zu dieser Zeit fielen mit Absatzkrisen, Missernten, einer noch instabilen Währung und einem massiven Bevölkerungswachstum viele Faktoren zusammen, die die Krisensituation bedingten, vgl. Erbe: Belgien, Niederlande, Luxemburg (1993), S. 217.

100 Schon Michotte hat für die nun folgende Zeit von der „période de la triomphe de la liberté économique“ gesprochen, vgl. Michotte: Le mouvement (1907), S. 3 (Zitat), 9–19.

101 Vgl. Dijck: De wetenschap van de wetgever (2008), S. 195–243. Van Dijck streicht hier insbesondere die Wahrnehmung der Krise als Malthusianische Katastrophe heraus, schließlich fiel sie in die Zeit eines starken Bevölkerungswachstums.

102 Vgl. Dijck: De wetenschap van de wetgever (2008), S. 53–58 und spezifisch zum Werdegang De Molinaris auch Dijck, Marteen van: From Science to Popularization, and Back – The Science and Journalism of the Belgian Economist Gustave de Molinari, in: Science in Context, 21/3 (2008), S. 377–402. Bis auf Arrivabene werden die Ökonomen auch bei Michotte eingeführt, vgl. Michotte: Études (1904), S. 237–287.

Insbesondere das Prinzip des Freihandels etablierte sich seit den späten 1840er Jahren, maßgeblich angestoßen auch durch die Abschaffung der britischen protektionistischen Getreidegesetze im Jahr 1846.[103] Van Dijck hat betont, dass es dagegen nur wenig kategorischen Widerstand gab, vielmehr habe die Krisensituation in diesem Fall einem bereits Jahrzehnte früher in Belgien ins Gespräch gebrachten Prinzip endlich zur schrittweisen politischen Umsetzung verholfen.[104] Entsprechende Reformen in der Zollgesetzgebung zogen sich bis in die frühen 1860er Jahre, als die letzten Binnenzölle abgeschafft wurden und Belgien damit – so beschrieb es etwa Michotte – die letzten protektionistischen Hindernisse für eine prosperierende Wirtschaft aus dem Weg geräumt hatte.[105] In der Tat erlebte Belgien unter der Maßgabe fortschreitender wirtschaftlicher Liberalisierung bis in die frühen 1870er Jahre den für die europäischen Staaten allgemein so typischen kommerziellen Aufschwung, der national zusätzlich durch eine aktive Landwirtschafts- und Gewerbeförderung begünstigt wurde.[106]

Die Gewerbefreiheit war in den belgischen Regionen bereits unter Napoleon zum Ende des 18. Jahrhunderts eingeführt worden. Sehr früh vermischte sich dort die Frage nach neuen beruflichen Bildungs- und Ausbildungsstrukturen mit der Arbeiterfrage. Schließlich begünstigten die belgischen Industrialisierungsprozesse schon in der ersten Hälfte des 19. Jahrhunderts die Entstehung einer urbanen Arbeiterschicht. Im Zuge des postrevolutionären katholischen Aufschwungs setzte eine „Renaissance der Wohltätigkeit" durch wiederbelebte Ordensgemeinschaften und neugegründete katholische Initiativen ein.[107] Für die katholische Arbeiterschaft wurden sogenannte

103 1847 wurde die hier wortführende „Association belge pour la liberté commerciale" gegründet, die noch im selben Jahr zur Propagierung liberaler Ideen in Brüssel einen großen Wirtschaftskongress abhielt, vgl. hierzu insgesamt Michotte: Études (1904), S. 29–33 und zum Zusammenspiel von pragmatischen, politischen und ideellen Faktoren, die schlussendlich die belgischen Entwicklungen zum Freihandel bedingten, auch Dijck, Marteen van; Truyts, Tom: Ideas, Interests, and Politics in the Case of Belgian Corn Law Repeal, 1834–1873, in: The Journal of Economic History, 71/1 (2011), S. 185–210. Der Handel, insbesondere mit Frankreich, war seit den 1830er Jahren zu einem immer wichtigeren Wirtschaftsfaktor für Belgien geworden. Die Fertigstellung wichtiger Eisenbahnlinien zu Beginn der 1840er Jahre ließ gerade den Durchfuhrhandel wachsen, vgl. Erbe: Belgien, Niederlande, Luxemburg (1993), S. 218.

104 Vgl. zu den Entwicklungsschritten, auch über den Betrachtungszeitraum hinaus, Dijck: De wetenschap van de wetgever (2008), S. 261–393.

105 Vgl. Michotte: Le mouvement (1907), S. 11f.; Michotte: Études (1904), S. 41–52.

106 In diesem Zusammenhang sind insbesondere die wirtschaftspolitischen Maßnahmen des liberalen Ministers Walthère Frère-Orban (1812–1896) zu nennen, vgl. Erbe: Belgien, Niederlande, Luxemburg (1993), S. 219.

107 Vgl. Molle/Maeyer: Das Ausbalancieren (2013), S. 266f., Zitat: 266.

„cercles ouvriers" gegründet, um zuallererst die Seelsorge, aber auch das materielle Auskommen für die Arbeiter sicherzustellen. Der Paternalismus, das heißt der persönliche Schutz einer Gruppe von Arbeitern durch eine sozial höhergestellte katholische Patronsperson, wurde zum festen katholischen Prinzip im Umgang mit den sozio-ökonomischen Herausforderungen der Industrialisierung.[108]

Mit zunehmenden Spannungen zwischen Katholiken und Liberalen war spätestens in den 1860er Jahren auch eine „zunehmende Politisierung der Wohltätigkeit, sowohl der traditionellen Armenfürsorge, als auch des gesamten Spektrums neuer Sozialhilfeformen" festzustellen.[109] Von katholischer Seite wurde in der Folgezeit eine Reaktivierung der alten korporativen Ordnung angestrebt, diesmal aus beruflich gemischten Zusammenschlüssen von Arbeitgebern und Arbeitnehmern.[110] Insbesondere die Ultramontanen engagierten sich für dieses Modell, setzte es doch weiterhin auf den in christlicher Hinsicht so zentralen Wert der Selbstorganisation und limitierte die Möglichkeiten staatlicher Einflussnahme.[111] Außerdem – und dieser Punkt ist nicht zu verachten – boten die christlichen Korporationen den katholischen Arbeitern eine Alternative zu den zeitgenössisch in Belgien bereits viel Zulauf findenden sozialistischen Zusammenschlüssen, die die Arbeiterschaft zusehends von der Kirche wegbewegten.[112]

---

108 Vgl. hierzu ausführlich Rezsohazy: Origine et formation (1958), S. 41–79.

109 Van Molle und De Maeyer sprechen gleichzeitig aber auch von einem „Joint Venture von Kirche und Staat" im Bereich der Wohltätigkeit, vgl. Molle/Maeyer: Das Ausbalancieren (2013), S. 268ff., Zitate: 268f.

110 Moeys spricht überlappend von „The age of charity […] (1840–1870)", auf paternalistische Strukturen anspielend, und von „The age of […] corporatism (1860–1890)", vgl. Moeys: Subsidiary Social Provision (2017), S. 117–134.

111 Vgl. insgesamt Maeyer, Jan de: Katholische Soziallehre und christliche Arbeiterorganisationen in Belgien von der Freiburger Union (1884–1888) zur Union von Mechelen (1921–1960), in: Hiepel, Claudia; Ruff, Mark (Hgg.): Christliche Arbeiterbewegungen in Europa 1850–1950 (Konfession und Gesellschaft, 30), Stuttgart 2003, S. 99–119, hier 100–104; Maeyer, Jan de: De ultramontanen en de gildenbeweging 1875–1896. Het aandeel van de Confrérie de St.-Michel, in: Lamberts (Hg.): De kruistocht (1984), S. 222–267; Viaene: Belgium and the Holy See (2001), S. 51f.; Damberg, Wilhelm u. a.: The Formation of Christian Working-Class Organizations in Belgium, Germany, Italy and the Netherlands (1840–1920s), in: Voss, Lex Heerma van u. a. (Hgg.): Between Cross and Class. Comparative Histories of Christian Labour in Europe 1840–2000, Bern u. a. 2005, S. 49–80, hier 52. Zum gerade für die Entwicklung des modernen belgischen Staates so zentralen Subsidiaritätsprinzip vgl. Moeys: Subsidiary Social Provision (2017).

112 Vgl. Strikwerda, Carl: Die belgische christliche Arbeiterbewegung 1880–2000, in: Hiepel/Ruff (Hgg.): Christliche Arbeiterbewegungen (2003), S. 83–98, hier 87.

Bereits der französische Frühsozialismus war in Belgien rezipiert worden und hatte, auch dort, mit seiner pionierhaft formulierten Kritik am herrschenden Wirtschaftssystem frühe sozialkatholische Initiativen auf den Plan gerufen.[113] Die bereits erwähnte Société d'économie charitable in Frankreich, in der sich unter anderem Charles de Coux engagierte, war auch als kritische Reaktion auf frühsozialistische Lehren gegründet worden.[114] Insgesamt standen die katholischen Initiativen und Projekte in Belgien nicht nur wegen des Antiklerikalismus der Sozialisten der liberalen Wirtschaftspolitik des Landes näher, sondern auch wegen ihrer wohl besonders starken Skepsis gegenüber staatlicher Einflussnahme, die sich sowohl aus den Erfahrungen im Königreich der Vereinigten Niederlande als auch im Unionismus speiste.

3.3 Périns ökonomisch-theologische Positionen

3.3.1 *Kirchengeschichte als Handelsgeschichte – Handel und Handelspolitik*

Ebenso wie für Wessenberg stellten sich auch für Périn der Handel und seine politische Organisation als zentrales Feld dar, auf dem ein facettenreicher christlicher Zugang zur Wirtschaft gefunden und ausgedrückt werden konnte.[115] Ausführlich widmete er sich diesem Feld daher in seiner ökonomisch-theologischen Synthese *De la richesse dans les sociétés chrétiennes* (im Folgenden *De la richesse* abgekürzt) und auch schon in seinem universitären Cours in den 1850er Jahren, der so wichtigen Startphase wirtschaftlicher Liberalisierung in Belgien. Dass er hierbei nicht nur zu dem für die aktuelle politische Debatte so zentralen Prinzip des Freihandels Stellung zu beziehen, sondern darüber hinaus eine generelle christliche Wertung des Handels vorzunehmen intendierte, verdeutlicht insbesondere sein klar historiographischer Ansatz in *De la richesse*.

Die Geschichte der „grande famille humaine"

Von Beginn an beleuchtete Périn den Handel darin als ein Geschehen mit einer zugleich materiellen wie geistig-moralischen Dimension und sprach, für beide Seiten, von äußerst wohltätigen Wirkungen („bienfaits de l'échange"):

113 Vgl. Rezsohazy: Origine et formation (1958), S. 7f.

114 Vgl. Gueslin: L'invention de l'économie sociale (1987), S. 74.

115 Ausgewählte Teile der nachfolgenden Analyse sind bereits publiziert in Potempa: Katholische Stimmen (2019).

> Les conséquences sociales de l'échange, les bienfaits qui en découlent, sont de l'ordre matériel et de l'ordre moral, et des deux côtés il se révèlent avec une égale évidence.[116]

Die materielle Vorteilhaftigkeit blühender Handelsbeziehungen sei unmittelbar ersichtlich:

> Si l'on compare la somme des choses qu'un homme se procure à l'aide de l'échange avec la somme des choses qu'il produirait par son seul travail, s'il était livré à lui-même, on s'apercevra aisément qu'il y a entre ces deux termes toute la différence qui sépare la vie aisée de la vie misérable.[117]

Noch wichtiger sei aber, dass der Austausch zwischen den Völkern zu einer Vereinigung der Menschheit, gleichsam als „grande famille humaine", führe und so der christlichen Lehre universeller Brüderlichkeit und Solidarität entspreche:

> C'est particulièrement dans l'ordre moral que la question des échanges prend un sérieux intérêt. C'est ici qu'il importe de faire ressortir les bienfaisantes conséquences de la communauté que l'échange établit entre les hommes. Les grandes questions de l'ordre matériel tiennent toutes, par les liens les plus intimes, à l'ordre moral. [...] L'humanité tend à l'unité. [...] Mais le mouvement qui l'y porte est aujourd'hui de plus en plus visible. Ces aspirations à l'unité ont leur source dans les impulsions les plus profondes de l'esprit chrétien; elles répondent aux sentiments de fraternité et de solidarité qui découlent de la doctrine du christianisme, sur l'unité d'origine et la communauté de destinée de tous les membres de la grande famille humaine.[118]

---

116 Périn, Charles: De la richesse dans les sociétés chrétiennes, Tome premier, Paris 1861, S. 467. In der Übersetzung von Weizenhofer: „Die socialen Folgen des Waarenumsatzes, die Wohlthaten, zu denen er führt, gehören theils in das Gebiet der materiellen, theils in das Gebiet der geistigen Ordnung und treten in der einen mit gleich unwidersprechlicher Klarheit an den Tag, wie in der andern", Périn, Charles: Ueber den Reichthum in der christlichen Gesellschaft, Bd. 1, übers. v. Joseph Weizenhofer, Regensburg u. a. 1866, S. 451.

117 Périn: De la richesse, 1 (1861), S. 467. In der Übersetzung von Weizenhofer: „Vergleicht man die Summe der Güter, die sich Jemand durch den Handel verschafft, mit der Summe derjenigen, die er, wenn er sich allein überlassen wäre, durch eigene Arbeit produciren könnte, so bemerkt man hier unschwer jenen ganzen Unterschied, welcher das Leben des Wohlstandes vom Leben des Elends trennt", Périn: Ueber den Reichthum, 1 (1866), S. 451.

118 Périn: De la richesse, 1 (1861), S. 468f. In der Übersetzung von Weizenhofer: „Vorzüglich jedoch in Hinsicht der geistigen Ordnung bietet die Frage über den Tausch ein tief eingreifendes Interesse. Es lohnt sich im hohen Grade der Mühe, gerade hier die wohlthätigen Folgen jener Gemeinschaft, die der Waarenumsatz unter den Menschen herbeiführt, klar in's Licht zu stellen. Die großen Fragen der materiellen Ordnung hängen sämmtlich mit den Fragen der geistigen Ordnung auf das Innigste zusammen. [...] Die Menschheit strebt nach Einheit. [...] Aber die Bewegung, welche dazu führt, wird heutzutage mehr und

Überaus deutlich knüpfte Périn damit an das Denkmuster der „Universal Economy" an und nutzte dieses auf einer Metaebene zugleich, um zu argumentieren, wie stark ewige wirtschaftliche Erfolgsgeschichten (wie die des Handels) notwendigerweise mit größeren gesellschaftlichen Idealen der „ordre moral" verknüpft seien. Durch die direkte moralische Vereinnahmung des Handels als glorreiches Ausdrucksfeld der „fraternité" und „solidarité" unter den Völkern entzog er den ethischen Vorbehalten der christlichen Tradition wirkungsvoll den Boden. Die zunehmende Dynamik des globalen Handels verstand er in erster Linie als Annäherung an einen christlichen Idealzustand und machte sie somit unmittelbar zur Heilsdynamik.

Périn beließ es nicht bei derart abstrakten Ausführungen, sondern analysierte zur Bestätigung verschiedene Etappen der europäischen Geschichte, von der Antike bis zu den frühneuzeitlichen Entdeckerfahrten, auf das Zusammenspiel von Handels- und Religionsinteressen hin. Seit jeher hätten sich, so sein Credo, Gesellschaften mit starkem Kult- und Religionsbezug dem Handel automatisch als vorteilhaft erwiesen. Ernst Curtius, bekannter Althistoriker zur Zeit Périns, habe die griechischen Götter und ihre Priester schließlich nicht umsonst „les premiers capitalistes de la Grèce"[119], die ersten Kapitalisten Griechenlands, genannt:

> C'est à Delphes, sous la protection de la paix inviolable du territoire sacré, que le nord et le midi de la Grèce se rencontrent; c'est près du sanctuaire d'Apollon que se tiennent les premières foires; c'est par les routes que les prêtres de Delphes construisent pour faciliter l'accès du sanctuaire aux pèlerins, que les produits sont transportés.[120]

Auch das kult- und götter-reiche Römische Reich habe sich spätestens im ersten Jahrhundert als Handelsmacht etabliert. Roms ökonomische Stärke, so gab Périn allerdings zu bedenken, sei vorrangig auf eine strukturelle Ausbeutung der Eroberten und eine dem Luxus frönende Oberschicht zurückzuführen, was

---

mehr sichtbar. Dieses Streben nach Einheit hat seine Quelle in den innersten Trieben des christlichen Geistes: es entspricht dem Gefühle der Brüderlichkeit und Zusammengehörigkeit, das sich aus der Lehre des Christenthums über den gemeinsamen Ursprung und das gleiche Ziel aller Glieder der großen Menschenfamilie herleitet", Périn: Ueber den Reichthum, 1 (1866), S. 452.

119 Périn: De la richesse, 1 (1861), S. 473.

120 Périn: De la richesse, 1 (1861), S. 473. In der Übersetzung von Weizenhofer: „In Delphi reichten sich, von dem unantastbaren Frieden des heiligen Bodens geschützt, der Norden und Süden Griechenlands die Hand; in der unmittelbaren Nähe des Heiligthums Appollo's befanden sich die ersten Anfänge des Marktes; auf den Strassen, welche die delphischen Priester bauten, um den Pilgern den Zutritt zum Heiligthum zu erleichtern, wurden auch die Waaren befördert", Périn: Ueber den Reichthum, 1 (1866), S. 456.

den Untergang (West-)Roms leicht erkläre.[121] An dieser Stelle nun spezifizierte er seine Argumentation: Um dauerhaft blühenden Handel und mit ihm stabile Herrschaft zu erzeugen, benötige es die Religion also nicht nur methodisch, sondern viel dringender auch ethisch. Mit Verweis auf das bereits vor dem Fall Roms aufstrebende Christentum konnte Périn nun die Geschichte beginnen, die er von Anfang an zu erzählen gedachte:

> L'Église catholique donna au monde la paix avec la justice et l'amour du travail, et rapprochant toutes les nations dans l'unité d'une même foi et d'un même amour, elle ouvrit aux échanges, dans l'ordre matériel comme dans l'ordre moral, le champ le plus vaste que jamais il ait été donné à l'activité humaine d'embrasser.[122]

Die Geschichte der christlichen Kirche machte Périn von ihrem Beginn an zur Erfolgsgeschichte des Welthandels. Neben dem Gedanken der Völkervereinigung, der durch die christliche Religion in bisher unbekannter Weise inspiriert worden sei, stellte er den christlichen Wert ehrlicher Arbeit als wichtige Grundlage für einen florierenden Handel heraus. In die päpstlich legitimierte Herrschaft Karls des Großen las Périn bereits die christliche Bemühung hinein, alte Handelsnetze wiederzubeleben, ein Anliegen, das allerdings noch an den herrschaftlich unstrukturierten Zuständen im Reich gescheitert sei.[123] Erst mit dem Erstarken kirchlicher Machtstrukturen durch die enge Verflochtenheit geistiger und weltlicher Herrschaft im Fortgang des Mittelalters habe der Handel im Reich zu alter (römischer) Stärke gefunden, diesmal allerdings als materieller Ausdruck der Vereinigung der Menschen unter dem einen Glauben und nicht länger als System geplanter Ausbeutung:

> Il ne se réveillera que quand les efforts de l'Église auront arraché les peuples modernes à la confusion et aux souffrances de la barbarie, et rendu aux hommes l'ordre avec les lumières et l'activité régulière du travail. L'unité de la foi, qui rattachait les uns aux autres tous les peuples catholiques, ne pouvait manquer de produire entre eux l'union dans l'ordre des intérêts matériels, par l'effet de cette

121 Vgl. Périn: De la richesse, 1 (1861), S. 475ff.

122 Périn: De la richesse, 1 (1861), S. 477. In der Übersetzung von Weizenhofer: „Die katholische Kirche gab der Welt den Frieden und mit dem Frieden auch die Gerechtigkeit und die Liebe zur Arbeit, und indem sie alle Nationen in der Einheit eines und desselben Glaubens und einer und derselben Liebe mit einander verband, öffnete sie dem Handel im Bereiche der materiellen Ordnung eben so wohl, wie im Bereich der geistigen das weiteste Feld, das jemals der menschlichen Thätigkeit offen stand", Périn: Ueber den Reichthum, 1 (1866), S. 459f.

123 Vgl. Périn: De la richesse, 1 (1861), S. 477f.

> grande loi qui veut que tout principe du monde spirituel ait une expression et un corps dans le monde des choses visibles.[124]

Als Beispiel für die Wirksamkeit dieses „grande loi", das heißt einer materiellen Sichtbarkeit religiöser Blütezeiten, führte Périn im Folgenden insbesondere das christliche Pilgerwesen an, das dem Handel einen allseits bestaunten Schub gegeben habe:

> Le progres matériel, l'extension du commerce ne venaient là que par surcroît, mais de telle façon pourtant qu'il serait impossible, même aux esprits les plus prévenus, de ne pas y voir un effet des impulsions de la vie spirituelle.[125]

Auch die Kreuzzüge, für Périn krönender Ausdruck einer starken vereinten Christenheit, hätten sich äußerst positiv auf die Erschließung von Handelsrouten und Absatzmärkten sowie auf die Fortentwicklung von Mess- und Reisetechniken ausgewirkt.[126]

Schlussendlich verwies Périn noch auf die frühneuzeitlichen Entdeckungsfahrten, die wichtige weitere Handelsrouten hervorgebracht hätten, stets aber maßgeblich auch von religiösen (Missions-)Interessen geleitet worden seien. Nicht umsonst seien Dominikaner und Franziskaner dereinst als wichtige Fürsprecher der Expeditionen aufgetreten, so nahm er diesmal ganz explizit auf spätscholastische Diskurse Bezug, die sich in der Tat für eine heilsgeschichtliche Deutung des Handels als überaus offen erwiesen hatten.[127] Den historischen Abriss abschließend resümierte Périn mit Blick auf seine Zeit:

> Il n'a été rien fait dans le monde moderne de plus grand et de plus difficile que les croisades et la découverte de l'Amérique. A ces œuvres héroïques il fallait les vertus héroïques du christianisme. [...] Nous tirons aujourd'hui, par la prodigieuse

---

124 Périn: De la richesse, 1 (1861), S. 479. In der Übersetzung von Weizenhofer: „Erst nachdem die Bemühungen der Kirche die mittelalterlichen Völker der Verwirrung und den Leiden der Barbarei entrissen und ihnen mit neuem Lichte und regelmäßiger Arbeit die Ordnung wieder gebracht hatten, erstand auch der Handel zu neuem Leben. In Folge des weiteingreifenden Gesetzes, das jedes Princip der geistigen Welt in der Welt der sichtbaren Dinge einen Ausdruck und so zu sagen einen Körper zu erhalten trachtet, konnte die Einheit des Glaubens, der die katholischen Völker miteinander verknüpfte, nicht verfehlen, auch im Bereiche der materiellen Interessen unter ihnen eine Vereinigung herbeizuführen", Périn: Ueber den Reichthum, 1 (1866), S. 461.

125 Périn: De la richesse, 1 (1861), S. 480. In der Übersetzung von Weizenhofer: „Der materielle Gewinn, die Ausdehnung des Handels, war nur eine Beigabe, kam aber in solcher Weise, daß selbst die vorurtheilsvollsten Geister in ihm eine Wirkung höherer Lebenstriebe anerkennen müssen", Périn: Ueber den Reichthum, 1 (1866), S. 462.

126 Vgl. Périn: De la richesse, 1 (1861), S. 489–495.

127 Vgl. Périn: De la richesse, 1 (1861), S. 495–499.

extension de notre commerce, les profits de ce que nos pères accomplissaient, non en vue des intérêts de la terre, mais par amour de Dieu. […] En vain les hommes croient ne travailler que pour eux-mêmes et par eux-mêmes, ils travaillent pour Dieu et par l'impulsion de Dieu. Dans les grands siècles de foi, les profits du commerce venaient après les grands dévouements de la foi; dans notre siècle matérialiste, les hommes, poussés par la soif du gain, dévorent ces espaces que la foi leur a ouverts […].[128]

Die Handelsausdehnung des 19. Jahrhunderts sei ohne ihre christliche Vorgeschichte nicht zu denken und sollte deshalb, so forderte es Périn, auch weiterhin deren Dynamik nacheifern. Diese Dynamik sei zu keiner Zeit primär eine materiell, sondern immer eine geistig orientierte, das heißt auf Gott bezogene, gewesen und habe erst dadurch auch im materiellen Sinne Großes bewirken können. Seinen Zeitgenossen warf er materialistische Anschauungen[129] vor, wenn sie Handel trieben, ohne sich dabei immer auch zu christlichen Zielen zu bekennen.

Und der Freihandel?

Damit hatte Périn das Feld klar abgesteckt, um sich als bewusst katholischer Ökonom zu den aktuellen handelspolitischen Entwicklungen und insbesondere zum Prinzip des Freihandels äußern zu können: Seine Religiosität zeichnete ihn nach dieser Herleitung als besondere Autorität in Fragen nach den stabilsten und gleichzeitig ertragreichsten Handelsstrukturen aus. Das Christentum, so argumentierte er nun, habe mit seiner Idee einer „grande famille humaine", die geistig und materiell einträglich zusammenlebe, die

128 Périn: De la richesse, 1 (1861), S. 499f. In der Übersetzung von Weizenhofer: „Die neue Zeit vermag nichts Großartigeres und Schwierigeres aufzuweisen, als die Kreuzzüge und die Entdeckung Amerikas. Zu diesen heldenmüthigen Werken bedurfte es der heldenmüthigen Tugenden des Christenthums. […] Wir ziehen heutzutage bei der wunderbaren Ausdehnung unseres Handels den Nutzen aus dem, was unsere Väter nicht im Hinblick auf irdische Interessen, sondern aus Liebe zu Gott vollbracht haben. […] Es ist eine Täuschung, wenn die Menschen glauben, daß sie nur für sich und durch sich selbst wirken; sie wirken für Gott und auf die Eingebung Gottes hin. In den großen Jahrhunderten des Glaubens erwuchsen die Vortheile des Handels aus den großen Hinopferungen für den Glauben; in unserem materialistischen Jahrhunderte verschlingen die Menschen, getrieben vom Durst nach Gewinn, jene Räume, welche ihnen der Glaube geöffnet hat […]", Périn: Ueber den Reichthum, 1 (1866), S. 478f.

129 Da es sich bei Begriffen wie Materialismus (für die weiteren Analysen auch Sensualismus, Spiritualismus u. a.) um feste Begriffe der Philosophiegeschichte handelt, werden sie in dieser Studie nicht in Anführungsstriche gesetzt. Darauf, dass Périn sie nicht in tieferer philosophischer Konnotation, sondern immer vor allem im Sinne der Abgrenzung seiner Religiosität von der Philosophie (insbesondere der Aufklärung) verstand, wird im Verlauf der Analysen weiter eingegangen.

Ablösung des merkantilen Protektionismus durch das Freihandelsprinzip längst antizipiert:

> Nous nous bornerons à énumérer les vérités définitivement acquises sur ce point, en montrant comment la doctrine du christianisme, sur la nature et la mission des sociétés humaines, fournit, en matière de libre échange, les solutions généralement adoptées aujourd'hui par les meilleurs esprits.[130]

Die ökonomische Vorteilhaftigkeit des Freihandelsprinzips könne von niemandem mehr ernsthaft bestritten werden. Jedes Land eigne sich ob seiner natürlichen und auch kulturellen Beschaffenheit für bestimmte Produktionszweige mehr als für andere und könne so durch möglichst freien Handel am effizientesten wirtschaften.[131] Schon in seinen Universitätskursen zu Beginn der 1850er Jahre hatte Périn in diesem Zusammenhang, ganz wie Adam Smith, vom ökonomischen Sinn der Arbeitsteilung gesprochen:

> […] la lib. commerciale n'est autre chose que la division du travail et les avantages de cette division […] chacun produit les objets pour lesquels il a le plus d'aptitude et ne met pas son travail à vaincre des résistances pour arriver à créer des produits que d'autres nations enfantent sans ces mêmes difficultés.[132]

Bereits Sokrates habe bemerkt, so führte Périn zudem als besondere Referenz in *De la richesse* an, dass kein Land für sich selbst je die Auswahl an Produkten herstellen könne, wie sie der gemeinsame Marktplatz biete.[133] Wüchsen auf

---

130 Périn: De la richesse, 1 (1861), S. 501. In der Übersetzung von Weizenhofer: „Wir werden uns darauf beschränken, die über diesen Punkt als gültig angenommenen Wahrheiten anzuführen und dabei zu zeigen, wie die Lehre des Christenthums über die Natur und Aufgabe der menschlichen Gesellschaft in Sachen des freien Handels jene Lösung, der heutzutage die besten Geister insgesammt huldigen, ganz von selbst an die Hand gibt", Périn: Ueber den Reichthum, 1 (1866), S. 480.

131 Vgl. Périn: De la richesse, 1 (1861), S. 502ff.

132 Cours d'économie politique, 1852–1853. KU Leuven, Verzameling Universiteitsarchief, Collegedictaten en cursussen, 77, hier S. 81. Freie Übersetzung: „[…] Handelsfreiheit ist nichts anderes als die Arbeitsteilung mit allen Vorteilen, die daraus hervorgehen […] jeder produziert die Gegenstände, für die er am meisten begabt ist, und steckt seine Arbeit nicht in die Überwindung von Widerständen, um Produkte zu schaffen, die andere Nationen ohne diese gleichen Schwierigkeiten produzieren." Auch einer weiteren, allerdings undatierten Mitschrift ist zu entnehmen, dass Périn der Wichtigkeit der „Liberté des échanges" stets längere Ausführungen widmete, vgl. Economie politique, sine dato. KU Leuven, Verzameling Universiteitsarchief, Collegedictaten en cursussen, 453, hier S. 248–258 (Seitenangaben hier wie oben der Nummerierung des jeweiligen Notizheftes entnommen).

133 Vgl. Périn: De la richesse, 1 (1861), S. 504f.

einem globalen Warenmarkt alle Produktionszweige durch die Dynamik eines freien Austauschs gleichmäßig, so wüchse dieser zum Vorteil aller, führte Périn aus und wies damit auf die allgemein nachteiligen Folgen von Handelsstockungen hin.[134] In seinen Kursen sprach er in diesem Zusammenhang vom „erreur du syst[ème] merc[antile]“, der auf die Vorrangstellung politischer gegenüber ökonomischen Ideen zwischen dem 15. und 17. Jahrhundert, „la prédominance donnée aux idées politiques sur les idées économiques au cour des 15e, 16e et 17e siècle“, zurückgehe.[135] Die einem falschen Verständnis von nationalem Reichtum zugrunde liegende merkantile Theorie der aktiven Handelsbilanz habe in schädlicher Art und Weise jede Handelsfreiheit verhindert: „Toutes les restrictions à la liberté du commerce se sont développées sous l'influence de la théorie de la balance du commerce.“[136]

Trotz eines Grundvertrauens in die ökonomischen Ausgleichskräfte eines freien Marktes befürwortete Périn allerdings auch Ausnahmen vom absoluten Freihandel. Hierzu erläuterte er:

> Si, après examen des faits, il se trouve qu'au moins en ce qui concerne certaines productions, et relativement à certaines périodes du développement social, le libre échange aurait pour effet de priver la société des éléments de puissance et de progrès dont elle ne pourrait se passer sans compromettre son existence, ou du moins sa grandeur dans l'avenir, il faudra conclure qu'en certains cas la loi générale de la liberté des échanges doit recevoir des exceptions.[137]

---

134 Vgl. Périn: De la richesse, 1 (1861), S. 523f.

135 Vgl. Cours d'économie politique (1852–53), S. 78.

136 Cours d'économie politique (1852–53), S. 78. Freie Übersetzung: „Alle Beschränkungen der Handelsfreiheit haben sich unter dem Einfluss der Theorie von der Handelsbilanz ausgebildet.“ Périn fasste das merkantile Reichtumskonzept zusammen als „l'idée que la richesse c'est l'argent“ – die Idee, dass Reichtum Geld sei, vgl. Cours d'économie politique (1852–53), S. 78. Schon Charles de Coux hatte sich in der letzten Fassung seines Cours d'économie politique Mitte der 1840er Jahre im Kapitel zum Handel in dieser Weise mit dem „système mercantile“ beschäftigt, vgl. Cours d'économie politique par Ch. de Coux, 1844–1845. Archives de l'Etat à Mons, Périn Charles, Annexes, 495, hier Chap. 13: Du Système mercantile, du Système prohibitif et de la liberté du commerce.

137 Périn: De la richesse, 1 (1861), S. 506. In der Übersetzung von Weizenhofer: „Wenn es sich nach genauer Prüfung der Thatsachen herausstellt, daß der freie Verkehr wenigstens hinsichtlich gewisser Productionszweige und in gewissen Perioden der socialen Entwicklung den Erfolg haben würde, die Gesellschaft jener Macht- und Fortschrittselemente zu berauben, deren sie nicht entrathen kann, ohne ihre Existenz oder wenigstens ihre Größe in der Zukunft in Frage zu stellen, so müßte man zu dem Schluß gelangen, daß das allgemeine Gesetz der Handelsfreiheit Ausnahmen zu erleiden habe“, Périn: Ueber den Reichthum, 1 (1866), S. 486.

Zur Stützung dieses Arguments führte er zwei große Namen der zeitgenössischen ökonomischen Wissenschaft an: den Deutschen Friedrich List, der sich hinsichtlich der Forderung gewisser Freiheitseinschränkungen im Handel laut Périn auf eine „vérité incontestable“ stütze, sowie den Franzosen Michel Chevalier (1806–1879), der darauf dränge, dass sich jedes Volk zumindest des Großteils der wichtigsten Industriezweige selbst annehme.[138] Auch in seinen Universitätskursen kam Périn ausführlich auf derartige Ausnahmen zum anfänglichen Schutz der Nation zu sprechen („la conservation d'un état“), um die ökonomisch sinnvollen Produktionsmöglichkeiten und -fähigkeiten vor Ort („aptitudes naturelles“) zunächst voll auszubilden.[139] Damit näherte er sich dem durch List vertretenen Rezeptionsstrang der klassischen Nationalökonomie an, der sich durch ein kontrolliertes Herantasten an wirtschaftsliberale Prinzipien, abhängig vom nationalen wirtschaftlichen Entwicklungsstand, auszeichnete.[140] Auf die belgische liberale Wirtschaftspolitik der 1850er Jahre kam er nicht explizit zu sprechen, dennoch sind gerade seine nachfolgenden Erläuterungen vor dem Hintergrund der damaligen politischen Kontroverse zwischen Katholiken und Liberalen als Seitenhieb zu verstehen.

Die Forderung nach absolutem Freihandel könne, so Périn, nur aus einer Weltanschauung resultieren, die das individuelle Genussinteresse über die Interessen der (nationalen) Gemeinschaft stellte, und sei in diesem Sinne als materialistisch zu bezeichnen.[141] Diese Geisteshaltung unterstellte er der liberal-ökonomischen Schule, die auch die belgischen Ökonomen dieser Tage maßgeblich inspiriert hatte. Ihren Forderungen fasste er wie folgt zusammen:

> En matière d'échange notamment, laissez-le libre dans tous les cas d'aller prendre, sur tel point du globe où il croit les trouver plus avantageusement, les produits qui doivent alimenter ses jouissances; gardez-vous de lui imposer des

138 Vgl. Périn: De la richesse, 1 (1861), S. 505–510.

139 Vgl. Cours d'économie politique (1852–53), S. 82.

140 Verwiesen sei hier auf die Literaturangaben, die im vorigen Teil der Studie gegeben wurden.

141 „Le matérialisme ne voit et ne peut voir dans la société que les individus. En effet la sensation, la jouissance, l'intérêt matériel, sont des choses essentiellement personnelles et individuelles. Si le but de la vie humaine est dans la jouissance, l'humanité ne devra plus être considérée que dans les individus qui souffrent ou jouissent“, Périn: De la richesse, 1 (1861), S. 513. In der Übersetzung von Weizenhofer: „Der Materialismus sieht in der Gesellschaft nur Individuen und kann nur Individuen in ihr sehen. Und gewiß, die sinnliche Empfindung, der Genuß und die materiellen Interessen, das sind ihrem Wesen nach rein persönliche und individuelle Dinge. Wenn der Endzweck des menschlichen Lebens im Genusse zu suchen ist, so kann man die Menschheit nur mehr nach Individuen betrachten, von denen die einen leiden und die anderen genießen“, Périn: Ueber den Reichthum, 1 (1866), S. 491f.

> entraves qui, en diminuant ses jouissances, le détourneraient de sa destinée suprême, et qui seraient par conséquent contraires à son droit naturel; laissez faire dans tous les cas à l'homme ce qui s'accorde le mieux avec ses aptitudes ou même avec ses caprices; laissez passer en tous sens et partout les produits du travail; peut-être bouleverserez-vous le monde, peut-être réduirez-vous à l'état de chétives peuplades des sociétés aujourd'hui nombreuses et prospères [...].[142]

Das von den Physiokraten in die ökonomische Diskussion eingebrachte Laissez-Faire/Laissez-Passer-Prinzip, das auch die klassische Nationalökonomie um Smith als richtungsweisende Doktrin rezipiert hatte, wurde hier von Périn mit einer für die soziale Entwicklung gefährlichen Beliebigkeit assoziiert. Stützend berief er sich hierbei auch auf die Kritik des deutschen Ökonomen Wilhelm Roscher (1817–1894), die moderne Wirtschaftstheorie mit und um Smith fokussiere immer nur die augenblickliche irdische Nützlichkeit einer Handlung für den Einzelnen, statt auch ihre nachirdische Heilsdimension mitzubedenken.[143] Roscher wurde in der zweiten Hälfte des 19. Jahrhunderts zu einer der führenden Gestalten der deutschen Kritik an der liberalen Ökonomie nach Smith. Mit seiner „historischen Methode" popagierte er eine stärkere Anbindung ökonomischer Prinzipien an die historischen Zeitumstände, die mit einer ethischen Ausrichtung einherging. Indem er gesellschaftskulturelle Faktoren in Verbindung mit ökonomischen Handlungen brachte, kam er nah an Périns Konzept eines christlich fundierten Wirtschaftsdiskurses heran.[144]

Insgesamt machte Périn sich für einen bedachten Freihandel stark, das heißt für einen Mittelweg („un milieu à tenir entre la protection absolue et la liberté absolue"), der sich im jeweiligen Einzelfall danach richtete, wie viel Freihandel die Industrien des jeweiligen Landes bereits zu ihrem Vorteil

142 Périn: De la richesse, 1 (1861), S. 515. In der Übersetzung von Weizenhofer: „Namentlich in Sachen des Verkehrs gewähre man Jedem volle Freiheit, sich die Gegenstände, die seinen Genuß nähren sollen, von jenem Punkte der Erde herzuholen, an welchem er sie auf die vortheilhafteste Weise zu finden glaubt. Bereitet Niemandem Hindernisse, die dadurch, daß sie den Genuß mindern, den Menschen von seinem Ziele abwenden würden und deshalb dem natürlichen Rechte desselben geradezu entgegen wären; lasset ihn in allen Stücken das thun, was am meisten mit seinen Anlagen oder auch mit seinen Launen übereinstimmt. Gewähret den Erzeugnissen der menschlichen Arbeit an jedem Orte und auf jede Weise ungehinderten Umlauf! Vielleicht stürzet ihr die Welt um; vielleicht versetzt ihr Länder, die heutzutage städtereich und glücklich sind, in den Zustand kümmerlicher Anfangsvölker", Périn: Ueber den Reichthum, 1 (1866), S. 494.

143 Vgl. Périn: De la richesse, 1 (1861), S. 515 (Anmerkung 1).

144 Vgl. zu Roscher ausführlich Priddat: Produktive Kraft (1998), S. 283–319. Als einer der wenigen deutschen Ökonomen rezipierte Roscher Périn, worauf im weiteren Verlauf der Studie noch eingegangen wird.

nutzen konnten.[145] Ökonomen, die für den absoluten Freihandel eintraten, betonten aus seiner Sicht das Individuum und dessen Interessen zu stark, Protektionisten dagegen das Gemeinschaftsinteresse:

> [...] tandis que l'école protectionniste prend pour point de départ une fausse conception de la vie sociale, une idée exagérée de l'intérêt social, par laquelle elle est conduite à sacrifier les justes prétentions des membres de la société, à l'autre extrême, l'école radicale du libre échange part de la notion des existences purement individuelles et de l'intérêt propre, qui en est la loi, pour aboutir à la négation du principe même de la nationalité.[146]

Grundlegend gehe es um die richtige „conception de la vie sociale" – und diese brachte aus Périns Sicht nur das Christentum mit:

> Seul, entre toutes les doctrines qui ont régné sur le monde, le christianisme a su concilier l'intérêt individuel avec l'intérêt social [...] et faire à tous leur juste part.[147]

Auf einzigartige Weise vermöge es das christliche Denken, den Einzelnen zugleich als kollektive und individuelle Existenz zu fassen. Schließlich sei der höchste Grad der Verwirklichung des eigenen Interesses das Leben für Gott und dessen Heilsplan, in dem durch gegenseitige Rücksichtnahme alle zu ihrem Wohl kämen:

> Quand on pose en principe que l'homme existe à la fois pour lui-même et pour Dieu, pour son propre salut et pour la réalisation du plan divin; quand on admet que l'homme ne peut accomplir sa destinée propre, aussi bien que le plan divin, qu'à la condition de se renoncer en vue de Dieu et au profit de ses semblables, on accepte sans peine, non-seulement la légitimité, mais encore la nécessité de ces existences collectives qui forment les nations avec leurs intérêts généraux

---

145 Vgl. Périn: De la richesse, 1 (1861), S. 510.

146 Périn: De la richesse, 1 (1861), S. 516. In der Übersetzung von Weizenhofer: „Fußen sich demnach die Protectionisten häufig auf eine irrige Auffassung des sozialen Lebens, auf eine zu überschwängliche Idee des nationalen Interesses, wodurch sie gezwungen werden, den Mitgliedern der Gesellschaft auch bei ihren gerechten Forderungen entgegen zu treten, so verfallen die Vertheidiger eines unbeschränkten Freihandels in das zweite Extrem und nehmen den Begriff von Existenzen, die es ausschließlich mit sich zu thun haben, und von dem Eigeninteresse, das die Quelle dieser Existenzen ist, zu ihrem Ausgangspunkte, womit das Princip selbstständiger Nationalitäten geradehin in Abrede gestellt ist", Périn: Ueber den Reichthum, 1 (1866), S. 495.

147 Périn: De la richesse, 1 (1861), S. 517. In der Übersetzung von Weizenhofer: „Unter allen Lehren, die sich in der Welt geltend machten, verstand es das Christenthum allein, das individuelle Interesse mit dem socialen [...] in Einklang zu bringen und Allen Gerechtigkeit widerfahren zu lassen", Périn: Ueber den Reichthum, 1 (1866), S. 495.

> et permanents, leurs vues de durée et d'avenir. Alors on conçoit aisément que si l'homme a, dans une certaine mesure, le droit de considérer ces existences collectives comme se rapportant à son bien propre, il leur doit, dans une certaine mesure aussi, le sacrifice de son intérêt.[148]

Der christliche Glaube und sein Verständnis einer funktionierenden Gesellschaft erwies sich für Périn damit einmal mehr als Motor wirtschaftlicher Entwicklung sowie nunmehr auch als Korrektiv wirtschaftspolitischer Ansätze. Im Kontext der Auseinandersetzungen zwischen Katholiken und Liberalen in den 1850er und 1860er Jahren gelang es ihm so, seine grundlegende Befürwortung liberaler Handelspolitik gerade nicht als kategorische Rückendeckung für liberale Politik erscheinen zu lassen.

3.3.2 *Freie Konkurrenz und freie Assoziation – Zunfttradition, Gewerbereform und korporatives Denken*

Nach der Skizzierung von Périns liberaler handelspolitischer Position stellt sich im Anschluss unmittelbar die Frage, wie er zur liberalen Gewerbeordnung Belgiens stand. Genau wie das Prinzip des Freihandels impliziert die Maxime der Gewerbefreiheit, die zusammen mit der Abschaffung des Zunftzwangs in den belgischen Provinzen bereits zu Beginn des 19. Jahrhunderts unter Napoleon eingeführt worden war, eine Befürwortung der Idee freier Konkurrenz. Schon Périns Widerstand gegen die Forderung des „absoluten" Freihandels zeigt, dass der Belgier die Idee der Gewerbefreiheit in seinem Wirtschaftskonzept zumindest neu kontextualisieren musste. Als Ökonom, der seine wirtschaftliche Position wie gesehen maßgeblich aus einer von ihm als katholisch erkannten Tradition ableitete, war er zudem vor die Herausforderung gestellt, gleichsam das alte Zunftsystem und seine christlichkorporativen Ideale nicht zu diskreditieren. Wie ihm dies gelingen konnte und

---

148 Périn: De la richesse, 1 (1861), S. 520. In der Übersetzung von Weizenhofer: „Wenn man es als unumstößlich gelten läßt, daß der Mensch für Gott und für sich, für sein eigenes Wohl und für die Verwirklichung des göttlichen Planes zugleich da ist; wenn man zugibt, daß der Mensch weder seine eigene Bestimmung noch den Plan Gottes erfüllen könne, sofern er nicht in Rücksicht auf Gott und zum Wohle derer, die mit ihm wesensgleich sind, sich selbst entsagt, so wird man unschwer auch nicht nur die Berechtigung, sondern sogar die Nothwendigkeit jener Collectivexistenzen zugeben, welche mit ihren allgemeinen und dauernden Interessen und mit einem Auge, das hinter sich eine Vergangenheit und vor sich eine Zukunft sieht, die Nationen bilden. Dann begreift man leicht, daß der Mensch, obgleich er in einem gewissen Grade das Recht hat, diese Collectivexistenzen als Mittel zu seinem eigenen Wohle zu betrachten, deßungeachtet auch ihnen in einem gewissen Grade das Opfer seines seines persönlichen Interesses schuldet", Périn: Ueber den Reichthum, 1 (1866), S. 498.

in welche gerade innerkatholischen Konflikte er damit auf lange Sicht geriet, soll im Folgenden nachgezeichnet werden.

Gewerbefreiheit, aber mit christlicher ‚Gebrauchsanleitung'

Gewerbe und Industrie, so ist einführend zu betonen, hielt Périn keinesfalls für volkswirtschaftlich wichtiger als die Landwirtschaft. Ganz im Gegenteil fühlte er sich in den 1860er Jahren vor dem Hintergrund eines industrialisierten belgischen Staates bemüßigt zu betonen:

> Un peuple peut être grand par la richesse, par cette vraie et saine richesse qui répond aux besoins premiers et sérieux de la vie, alors qu'il concentre principalement ses efforts sur la culture, et que la plus grande partie de ses populations est vouée à l'existence des champs. [...] Quand un peuple ne sera pas contraint par la nature et la disposition de son territoire, de porter son activité de préférence sur l'industrie, en se résignant à demander à l'étranger sa subsistance; quand il possédera, dans un juste équilibre, les aptitudes agricoles et les aptitudes industrielles, on le verra toujours appliquer à la culture bien plus de travail qu'à l'industrie.[149]

Diese Schlagseite hin zum landwirtschaftlichen gegenüber dem gewerblichen und industriellen Leben kann deutlich mit der von Hersche so betitelten „katholischen agrarischen Ideologie" in Verbindung gebracht werden, die sich im frühneuzeitlichen Europa gleichsam als Antwort auf die vorwiegend protestantisch getragene Protoindustrie ausgeformt habe.[150] Gerade im industrialisierten Wirtschaftskontext blieb es Périn wichtig zu betonen, dass die Landwirtschaft, wo immer möglich, der Industrie vorzuziehen sei, um „wahren und gesunden Reichtum" („vraie et saine richesse") zu erzeugen. Hierbei spielte er allerdings nicht mehr auf das von Hersche erkannte „Ideal der Muße, der Kontemplation" an, das sich „eher im landwirtschaftlichen Bereich als im Gewerbe, das keine Zwangspausen kannte, verwirklichen" ließ.[151] Ganz

---

149 Périn: De la richesse, 1 (1861), S. 422. In der Übersetzung von Weizenhofer: „Ein Volk kann durch Reichthum, durch jenen wahren und gesunden Reichthum, der unseren ersten und wahren Bedürfnissen entspricht, groß und blühend sein, auch wenn es seine Kräfte vorzugsweise der Landwirthschaft zuwendet und wenn die Mehrzahl seiner Einwohner sich mit dem Anbau des Bodens befaßt. [...] Wenn ein Volk nicht durch die Natur und Lage seines Landes gezwungen ist, vorzugsweise die Industrie zu pflegen und die Mittel seines Unterhaltes genügsam im Ausland zu suchen; wenn es in einem schönen Ebenmaße sowohl die Voraussetzungen für den Ackerbau als für den Betrieb der Industrie besitzt, dann wird man immer sehen, daß es sich weit mehr mit dem Ackerbau als mit der Industrie befaßt", Périn: Ueber den Reichthum, 1 (1866), S. 409f.

150 Vgl. Hersche: Muße und Verschwendung, 1 (2006), S. 456–466, Zitat: 458.

151 Vgl. Hersche: Muße und Verschwendung, 1 (2006), S. 460.

im Gegenteil, und in diesem Sinne geradezu ‚protestantisch' argumentierend, sah er die harte und im wahrsten Sinne des Wortes geerdete Arbeit auf dem Land als wesentlich geeigneter an, moralisch-religiöse Kraft („énergie morale") freizusetzen, als die schnelllebige industrielle Arbeit in der tendenziell mit sittlichem Verfall assoziierten Stadt.[152]

Mit der ökonomischen Hochschätzung des landwirtschaftlichen Ertrags näherte Périn sich zunächst physiokratischen Lehren an, gegen die er – wie oben bereits zum Thema Handel gesehen – anderweitig immer wieder polemisierte. In seinem Universitätskurs sprach er den Physiokraten jedwede moralische Grundhaltung ab und sah in ihren Lehren vor allem das Ziel, materielle Genüsse zu ermöglichen: „L'ordre naturel pour les physiocrates est entier de les juissances de l'ordre matériel: l'homme est en monde pour jouir."[153] Da Périn nun aber gerade die Landwirtschaft mit dem ökonomischen Faktor harter und christlich rechtschaffener Arbeit assoziierte, grenzte er sich nicht nur vom zunächst nicht moralischen Wirtschaftsansatz der Physiokraten, sondern auch von ihrer auf den landwirtschaftlichen Bodenertrag fokussierten Wirtschaftstheorie ab. Indem er gerade die Arbeit als Wirtschaftsfaktor profilierte, ging er genau den wesentlichen Schritt über die physiokratische Lehre hinaus, den bereits Adam Smith gegangen war.

Aus dem Argumentationszusammenhang heraus, Arbeit prinzipiell an jedem Ort und in jedem Wirtschaftskontext mit christlichem Ethos aufladen zu können, musste Périn großgewerbliche und industrielle Strukturen gegenüber landwirtschaftlichen zu keiner Zeit kategorisch ablehnen:

> Qu'on ne croie pas pourtant que nous voulions refuser à l'industrie sa légitime importance. Les nations chrétiennes ne sont pas réduites, comme l'antiquité, à repousser l'industrie pour sauver leurs mœurs. Évidemment la vie industrielle est moins favorable que la vie agricole à la conservation des vertus qui sont la source de la grandeur et de la prospérité des peuples. Toutefois des mœurs fortes et des habitudes élevées ne sont pas incompatibles avec l'industrie [...].[154]

---

152 Vgl. Périn: De la richesse, 1 (1861), S. 423.

153 Cours d'économie politique (1852–53), S. 158. Freie Übersetzung: „Die natürliche Ordnung richtet sich für die Physiokraten ganz nach den Genüssen der materiellen Ordnung: Der Mensch ist auf der Welt, um zu genießen."

154 Périn: De la richesse, 1 (1861), S. 424. In der Übersetzung von Weizenhofer: „Möge man indeß nicht glauben, daß wir der Industrie ihre wahre Bedeutung bestreiten wollen. Die christlichen Nationen sind nicht, wie das Heidenthum, gezwungen, die Industrie von sich abzuhalten, um die Sitten zu retten. Gewiß, für die Wahrung der Tugend, aus welcher die Größe und das Glück der Völker quillt, ist das industrielle Leben weniger geeignet, als der Aufenthalt auf dem Lande. Aber gleichwohl ist ein frommes Herz und eine edle Sinnesart mit dem Betrieb der Industrie nicht unvereinbar [...]", Périn: Ueber den Reichthum, 1 (1866), S. 411.

Aus Périns Sicht eröffnete gerade das Christentum einer Gesellschaft die Möglichkeit, ökonomische Entwicklungen auf stabiler sozialer Basis mitzuvollziehen. Dies galt für ihn in erstaunlich konkreter Weise auch für das Prinzip der freien Konkurrenz, von der er sich – erneut über den Faktor Arbeit argumentierend – sehr positive Auswirkungen auf die sprichwörtliche ‚Arbeitsmoral' und damit auf die allgemeine Produktivkraft erhoffte:

> La seule loi que nos sociétés puissent accepter aujourd'hui, c'est la loi de la libre concurrence. [...] Elle imprime au travail, par la nécessité de bien faire pour parvenir au succès, un essor qu'il ne prendrait jamais sous les impulsions factices de l'autorité. Par le stimulant de la concurrence, l'activité du travail s'accroît, les procédés se perfectionnent, l'économie dans la production devient plus sévère; tout profite, rien ne se perd dans les forces du travail; en un mot, chacun prend de la peine, afin d'obtenir pour son produit une préférence qui ne s'accorde qu'à la supériorité de la qualité et du bon marché.[155]

Ein derart offensiv mit dem alten Zunftgedanken brechendes Plädoyer brachte er in den 1860er Jahren nicht nur in *De la richesse* vor, sondern auch auf den Mechelner Kongressen. Jene wurden zu dieser Zeit von den belgischen Katholiken abgehalten, um ihr gesellschaftliches Engagement zu organisieren und zu koordinieren.[156] Edouard Ducpétiaux (1804–1868), prominent für sein politisches und insbesondere soziales Engagement seit Gründung des belgischen Staates und nun Hauptorganisator der Kongresse, hatte Périn gebeten, der „2e section du Congrès: Œuvres de Charité" vorzustehen.[157] 1863 hielt Périn dort eine vielbeachtete Rede über die Wirkmacht christlicher

155 Périn: De la richesse, 1 (1861), S. 366. In der Übersetzung von Weizenhofer: „Das einzige Gesetz, dem die Gesellschaft der Gegenwart huldigen kann, ist das Gesetz der freien Concurrenz. [...] Indem sie jeden nöthigt, sein Möglichstes zu leisten, damit er günstigen Erfolg habe, gibt sie der Arbeit einen Aufschwung, den sie durch die künstlichen Förderungsmittel der staatlichen Auctorität nie erlangt hätte. Durch die Einwirkung der freien Concurrenz wächst die Productivkraft der Arbeit, vervollkommnen sich die Verfahrungsarten und verdoppelt sich das Bestreben nach Ersparungen bei der Gütererzeugung; alles wird nutzbar verwendet und keine Arbeitskraft geht verloren; mit einem Worte, Jedermann bemüht sich, seinem Producte bei den Käufern den Vorzug zu verschaffen, was sich nur durch bessere Qualität und billigeren Preis erreichen läßt", Périn: Ueber den Reichthum, 1 (1866), S. 353f. Auch in seinem Kurs widmete er den positiven „Effets de la libre concurrence par rapport à la puissance de travail" ein eigenes Kapitel, vgl. Economie politique (sine dato), S. 111–117.

156 Vgl. zu den Kongressen Aubert: Die Offensive (1971), S. 717.

157 Vgl. Ducpétiaux à Périn, 10.07.1863. Archives de l'Etat à Mons, Périn Charles, Correspondance. Lettres reçues, 127. Ducpétiaux betätigte sich vor allem im Bereich der statistischen Analyse der sozio-ökonomischen Gegebenheiten und im Bereich der praktischen Sozialarbeit. Vgl. zu Ducpétiaux Michotte: Études (1904), S. 329–356.

Nächstenliebe, „sur la Mission sociale de la charité". Hierbei kam er auch auf die Vorteilhaftigkeit einer liberalen Gewerbeordnung zu sprechen, die vom christlichen Gedanken freier gegenseitiger Unterstützung nicht nur flankiert, sondern immer auch fundiert werden solle. „Tous les progrès de la liberté dans le monde chrétien ont été préparés par les sacrifices de la charité"[158], so erläuterte er den Zusammenhang zwischen fortschreitender wirtschaftlicher Liberalisierung und christlichen Grundhaltungen. Das Prinzip freier Konkurrenz, das wie kaum ein anderes selbst die Freiheit, also einen christlichen Wert, verkörpere, konnte in seinen Augen nicht strukturell falsch sein, sondern lediglich falsch angewandt werden:

> La concurrence, c'est la liberté. Qui peut nier que la liberté ne soit en elle-même une bonne chose? Mais qui peut nier aussi que la liberté ait besoin d'être toujours guidée par une intelligence droite, contenue par les principes d'une forte et rigoureuse moralité, et inspirée par un sincère amour de l'homme envers l'homme?[159]

Wie ging Périn nun auf Basis dieses Befundes mit der alten christlichen Zunfttradition um? In auffälliger Art und Weise rahmte er sein flammendes Plädoyer für eine freie wirtschaftliche Konkurrenz in den 1860er Jahren immer wieder mit einer zeitbezogenen Rechtfertigung und Würdigung mittelalterlicher korporativer Strukturen. „Nous ne regrettons rien dans les institutions

158 Vgl. insgesamt Discours de M. Ch. Périn, professeur à l'université Catholique de Louvain, sur la Mission sociale de la Charité, 19 août 1863 (Troisième Séance), in: Assemblée Générale des Catholiques en Belgique. Première Session à Malines: 18–22 Août 1863, Tome 1, Bruxelles 1864, S. 67–76, hier 68. Freie Übersetzung: „Der ganze Fortschritt der Freiheit in der christlichen Welt ist durch die Opfer der Nächstenliebe vorbereitet worden."

159 Périn: De la richesse, 1 (1861), S. 367. In der Übersetzung von Weizenhofer: „Die Concurrenz ist die Freiheit. Wer möchte nun leugnen, daß die Freiheit eine gute Sache sei? Wer könnte indeß auch in Abrede stellen, daß ihr rechter Gebrauch einen Geist voraussetzt der eine geradsinnige Denkungsweise bewahrt hat, von den Grundsätzen einer thätig wirksamen und ernsten Moral beherrscht wird und sich von aufrichtiger Nächstenliebe leiten läßt?", Périn: Ueber den Reichthum, 1 (1866), S. 354f. Périn verurteilte die Schuldsuche im abstrakten Prinzip statt im eigenen Handeln: „Il est commode, pour se cacher à soi-même ses fautes et s'épargner la nécessité toujours pénible de s'amender, de se jeter dans le domaine des abstractions, et de s'en prendre à une forme de la vie sociale qui serait excellente si les hommes savaient s'en rendre dignes", Périn: De la richesse, 1 (1861), S. 368. In der Übersetzung von Weizenhofer: „Wenn man sich auf den Boden der Abstraction stellt und die Schuld einer Form des socialen Lebens beimißt, die vortrefflich wäre, wenn man sich ihrer würdig zu machen verstünde, so ist das ein bequemes Mittel, um sich seine Fehler vor seinen eigenen Augen zu verbergen und die Nothwendigkeit einer mühesamen Besserung zu ersparen", Périn: Ueber den Reichthum, 1 (1866), S. 355.

de l'ancien régime qui enchaînaient l'activité du travailleur en le mettant dans la dépendance légale de la corporation"[160], bemerkte er hierzu auf dem Mechelner Kongress und entsprechend auch schon in *De la richesse*:

> Les corporations eurent, au moyen âge, leurs jours de prospérité et de grandeur [...]. A l'époque où elles se formèrent, les corporations furent pour les populations ouvrières un grand bienfait.[161]

Zünfte erst hätten die Arbeit des Einzelnen durch die sich absichernde und gegenseitig ergänzende Gemeinschaft profitabel und effizient gemacht.[162] Durch die Jahrhunderte hindurch sei allerdings die mittelalterliche Konzeption der Zünfte verfälscht worden:

> Plus tard, l'égoïsme et la cupidité se glissèrent dans les corporations. L'esprit de corps étouffa trop souvent l'essor du génie industriel. L'apprentissage devint une servitude que prolongeait, contre toute justice, l'intérêt des maîtres. On vit les compagnons vieillir dans les occupations inférieures du métier, éloignés de la maîtrise, qui seule donnait la plénitude des droits de la corporation, par la jalousie inquiète et ingénieuse des maîtres. La réglementation, étendue sans intelligence et sans mesure, devint une entrave à tous les progrès; la séparation absolue des métiers mit des obstacles à la réalisation des découvertes les plus simples et les plus fécondes, en même temps que le privilège retenait, au grand détriment des consommateurs, dans les habitudes paresseuses et faciles de la routine, la plus grande partie des producteurs.[163]

---

160 Discours de M. Ch. Périn (1863), S. 68. Freie Übersetzung: „Wir bedauern nicht das Geringste hinsichtlich der Institutionen des Ancien Régime, die die Aktivitäten des Arbeiters gebunden haben, indem sie sie in die gesetzliche Abhängigkeit der Korporation gestellt haben."

161 Périn: De la richesse, 1 (1861), S. 362. In der Übersetzung von Weizenhofer: „Die Zünfte hatten im Mittelalter die Tage ihres Gedeihens und ihrer Größe [...]. Die Zünfte waren in der Zeit, in welcher sie entstanden, eine große Wohlthat für die arbeitenden Klassen [...]", Périn: Ueber den Reichthum, 1 (1866), S. 347.

162 „[...] ils trouvaient dans leurs efforts réunis et coordonnés des moyens de perfectionner leur travail auxquels, isolés et livrés à eux-mêmes, ils eussent été incapables d'atteindre", Périn: De la richesse, 1 (1861), S. 363. In der Übersetzung von Weizenhofer: „Durch die Vereinigung und gleichberechtigte Nebeneinanderstellung aller Kräfte wurden endlich Mittel zur Vervollkommnung der Arbeit an die Hand gegeben, deren man immer beraubt ist, wenn man vereinzelt dasteht und ausschließlich auf sich angewiesen bleibt", Périn: Ueber den Reichthum, 1 (1866), S. 348.

163 Périn: De la richesse, 1 (1861), S. 364. In der Übersetzung von Weizenhofer: „Später schlichen sich Selbstsucht und Eigennutz in das Gildenwesen ein; der Zunftgeist erstickte nur zu oft den Aufschwung des industriellen Geistes. Die Lehrzeit wurde in eine Knechtschaft umgewandelt, die man zum Vortheil der Gewerbeherrn über alles billige Maß hinaus verlängerte. In Folge der erfinderischen, nie ruhenden Eifersucht der Meister gab es Gesellen, welche bei den untergeordneten Verrichtungen ihrer Profession alt

Wegen dieser Missstände sei schon im Frankreich des 17. Jahrhunderts der berechtigte Ruf nach Gewerbefreiheit aufgekommen; ihre gesetzliche Einführung im 18. Jahrhundert bezeichnete Périn als wichtigen Schritt auf dem Weg der freiheitlich-zivilisatorischen Fortentwicklung, den christliche Gesellschaften stets natürlicherweise einschlagen würden.[164] Der Gewerbereform unter Ludwig XVI. warf er allerdings vor, zu wenig Anleitung zu einem sinnvollen Gebrauch der neu gewonnenen Freiheit gegeben und somit den Traditionsbruch unterschätzt zu haben.[165] Schließlich gebe es neben der wohlgeordneten und sozial-ökonomisch funktionierenden gewerblichen Konkurrenz, wie er selbst sie skizziert hatte, auch eine falsch verstandene. Rhetorisch fragte er deshalb:

> La concurrence se présente-t-elle toujours dans ces conditions de loyauté et d'activité sérieuse? N'est-elle pas trop souvent l'occasion de manœuvres par lesquelles on réussit à attirer le consommateur sans améliorer le produit? Ne fournit-elle pas trop souvent à des entreprises factices le moyen de supplanter et d'anéantir les entreprises honnêtes, et de priver la société du profit qu'elle retirerait de celles-ci, ne laissant à la place qu'une production bientôt discréditée, et dont la ruine ne peut être compensée, même dans l'ordre matériel, par les gains illicites de l'habileté effrontée, qui a su à propos s'avancer et se retirer?[166]

---

geworden waren, ohne dass sie jenen höheren Handwerksgrad hätten erlangen können, durch den man allein in den Genuß aller Innungsrechte eintrat. Ohne Verständnis und ohne Schranke erweitert wurden die Zunftgesetze zu einer Fessel für den Fortschritt; die übertriebene Trennung der Gewerbe hinderte die Einführung der einfachsten und folgenreichsten Erfindungen; und ebenso wurden die Standesprivilegien für die Mehrzahl der Producenten ein Grund, zum Nachtheil der Consumenten bequem bei den gemächlichen und leicht erlernbaren alten Handwerksbräuchen stehen zu bleiben", Périn: Ueber den Reichthum, 1 (1866), S. 349f.

164 „[...] mais au fond cette réforme accomplissait un progrès dans la liberté, que le cours de la civilisation chrétienne devait amener naturellement", Périn: De la richesse, 1 (1861), S. 365. In der Übersetzung von Weizenhofer: „[...] aber ihrem eigentlichen Wesen nach war sie denn doch ein neuer Schritt auf dem Wege zur Freiheit, zu welchem die Entwicklung der christlichen Civilisation nothwendig drängen mußte", Périn: Ueber den Reichthum, 1 (1866), S. 352.

165 Vgl. Périn: De la richesse, 1 (1861), S. 365.

166 Périn: De la richesse, 1 (1861), S. 367. In der Übersetzung von Weizenhofer: „Aber besitzt der wechselseitige Wetteifer der Gewerbe immer diesen reinen, mannhaft ernsten Charakter? Wird die freie Concurrenz nicht oft dazu benützt, den Käufer anzuziehen, ohne daß man sein Product verbessert? Bietet sie nicht häufig genug schwindelhaften Unternehmungen die Mittel an die Hand, ehrenhaften Geschäften den Boden zu unterwühlen oder dieselben sogar gänzlich zu verderben und so die Gesellschaft des großen Vortheils zu berauben, den man von solchen Geschäften haben könnte? Wird uns noch etwas Anderes übrig bleiben, als Werkstätten, die rasch das genossene Zutrauen

Périn stellte für seine Zeit zwar ebenjene Erscheinungen auch als Folge der allgemeinen Gewerbefreiheit fest, führte diese aber – und das ist der zentrale Punkt seiner Argumentation – nicht auf das Konkurrenzprinzip als solches, sondern vielmehr auf dessen falsche, das heißt nicht christliche, Ausführung zurück. Im Angesicht der aktuellen Sozialmisere forderte er eine Rückkehr zum Solidaritäts- und Arbeitsethos der ehrwürdigen mittelalterlichen Zünfte *innerhalb* und nicht entgegen der allgemeinen Gewerbefreiheit – gleichsam als deren christliche ‚Gebrauchsanleitung'. Spielte das Christentum in seiner Argumentation schon für die Erreichung des liberalen Ist-Zustands eine zentrale Rolle, so war es für ihn jetzt besonders gefragt als Garant für die dauerhafte Stabilität des ökonomischen Freiheitsprinzips:

> Mais le christianisme nous a mis à une telle hauteur dans la vie morale que désormais nous ne pouvons vivre sans la liberté. [...] Il ne suffit pas de proclamer très-haut les grandeurs de la liberté, il faut savoir trouver en soi la force de s'y élever et de s'y tenir.[167]

Christliche „Association" und „Patronage"

Leicht ist hieraus ersichtlich, dass Périn weit davon entfernt war, mit der Propagierung der Gewerbefreiheit das korporative Denken aufzugeben, das einst in den mittelalterlichen Zünften seine Verwirklichung gefunden hatte. Wichtig war es ihm auch in diesem Wirtschaftsbereich, genau die Aussage starkzumachen, die er schon zur Rechtfertigung einer christlichen Intervention in handelspolitischen Debatten getroffen hatte. Das Christentum vermöge es in einzigartiger Art und Weise, das individuelle mit dem gemeinschaftlichen Interesse zu vereinen:

> En même temps qu'il accroît la puissance propre de l'individu en rendant sa volonté plus droite et plus énergique, il suscite en lui, avec une force d'expansion toujours croissante, le sentiment de la solidarité et de l'unité de la vie sociale. C'est par la vertu d'un même principe, par l'union intime de toutes les âmes à

---

wieder verlieren und für deren Verfall durch den ungerechten Gewinn jener schamlosen Geschicklichkeit, die es verstand, sich zur rechten Zeit vorzudrängen und zur rechten Zeit wieder zurückzuziehen, nicht einmal in materieller Hinsicht ein Ersatz geboten ist?", Périn: Ueber den Reichthum, 1 (1866), S. 354.

167 Périn: De la richesse, 1 (1861), S. 369f. (Reihenfolge der Zitate vertauscht). In der Übersetzung von Weizenhofer: „Aber das Christenthum hat uns zu einer solchen Höhe des geistigen Lebens erhoben, daß wir fortan nicht mehr ohne die Freiheit bestehen können. [...] Es genügt nicht, mit lauter Stimme die Größe der Freiheit zu rühmen; man muß auch die innere Kraft besitzen, sich zu ihr zu erheben und in ihrer Höhe zu halten", Périn: Ueber den Reichthum, 1 (1866), S. 356f.

> Dieu, c'est-à-dire à la source de toute vie individuelle en même temps que de toute vie sociale, qu'il concilie ces choses qui, sans lui, seraient inconciliables.[168]

Dies ließ Périn zu keiner Zeit bei einer christlichen Befürwortung der allgemeinen Gewerbefreiheit und freien Konkurrenz stehenbleiben – zumal er zur Mitte des Jahrhunderts vor allem ‚falsche' Anwendungen der Prinzipien diagnostizierte, resultierend aus ihrer Gleichsetzung mit einer Abkehr von christlich-korporativem Solidaritätsdenken. Dass beide Seiten sehr wohl vereinbar sein können, demonstrierte er, indem er seine liberale Argumentation nicht nur mit einer Würdigung des Zunftgedankens verband, sondern auch für neue Möglichkeiten korporativer wirtschaftlicher Vergemeinschaftung öffnete.

Stets habe es das Christentum begünstigt und gefördert, so betonte Périn in *De la richesse*, dass die Menschen sich in Assoziationen zusammenschließen, um sich gegenseitig zu stützen.[169] Dies sei gerade in Zeiten wirtschaftsliberaler Strukturen nicht aufzugeben, sondern umso dringender zu verwirklichen, schließlich könne so den Gefahren des Individualismus („périls de l'individualisme"[170]) entgegengewirkt werden. Ein individuell geführter Kampf um die eigene wirtschaftliche Existenz vernachlässige das einem jeden Menschen innewohnende Streben nach geistiger Erfüllung in solidarischer Lebens- und Arbeitsgemeinschaft und könne zudem – als wichtiges ökonomisches Argument – niemals zu derartiger Arbeitsamkeit anspornen, wie es in den Augen Périns die Dynamik einer sich gegenseitig stützenden Gruppe vermochte:

> La solidarité, l'assistance mutuelle, l'action commune, telle est la loi naturelle de la vie humaine, et plus cette loi sera pratiquée, plus auront d'énergie tous les bons instincts de notre nature, et mieux seront domptés tous les mauvais penchants. Le travail, la sobriété, l'ordre, l'économie, toutes ces vertus qui sont les conditions indispensables du bien-être de l'ouvrier, seront conservées, fortifiées, développées, par l'association, et l'on verra toujours la situation des classes

168 Périn: De la richesse, 1 (1861), S. 301. In der Übersetzung von Weizenhofer: „Während es die persönliche Kraft des einzelnen erhöht, indem es dessen Willen rechtlicher und kräftiger macht, erweckt es in ihm mit einer immer wachsenden Gewalt das Gefühl der Zusammengehörigkeit und der Einheit in Bezug auf das sociale Leben. Durch ein und dasselbe Princip, durch einen innigen Anschluß aller Seelen an Gott, die gemeinsame Quelle sowohl des individuellen als socialen Lebens, bringt das Christenthum zwei Dinge miteinander zur Ausgleichung, die ohne dasselbe immer Gegensätze bleiben müßten", Périn: Ueber den Reichthum, 1 (1866), S. 287.

169 Vgl. Périn: De la richesse, 1 (1861), S. 381–393.

170 Périn, Charles: De la richesse dans les sociétés chrétiennes, Tome second, Paris 1861, S. 306.

> ouvrières s'améliorer, en raison directe de leur aptitude pour l'association et leur fidélité à la pratiquer.[171]

In diesem Sinne forderte er die Arbeiter auf dem Mechelner Kongress im Jahr 1863 auf, „associations librement formées et librement gouvernées" zu gründen, um die freie Konkurrenzwirtschaft durch eine frei gewählte Struktur christlich-sozialen Zusammenhalts zu unterlegen. Dies sei bester Ausdruck der christlichen „charité des petits envers les petits", solle sich aber in ein und derselben Aktion mit der „charité des grands" gegenüber den Arbeitern verbinden.[172] Berufs- und gesellschaftshierarchisch höher gestellte Personen sollten demnach, ohne die Arbeiterassoziationen in ihrer Unabhängigkeit einzuschränken, in Form einer „patronage purement libre et charitable" persönliche Verantwortung für das Wohl der Mitglieder übernehmen:

> [...] faire en sorte que la charité des grands et la charité des petits, répondant à une même inspiration, se confondent dans une même œuvre; faire accepter librement par les associations ouvrières le patronage purement libre et charitable des classes supérieures; fonder ainsi l'unité de l'action charitable dans la société, en coordonnant le patronage avec l'association: tel est le plan qui semble répondre à la situation que la Providence nous a faite.[173]

Die Idee des Patronats über die Arbeiter war zu Beginn der 1860er Jahre, als Périn sie in dieser Weise auf dem Mechelner Kongress und auch in *De la richesse* vertrat, keinesfalls neu. Sie ging maßgeblich auf den französischen Politiker Armand de Melun (1807–1877) zurück, der 1846 die bereits erwähnte Société

---

171 Périn: De la richesse, 2 (1861), S. 307f. In der Übersetzung von Weizenhofer: „Solidarität, gegenseitige Hilfeleistung, gemeinsame Thätigkeit, das ist das natürliche Gesetz des menschlichen Lebens, und je mehr dieses Gesetz bethätigt wird, desto mehr Kraft werden alle guten Triebe unserer Natur erlangen, und desto leichter werden alle ihre bösen Neigungen gebändiget. Arbeitsamkeit, Mäßigkeit, Ordnung, Sparsamkeit, alle diese für die Wohlfahrt des Arbeiters unerläßlichen Bedingungen, werden durch die Association erhalten, befestigt und entwickelt, und immer bessert sich die Lage der Arbeiterklassen um so mehr, je mehr sie sich für die Association tauglich machen und je treuer sie in Verwirklichung derselben sind", Périn, Charles: Ueber den Reichthum in der christlichen Gesellschaft, Bd. 2, übers. v. Joseph Weizenhofer, Regensburg u. a. 1868, S. 348f.

172 Vgl. Discours de M. Ch. Périn (1863), S. 69.

173 Vgl. insgesamt Discours de M. Ch. Périn (1863), S. 69. Freie Übersetzung des längeren Zitats: „[...] es herzustellen, dass die Nächstenliebe der Kleinen und die Nächstenliebe der Großen, aus einer Inspiration, sich in ein und demselben Akt treffen; es herzustellen, dass das gänzlich freie und wohltätige Patronat der höheren Klassen freiwillig von den Arbeiterassoziationen akzeptiert wird; durch die Verbindung von Patronat und Assoziation die Einheit der wohltätigen Aktion zu bewirken: dies ist der Plan, der der Situation gerecht zu werden scheint, in die uns die Vorsehung geführt hat."

d'économie charitable gegründet hatte, also auch mit den frühen Initiativen zu einer katholischen Politischen Ökonomie um Charles de Coux eng verknüpft war.[174] Schon in den 1830er Jahren waren im frankophonen und darin auch im belgischen Raum katholische Arbeiterzirkel gegründet worden, die „cercles ouvriers", deren Gründer sich in erster Linie der moralischen Erbauung, aber auch der Verbesserung des materiellen Auskommens der Arbeiterschaft verschrieben. Sie können als Herzstück der paternalistischen Strukturen gesehen werden, die sich im frankophonen Katholizismus spätestens zur Jahrhundertmitte als direkte Reaktion auf die Sozialmisere weiträumig ausbildeten.[175]

Herausragende Bedeutung für derartige Wohlfahrtsinitiativen kam auch der 1833 vom katholischen Gelehrten Frédéric Ozanam (1813–1853) ins Leben gerufenen Société de Saint Vincent de Paul zu, deren Konferenzen sich als Ableger schnell auch in Belgien verbreiteten.[176] Über die unmittelbare Armenfürsorge hinaus wurden dabei Bildungseinrichtungen wie Bibliotheken und Sonntagsschulen geschaffen. Auch industrielle Unternehmer engagierten sich in diesem bald schon eng vernetzten Unterstützungssystem, über das sich auf lange Sicht ein wirkmächtiger katholischer Diskurs über ein sozial verantwortungsbewusstes katholisches Unternehmertum konstituierte, verkörpert im „bon patron catholique".[177]

Périn kann allerdings als derjenige gesehen werden, der den bereits existierenden Initiativen ihr ideelles Dach formte.[178] Wesentlich inspiriert wurde er hierbei vom französischen Sozialreformer Fréderic Le Play (1806–1882), der mit seiner Schrift *Les ouvriers européens* von 1855 bereits ideelle Vorarbeit in der Argumentationsrichtung Périns geleistet hatte.[179] Le Play

---

174 Vgl. Misner: Social Catholicism (1991), S. 63–67.

175 Vgl. Rezsohazy: Origine et formation (1958), S. 48–71.

176 Vgl. zu Ozanam und den Vinzenzkonferenzen Misner: Social Catholicism (1991), S. 58ff.; Duroselle: Les débuts (1951), S. 165–183. Vinzenzkonferenzen verbreiteten sich rasch auch im internationalen Kontext und existieren bis heute. In Belgien wurden die ersten in den 1840er Jahren in Brüssel und Gent gegründet.

177 Vgl. hierzu jüngst Heyrman, Peter: Imagining the ‚bon patron catholique'. Industrial Entrepreneurs in Belgium and Northern France, and their Apostolate of the Factory (1870–1914), in: Schweizerische Zeitschrift für Religions- und Kulturgeschichte, 113 (2019), S. 109–134.

178 So sieht es etwa Heyrman: Imagining the ‚bon patron catholique' (2019), S. 114f. Zur Funktion des ‚bon patron' publizierte Périn in den nachfolgenden Jahrzehnten weiter, vgl. z. B. Périn, Charles: Le patron: sa fonction, ses devoirs, ses responsabilités, Lille/Paris 1886. Eine Zusammenfassung der Publikation findet sich bei Fèvre: Charles Périn (1903), S. 150–155.

179 Vgl. Périn: De la richesse, 2 (1861), S. 354f., 363ff. Als Überblick über die Ideen Le Plays vgl. Duroselle: Les débuts (1951), S. 672–684; Müller: Staatstätigkeit (1991), S. 227–230.

wiederum äußerte sich gegenüber Périn sehr angetan von dessen Ausführungen in *De la richesse*.[180]

Interessant erscheint nun für diese Analyse besonders, dass Périn sich durch sein Beharren auf dem Aspekt der Freiwilligkeit in den Assoziationsgründungen sowie in Angebot und Annahme des Patronats genau über dasjenige kategoriale Freiheitsvokabular vom alten Zunftgedanken abgrenzte, das er benötigte, um korporative Ideale von nun an innerhalb eines Systems freier Konkurrenz als stimmig erscheinen zu lassen. Paradigmatisch führte er in *De la richesse* aus:

> La question du patronage est tout entière dans l'ordre de la liberté. [...] ce n'est que sur le principe de la liberté que peut reposer aujourd'hui l'œuvre du patronage.[181]

Besondere Betonung legte er immer wieder darauf, dass die von ihm propagierte freie christliche Unterstützung in Arbeiterassoziationen keinesfalls auf eine Reinstallation der alten Zünfte mit der Abschaffung freier wirtschaftlicher Konkurrenz hinauslaufe:

180 Vgl. Le Play à Périn, 06.11.1861. Archives de l'Etat à Mons, Périn Charles, Correspondance. Lettres reçues, 222. Auch aus der späteren Korrespondenz zwischen Périn und Le Play geht eine hohe gegenseitige Wertschätzung hervor. Speziell zur gemeinsam vertretenen Forderung einer neuen Form korporativer Organisationsstrukturen schrieb Le Play 1865 an Périn: „Espérons que cette union des esprits qui veulent fonder la liberté civile et politique sur l'organisation des familles laborieuses, morales, indépendantes des fonctionnaires publics va constituer une nouvelle Ecole Sociale", Le Play à Périn, 22.05.1865. Archives de l'Etat à Mons, Périn Charles, Correspondance. Lettres reçues, 222. Freie Übersetzung: „Hoffen wir, dass diese Vereinigung der Geister, die die bürgerliche und politische Freiheit auf die Organisation der arbeitenden, moralischen und von den öffentlichen Beamten unabhängigen Familien gründen wollen, eine neue Soziale Schule begründen wird." Périn und Le Play unterschieden sich allerdings in ihrer Beurteilung der innerkirchlichen Entwicklungen unter Pius IX. – im Gegensatz zu Périn befürwortete Le Play den zunehmenden römischen Zentralismus sowie das durch den *Syllabus Errorum* ausgedrückte kirchliche Selbstverständnis nicht, vgl. Gurian, Waldemar: Die politischen und sozialen Ideen des französischen Katholizismus 1789–1914, Mönchengladbach 1929, S. 279.

181 Périn: De la richesse, 2 (1861), S. 371f. In der Übersetzung von Weizenhofer: „Die Sache des Patronats liegt ganz und gar im Bereiche der Freiheit. [...] nur auf dem Principe der Freiheit kann heutzutage das Werk des Patronats aufgeführt werden", Périn: Ueber den Reichthum, 2 (1868), S. 401.

> Quand nous faisons appel à l'association des travailleurs, nous n'entendons point […] provoquer un retour aux anciennes corporations. La libre concurrence est la seule loi que nos sociétés puissent accepter.[182]

Insgesamt band Périn damit die in seinem wirtschaftlichen Kontext faktisch nicht mehr hinterfragbaren wirtschaftsliberalen Ordnungsvorstellungen ein in das exklusiv kirchliche und daher ultramontane Narrativ einer „reconstitution sociale par la charité".[183] Diese bedeutete für ihn den Wiederaufbau alter christlicher Stabilitäten in einer nicht durch aufklärerische Freiheitsforderungen, sondern lediglich durch deren individualistische Konnotation aus den Fugen geratenen Welt:

> C'est surtout à l'Église que revient nécessairement une grande part dans cette œuvre de restauration sociale. L'Église a reçu particulièrement mission de soutenir, de conduire et de fortifier les petits et les faibles. Dans tous les temps, elle s'est tournée vers eux avec amour […]. Au milieu de la confusion et de la désorganisation que le triomphe des instincts individualistes a jetées dans notre vie sociale, l'Église seule se trouve organisée; elle seule est aujourd'hui en mesure de restaurer l'ordre par la liberté. Et n'est-ce point là la question vitale de notre époque? Il faut, par la liberté, ramener le monde à la solidarité et à la hiérarchie.[184]

Ausblick: Périn und die „école corporatif"

Mit seinen an öffentlich-wirksamer Stelle vorgetragenen Ausführungen zu „Association" und „Patronage", so ist an dieser Stelle ein Ausblick zu geben, sollte Périn in den 1860er Jahren nicht nur die Grundgedanken bestehender Wohlfahrtsinitiativen ideell ausformulieren, sondern darüber hinaus wichtige sozial-wirtschaftliche Konzepte der 1870er Jahre mitinspirieren. Beispielhaft sei hier das berühmt gewordene experimentelle Fabrik-Modell des französischen

---

182 Discours de M. Ch. Périn (1863), S. 69. Freie Übersetzung: „Wenn wir zur Gründung von Arbeiterassoziationen aufrufen, beabsichtigen wir damit keinesfalls, […] eine Rückkehr zu den alten Korporationen zu provozieren. Die freie Konkurrenz ist das einzige Gesetz, das unsere Gesellschaften akzeptieren können."

183 Discours de M. Ch. Périn (1863), S. 69.

184 Périn: De la richesse, 2 (1861), S. 382. In der Übersetzung von Weizenhofer: „Der Kirche besonders muß bei diesem Werk der socialen Restauration eine wichtige Rolle zufallen. Die Kirche hat insbesondere die Mission, die Kleinen und Schwachen zu stützen, zu führen und zu stärken. Sie hat sich ihnen zu allen Zeiten liebevoll zugewendet […]. In Mitte der Verwirrung und Auflösung, die der Triumph der individualistischen Bestrebungen über unser sociales Leben gebracht hat, steht die Kirche allein in fester Organisation da; sie allein ist heutzutage im Stande, die Ordnung durch die Freiheit wieder herzustellen. Und ist das nicht die Lebensfrage unserer Zeit? Durch die Freiheit muß man die Welt wieder zur Ordnung und hierarchischen Gliederung zurückführen", Périn: Ueber den Reichthum, 2 (1868), S. 409f.

Industriellen Léon Harmel (1829–1915) erwähnt, der – unter anderem aufbauend auf die Ausführungen des Belgiers – auf Korporationsbildung mit beratenden assoziierten Patronen baute, verbunden mit einer Fabrikkatechese und Strukturen sozialer Absicherung.[185]

Gleichzeitig kristallisierte sich allerdings bereits in diesem Jahrzehnt heraus, dass Périns Konzept des Patronats über frei gebildete Arbeiterassoziationen nicht dasselbe war wie das Korporationsmodell, das mehr und mehr Katholiken in Frankreich und auch Belgien anzustreben begannen. Unter der maßgeblichen Führung zweier politischer Katholiken aus Frankreich, Réné de La Tour du Pin (1834–1924) und Albert de Mun (1841–1914), zeichnete sich alsbald eine „école corporatif" ab, die nun tatsächlich an einer weitgehenden Wiedererrichtung alter korporativer Strukturen im neuen Industriesystem arbeitete. Obwohl die „école", genau wie Périn, ein zutiefst ultramontanes Wertesystem vertrat, indem sie die Französische Revolution verurteilte und die reaktionären Äußerungen Papst Pius' IX. in den 1860er Jahren hoch schätzte, stand sie – in wirtschaftlicher Hinsicht – für andere Schlussfolgerungen als der Belgier ein: Im Sinne einer Rückkehr zu alten christlichen Sozialstrukturen propagierte diese Denkschule christliche Korporationen, die die Strukturen wirtschaftlicher Liberalisierung zurückfahren und vom Staat politische Rechte und soziale Pflichten zugesprochen bekommen sollten.[186]

Périn musste dieses Modell, das in den 1880er und 1890er Jahren auch in Belgien seine Verwirklichung finden sollte[187], in dreierlei Hinsicht ablehnen, wenngleich es die Idee des Patronats innerhalb der Korporationen weitgehend integrierte: Erstens baute es nicht auf den Aspekt des freien Zusammenschlusses der Arbeiter und Unternehmer im Sinne christlicher Unterstützung, sondern zielte vielmehr auf die Etablierung obligatorischer und auch politisch motivierter Zusammenschlüsse. Zweitens schloss es darin die Mitwirkung des

185 Vgl. zu Harmels Model Heyrman: Imagining the ‚bon patron catholique' (2019), S. 118–123. Heyrman spricht im Kontext des Diskurses um den ‚bon patron catholique' von Harmel als einem „living role model". In den 1880er Jahre stand er auch in persönlichem Briefkontakt mit Périn, vgl. Harmel à Périn. Archives de l'Etat à Mons, Périn Charles, Correspondance. Lettres reçues, 172.

186 Vgl. Gueslin: L'invention de l'économie sociale (1987), S. 83–88.

187 Führend agierte diesbezüglich in Belgien Joris Helleputte (1852–1925), katholischer Politiker und Architektur-Professor an der Universität Leuven. Helleputtes korporatives Konzept wurde in den 1880er und 1890er Jahren propagiert vom belgischen ultramontanen Agitationsnetzwerk schlechthin, der 1875 gegründeten einflussreichen Confrérie de Saint-Michel. Périn selbst hatte der Confrérie in ihrer Anfangszeit vorgestanden, sich aber gegen Helleputtes Modell ausgesprochen, welches ihm die sozio-ökomische Seite zu stark, die moralisch-religiöse Seite dagegen zu wenig betonte, vgl. Maeyer: Katholische Soziallehre (2003), S. 100ff.

Staates ein, ein Punkt, den Périn innerhalb seiner katholischen Politischen Ökonomie immer kritisch gesehen hatte.[188] Drittens arbeitete es genau den Strukturen wirtschaftlicher Liberalisierung entgegen, die Périn stets als unausweichliche und auch in christlicher Hinsicht befürwortbare wirtschaftliche Entwicklung gesehen hatte, sofern sie auf richtige Art und Weise an christliche Moralvorstellungen gebunden wurden. Eine Wiederbelebung zunft-ähnlicher Strukturen mit ihrem Vorbehalt gegenüber freier gewerblicher Arbeit, die allein durch freie christliche Initiative sozial abgesichert wurde, war und blieb für ihn Zeit seines Lebens nicht denkbar.

1878 kam es auf dem Kongress von Chartres, auf dem die katholischen Sozialpositionen diskutiert wurden, zu einem Schlagabtausch zwischen De Mun und Périn, der die zwei Lager für die katholischen Sozialdebatten des nächsten Jahrzehnts formieren sollte: die „école corporatif" auf der Seite De Muns und die „économistes catholiques", später nach dem Bischofssitz eines prominenten Befürworters „école d'Angers" genannt, auf der Seite Périns.[189] Périn betonte hier ganz wie in seinen früheren Stellungnahmen, dass sich die Zeiten geändert hätten und die jetzige Wirtschaftssituation eine Rückkehr zu den altehrwürdigen Korporationsstrukturen nicht sinnvoll erscheinen lasse. Vielmehr gelte es, freie Assoziationen basierend auf „charité" und „patronage" als die in diesen Tagen einzig wahren „corporations chrétiennes" zu propagieren,

188 Gerade hinsichtlich der Patronatsidee hatte Périn betont, dass der Staat selbst durch die gesetzliche Absicherung des freien persönliche Patronats immer nur als indirekter Patron fungieren dürfe: „L'État peut assurer aux associations les avantages de l'existence civile, à la condition qu'elles se conforment à certaines règles générales tracées par la loi. Dans tous les cas, ce patronage ne peut être qu'indirect et facultatif. Le rendre obligatoire, ou le constituer dans les conditions telles qu'il aurait pour conséquence d'étendre sur les associations ouvrières l'action absorbante de la centralisation administrative, ce serait compromettre très-gravement le principe même de l'association. L'ouvrier veut bien admettre l'action de l'État quand c'est lui-même qui se l'impose, en acceptant librement la protection qui lui est offerte [...]", Périn: De la richesse, 2 (1861), S. 343. In der Übersetzung von Weizenhofer: „Der Staat kann den Vereinen unter der Bedingung, daß sie sich nach gewissen allgemeinen, durch das Gesetz vorgezeichneten Regeln richten, die Vortheile der bürgerlichen Existenz zusichern. Jedenfalls darf aber dieses Patronat nur indirect sein und nur die Befähigung fördern; es bindend machen, oder an solche Bedingungen knüpfen, daß sich in Folge derselben die Alles absorbierende Thätigkeit der administrativen Centralisation auch auf die Arbeitervereine erstrecken müßte: das hieße gerade das Associationsprincip selber auf das Schwerste gefährden. Der Arbeiter will sich die Einwirkung des Staates gerne gefallen lassen, wenn er sich dieselbe aus eigenem Antriebe auferlegt, indem er frei den dargebotenen Schutz annimmt [...]", Périn: Ueber den Reichthum, 2 (1868), S. 378.

189 Brants spricht von einem „éclat" zwischen De Mun und Périn auf dem Kongress, vgl. Brants: Charles Périn (1906), S. 21f.

in denen die liberalisierten Arbeitsstrukturen gewahrt blieben, zugleich aber mit dem Gedanken christlicher Solidarität verbunden wurden.[190]

3.3.3 *Von „instruction" und „moralisation" – Bildung in Zeiten des sozio-ökonomischen Umbruchs*

Périns Ansichten zur Bildung in Zeiten des sozio-ökonomischen Umbruchs waren bereits zu einem frühen Zeitpunkt stark vom Patronage-Gedanken durchdrungen. Zur Analyse bietet sich hier eine bislang nirgends ausgewertete journalistische Artikelserie an, die Périn im Herbst des Jahres 1848 in der Tageszeitung *L'Indépendant* unter der Überschrift „De l'amélioration du sort des classes ouvrières" veröffentlichte. Périn beschäftigte sich hierin so ausführlich wie nirgendwo sonst innerhalb seiner frühen Schaffensperiode mit der Frage, welcher Bildungs- und Ausbildungsstrukturen es in einer industrialisierten Gesellschaft bedurfte, um die Lebens- und Arbeitsbedingungen der Arbeiterschaft zu verbessern. Die Artikel entstanden in der Zeit der großen belgischen Agrar- und Versorgungskrisen, können also auch als Reaktion auf die zeitgenössisch brisante Frage gesehen werden, wie man die heimische Produktion in Zukunft auf stabile und langfristige Art und Weise steigern konnte. Die Tatsache, dass die Artikelserie im liberalen *L'Indépendant* veröffentlicht wurde, zeigt an, dass Périn zu diesem Zeitpunkt dem politischen Liberalismus des belgischen Staates noch zugeneigt war, da er ihn gerade als vorteilhaft für die freie Entfaltung katholischer Bildungsinitiativen erkannte.[191]

Der Staat Belgien bringe, so leitete Périn seine Artikelserie am 14. September 1848 dementsprechend ein, durch das Zusammenspiel liberalstaatlicher Institutionen mit einem starken Katholizismus wie kein zweiter dieser Tage die notwendigen Voraussetzungen mit, um das Auskommen seiner Arbeiterschaft zu verbessern.[192] Drei Prinzipien stellte er hierfür als Leitende heraus: „instruction", die Anleitung zur Verbesserung der eigenen (beruflichen) Fertigkeiten, „moralisation", die Festigung christlicher Werte im Leben der Arbeiter, und „prévoyance", die Vorsorge für das zukünftige ökonomische Auskommen. Insbesondere seien die ersten beiden Prinzipien nicht voneinander zu trennen, um der mit der zunehmenden industriellen Produktion einhergehenden Bedürfnissteigerung den Wert der Bescheidenheit entgegensetzen

---

190 Abgedruckt ist die Rede in Périn, Charles: Le socialisme chrétien, Paris/Lyon 1879, S. 49–67. Auf die Rede wird im Analyseteil zu *Frühsozialistischen Gesellschaftsentwürfen*, ebenfalls ausblickartig, weiter eingegangen.

191 Vgl. hierzu die biographische Einführung und insbesondere die dortigen Ausführungen zum „katholischen Reveil".

192 Vgl. für den folgenden Abschnitt insgesamt: De l'amélioration du sort des classes ouvrières, 1, in: L'Indépendant – Edition du matin (14.09.1848).

zu können. Allein so könnten stabile und ausgeglichene ökonomische Verhältnisse geschaffen werden. Die „moralisation" bereite somit erst den Boden für die „instruction":

> [...] il faut d'abord les éclairer sur leur situation et sur leurs véritables intérêts, il faut, par instruction, les rendre capables de comprendre des avantages d'une vie laborieuse et frugale.[193]

Hierin wandte sich Périn explizit gegen die Idee des in Belgien stark rezipierten französischen Ökonomen Jean-Baptiste Say, dass die mit der persönlichen Bedürfnisvermehrung entfachte Dynamik gerade nicht gebremst werden dürfe, um die Lebens- und Arbeitsbedingungen der Menschen immer weiter zu verbessern.[194] Die Position Périns zur beruflichen Bildung resultierte also bereits zu diesem Zeitpunkt auch aus einer Auseinandersetzung mit liberalen Wirtschaftskonzepten und mit der für ihn auch für spätere Arbeiten eminent wichtigen Frage, wie diese die menschlichen Bedürfnisse erfassten und theoretisierten.

Auf Basis der „instruction" und „moralisation" könnten schlussendlich, so Périn weiter, Einrichtungen zur „prévoyance" gegründet werden, durch die der durch berufliche und sittliche Bildung erlangte Lebensstand dauerhaft gesichert werden könne:

> En aidant au progrès des mœurs de l'ouvrier et au développement de son intelligence; en épurant ses habitudes, on aura beaucoup fait pour lui inspirer le goût de l'économie [...]. Il restera encore à lui fournir par l'établissement d'institutions de prévoyance, un moyen facile et sûr de placer les fruits des économies, et de se créer des ressources sur lesquelles il puisse compter pour le cas d'accident, ou pour le temps de sa vieillesse.[195]

---

193 De l'amélioration, 1 (14.09.1848). Freie Übersetzung: „[...] zuerst muss man sie [die Arbeiter] über ihre Situation und ihre wahren Interessen aufklären, man muss sie, durch Anleitung, in die Lage versetzen, die Vorteile eines arbeitsamen und sparsamen Lebens zu verstehen."

194 Périn spielte auf das „Saysche Gesetz" über den Ausgleich von Angebot und Nachfrage an, vgl. hierzu Söllner: Die Geschichte des ökonomischen Denkens (2015), S. 30f. und zur starken Say-Rezeption in Belgien Dijck: De wetenschap van de wetgever (2008), S. 53–68.

195 De l'amélioration, 1 (14.09.1848). Freie Übersetzung: „Indem man dem Fortschritt der Sitten des Arbeiters und der Entwicklung seiner Intelligenz behilflich ist; indem man seine Gewohnheiten reinigt, hat man viel getan, um ihn auf den Geschmack der Sparsamkeit zu bringen. [...] Es bleibt noch, ihm mit der Einrichtung von Vorsorgeinstitutionen ein einfaches und sicheres Mittel an die Hand zu geben, um die Früchte seiner Ersparnisse zurückzulegen und sich Rücklagen zu bilden, auf die er im Falle eines Unfalls oder für die Zeit seines Alters zurückgreifen kann."

Für die nachfolgenden Artikel kündigte Périn an, ein mehrstufiges Bildungs- und Ausbildungskonzept zu skizzieren, das den Arbeitern eine Perspektive jenseits der Anleitung zu stumpfer Arbeitskraft zu geben vermöge, kurz: „[...] une instruction et une éducation qui leur permette d'être autre chose que des machines vivantes."[196]

Dementsprechend widmete er sich im nächsten Artikel, der bereits am Folgetag erschien, zunächst der Schulbildung für die Kinder.[197] Er hob hervor:

> Ce n'est pas un enseignement encyclopédique qu'il faut à l'enfant destiné à vivre du travail de ses mains; il lui faut un enseignement modeste comme la vie qu'il mènera.[198]

Die Weitergabe enzyklopädisch ausgewählter Wissensbestände, wie es bei den allermeisten Schulen in Belgien üblich sei, vernachlässige einerseits die für den Alltag relevante Bildung, etwa in Fragen der Hygiene zur Krankheitsprävention, andererseits aber auch vorbereitende Elemente zur Berufsbildung. Als Ergänzung zur herkömmlichen Schulbildung regte Périn bereits für junge Schüler die Gründung von „écoles d'industrie pour les villes" beziehungsweise „écoles rurales pour les campagnes" an und führte für Erstere konzeptuell aus:

> Ce ne sont point de manufactures, des ateliers proprement dit; on n'y trouve pas même de vrais apprentissages techniques, dans tout l'étendue du terme. Ce ne sont réellement que des travaux préparatoires destinés à commencer l'éducation industrielle des enfants, à les appliquer au travail, à leur donner un premier degré d'aptitude, à diriger l'usage de leur œil, de leur main.[199]

Auch im ländlichen Bereich solle bereits zu einem frühen Ausbildungszeitpunkt behutsam, aber dennoch gezielt eine erste rudimentäre Vermittlung

---

196 De l'amélioration, 1 (14.09.1848). Freie Übersetzung: „[...] eine Ausbildung und eine Erziehung, die es ihnen [den Arbeitern] ermöglicht, etwas anderes zu sein als lebende Maschinen."

197 Vgl. für den folgenden Abschnitt insgesamt: De l'amélioration du sort des classes ouvrières, 2, in: L'Indépendant – Edition du matin (15.09.1848).

198 De l'amélioration, 2 (15.09.1848). Freie Übersetzung: „Eine enzyklopädische Bildung braucht es nicht für ein Kind, das dazu bestimmt ist, von der Arbeit seiner Hände zu leben; von Nöten ist eine schlichte Bildung, die genau wie das Leben ist, das es führen wird."

199 De l'amélioration, 2 (15.09.1848). Freie Übersetzung: „Es handelt sich nicht um Manufakturen oder um richtiggehende Werkstätten; man findet dort keine technische Lehre im eigentlichen Sinne. Es sind nur vorbereitende Arbeiten angedacht, die darauf zielen, die industrielle Erziehung der Kinder zu beginnen, sie an die Arbeit heranzuführen, ihnen einen ersten Grad an Können zu vermitteln, sie in der Nutzung ihrer Augen und Hände anzuleiten."

praktischer Kenntnisse stattfinden. Insgesamt schwebte Périn damit auch eine breitere Betreuung der Kinder in der gemeinschaftlich lernenden Gruppe vor, die sich nicht nur positiv auf deren spätere Arbeitsfähigkeiten, sondern auch auf ihre sittliche Erziehung auswirke, gleichzeitig also die Prinzipien „instruction" und „moralisation" verkörpere:

> De cette manière toutes les facultés de l'enfant se développent simultanément, et le progrès des uns aide au progrès des autres. En outre les enfants étant ainsi presque continuellement occupés de façon où d'autre, ils sont soustraits au danger de la dissipation et de l'ennui; ils prennent de bonne heure l'habitude d'une application constante à des choses utiles, et cette habitude, éminemment favorable au perfectionnement de leurs facultés industrielles, produira aussi des effets très-heureux quant à leur moralité.[200]

Eine Anleitung im späteren Arbeitsprozess bereits in Kindertagen mache zudem die spätere Berufsarbeit hochwertiger und somit auch besser bezahlt.

Ordnet man Périns Position bis hierhin in den Kontext zeitgenössischer Schulkonzepte und Schuldebatten ein, so fällt auf, mit welchem Optimismus er die bereits kindliche Heranführung an industrielle Arbeitsprozesse konzeptualisierte. Seine „école d'industrie pour les villes" unterschied sich von den bereits seit 1833 in Belgien existierenden „écoles industrielles", in denen Schüler erst ab 12 beziehungsweise 20 Jahren eine zwei- bis dreijährige Ausbildung erhielten.[201] Périn ging es offensichtlich um eine noch früher beginnende und dabei vor allem praktische wirtschaftliche Bildung, durch die Kinder in ihrem späteren industriellen Arbeitsumfeld sozialisiert wurden. Die mögliche Gefahr einer frühkindlichen Arbeitsausbeutung ließ er – ganz im Vertrauen auf das schützende Zusammenspiel von „instruction" und „moralisation" – unerwähnt und verwies beispielhaft auf die im deutschen Raum bereits existierenden Industrieschulen. Diese waren wegen ihres vorrangig pädagogischen Ideals, einer Erziehung zur Arbeitsamkeit, tatsächlich aus religiöser, allerdings

200 De l'amélioration, 2 (15.09.1848). Freie Übersetzung: „Auf diese Weise entwickeln sich alle Fähigkeiten des Kindes gleichzeitig und das Fortschreiten der einen fördert das Fortschreiten der anderen. Außerdem sind die Kinder so auf die eine oder andere Weise immer beschäftigt und werden den Gefahren der Zerstreuung und der Langeweile entzogen; sie erlangen frühzeitig die Gewohnheit einer steten nützlichen Beschäftigung; und diese Gewohnheit, die überaus vorteilhaft ist für die Perfektionierung ihrer industriellen Fertigkeiten, bringt auch sehr schöne Wirkungen hinsichtlich ihrer Moral mit sich."

201 Die ersten wurden 1833 in Lüttich und Gent gegründet. In Lüttich wurde das Eintrittsalter bereits 1836 von 12 auf 20 Jahre erhöht, vgl. D'hoker, Mark: Entre école et entreprise. L'origine et l'évolution de l'enseignement technique en Belgique, 1830–1914, in: Recherches sociologiques, 2 (1995), S. 15–42, hier 17f.

ausnahmslos protestantischer Perspektive befürwortet worden.[202] Ihr zur Mitte des 19. Jahrhunderts bereits andauernder Niedergangsprozess wird gerade mit dem Aufkommen des von Périn, wie oben gezeigt, kritisch gesehenen neuhumanistischen Bildungsideals erklärt, das „der Industrieschulpädagogik ihre theoretische Basis entzog".[203]

Hiernach beschäftigte sich Périn in seiner Artikelserie mit der spezialisierten Lehre, die auf die schulische Grundanleitung folgen sollte.[204] Für die „professions méchaniques" hob er als „modèle des écoles d'apprentissage" das 1827 gegründete „Établissement de Saint-Nicolas" in Paris hervor[205], in dem neben der mechanischen Ausbildung die religiöse Erziehung hoch geschätzt wurde:

> Tous les économistes qui se sont occupés de la situation des jeunes ouvriers, citent avec les plus grands éloges cette institution où l'on a résolu avec un rare bonheur le problème d'une éducation professionnelle complète au meilleur marché possible.[206]

Périn unterstrich an dieser Stelle besonders die Wertschätzung der Einrichtung durch Ökonomen, um herauszustellen, dass eine religiöse Erziehung keinen Widerspruch zu wirtschaftlichen Ausbildungsformaten darstellen müsse. Auch bezog er sich in seiner Darstellung auf eine „Brochure sur l'éducation professionnelle des enfants pauvres", die 1842 vom „inspecteur du travail des enfants dans le manufactures", Boullangé, herausgegeben worden war und das Pariser Modell als Vorbild präsentiert hatte. Lobende Erwähnung hatte ebendiese Broschüre wiederum im 1841 gegründeten französischen *Journal des économistes* gefunden, in dem liberal-ökonomische Ideen propagiert wurden. In einer zeitnahen Besprechung hieß es hier paradigmatisch zur fruchtbaren Vermischung ökonomischer und moralischer Erziehungsanliegen:

---

202 Vgl. Marquardt: Industrieschule (1975), S. 761ff. Marquardt weist allerdings darauf hin, dass sich auch in katholischen Regionen Industrieschulen etablieren konnten, wenngleich die großen Industrieschulpädagogen fast ausnahmslos dem protestantischen Kontext entstammten.

203 Marquardt: Industrieschule (1975), S. 734.

204 Vgl. für den folgenden Abschnitt insgesamt: De l'amélioration du sort des classes ouvrières, 3, in: L'Indépendant – Edition du matin (21.09.1848).

205 Die Schule erwies sich schon zeitgenössisch als Erfolgsmodell, vgl. auch Misner: Social Catholicism (1991), S. 63. Bis heute existieren in Paris mehrere Nachfolgeeinrichtungen, u. a. das Lycée Technique Privé Saint-Nicolas.

206 De l'amélioration, 3 (21.09.1848). Freie Übersetzung: „Alle Ökonomen, die sich mit der Situation der jungen Arbeiter beschäftigt haben, verweisen voll des Lobes auf diese Institution, wo man mit seltenem Geschick das Problem einer vollständigen professionellen Ausbildung in bestmöglicher Weise gelöst hat."

> Il [Boullangé] aborde avec une grande lucidité les questions morales et techniques qui se rattachent à la matière. Il signale certains vices de l'éducation actuelle; il critique avec mesure des méthodes qu'il serait urgent de réformer, et il présente sur l'enseignement en général une série d'observations qui offre un intérêt réel. […] Le mémoire de M. Boullangé mérite d'être pris en sérieuse considération. […] on arriverait à des résultats économiques et moraux qui, dans l'état actuel de la société, seraient d'un très-grand intérêt.[207]

Über die gemeinsame theoretische Ausbildung hinaus wurden die Schüler von Saint-Nicolas für praktische Arbeiten an entsprechende Handwerksmeister („maîtres") vermittelt, die die Schüler im eigenen Betrieb mitarbeiten ließen. Dies sei, so Périn, auch übertragbar auf den landwirtschaftlichen Bereich, wo man zudem durch enge Anleitung und frühe soziale Integration die jungen Schüler von einer moralisch gefährlichen Abwanderung in die überfüllten Industriestädte abhalten könne:

> […] de cette manière aussi on retiendrait dans les occupations de l'agriculture, les enfants pauvres des campagnes, et on les empêcherait d'aller chercher, dans l'industrie manufacturière des villes, une existence trop souvent misérable, et trop souvent aussi souillée de vices qu'engendre une éducation négligée et que développe l'atmosphère corrompue des cités manufacturières.[208]

Ganz wie in seinen späteren Ausführungen in *De la richesse*, die oben bereits betrachtet wurden[209], spielte Périn schon hier auf eine moralische Vorteilhaftigkeit landwirtschaftlicher Arbeit an, stilisierte diese dabei aber in industriellen

---

207 De l'Education professionelle des enfants pauvres, par M. L. Boullangé, inspecteur du travail des enfants dans les manufactures. Brochure in-8°. Paris, 1842, in: Journal des Economistes. Revue mensuelle de l'économie politique des questions agricoles, manufacturières et commerciales, 4 (1843), S. 345f. Freie Übersetzung: „Er [Boullangé] geht mit einer großen Klarheit die moralischen und technischen Fragen an, die sich auf diesem Feld stellen. Er zeigt gewisse Fehler des aktuellen Erziehungsansatzes auf; er kritisiert mit rechtem Maß die Methoden, deren Reform sich als dringend erweist, und er präsentiert eine Reihe von Beobachtungen von wirklichem Interesse über die Ausbildung im Allgemeinen. […] Die Gedanken M. Boullangés verdienen sehr ernst genommen zu werden. […] man gelangt so zu ökonomischen und moralischen Resultaten, die im jetzigen Zustand der Gesellschaft von großem Interesse sind."

208 De l'amélioration, 3 (21.09.1848). Freie Übersetzung: „[…] auf diese Art hält man auch die armen Kinder vom Land in einer landwirtschaftlichen Beschäftigung und man hindert sie daran, in der verarbeitenden Industrie der Städte eine Existenz vorzufinden, die allzu oft miserabel und befleckt von den Mängeln ist, die durch eine vernachlässigte Erziehung verursacht werden und sich in der verdorbenen Atmosphäre der Industriegebiete weiterentwickeln."

209 Vgl. die Analyse zum Untersuchungsfeld *Zunfttradition, Gewerbereform und korporatives Denken*.

Zeiten nicht zum alleinigen Weg, um wirtschaftliches Auskommen und christliches Leben fruchtbar zusammenbringen zu können.

Um im städtischen Arbeitskontext eine christliche Sozialisation sicherzustellen, baute er bereits in den 1840er Jahren als Ergänzung zur konkreten Schulbildung insbesondere auf das Konzept der „patronage".[210] Gerade die Bildung und Ausbildung der jungen Generation stehe und falle in dieser Zeit mit der freiwilligen und persönlichen Initiative Wohlhabender, für die Kinder der ärmeren Bevölkerungsschichten Verantwortung zu übernehmen, gleichsam als „protecteur et [...] ami" von den „écoles primaires" an. Nur eine frühe Vertrauensbeziehung stelle hier die langfristige Bindung sicher.

Diese Beziehung sollte sich, so Périn, sowohl auf die konkrete Beratung in der beruflichen Ausbildung erstrecken, etwa in der Wahl des richtigen „maître" für die praktische Anleitung[211], als auch auf die gemeinsame Freizeitgestaltung, etwa durch abendliche Gruppentreffen von Schülern und Patronen. Essenziell sei es, dass die Schüleranzahl eines jeden Patrons begrenzt sei, außerdem, dass die Patrone durch steten Austausch untereinander eine einheitliche Marschrichtung vorgäben:

> Pour qu'il soit exercé avec succès, il faut que la même personne n'ait à s'occuper spécialement que d'un nombre assez restreint de jeunes ouvriers; il faut, en outre, que tous les patrons adoptent une ligne de conduite uniforme [...].[212]

Gebündelt fänden sich alle diese Grundsätze in der jüngst von der Société de Saint Vincent de Paul herausgegebenen Informationsschrift „Manuel du patronage des écoliers et des apprentis". Die Société spielte zeitgenössisch eine zentrale Rolle innerhalb der paternalistischen katholischen Wohlfahrtsinitiativen im frankophonen Raum und hatte sich in diesem Kontext auch der Lehrlingsausbildung gewidmet.[213]

Das Konzept der „patronage", das auch Périn selbst in seinen späteren Werken wie gesehen in maßgeblicher Weise ideell ausgestaltete und propagierte, stellte sich für ihn schon 1848 als Schlüssel dar, um christliche Werte

---

210 Vgl. für den folgenden Abschnitt insgesamt: De l'amélioration du sort des classes ouvrières, 4, in: L'Indépendant – Edition du matin (05.10.1848).

211 Zu kombinieren sei dies, so regte Périn an, mit einer zentralen Datenerfassung zu angebotenen praktischen Arbeitsstellen über ein „bureaux de placement pour les ouvriers".

212 De l'amélioration, 4 (05.10.1848). Freie Übersetzung: „Damit es funktioniert, muss sichergestellt werden, dass eine Person sich immer nur um eine begrenzte Zahl junger Arbeiter kümmert; außerdem muss garantiert werden, dass alle Patrone eine einheitliche Linie verfolgen [...]."

213 Vgl. Duroselle: Les débuts (1951), S. 183–197.

in den Kontext industrieller Wirtschaftsstrukturen zu integrieren und dabei zugleich den neuen ökonomischen Bildungsanforderungen gerecht zu werden: Stand der Patron einerseits für die persönliche Begleitung der christlichen Charakterbildung des Arbeiters, so verkörperte er andererseits die wirtschaftliche Expertise, um dem jungen Arbeiter die bestmögliche praktische Ausbildung zuteilwerden zu lassen. Damit symbolisierte er für Périn schon innerhalb der Schulbildung die Verbindung der Pole „moralisation“ und „instruction“ in institutionell unabhängiger und zugleich authentischer, weil personengebundener Art und Weise.

Insgesamt argumentierte Périn damit auch in bildungspolitischer Hinsicht mit starkem Bezug zum französischen Katholizismus und dessen früher Reaktion auf die sozialen Herausforderungen der Industrialisierung. Deutlich versuchte er, die Brücke zu schlagen zwischen dem sozialkatholischen Netzwerk in Frankreich, das sich den neuen wirtschaftlichen Gegebenheiten früh auch im Hinblick auf deren ideelle und theoretische Grundlagen angenähert hatte, und den liberalen belgischen Gegebenheiten, die gerade katholischen Bildungs- und Sozialisationsinitiativen in den zurückliegenden Jahrzehnten viel Freiraum gewährt hatten. In einer Zeit des Aufbaus technisch-ökonomischer Bildungsstrukturen[214] suchte er der Religion inmitten, nicht neben der praktischen Berufsbildung ihren festen Platz zu sichern – ganz im Vertrauen darauf, erst durch das Zusammenspiel praktischer Arbeitsanleitung („instruction“) und christlicher Sozialisation („moralisation“ und „patronage“) die soziale Not signifikant lindern zu können.

In seiner Artikelserie sprach sich Périn schlussendlich auch dafür aus, die Bildung des Arbeiters zu keiner Zeit als abgeschlossen zu betrachten und demzufolge immer auch Bildungsmöglichkeiten für die ungelernten Erwachsenen zu schaffen. Hierzu forderte er Sonntags- und Abendschulen[215]:

---

214 Am Ende der 1840er Jahre existierten neben den genannten „écoles industrielles“ in Belgien bereits einige „ateliers d'apprentissage“, die eine vier- bis sechsmonatige handwerkliche Ausbildung boten. Erst in den 1850er Jahren begann allerdings eine flächendeckende Gründung technischer Schulen („écoles techniques“), auch durch eine klare verwaltungstechnische Regelung. Vgl. zur belgischen Entwicklung ausführlich D'hoker: Entre école et entreprise (1995), S. 15–27.

215 Vgl. für den folgenden Abschnitt insgesamt: De l'amélioration du sort des classes ouvrières, 5, in: L'Indépendant – Edition du matin (09.10.1848). In den noch folgenden zwei Artikeln der Serie widmete sich Périn den über das Prinzip der „prévoyance“ zusammengefassten Vorsorgemöglichkeiten des Arbeiters durch Spar- und Versorgungskassen. Dies fällt nicht mehr unmittelbar in den Bereich der Bildung und Ausbildung und wird daher hier nicht weiter erläutert.

> Une des institutions qui peuvent contribuer le plus puissamment à développer l'instruction chez les ouvriers adultes, c'est celle des écoles du dimanche et des écoles du soir. On ne peut pas exiger de l'ouvrier qui est le soutien d'une famille, qu'il prenne pour son instruction sur les heures de son travail; tout ce qu'on peut lui demander c'est le sacrifice de quelques-unes de ses heures de loisir.[216]

Für die Freizeitgestaltung schlug er, erneut die Idee der „patronage" einholend, die „association entre ouvriers pour la recréation et l'étude, sous le patronage des personnes plus éclairées" vor. Derartige Lesezirkel gebe es bereits seit längerem in Großbritannien. Auch im französischen Lille habe sich eine entsprechende Vereinigung gegründet. Hierbei dürfe allerdings, so war es Périn wichtig herauszustellen, nicht allein die gelehrsame Konversation im Vordergrund stehen, vielmehr gehe es um die moralische Bildung des Einzelnen.

Christliche Bildung im industriellen Zeitalter, so wird hieran abschließend deutlich, bestand für Périn nicht darin, dem einzelnen Arbeiter möglichst viele allgemeine Bildungsangebote zu machen. Vielmehr stilisierte er es zur christlichen Pflicht, insbesondere die praktische und anwendungsbezogene Arbeiter-Bildung zu fördern. Indem Périn diese als katholischer Ökonom im Kanon christlicher Bildung enorm aufwertete, vermochte er sie zugleich für die Dimension moralischer Charakterbildung zugänglich zu machen. Ganz im Vertrauen auf die Kraft institutionalisierter christlicher Sozialisation erstrebte Périn, der sozialen Not der Arbeiterschaft zur Mitte des 19. Jahrhunderts durch deren noch tiefere, weil bereits frühkindliche Integration in die (Arbeits-) Logiken des Industriesystems zu begegnen und so Religion und industriellen Arbeitskontext von Beginn an in schützender Absicht miteinander zu verschränken.

3.3.4 *Sensualismus, Materialismus und „socialisme chrétien"? – Frühsozialistische Gesellschaftsentwürfe*

Die Auseinandersetzung mit frühsozialistischen Gesellschaftsentwürfen spielte für Périn im gewählten Betrachtungszeitraum eine überaus wichtige Rolle. Ebenso wie die liberalen Ökonomen aus Frankreich und Großbritannien wurden auch die französischen Frühsozialisten in Belgien in der ersten Hälfte des 19. Jahrhunderts stark rezipiert. Die katholische Politische Ökonomie Périns stand von Beginn an in einer doppelten Konkurrenzsituation: Kritisierte sie

216 De l'amélioration, 5 (09.10.1848). Freie Übersetzung: „Sonntags- und Abendschulen gehören zu denjenigen Institutionen, die den erwachsenen Arbeitern am wirksamsten Anleitung zu geben vermögen. Man kann von einem Arbeiter, der die Stütze seiner Familie ist, nicht verlangen, dass er Arbeitsstunden zum Lernen nutzt; alles, was man von ihm verlangen kann, ist dass er ein paar seiner freien Stunden opfert."

einerseits die liberale Wirtschaftsschule für ihr fehlendes christliches Bekenntnis innerhalb ihrer wirtschaftlichen Vorgaben, musste sie sich andererseits von der frühsozialistischen Kritik an liberalen Wirtschaftsprinzipien abgrenzen. Letztere schließlich vermengte, viel häufiger noch als die liberale Schule, die Propagierung sozial-wirtschaftlicher Ordnungsvorstellungen mit einer Kritik am traditionellen Christentum.

Wie Périn sich argumentativ durch diese Situation lavierte, soll im Folgenden anhand einiger früher Schriften aus den 1840er und 1850er Jahren, Lehrsätzen aus seinen Universitätskursen sowie ausgewählten Passagen aus *De la richesse* herausgearbeitet werden. Abgeschlossen wird die Untersuchung durch einen knappen Ausblick auf eine sehr aussagekräftige Episode der späten 1870er Jahre, in der Périn Stellung zum Vorwurf einiger Liberaler bezog, die belgischen Katholiken würden mit ihrem Pochen auf solidarische Assoziationen selbst sozialistisches Gedankengut vertreten.

„Les économistes, les socialistes et le christianisme" – Verwandtschaften und Gegnerschaften

Bereits vor der Lehrstuhlübernahme in Leuven hatte Périn sich mit frühsozialistischem Gedankengut auseinandergesetzt, wie ein von ihm verfasster Artikel von 1841 über die materiellen Interessen der modernen Gesellschaft bezeugt: *Des intérêts matériels dans la société moderne*. Der Text wurde in den Sozietäts-Memoiren der „Société littéraire" an der Leuvener Universität veröffentlicht, einem Lese- und Diskussionskreis, in dem Périn bereits früh seine wirtschaftstheoretischen Ansichten vorgestellt hatte.[217] Périn argumentierte hier bereits wegweisend für seine späteren Schriften, dass eine Gesellschaft, die sich mehr und mehr der Erfüllung materieller Interessen verschreibe und dabei den christlichen Glauben vernachlässige, auf systematische Art und Weise soziales Elend hervorbringen müsse. Immer neue Denkschulen würden sich dieser Tage auf die Annahme stützen, der Mensch fände sein ganzes

---

217 Vgl. Périn, Charles: Des intérêts matériels dans la société moderne, in: Société littéraire de l'Université catholique de Louvain. Choix de mémoires Louvain (1841), S. 84–130 und zu den Statuten der Société, in der Mitglieder wissenschaftliche und literarische Arbeiten vorstellen und diskutieren konnten, Université catholique de Louvain. Rapports de la „société littéraire", de sa fondation à 1840, 1839. Archives de l'Etat à Mons, Périn Charles, Universités, 414. Brants hat die Société als „centre le plus actif et le plus raffiné des étudiants studieux" bezeichnet, Brants: Charles Périn (1906), S. 5. Bereits 1839 publizierte Périn einen Artikel, der mit hoher Wahrscheinlichkeit ebenfalls auf einem Vortrag beruht, den er dort hielt, vgl. Périn, Charles: Du progrès des idées religieuses en économie politique, in: Revue de Bruxelles (Juin 1839), S. 101–129. Vor dem Hintergrund der Lehren Charles de Coux' äußerte er hier seinen Optimismus über eine fortschreitende Akzeptanz religiöser Prinzipien, wie des Prinzips der Entsagung, im wirtschaftstheoretischen Diskurs.

Glück, indem er ausschließlich seinen materiellen und sinnlichen Bedürfnissen folgte – zuletzt die Schule der Fourieristen:

> Le dernier de ces systèmes, celui de Fourier, dont les missionnaires parcourent en ce moment la France et la Belgique, nous révèle plus clairement qu'aucun autre le vice radical de ces théories conçues en dehors des principes catholiques. Suivant les Fouriéristes, si le travail est insupportable à l'homme, c'est que le travail est organisé de manière à contrarier ses penchants; les destinées, disent-ils, sont proportionnelles aux attractions, c'est-à-dire, que l'homme doit aller où ses inclinations l'entraînent, et que là seulement est le bonheur.[218]

Périn spielte hier auf Fouriers utilitaristische Bedürfnislehre an, nach der sich das bestmögliche wirtschaftliche Auskommen der Gesamtheit vor allem dadurch einstellte, dass der Einzelne seinen individuellen Bedürfnissen folgte. Eine Unterdrückung dieser von Fourier als natürlich erkannten Triebe, etwa durch die von Périn formulierten Vorgaben der Mäßigung und Entsagung, wurden von Fourier demzufolge in wirtschaftlicher wie sozialer Hinsicht als hinderlich angesehen.[219]

Bereits dieser initiatorische Vorstoß macht deutlich, dass Périn die frühsozialistischen Ansätze seiner Zeit vor allem über die übergeordnete Fragestellung erörtern würde, wie sie materielle Interessen und Bedürfnisse in ihren sozio-ökonomischen Entwürfen kategorisierten und hierarchisierten. Eine solche Hermeneutik konnte in den vorigen Analysen bereits sporadisch auch für Périns Auseinandersetzung mit liberalen Ökonomen aufgezeigt werden.[220] Nicht überraschend erscheint es daher, dass Périn die frühsozialistische Kritik an der liberalen Ökonomie nicht diskutieren konnte, ohne dabei die

218 Périn: Des intérêts matériels (1841), S. 128. Freie Übersetzung: „Die letzte dieser Denkschulen, diejenige Fouriers, deren Missionare in diesem Augenblick Frankreich und Belgien durchstreifen, zeigt uns deutlicher als jede andere die grundlegende Mangelhaftigkeit dieser Theorien, die jenseits katholischer Prinzipien entworfen wurden. Den Fourieristen zufolge ist eine Arbeit dem Menschen unzumutbar, wenn sie sich in ihrer Organisation gegen seine Neigungen richtet; die Schicksale, sagen sie, sind proportional zu den Anreizen, das heißt, dass der Mensch hingehen muss, wo seine Bedürfnisse ihn hinführen und dass allein dort das Glück für ihn zu finden ist."

219 Vgl. zur Lehre Fouriers Brandt: Geschichte der deutschen Volkswirtschaftslehre, 2 (1993), S. 119.

220 In seinen 1848 geäußerten Bildungs- und Ausbildungsvorstellungen findet sich, wie oben herausgestellt, etwa ein Seitenhieb gegen das „Saysche Gesetz" über den Ausgleich von Angebot und Nachfrage. Indem Périn auf eine Bedürfnisbeschränkung durch „moralisation" pochte, wandte er sich gegen die Idee Says, dass die mit der persönlichen Bedürfnisvermehrung entfachte Dynamik gerade nicht gebremst werden dürfe, um die Lebens- und Arbeitsbedingungen der Menschen immer weiter zu verbessern. Vgl. zum „Sayschen Gesetz" Söllner: Die Geschichte des ökonomischen Denkens (2015), S. 30f.

liberale Ökonomie selbst hinsichtlich ihrer philosophisch-anthropologischen Leitgedanken näher zu betrachten und bis zu einem gewissen Grad mit der prominentesten Kritik an ihr zu parallelisieren.

Diese Herangehensweise spiegelte sich paradigmatisch in seiner ersten größeren Schrift zum Thema, *Les économistes, les socialistes et le christianisme*, die er 1849 als Lehrstuhlinhaber publizierte. Aber auch in den zeitnah entstandenen Schriften *Du socialisme dans les écrits des économistes* (1850) und *Du progrès matériel et du renoncement chrétien* (1854) sowie in seiner universitären Lehre der 1850er Jahre beschäftigte er sich mit der Frage nach einer ideellen Verwandtschaft beziehungsweise Gegnerschaft zwischen ökonomischem Liberalismus, Sozialismus und christlichen Wertvorstellungen.

Zunächst zu Périns Blick auf die ideellen Grundlagen der liberalen „économistes“: Auch bei ihnen erkannte er die ungebremste Steigerung materieller Bedürfnisse, „le développement indéfini des besoins“, als grundlegendes Prinzip, auf das sie ihre Theorie einer florierenden Volkswirtschaft aufbauten.[221] Ein solches Denken kategorisierte er in philosophischer Hinsicht als „sensualisme“ und „matérialisme“.[222] Unter der Bezeichnung Sensualismus wurde seit dem 19. Jahrhundert die im Zusammenhang der Aufklärung entwickelte erkenntnistheoretische Position verstanden, „dass menschliches Erkennen und Handeln ausschließlich von den Sinneseindrücken bestimmt werde“.[223] In philosophischer Hinsicht erwiesen sich sensualistische Denkweisen zur Zeit Périns in der Tat als in besonderer Weise anschlussfähig für sozio-ökonomisch ausgerichtete materialistische Denkströmungen, die – noch vor dem Historischen Materialismus von Marx und Engels – die Erfahrung der politischen und sozialen Wirklichkeit verstärkt über materielle Kategorien fassten und dabei atheistischen Haltungen zuneigten.[224] Périn ging es bei

221 „Le principe du développement indéfini des besoins est, suivant l'école anglaise, le fait générateur de tout le mouvement économique“, Périn, Charles: Les économistes, les socialistes et le christianisme, Paris 1849, S. 71. Freie Übersetzung: „Das Prinzip der unbegrenzten Entwicklung der Bedürfnisse ist, der englischen Schule zufolge, der Ursprung jeder ökonomischen Bewegung.“

222 Anführungsstriche werden hier wie im Folgenden nur für die französischen Bezeichnungen verwendet, da es sich um feste Begriffe der Philosophiegeschichte handelt. Dass diese von Périn in besonderer Weise verwendet werden, wird im Folgenden herausgestellt. Vgl. hierzu bereits die Anmerkung im Analyseteil zu *Handel und Handelspolitik*.

223 Lehmann-Brauns, Sicco: Art. Sensualismus (Enzyklopädie der Neuzeit Online, 2005–2012), DOI: http://dx.doi.org/10.1163/2352-0248_edn_COM_312551 (abgerufen am 13.12.2020).

224 Vgl. Lehmann-Brauns: Art. Sensualismus, EdNZonline; Heinrich, Jörn: Art. Materialismus (Enzyklopädie der Neuzeit Online, 2005–2012), DOI: http://dx.doi.org/10.1163/2352-0248_edn_COM_307996 (abgerufen am 14.02.2022).

seinen grob und plakativ gehaltenen Zuschreibungen erkennbar nicht um eine tiefschürfende philosophische Erörterung, die zu keiner Zeit stattfand. Vielmehr beabsichtigte er, die liberale Schule durch einen Verweis auf ihre genetische Nähe zu aufklärungsaffinen und dabei religionskritischen Denkschulen zu diskreditieren.[225]

Ökonomen wie Smith und Say hätten nach maßgeblichen Vorarbeiten der Physiokraten, so der Vorwurf Périns, eine auf sensualistischen und materialistischen Grundannahmen basierende ökonomische Lehre geschaffen, indem sie den materiellen Reichtum und seinen individuellen Genuss zum gesellschaftlichen Hauptziel erklärt und dabei moralische Perspektiven vernachlässigt hätten.[226] Einschränkend bemerkte Périn allerdings zu Smith, dem er wegen seines moralphilosophischen Hintergrunds das grundlegende Interesse an moralischen Fragen nicht absprach:

> Pour lui, la séparation de la morale et de l'économie politique n'était qu'une affaire de méthode; c'était un moyen de rendre plus facile l'étude des lois de la richesse en les simplifiant. Pour ses disciples, ce fut un principe [...].[227]

Das eingangs geschilderte „Adam-Smith-Problem" löste Périn damit auf andere Art, als es die heutige Forschung getan hat: Anstatt eine prinzipielle moralische Überformung der Politischen Ökonomie Smiths festzustellen, sprach Périn bei ihm von einer methodischen Trennung von Ökonomie und Moral, die nur über die Person Smith als Ökonom und Moralphilosoph aufgehoben würde.

Für die Nachfolger Smiths, wie Périn sie etwa in der französischen liberalen Ökonomie-Schule um Say fand, sei auf Basis dieser methodischen Trennung

---

225 Périn verwies zwar auf antike Ursprünge einer sensualistischen Gesellschaftsphilosophie weit vor der Aufklärung, argumentierte aber, der christliche Kampf gegen sensualistische Anschauungen sei in aktuellen Zeiten schwer wie nie geworden, vgl. Périn: Les économistes (1849), S. 109.

226 Vgl. Périn: Les économistes (1849), S. 11–17. In der gesellschaftlichen und vor allem gesellschaftstheoretischen Dominanz des sensualistischen Prinzips erkannte Périn eine der Hauptursachen der sozio-ökonomischen Krisensituationen seiner Tage: „Les suspensions de travail, les crises industrielles et commerciales [...] sont malheureusement une des conséquences inévitables du progrès de l'industrie sous l'empire du principe social sensualiste", Périn: Les économistes (1849), S. 79f. Freie Übersetzung: „Die Entlassung der Arbeiter, die Krisen von Industrie und Handel [...] sind leider eine der unvermeidlichen Konsequenzen des industriellen Fortschritts unter der Herrschaft des sensualistischen Sozialprinzips."

227 Périn: Les économistes (1849), S. 15. Freie Übersetzung: „Für ihn war die Trennung von Moral und politischer Ökonomie lediglich eine Frage der Methode; sie war ein Mittel, um das Studium der Gesetze des Reichtums durch Vereinfachung zu erleichtern. Für seine Anhänger war es ein Prinzip [...]."

keinerlei Verbindung zwischen moralischen Prinzipien und dem ökonomischen Prinzip der ungehinderten Bedürfnisvermehrung mehr denkbar gewesen:

> […] entre ce principe et la morale, telle que l'entendent les sociétés chrétiennes, il n'y a point de conciliation possible. Dans la doctrine chrétienne, l'idée du bien et de la vertu est inséparable de l'idée du sacrifice; elle implique la victoire de l'homme sur ses penchants désordonnés, et la nécessité d'une lutte constante de l'homme contre lui-même. Cette nécessité fait horreur aux apôtres de la doctrine du développement indéfini des besoins; suivant eux, c'est outrager la nature humaine que de contester la légitimité de son penchant aux satisfactions matérielles; la loi du renoncement est pour eux une loi contre nature, aussi ont-ils prétendu constituer la science de la richesse indépendamment de la morale.[228]

Das christliche Prinzip der (Bedürfnis-)Entsagung stellte Périn hier als klaren Widerspruch zu einer Wirtschaftswissenschaft heraus, die stets das größtmögliche Wirtschaftswachstum fokussierte und auf der Annahme gründete, nur durch dieses Wachstum den wahren Bedürfnissen der Menschen gerecht werden zu können. Eine solche Logik erwies sich für den katholischen Ökonomen nicht nur hinsichtlich des von ihm immer wieder vorgebrachten Arguments als falsch, dass es ebenso ein menschliches Bedürfnis sei, sich über das Prinzip der Entsagung einem heilverheißenden christlichen Gesellschaftsbild anzunähern. Ebenso bemerkte er in sozio-ökonomischer Hinsicht, auf die seit dem *Essay on the Principle of Population* (1798) des Nationalökonomen Robert Malthus vieldiskutierte Bevölkerungsfrage abzielend, dass Bevölkerung und wirtschaftliche Produktion stets proportional wachsen müssten, um ein stabiles Wirtschaftswachstum zu erzielen.[229]

Malthus hatte in seinem vielrezipierten Essay argumentiert, dass die Bevölkerung im industriellen Zeitalter wesentlich schneller wachse als die Nahrungsmittelproduktion. Zyklisch komme es daher zur Massenverelendung,

---

228 Périn: Les économistes (1849), S. 5. Freie Übersetzung: „[…] zwischen diesem Prinzip und der Moral, wie sie die christlichen Gesellschaften verstehen, ist keine Versöhnung möglich. Nach christlicher Lehre sind die Ideen des Guten und Tugendhaften untrennbar mit der Idee des Opfers verbunden; jene impliziert den Sieg des Menschen über seine ungeordneten Neigungen und die Notwendigkeit des andauernden Kampfes des Menschen gegen sich selbst. Diese Notwendigkeit macht den Aposteln der Lehre von der unbegrenzten Entwicklung der Bedürfnisse Angst; ihnen zufolge ist es ein Frevel an der menschlichen Natur, die Legitimität ihrer Neigung zu materieller Befriedigung in Frage zu stellen; das Gesetz der Entsagung ist für sie ein Gesetz gegen die Natur, daher haben sie behauptet, die Wissenschaft vom Reichtum unabhängig von der Moral zu betreiben."

229 Vgl. Périn: Les économistes (1849), S. 28. Malthus wurde in Belgien besonders im Kontext der Versorgungskrisen zur Jahrhundertmitte, vor deren Hintergrund Périn schrieb, stark rezipiert.

die das Gleichgewicht zwischen Angebot und Nachfrage wiederherstelle. Als Abhilfe empfahl er vor allem eine Erziehung der Armen hin zur freiwilligen Enthaltsamkeit, vorangetrieben durch die Einstellung der öffentlichen Armenfürsorge, das heißt einer Sozialpolitik des „Laisser-mourir".[230]

In seiner universitären Lehre fasste Périn die um das Theorem der ‚Malthusianischen Katastrophe' rangierenden Annahmen als „doctrine sensualiste" schlechthin – schließlich werde Enthaltsamkeit hier allein durch einen Appell an das individuelle Interesse jedes einzelnen für sich und seine materiellen Bedürfnisse gefordert.[231] Nur die gesellschaftliche Verankerung des „principe chrétienne", freilich verstanden als „doctrine catholique", könne demgegenüber, so Périn, wirklich das so viel gepriesene Wachstumsgleichgewicht schaffen: durch eine zu jeder Zeit auch im Sinne nach-irdischer Erfüllung gelebte Mäßigung in Bezug auf die irdischen Genüsse und Güter, verbunden mit einer gewissen Verbreitung der klerikal-zölibatären Lebensform.[232] Die nationalökonomisch heiß diskutierte Bevölkerungsfrage nutzte Périn damit in besonderer Weise, um das katholische Christentum als einzige Kraft zu profilieren, die alle Dimensionen menschlichen Lebens und damit auch der Gesellschaft von selbst in Einklang brachte:

> Comme toute doctrine vraie, la doctrine chrétienne constitue un système dont toutes les parties sont cordonnées dans une telle harmonie, et réagissent tellement les unes sur les autres, qu'on ne pourrait envisager à part l'une d'elles, sans tomber dans de graves méprises sur les tendances de la doctrine et ses effets dans la pratique.[233]

230 Vgl. Söllner: Die Geschichte des ökonomischen Denkens (2015), S. 31f.; Ferdinand, Ursula: Art. Malthusianismus (Enzyklopädie der Neuzeit Online, 2005–2012), DOI: http://dx.doi.org/10.1163/2352-0248_edn_COM_306676 (abgerufen am 14.02.2022). Erst in der zweiten Version seines Essays (1803) führte Malthus die Enthaltsamkeit als vorbeugendes Mittel ein – nicht zuletzt, um der in seiner Theorie deutlich aufscheinenden Theodizee-Problematik begegnen zu können, vgl. Waterman: Theology and the Rise of Political Economy (2014), S. 106f.

231 Vgl. Cours d'économie politique (1852–53), S. 137f. Schon De Coux hatte Malthus für seine Forderungen stark kritisiert, vgl. Faccarello: A dance teacher (2017), S. 844–846. Der Bevölkerungsfrage widmete er in seinem Cours in eigenes Kapitel, vgl. Cours d'économie politique par Ch. de Coux (1844–1845), Chap. 3: De la population et de ses lois.

232 Vgl. Cours d'économie politique (1852–53), S. 139f. und hierzu auch Périn: Les économistes (1849), S. 56f. Auch andere Kursmitschriften belegen, dass Périn gerade die Diskussion der Bevölkerungsfrage dazu nutzte, „la doctrine catholique" sozio-ökonomisch zu profilieren: „Comment les doctrines rationalistes et matérialistes d'une part, la doctrine catholique de l'autre, ont résolu le problème de la population", Economie politique (sine dato), S. 274f.

233 Périn: Les économistes (1849), S. 148. Freie Übersetzung: „Wie jede wahre Lehre schafft die christliche Lehre ein System, in dem alle Teile in derartiger Harmonie aufeinander abgestimmt sind und in der Art aufeinander reagieren, dass man keinen Teil einzeln

Gerade der Ansatz Robert Malthus', so stellte Périn es zu verschiedenen Gelegenheiten heraus, habe sich in verhängnisvoller Art und Weise als Sprungbrett für sozialistische Theorien erwiesen. In seinem Universitätskurs führte er die Ideen des Briten zur Bekämpfung von Not und Elend („Des moyens de combattre la misère") in einem Atemzug mit denen der Frühsozialisten Charles Fourier und Pierre-Joseph Proudhon (1809–1865) ein, Letzterer wohl einflussreichster Vertreter solidarisch-anarchistischer Ideen im 19. Jahrhundert.[234] Derart argumentierte er auch in seinen Publikationen. Bei frühsozialistischen Agitatoren wie Fourier, Proudhon oder auch Louis Blanc (1811–1882), der mit seinem Assoziationssozialismus stark an Fourier anknüpfte[235], werde die von Malthus maßgeblich ausgeformte „doctrine sensualiste" erst auf die Spitze getrieben:

> [...] le socialisme, dans les principes fondamentaux, n'est qu'une continuation des doctrines de l'économie politique sensualiste, qu'il n'a fait que tirer les dernières conséquences des principes posés par les économistes.[236]

Fourier nannte er in diesem Zusammenhang „le plus sage des sages" vom Standpunkt einer Ökonomie des „sensualisme" und „matérialisme":

> Pour moi, je crois que toute la folie de Fourier consiste à tirer logiquement les dernières conséquences des principes posés par des sages du matérialisme. Quand on met la destinée de l'homme dans le développement de ses jouissances, il faut accepter tous ses penchants avec toutes leurs conséquences; or Fourier ne fait pas autre chose. Au point de vue du sensualisme, il est donc le plus sage des sages.[237]

---

betrachten kann, ohne einem großen Missverständnis über die Ausrichtung der Lehre und ihrer Wirkungen in der Praxis zu erliegen."

234 Vgl. Cours d'économie politique (1852–53), S. 137 und zu Proudhon Müller: Staatstätigkeit (1991), S. 300–304; Gueslin: L'invention de l'économie sociale (1987), S. 59–67.

235 Vgl. zu Blanc Müller: Staatstätigkeit (1991), S. 282ff.; Brandt: Geschichte der deutschen Volkswirtschaftslehre, 2 (1993), S. 121f.

236 Périn: Les économistes (1849), S. 9. Freie Übersetzung: „[...] der Sozialismus ist, in seinen grundlegenden Prinzipien, nichts als eine Fortführung der Lehren der sensualistischen Politischen Ökonomie, die die letzten Konsequenzen aus den Prinzipien zieht, die von den Ökonomen vertreten werden."

237 Périn: De la richesse, 1 (1861), S. 595. In der Übersetzung von Weizenhofer: „Ich aber glaube, daß die ganze Narrheit Fouriers darin besteht, daß er nach den Regeln der Logik die letzten Folgerungen aus den von den Weisen des Materialismus aufgestellten Principien zieht. Wenn man die Bestimmung des Menschen in die Entwicklung seiner Genüsse setzt, so muß man alle seine Neigungen mit allen ihren Folgen hinnehmen. Nun thut Fourier nichts Anderes. Vom Standpunkte des Sensualismus ist er also der Weiseste der Weisen", Périn: Ueber den Reichthum, 2 (1868), S. 53.

Mehr noch als die liberale Ökonomie empfand Périn die Lehre Fouriers und seiner Nachfolger als Bedrohung für eine christliche Weltanschauung, gerade weil sie in bereits systematischer Art und Weise christliche Positionen zu ersetzen strebte:

> [...] dans le fouriérisme sont accumulées et systématisées toutes les erreurs qui jamais aient tenté d'usurper dans la société la place de la vérité. Le fouriérisme, c'est la réfutation par l'absurde de tous les essais faits dans ces derniers temps pour constituer la science sociale sur des principes en opposition avec la loi chrétienne.[238]

Périn ging diesbezüglich auch auf die religiöse Dimension der fourieristischen Aussagen über das gesellschaftliche Wohl ein, die sich aus seiner Sicht immer wieder aufs Neue als „illusion" entlarvten. Die Idee materieller Gerechtigkeit laufe hier auf eine Apologie der schlimmsten menschlichen Instinkte hinaus.[239]

Auch den französischen Politiker und Frühsozialisten Louis Blanc kritisierte Périn in diesem Sinne für die Forderung der „jouissances égales et indéfinies".[240] Blanc, Begründer der französischen Sozialdemokratie und in seinem Denken Lassalle-nah, hatte mit den sogenannten „ateliers sociaux" Arbeiterassoziationen gefordert, die vom Staat Produktionsmittel erhielten und zugunsten aller wirtschafteten, um die in freier Konkurrenz agierenden Privatunternehmen nach und nach vom Markt zu verdrängen.[241] Derartige kollektivistische Forderungen stellten sich für Périn nicht zuletzt als logische Konsequenz einer strukturellen Fehlinterpretation christlicher Lehren dar: Blanc habe mit seiner Kritik, das Christentum habe in der materiellen Dimension des menschlichen Lebens stets das Böse gesehen und es daher versäumt, wirksame Mittel gegen die Massenverelendung zu suchen, christliche Lehren gründlich missverstanden.[242]

Auch mit den Angriffen des prominenten Frühsozialisten Proudhon auf die christliche Religion beschäftigte sich Périn. Hierbei zitierte er ihn mit den Aussagen:

---

238 Périn: Les économistes (1849), S. 130f. Freie Übersetzung: „[...] im Fourierismus sind alle Irrtümer angehäuft und systematisiert, die jemals den Platz der Wahrheit in der Gesellschaft zu usurpieren versuchten. Der Fourierismus ist die absurde Widerlegung aller Versuche, die in der letzten Zeit unternommen wurden, um die soziale Wissenschaft auf Prinzipien aufzubauen, die dem christlichen Gesetz entgegenstehen."

239 Vgl. Périn: Les économistes (1849), S. 128.

240 Périn: Les économistes (1849), S. 113.

241 Vgl. Müller: Staatstätigkeit (1991), S. 283.

242 Vgl. Périn: Les économistes (1849), S. 113ff.

> [...] la véritable vertu, celle qui nous rend digne de la vie éternelle, c'est de lutter contra la religion et contre Dieu. [...] *Aimez Dieu de tout votre cœur*, nous dit l'Évangile, *et haïssez votre âme pour la vie éternelle*, précisément le contraire de ce que nous commande la raison.[243]

In *De la richesse* bezeichnete er ihn als „le plus fort logicien" der sozialistischen „école de destruction"[244], nicht ohne dabei zu betonen, dass diese „Schule der Zerstörung" ihren geistesgeschichtlichen Ursprung im antichristlichen Rationalismus habe, der wiederum aus dem Protestantismus entstanden sei.[245] Auch die Kategorie des Rationalismus nutzte Périn weniger für eine streng philosophische Einordnung. Vielmehr ging es ihm auch hier um eine Polemik gegen aufklärerische Denkschulen, die die Vernunft statt die religiöse Offenbarung zum primären Erkenntnisinstrument menschlichen Denkens machten.[246] Proudhon führe mit seinen Denkschriften, in denen er die sozioökonomische Umorganisierung der Gesellschaft forderte, seit Jahren einen erbitterten Kampf gegen die Kirche, so Périn. Diesen gedachte der katholische Ökonom nicht zu verlieren. Hierzu hielt er dem Franzosen besonders vor, hinsichtlich gesellschaftlicher Interessenskonflikte widersprüchlich zu argumentieren:

> L'impossible est, en effet, difficile à accomplir, et cette harmonie des intérêts par la seule puissance du vouloir humain, cette réalisation de l'ordre par la souveraineté de l'égoïsme est une impossibilité morale, contre laquelle l'orgueil de l'humanité a toujours été se briser. [...] le fanatisme avec lequel il s'y dévoue, malgré le sentiment qu'il a de ses difficultés, nous rend plus manifeste encore la pente fatale qui l'entraîne.[247]

---

243 Zit. nach Périn: Les économistes (1849), S. 117. Freie Übersetzung: „[...] die wahre Tugend, das, was uns des ewigen Lebens würdig macht, ist der Kampf gegen die Religion und gegen Gott. [...] *Liebe Gott von ganzem Herzen*, sagt uns das Evangelium, *und hasse deine Seele um des ewigen Lebens willen*, genau das Gegenteil von dem, was die Vernunft uns befiehlt."

244 Périn: De la richesse, 1 (1861), S. 129.

245 „Du protestantisme est sorti le rationalisme pur, et du rationalisme est né le socialisme", Périn: De la richesse, 1 (1861), S. 128. In der Übersetzung von Weizenhofer: „Aus dem Protestantismus ist der abstrakte Rationalismus hervorgegangen, und aus dem Rationalismus wurde der Socialismus geboren", Périn: Ueber den Reichthum, 1 (1866), S. 114.

246 Vgl. Miller, Jon: Art. Rationalismus (Enzyklopädie der Neuzeit Online, 2005–2012), DOI: http://dx.doi.org/10.1163/2352-0248_edn_COM_333557 (abgerufen am 28.04.2021).

247 Périn: De la richesse, 1 (1861), S. 134. In der Übersetzung von Weizenhofer: „Das Unmögliche ist in der That schwer zu verwirklichen, und diese Harmonie der Interessen durch die einzige Macht des menschlichen Willens, diese Herstellung der Ordnung durch die Herrschaft des Egoismus ist eine moralische Unmöglichkeit, an welcher der Stolz der Menschheit stets scheiterte. [...] der Fanatismus, mit dem er trotz der erkannten Schwierigkeit

Der Grundfehler sei Proudhons Annahme, die moralische durch die materielle Ordnung reformieren zu können, wobei er – wie alle Sozialisten – mit einem rationalistischen statt mit dem christlichen Tugendbegriff arbeite.[248] Proudhon hatte sich im anarchistischen Sinne gegen eine auf hierarchische Herrschaft und Privateigentum aufbauende Wirtschafts- und Gesellschaftsordnung und damit gerade gegen die klassische Nationalökonomie auch eines Malthus' ausgesprochen.[249] Dennoch attestierte Périn ihm eine offensichtliche ideologische Verwandtschaft zu den malthusianisch argumentierenden „économistes sensualistes".[250]

Wie ist es nun in strategischer Hinsicht zu deuten, dass Périn mit den liberalen „économistes" und den kollektivistisch ausgerichteten „socialistes" zwei Denkströmungen als eng zusammenhängend begriff, die hinsichtlich ihrer ökonomischen Forderungen gegensätzlicher nicht sein konnten? Selber wirtschaftsliberale Forderungen vertretend konnte es ihm nicht darum gehen, die ökonomischen Forderungen der von den Frühsozialisten angegriffenen Liberalen zusammen mit ihren sozialistischen Kritikern gänzlich zu diskreditieren. Auffallend beharrte er wohl vor allem daher auf dem hierarchischen ideologischen Gefälle zwischen Angreifer und Angegriffenem: Erst die sozialistischen Angreifer hätten die letzten Konsequenzen aus dem gezogen, was die angegriffene Nationalökonomie nach Smith mit ihrer Fokussierung der materiellen gegenüber der religiös-spirituellen Erfüllung begonnen habe. Der in der Forschung heute vielfach als „utopisch" kategorisierte Frühsozialismus diente Périn damit mit seinen Ideen als dystopische Vision dessen, was drohen musste, wenn die liberale Ökonomie ihre philosophischen Grundlagen nicht überdachte.

Die wesentlich härtere Gangart, die in diesem Fall gegen das traditionelle Christentum drohte, musste nicht allen Nationalökonomen Besorgnis bereiten. Dass sich damit aber gleichzeitig – in verbundener Weise – ökonomische Ansichten langsam, aber sicher vom Liberalismus zum Kollektivismus in ihr Gegenteil verkehren würden, diente Périn als wirkmächtigeres Argument, um tiefliegende Inkonsistenzen in der nationalökonomischen Theorie behaupten zu können. Zwar würden sich die nationalökonomischen Theoretiker zumeist stark gegen die Sozialisten zur Wehr setzen, wie er betonte. Konkrete Tendenzen

---

an's Werk geht, zeigt uns nur noch deutlicher den verhängnisvollen Abgrund, der ihn verschlingt", Périn: Ueber den Reichthum, 1 (1866), S. 120.

248 Vgl. Périn: De la richesse, 1 (1861), S. 135.

249 Gerade Malthus wurde von den Frühsozialisten stark kritisiert, vgl. Ferdinand: Art. Malthusianismus, EdNZonline.

250 Vgl. insgesamt Périn: Les économistes (1849), S. 116–126.

der Annäherung, „Tendances de l'économie politique vers le socialisme"[251], seien allerdings nicht mehr zu übersehen.

In diesem Zusammenhang wies er bereits in seinen frühen Publikationen auf den französischen Nationalökonomen Frédéric Bastiat (1801–1850) hin, der zwar an vorderster theoretischer Front gegen den Sozialismus ankämpfe, selbst aber am Eigentumsprinzip rüttele, indem er von der Möglichkeit ausging, alle Menschen materiell gleich versorgen und ihnen so – gleichsam als Naturrecht – das gleiche Eigentum verschaffen zu können. Die „Harmonies économiques", die Bastiat in dieser Hinsicht formulierte, scheiterten für Périn in ihrer sozialen und ökonomischen Dimension am fehlenden Bezug zum christlichen Mäßigungs- und Opfergedanken, was aus seiner Sicht eine irreführende religiös-transzendentale Argumentationsweise des Franzosen entstehen ließ: Die Gemeinschaft der Menschen werde bei Bastiat durch die individuelle materielle Interessensverfolgung der Menschen hergestellt, die wiederum als sozio-ökonomischer Automatismus gleiches Eigentum für alle und ein egalitäres Miteinander hervorbringe.[252]

Die Tatsache, dass Périn Bastiat besonders in seinen späten Schriften sensualistisches Denken unterstellte, ist von der Bastiat-Forschung in den letzten Jahren als Indiz angesehen worden, dass Périn – wie nicht wenige Ökonomen seiner Tage – die überaus komplexe Wirtschaftstheorie des Franzosen falsch verstanden habe.[253] Anzumerken ist hierzu, dass der Vorwurf des Sensualismus aus Sicht Périns für jeden Ökonomen taugte, der die Verfolgung individueller materieller Interessen nicht explizit über eine christliche Mäßigkeitsethik reglementierte. Zugleich erwies sich für ihn ein derartiger Vorwurf in besonderer Weise tauglich, um Bastiats sozio-ökonomische Visionen im Punkt der Eigentumsverhältnisse als einen verkappten Sozialismus zu diskreditieren.

Auch John Stuart Mill (1806–1843), den Périn in seinem Kurs als Malthus-affinsten Ökonomen seiner Tage einführte[254], kam aus Sicht des Belgiers mit seinen Forderungen zur Erreichung einer gewissen Verteilungsgerechtigkeit nah, wenn nicht unter den prominenten Nationalökonomen gar am nächsten,

---

251 Vgl. etwa Cours d'économie politique (1852–53), S. 154.

252 Vgl. Périn, Charles: Du socialisme dans les écrits des économistes, Paris 1850, S. 16–22.

253 Vgl. Pellissier Tanon, Arnaud: Hédonisme et Propriété chez Frédéric Bastiat. Essai sur les critques portées sur son libéralisme par deux catoliques économistes, ses contemporains, in: Journal des Economistes et des Etudes Humaines, 4/4 (1993), S. 589–628. Dass Bastiat von vielen Ökonomen missverstanden wurde, hing auch mit der Tatsache zusammen, dass sein Werk durch seinen frühen Tod 1850 unvollendet blieb.

254 Vgl. Cours d'économie politique (1852–53), S. 138.

an sozialistische Forderungen heran.[255] Mills Forderungen nach einer Erhöhung der steuerlichen Lasten für Erbvorgänge und Grundbesitz zeigten dies aus Sicht Périns klar auf.[256] Mit seinem sozialethischen Ansatz, den Sinn einer (ökonomischen) Handlung danach zu beurteilen, inwieweit sie der größtmöglichen Zahl den größtmöglichen materiellen sowie intellektuellen Nutzen, und das heißt auch Genuss, garantierte, stand Mill paradigmatisch für zeitgenössische utilitaristische Denkströmungen der Philosophie, die ihre epistemologische Basis in der Tat vielfach in sensualistischen und materialistischen Annahmen gefunden hatten.[257]

Interessanterweise fand Périn dennoch auch lobende Worte für Mill:

> Il n'est point d'écrivain qui ait traité avec plus de puissance que M. Mill les nombreuses et difficiles questions qui se rattachent à la production et à la distribution des richesses. Nous n'hésitons pas à dire que son livre est le plus remarquable qu'on ait publié sur la science économique depuis Adam Smith. [...] partout il porte la même supériorité de vues, la même sagacité d'analyse et la même vigueur de déduction.[258]

Nur an einer Sache fehle es ihm:

> Il ne lui manque qu'une chose: de comprendre que la société ne peut pas vivre et prospérer, qu'elle ne peut pas assurer au plus grand nombre de ses membres l'aisance et le bonheur, si elle substitue à sa loi naturelle, le renoncement, l'amour des jouissances matérielles.[259]

---

255 Périn stellte heraus, Mill würde sich auch weniger als Bastiat gegen die sozialistischen Konsequenzen seiner Theorien wehren, vgl. Périn: Du socialisme (1850), S. 7.

256 Vgl. Périn: Du socialisme (1850), S. 7–16 und hierzu auch Périn: De la richesse, 1 (1861), S. 587.

257 Vgl. Eckert, Georg; Sommer, Andreas Urs: Art. Utilitarismus (Enzyklopädie der Neuzeit Online, 2005–2012), DOI: http://dx.doi.org/10.1163/2352-0248_edn_COM_371210 (abgerufen am 14.02.2022) und zum ökonomischen Denken Mills in dieser Hinsicht Birnbacher, Dieter: Kapitalistische Wirtschaftsordnung als Mittel zum Zweck: John Stuart Mill, in: Hilger (Hg.): Kapital und Moral (2007), S. 67–77; Ludwig, Mario: Die Sozialethik des John Stuart Mill. Utilitarismus, Zürich 1963.

258 Périn: Du socialisme (1850), S. 7. Freie Übersetzung: „Es gibt keinen Autor, der mit größerer Kraft als M. Mill die zahlreichen und schwierigen Fragen behandelt hat, die mit der Produktion und der Verteilung von Reichtümern verbunden sind. Wir zögern keinen Moment zu behaupten, dass sein Buch das bemerkenswerteste ist, das man seit Adam Smith über die Wirtschaftswissenschaft publiziert hat. [...] in jedem Punkt zeigt es dieselbe Erhabenheit der Ansichten, dieselbe analytische Weisheit und dieselbe Kraft der Rückschlüsse."

259 Périn: Du socialisme (1850), S. 7. Freie Übersetzung: „Nur an einer Sache fehlt es ihm: zu verstehen, dass die Gesellschaft weder leben noch prosperieren kann, dass sie nicht der größten Zahl ihrer Mitglieder Wohlbefinden und Glück garantieren kann, wenn sie

Die Wiedereinsetzung des „principe chrétien“[260] stellte Périn damit als einziges Mittel heraus, um der liberalen Ökonomie eines John Stuart Mill (und noch immer auch eines Adam Smith) einerseits ihre ökonomischen Widersprüchlichkeiten („Tendances vers le socialisme“) zu nehmen und anderseits eine intrinsische Kraft zu geben, um ihre hehren Ziele, das Wohlbefinden und Glück der größten Zahl, erst wirklich zu erreichen. Als einziges schaffe es das christliche Prinzip der Entsagung, eine gerechte und dauerhaft stabile Güterverteilung sicherzustellen. Die Ergebnisse der liberalen Wirtschaftswissenschaft gelte es dabei aufzunehmen („des vérités définitivement acquises à la science“), indem sie direkt an die christliche Lehre angebunden wurden – ein für Périn überaus leichtes Unterfangen:

> Cet accord du principe chrétien avec les conclusions de la science économique est si évident, qu'après l'avoir constaté, on ne s'étonne que d'une chose: c'est que l'économie politique n'ait pas été depuis longtemps, par la force même de ses principes, par le cours naturel des déductions, amenée à proclamer que ce qui est vérité dans l'ordre de la loi chrétienne l'est aussi dans l'ordre économique.[261]

Dass moderne Ökonomie und christliche Lehre prinzipiell auf derart intuitive Weise zusammengebracht werden konnten, lag für Périn vor allem daran, dass das Christentum, entgegen dem vor allem von liberalen Ökonomen und Sozialisten vorgebrachten Vorurteil, die materiellen Interessen und somit den materiellen Fortschritt einer Gesellschaft sehr wohl zu würdigen wisse. Keinesfalls müssten daher christliche Lehrsätze umgedeutet werden, um sie innerhalb der industrialisierten Gesellschaft haltbar zu machen. Derartige Umdeutungsbestrebungen erkannte er nicht nur bei den offensiven Forderungen einer neuen Kirche durch utopisch-frühsozialistische Wortführer wie Saint-Simon, sondern auch in den wesentlich versöhnlicheren Ansätzen dieser Tage, vorgebracht etwa durch den französischen liberalen Ökonomen Michel Chevalier.

---

anstelle ihres natürlichen Gesetzes, der Entsagung, die Liebe der materiellen Genüsse setzt.“

260 So nannte er es in seinem Kurs, vgl. Cours d'économie politique (1852–53), S. 139f. Dies implizierte bei ihm allerdings immer ausschließlich die „doctrine catholique“, vgl. auch Economie politique (sine dato), S. 274.

261 Périn: Les économistes (1849), S. 138. Freie Übersetzung: „Diese Übereinstimmung des christlichen Prinzips mit den Schlussfolgerungen der ökonomischen Wissenschaft ist evident, und nachdem man das festgestellt hat, wundert man sich nur über eine Sache: dass die Politische Ökonomie sich nicht schon vor langer Zeit, durch die Kraft ihrer Prinzipien, durch den natürlichen Lauf ihrer Rückschlüsse, dazu durchgerungen hat zu verkünden, dass das, was gemäß der Ordnung des christlichen Gesetzes die Wahrheit ist, diese auch innerhalb der ökonomischen Ordnung ist.“

Der den Ideen Saint-Simons lange Zeit zugetane Chevalier vertrete, so schrieb es Périn 1854, die dieser Tage weit verbreitete Ansicht, man könne die christliche Lehre in ihrer Konsequenz hier und da ein wenig abschwächen, um sie kompatibel mit zeitgenössischen Wünschen zu machen:

> On sera donc chrétien, pourvu qu'il n'en coûte pas trop de sacrifices, et que le christianisme consente à remplacer le caractère d'austérité que lui avaient imprimé des siècles pauvres et rudes, par une facile condescendance pour la passion du bien-être qui possède aujourd'hui les âmes. M. Chevalier est de tous les écrivains contemporains celui qui représente le mieux cette disposition des esprits.[262]

Chevalier sehe die Entsagungslehre als Kind einer anderen Zeit und somit nicht mehr in voller Konsequenz als notwendig an:

> Suivant M. Chevalier, le renoncement tel que le pratiquaient les premiers chrétiens a fait son temps. Il était utile, alors qu'il fallait réagir contre les mœurs d'une société prodigieusement sensuelle; ce n'était qu'un précepte de circonstance, qui ne serait plus de mise aujourd'hui: autre temps, autre morale.[263]

Périn warf Chevalier vor, das Entsagungsprinzip verkomme bei ihm zur bloßen Art, den materiellen Reichtum zu genießen („Le renoncement, comme l'entend M. Chevalier, n'est plus que l'art de jouir de la richesse"[264]), und fungiere somit in seiner Verbindung mit dem Gedanken des ökonomischen Fortschritts nicht mehr als grundlegende Lebenseinstellung.

Ein ähnliches „Missverständnis" unterstellte er dem französischen christlichen Philosophen François Huet (1814–1869), der bis 1850 an der Universität Gent gelehrt und sich in seinen Schriften auch dem Frühsozialismus zugeneigt gezeigt hatte.[265] Huet verdrehe, so Périn, die christlichen Wahrheiten von irdischem Sündenfall und nach-irdischer Erlösung:

---

262 Périn, Charles: Du progrès matériel et du renoncement chrétien, Paris 1854, S. 25. Freie Übersetzung: „Man wird also Christ sein, vorausgesetzt, dass es nicht zu viele Opfer kostet und dass das Christentum die Strenge, die ihm die armen und harten Jahrhunderte eingeprägt hatten, durch eine leichte Nachgiebigkeit gegenüber der Leidenschaft für Wohlstand ersetzt, die heutzutage die Seelen ergriffen hat. M. Chevalier ist von allen Autoren dieser Tage derjenige, der diese Geisteshaltung am besten repräsentiert."

263 Périn: Du progrès matériel (1854), S. 28. Freie Übersetzung: „M. Chevalier zufolge hat die Entsagung, wie sie die ersten Christen praktizierten, ihre Zeit gehabt. Sie war nützlich als Reaktion auf die Sitten einer ungeheuer sinnenfrohen Gesellschaft; sie war aber nur ein Gebot der Stunde, das heute nicht mehr gilt: andere Zeiten, andere Sitten."

264 Périn: Du progrès matériel (1854), S. 28.

265 Vgl. zum Leben und Wirken Huets auch Michotte: Études (1904), S. 288–292.

> [..] M. Huet, en prétendant concilier les principes du christianisme avec la doctrine du progrès, détourne de leur véritable sens les dogmes de notre foi [...]. Quelque regrettables que soient les erreurs où s'est laissé entraîner cet honorable écrivain, elles n'offrent pas après tout grand danger: tout le monde y reconnaît le socialisme, et il suffit de ce mot pour faire reculer d'épouvante ceux qui se montrent les plus déterminés, tant qu'il ne s'agit que de nier ou de défigurer dans les principes la vérité chrétienne.[266]

In seiner Schrift *Le Règne sociale du christianisme* (1852) scheine immer wieder durch, dass ein christliches Sozialverhalten schon auf dieser Erde eine Art Erlösung im materiellen Sinne bewirken könne – ein für Périn utopisch-sozialistisches Denkmuster, wie es gerade für die Frühsozialisten typisch war:

> Animé de l'esprit de charité chrétienne, il cherche avec ardeur le plus grand bien des hommes; mais ce bien il le voit trop dans la vie présente et dans la réhabilitation matérielle. C'est par cette erreur qu'il est conduit presque à son insu à des conclusions qui le rangent décidément parmi les utopistes de l'école socialiste.[267]

Wieder landete Périn auf diese Weise beim Sozialismus, dem für ihn nur logischen Ergebnis jedweder Abweichung vom christlichen Entsagungsprinzip in ökonomischer Lehre und Theorie, sei diese auch noch so wohlwollend verpackt. Innerhalb der spannungsreichen Beziehung zwischen „les économistes, les socialistes et le christianisme", so legte er großen Wert zu betonen, galt es keinen Illusionen über falsche Kompromisse zu erliegen.

„La liberté et la propriété" – Über den Zusammenhang von Freiheit und Eigentum

Insbesondere in seiner Auseinandersetzung mit frühsozialistischen Forderungen und Gesellschaftsentwürfen stellte Périn das Prinzip des Privateigentums als wesentlich für eine christliche Gesellschaftsordnung heraus. Das

---

266 Périn: Du progrès matériel (1854), S. 24. Freie Übersetzung: „[...] indem M. Huet behauptet, die Prinzipien des Christentums mit der Lehre des Fortschritts zu versöhnen, verdreht er den wahren Sinn der Lehren unseres Glaubens [...]. Wie bedauerlich sind die Irrtümer, auf die sich dieser ehrwürdige Autor einlässt, von ihnen geht eine große Gefahr aus: jeder hat darin den Sozialismus erkannt, und dieses Wort genügt, um den überzeugendsten Beweis zu liefern, dass hier nichts anderes geschieht als eine prinzipielle Verneinung und Verunstaltung der christlichen Wahrheit."

267 Périn: Du progrès matériel (1854), S. 22. Freie Übersetzung: „Angetrieben vom Geist christlicher Nächstenliebe sucht er mit voller Hingabe das größte Gut der Menschen; aber dieses Gut sucht er zu sehr im diesseitigen Leben und im materiellen Auskommen. Wegen dieses Irrtums kommt er beinahe unwissentlich zu Schlussfolgerungen, die in entscheidender Art und Weise bei den Utopisten der sozialistischen Schule vorherrschen."

Christentum, so betonte er allerdings besonders bei seiner oben erläuterten Kritik an den ökonomischen Vorstellungen John Stuart Mills, stelle das Prinzip des Privateigentums auf gänzlich andere Grundlagen als die klassische Nationalökonomie:

> Dans la doctrine qui a fait du renoncement l'application la plus complète, dans la doctrine chrétienne, la propriété est assise sur des bases toutes différentes. Ce n'est pas en vue de la jouissance qu'elle est instituée; elle n'existe que comme moyen d'aider l'homme à accomplir ses fins dans un ordre supérieure. Ici les besoins et le travail trouvent leur raison, non dans la jouissance, mais dans la nécessité du perfectionnement moral par le sacrifice.[268]

Paraphrasieren lässt sich dieser Gedankengang folgendermaßen: Eigentum machte für Périn eine Entsagung der Fokussierung materieller Freuden im eigenen Leben und somit eine christliche Haltung erst strukturell möglich. Gleichzeitig spornte es dazu an, hart zu arbeiten – für Périn ebenfalls eine wichtige christliche Tugend. Dass ein materiell auskömmliches Leben im christlichen Sinne auch bei Hochschätzung des Entsagungsprinzips durchaus angestrebt werden dürfe, erklärte Périn in *De la richesse*:

> Mais le renoncement n'exclut pas l'intérêt propre. En se renonçant par devoir, l'homme a le droit de tirer de ses renoncements les avantages terrestres, qui sont les conditions du plein accomplissement de ses destinées en ce monde. Il ne lui est pas interdit de voir, dans les biens terrestres, une image en quelque sorte des biens plus élevés et plus vrais, que le renoncement doit lui conquérir dans une existence supérieure. Seulement le chrétien qui se renonce apportera toujours dans la poursuite de ses biens la modération, sans laquelle l'usage conduirait promptement à l'abus.[269]

---

268 Périn: Du socialisme (1850), S. 15. Freie Übersetzung: „In der christlichen Lehre, die der Entsagung die größtmögliche Anwendung verschafft hat, ist das Eigentum auf ganz andere Grundlagen gestellt. Nicht mit Blick auf die Genüsse ist es eingerichtet; es existiert ausschließlich als Mittel, um dem Menschen zu helfen, seiner Bestimmung in einer höheren Ordnung gerecht zu werden. Hier finden Bedürfnisse und Arbeit ihren Grund, nicht im Genuss, sondern in der Notwendigkeit der moralischen Vervollkommnung durch das Opfer."

269 Périn: De la richesse, 1 (1861), S. 284. In der Übersetzung von Weizenhofer: „Die Entsagung schließt aber nicht alles Eigeninteresse aus. Wenn der Mensch die Pflicht hat, Entsagung zu üben, so hat er auch das Recht, aus der Entsagung denjenigen zeitlichen Gewinn zu ziehen, der die Unterlage für eine volle Erreichung seiner irdischen Bestimmung bildet. Es ist ihm nicht untersagt, in den Gütern dieser Welt auf eine gewisse Weise das Bild jener höheren und wahreren Güter zu sehen, zu deren Besitz er auf dem Wege der Entsagung in einem besseren Leben gelangen soll. Nur wird der Christ, der die Entsagung übt, bei dem Streben nach materiellem Besitztum immer jene Mäßigung beobachten,

Wichtig war es Périn, hierbei auch herauszustellen, wie sehr das Prinzip des Privateigentums in einer christlichen Gesellschaft mit dem der Freiheit verwoben sei. In ihrem Zusammenspiel brächten sie stete Arbeitsamkeit und somit materiellen Reichtum hervor, vor dessen Missbrauch wiederum die christliche Mäßigkeitsethik schütze:

> La liberté et la propriété sont donc deux forces qui s'appellent et se supposent l'une l'autre. Unies dans leur principe, elles le sont aussi dans leurs effets sur l'ordre social. C'est par les mêmes mobiles qu'elles sollicitent les volontés, et leur impriment cette activité qui se manifeste dans l'ordre matériel par un mouvement ascendant de la richesse.[270]

In diesem Zusammenhang kam Périn auch auf die Sklaverei zu sprechen:

> Toujours l'esclavage, en ôtant à l'homme la propriété avec la liberté, a frappé de stérilité son travail. [...] L'esclavage, à mesure qu'il se développait dans les sociétés païennes par le progrès des vices dont il tirait son origine, enracinait dans les classes dominatrices les habitudes de luxe et de paresse qui devait finir par tout épuiser. L'homme libre ne travaillait pas et l'esclave travaillait mal. L'esclave empruntait à l'homme libre ses vices, et les lui renvoyait grossis de tout ce que la servitude peut ajouter à la corruption. Et ce fut de cette complicité de la liberté et de la servitude, dans les mêmes corruptions et les mêmes défaillances, que sortit le long et honteux abaissement où périt le monde romain.[271]

---

ohne welche man von dessen Gebrauch bald zum Mißbrauch übergehen würde", Périn: Ueber den Reichthum, 1 (1866), S. 271.

270 Périn: De la richesse, 1 (1861), S. 284. In der Übersetzung von Weizenhofer: „Freiheit und das Recht auf gesicherten Eigenbesitz sind zwei Kräfte, die immer mit einander genannt werden müssen und sich gegenseitig voraussetzen. Ausgehend von einem gemeinsamen Principe laufen sie in ihrer Wirkung auf die sociale Ordnung wieder zusammen; sie treiben mit einem und demselben Sporne den Willen an und bringen ihn zu einer Thätigkeit, die sich im Gebiet der materiellen Dinge als Wachsen des Reichthums offenbart", Périn: Ueber den Reichthum, 1 (1866), S. 271.

271 Périn: De la richesse, 1 (1861), S. 287f. In der Übersetzung von Weizenhofer: „Die Sklaverei hat die die Arbeit immer mit Unfruchtbarkeit geschlagen, weil sie dem Menschen mit der Freiheit auch das Eigentum raubte. [...] Je mehr die Sklaverei mit dem Wachsthum der Laster, die der Grund ihrer Entstehung waren, auch selber an Ausdehnung zunahm, desto mehr beförderte sie wieder den Luxus und die Trägheit, durch die am Ende Alles gelähmt werden sollte, bei den herrschenden Klassen. Der freie Mann arbeitete nicht, der Sklave aber arbeitete schlecht. Er erborgte vom Freien dessen Laster und gab sie ihm um das, was sklavischer Sinn der Verderbnis noch beifügen konnte, vergrößert wieder zurück. Aus dieser gemeinsamen Teilnahme der Freien und Sklaven an einer und derselben sittlichen Verkommenheit und an den gleichen Sünden entsprang jene langjährige und schimpfliche Ermattung, an welcher Rom unterging", Périn: Ueber den Reichthum, 1 (1866), S. 274f.

Der wirtschaftliche Nachteil der Sklaverei resultierte für Périn, wie hier deutlich zu sehen, aus moralischen „corruptions et […] défaillances", womit der Belgier allerdings nicht auf die ethische Problematik der Versklavung als solche anspielte. Vielmehr konstruierte er seinen ethischen Vorbehalt auf Basis der ökonomisch wie theologisch konnotierten Grundannahme, dass die Existenz unfreier Arbeit genau diejenige Arbeitsamkeit bei Freien und Unfreien verhindere, die für ein ökonomisch auskömmliches und sittlich einwandfreies Leben notwendig sei. Über historische Befunde aus Antike und Mittelalter hinausgehend zitierte er aus der berühmten Schrift *De la Democratie en Amerique* des zeitgenössischen politischen Denkers Alexis de Tocqueville (1805–1859). Dieser hatte darin ebenfalls argumentiert, eine Abschaffung der Sklaverei läge hauptsächlich im Interesse der Freien, die dadurch erst lernten, die Arbeit wieder hochzuschätzen und für das eigene Glück zu arbeiten.[272] Dieses Argument fand sich schon weit vor Tocqueville außerdem bei den Physiokraten, die den Hauptirrtum der Sklaverei darin sahen, dass diese „den besonderen Arbeitswillen selbstverantwortlicher Individuen, die ihren Erwerbstrieb durch Schaffung von Privatbesitz zu verwirklichen streben, nicht einkalkulier[te]".[273]

Périn verband eine Privateigentumsordnung nicht nur mit dem christlichen Konzept persönlicher Freiheit, das er über den Verweis auf die Fruchtbarkeit freier Arbeit gleichsam ökonomisierte. Er stellte sie darüber hinaus in direkten Zusammenhang zum Prinzip christlicher Nächstenliebe. Die Ungleichheit materieller Lebensverhältnisse, die eine Privateigentumsordnung erzeugte, fungierte für ihn als stete Aufforderung zur Verwirklichung der christlichen Liebesgemeinschaft:

> La charité établit donc entre le riche et le pauvre une véritable communauté. Cette communauté de la charité est une nécessité. Sans elle, la propriété serait une institution contre nature; ce serait le plus intolérable des abus et la plus criante des iniquités. Toutes les attaques dont le principe de la propriété a été l'objet […] ont leur source dans une fausse application de ce principe de la communauté […].[274]

---

272 Vgl. Périn: De la richesse, 1 (1861), S. 289ff.

273 Häufle: Aufklärung und Ökonomie (1978), S. 30.

274 Périn: De la richesse, 2 (1861), S. 421f. In der Übersetzung von Weizenhofer: „Die Liebe setzt mithin zwischen dem Reichen und Armen eine wirkliche Gemeinschaft. Diese Liebesgemeinschaft ist eine Nothwendigkeit. Ohne sie wäre das Eigenthum eine widernatürliche Einrichtung, wäre es der unerträglichste aller Mißbräuche, die schreiendste aller Ungerechtigkeiten. Alle Angriffe, denen das Princip des Eigenthums ausgesetzt ist, und alle Systeme, welche davon ausgehen, an die Stelle des Eigenthumsrechtes die Herrschaft

Der Sozialismus mit seinem kommunistischen Ziel einer voll verwirklichten Gütergemeinschaft mache die für die christliche Heilsgemeinschaft essenzielle Dynamik der gegenseitigen freien (Hin-)Gabe zunichte. Hierzu kam Périn auch noch einmal auf den Tugendbegriff des Frühsozialisten Proudhon zu sprechen. Ein natürliches Gerechtigkeitsempfinden trete bei ihm an die Stelle der Wohltätigkeit:

> Suivant M. Proudhon, l'homme porte en lui le principe de la justice immanente; c'est ce principe qui, par le sentiment de notre dignité propre dans la dignité d'autrui, réalise dans tous les rapports sociaux l'ordre, l'égalité et la félicité universelle [...].[275]

Daraus folge als Grundsatz „[...] la justice est tout, la charité n'est rien"[276] – für Périn eine unmögliche Aussage, schließlich könne auch in Proudhons Argument „la justice", die Gerechtigkeit, nur über „la charité", die freiwillige christliche Wohltätigkeit für den Nächsten, hergestellt werden. Darüber hinaus weite erst eine christliche Haltung, basierend auf frei gewählter Selbstentsagung, den Blick für das Schicksal des Nächsten.

Die Forderung, in die Herstellung der allgemeinen (Güter-)Gerechtigkeit gar noch den Staat zu involvieren, lehnte Périn in diesem Zusammenhang wenig überraschend entschieden ab. Dies brachte ihn über die 1860er Jahre hinaus nicht nur in weitere Opposition zu den Sozialisten, sondern ließ ihn auch zum zentralen Protagonisten innerkatholischer Auseinandersetzungen rund um die „école corporatif" werden.

Ausblick: Périn und der Vorwurf des „socialisme chrétien" in den 1870er Jahren

Diesbezüglich lohnt sich abschließend ein knapper Ausblick auf eine Stellungnahme Périns aus den späten 1870er Jahren zum öffentlich geäußerten Vorwurf einiger belgischer Liberaler, die Katholiken würden sich in ihrer sozioökonomischen Position mehr und mehr dem Sozialismus annähern. Derartige Kritik war nach dem Kongress von Chartres im Jahr 1878 aufgekommen, auf

---

der Gütergemeinschaft zu setzen, haben ihren Grund in der falschen Anwendung des Princips der Gemeinsamkeit [...]", Périn: Ueber den Reichthum, 2 (1868), S. 444.

275 Périn: De la richesse, 2 (1861), S. 463. „Nach Proudhon trägt der Mensch in sich das Princip der innewohnenden Gerechtigkeit; dieses Princip verwirklicht durch die Hochachtung unserer eigenen Würde in der Würde eines Anderen in allen socialen Beziehungen die Ordnung, Gleichheit und das Glück aller [...]", Périn: Ueber den Reichthum, 2 (1868), S. 479.

276 Périn: De la richesse, 2 (1861), S. 463. In der Übersetzung von Weizenhofer: „[...] die Gerechtigkeit ist Alles, die Wohltätigkeit ist Nichts", Périn: Ueber den Reichthum, 2 (1868), S. 479.

dem über das vergangene und künftige katholische Sozialengagement diskutiert wurde. Périn war ebendort auch mit der „école corporatif" um De Mun in Konflikt geraten, da er sich weiterhin für freie Assoziationen und gegen eine staatlich mitorganisierte und auch politisch ausgerichtete Wiederherstellung der alten Korporationen ausgesprochen hatte.[277]

1879 publizierte er unter dem Titel *Le socialisme chrétien* seine Kongress-Rede, zusammen mit einer kritischen Denkschrift, in der er die zeitgenössischen katholischen Befürwortungen korporativer Strukturen, trotz seiner Differenzen mit der „école corporatif", scharf von sozialistischem Gedankengut abgrenzte. „Rien n'est plus opposé à toute espèce de socialisme que la doctrine et la pratique des catholiques dans les questions sociales", betonte er gleich zu Anfang mit besonderem Bezug zur offenen Katholizismus-Feindschaft, die Proudhon, „le prince des socialistes", unmissverständlich ausgedrückt habe.[278] Niemals könnten Katholiken, so Périn, derartige Freiheitseinschränkungen im sozio-ökonomischen Bereich einfordern, wie es Proudhon, aber auch Fourier und Saint-Simon in den letzten Jahrzehnten getan hätten.[279] Wichtig war es ihm zu unterstreichen, wie sehr gewisse ökonomische und auch politische Freiheiten im Sinne der Kirche seien, wenngleich sie diese, als äußere Freiheiten, nie in revolutionärer Manier zum Naturrecht oder gar Glaubensdogma erklären werde:

> Bien que l'Église ne reconnaisse point, comme la Révolution, le caractère du droit naturel à la liberté de l'homme dans les combinaisons purement extérieures de la vie politique et économique, elle aime néanmoins les libertés de ce genre, d'abord parce qu'elles s'accordent avec la dignité naturelle de l'homme, ensuite parce qu'elles peuvent fournir aux hommes des garanties contre l'arbitraire des pouvoirs qui tenteraient de les opprimer dans leur vie spirituelle; mais l'Église ne fait pas de ces libertés des dogmes.[280]

277 Vgl. hierzu auch die obige Analyse zum Untersuchungsfeld *Zunfttradition, Gewerbereform und korporatives Denken.*

278 Vgl. Périn: Le socialisme chrétien (1879), S. 1. Freie Übersetzung des längeren Zitats: „Nichts ist jeder Art von Sozialismus mehr entgegengesetzt als die Lehre und Praxis der Katholiken in sozialen Fragen."

279 „[…] c'est à la liberté que nous faisons appel, et rien au monde n'est plus opposé à la liberté que le socialisme […]", Périn: Le socialisme chrétien (1879), S. 2. Freie Übersetzung : „[…] es ist die Freiheit, auf die wir setzen, und nichts auf der Welt ist so sehr gegen die Freiheit gerichtet wie der Sozialismus […]".

280 Périn: Le socialisme chrétien (1879), S. 15. Freie Übersetzung: „Wenngleich die Kirche nicht, wie die Revolution, die Freiheit als Naturrecht in ihren äußerlichen Kombinationen im politischen und ökonomischen Leben anerkennt, befürwortet sie die Freiheiten dieser Art nichtsdestotrotz, zunächst weil sie der natürlichen Würde des Menschen entsprechen, außerdem weil sie den Menschen Garantien liefern können gegen die Willkür

Das christliche Assoziationswesen, wie Périn es verstand und forderte, war im Gegensatz zum sozialistischen ganz auf die Verwirklichung ökonomischer Freiheit einerseits und freiwilliger Solidarität andererseits ausgerichtet. Außerdem machte Périn den Aspekt der Hierarchie in seiner Organisation stark – ebenfalls konträr zu sozialistischen Forderungen.[281] Individualismus und Kollektivismus, für Périn die zwei zentralen Ideen, die die sozialistische Assoziation durch die Idee des Wohlstands für alle verwirkliche, würden in der katholischen Assoziation über eine geistig-moralische Grundlegung verhindert. Der Staat nehme hierbei, ganz im Gegensatz zum sozialistischen System, nur eine Schutzfunktion ein.[282] Gewisse Sozialgesetze, die mittlerweile offen auch von Katholiken gefordert würden, entsprächen noch lange nicht dem Grad staatlicher Bestimmung, den die Sozialisten einforderten. Hierzu verwies Périn auf die kürzlich veröffentlichte *Déclaration des industriels chrétiens du Nord*. Ganz das Gedankengut Périns aufnehmend wurde hier, neben der Forderung grundlegender legislativer Unterstützung, vor allem „le patronage libre et charitable“ beschworen.[283]

Das Prinzip der freien Konkurrenz wurde vom Assoziationsgedanken, wie Périn ihn vertrat, nicht in Frage gestellt:

> La concurrence étant acceptée comme le régime normal de notre époque, tout se borne à régulariser son action en lui imposant le respect de la morale et de la justice. En résumé, par la réglementation nécessaire, on réprime ou l'on prévient le mal qui peut naître de la liberté économique comme de toutes les libertés.[284]

Denn, so wurde Périn ebenfalls nicht müde zu betonen, die Gefahr der ethischen und weltanschaulichen Beliebigkeit in der rein liberalen Doktrin gelte es – bei aller Kritik am Sozialismus – ebenfalls im Blick zu behalten und, soweit dies nötig war, auch legislativ zu minimieren. Hier wird deutlich, wie sehr Périns Auseinandersetzung mit sozialistischem Denken auch zum

---

der Mächte, die sie in ihrem spirituellen Leben unterdrücken; aber die Kirche macht aus diesen Freiheiten keine Dogmen.“

281 Vgl. besonders Périn: Le socialisme chrétien (1879), S. 38–41.

282 Vgl. Périn: Le socialisme chrétien (1879), S. 43f.

283 Vgl. Périn: Le socialisme chrétien (1879), S. 35ff. und zur *Déclaration* auch Brants: Charles Périn (1906), S. 22.

284 Périn: Le socialisme chrétien (1879), S. 37. Freie Übersetzung: „Die Konkurrenz ist als Régime unserer Zeit akzeptiert worden, alles beschränkt sich daher darauf, sie Regeln zu unterstellen, indem man ihr den Respekt von Moral und Gerechtigkeit einflößt. Zusammenfassend lässt sich sagen, dass man durch die notwendige Reglementierung also insgesamt das Böse unterdrückt oder verhindert, das aus der ökonomischen Freiheit hervorgehen kann wie aus allen Freiheiten.“

Ende der 1870er Jahre noch über eine Verhältnisbestimmung der von ihm vertretenen katholischen Politischen Ökonomie zu den Prinzipien der liberalen Ökonomie definiert wurde.

Kritisch ließ er schlussendlich noch die Entwicklungen im deutschen Raum der 1860er und 1870er Jahre anklingen. Ohne Bischof Ketteler und dessen Annäherung an die Ideen Ferdinand Lassalles beim Namen zu nennen, sprach er doch von einer „prétendue coalition noueée en Allemagne entre les socialistes et les ultramontains" und kritisierte explizit die Lassall'sche Idee der Produktivassoziationen, die auch Ketteler als Mittel zur Eindämmung der freien Konkurrenz befürwortet hatte.[285] Interessanterweise hatte Ketteler den Sozialismus zwischenzeitlich auf ähnliche Weise verurteilt, wie Périn es schon in den 1840er und 1850er Jahren getan hatte:

> Eine Wahrheit müssen wir scharf ins Auge fassen. Der Socialismus, der an sich eine der verderblichsten Verirrungen des menschlichen Geistes ist, ist vollkommen berechtigt, wenn die Principien des Liberalismus wahr sind. Nur weil diese unwahr sind, darum ist auch er unberechtigt.[286]

Dass er diesen Gedanken von Périn selbst übernahm, ist nicht auszuschließen. Nachzuweisen ist, dass der Bischof in den 1860er Jahren *De la richesse* wohlwollend rezipierte, worauf im weiteren Verlauf noch eingegangen wird. Eine Périn-ähnliche Rhetorik gegen den Sozialismus und Liberalismus zugleich verband sich bei ihm allerdings zu keiner Zeit, so viel kann hier festgehalten werden, mit einer praktischen Bejahung wirtschaftsliberaler Prinzipien. Die „Principien des Liberalismus", auf die er hier kritisch anspielte, erschöpften sich nicht, wie bei Périn, in ihren weltanschaulichen Grundlagen. Schon in den 1860er Jahren hatte Ketteler im Gegenteil begonnen, aktive staatliche Eingriffe in wirtschaftliche Strukturen zu fordern.[287] Mit Blick auf das Engagement des Bischofs erschien Périn „le socialisme chrétien" zum Ende der 1870er Jahre nicht rundheraus als liberales Hirngespinst, sondern als eine reale Gefahr, gegen die er nun auch durch eine gleichnamige Publikation anschrieb.

Die Ausdifferenzierung verschiedener katholischer Positionen zu Fragen staatlicher Einflussnahme und korporativen Widerstands gegen die Weiterführung einer radikalen ökonomischen Liberalisierung hatte freilich zu dieser

285 Vgl. Périn: Le socialisme chrétien (1879), S. 3, 7 und für den deutschen Diskurs die Ausführungen in der Einleitung sowie Iserloh: Die soziale Aktivität (1985), S. 273–279.

286 Ketteler, Wilhelm Emmanuel von: Sozialismus als Erbe des Liberalismus (1871), in: Ockenfeld, Wolfgang (Hg.): Katholizismus und Sozialismus in Deutschland im 19. und 20. Jahrhundert (Beiträge zur Katholizismusforschung, Reihe A: Quellentexte zur Geschichte des Katholizismus, 11), Paderborn u. a. 1992, S. 52–56, hier 53.

287 Vgl. Iserloh: Die soziale Aktivität (1985), S. 279–284.

Zeit auch im belgischen und französischen Katholizismus längst begonnen. Périn, der sich nur zwei Jahre später aus seiner aktiven Lehrtätigkeit zurückzog, fand in den „économistes catholiques", später der „école d'Angers", Nachfolger, die seine für ein Minimum an staatlicher Intervention eintretende liberale Position noch ins nächste Jahrzehnt tragen sollten.

3.3.5 *Über Produktionsfaktoren und „le bien-être universel" – Armuts- und Reichtumsverständnisse*

Die sozio-ökonomische Analyse und Deutung von Armut und Reichtum spielte für Périn in vielerlei Hinsicht eine überaus wichtige Rolle. In deutlicher Anspielung auf Adam Smiths *Wealth of Nations* schrieb er nicht länger in allgemeiner Form über die Grundsätze des Nationalwohlstands, sondern *Über den Reichtum in den christlichen Gesellschaften, De la richesse dans les sociétés chrétiennes.* Schon seine frühen Texte waren in besonderer Weise dem schon bei De Coux zu findenden Anliegen gewidmet, das katholische Christentum innerhalb des wirtschaftstheoretischen Diskurses gerade dadurch als Kraft zu profilieren, dass man es als Motor und damit gerade nicht als Bremser materieller Reichtumserzeugung herausstellte.

Katholizismus und „le développement matériel"

Zum „développement matériel" bemerkte Périn schon in den frühen 1840er Jahren:

> [...] le catholicisme est bien loin de proscrire tout développement matériel; il reconnaît que l'homme, étant à la fois esprit et corps, peut et doit, pour atteindre la fin qui lui a été assignée dans ce monde, user des biens de la terre [...]. Il est donc évident qu'aux yeux des catholiques le progrès matériel, renfermé dans de justes limites, a aussi sa légitimité.[288]

Bei dieser bescheidenen Formulierung einer grundsätzlichen Legitimität blieb Périn schon zu dieser Zeit nicht stehen. Weiter führt er zur Beziehung zwischen Katholizismus und materiellen Reichtümern aus:

> Il n'est pas vrai qu'il rejette indistinctement toute espèce de luxe; [...] entrez dans ses temples, et vous le verrez dans ses solennités étaler toutes les magnificences

288 Périn: Des intérêts matériels (1841), S. 101. Freie Übersetzung: „[...] der Katholizismus ist weit davon entfernt, alle materielle Fortentwicklung zu verbieten; er erkennt an, dass der Mensch, der zugleich Geist und Körper ist, die Güter der Erde nutzen kann und nutzen muss, um sein Ziel auf dieser Erde zu erreichen [...]. Es ist also evident, dass der materielle Fortschritt, der in seinen rechten Grenzen gehalten wird, in den Augen der Katholiken auch seine Legitimität besitzt."

> de la richesse et mêler aux élans de la prière toutes les splendeurs et toutes les harmonies du monde matériel.[289]

Anhand dieses Zitats wird die Kausalbeziehung besonders deutlich, die Périn zwischen der geistigen und der materiellen Ordnung konstatierte. Materieller Reichtum, gar Luxus, konnte für ihn nur die Frucht spiritueller Blüte sein und war aus diesem Entstehungskontext heraus keinesfalls abzulehnen, sondern mit offenen Armen zu empfangen und auszuleben. Als Selbstzweck ohne jeden christlichen Rahmen jedoch, der ihm seine ethischen Grenzen setzte und ihn damit vorrangig zum Ausdruck des gehobenen geistig-moralischen Zustands einer Gesellschaft machte, seien der materielle Reichtum und insbesondere das Leben im Luxus strikt abzulehnen.

Nähere Ausführungen hierzu finden sich auch in der Denkschrift *Du progrès matériel et du renoncement chrétien* aus den 1850er Jahren. Auch hier betonte Périn, dass es keinesfalls der göttliche Wille sei, als Christ sein irdisches und somit immer auch materiell konnotiertes Dasein zu vernachlässigen. Im Gegenteil gelte es stets, auch dieses zu perfektionieren, ohne dabei allerdings das „Paradies auf Erden" anzustreben:

> Les sociétés avancent donc en intelligence, en moralité, en richesse. En ce qui concerne le perfectionnement matériel, qui nous occupe en ce moment plus particulièrement, elles ne sont pas condamnées à l'immobilité dans la misère; il leur est donné de lutter avec succès contre les obstacles que la nature oppose au développement de la richesse. Jamais le christianisme n'a prétendu dénier aux sociétés cette puissance d'amélioration dans les conditions matérielles de leur existence. Mais le perfectionnement dans l'ordre de la richesse qu'admet le christianisme n'a rien de commun avec l'idée, propre à l'école du progrès, d'un mouvement toujours ascendant de l'humanité vers des jouissances matérielles sans limites. Le chrétien ne croit pas, comme le disciple du progrès, au paradis sur la terre [...].[290]

---

289 Périn: Des intérêts matériels (1841), S. 105. Freie Übersetzung: „Es stimmt nicht, dass er [der Katholizismus] jede Art von Luxus ablehnt; [...] tretet in seine Gotteshäuser ein und ihr werdet sehen, dass sie in ihrer Festlichkeit alle Pracht des materiellen Reichtums und alle Herrlichkeit der materiellen Welt vor Augen führen, die sich mit eifrigem Gebet vermischen."

290 Périn: Du progrès matériel (1854), S. 31. Freie Übersetzung: „Die Gesellschaften erlangen Fortschritte in Intelligenz, Moral und Reichtum. Was die materielle Perfektionierung angeht, die uns in diesem Moment in besonderer Weise beschäftigt, sind sie nicht zur Untätigkeit im Elend verdammt; sie haben die Kraft bekommen, mit Erfolg gegen die Hindernisse zu kämpfen, die die Natur der Entwicklung von Reichtümern entgegengestellt hat. Niemals hat das Christentum behauptet, den Gesellschaften die Macht zu verweigern, ihre Existenz innerhalb der materiellen Bedingungen zu verbessern. Aber die Perfektionierung innerhalb der materiellen Ordnung, die das Christentum zugesteht,

Auf Périns Verwendung des Fortschrittbegriffs, die für die im Rahmen dieser Studie betrachteten Quellen insgesamt zentral ist, wird in den abschließenden Kapiteln noch ausführlich eingegangen. An dieser Stelle diente der Begriff zunächst als pejorative Bezeichnung für einen materialistischen und sensualistischen Lebensfokus, der des ethisch-christlichen Fundaments entbehrte. Périn betonte auch hier, dass eine materiell prosperierende Gesellschaft aus sich selbst heraus nie eine gute moralische Ordnung hervorbringen könne – dies funktioniere immer nur umgekehrt, da erst wahre moralische Grundfesten dazu befähigten, entstehendem Reichtum so zu begegnen, dass er allen dauerhaft nützen könne: „[…] la vie matérielle trouve dans la vie spirituelle son principe et sa règle".[291]

Der Mensch unterstehe in einer christlichen Gesellschaftsordnung, so Périn erklärend, einem großen Gesetz: „une loi d'obéissance et de sacrifice"[292], beide Attribute im Sinne einer selbstentsagenden und Verzicht übenden Liebe zu Gott und zu den Mitmenschen verstanden. Herleitend führte er hierzu aus:

> Les enseignements du christianisme établissent, en effet, que dès le commencement Dieu imposa à l'homme la loi du renoncement. La défense faite à Adam dans le paradis de manger du fruit de l'arbre de la science du bien et du mal, n'est autre chose que l'application de cette loi. C'est un précepte d'obéissance qui embrasse l'homme tout entier, son esprit et ses sens […].[293]

Insgesamt müsse diese Entsagung, so liest es sich auch in *De la richesse*, aus freier Entscheidung resultieren („le renoncement est la loi de toute créature libre"[294]), um ihre volle Kraft zu entfalten. Diese mache sie – entgegen der

---

hat nichts gemein mit der Idee, die der Schule des Fortschritts eigen ist, nämlich der Idee einer stets aufwärts gehenden Bewegung der Menschheit hin zum grenzenlosen materiellen Genuss. Der Christ glaubt nicht, wie der Schüler des Fortschritts, an das Paradies auf Erden […]."

291 Périn: Du progrès matériel (1854), S. 33. Freie Übersetzung: „[…] das materielle Leben findet im geistig-religiösen Leben sein Prinzip und seine Regel". Périn kennzeichnete diesen Gedanken als Paraphrase De Coux'.

292 Périn: Du progrès matériel (1854), S. 33. Freie Übersetzung: „ein Gesetz des Gehorsams und des Opfers".

293 Périn: Du progrès matériel (1854), S. 34. Freie Übersetzung: „Die Lehren des Christentums zeigen, dass Gott dem Menschen von Anfang an das Gesetz der Entsagung auferlegt hat. Das Verbot für Adam im Paradies, die Frucht des Baumes der Erkenntnis von Gut und Böse zu essen, ist nichts anderes als die Anwendung dieses Gesetzes. Es ist ein Grundsatz des Gehorsams, der den Menschen als Ganzen betrifft, seinen Geist und seine Sinne […]."

294 Périn: De la richesse, 1 (1861), S. 65. In der Übersetzung von Weizenhofer: „Die Entsagung ist das Gesetz jeder freien Creatur", Périn: Ueber den Reichthum, 1 (1866), S. 56. Ähnlich auch schon Périn: Du progrès matériel (1854), S. 33.

ersten Assoziation – gerade nicht zum Gegenstück, sondern zum Förderer des auch materiellen Wohlstands einer Gesellschaft.

Folgendermaßen lässt sich das Argument Périns zusammenfassen: Die Entsagung weltlicher Genüsse schaffe eine zunehmende Ablösung vom Ich-bezogenen Denken. Dies wiederum öffne für eine ungekannte Dimension des Gott- und Nächsten-bezogenen Denkens, das heißt der unmittelbaren Gottesnähe. Diese Nähe nahm Périn als derart inspirierend und kraftspendend an, dass sie alle Bereiche des irdischen Lebens unmittelbar perfektioniere und somit auch materielle Reichtümer hervorbringe.[295] Im Umkehrschluss sei gerade so auch die Gefahr gebannt, die erlangten Reichtümer zu verabsolutieren: Sie wurden lediglich zum temporären Ausdruck eines in jeder Hinsicht erfüllten Lebens, nicht aber zur gänzlichen Erfüllung, die im christlichen Sinne nur nach-irdisch gedacht werden konnte.[296]

Hinsichtlich der zeitgenössisch unter Ökonomen stark gemachten Forderung, gesellschaftlicher Wohlstand könne nur aus einer gewissen Hofierung des Eigeninteresses resultieren, betonte Périn ganz wie vorher schon De Coux:

> [...] la morale catholique, en même temps qu'elle a toujours fait du renoncement le fondement de tous ses préceptes, a-t-elle toujours admis l'intérêt propre, non-seulement comme légitime, mais encore comme nécessaire. [...] Ce n'est donc pas l'intérêt propre que proscrit la doctrine catholique, mais seulement la fausse entente et l'abus de ce principe vrai en lui-même. Le renoncement seul peut en donner la saine notion et le tenir renfermé dans ses justes limites.[297]

---

295 Vgl. zu diesem Gedankengang auch Périn: De la richesse, 1 (1861), S. 75f.

296 „Il y a en effet pour les choses humaines un ordre parfait, qui est l'ordre de la vérité et de la justice, déterminé par la loi divine. Il y a pour les sociétés qui gardent cette loi et se conforment à cet ordre des avantages terrestres par lesquels se révèle, dans les choses temporelles, le gouvernement de la Providence. Cet ordre divin avec les bienfaits qui en découlent dans la vie morale et dans la vie matérielle inséparablement liées dans notre existence présente, constitue l'idéal des sociétés", Périn: Du progrès matériel (1854), S. 50. Freie Übersetzung: „Es gibt für die menschlichen Dinge eine vollkommene Ordnung, welche die Ordnung der Wahrheit und der Gerechtigkeit ist, vorgegeben durch das göttliche Gesetz. Für die Gesellschaften, die dieses Gesetz achten und sich in diese Ordnung fügen, entstehen irdische Vorteile, durch die sich, hinsichtlich der zeitlichen Dinge, das Regiment der Vorsehung offenbart. Diese göttliche Ordnung mit den Wohltaten, die sie im moralischen und materiellen Leben, beide untrennbar verbunden in unserer gegenwärtigen Existenz, mitbringt, stellt das Ideal der Gesellschaften dar".

297 Périn: De la richesse, 1 (1861), S. 90. In der Übersetzung von Weizenhofer: „Während demnach die katholische Theologie zu jeder Zeit die Entsagung als Grundlage für ihre Gebote forderte, lehrte sie andererseits mit gleicher Beständigkeit nicht blos die Erlaubtheit, sondern auch die Nothwendigkeit des eigenen Interesses. [...] Die katholische Lehre ächtet also das Eigeninteresse nicht, sondern blos das falsche Verständniß und den Mißbrauch dieses an sich wahren Princips. Die Entsagung allein vermag die wahre

Schließlich resultiere auch die Suche nach Gottesnähe über den Weg der weltlichen Selbstentsagung ursprünglich aus dem eigenen Interesse um das eigene Seelenheil, kurz: „L'intérêt propre bien entendu est parfaitement légitime […]".[298]

Christliche Arbeit als Produktionsfaktor

Auch in der Beschäftigung mit der Frage der Reichtumserzeugung mischten sich bei Périn moderne wirtschaftstheoretische mit christlichen Denkmustern. Er kritisierte die Grundlage des „système mercantile", den Reichtum eines Landes allein anhand von dessen Geld- beziehungsweise Edelmetallbesitz zu messen („l'idée que la richesse c'est l'argent") und gemäß dieser Logik eine Handelsbilanz anzustreben, die unter Zuhilfenahme politischer Handelsrestriktionen die stete Erhöhung von Exporteinnahmen anzielte.[299] Ganz wie Adam Smith sprach er demgegenüber von der Wichtigkeit der Ausbildung von Produktionsfaktoren. Neben den natürlichen Gegebenheiten und dem Kapital sah er wie der Schotte die Arbeit als wichtigsten Faktor zur Erzeugung von Reichtümern an.[300] In seinen Kursen der 1850er Jahre warf er dementsprechend der physiokratischen Lehre nicht nur (in moralischer Hinsicht) die erstmalige konzeptuelle Verabsolutierung materieller Interessen vor, sondern auch (in wirtschaftstheoretischer Hinsicht) die ausschließliche Fokussierung der landwirtschaftlichen Bodenerträge zur Messung der wirtschaftlichen Produktivkraft.[301]

Arbeit stellte sich für Périn insbesondere deshalb als zentrale produktive Kraft dar, da er ihr immer auch eine geistige Konnotation zuschreiben konnte: „Le travail c'est l'application des forces humaines à un but utile. […] l'énergie morale aussi bien que la force musculaire."[302] Die religiös-moralische Energie des Christentums wurde für Périn zur Arbeitskraft:

Erkenntniß desselben zu vermitteln und es in den rechten Schranken zu erhalten", Périn: Ueber den Reichthum, 1 (1866), S. 77.

298 Cours d'économie politique (1852–53), S. 12. Freie Übersetzung: „Das richtig verstandene Eigeninteresse ist vollkommen legitim […]".

299 Vgl. Cours d'économie politique (1852–53), S. 78.

300 Im zweiten Buch von *De la richesse* („De la production des richesses", „Ueber die Erzeugung von Reichthümern") beschäftigte er sich vorrangig mit der Produktivkraft der Arbeit.

301 Vgl. Cours d'économie politique (1852–53), S. 150.

302 Cours d'économie politique (1852–53), S. 3. Freie Übersetzung: „Die Arbeit ist die Anwendung menschlicher Kräfte für einen nützlichen Zweck. […] sowohl moralische Energie als auch Muskelkraft."

> Il faut au travail une certaine puissance à la fois de recueillement et d'expansion, que donne au plus haut degré la pratique habituelle du renoncement chrétien. L'énergie du travail a sa source dans les profondeurs mêmes de l'âme. [...] Ce n'est que par des impulsions d'un ordre plus élevé que vous parviendrez à arracher l'homme à la paresse, pour le lancer dans l'activité pénible mais féconde du travail.[303]

Die Geschichte könne beweisen, wie erst die Verbreitung des christlichen Glaubens dazu geführt habe, die Völker dauerhaft zur Arbeitsamkeit zu bringen. Bei den Griechen und Römern etwa sei der anfänglich zu beobachtende, von Fleiß und Arbeit geprägte Lebensstil mit der Anhäufung von mehr und mehr materiellen Reichtümern schnell dem Müßiggang und der Sucht nach materiellem Luxus gewichen. Eine solche Entwicklung verhindere das christliche Entsagungsprinzip nicht dadurch, dass es keine materiellen Reichtümer hervorbringe, sondern dadurch, dass es den Umgang mit ihnen reglementiere.[304] Gleichzeitig, so Périn, habe das Christentum der materiellen Produktivität erst wahre Würde gegeben, da sie eben nicht lediglich der Herstellung vergänglicher irdischer Genüsse diente, sondern vielmehr ein höheres menschliches Ziel verkörperte: die freie Auslebung einer christlichen Tugend, die durch ihre Produktivität immer auch die Möglichkeit eröffnete, materielle Produkte zu Gaben der Nächstenliebe werden zu lassen. Hierzu führte er aus:

> Pour le chrétien, le travail est toujours un joug, mais c'est un joug qu'on accepte avec amour, parce qu'en le portant on poursuit un but digne de l'homme. [...] Les richesses que produit le travail ne peuvent être pour lui qu'un moyen d'accomplir une destinée supérieure à la vie des sens; le travail qui les crée participe à la noblesse du but qu'elles servent à atteindre. [...] Le plus noble emploi de la richesse pour le chrétien, sa destination éminemment sociale, c'est la charité.[305]

---

303 Périn: De la richesse, 1 (1861), S. 201f. In der Übersetzung von Weizenhofer: „Der Mensch braucht bei der Arbeit eine gewisse Befähigung, sich in sich selbst zu sammeln und zugleich auch aus sich nach Außen hervorzutreten, eine Befähigung, deren höchste Stufe durch die gewohnheitsmäßige Uebung der christlichen Entsagung erreicht wird. Das, was der Arbeit ihre Kraft gibt, ruht im tiefsten Grund der Seele. [...] Nur durch Antriebe, die aus einer höheren Ordnung stammen, wird es gelingen, den Menschen aus den Armen der Trägheit zu reißen und ihn auf den beschwerlichen, aber fruchtbaren Pfad der Arbeit hinüber zu bringen", Périn: Ueber den Reichthum, 1 (1866), S. 180f.

304 Als kulturellen Faktor hob Périn insbesondere das christliche Klosterwesen hervor, in dem sich christliche Entsagung stets mit enormer Produktivität gemischt habe, vgl. insgesamt Périn: De la richesse, 1 (1861), S. 207–253.

305 Périn: De la richesse, 1 (1861), S. 335f. In der Übersetzung von Weizenhofer: „Immerhin ist die Arbeit auch für den Christen ein Joch, aber ein Joch, das man mit Liebe annimmt, weil man unter seiner Würde einem menschenwürdigen Ziel entgegengeführt wird. [...] Die Reichthümer, das Resultat der Arbeit, können ihm nur als Mittel dienen zur

Arbeitsamkeit und Freiheit waren dabei für Périn aufs Engste miteinander verwoben. Die christliche Wertschätzung eines arbeitsamen Lebens habe die unfreie Arbeit des Sklavereisystems ad absurdum geführt, würden hier doch Arbeit und Konsum entkoppelt – ein Prozess, der in Périns Augen nur zur „domination de l'orgueil et des sens"[306], zur „Herrschaft des Stolzes und der Sinnlichkeit"[307] führen konnte. Damit war auch an dieser Stelle nicht nur der sittlich-moralische, sondern auch der materielle Untergang gemeint. Nur freie Arbeit könne auf Dauer als Reichtum schaffende Produktivkraft wirken.[308]

Auch hier wird ersichtlich, dass Périn den nationalökonomisch vielfach theoretisierten Produktionsfaktor Arbeit an eine geistige Grundlage knüpfte, die die Gesellschaft für ihr ökonomisches Fortschreiten zuerst bieten musste. Nicht unerwähnt ließ er diesbezüglich die Tatsache, dass auch große zeitgenössische Ökonomen bereits auf die Gefahr der geistigen Abstumpfung des Arbeiters durch die eintönige (Fabrik-)Arbeit im Industriesystem hingewiesen hätten, die wiederum auch seine ökonomische Produktivität gefährde.[309] Für Périn stellte sich das Prinzip der Arbeitsteilung als tragbar dar, sofern die „moralisation" des Arbeiters, das heißt die Festigung der geistigen Grundlage seiner ökonomischen Tätigkeit, dabei stets mitbedacht wurde[310]:

> C'est bien difficile qu'un homme soit réduit constamment à une opération unique très simple sans éprouver aucune altération de ses facultés intellectuelles. Cependant on pourrait parer à cet inconvénient, si les heures de travail n'étaient pas trop multipliées, si on trouvait le temps de moraliser […].[311]

Erreichung einer Bestimmung, die höher steht, als das Leben der Sinne, und die Arbeit, die Schöpferin der Reichthümer, nimmt Antheil an der Erhabenheit des Zieles, zu dessen Anstrebung die irdischen Genüsse mitwirken. […] Der edelste Gebrauch, den ein Christ vom Reichthum machen kann, seine unbedingt erhabenste Verwendung für die Gesellschaft liegt in den Werken der christlichen Nächstenliebe", Périn: Ueber den Reichthum, 1 (1866), S. 321f.

306 Périn: De la richesse, 1 (1861), S. 334.

307 Périn: Ueber den Reichthum, 1 (1866), S. 320.

308 Vgl. für die Gesamtargumentation Périn: De la richesse, 1 (1861), S. 334–361. Hierbei war es für Périn immer auch wichtig, den Zusammenhang zwischen freier Konkurrenz und produktiver Arbeit hervorzuheben: „Effets de la libre concurrence par rapport à la puissance de travail", Economie politique (sine dato), S. 111–117.

309 Im Besonderen verwies Périn hier auf John Stuart Mill, vgl. Périn: De la richesse, 1 (1861), S. 199ff. Auch Smith hatte auf diese Gefahr hingewiesen.

310 Vgl. hierzu auch die Artikelserie Périns von 1848, die unter *Bildung in Zeiten des sozioökonomischen Umbruchs* ausgewertet wurde.

311 Cours d'économie politique (1852–53), S. 16. Freie Übersetzung: „Es ist schwierig, wenn ein Mensch dauerhaft nur eine einzige einfache Tätigkeit ausübt, ohne irgendeine Veränderung im Anspruch seiner intellektuellen Fähigkeiten zu erleben. Dennoch kann man

In erstaunlich wohlwollender Art und Weise weitete er damit seine tugendethische Befürwortung der Arbeit zur Jahrhundertmitte auch auf die industrielle Arbeiterschaft aus – ganz im Vertrauen darauf, dass zumindest der Theorie nach auch hier auf Basis christlicher Sozialisation an der Herstellung materieller und geistiger Reichtümer zugleich gearbeitet werden konnte. In jedwedem Kontext stellte sich bei ihm Arbeit als Faktor schlechthin dar, um wirtschaftlichen Wert aus christlichen Werten zu erzeugen und damit die produzierten Reichtümer auch als christliches Zeugnis und Gut zu begreifen.

Hinsichtlich dieser ‚Werttheorie' erweist sich ein erneuter Blick auf Périns Rezeption des französischen Ökonomen Frédéric Bastiat als interessant. Im Kontext des oben bereits betrachteten Vorwurfs Périns, Bastiat würde sich mit seinen Eigentumsvorstellungen sozialistischen Denkweisen annähern, hatte er auch dessen Rechtfertigung von Pachteinnahmen als dienstleistungsartige Verleihung eines Produktionsfaktors kritisiert.[312] Hierhinter stand, so hat es die Bastiat-Forschung bereits hinsichtlich späterer Schriften Périns aufgezeigt, eine grundlegende Differenz von Werttheorien: Während für Périn in diesem Zusammenhang allein die Arbeit Wert schaffen konnte, sah Bastiat auch die Übertragung von Arbeiten und Leistungen als Mittel der Werterzeugung an.[313] Dass der katholische Ökonom hierbei nicht mitgehen konnte, hing immer auch mit der christlichen Aufladung von Produktivitätstheorien zusammen, wie nun aufgezeigt werden konnte. Arbeit und ihre besondere Konnotation im nationalökonomischen Diskurs stellten sich für ihn als wesentliches Moment der Anbindung wirtschaftlicher an religiöse Grundforderungen dar, auf das er insbesondere zur Definition und Begründung einer christlichen Legitimität materieller Reichtümer stets rekurrieren musste.

Nicht zuletzt vor dem Hintergrund dieser Argumentation ist schlussendlich auch eine wirtschaftspolitische Intervention Périns zu Beginn der 1860er Jahre zu lesen, bei der nichts weniger als ein Urfeindbild christlicher Wirtschaftsvorstellungen verhandelt wurde. Als 1862 in Frankreich eine Untersuchung über die Zinsfreiheit eingeleitet wurde, sprach sich Périn öffentlich für die Beibehaltung des ‚Wuchergesetzes' von 1807 aus, in dem Schuldnern das Recht zugestanden wurde, wucherische Zinsen zurückzufordern.[314]

diesem Missstand begegnen, indem die Arbeitsstunden nicht zu sehr erhöht werden und man Zeit für die moralische Bildung einräumt […]."

312 Vgl. Périn: Du socialisme (1850), S. 16–22, besonders 19.

313 Vgl. Pellissier Tanon, Arnaud: The Labour Theory of Value and Social Justice. The Teachings of Social Catholic Criticisms of Bastiat's Doctrine, in: Journal des Economistes et des Etudes Humaines, 11, 2/3 (2001), S. 295–309, hier 303.

314 Vgl. Périn, Charles: L'usure et la loi de 1807, Paris 1865 und zum Kontext Stevens: Charles Périn (2021), S. 255.

Mit Verweis auf die christlich-katholische Tradition, die zuletzt im Kontext neuer ökonomischer Voraussetzungen maximal eine moderate Zinsnahme erlaubt hatte[315], prophezeite er andernfalls die Ausbeutung der Schwachen und das Vergessen jeglicher „charité" im Sog des Marktes. Jenseits dieser rein moralischen Argumentation rekurrierte er in wirtschaftstheoretischer Hinsicht auf die gegenseitige Abhängigkeit der Produktionsfaktoren Kapital und Arbeit:

> La puissance productive du capital ne peut jamais être considérée que relativement à la puissance productive du travail. Ce sont deux choses qui ne se séparent pas; capital et travail vont toujours ensemble. Si le capital produit, c'est parce qu'il est mis en œuvre par le travail; si le travail produit, c'est parce que le capital lui fournit les avances nécessaires à toute production. De lá il résulte que, pour toute opération productive, il y a toujours une certaine proportion à établir entre la part du travailleur et la part du capitaliste [...].[316]

Jegliches ‚Eigenleben' des Kapitals, losgelöst vom verchristlichten Produktionsfaktor tugendhafter und damit zugleich ertragreicher Arbeit, galt es für ihn aus moralischer wie ökonomischer Sicht zu vermeiden.

Die Kraft der „charité" – wirtschaftstheoretisch gedacht

Périn beschäftigte sich mit dem Thema Reichtum nicht nur aus der Perspektive seiner Erzeugung, sondern auch aus der seiner Verteilung. Hierbei kam er trotz seiner wohlwollenden Grundeinstellung gegenüber dem Industriesystem auch auf die offensichtliche soziale Notlage zu sprechen. Wie blickte er nun auf den gesellschaftlichen Kontrast von Armut und Reichtum, der sich im Zuge sich industrialisierender Produktionsformen und landwirtschaftlicher Krisen zur Jahrhundertmitte stark wie nie zuvor ausgebildet hatte?

Aufschlussreich sind hierzu besonders die letzten beiden Teilbücher seines Hauptwerkes, überschrieben mit „De l'aisance et de la misère" und „De la

315 Hierzu zitierte er aus der Enzyklika *Vix pervenit*, in der Papst Benedikt XIV. 1745 in diesem Zusammenhang auch von „ehrbare[n] Gewinne[n]" gesprochen hatte, vgl. Enzyklika *Vix pervenit* (01.11.1745), in: Denzinger/Hünermann (Hgg.): Kompendium (2017), S. 646–649, hier 648.

316 Périn: L'usure (1865), S. 17. Freie Übersetzung: „Die Produktivkraft des Kapitals kann immer nur im Verhältnis zur Produktivkraft der Arbeit gesehen werden. Es sind zwei Dinge, die nicht voneinander getrennt werden können; Kapital und Arbeit gehören immer zusammen. Wenn das Kapital produziert, dann deshalb, weil es von der Arbeit eingesetzt wird; wenn die Arbeit produziert, dann deshalb, weil das Kapital ihr die für jede Produktion notwendigen Vorschüsse liefert. Hieraus folgt, dass es bei jeder produktiven Operation stets ein bestimmtes Verhältnis zwischen dem Anteil der Arbeiter und dem Anteil des Kapitalisten geben muss [...]."

charité". Nicht zufällig schloss Périn sein Werk „über den Reichtum" mit einem Blick auf die Armut und deren strukturelle Abhilfe.[317] Traditionelle christliche Kernkompetenzen auf dem Feld der Sozialfürsorge aktivierend suchte er hier, die sozio-ökonomische Überlegenheit christlicher Grundanschauungen abschließend zu belegen und zu demonstrieren. Gleich zu Anfang stellte er dabei allerdings heraus, dass aus christlicher Sicht an der stets gleichzeitigen Existenz von Reichtum und Armut nicht grundsätzlich gerüttelt werden könne. Das „bien-être universel" sei eine Utopie – Armut habe es neben dem Reichtum trotz aller Bemühungen immer gegeben und werde es auch in Zukunft immer geben. Sie liege tief in der Beschaffenheit der menschlichen Natur verankert und resultiere zudem aus den so wünschenswerten wirtschaftlichen Prinzipien der Freiheit und des Eigentums:

> L'inégalité des conditions est un fait aussi ancien que les sociétés humaines [...]. La supériorité des vertus, de l'intelligence et des forces physiques, quelques fois même une combinaison fortuite de circonstances heureuses, auront pour effet, dans tous les états de sociétés, d'élever certains individus ou certaines familles au-dessus des autres individus et des autres familles, et de créer dans la masse des différences de richesse [...]. Tant que la liberté et la propriété n'auront point fait place au despotisme égalitaire de la communauté socialiste, on verra dans la société des classes riches, des classes aisées et des classes pauvres. [...] Pour assurer à tous les hommes [...] l'aisance, il faudrait changer en même temps les conditions du monde physique et les conditions de la nature humaine.[318]

Zu unterscheiden gelte es den Zustand der Armut („la pauvreté") allerdings von dem des Elends („la misère"):

> La pauvreté impose à l'homme des privations constantes et souvent assez rudes, mais elle ne lui ôte ni la liberté, ni la dignité. Elle peut très-bien s'allier à une

317 Diese Reihenfolge hielt er bisweilen auch in seinen Kursen ein, vgl. etwa Economie politique (sine dato), S. 405ff.

318 Périn: De la richesse, 2 (1861), S. 79f. In der Übersetzung von Weizenhofer: „Die ungleiche Beschaffenheit des Elends ist eine eben so alte Thatsache, als die menschlichen Gesellschaften [...]. Die Ueberlegenheit in Tugenden, Kenntnissen und physischen Kräften, manchmal sogar ein günstiger Zusammenschluß glücklicher Umstände haben in allen Ständen der Gesellschaft zur Folge, daß sich gewisse Individuen oder gewisse Familien über andere Individuen oder Familien emporschwingen, und zu Unterschieden in Reichtum [...] Veranlassung geben [...]. So lange Freiheit und Eigenthum der alles einebnenden Zwingherrschaft des socialistischen Communismus nicht den Platz räumen, finden sich in den Gesellschaften immer reiche, wohlhabende und arme Klassen. [...] Um allen Menschen [...] Wohlstand zu sichern, müßte man die Beschaffenheit der physischen Welt und die Beschaffenheit der menschlichen Natur zugleich ändern", Périn: Ueber den Reichthum, 2 (1868), S. 163.

> remarquable énergie morale […]. La pauvreté n'exclut même pas les joies vraies de la vie, qui ont leurs source dans les biens de l'âme bien plus que dans les avantages matériels. La misère, au contraire, dégrade à la fois l'homme morale et l'homme physique. […] Dans l'ordre moral, c'est le découragement, l'abandon de soi-même, l'indifférence aux choses qui peuvent élever l'âme, et trop souvent la dépravation et l'abrutissement. […] Elle est la conséquence naturelle et dernière de toute violation grave et persistante des lois sur lesquelles Dieu a établi l'ordre de la vie humaine.[319]

Auf den ersten Blick scheint es, dass Périn hier den alten christlichen Diskurs über würdige und unwürdige Armut aktivierte. Schaut man auf sein weiteres Argument, so wird allerdings schnell deutlich, dass er in dieser Hinsicht wesentliche Differenzierungen vornahm. Der Zustand des Elends („misère"), in seiner moral-kritischen Konnotation dem der unwürdigen Armut entsprechend, resultierte für ihn keinesfalls ausschließlich aus der eigenen Schuld des Arbeiters. Mit Blick auf das industrialisierte Wirtschaftssystem unterschied er zwischen vier Ursachen des Elends: „[…] l'état général de la société; […] les conditions dans lesquelles les industries exercent; […] les dispositions personnelles des travailleurs; […] les accidents inséparables de la vie humaine".[320] Diese vier Gegebenheiten seien es, als einzelne oder gar kombiniert, die die Menschen dieser Tage ins materielle und spätestens hiernach auch ins sittliche Elend stürzten.

---

319 Périn: De la richesse, 2 (1861), S. 83. In der Übersetzung von Weizenhofer: „Die Armuth legt dem Menschen beständige und oft sehr harte Entbehrungen auf, raubt ihm aber weder die Freiheit noch die Würde. Sie kann sich sehr wohl mit einer großen moralischen Thatkraft verbinden […]. Die Armuth schließt nicht einmal von den wahren Freuden des Lebens aus, die ihre Quelle nicht so sehr in den materiellen Vortheilen als vielmehr in den Gütern der Seele haben. Das Elend dagegen bringt Erniedrigung über den sittlichen und physischen Menschen zugleich. […] auf geistigem Gebiete [sind] Entmuthigung, Sichselbstaufgeben, Theilnahmslosigkeit gegen Dinge, welche die Seele zu erheben geeignet sind, und nur zu häufig Entartung und Verwilderung die unvermeidliche Folge. Das Elend […] ist die naturnothwendige und letzte Folge jeder schweren und bleibenden Verletzung der Gesetze, auf welche Gott die Ordnung des menschlichen Lebens gegründet hat", Périn: Ueber den Reichthum, 2 (1868), S. 166.

320 Périn: De la richesse, 2 (1861), S. 156. In der Übersetzung von Weizenhofer: „[…] allgemeine[r] Zustand der Gesellschaft; […] d[ie] Bedingungen, unter welchen die Industrie betrieben wird; […] d[ie] persönliche Beschaffenheit der Arbeiter; […] d[ie] vom menschlichen Leben untrennbaren Zufälle[]", Périn: Ueber den Reichthum, 2 (1868), S. 226. Leicht abgewandelt findet sich diese Differenzierung auch in seinem Kurs, hier unterschied er „De la misère en général", „Causes de la misère tenant à l'état general de la société", „Les causes de la misère qui tiennent aux conditions dans lesquelles s'exercent les diverses industries", „Causes de la misère en tant que personnelles aux travailleurs ou en tant qu'elles résultent d'accidents inséparables de la vie humaine", Economie politique (sine dato), S. 380–404.

Sehr genau nahm Périn hier, über den traditionellen christlichen Armutsdiskurs hinausgehend, die Umstände industrieller Arbeit in den Blick, die als strukturelle Faktoren das grassierende Elend mitbedingten: maschinengleiche Arbeitsteilung in überfüllten Fabriken sowie Kinder- und Frauenarbeit. Ganz jenseits des Charakters des Arbeiters würden derartige Bedingungen nahezu zwangsläufig Verelendung mit sich bringen.[321] Darüber hinaus erwähnte er den Faktor des Zufalls in Form von Unfällen, Todesfällen und ähnlichen Geschehnissen – ebenfalls ohne Bezug zu Person und moralischer Integrität des Arbeiters.[322] Natürlich sparte er insgesamt aber auch jene „dispositions personnelles" nicht aus[323] und benannte mit dem Aspekt des „état général de la société" einen Punkt, der als moralische Kritik an der Gesamtgesellschaft zu verstehen war. Périn fasste hierunter sowohl die wirtschaftlichen als auch zwischenmenschlichen Gewohnheiten der Gesellschaft, er sprach von zu langen Arbeitszeiten und übermäßiger wirtschaftlicher Konkurrenz, genauso aber auch von mangelnder Solidarität der Menschen untereinander.[324] Damit argumentierte er auf zwei Ebenen zugleich strukturell.[325]

Dass die moralische die ökonomische Ebene, gleichsam als Rettung vor ihrer exzessiven Fokussierung, zu durchdringen und so zu beeinflussen vermochte, stellte er mit Blick auf das katholische Frankreich dieser Tage heraus:

> La France ne donne pas une idée exacte de ce que peut devenir une société dans laquelle l'esprit d'industrialisme a envahi toutes les classes. Grâce à l'action puissante du sacerdoce catholique, grâce aux efforts incessants de la charité, et grâce aussi à ce fond de mœurs chrétiennes que la France a toujours gardé, même au milieu de ses plus graves égarements, l'industrialisme n'a fait jusqu'ici que l'effleurer. Que deviendrait-elle si, obéissant aux sollicitations devant lesquelles elle semble aujourd'hui faiblir, elle laissait pénétrer dans ses mœurs cet esprit si opposé à ses traditions et à son génie? Pour le savoir, il faut considérer ce qu'est la misère dans celle de toutes les sociétés contemporaines où l'industrialisme s'est

---

321 Vgl. Périn: De la richesse, 2 (1861), S. 190–250. Zur Kritik am Prinzip der Arbeitsteilung ist hier anzumerken, dass Périn es (wie auch oben beschrieben) nicht gänzlich abzuschaffen, sondern nur in seinen sozialen Konsequenzen abzuschwächen suchte, etwa durch Verminderung der Arbeitszeit oder Patronate.

322 Vgl. Périn: De la richesse, 2 (1861), S. 300–305.

323 Vgl. Périn: De la richesse, 2 (1861), S. 251–299.

324 Vgl. Périn: De la richesse, 2 (1861), S. 160–189.

325 Knapp gestreift wird Périns Argument in vergleichender Perspektive auch bei Solari, Stefano: Catholic perspectives on poverty and misery: From nineteenth century French Catholic social economists to the contribution of the Jesuits, in: Cahiers d'économie Politique, 59 (2010), S. 185–203.

> le plus fortement implanté, et de laquelle il s'est répandu sur le reste de l'Europe: dans la société anglaise.[326]

Das Schlagwort des „industrialisme" diente Périn hier als Bezeichnung für eine falsch verstandene, weil nicht vom Katholizismus gelenkte Industrialisierung. Jene fand er in ihrem protestantisch geprägten Mutterland, das keine Möglichkeit gefunden habe, für die Not der Bevölkerung langfristige Abhilfe zu schaffen. Nur der Katholizismus habe seit jeher ethischen Prinzipien wie der Entsagung und Nächstenliebe eine derartige Wirkungskraft verleihen können, dass sie nun auch das industrialisierte Wirtschaftssystem sozial korrigieren könnten. Protestantismus und Industrialismus sah er demgegenüber geeint in der rückhaltlosen Propagierung individueller Interessen:

> Cette force, c'est l'esprit de renoncement, et cet esprit, trois siècles de protestantisme et un siècle d'industrialisme l'ont remplacé par un égoïsme orgueilleux et jaloux, auquel on donne les noms séduisants de *self-dependance* et de *self-reliance*. L'esprit de charité, l'esprit de modération chrétienne, faute du renoncement qui est leur condition essentielle, ne sont plus, dans la bouche de ceux qui y font encore appel, que des mots retentissants et une vaine ostentation.[327]

Périn verurteilte auch hier nicht die liberale Grundstruktur des Industriesystems als solche, durch die individuelle Handlungs- und Gestaltungsspielräume geschaffen würden. Er betonte allerdings, dass es diese Spielräume in

326 Périn: De la richesse, 2 (1861), S. 115f. In der Übersetzung von Weizenhofer: „Was aus einer Gesellschaft werden kann, in welcher der Geist des Industrialismus alle Klassen durchfressen hat, davon kann uns Frankreich keine vollkommene Anschauung bieten. Dank der Thätigkeit des katholischen Priesterthums, Dank den unausgesetzten Anstrengungen der Liebe, Dank auch jenem Schatz von christlichen Sitten, welchen Frankreich sogar inmitten seiner schwersten Verwirrungen stets bewahrt hat, machte der Industrialismus hier nur einen oberflächlichen Eindruck. Was wird aus Frankreich werden, wenn es den Verlockungen, vor denen es heutzutage an Kraft zu verlieren scheint, Gehör schenkt und seine Sitten von diesem seinen Ueberlieferungen und seinem Genie so entgegengesetzten Geiste durchdringen läßt? Um hiervon Kenntnis zu erlangen, muß man auf das Elend in jener Gesellschaft ein Auge werfen, in welcher der Industrialismus unter allen am tiefsten Wurzel gefaßt und von welcher aus er sich über das übrige Europa verbreitet hat, wir meinen England", Périn: Ueber den Reichthum, 2 (1868), S. 193.

327 Périn: De la richesse, 2 (1861), S. 152. In der Übersetzung von Weizenhofer: „Diese Kraft ist der Geist der Entsagung; aber an die Stelle dieses Geistes setzte der Protestantismus drei Jahrhunderte lang und der Industrialismus ein Jahrhundert lang jenen hochmüthigen und eifersüchtigen Egoismus, dem man die verführerischen Namen Unabhängigkeit (self-dependance) und Selbstvertrauen (self-reliance) gibt. Der Geist der Liebe, der Geist der christlichen Mäßigung sind bei dem Mangel der Entsagung, die ihre wesentliche Unterlage ist, in dem Munde derer, die sich noch auf sie berufen, nur hohle Worte und eitle Prahlerei", Périn: Ueber den Reichthum, 2 (1868), S. 223.

einem christlich-solidarischen Sinne freiheitlich auszuleben gelte, was eine sozio-ökonomisch folgenreiche Überbetonung der Autonomie des Einzelnen innerhalb der Gesellschaft von vornherein verhindere. Seit jeher und auch in diesen Tagen könne nur eine Rückkehr zu einem derart zu fassenden christlichen Freiheitsgedanken, der hier in konfessioneller Polemik ganz explizit katholisch aufgeladen wurde, die sozio-ökonomische Katastrophe verhindern:

> A chaque pas qu'ont fait nos sociétés chrétiennes dans la liberté, elles ont eu à vaincre des difficultés semblables, et toujours, grâce à l'esprit catholique, grâce à la puissance de renoncement que l'Église communique aux peuples, ces difficultés ont été surmontées. Nous verrons que, de nos jours encore, cet esprit, s'il était universellement accepté par la société, ne serait pas inférieur à cette tâche, pour l'accomplissement de laquelle notre faiblesse, livrée à elle-même, resterait impuissante. C'est de cet esprit que la liberté est née, et nous verrons que, si la liberté lui restait fidèle, elle pourrait trouver dans ses propres forces le remède aux maux qui ont accompagné l'extension rapide, et quelquefois peu réfléchie, qui lui a été imprimée à la fin du siècle passé.[328]

Ein derart verstandener Gebrauch ökonomischer Freiheiten war für Périn das Grundrezept, um das grassierende Elend in seiner materiellen wie moralischen Konnotation bekämpfen zu können. Staatliche Gesetze konnten in seinem Argument nur hinsichtlich gewisser Elendsursachen, das heißt niemals umfassend strukturell, mitwirken:

> A toutes ces causes de misère qui tiennent à l'état général de la société et aux dispositions intérieures des âmes, les lois ne peuvent presque rien. Elles parviendront bien à contenir certains abus, certaines pratiques particulièrement odieuses [...]; mais que peuvent-elles quand il s'agit des rapports personnels de bienveillance et de solidarité entre les patrons et leurs ouvriers? [...] On ne peut

328 Périn: De la richesse, 2 (1861), S. 158f. In der Übersetzung von Weizenhofer: „Mit jedem Schritte, den unsere christlichen Gesellschaften in der Freiheit vorwärts machten, hatten sie ähnliche Schwierigkeiten zu besiegen und haben auch, Dank dem katholischen Geiste, Dank der Macht der Entsagung, welche die katholische Kirche den Völkern mittheilt, diese Schwierigkeiten überwältigt. Wir werden sehen, daß dieser Geist, wenn er von den Gesellschaften allgemein angenommen würde, auch in unsern Tagen noch dieser Aufgabe gewachsen wäre, für deren Lösung unsere sich selbst überlassene Schwachheit ohnmächtig bleibt. Aus diesem Geiste ist die Freiheit entstanden, und wir werden sehen, daß, wenn die Freiheit ihm treu bliebe, sie in ihren eigenen Kräften das Heilmittel gegen die Uebel finden könnte, welche der urplötzlichen und manchmal sehr unüberlegten Ausdehnung, die ihr am Ende des vergangenen Jahrhunderts gegeben wurde, auf dem Fuße folgten", Périn: Ueber den Reichthum, 2 (1868), S. 228.

rien attendre ici que des mœurs. Ce n'est que par une réforme de la vie morale, dans ses principes mêmes, qu'on pourra arrêter les progrès du mal.[329]

Mit der Forderung nach einer „réforme de la vie morale" reihte Périn sich ein in genau diejenigen traditionellen katholischen Sozialdiskurse rund um wirtschaftliche Liberalisierung und Industrialisierung, die er gleichzeitig durch seine christliche Befürwortung derartiger wirtschaftlicher Entwicklungsprozesse in wesentlichen Punkten unterlief. Gegenüber dem Staat profilierte er die umfassende Wiederbelebung christlicher „charité" als erheblich dynamischere und dabei entgegen dem verbreiteten Vorurteil nicht punktuell, sondern strukturell wirksame Maßnahme, die die Elendsursachen in der Industriegesellschaft in deren ganzer Vielschichtigkeit angehe.

Der Kraft christlicher „charité", ja ihrer Notwendigkeit gerade für ökonomisch fortschreitende freiheitliche Gesellschaften, widmete Périn das gesamte letzte Buch seines Hauptwerks. Hierin sprach er sich – in Kontinuität zu seiner oben analysierten anti-sozialistischen Argumentation – auch gegen eine gesetzlich geregelte Armenfürsorge und Güterversorgung aus, die die private Wohltätigkeit verhindere und so den christlichen Geist innerhalb der Gesellschaft nach und nach ersticke. Da die „charité légale" nicht freiheitlich erfolge, könne sie nie echt christlich[330] und somit, als logische Konsequenz, auch nicht „véritablement utile" im moralischen und im materiellen Sinne sein, wie er es auch in seinen Universitätskursen lehrte.[331] Der Staat, so hatte Périn

329 Périn: De la richesse, 2 (1861), S. 188f. In der Übersetzung von Weizenhofer: „Gegen alle diese Ursachen des Elends, die im allgemeinen Zustande der Gesellschaft und in der innern Beschaffenheit der Seelen wurzeln, vermögen die Gesetze fast nichts. Sie mögen gewisse Mißbräuche, gewisse besonders gehässige Gewohnheiten [...] in Zaun halten können; [...] aber was vermögen sie, wenn es sich um die persönlichen Beziehungen des Wohlwollens und des Zusammenhaltens zwischen Patronen und ihren Arbeitern handelt? Man hat hier nur von den Sitten einen Erfolg zu hoffen. Nur durch eine Umgestaltung des sittlichen Lebens gerade in seinen Principien vermag man dem Fortschritt des Uebels Einhalt zu thun", Périn: Ueber den Reichthum, 2 (1868), S. 252.

330 „La charité légale est une institution contre nature, car elle se fonde sur la contrainte, alors que la liberté est de l'essence de la charité", Périn: De la richesse, 2 (1861), S. 476. In der Übersetzung von Weizenhofer: „Die gesetzliche Armenpflege ist eine widernatürliche Einrichtung, denn sie stützt sich auf den Zwang, während doch die Freiheit zum Wesen der Liebe gehört. Kann nun eine Einrichtung, welche von der Natur der Dinge Lügen gestraft wird, etwas anderes als Verlegenheiten und Bitterkeiten erzeugen? Die gesetzliche Armenpflege trägt in sich die Strafe für das Vergessen der christlichen Wohlthätigkeit, wodurch sie nothwendig geworden ist", Périn: Ueber den Reichthum, 2 (1868), S. 490.

331 Auch hier stellte Périn die Wichtigkeit der ursächlich freien Entscheidung heraus: „Elle ne peut pas dériver d'un commandement de l'autorité, mais de la volonté de l'individu", vgl.

es immer wieder vertreten, sollte dagegen nur in dem Rahmen eingreifen, wie er den individuellen Handlungsspielraum nicht hemmte.[332]

Christliche Nächstenliebe stilisierte er damit zur Reformkraft des innerlich maroden liberalen Industriesystems, zu keiner Zeit aber zu dessen prinzipieller Gegenidee. Gerade dadurch, dass er die Wirkmächtigkeit frei ausgeübter „charité“ derart sozialstrukturell verstand, ließ diese sich in seinem Argument ohne weiteres als leitende Schablone auf die liberale Wirtschaftstheorie legen, mit der sie in der Forderung nach freiem wirtschaftlichen Handeln in einem so wesentlichen Punkt konform ging.

Paradigmatisch führte Périn ebendiesen Aspekt in der vielbeachteten Rede aus, die er 1863 auf den Mechelner Kongressen über die „mission sociale de la charité“ hielt. Noch einmal stellte er hier die christliche „charité“ als einzig wirksames Mittel heraus, um ein wirtschaftsliberales System sozial zu gestalten, ohne seine Liberalität zu gefährden. „Si nous voulons rester libres, il faut que nous sachions faire de la charité la règle de nos mœurs“[333], so führte er aus und sprach von der katholischen Kirche als Organisatonsmacht der Freiheit, „la puissance organisatrice de la liberté“.[334] Katholische Religiosität und liberale Wirtschaftstheorie vermöchten in dieser Hinsicht perfekt übereinzustimmen:

> La religion est sous ce rapport en parfait accord avec les saines doctrines de l'économie politique, qui considère aussi l'extension inconsidérée, les envahissements et le monopole de l'assistance publique et légale, comme un danger social et comme le principal obstacle à la création, à la diffusion et au soutien des œuvres dues à l'initiative et à l'action libre [...].[335]

Cours d'économie politique (1852–53), S. 140. Freie Übersetzung: „Sie kann nicht einem Befehl der Obrigkeit entspringen, sondern nur dem Willen des Individuums“.

332 Eine paradigmatische Formulierung hierzu findet sich in der bereits ausgewerteten Artikelserie Périns aus den 1840er Jahren: „[...] l'intervention de l'Etat n'a d'autre but que d'aider à la libre action des individus“, De l'amélioration du sort des classes ouvrières, 6, in: L'Indépendant – Edition du matin (11.10.1848). Freie Übersetzung: „[...] die staatliche Intervention darf kein anderes Ziel haben als die freie Handlung der Individuen zu unterstützen“.

333 Discours de M. Ch. Périn (1863), S. 69. Freie Übersetzung: „Wenn wir frei bleiben wollen, müssen wir die Nächstenliebe zur Regel unserer Sitten zu machen wissen.“

334 Discours de M. Ch. Périn (1863), S. 73.

335 Resolutions adoptées et voeux exprimés par l'Assemblée, in: Assemblée Générale des Catholiques en Belgique (1863), S. 465–483, hier 468. Freie Übersetzung: „Die Religion stimmt in dieser Hinsicht perfekt überein mit den gesunden Lehren der Politischen Ökonomie, die ebenfalls die leichtfertige Ausdehnung, das Eindringen und das Monopol der öffentlichen und gesetzlichen Wohlfahrt für eine soziale Gefahr und für das grundlegende Hindernis für die Tat, Verbreitung und Unterstützung von Werken hält, die der freien Initiative und Handlung entspringen [...]“.

3.4 Ein Blick nach Rom

Um Périns ökonomisch-theologische Positionen im Folgenden auch als Ausdrucksfeld ultramontaner Agitation diskutieren zu können, gilt es zunächst, das Engagement des Belgiers in den unmittelbaren Kontext des Pontifikats Pius' IX. (1846–1878) zu stellen. Wie kein zweites stand dieses Pontifikat für die Ausrichtung kirchlicher Strukturen hin zur römischen Zentralgewalt und die demonstrative Abkehr von national-liberalen Forderungen.[336] Dass Papst und Kurie zu dieser Zeit auch mit Fragen der Wirtschaftsordnung beschäftigt waren und hierzu gar ein Text Périns zum Papst gelangte, wird zu zeigen sein. Ein Ausblick wird schlussendlich noch auf das Erste Vatikanische Konzil (1869/70) und dessen nicht-promulgiertes Dekret zur Sozialen Frage gegeben, das in seinem Entstehungsprozess bereits wichtige Aushandlungsprozesse zwischen den sozio-ökonomischen Positionen Périns und Kettelers in den 1860er Jahren andeutet.

3.4.1 *Périn im Kontext des Pontifikats Pius' IX. (1846–1878)*

Zunächst ist festzustellen, dass sich das ungewöhnlich lange Pontifikat Pius' IX. nahezu eins zu eins mit der Wirkungszeit Périns innerhalb der sich überlappenden universitären, politischen und religiösen Kontexte Belgiens deckte. Als Giovanni Maria Mastai-Feretti 1846 zum Papst gewählt wurde, hatte Périn gerade den Lehrstuhl De Coux' übernommen. Bis zum Tod des Papstes im Jahr 1878 hatte er sich derart mit dessen kämpferischer Gegenposition zu den entstehenden Nationalstaaten identifiziert, dass eine Weiterführung seiner Karriere unter dem um Schlichtung bemühten Papst Leo XIII. unmöglich geworden war. Interessanterweise lassen sich bei Périn wie auch bei Pius noch in den 1840er Jahren zumindest aussöhnende Ansätze zur Verhältnisbestimmung von Kirche und Liberalismus ausmachen: 1844, unmittelbar vor der Zuspitzung der politischen Spannungen zwischen Katholiken und Liberalen auf dem paradigmatischen Feld der Schulpolitik[337], hatte Périn die Vorteile der belgischen liberalen Verfassung für die Kirche und ihre freiheitliche Entwicklung durchaus zu würdigen gewusst. Dies war ihm schon in den 1850er Jahren, so ist den Recherchen Louants im Familienbuch Périns zu entnehmen, ausgesprochen unangenehm.[338] Auch Pius galt mit Antritt seines Pontifikats zunächst als liberal, da er sich für Verwaltungsreformen im

336 Vgl. Schatz: Art. Ultramontanismus, LThK (2001); Lill: Der Ultramontanismus (1998), S. 87–93.

337 Vgl. Aubert: Die Offensive (1971), S. 715f.

338 Vgl. Louant: Périn et Pie IX (1952), S. 185f.

Kirchenstaat aussprach, die allerdings aus heutiger Sicht „wenig durchdacht" erscheinen.[339] Nach der negativen Erfahrung der 1848er-Revolution, die ihn zeitweilig ins Exil zwang, war vom kurzweiligen „Mythos" des liberalen Papstes allerdings nichts mehr zu spüren.[340]

In den 1850er und 1860er Jahren war die kirchenpolitische Situation in Europa geprägt von einer Welle der transnationalen „Catholic mobilisation on behalf of the Pope": Die Energien des vielerorts wiedererblühten kirchlichen Lebens in der ersten Hälfte des 19. Jahrhunderts wurden unter dem Eindruck der politisch-territorialen Bedrohung des Kirchenstaats nach Rom hin gebunden, sodass eine katholische Massenbewegung entstand – vereint durch eine „transnational Catholic opinion" über die Wahrung der päpstlichen Unabhängigkeit gegenüber Nationalstaaten.[341] Belgien spielte in diesem Zusammenhang durch sein außergewöhnliches „katholisches Reveil"[342] nach der Revolution eine entscheidende, aber nicht homogene Rolle. Mit zunehmenden Konflikten zwischen Katholiken und Liberalen stand alsbald ein verfassungstreuer einem antikonstitutionell agitierenden katholischen Flügel gegenüber[343], Letzterer in seiner Radikalität alles das verkörpernd, was die ultramontane Mobilisierung gegenüber liberalen und nationalen Forderungen ausmachte. De Maeyer hat Belgien daher einen Musterschüler der ultramontanen Schule, „Un élève modèle de l'école ultramontaine"[344], genannt. Périn selbst wurde spätestens in den 1870er Jahren zum Wortführer der von Pius direkt unterstützten antikonstitutionellen belgischen Bewegung.[345]

Vor diesem Hintergrund erscheint es wenig überraschend, dass Périn und Papst Pius IX. mit der Zeit eine hohe gegenseitige Wertschätzung verband. 1868 wurde Périn erstmals von Pius persönlich empfangen. Diese Audienz, über die Périn zeitnah seine Erinnerungen zu Papier brachte, wurde für ihn zu einem zentralen Moment der Rückversicherung: Pius bestätigte ihn in seinem politischen Weg, machte ihn gleichsam zum „porte-parole autorisé du

339 Vgl. Lill: Der Ultramontanismus (1998), S. 87.

340 Vom „Mythos" spricht etwa Aubert, Roger: Art. Pius IX., in: Lexikon für Theologie und Kirche, 8 (1999), Sp. 330–333.

341 Vgl. Viaene, Vincent: The Roman Question. Catholic Mobilisation and Papal Diplomacy during the Pontificate of Pius IX (1846–1878), in: Lamberts (Hg.): The Black International (2002), S. 135–178 und auch Viaene: Belgium and the Holy See (2001), S. 535–598.

342 Vgl. Viaene: Katholisches Reveil (2005). Nähere Erläuterungen hierzu wurden bereits in der biographischen Einführung Périns gegeben.

343 Vgl. Aubert: Die Offensive (1971), S. 716ff.

344 Maeyer: La Belgique (2002).

345 Vgl. Aubert: Die Offensive (1971), S. 717f.; Lamberts: Het ultramontanisme (1984); Maeyer: La Belgique (2002), S. 366–370.

Vatican“[346], woraufhin er die Weitergabe seiner Gedanken fortan als heilige Mission verstand.[347] Kontextueller Anlass der Audienz war auch die zwiespältige belgische Rezeption der päpstlichen Enzyklika *Quanta Cura* mit dem angehängten *Syllabus Errorum* aus dem Jahr 1864 gewesen. Périn hatte sich bereits unmittelbar nach Erscheinen des Dokuments – entgegen kritischen Stimmen – hinter die darin formulierte päpstliche Verurteilung liberaler „Zeitirrtümer“ gestellt. In der ultramontanen Presse Belgiens war bereits im Januar 1865 zu lesen, dass Périn die Gedanken der Enzyklika gar direkt in seinen universitären Kurs zum öffentlichen Recht einfließen ließ. Folgendermaßen wurde er hier zitiert:

> Vous savez, Messieurs, que mon enseignement a toujours eu pour fondement les principes établis par l'Encyclique. Ces principes ont été de tout temps professés par l'Eglise catholique. Enoncé par Grégoire XVI, dans l'Encyclique Mirari vos, ils sont formulés par Pie IX avec une précision qui ne peut plus laisser de place au doute. [...] Au milieu de la confusion morale où le monde est tombé, la lumière nous est montrée, Pie IX nous indique la voie, sachons-y marcher avec fermeté![348]

Nach der päpstlichen Befürwortung seiner politischen Agitation in der Audienz von 1868 sandte Périn in den 1870er Jahren zwei gerade publizierte längere Schriften direkt nach Rom, *Les libertés populaires* und *Les lois de la société chrétienne*.[349] Analog zu seinen wirtschaftlichen Schriften argumentierte er

---

346 Dumont/Louant: Inventaire Périn. Introduction (1986), S. 5.

347 Vgl. zum Audienzbericht selbst Louant: Périn et Pie IX (1952). Darüber hinaus zur Audienz auch Bequé/Louant: Le dossier „Rome et Louvain“ (1955), S. 41f.

348 [Bericht über Périns Reaktion auf die Enzyklika *Quanta Cura*], in: Le Bien Public (17.01.1865). Freie Übersetzung: „Sie wissen, meine Herren, dass meine Lehre als Grundlage immer die Prinzipien genommen hat, die durch die Enzyklika ausgedrückt worden sind. Zu diesen Prinzipien hat sich die katholische Kirche zu jeder Zeit bekannt. Ausgedrückt schon durch Gregor XVI. in seiner Enzyklika Mirari Vos wurden sie von Pius IX. mit einer Präzision formuliert, die dem Zweifel keinen Platz mehr lässt. [...] Mitten hinein in die moralische Verwirrung, der die Welt verfallen ist, ist uns das Licht gezeigt worden, Pius IX. zeigt uns den Weg, lasst ihn uns mit Entschlossenheit gehen!“ Zeitnah drückte Périn außerdem in einem Brief an Joseph de Hemptinne (1822–1909), einen ebenfalls radikalen ultramontanen Agitator für päpstliche und gegen liberale Belange, seine Zuversicht aus, dass auf Basis der jüngsten päpstlichen Äußerungen der Widerstand der Liberalen gegen eine politisch erstarkende katholische Kirche bald zum Erliegen kommen würde, vgl. Ch. Périn à J. de Hemptinne (22.02.1865), in: Simon, Aloïs (Hg.): L'Hypothèse Libérale en Belgique. Documents inédits 1839–1907, Wetteren 1956, S. 184ff. Zur Person Hemptinnes vgl. Lamberts, Emiel: Joseph de Hemptinne. Een kruisvaarder in redingote, in: Lamberts (Hg.): De kruistocht (1984), S. 64–109.

349 Vgl. Périn, Charles: Les libertés populaires, Paris 1871; Périn, Charles: Les lois de la société chrétienne, Paris 1875. Von letzterer Schrift erschien zeitnah eine deutsche Übersetzung:

darin, die Freiheitsdiskurse des Liberalismus benötigten zu jeder Zeit eine grundlegende Akzeptanz derjenigen Gesetzmäßigkeiten, die das Christentum seit jeher über den Menschen und sein Dasein in Gesellschaft vertreten habe. *Les lois de la société chrétienne*, ein Werk, das berühmter wurde als seine ökonomischen Schriften, funktionierte konzeptuell in diesem Sinne auf rechtlicher Ebene ebenso, wie *De la richesse* auf wirtschaftlicher Ebene funktionierte. Pius antwortete jeweils zeitnah mit sehr wertschätzenden Briefen, in denen er das Verdienst Périns hervorhob, in derart kirchenkritischen Zeiten immer wieder auf das christliche Fundament der Gesellschaft hinzuweisen und ein entsprechendes staatspolitisches Handeln einzufordern:

> En ce temps ou la société civile se persuade que le progrès de la civilisation, qu'elle croit avoir conquis, lui commande de se constituer, de se diriger et de se gouverner par elle-même, sans aucune assistance de Dieu ni de la religion instituée de Dieu; lorsqu'elle prépare ainsi sa ruine en détruisant les bases mêmes de la vie sociale; vous lui rappelez, avec une très-grande opportunité, dans votre beau travail [...], que la religion et la société humaine procèdent du même auteur [...].[350]

Bezugnehmend auf die zurückliegende Audienz schrieb Pius 1871 an Périn:

> Les choses que vous Nous avez dites, Cher Fils, lorsque vous vous êtes trouvé en Notre présence, touchant les principes qui vos guident, aussi bien que les doctrines que vous avez exposées dans plusieurs écrits [...].[351]

Pius stärkte Périn damit in den 1870er Jahren den Rücken, als dieser für seine rechtswissenschaftlichen Kurse und das darin gelehrte Verhältnis von Staat

---

Périn, Charles: Christliche Politik. Die Gesetze der christlichen Gesellschaften, einzig für Deutschland autorisierte Uebersetzung, Freiburg i. Br. 1876.

350 Dossier relatif au bref expédié par Pie IX à Charles Périn, 01.02.1875. Archives de l'Etat à Mons, Périn Charles, Dossiers, 387. Freie Übersetzung: „In Zeiten, wo die Zivilgesellschaft überzeugt ist, dass der Fortschritt der Zivilisation, den sie erlangt zu haben glaubt, sie befähigt, sich allein durch sich selbst und aus sich selbst heraus zu konstituieren, zu leiten und zu regieren, ohne irgendeinen Bezug weder zu Gott noch zur von Gott eingesetzten Religion; in Zeiten, wo sie ihrem Untergang entgegengeht, indem sie die Grundlagen des sozialen Lebens zerstört, erinnert Ihr sie mit sehr großer Kraft in Eurem schönen Werk daran, [...] dass die Religion und die menschliche Gesellschaft derselben Macht entstammen [...]".

351 Dossier relatif au bref expédié par Pie IX à Charles Périn, 16.10.1871. Archives de l'Etat à Mons, Périn Charles, Dossiers, 387. Freie Übersetzung: „Die Dinge, die Ihr gesagt habt, geliebter Sohn, als Ihr bei Uns gewesen seid, treffen die Prinzipien, die Euch leiten, genauso gut wie die Lehren, die Ihr in mehreren Schriften dargelegt habt [...]".

und Kirche auch an der Leuvener Universität zunehmend Kritik erfuhr.[352] Derartige Rückendeckung aus Rom fiel mit dem Ende des Pontifikats Pius' IX. im Jahr 1878 schlagartig weg. Sein Nachfolger Papst Leo XIII. setzte sich gleich zu Beginn seines Pontifikats für eine Schlichtung der Positionen in Belgien ein, was zuallererst eine Schwächung der radikalen ultramontanen Fraktion um Périn implizierte.

Mit Pius IX. verlor Périn nicht nur einen Papst, der seine politischen Ansichten zu würdigen wusste, sondern auch einen Papst, der gerade aus dieser Wertschätzung heraus auch ein offenes Ohr für seine wirtschaftlichen Ansichten zeigte. Bereits zu Beginn der 1850er Jahre, weit vor dem Kontakt mit Périn, war Pius mit Grundfragen der Wirtschaftsordnung in Berührung gekommen.[353] Nach seiner Rückkehr aus dem Exil ließ er durch eine speziell hierzu eingesetzte Kardinalskongregation prüfen, ob man im Kirchenstaat die Zunftordnung wiedereinführen und somit die 1801 auch dort eingeführte Gewerbefreiheit offiziell wieder abschaffen könnte und sollte.

Die Kongregation hob in ihrer Beurteilung der Lage die menschliche „Naturanlage zur Gemeinschaft" hervor, die die Kirche in ihrer Geschichte stets in korporative Ordnungsformen gegossen habe. Zuletzt sei aber auch eine schädliche „Monopolherrschaft der Zünfte" zu beobachten gewesen, die es unbedingt zu verhindern gelte. Empfohlen wurde dem Papst schließlich ein freies Assoziationswesen, das „dem Sozialismus, welcher brutal organisiere, die *Freiheit* sich zu vereinigen, und zugleich dem Individualismus die freie *Vereinigung* entgegengestellt[e]".[354] Pius verkündete im anschließenden Motu proprio *I gravissimi mutamenti* vom 14. Mai 1852 demgemäß die Einsetzung „freie[r], vornehmlich religiös ausgerichtete[r], jeweils an eine bestimmte römische Kirche gebundene[r] und einem Kardinalprotektor unterstellte[r] Assoziationen" im Kirchenstaat.[355]

Zwei Punkte können aus dieser bisher kaum erforschten Episode festgehalten werden: Erstens war nach Abschaffung des Zunftwesens offenbar auch in Kurienkreisen eine gewisse Ernüchterung hinsichtlich der Sinnhaftigkeit einer Eins-zu-eins-Reproduktion der alten gewerblichen Strukturen eingekehrt. Die zunehmende Ersetzung der christlichen Gemeinschafts- und Schutzidee durch den Gedanken der politischen und wirtschaftlichen Herrschaftsausübung im

352 Vgl. hierzu ausführlich Fèvre: Charles Périn (1903), S. 46–62.

353 Vgl. für die nachfolgenden Ausführungen Casper, Bernhard: „Sozialismus" im Sprachgebrauch der römischen Kurie um 1850, in: Langner (Hg.): Katholizismus (1975), S. 194–208.

354 Casper: „Sozialismus" im Sprachgebrauch der römischen Kurie (1975), S. 197ff. [Hervorhebungen im Original]. Auszüge des Protokolls der Kongregationssitzung in italienischer Sprache sind dem Aufsatz beigefügt.

355 Vgl. Casper: „Sozialismus" im Sprachgebrauch der römischen Kurie (1975), S. 199f.

alten Zunftsystem reihte dieses aus Sicht der Kardinäle bereits ein in die allgemeine, insbesondere moralisch konnotierte „Geschichte des Verfalls“ im Jahrhundert der Französischen Revolution.[356] Hier lief die Argumentation parallel zu der späteren Périns, der die freien Korporationen im Kirchenstaat sogar als löbliches Beispiel hervorhob, da sie gerade nicht die alten Zünfte wiederbelebten, sondern vielmehr das rechte Mittel zwischen Freiheit und Autorität gefunden hätten:

> Cette juste mesure entre la liberté et l'autorité, cette union étroite et salutaire de l'association ouvrière qui pourvoit à l'assistance matérielle et au développement du travail, avec la confrérie religieuse qui répond aux besoins spirituels des ouvriers et à leur perfectionnement morale, se trouve réalisée dans *les corporation libres d'arts et métiers* rétablies à Rome par un *Motu proprio* de Sa Sainteté Pie IX, en date du 14 mai 1852. Ce ne sont pas les anciennes corporations, avec leur organisation privilégiée, que le saint-père a entendu rétablir; il s'en est expliqué dans les considérants qui précèdent le *Motu proprio*; il n'entend rétablir les corporations qu'en les conciliant avec les principes de la liberté du travail, qui ont définitivement pris place dans les mœurs modernes.[357]

Zweitens ist festzuhalten, so ist es auch dem bereits vorliegenden Aufsatz Caspers zum Motu proprio zu entnehmen, dass moderne wirtschaftliche Prinzipien gerade im Punkt der Gewerbeordnung auch seitens der Kurie auf Basis der Sozialordnung insgesamt debattiert und reflektiert wurden. Die Frage nach der Abschaffung der Gewerbefreiheit wurde von ihr beileibe nicht nur wie eine schnöde Verwaltungsfrage behandelte. Hierzu hat Casper ergänzend auch auf eine innerkuriale Entwicklung hingewiesen: Im Motu proprio des Papstes seien wirtschaftliche Ordnungsvorstellungen bereits systematischer reflektiert worden als in den vorbereitenden Schreiben der Kardinalskongregation. So verweise Pius IX. etwa auf die veränderten wirtschaftlichen Gegebenheiten

---

356 Vgl. Casper: „Sozialismus“ im Sprachgebrauch der römischen Kurie (1975), S. 197.

357 Périn: De la richesse, 2 (1861), S. 344. In der Übersetzung von Weizenhofer: „Dieses richtige Maß von Freiheit und Auctorität, diese enge und heilsame Verbindung der Arbeiterassociation, deren Zweck die materielle Unterstützung und Entwicklung der Arbeit ist, in Verbindung mit der religiösen Bruderschaft, die den geistlichen Bedürfnissen und der sittlichen Vervollkommnung der Arbeiter entspricht, findet sich in den freien Corporationen der Künste und Gewerbe verwirklicht, die in Rom durch ein Motu proprio Sr. Heiligkeit Pius IX. vom 14. Mai 1852 wieder hergestellt wurden. Der heilige Vater beabsichtigte nicht, die alten Corporationen mit ihrer privilegirten Organisation wieder herzustellen. Er sprach sich hierüber in den Beweggründen, die dem Motu proprio vorausgehen, klar aus; er will die Corporationen nur so wieder in's Leben rufen, daß er sie mit den Principien der freien Arbeit in Einklang bringt, die sich unwiderruflich eine Stelle im Leben der Neuzeit erobert haben“, Périn: Ueber den Reichthum, 2 (1868), S. 378f.

um 1800, die Pius VII. zur Aufhebung der Zünfte veranlasst hätten.[358] Ein grundlegendes Gespür für die Notwendigkeit einer Anpassung wirtschaftlicher Ordnungsvorstellungen an neue sozio-ökonomische Bedingungen ist damit in kurialen Kontexten zur Mitte des Jahrhunderts nachweisbar, was sich nicht zuletzt als fruchtbarer Boden für eine dementsprechende Rezeption der Gedanken Périns erwies.

3.4.2 *Les économistes et leurs doctrines (1860) – Päpstliche Aufklärung über moderne Wirtschaftstheorie*

Tatsächlich ist nachzuweisen, dass Papst Pius IX. in der Folgezeit seines Pontifikats mindestens einmal dezidierte Ausführungen Périns zum Stand der liberal-ökonomischen Theoriebildung gelesen hat, was von der Périn-Forschung bisher nicht bearbeitet wurde. Zur Vorbereitung des Rundumschlags gegen philosophische, kirchen- und staatspolitische sowie sittliche „Irrtümer" der Moderne im *Syllabus Errorum* von 1864[359] hatte man aus Rom international Anfragen versandt und auch die katholische Universität Leuven, namentlich Rektor De Ram, um Mithilfe gebeten. Ein dreiteiliger *Rapport van Leuven*, unterteilt nach theologischen, philosophischen und ökonomischen Erläuterungen, wurde im Januar 1860 nach Rom gesandt.[360] De Ram stellte dem Bericht einen Brief voran, in dem er den Papst um Verständnis für seine Entscheidung bat, die einzelnen Sachbereiche verschiedenen Professoren zur Bearbeitung übertragen zu haben. Der etwa zwanzigseitige Wirtschaftsteil wurde von Périn verfasst.

Insgesamt handelte es sich hierbei vorrangig um eine ordnende und kategorisierende Auseinandersetzung mit den großen Wirtschaftstheoretikern seit Adam Smith, abgeschlossen und synthetisiert über allgemeine Bemerkungen zu den von Périn diagnostizierten Versäumnissen hinsichtlich christlicher

358 Vgl. hierzu insgesamt Casper: „Sozialismus" im Sprachgebrauch der römischen Kurie (1975), S. 201. Casper wagt an dieser Stelle sogar die These, man könne im Motu proprio durch die Anspielung auf berufsständige Ordnungsvorstellungen gar einen Vorläufer zur Sozialenzyklika *Rerum Novarum* von 1891 sehen. Dass die historiographische Ziehung derartiger Kontinuitätslinien insgesamt problematisch ist, wird im weiteren Verlauf der Studie aufgezeigt.

359 Vgl. zur Kontextualisierung besonders Wolf, Hubert: Der „Syllabus Errorum" (1864). Oder: Sind katholische Kirche und Moderne unvereinbar?, in: Weitlauff (Hg.): Kirche im 19. Jahrhundert (1998), S. 115–139.

360 Kenis erwähnt den *Rapport* in seiner Geschichte der Leuvener Theologischen Fakultät im 19. Jahrhundert, vgl. Kenis: De theologische faculteit (1992), S. 301–308. Verwahrt wird der Text, der zur päpstlichen Lektüre mit weiteren Stellungnahmen zusammengefügt wurde, im Archivio Apostolico Vaticano (AAV), ehemals Archivio Segreto Vaticano (Arch. part. Pio IX, Oggetti vari 1723).

Wertvorstellungen innerhalb ihrer Theorien und Forderungen. Eng knüpfte er dabei insbesondere an seine Publikation *Les économistes, les sociaistes et le christianisme* von 1849 an, betrachtete allerdings bereits eine größere Anzahl von Ökonomen.

Gleich zu Beginn des Textes warb er für eine vertiefte kirchliche Beschäftigung mit den dominierenden wirtschaftstheoretischen Ansätzen dieser Tage – eine solche sei vor allem aus Gründen der Selbstverteidigung wichtig wie nie geworden:

> On peut dire qu'il n'est pas un point de la doctrine et de la discipline de l'Eglise qui n'ait été attaqué et défiguré dans les livres des économistes.[361]

Derartige Kirchenkritik, geäußert von einer überaus gefragten Wissenschaft, vermöge es in diesen Zeiten, die Massen von der katholischen Kirche weg zu bewegen. Périn fühlte sich daher, so betonte er seine pro-kirchliche, ja apologetische Motivation im wissenschaftlichen Diskurs, zu ausführlichen Erörterungen der Fehlerquellen der Ökonomen, „les points sur lesquels partent les erreurs les plus grave de cette école“[362], berufen. Er sprach von einer verfälschten ökonomischen Wissenschaft, „la fausse science economique“, und stellte damit gerade nicht die moderne Wirtschaftswissenschaft als solche, sondern lediglich ihren zumeist antikatholischen Anstrich an den Pranger.[363]

Périn unterschied bei den Ökonomen zwei Gruppierungen, deren Hauptvertreter er dem Papst im Folgenden vorzustellen gedachte. Zunächst nannte er, anknüpfend an seine Ausführungen in *Les économistes, les sociaistes et le christianisme*, die Materialisten, jene Erben der französischen „Laissez-Faire-Physiokraten“, mit denen die Wissenschaft der Politischen Ökonomie begonnen habe:

> Pour eux l'homme n'a qu'un destinée: la juissance; son droit naturel c'est le droit à la juissance; sa règle c'est l'intérêt propre [...]. Livré à lui-même l'homme doit, par la libre expansion de ses instincts, réaliser l'harmonie perfecte de la société. Laissez faire, laissez faire, telle est en toute chose la maxime de l'école.[364]

---

361 Les économistes et leurs doctrines, 1860. AAV, Arch. part. Pio IX, Oggetti vari 1723, S. 73–91, hier 73. Freie Übersetzung: „Man stellt fest, dass es keinen Aspekt der kirchlichen Lehre und Disziplin mehr gibt, der in den Schriften der Ökonomen nicht attackiert oder entstellt worden ist.“

362 Les économistes et leurs doctrines (1860), S. 73.

363 In diesem Zusammenhang sprach er von antikatholischen Vorurteilen, „les préjuges anticatholiques“, Les économistes et leurs doctrines (1860), S. 73.

364 Les économistes et leurs doctrines (1860), S. 73. Freie Übersetzung: „Für sie hat der Mensch nur ein Ziel: den Genuss; das Recht auf Genuss ist sein natürliches Recht; seine

Auf der anderen Seite standen für Périn die Spiritualisten, die entweder rationalistisch, „ou bien purement rationalistes“, oder aber von einer nur vagen Religiosität her argumentierten, „ou bien d'une religiosité vague qui incline plus ou moins vers les principes chrétiens“.[365] Ursprünglich eine rein geistliche und nicht mehr kirchliche Beziehung zu Gott bezeichnend hatte das Attribut ‚spiritualistisch' im 18. und 19. Jahrhundert im Zuge diverser Vereinnahmungen durch gesellschaftliche Gruppierungen längst seine Eindeutigkeit verloren.[366] Périn nutzte seine alte und allgemeine Konnotation, das Streben nach Transzendenz, um es im ökonomischen Sinne als Gegenpol zu einer materialistischen (und sensualistischen) Ökonomie zu verwenden, die auf das irdisch-materielle Dasein ausgerichtet war und somit Erfüllung allein über Materie und Sinne, nicht aber über Geist und Gedanken anstrebte. Mit der Gegenüberstellung von Materialismus und Spiritualismus nahm Périn einen vom Philosophie-Diskurs des 18. Jahrhunderts geformten Antagonismus auf[367], brach ihn allerdings simplifizierend herunter auf die weltanschaulichen Hintergründe zeitgenössischer Wirtschaftstheoretiker.

Adam Smith, den Périn schon 1849 einen „[p]hilosophe spiritualiste“ genannt hatte[368] und dessen Namen er in seinem Text nach einführenden Erläuterungen zur physiokratischen Schule nun als ersten aufführte, kategorisierte er innerhalb dieses Antagonismus wie folgt:

> Adam Smith, qui a donné à l'économie politique la forme qu'elle a gardée jusque'à présent, ne peut pas être absolument rangé parmi les matéralistes. Sa doctrine des sentiments moraux tient une sorte de milieu entre le spiritualisme et le sensualisme. Mais Adam Smith, en constituant à part de la morale la doctrine du progrès matériel, en établissant les lois de l'ordre matériel indépendamment de l'ordre moral, a donné naissance à une théorie matérialiste de l'économie politique. En marchant sur ses traces ses disciples, au lieu de prendre la richesse comme un moyen relativement au but véritable de la vie qui est dans l'ordre moral, ont pris la richesse comme but suprême. La science s'est trouvée de la sorte jetée dans une voie fausse dont elle a aujourd'hui grande peine à sortir.[369]

Regel ist das Eigeninteresse [...]. Auf sich allein gestellt muss der Mensch durch die freie Entfaltung seiner Instinkte die vollendete Harmonie der Gesellschaft verwirklichen. Laissez faire, laissez faire, das ist in allen Dingen die Maxime der Schule.“

365 Les économistes et leurs doctrines (1860), S. 80.

366 Vgl. Salvadori, Stefania: Art. Spiritualisten (Enzyklopädie der Neuzeit Online, 2005–2012), DOI: http://dx.doi.org/10.1163/2352-0248_edn_COM_352800 (abgerufen am 13.12.2020).

367 So zu finden etwa bei Diderot und Kant.

368 Vgl. Périn: Les économistes (1849), S. 14.

369 Les économistes et leurs doctrines (1860), S. 74. Freie Übersetzung: „Adam Smith, der der Politischen Ökonomie ihre jetzige Gestalt gegeben hat, kann nicht absolut den Materialisten zugeordnet werden. Seine Lehre von den moralischen Gefühlen [gemeint ist Smiths *Theory of moral sentiments* von 1759, A. P.] steht etwa in der Mitte zwischen

Wie schon 1849 insistierte Périn bei Smith auf der methodischen Trennung moralischer und ökonomischer Fragen. Nutzen konnte er diese Feststellung hier, um den moralphilosophisch sozialisierten Smith zugleich als religiös interessierten Spiritualisten wie als religionsvergessenen Materialisten zu bezeichnen. Die Geschichte der modernen Wirtschaftstheorie ließ sich somit auch als Geschichte einer von Anfang an zu „vagen" Religiosität erzählen.

Für den päpstlichen Schnellkurs gab Périn nun einen Überblick der großen Namen der klassischen Nationalökonomie, die den verhängnisvollen materialistischen Pfad Smiths weitergegangen seien.[370] Anknüpfend an seine früheren Schriften sah er die Bevölkerungstheorie *Robert Malthus'* als wesentlichen Startpunkt einer offenen Formulierung des „principe sensualiste" in der ökonomischen Wissenschaft, fortgeführt und radikalisiert besonders von seinem Landsmann *John Stuart Mill*. Périn warnte den Papst insbesondere vor Mills 1848 publizierten *Principles of Political Economy*. Das Werk Mills, für das Périn wie in den Analysen gesehen immer auch lobende Worte gefunden hatte, berge in sich, so warnte er nun den Papst, in seiner analytischen Klarheit eine verführerische Kraft:

> Ce livre a fait en Angleterre une profonde sensation. Il exprime dans toute leur netteté, et avec une très grande supériorité de logique, de style et d'érudition, les doctrines de l'école sensualiste. C'est un des livres les plus dangereux qu'on ait publié de notre temps. Le matérialisme y revêt un certain caractère d'élévation et de générosité de vue qui augmente la seduction.[371]

Spiritualismus und Sensualismus. Aber indem Adam Smith die Lehre des materiellen Fortschritts außerhalb von der Moral aufgestellt und die Gesetze der materiellen Ordnung unabhängig von denen der moralischen Ordnung etabliert hat, hat er einer materialistischen Theorie der Politischen Ökonomie zur Geburt verholfen. Auf dieser Fährte sind nun seine Schüler weitergegangen und haben den materiellen Reichtum zum übergeordneten Ziel des Lebens gemacht, anstatt ihn hinsichtlich des wahren Ziels, das in der moralischen Ordnung liegt, immer nur als relatives Mittel anzusehen. Auf diese Art und Weise ist die ökonomische Wissenschaft vom rechten Weg abgekommen, dessen Wiederfinden ihr heute große Schwierigkeiten bereitet."

370 Vgl. für die nachfolgende Darstellung Les économistes et leurs doctrines (1860), S. 74–80. Da Périn besonders hier wesentliche Gedanken seiner Publikation *Les économistes, les socialistes et le christianisme* von 1849 übernahm, die an dieser Stelle nicht ausführlich wiederholt werden, sei ergänzend auf die Analyse von Périns Position zu *Frühsozialistischen Gesellschaftsentwürfen* verwiesen.

371 Les économistes et leurs doctrines (1860), S. 77. Freie Übersetzung: „Dieses Buch hat in England wahrhaft eine Sensation verursacht. Es drückt die Lehren der sensualistischen Schule mit einer großen Deutlichkeit und Überlegenheit in Logik, Stil und Belesenheit aus. Es ist eines der gefährlichsten Bücher, die man in unseren Tagen publiziert hat. Der Materialismus ist hier in ein erhabenes und generöses Gewand gekleidet, das seine Verführungskraft stärkt."

Als französische Vertreter einer sensualistischen und materialistischen Ökonomie nannte Périn *Jean-Baptiste Say* sowie *Frédéric Bastiat*. Mehrfach konnte in den oben betrachteten Texten Périns bereits aufgezeigt werden, dass sich der katholische Ökonom insbesondere an Says Ansatz rieb, für ein wirtschaftliches Wachstum die materiellen Bedürfnisse konstant zu vermehren. Demensprechend fasste er auch hier das „Saysche Gesetz" kritisch zusammen:

> Toute sa doctrine se résume en deux mots: développer indéfiniment la production et par le développement de la production faire naître de nouveau besoins, qui à leur tour provoqueront à un accroissement de richesse indéfini.[372]

Über Bastiat, mit dem er sich in seinen Publikationen bereits ausführlicher auseinandergesetzt hatte, fällte Périn hier ein versöhnlicheres Urteil als noch zehn Jahre zuvor. Er sprach ihm gar eine edle Geisteshaltung zu, „un esprit droit et élevé, un cœur noble"[373], allerdings auch eine analytisch schwer zu erfassende Verbindung erhabener ethischer Gefühle mit dem von ihm zu jeder Zeit im physiokratisch-materialistischen Sinne verteidigten Grundprinzip des Eigeninteresses.[374]

Aus dem Kreis der belgischen liberalen Schule klassifizierte Périn *Gustave de Molinari* und seine „condamnables doctrines" als materialistische Ökonomie.[375] Auf das 1841 gegründete und von Molinari mitherausgegebene *Journal des économistes* wies er als zentrales Publikationsorgan der materialistischen Schule hin. Hierin fänden sich zwar auch Beiträge „des écrivains justes et respecteux envers l'Église"[376], bezeichnenderweise aber hauptsächlich kirchenkritische Stellungnahmen. Als lexikalisches Äquivalent des *Journals* nannte Périn dem Papst das *Dictionnaire d'économie politique*, das, wie er sehr wohl wusste, zu dieser Zeit bereits auf den kirchlichen Index gesetzt worden war. Das 1852 (erster Band) erschienene *Dictionnaire* wurde

372 Les économistes et leurs doctrines (1860), S. 75. Freie Übersetzung: „Seine ganze Lehre lässt sich in zwei Worten zusammenfassen: Unbegrenzte Entwicklung der Produktion und dadurch die Erzeugung neuer Bedürfnisse, die wiederum ein unbegrenztes Wachstum des Reichtums erzeugen."

373 Les économistes et leurs doctrines (1860), S. 77.

374 Das Verständnis der Theorien des früh verstorbenen Bastiats stellte zeitgenössisch für viele Ökonomen eine Herausforderung dar.

375 Les économistes et leurs doctrines (1860), S. 79. Périn nannte als Anhänger materialistischer Denkweisen im Gesamttext außerdem Destutt Tracy, Comte, Dunoyer, Mac-Culloch, Senior, Thornton, Carey, (Peshine) Smith, Garnier, Rapet, Ambroise, Bonnemère und Pelletan. Ricardo und Courcelle Seneuil erwähnte er kurz als Vertreter einer reinen Finanzökonomie, „du côté purement positif et financier de la science économique".

376 Les économistes et leurs doctrines (1860), S. 80. Freie Übersetzung: „von rechtschaffenen Autoren, die der Kirche den gebührenden Respekt zollen".

von mehreren der von Périn hier thematisierten Ökonomen, unter anderem Bastiat und Molinari, herausgegeben. Es verstand sich als „Bibliographie générale de l'économie politique", erklärte ökonomische Grundbegriffe und bot Einträge zu bekannten zeitgenössischen Ökonomen. Zu Périn selbst findet sich erst im zweiten Band von 1864 ein kurzer Eintrag, in dem seine Professur an der Universität Leuven erwähnt wurde. Der Eintrag schloss mit dem Hinweis auf einen Artikel über Périn, den Molinari selbst veröffentlicht hatte. Auf diesen Artikel wird im Laufe der Studie noch zurückzukommen sein.

Périn gab dem Papst hiernach einen Überblick zu den von ihm als spiritualistisch klassifizierten Ökonomen.[377] Neben Smith nannte er hier den Schweizer *Jean-Charles-Léonard Simonde de Sismondi*, der in seinen wirtschaftswissenschaftlichen Schriften gleichzeitig eine große Liebe zur Menschheit, „un très grand amour pour l'humanité"[378], und Hass auf die Kirche zeige. Außerdem ging er auf *François Xavier Joseph Droz* ein, der heute zusammen mit De Coux und Villeneuve-Bargemont zur „first generation" eines „Catholic economic thought" gezählt wird.[379] Périn unterschied bei Droz, der erst zum Katholizismus konvertierte, dementsprechend eine rationalistische von einer christlichen Phase, „l'époque rationaliste et l'époque positivement chrétienne" – auch Letztere weise allerdings noch Spuren alter antichristlicher Einstellungen auf, „des traces des anciens préjugés [...] et un certain vague dans les principes qui prête à des fausses inductions".[380]

Ausführlich stellte er dem Papst darüber hinaus den französischen Ökonomen *Michel Chevalier* vor, auf den er auch in seinen Schriften häufiger zu sprechen gekommen war. Zwar habe er sich, so nahm Périn den Ton seiner früheren Analysen auf, stets respektvoll gegenüber der Kirche und ihrem sozialen Anspruch verhalten, sich hinsichtlich des Christentums allerdings in halbherzigen Überzeugungen, „demi-convictions", verloren. Insgesamt stehe er für ein Konventionschristentum, „un christianisme de convention", dem es an Hingabe fehle.[381]

377 Vgl. für die nachfolgende Darstellung Les économistes et leurs doctrines (1860), S. 81–85.

378 Les économistes et leurs doctrines (1860), S. 81. Sismondi hatte sich mit seiner Fokussierung des Menschen anstelle von abstrakten Produktivkräften bereits gegen Tendenzen der klassischen Nationalökonomie gewandt.

379 Vgl. Almodovar/Teixeira: The Ascent and Decline (2008), S. 65ff. und auch die Erläuterungen im Kapitel zur Vorgeschichte Périns.

380 Vgl. Les économistes et leurs doctrines (1860), S. 81. Freie Übersetzung des letzten Zitats: „Spuren der alten Vorurteile [...] und eine gewisse Ungenauigkeit in seinen Prinzipien, die ihn zu falschen Schlussfolgerungen verleitet".

381 Vgl. Les économistes et leurs doctrines (1860), S. 82.

Als spiritualistischen Ökonomen listete Périn außerdem den einzigen deutschen Namen innerhalb der Darstellung: *Wilhelm Roscher*, dessen Wirtschaftswissenschaft sich der Macht des christlichen Glaubens keinesfalls verschließe, wenngleich dem (protestantischen) Ökonomen selbst wohl ein wenig ebendieses Glaubens fehle, so Périn.[382] Roscher hatte mit seiner Historischen Methode ebenfalls eine ethische Perspektive in die Wirtschaftswissenschaft zu bringen versucht, was schon in den Analysen als Moment partieller Identifikation zwischen ihm und Périn herausgestellt werden konnte. Ins Französische übersetzt worden war Roscher vom französischen Ökonomen polnischer Abstammung *Louis Wolowski* (1810–1876), auf den Périn an dieser Stelle ebenfalls einging: Gerade in der Einleitung, die Wolowski seiner Roscher-Übersetzung voranstellte, nähere er sich deutlich der christlichen Denkweise des Opferprinzips an, so fand Périn lobende Worte für den Freihandelsverteidiger.[383]

Périn hatte damit für den Papst einen ausführlichen Katalog der wichtigsten Ökonomen des zeitgenössischen wirtschaftstheoretischen Diskurses erstellt. Über die Zuordnungen ergab sich zugleich eine Schablone, über die der Papst den Wust an ökonomischen Schriften, die in diesen Tagen kursierten, hinsichtlich ihrer kirchenkritischen Implikationen sortieren konnte. Eine solche Sortierung ließ die Kirche nicht länger als hilflos gegenüber dem modernen Wirtschaftsdiskurs erscheinen, dessen sie sich über Périns Anordnungslogik nun in ihrem eigenen Interesse differenziert bemächtigen konnte.

Auch versetzte Périn den Papst zumindest theoretisch in die Lage, über diejenigen Pauschalverurteilungen weit hinauszugehen, die die bisherigen Ansätze der kurialen Auseinandersetzung mit einzelnen Ökonomen dominiert hatte: Neben John Stuart Mills *Principles of Political Economy* war zu diesem Zeitpunkt bereits das *Dictionnaire d'économie politique* auf den kirchlichen Index der verbotenen Bücher gesetzt worden. Während für die Indizierung des Utilitaristen Mill eher philosophische als wirtschaftstheoretische Gründe eine Rolle gespielt haben dürften, lässt sich die Indizierung des *Dictionnaire* als pauschaler Abwehrversuch jedweder innerkirchlichen Auseinandersetzung mit der liberalen Ökonomie und den sie prägenden Personen in Form einer kategorischen Vorverurteilung verstehen.[384] Umso interessanter musste vor diesem Hintergrund der Text Périns erscheinen, der auf seine Weise

382 Vgl. Les économistes et leurs doctrines (1860), S. 84.

383 Périn nannte als Anhänger spiritualistischer Denkweisen im Gesamttext außerdem Rossi, Blanqui, Lafarelle, Modeste und Baudrillart.

384 Hier ist auch die generelle Beobachtung Wolfs zu bedenken, dass die gesellschaftswissenschaftlichen „Chefideologen“ selbst zumeist „nicht in den Blick der Glaubenswächter“ gerieten. Eher Popularisierungen und belletristische Verarbeitungen wurden indiziert,

aufzeigte, dass eine differenzierende kirchliche Position zu jedem einzelnen der großen Ökonomen der letzten 100 Jahre keineswegs den Verlust kirchlicher Handlungsmacht bedeuten musste.

Im Gegenteil suchte Périn aufzuzeigen, dass eine christlich-moralische Überformung ökonomischer Wissenschaft durch das Prinzip der Entsagung alles das hätte verhindern können, was nun an sozio-ökonomischer Disparität entstanden war:

> Une des plus fatales conséquences du mépris que font les économistes de l'esprit de renoncement c'est la séparation qui s'opère de plus en plus entre les pauvres et les riches, dans les société livrées au sensualisme économique.[385]

Mill habe, so Périn, bereits die entscheidende Frage in den Raum gestellt, die verdeutliche, dass die ökonomische Wissenschaft in eine Sackgasse geraten war:

> Quand l'unique but de l'homme est de conquérir la jouissance par le travail, comment ne reconnaîtrait-on pas à tous les hommes qui travaillent le droit de jouir également des biens du monde? Le plus célèbre des économistes contemporaines de l'Angleterre, M. Mill, s'est chargé de formuler cette conclusion à laquelle les économistes conservateurs, mais sensualistes n'ont pas pu opposer un seul argument sérieux.[386]

Ein „argument sérieux" habe hierzu lediglich eine katholische Wirtschaftswissenschaft, wie sie heute von ihm vertreten werde und früher schon von De Coux und Villeneuve-Bargemont vertreten worden sei. Die Schriften beider empfahl Périn dem Papst schlussendlich zur vertiefenden Lektüre.[387] Damit hob er hervor, dass es innerhalb der Masse zeitgenössischer ökonomischer Ansätze nicht nur punktuelle katholische Orientierungsmarker gab, sondern

---

vgl. Wolf, Hubert: Verdammtes Licht. Der Katholizismus und die Aufklärung, München 2019, S. 60.

385 Les économistes et leurs doctrines (1860), S. 89. Freie Übersetzung: „Eine der fatalsten Folgen der Verachtung der Ökonomen für den Geist der Entsagung ist die zunehmende Trennung zwischen Arm und Reich in Gesellschaften, die dem ökonomischen Sensualismus verfallen sind."

386 Les économistes et leurs doctrines (1860), S. 90. Freie Übersetzung: „Wenn das einzige Ziel des Menschen darin besteht, durch Arbeit Genuss zu erlangen, wie können wir dann nicht das Recht aller Menschen, die arbeiten, anerkennen, die Güter der Welt gleichermaßen zu genießen? Der berühmteste englische Ökonom der Gegenwart, M. Mill, hat es auf sich genommen, diese Schlussfolgerung zu formulieren, gegen die die konservativen, aber sensualistischen Ökonomen kein einziges ernsthaftes Argument vorbringen konnten."

387 Vgl. Les économistes et leurs doctrines (1860), S. 90f.

sich dort bereits eine alternative katholische Denkschule etabliert hatte, die auch an päpstlicher Anerkennung interessiert war.

Zumindest implizit verdeutlichte Périn dem Papst im *Rapport van Leuven* auch, dass es dieser Schule nicht darum gehen konnte, liberal-ökonomische Prinzipien in ihrer praktischen Dimension zu hinterfragen. Statt sich den Ökonomen über ihre konkreten wirtschaftspolitischen Vorstellungen zu nähern, setzte er stets bei weit übergeordneten philosophischen Einschätzungen ihrer Denkweisen an. Erst über diese, die er hier in erster Linie materialistisch und spiritualistisch, immer wieder aber auch sensualistisch und rationalistisch nannte, diskreditierte er ihre liberalen Theorien und Denkweisen: Die Wirtschaft, die sie aus Périns Sicht vertraten, hielt die Philosophie höher als die Religion und musste somit in falschen Liberalitätskonzepten münden.[388]

Dass man hinsichtlich liberaler Forderungen, die daraus oberflächlich folgten, durchaus übereinstimmen konnte, zeigte Périn dem Papst mit Blick auf die Frage nach einer „charité légale“:

> Il faut reconnaître néanmoins que les économistes ont sans le vouloir rendu service à la liberté de la charité chrétienne, en faisant ressortir vivement les dangers de la charité légale.[389]

Schlussendlich machte er damit deutlich, dass ein liberales Wirtschaftssystem Grundforderungen christlicher Liebestätigkeit und Selbstverwirklichung in hohem Maße entgegenkam, eine katholische Wirtschaftsschule somit trotz aller weltanschaulicher Differenzen eine besondere Affinität für den liberalen Wirtschaftsdiskurs mitbrachte.

Insgesamt entfaltete sich vor Pius IX. damit ein durchaus komplexes Panorama, dessen Beurteilung sich kaum über den Duktus eines Irrtumsverzeichnisses abhandeln ließ. Dies vermag ansatzweise zu erklären, warum der Bereich der Ökonomie sowohl innerhalb des 1864 veröffentlichten *Syllabus Errorum* als auch innerhalb des zwischenzeitlichen Vorentwurfs, in den der Leuvener *Rapport* einfloss, kaum eine Rolle spielte.[390] Nichtsdestotrotz ist davon auszugehen, dass Pius IX. den Textteil Périns, wie den gesamten *Rapport*,

---

388 In diesem Zusammenhang sprach er von „le philosophisme en pratique“, Les économistes et leurs doctrines (1860), S. 89.

389 Les économistes et leurs doctrines (1860), S. 89. Freie Übersetzung: „Es muss jedoch anerkannt werden, dass die Ökonomen der Freiheit der christlichen Nächstenliebe unbewusst einen Dienst erwiesen haben, indem sie auf die Gefahren der gesetzlichen Nächstenliebe hingewiesen haben.“

390 Vgl. zu diesem im Sommer 1860 zusammengestellten Entwurf, der allerdings hiernach ebenfalls nicht stringent weiterverfolgt wurde, Kenis: De theologische faculteit (1992), S. 309f. In wirtschaftlicher Hinsicht wurde im *Syllabus* lediglich auf die Verurteilungen

aufmerksam gelesen hat. Hierfür sprechen zum einen die handschriftlich am Rande des Dokuments angebrachten Zahlen, zum anderen die lehramtliche Verarbeitung bestimmter argumentativer Leitlinien des Textes in der Enzyklika *Maximae Quidem* von 1864, die der Situation der Kirche in Bayern gewidmet war .[391] Hier findet sich unter anderem die knappe Bemerkung, die Kirche sei die Grundlage von Fortschritt und wirtschaftlichem Reichtum.[392] Dies kann als Beleg dafür gesehen werden, dass Pius die Darstellung Périns nicht nur zur Kenntnis genommen, sondern darüber hinaus äußerst wohlwollend rezipiert hat. Auch eine päpstliche Rezeption von *De la richesse* wird ob der Wortwahl in dieser Enzyklika sehr wahrscheinlich.

3.4.3 *Das sozio-ökonomische Dekret für das Erste Vatikanische Konzil (1869/70)*

Als Ausblick über den Betrachtungszeitraum der Studie hinaus soll nun noch ein kurzer Blick auf das Erste Vatikanische Konzil 1869/70 und dessen Positionierung in sozio-ökonomischen Belangen geworfen werden. Ebenso wie der *Syllabus Errorum* gilt das Konzil als ein Höhepunkt der ultramontanen Abschottung gegen die säkular-liberalen Diskurse des 19. Jahrhunderts, die in besonderem Maße verstärkt wurde durch die Dogmatisierung der päpstlichen Unfehlbarkeit in Glaubens- und Sittenfragen.[393] Wegen der Besetzung des Kirchenstaats durch das Königreich Italien abrupt abgebrochen und im Oktober 1870 auf unbestimmte Zeit vertagt ist das Konzil in vielerlei Hinsicht „Torso" und „Stückwerk" geblieben.[394] Unter den nicht mehr in der

---

von Sozialismus und Kommunismus durch frühere Enzykliken verwiesen, vgl. Syllabus (08.12.1864), in: Denzinger/Hünermann (Hgg.): Kompendium (2017), S. 743–753.

391 Kenis führt diese Argumente für den gesamten *Rapport* aus, vgl. Kenis: De theologische faculteit (1992), S. 300, 311.

392 Vgl. Enzyklika *Maximae Quidem* (18.08.1864), URL: https://www.papalencyclicals.net/Piuso9/p9maxima.htm (abgerufen am 14.02.2022). Den Hinweis auf diese Textstelle verdanke ich den Beiträgen Leo Kenis' auf der digitalen Konferenz der KU Leuven *150 Years Vatican I – A Suspended Tradition?* im Mai 2020.

393 Schatz hat das Konzil pointiert beschrieben als „erste[n] Versuch der katholischen Kirche, ihren Standort in einer Welt und Gesellschaft zu bestimmen, die seit Aufklärung und Französischer Revolution in einem Säkularisierungsprozeß begriffen ist", vgl. Schatz, Klaus: Das Erste Vatikanum, in: Weitlauff (Hg.): Kirche im 19. Jahrhundert (1998), S. 140–162, hier 160. Als Gesamtdarstellung des Konzils vgl. Schatz, Klaus: Vaticanum I, Bde. 1–3 (Konziliengeschichte, Reihe A: Darstellungen), Paderborn u. a. 1992–1994 sowie noch immer auch Aubert, Roger: Vaticanum I (Geschichte der ökumenischen Konzilien, 12), Mainz 1965 und als neueren knappen Überblick, der die älteren Darstellungen allerdings nicht abzulösen gedenkt, Schmidt, Bernward: Kleine Geschichte des Ersten Vatikanischen Konzils, Freiburg i. Br. 2019.

394 Zitate aus Schmidt: Kleine Geschichte (2019), S. 164, 344.

Konzilsaula diskutierten Schemata, die im Vorfeld von verschiedenen Vorbereitungskommissionen erstellt worden waren, findet sich auch ein Dekret zur sozio-ökonomischen Lage. Lassen sich darin, so ist nun zu fragen, Spuren zu den Grundgedanken Périns, der selbst nicht an der Konzilsdurchführung beteiligt war, feststellen? Die Beantwortung dieser Frage führt mitten hinein in einen Vergleich der Grundgedanken Périns mit jenen des deutschen „Arbeiterbischofs" Ketteler, der zusammen mit seinen Anhängern die vorkonziliaren Diskussionen, auch hinsichtlich wirtschaftlicher Themenschwerpunkte, maßgeblich gestaltete.[395]

Die Vorarbeiten Moufangs in der Kirchenpolitischen Kommission

Sozio-ökonomische Fragen wurden während der Konzilsvorbereitung in der Kirchenpolitischen Kommission debattiert, die sich mit den großen Fragen rund um das Verhältnis von Staat und Kirche befasste.[396] Leider ist die Quellenlage gerade für diese zahlenmäßig starke und inhaltlich ambitionierte Kommission, die insgesamt 18 Schemata zur Konzilsdiskussion anfertigte, im Vergleich zu den anderen Kommissionen äußert dünn: Die Diskussionen innerhalb der Kommission können wegen verlorener Protokolle nicht mehr nachgezeichnet werden, es bleiben lediglich einige Voten und die ausgearbeiteten Schemata zur Analyse. Aubert hat auf die zeitgenössische Brisanz der hier ausgearbeiteten Entwürfe hingewiesen, die daher lange unter Verschluss geblieben seien:

> Sie behandelten Themen von echtem Interesse und von höherer Aktualität als die von der Kommission für Kirchendisziplin erarbeiteten Entwürfe. Zwar waren sie aus der Perspektive des *Syllabus* konzipiert, zeigten aber, wenn es die Umstände verlangten, in der Praxis die Bereitschaft, aufzugeben, was nicht mehr zu retten war.[397]

Diese Einschätzung trifft, so auch Aubert, gerade auf die Bearbeitung sozioökonomischer Fragestellungen zu. Federführend agierte in diesem Bereich für die hauptsächlich aus überzeugten Vertretern ultramontaner Anschauungen bestehende Kommission zunächst der Mainzer Regens Christoph Moufang (1817–1890).[398] Er galt als enger Vertrauter, ja gar „Inspirator" Kettelers in

---

395 Vgl. zu Ketteler die in der Einleitung gegebenen Erläuterungen.

396 Die nachfolgenden Informationen zur Kommission stammen aus Aubert: Vaticanum I (1965), S. 76ff.

397 Aubert: Vaticanum I (1965), S. 77.

398 Vgl. zur Zusammensetzung der Kommission Aubert, Roger: La composition des commissions préparatoires du Premier Concile du Vatican, in: Iserloh, Erwin; Repgen, Konrad (Hgg.): Reformata Reformanda. Festgabe für Hubert Jedin zum 17. Juni 1965

kirchenpolitischen Fragen und somit als Vertreter derjenigen Sozialkatholiken der 1860er Jahre, die bereits in Richtung einer staatlichen Sozialgesetzgebung argumentierten, statt allein auf die Wirkmacht freier christlicher Nächstenliebe zu setzen.[399]

Moufang verfasste als Diskussionsgrundlage der Kommission zunächst zwei Dekrete: eines über die Arbeiterfrage, eines über die Rolle kirchlicher Sozialarbeit hinsichtlich der allgemeinen Armutsbekämpfung.[400] In Ersterem betonte er, dass die soziale Not dieser Tage auf verschiedenen Ebenen angegangen werden müsse. Den Arbeitern empfahl er christliche Mäßigung in materiellen Wünschen, was allerdings einen gewaltfreien Kampf um bessere Arbeitsbedingungen nicht ausschließe. Von den Arbeitgebern forderte er gerechte Löhne und Vorsorgeleistungen für ihre Arbeiter. Insbesondere aber den Gesetzgebern schrieb er eine wichtige Rolle bei der Lösung der Sozialen Frage zu: Sie sollten etwa berufsständische Zusammenschlüsse ermöglichen, Frauen- und Kinderarbeit verbieten, gewerkschaftliche Verbindungen anerkennen und damit insgesamt den Boden bereiten für ein soziales Wirtschaftssystem. Auch die Bischöfe nahm er zur aktiven Unterstützung derartiger Entwicklungen in die Pflicht, schließlich gelte es in alledem stets, bei der Arbeiterschaft den christlichen Glauben wieder zu stärken.

Im Dekret über die kirchliche Sozialarbeit stellte Moufang heraus, dass die Kirche nicht in ihrer karitativen Bewegungsfreiheit eingeschränkt werden dürfe, und hob den Wert des christlichen Dienstes am Nächsten hervor. Die Freiheit der Kirche in sozialen Belangen gelte es seitens der Gesetzgeber zur Bekämpfung der Armut in jedem Fall zu wahren.

Bezeichnenderweise, so hat es Gatz betont, ist der sozialstrukturell argumentierende erste Text, der dem „Erkenntnisstand des deutschen Katholizismus um 1869 bzw. seines sozialpolitischen Exponenten Kettelers" entsprach, nicht nur ausführlicher als der zweite Text, der sich ganz in traditionellen Kategorien kirchlicher Sozialkompetenz bewegte. Er wurde der Kommission zudem zuerst

---

(Reformationsgeschichtliche Studien und Texte, Supplementband 1: Zweiter Teil), Münster 1965, S. 447–482, hier 478–482.

399 Zur Beziehung Kettelers zu Moufang, den der Bischof selbst für das Konzil vorschlug, vgl. Lenhart, Ludwig: Regens Moufang und das Vaticanum, in: Jahrbuch für das Bistum Mainz, 5 (1950), S. 400–441, hier 416. Moufang setzte sich nach dem Konzil zusammen mit Bischof Ketteler verstärkt für sozialpolitische Ansätze ein und vertrat diese Position auf den deutschen Katholikentagen der 1870er Jahre, vgl. Filthaut: Deutsche Katholikentage (1960), S. 70–81.

400 Als Grundlage der folgenden Zusammenfassung dient Gatz, Erwin: Das erste Vatikanische Konzil und die soziale Frage, in: Annuarium Historiae Conciliorum, 1/2 (1971), S. 156–173, hier besonders 165ff. Die Originaltexte Moufangs in lateinischer Sprache sind dem Aufsatz beigefügt.

vorgelegt und damit als prioritär herausgestellt.[401] Der Diskussionsverlauf über die Entwürfe Moufangs, der selbst vermutlich zur Zeit der endgültigen Dekretverabschiedung durch die Kommission bereits abgereist war, kann wegen verloren gegangener Protokolle nicht rekonstruiert werden. Fest steht allerdings, dass seine Ausführungen im finalen Dekret, *Decretum de pauperum operariorumque sublevanda miseria*[402], das dem Konzil schlussendlich vorgelegt werden sollte, ergänzt und neu vermengt worden waren. Dadurch dass es, wie schon der Titel anzeigte, das Schicksal der Arbeiter mit dem der Armen unmittelbar zusammenfasste und ungetrennt thematisierte, interpretierte es „die Soziale Frage wieder als ethisches Problem, das nur durch eine vertiefte christliche Gesinnung zu lösen sei" – eindeutig „mehr als eine formale Änderung" zu den Entwürfen Moufangs und der darin vertretenen Position Kettelers.[403]

Das „Decretum de pauperum operariorumque sublevanda miseria" im Spiegel der Positionen Kettelers und Périns

Schon im Vorwort des Dekrets wurden die sozialen Missstände der Gegenwart in eindeutigen Kausalzusammenhang mit religiös-kulturellen Defiziten der Gesellschaft gestellt: Ein dramatischer Verfall christlicher Werte und Sitten wurde beklagt, bedingt durch ein ungebändigtes habgieriges Streben nach materiellen Gütern, das zudem Neid und Missgunst unter den Menschen säe. Hinter dem stünden „gottlose Doktrinen" („impiis[...] doctrinis"), die das Elend durch ihre Verführungskraft mittlerweile strukturell und regelgemäß hervorbrächten. Es drohe der Untergang der Gesellschaft, wenn nicht die „unauslöschliche Flamme der Nächstenliebe" („inestinguibli charitatis igne inflammati"), von Christus in die Welt gebracht und nun im Besitz der Kirche, zur Anwendung gebracht werde.[404]

Bereits dieses Vorwort lässt sich ohne weiteres als Fortschreibung der Texte Périns deuten, die innerhalb der Kommission mit hoher Wahrscheinlichkeit bekannt waren.[405] Immer wieder hatte der katholische Ökonom

401 Vgl. Gatz: Das erste Vatikanische Konzil (1971), S. 165f., Zitat: 166.

402 Freie Übersetzung: „Dekret darüber, wie die Armen und Arbeiter vom Elend entlastet werden können". Decretum de pauperum operariorumque sublevanda miseria, in: Sacrorum Conciliorum Nova et Amplissima Collectio, cujus Johannes Dominicus Mansi et post ipsius mortem Florentius et Venetianus editores ab anno 1758 ad annum 1798 priores triginta unum tomos ediderunt, nunc autem continuatat et absoluta. Tomus 53: Sacrosancti oecumenici concilii Vaticani, Pars 2, Arnhem/Leipzig 1927, Sp. 867–872.

403 Vgl. Gatz: Das erste Vatikanische Konzil (1971), S. 167.

404 Vgl. insgesamt Decretum de pauperum (1869), Sp. 867.

405 In Périns Nachlass finden sich Briefe, die belegen, dass der Ökonom zu Mitgliedern der Kirchenpolitischen Kommission zumindest in späteren Jahren auch persönlich in

vor den hier angesprochenen „gottlosen“ materialistischen Doktrinen im wirtschaftswissenschaftlichen Diskurs gewarnt. Ein solcher Duktus ließ sich zur Mitte der 1860er Jahre allerdings auch bei Ketteler finden: In seiner ersten größeren wirtschaftlichen Schrift von 1864, *Die Arbeiterfrage und das Christenthum*, hatte er von der zeitgenössischen Wirtschaftswissenschaft als „neue[r] materialistische[r] Wissenschaft“ gesprochen.[406] Wenngleich sich der Inhalt des Vorworts somit noch als ‚gemeinsamer Wissensstand‘ des internationalen Katholizismus in Bezug auf wirtschaftliche Fragen in den 1860er Jahren verstehen lässt, so zeigt seine besondere Hervorhebung am Anfang des Dekrets doch an, dass es im Folgenden weniger um konkrete sozialpolitische Forderungen als um ideell-philosophische Diagnosen gehen würde. Eine solche Lesart konnte kaum im Sinne Moufangs und auch nicht im Sinne Kettelers sein, die auf Basis des Befundes materialistischer Wirtschaftstendenzen längst auf eine ordnungspolitische Ebene übergegangen waren und auf dieser die Stellung des Arbeiters zu stärken suchten.

Anstatt diese Ebene nun anzusprechen, folgte im Dekret eine Passage „über den rechten Gebrauch der zeitlichen Güter“ („De recto bonorum temporalium usu“). Auch hier klang die Kritik Périns an einer übermäßigen Fokussierung irdischer Güter gegenüber höher stehenden geistigen Werten an, die es durch den maßvollen Gebrauch der Güter unter dem leitenden Prinzip der Entsagung zu verwirklichen gelte.[407] Dass Ketteler diesem Gedankengang Périns insgesamt keineswegs fern stand, zeigt eine Stelle in *Die Arbeiterfrage und das Christenthum*, an der er den Belgier positiv rezipierte:

> In Verbindung hiermit will ich noch den allgemeinen Gedanken hervorheben, den der treffliche Périn, Professor der Nationalökonomie in Löwen, in seinem Werke über Reichthum und Armuth so gründlich entwickelt hat, daß nämlich der Geist des Christenthums, wie er ein Geist der Liebe, so auch wesentlich ein Geist der Selbstverläugnung ist, und daß durch diesen Geist einer aus höheren religiösen Motiven entsprungenen Selbstbeherrschung und Selbstbeschränkung auch das Gedeihen des allgemeinen Wohlstandes bedingt ist.[408]

Kontakt stand. Ein Briefwechsel hat stattgefunden mit Wladmir Czacki zwischen 1876 und 1886 und mit Lodovico Jacobini in den Jahren 1880/81, beides hochrangige päpstliche Sekretäre und spätere Kardinäle. Vgl. Czaki à Périn. Archives de l'Etat à Mons, Périn Charles, Correspondance. Lettres reçues, 103; Jacobini à Périn. Archives de l'Etat à Mons, Périn Charles, Correspondance. Lettres reçues, 191.

406 Vgl. Ketteler, Wilhelm Emmanuel von: Die Arbeiterfrage und das Christenthum, Mainz 1864, S. 102.

407 Vgl. insgesamt Decretum de pauperum (1869), Sp. 867f.

408 Ketteler: Die Arbeiterfrage (1864), S. 105. Der Périn-Übersetzer Weizenhofer hatte Périn zeitnah auf diese Rezeption aufmerksam gemacht und seine Freude über diese ‚Werbung‘

Auch hier lässt sich also kein genereller Widerspruch, sondern lediglich ein solcher in der hierarchischen Anordnungslogik der Argumente ausmachen: Fest ist anzunehmen und den Vorentwürfen Moufangs auch zu entnehmen, dass der Bischof in diesen Tagen mehr als „Selbstverläugnung" als notwendig ansah, um die Arbeiterfrage zu lösen. Aus der Anlage des Dekrets sprach demgegenüber weiterhin die von Périn formulierte Grundannahme, die materielle Situation der Gesellschaft würde sich durch eine Neuausrichtung ihrer geistig-religiösen Ordnung nach christlichen Werten von allein verbessern.

Der hierauf folgende Abschnitt schloss an diesen Argumentationsgang Périns direkt an. Er trug die Überschrift „Die Nächstenliebe ist allen (an-) empfohlen" („Charitas omnibus commendatur"). Auf eine eindringliche Erinnerung an die allgemeine christliche Pflicht gegenseitiger Fürsorge folgte eine Ansprache verschiedener Personenkreise. Im Gedanken der Nachfolge Christi gelte das Gebot der Nächstenliebe für Reiche wie für Arme, für Priester wie für Männer in politischen Ämtern, jeweils im Rahmen ihres je eigenen Handlungsspielraums.[409] Nicht fern liegt hier die Assoziation mit den von Périn befürworteten Patronatskonzepten.

Erst hiernach, im letzten Abschnitt des Dekrets, wurden die Entwürfe Moufangs in großem Umfang berücksichtigt – allerdings entgegen der hierarchischen Abfolge, die Moufang vorgesehen hatte. Bezeichnet wurde der Abschnitt als Zusammenschau einiger Tendenzen, die die Ausübung freier kirchlicher Nächstenliebe zur Zeit behinderten („De tollendis causis charitatem impendientibus"). Kritisiert wurde der Gedanke, soziale Werke ohne die Hilfe der Kirche bewerkstelligen zu können. Beginnend mit dem auch von Moufang formulierten Appell für die Freiheit der Kirche in Sachen Sozialfürsorge wurden nun die von ihm ausgemachten sozialen Gruppen und Institutionen aufgefordert, das Ihrige zum Gelingen des kirchlichen Sozialauftrags beizusteuern: Die Arbeiter wurden zu einer Neuausrichtung ihres Lebens auf Gott hin eingeladen. Durch die dieser inhärenten Hoffnungsperspektive würde ihnen bereits die akuteste Not genommen. Die Gesetzgeber sollten durch Vorschriften gerechte Arbeitsbedingungen sicherstellen, die Arbeitgeber wiederum auch aus sich selbst heraus ungerechte Entlohnung sowie die damit einhergehende Vernachlässigung der eigenen Arbeiterschaft vermeiden. Schlussendlich wurden die Bischöfe und Kirchenmänner aufgefordert, sich stets der notleidenden Arbeiter anzunehmen.[410]

ausgedrückt, vgl. Weizenhofer à Périn, 05.05.1864. Archives de l'Etat à Mons, Périn Charles, Correspondance. Lettres reçues, 371.

409 Vgl. insgesamt Decretum de pauperum (1869), Sp. 868f.

410 Vgl. insgesamt Decretum de pauperum (1869), Sp. 869–872.

Erst hier, ganz zum Schluss des Dekrets, wurden die für Moufang und Ketteler so zentralen Forderungen in Richtung perspektivisch zu erlangender sozialpolitischer Garantien eingeholt. Formuliert wurden diese, so ist auch zu bedenken, allerdings noch nicht derart konkret im Sinne der Ideen Kettelers, als dass Périn hier nicht mehr hätte mitgehen können. Auch Périn hatte sich schließlich, wie in den Analysen gezeigt werden konnte, für eine unterstützende Rolle des Gesetzgebers innerhalb des sozialethischen Bemühens um verbesserte Arbeitsbedingungen ausgesprochen. Auch die Ableitung der sozialstrukturellen Forderungen aus dem allgemeinen christlichen Liebesauftrag, der im Dekret zu jeder Zeit größer erschien als jedwede konkrete wirtschaftspolitische Maßnahme, dürfte Périn gefallen haben.

Darüber hinaus ist zu bedenken, dass sich im Dekret an keiner Stelle die Kritik ausgedrückt fand, die Ketteler etwa 1864 am Prinzip freier Konkurrenz geäußert hatte und die Périn so nicht mitgetragen hätte:

> Die Concurrenz, die durch Gewerbefreiheit, Handelsfreiheit [...] u.s.w. unter allen Menschen eintreten soll, so daß dann alle Kräfte nach ihrer innersten Berechtigung und reinen Vernunft- und Naturgesetzen sich gleichmäßig entfalten können, [...] ist ja [...] eine eitle Phantasie. Es concurriren nicht nackte Menschen mit gleichen Kräften, sondern Menschen mit dem verschiedensten Kraftmaße; es concurriren nicht gleichgestellte Menschen, sondern solche, von denen die Einen lediglich mit ihren natürlichen Gaben ausgestattet sind, während die Anderen über Kapital und Maschine gebieten können. Wie soll da der Arbeiter sich die nöthigen Kapitalien verschaffen, um am Geschäfte und am Geschäftsgewinne Antheil zu erlangen?[411]

Anstatt wie Périn eine moralische Steuerung der freien wirtschaftlichen Konkurrenz anzuregen und besonders die Gewerbe- und Handelsfreiheit vor diesem Hintergrund stark zu befürworten, stellte Ketteler das liberale System auch von seinen ökonomischen Logiken her in Frage. Bereits zu dieser Zeit öffnete er sich daher für Lassall'sches Gedankengut und insbesondere die Idee der Produktivassoziationen, in der der ökonomische Impuls bereits über dem christlichen stand.[412] Schon in den obigen Quellenanalysen war auf den Seitenhieb Périns gegen derartige Entwicklungen im deutschen Katholizismus in den 1870er Jahren hingewiesen worden, zu denen dessen sozialer Wortführer Ketteler 1864 erst den Startschuss gegeben hatte.[413]

---

411 Ketteler: Die Arbeiterfrage (1864), S. 65f.

412 Vgl. zu den Gedanken, die Ketteler in dieser Schrift von Lassalle übernahm, auch Iserloh: Die soziale Aktivität (1985), S. 275–278.

413 Auf eine solche Passage, in der Périn Ketteler zwar nicht beim Namen nannte, aber unzweideutig adressierte, war hingewiesen worden in Périn: Le socialisme chrétien

Derartige Kontroversen, so ist zusammenzufassen, brodelten bereits unter der Oberfläche des ‚zusammengesetzten' Konzilsdokuments, das sich in vielerlei Hinsicht noch ganz der sozio-ökonomischen Wirklichkeitsdeutung Périns verschrieb. Das „Ringen[] um eine angemessene Sozialreform", das Gatz im Dekret gespiegelt sieht[414], deutete sich lediglich im Entstehungsprozess des Dokuments, noch nicht aber in seinem Argument an. Nicht nur hinsichtlich der Position Kettelers und Moufangs, sondern auch hinsichtlich der Position Périns fehlten zentrale Elemente und Implikationen, um die Kontroverse bereits in großem Stil eröffnen zu können. Schließlich wurde nicht nur die sozialpolitische Perspektive zum eher unwichtigen Anhang degradiert. Auch wurde keinerlei theologische Lesart wirtschaftlicher Liberalität oder eine wirtschaftsliberale Lesart christlicher Nächstenliebe angeboten, wofür Périn in seinen Publikationen zu diesem Zeitpunkt bereits umfassend plädiert hatte. Die innerkatholische Debatte war damit, nicht zuletzt durch den schlussendlichen Abbruch des Konzils, auf die 1870er und 1880er Jahre vertagt.

3.5 Zwischenfazit und weiterführende Diskussion

3.5.1 *Die „grande famille humaine" als katholisch-liberale Wirtschaftsgemeinschaft – Zusammenfassung der Ergebnisse*

Die Lehrstuhlübernahme Périns Mitte der 1840er Jahre und seine frühe Schaffensperiode in den 1850er Jahren fielen just in die Zeit, in der im bereits industrialisierten Belgien durch eine liberale Regierung – vor allem als Reaktion auf strukturelle Versorgungskrisen – endgültig der Weg wirtschaftlicher Liberalisierung eingeschlagen wurde. Ein Zurück zur Forderung grundlegend protektionistischer und interventionistischer Wirtschaftsstrukturen war vor diesem realpolitischen Hintergrund schwer denkbar, zumal der Liberalisierung ein Aufschwung der belgischen Wirtschaft folgte. Périn fiel hier, so konnte gezeigt werden, nicht aus dem Rahmen. Seine Position leitete er dabei allerdings in erster Linie nicht von den Erkenntnissen liberaler Wirtschaftstheorie, sondern vielmehr von der von ihm als christliche verstandenen „conception de la vie sociale" ab. Seine in Teilen List-nahe Argumentation für eine liberale Handelspolitik, die zunächst auch ein Auge für den Schutz

(1879). Die Abgrenzung christlicher von sozialistischen Assoziationsforderungen, die Périn hier vornahm, brachte ihn unweigerlich dazu, zu den Assoziationsideen Kettelers Stellung zu beziehen.

414 Vgl. Gatz: Das erste Vatikanische Konzil (1971), S. 168.

nationaler Industrien hatte und Protektionismus in Maßen zuließ, konstruierte er aufbauend auf dem Ansatz des Christentums, den Menschen sowohl als Wesen in (nationaler) Gemeinschaft als auch als Individuum mit eigenen Interessen zu begreifen.

Eine derart christlich grundierte Position in handelspolitischen Debatten profilierte er aus der Geschichte von Kirche und Christentum heraus, die er von Beginn an als Sozialgeschichte des globalen Handels erzählte: Seit jeher habe das Christentum mit seiner Botschaft der „grande famille humaine" den Aufbau von dauerhaften Handelsnetzwerken begünstigt. Einen „esprit chrétien" in der Ausbildung globaler Handelsstrukturen nachspürend machte Périn die Dynamik wirtschaftlicher Entwicklung gleichsam zu einer christlichen Heilsdynamik. Das darin überaus deutlich hervortretende alte Denkmuster der „Universal Economy" aktivierte er zusätzlich durch einen direkten Verweis auf das Missionsinteresse im Hintergrund der Columbus-Expedition, das sich im Kontext spätscholastischer Argumentationsweisen tatsächlich häufig mit wirtschaftlichen Ordnungsvorstellungen vermengt hatte.

Die Art und Weise, wie und vor allem wie erfolgreich eine Gesellschaft zum Vorteil aller Beteiligter Handel trieb, deutete Périn insgesamt als materiellen Ausdruck ihrer christlichen Verfasstheit. Gerade über das Feld des Handels illustrierte er damit die Durchdringung, immer aber auch Hierarchisierung der in einer Gesellschaft vorherrschenden materiell-wirtschaftlichen und geistig-religiösen Diskurse – eine Grundannahme, die er in Fortführung der Ideen Charles de Coux' immer wieder entfalten sollte.

Auch seine Position zur allgemeinen Gewerbefreiheit, einem in Belgien zur Mitte des 19. Jahrhunderts längst fest verankerten wirtschaftlichen Prinzip, explizierte Périn in besonderem Maße vor dem Hintergrund religiöser Anschauungen. Immer wieder sprach er sich in einer auffallend direkten Art und Weise für die ökonomischen und auch sozialen Vorzüge der freien wirtschaftlichen Konkurrenz aus, verstand man sie in erster Linie als Facette eines sozial verantworteten christlichen Freiheitsdenkens. Die dem mittelalterlichen Zunftsystem zugrunde liegende und maßgeblich christlich inspirierte soziale Grundidee, Wirtschaftsstrukturen direkt mit Solidaritätskontexten zu verweben, stellte er damit in keiner Weise als obsolet heraus.

Über die Formulierung einer christlichen ‚Gebrauchsanleitung' für die allgemeine Gewerbefreiheit hinaus erstrebte er, einen korporativen ‚Ersatz' innerhalb der neuen Wirtschafts- und vor allem Fabrikstrukturen zu schaffen. Hierzu nahm Périn in den 1860er Jahren die im frankophonen Katholizismus bereits verbreitete Idee des Patronats der Fabrikherren und Unternehmer über ihre Arbeiter auf und verband sie mit der Aufforderung an Letztere, sich in

Kontexten individualisierter Arbeitsstrukturen zu Solidargemeinschaften zusammenzuschließen, die insbesondere der moralisch-religiösen Erbauung durch gemeinschaftliche Aktivitäten dienten. Die liberale Wirtschaftsstruktur wurde Périn hierbei einerseits zum Gegenstand der christlichen Modifikation, andererseits aber auch zum wichtigen Anknüpfungspunkt, betonte er doch immer wieder, dass sowohl Zusammenschluss als auch Patronat auf freier und nicht politisch verordneter Basis erfolgen müssten.

Derartige neue korporative Strukturen standen und fielen bei Périn mit einer moralischen Motivation, die erst als Konsequenz sozio-ökonomische Wirksamkeit oder gar Interessenvertretung implizierte. Dies unterschied das von ihm prominent vertretene und maßgeblich ideell ausgeformte Patronats- und Assoziationsmodell von der vor allem in den 1870er und 1880er Jahren von ultramontanen Kreisen erfolgreich vorgebrachten Forderung, alte korporative Strukturen als sozio-ökonomische Handlungsmacht in Form von gemischtberuflichen Zusammenschlüssen aus Arbeitgebern und Arbeitnehmern wiederzubeleben.

Die Tatsache, dass sich zeitgenössisch als Gruppenbezeichnungen um die jeweiligen Positionierungen die Begriffe „école corporatif" (gegen Périn) und „économistes catholiques" (um Périn) einbürgerten, zeigt, wie stark das Selbst- und Fremdverständnis der Périn-Gruppe vom Rekurs auf die eigene wirtschaftswissenschaftliche Kompetenz geprägt war, die allerdings katholisch verstanden wurde. Der Deutungskampf um die wahre „corporation chrétienne", in dem vor allem das Verhältnis zwischen der moralisch-religiösen und der sozio-ökonomischen Dimension der Zusammenschlüsse zur Debatte stand, war damit weit über den Betrachtungszeitraum der Studie hinaus eröffnet.

Im Sinne eines Kausalzusammenhangs zwischen religiöser Grundhaltung und ökonomischer Wirksamkeit hatte Périn bereits zum Ende der 1840er Jahre argumentiert, als er sich in einer längeren Artikelserie mit Bildungsformaten für die Arbeiterschaft beschäftigt hatte. Auch hier hatte er insistiert, dass die christliche Charakterbildung der Arbeiterschaft („moralisation") in besonders fruchtbarer Weise mit der Erlernung berufspraktischer Fertigkeiten („instruction") verbunden werden könne. Eine solche Bildungskombination, die aus seiner Sicht zugleich die Situation der Arbeiter verbesserte und die industrielle Wirtschaft förderte, regte er nicht nur in Schulen an, sondern sah sie darüber hinaus im „patronage"-Konzept zeitgenössischer sozialkatholischer Initiativen verwirklicht. Die Idee des persönlichen Patronats, für die er sich später vielfach selbst engagieren sollte, stellte sich für ihn bereits zu dieser Zeit auch als vielversprechendes Mittel dar, um die religiöse und berufliche Bildung der Arbeiter durch persönliche Begleitung und Unterstützung sicherstellen zu können.

In auffallender Art und Weise parallelisierte Périn nicht nur dabei, sondern auch in seinen Forderungen an industrielle Schulkonzepte eine christliche Sozialisation mit einer Sozialisation im industriellen Arbeitsalltag. Trotz der moralischen Gefahren, die er immer wieder mit den überfüllten Industriestädten assoziierte, schreckte er nicht davor zurück, eine bereits frühkindliche Heranführung an industrielle Arbeitstätigkeiten zu fordern, wie sie über schulische Formate in Belgien zu dieser Zeit nicht existierte. Die Hoffnung, die Situation der Arbeiter *innerhalb* des bestehenden Systems und nicht dagegen signifikant verbessern zu können, schöpfte er einerseits aus einem Vertrauen in die Wirksamkeit einer verbesserten Berufsbildung, andererseits und viel grundlegender allerdings noch aus seiner Überzeugung, den industriellen Arbeitskontext nur von Grund auf ‚verchristlichen' zu müssen, um ihn in sozialer Hinsicht akzeptabler machen zu können.

Über dieses argumentative Konstrukt musste Périn ein Bildungsideal als christlich forcieren, das gerade die praktische wirtschaftliche Berufsbildung enorm aufwertete, indem es sie direkt an die christliche Charakterbildung knüpfte und enzyklopädische Geistesbildung zunächst als obsolet kategorisierte. Diese Interpretation von Périns Bildungsideal erweist sich sogar dann als stimmig, bezieht man seine Stellung als katholischer Wirtschaftswissenschaftler an einer renommierten Universität mit ein: Auch hier stand er mit seiner eher exklusiv als inklusiv gedachten katholischen Politischen Ökonomie einem Dialog mit nicht dezidiert christlich beanspruchten Wissensfeldern eher fern und unterstellte im Gegenzug seinen Fachbereich direkt moralischen Kategorien. Damit suggerierte er, auch im theoretischen Bereich, eine unmittelbare Ableitbarkeit ökonomischen Wissens aus christlichen Lehrsätzen.

Die Auseinandersetzung mit frühsozialistischen Ansätzen war für Périns publizistisches Werk und seine akademische Lehre bis 1865 von zentraler Bedeutung, wie es die vielen Quellentexte zeigen, die für die Analyse dieses Untersuchungsfelds herangezogen werden konnten. Die Perspektive, unter der er sich der Thematik näherte, war bereits in den frühen 1840er Jahren die Frage nach dem Stellenwert materieller Interessen für eine ökonomisch fortschreitende und damit auch neue Reichtümer erzeugende Industriegesellschaft. Schließlich entsprang die frühsozialistische Theorie, letztlich genau wie die katholische Politische Ökonomie Charles Périns, einer Kritik an mangelnder Verteilungsgerechtigkeit im liberalen Wirtschaftsentwurf.

Von Beginn an suchte Périn, argumentative und ideelle Parallelen zwischen ökonomischem Liberalismus und dessen sozialistischer Kritik aufzuzeigen. Beide fokussierten sie in ihrem je eigenen Rahmen, so Périn, die Befriedigung materieller Bedürfnisse – sei es als Motor liberalen Wirtschaftswachstums, sei es als alternativloses Pauschalrezept zur Abhilfe der offensichtlichen sozioökonomischen Notlage. Derartiges Denken etikettierte er in beiden Ausführungen als Sensualismus und Materialismus und stellte es damit in den direkten Zusammenhang antichristlicher philosophischer Tendenzen der Aufklärung. Dass gerade die Frühsozialisten aus Frankreich ihre katholischen Wurzeln hart angingen und gar neue Religiositätskonzepte ins Spiel brachten, diente ihm nur als Bestätigung der Diagnose, dass diese die sensualistischen und materialistischen Grundlagen der Nationalökonomie bereits in gefährlicher Art und Weise radikalisiert hatten.

Immer wieder nutze Périn in diesem Sinne die Kritik an sozialistischen Forderungen auch dazu, um die prinzipielle Nähe zwischen liberalökonomischen und christlichen Prinzipien, insbesondere die enge und notwendige Verwobenheit von Freiheit und Privateigentum, herauszuarbeiten. Die Tür zur liberalen Nationalökonomie ließ er so bewusst offen für eine katholische Überformung und Neujustierung ihrer ideellen Grundlagen, schließlich teilte er in praktischer Hinsicht ihre liberalen Forderungen.

Périn war insgesamt keineswegs blind für die Parallelitäten, die sich dennoch zwischen christlichen und sozialistischen Assoziationsforderungen ergeben konnten – ein Vorwurf, der von liberaler Seite gerade als Reaktion auf die ultramontanen Bestrebungen der 1870er Jahre erhoben wurde, korporative Wirtschaftsstrukturen aufs Neue zu etablieren. Périn bezog hierzu öffentlich Stellung und betonte, dass die Freiheit die Basis jeglichen christlichen Korporationswesens sei, Analogien zu sozialistischen Forderungen somit nur auf der Oberfläche existierten. Im Konfrontationsdreieck aus Christentum, liberaler Ökonomie und sozialistischer Theorie konnte aus seiner Sicht lediglich die ideelle Verbindung und somit Versöhnungsfähigkeit zwischen Christentum und Sozialismus nicht gefunden werden.

Der Stellenwert materieller Interessen für eine christliche Gesellschaft stand auch im Fokus, wenn Périn sich mit den Mechanismen der Erzeugung und Verteilung von Reichtum beschäftigte und dabei auch die Verarmungsprozesse zur Mitte des Jahrhunderts deutete. Wichtig war es ihm zunächst, die bereits durch Charles de Coux immer wieder getroffene Feststellung zu bestätigen, dass eine katholische Weltsicht der Erzeugung materieller Reichtümer keinesfalls kritisch gegenüberstand, sondern diese im Gegenteil hochschätzte. Dies hänge nicht zuletzt, so betonte Périn besonders, mit der Wertschätzung freier, produktiver Arbeit zusammen, die sich schließlich förderlich zugleich hinsichtlich einer tugendhaften Geisteshaltung wie hinsichtlich des eigenen materiellen Auskommens auswirke. Das ökonomische und somit auch materielle Wachstum der Industriegesellschaft stellte sich Périn demzufolge für sich betrachtet noch nicht als Ausdruck eines moralischen Scheiterns sich modernisierender Gesellschaften dar.

Ein solches Scheitern erkannte er erst in der gleichzeitig existierenden enormen Armut – für ihn ein deutliches Indiz dafür, dass die entstandenen und entstehenden Reichtümer nicht im christlichen Sinne als temporäre Gebrauchsgüter verstanden und dementsprechend maßvoll genutzt wurden. Zwar nahm Périn traditionelle Leitlinien alter christlicher Armutsdiskurse auf, indem er auf einer übergeordneten Ebene zwischen materieller Armut und sittlich-religiöser Verelendung („misère") unterschied. Diese Betrachtungskategorien, die stets vor allem über den Aspekt eigener Schuldhaftigkeit ausdifferenziert worden waren, brach er allerdings zugleich wieder auf: Er unterschied zwischen verschiedenen Faktoren, die zu Verarmung führten, wobei die persönliche Anlage hier nur eine beinahe zu vernachlässigende Größe ausmachte. Den Verlust von sittlich-religiöser Orientierung hielt er für eine nahezu unausweichliche Konsequenz eines Lebens in materieller Armut im Industriesystem. Périn mahnte in dieser Hinsicht eine Verbesserung der Arbeitsbedingungen an, ordnete jedwedes praktische Verbesserungsbestreben aber unmittelbar der Arbeit an der Verbesserung des moralischen „état général de la société" unter.

Diese Herangehensweise erwies sich als mehr als eine die Rekatholisierung einfordernde katholische Gesellschaftskritik, wie sie zur Jahrhundertmitte nicht unbekannt war. Sie eröffnete dem Ökonomen Périn zugleich die Möglichkeit, das liberale Industriesystem in seiner rein wirtschaftlichen Erscheinungsweise zunächst nicht in Frage stellen zu müssen und stattdessen vielmehr einen starken Katholizismus als Gestaltungsmacht der gegebenen liberalen Strukturen einzufordern. Nirgendwo zeigte sich dieser Ansatz so deutlich wie in Périns diversen Plädoyers für die Wirkmächtigkeit freier christlicher Nächstenliebe („charité"), die stets über die Formulierung eines frommen christlichen Wunsches weit hinausgingen. Mit seiner theoretischen Kompetenz und Expertise gelang es ihm, eine frei gelebte „charité" als zutiefst strukturellen und damit weitestreichenden Faktor für die soziale Genesung eines liberalen Wirtschaftssystems zu profilieren, das liberal bleiben wollte.

Freilich kam Périn in dieser Argumentation nicht umhin, in traditionell christlicher Manier festzustellen, dass Armut in einer gewissen Form immer bestehen müsse, um die „charité"-geleitete Austauschbeziehung zwischen arm und reich sicherzustellen: Nicht nur benötige der Arme den gebenden Reichen, sondern im Gegenzug der Reiche auch den empfangenden Armen (etwa in einer Patronatsbeziehung), um sich im Umgang mit den eigenen Reichtümern als würdiger Christ erweisen zu können und somit das eigene Seelenheil nicht zu gefährden.

3.5.2 *Ein „Traum" wird wahr? – Périn und Charles de Coux*

Der Bezug von Périns facettenreicher und vielschichtiger Wirtschaftstheorie zu den Grundgedanken Charles de Coux' konnte in den Quellenanalysen, wie in Anbetracht der langjährigen Freundschaft der beiden nicht anders zu erwarten, klar herausgearbeitet werden. Schon Victor Brants hatte diesbezüglich angemerkt, dass Périns Positionierung zwischen Wirtschaftstheorie und christlichem Glauben aus einem starken Gedankenaustausch mit De Coux hervorgegangen sei.[415] Als Mitglied der ersten Generation in der Ausformulierung einer katholischen Politischen Ökonomie, die die Forschung mittlerweile skizziert hat[416], war es gerade De Coux, der bereits in den 1830er Jahren die Etablierung einer in sich geschlossenen Denkschule anstrebte. Wenngleich eine solche angesichts heterogener Ansätze und nur loser Netzwerkstrukturen heute nur noch schwerlich zu fassen ist, fanden sich zeitgenössisch durchaus Kategorisierungen einer „charitable or Christian school", der vor allem De Coux und Villeneuve-Bargemont zugeordnet wurden.[417] Nichtsdestotrotz gilt es festzuhalten:

> At this early stage, the identity of the network of Catholic political economists was still under construction. [...] As a whole, their views may still be considered as somewhat marginal to political economy, not as an organized attempt to change its core values.[418]

Leicht ließe sich in Anbetracht der engen Beziehung zwischen De Coux und Périn folgern, dass sich unter Périn, der mit seiner Position gar bis zum Papst vordrang, die eigentliche Schule einer katholischen Politischen Ökonomie konstituierte, die genau das verkörperte, was De Coux bereits im Sinn hatte. Folgt man der Argumentation Faccarellos, kann dies allerdings so einfach nicht konstatiert werden: Périn transferiere den „Traum" De Coux' von einer liberalen katholischen Wirtschaftstheorie, mit der die soziale Misere beendet werden konnte, bereits in einen pragmatischen Sozialkatholizismus, der sich durch realpolitische Gegebenheiten und Möglichkeiten laviere und dabei jede Ambition einer grundlegenden theoretischen Alternative zur Politischen Ökonomie bereits aufgegeben habe, kurz: „[...] social Catholicism was no longer Coux's Christian economics."[419]

---

415 Vgl. Brants: Charles Périn (1906), S. 14.

416 Vgl. hierzu die Darstellung der Vorgeschichte von Périns katholischer Politischer Ökonomie.

417 Vgl. Faccarello: A dance teacher (2017), S. 862ff.

418 Almodovar/Teixeira: The Ascent and Decline (2008), S. 69.

419 Vgl. Faccarello: A dance teacher (2017), S. 864f., Zitat: 864.

Mit Blick auf die vorangegangenen Analysen können hinsichtlich dieser Feststellung, die bei Faccarello mehr einem Studium De Coux' als Périns entsprang, wesentliche Differenzierungen vorgenommen werden. Zunächst konnte gerade durch die gezielte Abarbeitung an den großen zeitgenössischen nationalökonomischen Diskursen und Handlungsfeldern gezeigt werden, dass Périn sehr wohl noch dem Ansatz zuzuordnen ist, eine umfassende christliche Politische Ökonomie zu etablieren, die zu den neuralgischen Punkten der wirtschaftstheoretischen Diskussion Stellung zu beziehen vermochte. Wenngleich Périn im Vergleich zu De Coux wegen der wieder veränderten sozio-ökonomischen Ausgangslage und (wirtschafts-)politischen Konstellation ab den späten 1840er Jahren eine situationsbezogene Pragmatik nicht abgesprochen werden kann, ist bei ihm dennoch das Ansinnen festzustellen, mit seiner christlich grundierten wirtschaftlichen Position gerade eine theoretische Alternative zur Politischen Ökonomie, wie sie zeitgenössisch praktiziert wurde, zu profilieren. In diesem Sinne führen zweifelsohne die deutlichsten Kontinuitäten von der ersten zur zweiten Generation einer katholischen Politischen Ökonomie über De Coux und Périn.[420]

Mit dem theoretischen Design der zurückliegenden Quellenanalysen, das auf die Vermischung christlich-katholischer Denktradition mit moderner ökonomischer Theorie zugespitzt war, konnte gezeigt werden, wie Périn immer wieder beide Diskurse zugleich im Blick hatte und dabei eng miteinander verwob. Damit ging er im sozial-utopischen Sinne gar noch über das hinaus, was De Coux bei seiner Antrittsrede 1835 in Leuven als Ziel seiner akademischen Lehre definiert hatte:

> [...] vous reconnaîtrez avec moi, que la société catholique possède dans sa constitution le gage d'une supériorité nécessaire, absolue, en quelque sorte fatale sur les autres sociétés. Messieurs, la mission de vous démontrer la vérité de notre sainte Religion ne m'a point été confiée. J'ai seulement le droit, et comme Economiste le devoir de la comparer dans ses résultats purement matériels à toutes les doctrines rivales.[421]

420 Villeneuve-Bargemont, der nicht so deutlich wie De Coux auf Ebene der Wirtschaftstheorie ansetzte, hatte außerdem keine unmittelbaren Schüler, vgl. Faccarello: From the Foundation (2014), S. 92.

421 Discours De Coux (1835), S. 12. Freie Übersetzung: „[...] Sie werden mit mir übereinstimmen, dass die katholische Gesellschaft in ihrer Beschaffenheit die Garantie einer notwendigen, absoluten, gewissermaßen fatalen Überlegenheit über die anderen Gesellschaften besitzt. Meine Herren, die Mission, Ihnen die Wahrheit unserer heiligen Religion zu demonstrieren, wurde mir nicht aufgetragen. Ich habe lediglich Anrecht darauf und als Ökonom die Pflicht dazu, sie in ihren rein materiellen Konsequenzen mit allen rivalisierenden Lehren zu vergleichen."

De Coux sah sich als katholischer Ökonom zwar in der Pflicht, eine sich zum Katholizismus bekennende Gesellschaftsordnung als soziales Ideal zu propagieren, an dem es die „doctrines rivales" im ökonomischen Bereich zu messen gelte, wähnte sich dabei aber nicht in der Verantwortung, Grundwahrheiten des katholischen Glaubens zu lehren. Bei Périn dagegen ist in den Analysen das Bestreben deutlich sichtbar geworden, nicht nur die liberale Ökonomie in katholischem Vokabular und katholischen Glaubenswahrheiten zu redefinieren, sondern gleichsam den christlich-katholischen Glauben selbst in Form einer Wirtschaftstheorie darzulegen. Indem der Belgier immer wieder betonte, dass wesentliche liberal-ökonomische Grundforderungen seiner Zeit sich stimmig zur Geschichte der katholischen Religiosität und damit der Glaubenstradition erwiesen, machte er den wirtschaftstheoretischen Unterricht gleichsam zur religiösen Unterweisung. Der Unterschied zwischen der Lehre De Coux' und derjenigen Périns lag also weniger im Verlust des „Traums" einer katholischen Politischen Ökonomie als vielmehr in ihrer fortgeschrittenen und sich damit gleichsam abschottenden katholischen Dogmatisierung.[422]

Der mit Périn und der zweiten Generation katholischer Wirtschaftswissenschaft zur Jahrhundertmitte anbrechende Sozialkatholizismus stellte sich damit im Vergleich zu den Ansätzen der ersten Generation als wesentlich konfrontativer dar.[423] Für den ideellen Angriff säkularer Gesellschaftsvorstellungen vor dem Hintergrund ultramontaner Anschauungen stand Périn exemplarisch nicht nur mit seiner Wirtschaftstheorie, sondern auch mit seiner führenden Rolle in der politischen Agitation gegen die belgischen Liberalen. Indem er der Reinstallation christlicher Prinzipien eine gesellschaftsgenesende Wirkung zuschrieb, bewegte er sich ganz im ultramontanen Diskurs gesellschaftlicher Verfallsdiagnosen, der von Papst Pius IX. offen bedient wurde. Als unbestrittener Höhepunkt derartiger Diagnosen muss der *Syllabus Errorum* von 1864 gelten, zu dessen Vorbereitung wie gesehen Périn selbst vom Papst rezipiert wurde. Das Interesse Pius' IX. an einer Einschätzung zur modernen Wirtschaftstheorie aus dem eigenen Lager bestätigt die von der Forschung getroffene Feststellung, dass die zweite Generation eines „Catholic Economic Thought" kirchlich bereits in hohem Maße wahrgenommen wurde.[424]

422 In diesem Sinne erscheint auch Fèvres Betitelung Périns als „créateur" treffend, vgl. Fèvre: Charles Périn (1903).

423 Vgl. Almodovar/Teixeira: The Ascent and Decline (2008), S. 69.

424 Vgl. Almodovar/Teixeira: The Ascent and Decline (2008), S. 70.

Périns Politische Ökonomie vermochte nicht zuletzt zur ultramontanen „Erfindung des Katholizismus“ unter Pius IX. substanziell beizutragen[425]: Indem sie sich als katholisch verstand, verkörperte sie eine kirchliche Sprachfähigkeit innerhalb einer religionskritischen Moderne, die sich nicht in der Verurteilungssemantik eines *Syllabus* erschöpfte. Weit darüber hinaus ermöglichte sie eine päpstlich gestützte Rekreation katholischer Identität mitten in religionskritische Diskurse hinein, die neuen Entfaltungsspielraum zur Formulierung alter Sicherheiten bot. Damit war De Coux' „Traum“ zwar noch nicht wahr geworden, die Sozialmisere durch eine katholische Wirtschaftstheorie beenden zu können. Verschwunden war dieser „Traum“ allerdings keineswegs, zeigte er sich doch als Vision, die nun auch beim Papst Anklang fand und sich sehr konkret nicht mehr nur als Wirtschaftskommunikation, sondern darüber hinaus als Glaubenskommunikation verstand, machtvoller als je zuvor.

3.5.3 *Ultramontan und modern? – Périns Ökonomie zwischen „modern faith“ und moderner Wirtschaftswissenschaft*

Ohne Zweifel war Charles Périn einer der ersten Katholiken überhaupt, der katholische Glaubenssätze im 19. Jahrhundert in systematischer und groß angelegter Art und Weise für den Diskurs der modernen liberalen Ökonomie öffnete. Versteht man „modern“ beziehungsweise „Moderne“, angelehnt an die neueren europäischen Geistes- und Sozialwissenschaften, als Epochenbezeichnung für die „Genese und Begründung eines Fortschritts-Begriffs, der mit der Möglichkeit einer unabsehbaren Weiterentwicklung der Gegenwart über bisher erreichte Kulturzustände und Entwicklungsniveaus hinaus rechnet“, und das heißt auch als Bezeichnung für die Wahrnehmung eines Bruchs mit einer so empfundenen „Vergangenheit“[426], so stellte sich die ökonomische Theoriebildung des späten 18. und hiernach des 19. Jahrhunderts als modernitäts-beanspruchender Diskurs par excellence dar. Gleichzeitig trafen hier, bereits aus den verbreiteten Sehgewohnheiten des 18. Jahrhunderts heraus[427], auf die wohl am stärksten polarisierte Art und Weise Bilder katholischer Rückständigkeit mit solchen säkularen Aufbruchs zusammen[428] – ein Punkt, der schon Charles de Coux in besonderer Weise angestachelt

425 Vgl. Wolf, Hubert: Der Unfehlbare. Pius IX. und die Erfindung des Katholizismus im 19. Jahrhundert. Biographie, München 2020.

426 Vgl. Jaeger u. a.: Art. Moderne, EdNZonline.

427 Vgl. hierzu die Ausführungen in der Einleitung.

428 Zur Genese eines Moderne-Begriffs, der sich insbesondere am „Antagonismus zwischen [katholischer] Kirche und Industriegesellschaft“ abarbeitete, vgl. schon Altermatt, Urs: Katholizismus – Antimodernismus mit modernen Mitteln?, in: Altermatt, Urs; Hürten,

hatte, gegen den Strom den Beweis katholischer Überlegenheit auf dem Feld moderner Wirtschaftstheorie zu führen.

Die Tatsache, dass Périn diesen Weg noch wesentlich offensiver und konfrontativer verfolgte als sein Mentor und Vorgänger, ließ ihn im steten Spannungsfeld zwischen einer katholischen Traditionsbetonung und einer modernen Fortschrittsaffinität agieren, die nach Smith immer wieder auch als Loslösung von katholischer Religiosität verstanden wurde.[429] Périn ist mit seinem überaus deutlichen Bekenntnis zur Linie Papst Pius' IX. und seiner offenen Unterstützung des *Syllabus Errorum* klar innerhalb der als „antimodernistisch" bezeichneten katholischen Bewegung der zweiten Hälfte des 19. Jahrhunderts zu verorten, die sich mit starken Wirkungen bis weit ins 20. Jahrhundert gegen eine Annäherung der Kirche an ein modern-liberales Weltbild stemmte.[430] Dass der katholische Antimodernismus immer gewisse Ambivalenzen in sich trug, indem er auf „moderne Mittel wie Vereine, Parteien und Zeitungen [setzte], um die antimodernistischen Ziele zu verwirklichen", ist keine neue Erkenntnis.[431] Als neuer Aspekt ergibt sich aus der Untersuchung Périns vielmehr, dass der katholische Antimodernismus auch darin bestehen konnte, die ganz großen Diskurse modern-liberalen Selbstverständnisses bewusst katholisch zu besetzen.

„Modern faith" und katholische Superiorität

Die katholische Politische Ökonomie Périns steht damit exemplarisch für das ideengeschichtliche Phänomen, das Carol E. Harrison jüngst in einer einschlägigen Studie herausgearbeitet hat: Als „Romantic Catholics [...] in search of a modern faith" bezeichnet sie Katholiken eines rückwärtsgewandt-nostalgischen katholischen Sozialmilieus und einer familiär negativen Erfahrung der Französischen Revolution, die gerade in den ersten Jahrzehnten des 19. Jahrhunderts die Überlegenheit ihres Glaubens über die Wissensfelder der säkularen Moderne dadurch auszuleben suchten, dass sie ihren Glauben auf genau diesen Feldern erprobten.[432] In ihrer Studie hat Harrison auf den großen Einfluss Félicité de Lamennais' und seiner Anhänger, darunter

---

Heinz (Hgg.): Moderne als Problem des Katholizismus (Eichstätter Beiträge, 28), Regensburg 1995, S. 33–50.

429 Vgl. Smith: Wohlstand der Nationen (2009), S. 815–837 (Fünftes Buch: Die Finanzen des Staates, Erstes Kapitel, Dritter Teil: Ausgaben für öffentliche Werke und Anstalten).

430 Vgl. mit Fokus auf das 20. Jahrhundert Wolf, Hubert: Art. Antimodernismus (Religion in Geschichte und Gegenwart 4 Online, 1998–2007), DOI: http://dx.doi.org/10.1163/2405-8262_rgg4_SIM_00806 (abgerufen am 05.05.2021).

431 Vgl. Altermatt: Antimodernismus (1995), S. 48f., Zitat: 49.

432 Vgl. Harrison: Romantic Catholics (2014).

auch Charles de Coux, für dieses intellektuelle Milieu hingewiesen. Mit seinem Ansatz, zeitgenössische Liberalitätsdiskurse direkt mit einem strengkatholischen Glauben zu verweben, intendierte Lamennais, die katholische Konfession als notwendige Bedingung für eine gelingende Liberalisierung der modernen Gesellschaft herauszustellen. Diese Liberalisierung sollte dabei gerade nicht – wie die als Katastrophe empfundenen Ereignisse von 1789 – in Anarchie und religiöser Orientierungslosigkeit enden, sondern Freiheit und eine starke Kirche als generisch verbundene Prinzipien propagieren.

Mit der „Ansicht, daß der liberale Katholizismus und der dogmatische Liberalismus in ihrem ursprünglichen Wollen identisch seien", profilierte Lamennais einen „liberalen Katholizismus als Träger einer neuen Zeit".[433] Auf die Tatsache, dass ‚liberal' in diesem Zusammenhang keineswegs mit den heutigen Begriffskonnotationen wie individuell, tolerant, reformfreudig oder gar säkular gleichgesetzt werden kann, hat Harrison hingewiesen und stattdessen die Bezeichnung der „Romantic Catholics" eingeführt, die wesentlich deutlicher auf das romantische Sehnen dieser Katholiken nach einer Rückkehr mittelalterlicher katholischer Superiorität verweist.

Lamennais' Gedankenwelt speiste sich in den ersten Jahrzehnten des 19. Jahrhunderts insgesamt stark aus den Anschauungen Joseph de Maistres (1753–1821), des wohl bekanntesten französischen Gegenaufklärers dieser Zeit und maßgeblichen Vordenkers des Ultramontanismus. Beide waren wesentliche Ideengeber für eine machtvolle Reinstallation des katholischen Glaubens in der Gesellschaftsordnung des 19. Jahrhunderts, verkörpert durch eine starke Kirche mit starker päpstlicher Autorität. Während allerdings Lamennais mehr auf spirituell-religiöser Ebene für ein Wiedererstarken des katholischen Christentums agitierte, bezog sich De Maistre als politischer Philosoph und Staatstheoretiker vorrangig auf den politischen Bereich.[434]

In den vorangegangenen Analysen konnte deutlich gemacht werden, dass Périn mit seiner katholischen Überformung des säkular-liberalen ökonomischen Theoriediskurses als Fortführung der Arbeiten De Coux' in deutlicher Verbindung zu den Ansichten Lamennais' stand.[435] Gleichwohl musste er sich als zutiefst papst- und kirchentreuer Katholik kritisch zu Lamennais'

---

433 Vgl. hierzu ausführlich Jürgensen: Lamennais (1963), S. 26–33, Zitate: 29f.

434 Vgl. Jürgensen: Lamennais (1963), S. 7–10; Wassilowsky, Günther: Die Geburt der säkularen Papstidee. Politische Ekklesiologie bei Joseph de Maistre, in: Decot (Hg.): Kontinuität und Innovation (2005), S. 55–68; Müller: Staatstätigkeit (1991), S. 181f.

435 Neben der Person Charles de Coux' bestanden weitere persönliche Kontakte Périns in den Kreis der engsten Lamennais-Vertrauten, so etwa zum französischen Intellektuellen Charles de Montalembert (1810–1870). Im Nachlass Périns findet sich ein Brief Montalemberts von 1861, in dem dieser sich für die Zusendung von *De la richesse* bedankte

Bruch mit Rom im Zuge der päpstlichen Verurteilung von dessen liberalen Ansichten in den frühen 1830er Jahren stellen und somit zu einem nicht unbeträchtlichen Grad immer auch von dessen Liberalitätskonzept abwenden. Lamennais hatte sich in seiner Zeitschrift *L'Avenir* schlussendlich sogar für die Religionsfreiheit ausgesprochen und liberale Reformen innerhalb der Kirche gefordert. Papst Gregor XVI. widersprach dem umgehend in der Enzyklika *Mirari Vos* von 1832. Zur endgültigen kirchlichen Verurteilung Lamennais' kam es zwei Jahre später in der Enzyklika *Singulari Nos*, nachdem der Theologe in einer weiteren Schrift über eine apokalyptische Bildsprache deutliche Kritik an Papst und Kirche geäußert hatte.[436]

Die Distanzierung von Lamennais, die Périn demzufolge vornehmen musste, zeigte sich exemplarisch durch eine Publikation im Jahr 1881. Unter dem Titel *Le modernisme dans l'église* gab er einige Briefe Lamennais' an De Coux heraus, die er nach dem Tod seines Mentors verwahrte.[437] Wohl als erster überhaupt nutzte Périn hier die abwertende Bezeichnung „Modernismus" für die antikirchlich konnotierten politischen und sozialen Ideen rund um die Revolution von 1789. Der Kampfbegriff „Modernismus" wurde in der unmittelbaren Folgezeit bis weit ins 20. Jahrhundert hinein von antimodernistischen Strömungen gegen innerkatholische Bemühungen in Stellung gebracht, Theologie offen für wissenschaftliche Methoden und philosophische Anfragen zu gestalten.[438] Zu seiner noch eher „soziale[n] Definition des Modernismus"[439] erklärte Périn:

> Le terme de *modernisme*, qui revient souvent dans ce travail, pourrait donner lieu à un reproche de néologisme. Le mot est nouveau, j'en conviens; il n'a pas été employé jusqu'ici avec la signification que je lui donne. Pourtant, si l'on veut bien remarquer que, suivant le langage adopté par tous les écrivains de l'école de 89,

---

und das Werk euphorisch würdigte, vgl. Montalembert à Périn, 04.11.1861. Archives de l'Etat à Mons, Périn Charles, Correspondance. Lettres reçues, 255.

436 Vgl. Verhülsdonk: Religion und Gesellschaft (1991), S. 96–138 und zum päpstlichen Wortlaut Enzyklika *Mirari vos arbitramur* (15.08.1832), in: Denzinger/Hünermann (Hgg.): Kompendium (2017), S. 706f.; Enzyklika *Singulari nos* (25.06.1834), URL: https://www.papalencyclicals.net/Greg16/g16singu.htm (abgerufen am 15.07.2021). Lamennais wandte sich hiernach einem christlichen Sozialismus zu, vgl. Verhülsdonk: Religion und Gesellschaft (1991), S. 171–184; Strube: Sozialismus, Katholizismus und Okkultismus (2016), S. 176–180.

437 Vgl. Périn, Charles: Le modernisme dans l'église. D'après des lettres inédites de la Mennais, Paris/Lyon 1881. Die Briefe befinden sich heute im Korrespondenz-Nachlass Périns in Mons: Archives de l'Etat à Mons, Périn Charles, Correspondance, Lettres reçues, 101.

438 Vgl. Arnold, Claus: Kleine Geschichte des Modernismus, Freiburg i. Br. u. a. 2007; Weiß, Otto: Aufklärung – Modernismus – Postmoderne. Das Ringen der Theologie um eine zeitgemäße Glaubensverantwortung, Regensburg 2017.

439 Arnold: Modernismus (2007), S. 13.

> *les idées modernes* résument toutes les conceptions, toutes les prétentions politiques et sociales de la Révolution, on trouvera peut-être que l'emploi du terme *modernisme* est suffisamment justifié.[440]

Denker wie Lamennais hätten sich, so führte er in einer längeren Einleitung vor den Briefen aus, an einer Verbindung von „Modernismus" und Kirche, kurz an „le modernisme dans l'église" versucht. Ein solches Unterfangen sei durch die inneren Logiken „modernistischer" Anschauungen („se perdre dans les sauvages du nihilisme") von vornherein zum Scheitern verurteilt gewesen und berechtigterweise auf schwerste Kritik seitens der Kirche gestoßen.[441]

Mit ihrer Einstellung zur kirchlichen Hierarchie stand und fiel für Périn die Rechtmäßigkeit einer freiheits-affinen Theologie. Dies verschafft der These Viaenes Geltung, der Périn in seiner einschlägigen Studie zur Beziehung zwischen dem neuen belgischen Staat und dem Heiligen Stuhl nach 1830 eher der Fraktion „Liberty and Authority" statt der Fraktion „God and Liberty" (mit der *L'Avenir*-Gruppe um Lamennais) zugeordnet hat.[442] Auch hinsichtlich Périns politischer Positionierung gegen die belgische Verfassung ist es zweifellos richtig, sein Engagement gerade nicht mit dem Lamennais' zu parallelisieren. Die Tatsache, dass es ihm immer auch um die Frage der kirchenhistorischen Rechtmäßigkeit politischer Autorität ging, rückt ihn ideengeschichtlich deutlicher in die Nähe Joseph de Maistres, dessen Wertschätzung er in seinen Schriften immer wieder zum Ausdruck brachte.[443]

Hieraus bleibt festzuhalten: Etikettiert man Périn und seine Wirtschaftswissenschaft als ultramontan, so kann dies nicht allein mit Verweis auf die hohe Wertschätzung des Ökonomen durch Pius IX. oder auf die ideelle und

---

440 Périn: Le modernisme (1881), S. 5 (Anmerkung 1). Freie Übersetzung: „Der Begriff *Modernismus*, der in diesem Werk häufiger auftauchen wird, könnte den Vorwurf des Neologismus provozieren. Das Wort ist neu, dem stimme ich zu; es ist bis hierhin niemals in der Bedeutung verwendet worden, die ich ihm gebe. Trotzdem wird man feststellen müssen, dass die *modernen Ideen*, folgt man dem Sprachgebrauch der Autoren der Schule von [17]89, alle politischen und sozialen Konzepte und Forderungen der Revolution umfassen, sodass man es wohl für ausreichend begründet halten kann, den Begriff so zu verwenden".

441 Vgl. Périn: Le modernisme (1881), S. 10. Freie Übersetzung: „sich in der Wildnis des Nihilismus zu verlieren".

442 Viaene spricht in beiden Fällen allerdings noch nicht von ultramontanen, sondern (wie oben mit Harrison bereits problematisiert) von „liberal Catholics", stellt aber die Verschränkung ihrer Positionen mit ultramontanen Ideen deutlich heraus, vgl. Viaene: Belgium and the Holy See (2001), S. 64–99.

443 Périn nannte De Maistre „den größten christlichen Philosophen in unserem Jahrhundert", „le plus grand des philosophes chrétiens dans notre siècle", Périn: Du progrès matériel (1854), S. 35.

sogar persönliche Verbundenheit Périns zur Enzyklika *Quanta Cura* mit dem *Syllabus Errorum*, verstanden als einem der Höhepunkte ultramontaner Verlautbarungen im 19. Jahrhundert, geschehen. In Betracht fallen muss zur historischen Einschätzung Périns die gesamte Ambivalenz der Genese ultramontaner Anschauungen im frühen 19. Jahrhundert, in dem sich eine katholische Annäherung an Liberalitätsdiskurse maßgeblich darüber vollziehen konnte, die Superiorität einer als katholisch verstandenen gegenüber einer als säkular verstandenen Liberalität zum Ausdruck zu bringen – und somit zutiefst ultramontan, zugleich aber bis zu einem gewissen Grad modern zu argumentieren. Dass Périns Antimodernismus zumindest in wirtschaftlicher Perspektive die eigens verurteilten modernistischen Züge auf spezifische Art und Weise selbst ausstellte, ist unverkennbar. Sein Hofieren der römischen Hierarchie sowie seine starke anti-liberalistische Rhetorik in der Formulierung liberaler Forderungen stellten sich mit Blick auf das Schicksal eines Lamennais als unabdingbar dar, um zu keiner Zeit ‚zu modern' zu argumentieren.

Rezeption Périns innerhalb der modernen Wirtschaftswissenschaft
Hieran schließt sich die Frage an, wie eine solche katholische Politische Ökonomie im zeitgenössischen wirtschaftstheoretischen Diskurs wahrgenommen und eingeordnet wurde. Wie kam Périns „modern faith" bei der modernen Wirtschaftswissenschaft an? Über den Korrespondenznachlass des Belgiers lässt sich nachweisen, dass er seine Publikationen an einige namenhafte liberale Ökonomen des belgischen und französischen Kontexts übersandte, woraus sich Kontakte und gegenseitige Rezeptionen ergaben.

Mit Jean Arrivabene, einem ursprünglich italienischen, kurz vor der Revolution nach Belgien übergesiedelten und bestens mit der französischen liberalen Schule um Say vernetzten Nationalökonomen[444], stand Périn zwischen 1853 und 1870 in sporadischem Briefkontakt, der von einer hohen gegenseitigen Wertschätzung geprägt war.[445] Périn hatte ihm schon seine Schrift *Du progrès matériel et du renoncement chrétien* von 1854 zukommen lassen. Arrivabene bestätigte Périn in den 1860er Jahren in seiner moralischen Gesellschaftskritik: „La société est malade […]. La grande plaie de notre époque c'est l'amour immodéré des richesses."[446]

444 Vgl. zu seiner Biographie Dijck: De wetenschap van de wetgever (2008), S. 55.

445 Vgl. Arrivabene à Charles Périn. Archives de l'Etat à Mons, Périn Charles, Correspondance. Lettres reçues, 30. Périn äußerte sich auch anderweitig positiv über Arrivabene, vgl. Budgets économiques des classes ouvrières en Belgique – Subsistances, salaires, population (M. Ed. Ducpétiaux), in: Journal de Bruxelles (23.05.1856).

446 Arrivabene à Périn, 07.03.1862. Archives de l'Etat à Mons, Périn Charles, Correspondance. Lettres reçues, 30. Freie Übersetzung: „Die Gesellschaft ist krank […]. Die große Wunde unserer Zeit ist die exzessive Liebe der Reichtümer."

Von Charles le Hardy de Beaulieu, Lehrer an der École Spéciale de Commerce, d'Industrie et des Mines in Mons und leidenschaftlicher Verfechter des Freihandels[447], findet sich zumindest ein Brief an Périn von 1863. Offenbar hatte Périn zuvor zwei seiner Publikationen, neben *De la richesse* auch *Les économistes, les socialistes et le christianisme*, an die für den intellektuellen Austausch 1833 gegründete Société des sciences, des arts et des lettres du Hainaut (Belgien) gesandt. Auf der Rückseite einer Sekretariatsantwort, die Périn die Aufnahme seiner Bücher in die Sozietätsbibliothek zusagte, finden sich einige persönliche Worte Le Hardys an Périn, die offenbar Bezug nahmen auf ein persönliches Anschreiben des katholischen Ökonomen. Le Hardy de Beaulieu merkte darin hochachtungsvoll an, er habe leider nicht die Zeit für eine ausführliche Lektüre erübrigen können und nur das Fazit – offenbar von *De la richesse* – gelesen, auf Basis dessen wohl aber lange nicht alles korrekt verstanden. Lobend merkte er an, dass Périn mit der Religion und der modernen ökonomischen Wissenschaft zwei scheinbar gegensätzliche Pole zwänge, sich miteinander zu konfrontieren und sogar miteinander zu versöhnen:

> Je considère donc ce travail comme un trait d'union entre la Religion et la science économique. Jusqu'ici elles se tournaient à peu près le dot, et croyaient l'une et l'autre, avoir assez bonnes saisons de se haire, au moins de se témoigner de la défiance. Vous les avez forcées à se regarder en face, et elles ont été fort étonnées de se trouver d'accord.[448]

Als Kritikpunkt brachte er, dieses Lob bereits wieder unterlaufend, allerdings an, dass Périns moralische Begrifflichkeiten durchaus auf ihre unmittelbar religiöse Konnotation verzichten könnten, ohne dass dabei die Plausibilität eines ethischen Arguments geschwächt würde:

> Permettez-moi cependant, Monsieur, une observation critique [...] que vous donnez aux expressions ‚renoncement chrétien' et ‚charité' qui me semblent, dans beaucoup de cas, pouvoir se remplacer, la première par ‚conscience de la propre dignité' et ‚respect du droit de l'autre', la seconde par ‚bienveillance'.

---

447 Vgl. zu seiner Biographie Dijck: De wetenschap van de wetgever (2008), S. 57.

448 Le Hardy de Beaulieu à Périn, 27.08.1863. Archives de l'Etat à Mons, Périn Charles, Correspondance. Lettres reçues, 169. Freie Übersetzung: „Ich verstehe nun das Anliegen dieser Arbeit darin, eine Vereinigung zwischen Religion und ökonomischer Wissenschaft zu stiften. Bis jetzt haben sie sich hauptsächlich den Rücken gekehrt in dem Glauben, genug Gründe zu haben, um sich gegenseitig zu hassen oder zumindest einander Argwohn zu bekunden. Sie haben sie gezwungen, sich gegenseitig ins Gesicht zu schauen, und sie mit Erstaunen feststellen lassen, dass sie übereinstimmen können."

> Les sentiments, bien que n'émanant pas toujours directement de la Religion, y puissent néanmoins une grande force.[449]

Trotz dieser Anfrage erwähnte Périn Le Hardy de Beaulieu, genau wie Arrivabene, im kritischen Teil des *Rapports van Leuven* nicht. Mit beiden strebte er offenbar einen konstruktiven Austausch an.

Anders verhielt sich die Sache mit Gustave de Molinari, der belgischen Gallionsfigur eines äußerst weitgehenden ökonomischen Liberalismus und Marktkapitalismus in der Tradition der französischen Smith-Rezeption durch Frédéric Bastiat.[450] Im *Rapport van Leuven* verurteilte Périn nicht nur die „condamnables doctrines" Molinaris, sondern darüber hinaus auch die von ihm mitherausgegebenen zentralen Publikationsorgane der liberalen Schule, das *Dictionnaire d'économie politique* und das *Journal des économistes*.[451] Diese Abneigung beruhte durchaus auf Gegenseitigkeit. So verwies der knappe sachliche Eintrag zur Professur Périns im *Dictionnaire* von 1864 auf eine äußerst kritische Rezension zu Périns *Les économistes, les socialistes et le christianisme*, die Molinari bereits 1850 in besagtem *Journal des économistes* publiziert hatte. Molinari warf Périn darin vor, der liberalen Schule zu Unrecht sensualistische Tendenzen zu unterstellen, das heißt (in der nicht tiefer philosophischen Konnotation des Begriffs bei Périn[452]) die Propagierung von sinnlicher Genusssucht und ungebremsten materiellen Begierden:

> Est-il vrai que les économistes disent aux classes ouvrières: Mangez, buvez, gorgez-vous! donnez à vos appétits brutaux une satisfaction illimitée! soignez vos corps, sans vous inquiéter de vos âmes! [...] Non! cela n'est pas vrai. Non! on calomnie les économistes quand on les accuse de sensualisme.[453]

---

449 Le Hardy de Beaulieu à Périn (27.08.1963). Freie Übersetzung: „Erlauben Sie mir die eine Kritik, Monsieur, hinsichtlich Ihrer Begriffe ‚christliche Entsagung' und ‚Nächstenliebe', welche, wie mir scheint, in vielen Fällen ersetzt werden könnten durch ‚Bewusstsein der eigenen Würde' oder ‚Respekt gegenüber dem Recht des Anderen' (für ersteren) und ‚Wohlwollen' (für zweiteren). Auch wenn diese Gefühle nicht direkt von der Religion herrühren, können sie dennoch eine starke Kraft entwickeln."

450 Vgl. zu seiner Biographie und Bedeutung ausführlich Dijck: From Science to Popularization (2008).

451 Vgl. zu diesen Organen die Informationen, die bei der Analyse des *Rapports* gegeben wurden.

452 Molinari merkte diesbezüglich treffend an, dass Périn an keiner Stelle eine klare Definition des Begriffs Sensualismus gab, ihn aber wohl nicht im tieferen Sinne philosophisch konnotierte.

453 Molinari, Gustave de: Les économistes, les socialistes et le christianisme par M. Charles Périn, in: Journal des économistes. Revue mensuelle de l'économie politique des questions agricoles, manufacturières et commerciales, XXV (1850), S. 98–101, hier 99. Freie Übersetzung: „Stimmt es denn, dass die Ökonomen zur Arbeiterklasse sagen:

Den großen Schriften der „économistes" wie Smith oder Say und ihrer Schüler liege immer das Ideal gesellschaftlicher Gerechtigkeit („la justice") zugrunde, wenn sie die Erzeugung und Verteilung von Reichtümern theoretisierten. Zu dieser Kritik Molinaris ist anzumerken, dass Périn ihnen diesen Aspekt im *Rapport van Leuven* zehn Jahre nach dieser Rezension sogar zugestand, hierzu allerdings einschränkend bemerkte, dass ein derart abstraktes Gerechtigkeitsdenken den so wichtigen Aspekt freier christlicher „charité" auslösche:

> Beaucoup d'économistes obstinent à bannir de leur science toute notion de la charité; ils la fondent exclusivement sur la justice [...].[454]

Gerade im englischen Kontext, so Molinari nun weiter, sei die moderne Ökonomie immer auch ein Mittel gewesen, sich gegen die Privilegien des Adels zu erheben und darin „la fraternité universelle" zu leben. Zur Illustration des dahinterstehenden moralischen Bewusstseins der Ökonomen führte er beispielhaft den führenden britischen Freihandelskämpfer Richard Cobden an, der 1842 die moralischen Konsequenzen des Freihandelsprinzips, „les conséquences morales du principe de la liberté coommerciale", besonders hervorgehoben hatte.[455]

Molinari beließ es nicht bei der Kritik, Périn habe die ethische Dimension des Arguments der „économistes" verkannt, sondern merkte darüber hinaus an, das zeitgenössische Christentum verkörpere aus seiner Sicht keineswegs Périns Idealbild der Selbstentsagung:

> Nous ne voyons pas cependant qu'ils donnent cet exemple du ‚renoncement de soi-même'; nous voyons, au contraire, qu'ils mènent, surtout dans les hauts degrés de la hiérarchie, une existence passablement confortable.[456]

Esst, trinkt, lasst euch gehen! Verschafft eurem brutalen Appetit eine unbegrenzte Befriedigung! Pflegt euren Körper, ohne euch um eure Seelen zu sorgen! [...] Nein! Das stimmt nicht. Nein! Man verleumdet die Ökonomen, wenn man ihnen Sensualismus unterstellt."

454 Les économistes et leurs doctrines (1860), S. 88. Freie Übersetzung: „Viele Ökonomen verbannen aus ihrer Wissenschaft hartnäckig jeden Anklang von christlicher Nächstenliebe; sie fassen sie ausschließlich unter dem Begriff der Gerechtigkeit [...]."

455 Vgl. Molinari: Les économistes, les socialistes et le christianisme par M. Charles Périn (1850), S. 99.

456 Molinari: Les économistes, les socialistes et le christianisme par M. Charles Périn (1850), S. 100. Freie Übersetzung: „Es ist allerdings nicht zu erkennen, dass sie [die Christen] dieses Beispiel der ‚Selbstentsagung' leben würden; man erkennt im Gegenteil gerade in den oberen Hierarchien, dass sie eine durchaus komfortable Existenz führen."

Périns Argument ins Gegenteil verkehrend argumentierte Molinari, christliche Herrschaft habe sich in der Geschichte hinsichtlich der sozio-ökonomischen Situation gerade nicht als glorreich erwiesen. Heute sei die miserable Sozialsituation des so katholisch verwurzelten Belgien Beweis dafür, dass Périns Diagnosen ins Leere liefen.[457]

Den von Molinari vorgebrachten Punkt, die moderne Ökonomie würde keineswegs moralische Wirtschaftsdimensionen vernachlässigen, brachten auch andere Ökonomen vor, die Périn rezipierten. Die im erweiterten Betrachtungszeitraum wohl ausführlichste Erwiderung in diesem Sinne stammte vom französischen liberalen Ökonomen Frédéric Passy (1822–1912) und wurde 1866 ebenfalls über das *Journal des économistes* veröffentlicht.[458] Unter dem Titel *L'économie politique et la religion. Etude sur ce qu'on a appelé l'économie politique chrétienne* nannte er nicht nur Périn als Vertreter einer solchen christlichen Politischen Ökonomie, sondern auch Villeneuve-Bargemont.

Anliegen Passys war es, ganz wie Molinaris, den Vorwurf der Amoralität gegen die moderne Wirtschaftswissenschaft zu entkräften. Freilich dürfe nicht verlangt werden, dass sich Religion und ökonomische Wissenschaft aus derselben Perspektive und mittels identischen Vokabulars mit dem menschlichen Leben beschäftigten, so Passy. Berechtigterweise könne aber eine Kompatibilität der (moralischen) Grundanschauungen verlangt werden:

> […] l'accord n'est pas l'identité, et dire que deux sciences ne se contredisent pas, ce n'est pas dire qu'elles se confondent. Chacune a son domaine, parce que chacune correspond à un ordre spécial de phénomènes; et chacune aussi a ses procédés comme son genre particulier d'autorité. L'économie politique n'est pas la morale, encore moins la religion; et ce n'est pas par le même côté qu'elle envisage la vie humaine. Il n'y a donc pas à lui demander de tenir en tout précisément le même langage […]. Ce qu'on peut lui demander, c'est de ne pas tenir un langage *incompatible* avec le leur […].[459]

---

457 Vgl. Molinari: Les économistes, les socialistes et le christianisme par M. Charles Périn (1850), S. 100f.

458 Vgl. Passy, Frédéric: L'économie politique et la religion. Etude sur ce qu'on a appelé l'économie politique chrétienne, in: Journal des économistes. Revue de la science économique et de la statistique, IV (1866), S. 1–38.

459 Passy: L'économie politique et la religion (1866), S. 8 [Hervorhebung im Original]. Freie Übersetzung: „[…] eine Übereinstimmung ist keine Gleichheit, und wenn man sagt, dass sich zwei Wissenschaften nicht widersprechen, heißt das nicht, dass sie austauschbar sind. Jede hat ihren Bereich, weil jede sich auf eine eigene Ordnung von Phänomenen bezieht; und jede hat auch ihre eigene Vorgehensweise genau wie ihre eigene Art von Autorität. Die Politische Ökonomie ist nicht die Moral, noch viel weniger ist sie die Religion; und sie betrachtet das menschliche Leben nicht von derselben Seite her. Man

Dezidiert nahm er im Folgenden eine ‚Übersetzung' verschiedener nationalökonomischer Grundprinzipien in eine religiös-moralische Sprache vor, um aufzuzeigen, dass eine grundlegende Kompatibilität nicht bestritten werden könne. Liege in der „multiplication des ressources" nicht eine Nutzung der Potentiale, die eine „Sagesse suprême", das heißt Gott, einst vorgesehen hat? Liege im Einschluss des gesamten Globus in Arbeits- und Austauschprozesse nicht die Möglichkeit einer Vereinigung der Menschheit im christlichen Sinne? Drücke das Prinzip der freien Konkurrenz nicht nach außen das aus, was den christlichen Glauben nach innen ausmachte: die Hochschätzung der persönlichen Freiheit?[460] Hier fällt die unmittelbare Parallelität zur Argumentation Périns auf, der hinsichtlich dieser spezifischen Punkte ganz ähnlich argumentiert hatte, dabei aber gerade keine Übersetzung, sondern vielmehr eine Richtigstellung impliziert hatte: Gerade die christliche Basis und damit das christliche Vokabular seien nötig, um diese Prinzipien auch in einer ethischen Dimension erst wahrhaft nutzen zu können. Der Fokus auf Gerechtigkeit, den Passy wie auch Molinari für die moderne ökonomische Theorie starkmachten, reichte aus Sicht Périns gerade nicht aus, um zu behaupten, Religion und Politische Ökonomie hätten dasselbe Ziel.

Wohl in der Hoffnung auf eine andere Rezeption hatte Périn Passy 1861 ein Exemplar von *De la richesse* zugesandt – möglicherweise ein Moment der Inspiration für den französischen Ökonomen, sich näher mit dem Diskurs um eine christliche Politische Ökonomie zu beschäftigen. Passy hatte sich daraufhin bei Périn bedankt, gar von einer „grand et beau travail" gesprochen, die den „sciences économiques" die Aufmerksamkeit gebe, die sie verdienten.[461]

Auch andere französische Ökonomen signalisierten Périn ihre Hochachtung, nachdem er ihnen sein Hauptwerk zugesandt hatte. Neben dem Brief Michel Chevaliers, den er in seinen Arbeiten behandelt und gegenüber Papst Pius IX. als spiritualistisch klassifiziert hatte[462], finden sich in seinem Nachlass etwa hochachtungsvolle Schreiben Louis Wolowskis. Schon ein paar Jahre vor der Publikation von *De la richesse*, das der Ökonom polnischen Ursprungs als „une

kann daher nicht von ihr verlangen, ganz genau dieselbe Sprache zu sprechen […]. Was man aber sehr wohl von ihr verlangen kann, ist, dass sie nicht eine [zur Religion und zur Moral] *inkompatible* Sprache spricht […]".

460 Vgl. Passy: L'économie politique et la religion (1866), S. 9–12.

461 Vgl. Passy à Périn, 02.10.1861. Archives de l'Etat à Mons, Périn Charles, Correspondance. Lettres reçues, 281.

462 Vgl. Chevalier à Périn, 18.11.1861. Archives de l'Etat à Mons, Périn Charles, Correspondance. Lettres reçues, 90.

œuvre remarquable“ bezeichnete[463], versicherte er Périn, man habe dieselben Ansichten: „[…] notre but est le même. Il faut spiritualiser l'économie politique […] le progrès matériel ne vaut que comme instrument du développement moral […].“[464]

Périn nutzte das Attribut ‚spiritualistisch‘ nur zwei Jahre später im *Rapport* dazu, Wolowski zwar zu würdigen, seine Anschauungen aber noch nicht ganz katholisch zu nennen – wenngleich er dort hoffnungsvoll bemerkte: „[…] mais depuis quelques années il s'opère dans son esprit un mouvement qui le rapproche de plus en plus la doctrine catholique.“[465]

Périn verwies hier gerade auf die Einleitung, die Wolowski für seine Übersetzung der Schriften des deutschen Ökonomen Wilhelm Roscher verfasst hatte – eines, so Périn, ebenfalls spiritualistischen Vertreters seines Fachs mit einer gewissen Glaubensschwäche, aber durchaus hoffnungsvollen Ansätzen in der Verbindung von Ethik und Ökonomie.[466] Roscher, Vertreter der Historischen Schule innerhalb der deutschen Nationalökonomie, die mit der Forderung einer Verankerung abstrakter Theoreme in den empirischen und kulturellen (und das heißt auch historischen) Gegebenheiten die klassische Nationalökonomie prominent kritisierte, gehörte zu den wenigen Rezipienten Périns im Bereich der deutschsprachigen Wirtschaftswissenschaft.[467] *De la Richesse* sah er als „Neue[n] Versuch, die Volkswirthschaftslehre zu katholisiren“. Viele Katholiken vor Périn hätten, so Roscher,

> ihre Wissenschaft nicht als Katholik behandelt, sondern als Wahrheitsforscher, welche das Feld ihrer Arbeit, ähnlich wie das bei Naturforschern und Mathematikern wohl immer der Fall ist, für einen confessionell-unparteiischen Boden ansehen.[468]

---

463 Vgl. Wolowski à Périn, 16.11.1861. Archives de l'Etat à Mons, Périn Charles, Correspondance. Lettres reçues, 377.

464 Wolowski à Périn, 25.05.1858. Archives de l'Etat à Mons, Périn Charles, Correspondance. Lettres reçues, 377. Freie Übersetzung: „[…] unser Ziel ist dasselbe. Man muss die Politische Ökonomie spiritualisieren […] der materielle Fortschritt dient immer nur als Mittel für die moralische Entwicklung […].“

465 Les économistes et leurs doctrines (1860), S. 84. Freie Übersetzung: „[…] aber seit einigen Jahren wird in seinem Geist eine Bewegung sichtbar, die ihn der katholischen Lehre näher und näher bringt.“

466 Vgl. Les économistes et leurs doctrines (1860), S. 84.

467 Vgl. zu Roscher und zur Historischen Schule ausführlich Priddat: Produktive Kraft (1998), S. 283–319; Söllner: Die Geschichte des ökonomischen Denkens (2015), S. 221ff.; Brandt: Geschichte der deutschen Volkswirtschaftslehre, 2 (1993), S. 53–56.

468 Roscher, Wilhelm: Ansichten der Volkswirthschaft aus dem geschichtlichen Standpunkte, Bd. 1, 3., verb. Aufl., Leipzig/Heidelberg 1878, S. 53.

Die Verbindung von Katholizismus und Nationalökonomie hielt er an sich für ein „[d]onquijoteartiges", „[g]espensterhaftes" Projekt, bei dem Mittelalter und Gegenwart aufeinanderträfen.[469] Dies gelte jedoch nicht für die gründlich fundierte Arbeit Périns:

> Der Verfasser ist unverkennbar zu Hause in seiner Wissenschaft. Ohne gerade viel Materialforschung hat er jedenfalls die besten, zum Theil auch neuesten Werke seines Faches nicht nur compilirt, sondern gründlich verstanden. Er denkt so klar und schreibt so schön, daß viele seiner Kapitel in jedes andere gute Lehrbuch passen würden.[470]

Als Kritikpunkt brachte Roscher, selbst kein Katholik, sondern Protestant pietistischer Prägung, allerdings an:

> Wer da weiß, daß das reine Christenthum zugleich die reine und lebendige Wahrheit ist, der Katholicismus aber zwar auch Christenthum, aber ein mit allerlei, mehr oder minder fremdartigen, Zusätzen gemischtes, der wird schon von selbst die Gränze ahnen, bis wohin der Versuch, eine Wissenschaft zu katholisiren, gelingen kann. Er muß gelingen, soweit das Katholische mit dem rein Christlichen zusammenfällt. Sowie aber jüdische oder heidnische Ueberreste, geographische oder geschichtliche Besonderheiten, politische Tendenzen [...] den rein christlichen Kern im Katholischen zu verdecken anfangen, muß sich die Wahrheit durch solche getrübte Gläser betrachtet, nothwendigerweise verdunkeln oder entstellen.[471]

Dementsprechend forderte er etwa die Ersetzung der Kategorie der „katholischen Entsagung" durch die des „christlichen Gewissens".[472]

Nicht zufällig fiel Périns Anliegen, Ethik und Wirtschaft zu verknüpfen, gerade bei der deutschen Historischen Schule auf prinzipiell fruchtbaren Boden, die gerade eine zeitlos abstrahierende Herangehensweise an wirtschaftliche Prozesse ablehnte und damit kulturellen Faktoren Relevanz zusprach. Schon Brants hat diese Nähe der methodischen Herangehensweisen betont; Périn wie die Historische Schule würden über historisch-kulturelle Prozesse argumentieren und seien damit keine „a prioriste[s]", wenn sie Wirtschaftswissenschaft betrieben. Gleichwohl – dies sieht auch Brants – hatte Périn immer die eine katholisch-christliche Lesart kultureller Entwicklungsprozesse im Kopf, was ihn von der eher empirischen Methode der Historischen Schule

469 Vgl. Roscher: Ansichten (1878), S. 58f.
470 Roscher: Ansichten (1878), S. 59.
471 Roscher: Ansichten (1878), S. 60.
472 Vgl. Roscher: Ansichten (1878), S. 86.

unterschied.[473] Immer wieder konnte in den betrachteten Quellen das Grundargument herausgearbeitet werden, dass Doktrinen Schuld am herrschenden Elend seien – was eine vorrangig ideelle und theoretische Herangehensweise darstellte, die zudem ihren Feind bereits sicher identifiziert hatte.[474]

Diese Dichotomie stellte Périns Ansatz in den mittelbaren Zusammenhang des „Methodenstreits", der sich innerhalb der deutschen Nationalökonomie in den letzten beiden Jahrzehnten des 19. Jahrhunderts abzeichnete.[475] Grundlegend ging es hierbei um die Frage, ob man aus ökonomischen Daten erst Theorien und Gesetze ableiten sollte oder bereits Theorien benötigte, um ökonomische Daten zu nehmen. Für die induktive Methode machte sich vor allem der Ökonom Gustav von Schmoller (1838–1917) stark, der hiermit eine jüngere Historische Schule vertrat, für die deduktive dagegen der Wiener Ökonom Carl Menger (1840–1921). Interessanterweise bewegte sich eine weitere deutschsprachige Rezeption Périns innerhalb dieses Kontextes: Georg Ratzinger (1844–1899), katholischer Geistlicher, Wirtschaftspolitiker und Publizist, schlug sich auf die Seite Mengers, nicht ohne in seinen eigenen Texten bisweilen historisch-induktiv zu argumentieren. Dieser Widerspruch, der von der Forschung vor einigen Jahren benannt wurde[476], erscheint nicht überraschend, zieht man in Betracht, dass Ratzinger die ebenfalls in diesem Zwiespalt zu deutende katholische Politische Ökonomie Périns in bestimmten Punkten positiv rezipierte.[477]

---

473 Brants bemerkt diesbezüglich, man könne Périn leicht für einen „a prioriste" halten, vgl. Brants: Charles Périn (1906), S. 16.

474 Exemplarisch sei Périn noch einmal zitiert: „C'est au cœur même de la société qu'il faut pénétrer, ce sont ses doctrines qu'il faut scruter pour s'expliquer la profondeur de ces désordres. Les doctrines sont l'âme de la société; ce sont elles qui lui impriment le mouvement dans l'ordre matériel aussi bien que dans l'ordre moral", Périn: Les économistes (1849), S. 1f. Freie Übersetzung: „Man muss zum Herz der Gesellschaft vordringen, ihre Doktrinen sind zu hinterfragen, um das Ausmaß ihrer Verwirrung zu erfassen. Die Doktrinen sind die Seele der Gesellschaft; sie sind es, die die Entwicklungen der materiellen wie der moralischen Ordnung bestimmen."

475 Gemeint ist hier der „ältere Methodenstreit", vgl. Söllner: Die Geschichte des ökonomischen Denkens (2015), S. 225f.

476 Vgl. Zschaler, Frank E.: Georg Ratzinger als Wirtschaftswissenschaftler, in: Kirchinger, Johann; Schütz, Ernst (Hgg.): Georg Ratzinger (1844–1899). Ein Leben zwischen Politik, Geschichte und Seelsorge, Regensburg 2008, S. 291–300, hier 295.

477 Vgl. Gorges, Karl-Heinz: Georg Ratzinger (1844–1899) als christlicher Wirtschaftsethiker. Untersuchungen zur Kapitalismus- und Sozialismuskritik (Veröffentlichungen des Instituts für Gesellschaftswissenschaften Walberberg, 10), Siegburg 2015, S. 93. Übereinstimmungen zwischen Périn und Ratzinger finden sich insbesondere in der Einstellung Ratzingers zu Armut und Reichtum (für Ratzinger zusammengefasst durch Gorges:

Périn wurde also, wie nun gezeigt werden konnte, innerhalb der zeitgenössischen ökonomischen Wissenschaft nicht nur international wahrgenommen und rezipiert, sondern bezog mit seiner Methodik indirekt auch Stellung zu wesentlichen Debatten innerhalb der Nationalökonomie der zweiten Hälfte des 19. Jahrhunderts. Seine katholische Politische Ökonomie erwies sich als durchaus anschlussfähig hinsichtlich auch anderweitig formulierter kritischer Anfragen an eine angemessene wirtschaftstheoretische Methodik. Tatsächlich wurde er nach der Publikation von *De la Richesse* sogar in die Pariser Société d'économie politique aufgenommen. 1842, zur Zeit der großen Freihandelsdebatten, war die Sozietät von Anhängern der französischen liberalen Schule nach Jean-Baptiste Say als Diskussionsforum gegründet worden. Prominente und hier bereits erwähnte Ökonomen wie Michel Chevalier oder Frédéric Passy standen ihr lange Jahre als Präsidenten vor.

Dass es zur Aufnahme Périns in jenen illustren Kreis durchaus kontroverse Positionen gab, zeigt ein Zeitungsartikel von 1862. Offenbar hatte der selbst bei der Gründung beteiligte Ökonom Joseph Clément Garnier die Meinung geäußert, Périn führe lediglich die von Villeneuve-Bargemont initiierte Linie weiter und habe keine eigene, dem gleichrangige Position entworfen. Ein nicht genannter Artikelschreiber hielt dem entgegen, Périn habe aus den Einzelansätzen Villeneuve-Bargemonts erst ein eigenständiges System entwickelt. Ökonomen wie Wolowski hätten die Aufnahme zudem befürwortet.[478]

Wenngleich Périn, wie auch hier zu sehen, zeitgenössisch häufig vor dem Hintergrund seiner Vorgänger rezipiert und beurteilt wurde, so zeigte sich gerade im Presseecho auf *De la Richesse*, dass er zu seiner Zeit dennoch als hervorstechender Systematiker hinsichtlich bereits existierender katholischer Ansätze und somit als eigentlicher Schulengründer einer katholischen Politischen Ökonomie angesehen wurde. In der frankophonen katholischen Presse in Belgien und Frankreich überschlugen sich die Würdigungen der

S. 150 –168), Unterschiede hingegen etwa in der zunächst kategorischen Ablehnung des Prinzips der freien Konkurrenz durch Ratzinger (für Ratzinger zusammengefasst durch Gorges: S. 145–149).

478 Vgl. [Bericht über Diskussion der *Société économique*], in: Le Courier de Huy (05.01.1862).

ersten und zweiten Auflage in den 1860er Jahren.[479] Bisweilen wurde hier auf Charles de Coux als Grundsteinleger für die Systematik Périns verwiesen.[480]

Gefasst werden kann diese Schule wie gesehen nicht nur über ihr Selbstverständnis, eine Antwort des Katholizismus auf die moderne ökonomische Wissenschaft zu sein, sondern auch über die Kritik, die seitens dieser Wissenschaft immer wieder an sie herangetragen wurde und die sie als Schule damit erst homogenisierte. Ökonomen wie Molinari und Passy, ansatzweise auch Le Hardy de Beaulieu, formulierten sie beispielhaft, indem sie ihr die, möglicherweise bewusste, Missachtung der moralischen Dimension säkularer Wirtschaftswissenschaft vorwarfen. Roscher nahm diesen Punkt in seiner Kritik ebenfalls auf, verengte ihn lediglich auf seine Weise, indem er der katholischen Politischen Ökonomie Périns vorhielt, die Hegemonie christlicher Moral ausschließlich vom Katholizismus abzuleiten.

Nicht ohne Grund suchte Périn in seinen Schriften immer wieder die Konfrontation gerade mit Theoretikern wie etwa Malthus und Mill, die auf ihre Art bewusst ethisch, nicht aber mit Bezug zur katholischen Kirche argumentierten. Auch katalogisierte er für Papst Pius IX. gründlich, wenn es um die Ansätze der von ihm als spiritualistisch klassifizierten Ökonomen ging, deren Gedanken man trotz eines gewissen Respekts gegenüber dem Katholizismus nicht mit einer katholischen Politischen Ökonomie verwechseln dürfe.

Wie lässt sich nun dieser Befund abschließend deuten, setzt man ihn in Beziehung zu Narrativen von Säkularisierung und Moderne, die sich für den mitteleuropäischen Bereich noch immer stark um die systemtheoretische Diagnostik einer sich funktional differenzierenden Gesellschaft ranken?[481] Sehr deutlich ist geworden, dass – auch im Nachgang des moralphilosophischen Anspruchs Adam Smiths – die nicht-katholische Politische Ökonomie sich alles andere als ethikfern verstanden wissen wollte und somit ihr Selbstverständnis, systemtheoretisch gesprochen, keineswegs nur noch auf ein funktionales Teilsystem der Gesellschaft bezog. Eine ethische Dimension mitzudenken und somit nicht verengt auf ökonomische Logiken zu operieren, machte eine

479 Vgl. zur ersten Auflage [Besprechung *De la richesse dans les sociétés chrétiennes*], in: Le Bien Public (29.12.1861); [Besprechung *De la richesse dans les sociétés chrétiennes*], in: L'Union (11.01.1862); [Besprechung *De la richesse dans les sociétés chrétiennes*], in: Journal de Bruxelles (13.01.1862) und zur zweiten Auflage Nettement, Alfred: [Besprechung *De la richesse dans les sociétés chrétiennes*], in: L'Union – Edition du Soir (16.06.1868); [Besprechung *De la richesse dans les sociétés chrétiennes*], in: Le Bien Public (05.07.1868).

480 Vgl. hierzu besonders Le Bien Public (05.07.1868).

481 Vgl. als Überblick, auch zur Problematisierung des Konzepts für andere Weltregionen, Graf, Friedrich Wilhelm: Art. Säkularisierung (Enzyklopädie der Neuzeit Online, 2005–2012), DOI: http://dx.doi.org/10.1163/2352-0248_edn_COM_343371 (abgerufen am 14.02.2022).

katholisch-ultramontane Politische Ökonomie, wie sie Périn vertrat, im zeitgenössischen ökonomischen Diskurs also keineswegs unmodern. Vielmehr wurde sie mit ihrem ethischen Anspruch als so modern wahrgenommen, dass ihre eingleisige und somit alternativlos konfessionell-religiöse Herleitung, auf Basis derer sie gegen anderweitige Herangehensweisen polemisierte, als Moment starker Irritation in Erscheinung treten musste.

Durch die rigorose katholische Vereinnahmung sowohl ethischer als auch modern-ökonomischer Logiken in der Tradition der „Romantic Catholics […] in search of a modern faith“ forderte Périn eine sich um ethische Dimensionen bemühende Wirtschaftswissenschaft heraus, ohne dieser auch nur die leiseste Chance zu geben, den Deutungskampf zu gewinnen. Da er Religion niemals als Teilsystem unter vielen begriff, das nach Wunsch seine systemgebundene Meinung zusteuerte, waren Versöhnungsangebote wie die eines Frédéric Passy von vornherein zum Scheitern verurteilt. Der nicht nur hier aufscheinende liberale Versuch, Religion zunächst zu definieren, um sich hiernach von ihr zu differenzieren[482], lief im Angesicht der katholischen Politischen Ökonomie Périns ins Leere, die zwischen Wirtschaft und Religion nie getrennt hatte.

482 Borutta spricht hinsichtlich der „Grenzen der Säkularisierung“ zur Zeit der europäischen Kulturkämpfe des 19. Jahrhunderts für den politischen Raum treffend von einem „‚blinde[n] Fleck‘ des liberalen Versuchs der Differenzierung von Politik und Religion“: „In dem Moment, in dem der Gesetzgeber Religion definierte, überschritt er die von ihm selbst errichtete Grenze“, Borutta: Antikatholizismus (2010), S. 354.

KAPITEL 4

Wie Katholiken die moderne Ökonomie entdeckten – Vergleichende Schlussfolgerungen

4.1 Religion und Ökonomie – Semantiken der Durchdringung bei Wessenberg und Périn

Um die Ergebnisse der Einzelanalysen abschließend zu einem Gesamtbild zusammenfügen zu können, das weniger wiederholt als vielmehr abstrahiert und erweitert, sollen im Folgenden grundlegende Semantiken der Durchdringung von Religion und Ökonomie im Argument Wessenbergs und Périns vergleichend herausgearbeitet werden. Ihre Rezeption modern-ökonomischer Denkweisen und Postulate, so soll dadurch gezeigt werden, basierte insbesondere auf einer je spezifischen religiösen Aufladung und Inanspruchnahme wesentlicher begrifflicher Säulen des ökonomischen Diskurses, auf deren Grundlage sie ihre ökonomisch-theologischen Positionen auf den verschiedenen inhaltlichen Feldern formulierten: *Wissenschaft, Fortschritt* und (*ökonomische*) *Freiheit.*

4.1.1 *Wissenschaft – „Etwas Göttliches" oder Gottesdienst?*

Welche Semantiken von Wissenschaft als solcher und insbesondere von Wirtschaftswissenschaft sind bei Wessenberg und Périn auszumachen? Wie definierten sie als Katholiken ihre Rolle im zeitgenössischen Wissenschaftsdiskurs? Wessenberg traf hierzu einige kategorische Aussagen. „Die Summe unserer Erkenntnisse in Zusammenhang gebracht", so führte er unabhängig von ökonomischen Fragestellungen aus, „bildet unsere Wissenschaft".[1] Ganz im Duktus seiner Zeit verstand der Theologe Wissenschaft im Singularbegriff als „allumfassende[] Einheit"[2] menschlicher Erkenntnisse, fasste hierunter im dynamischen Sinne aber auch das stete „Streben nach Erkenntnissen und nach ihrer Begründung und Erweiterung"[3], und zwar zur „Bildung und Wohlfahrt der Menschen".[4] Jedwede elitär-intellektuelle Konnotation von

---

1 Wessenberg: Gott und die Welt, 2 (1857), S. 165.

2 Gierl, Martin: Art. Wissenschaft (Enzyklopädie der Neuzeit Online, 2005–2012), DOI: http://dx.doi.org/10.1163/2352-0248_edn_COM_383212 (abgerufen am 14.02.2022).

3 Wessenberg: Gott und die Welt, 2 (1857), S. 166.

4 „Bei allem Streben nach Wissen sollte aber der Zweck des Wissens – das Leben nie außer Acht gelassen werden. […] Alle wissenschaftlichen Darstellungen erhalten dadurch vorzüglichen

Wissenschaft lehnte er demgemäß ab: In der Debatte über die Reform ökonomischer Bildungsstrukturen in den 1830er Jahren warf er der Wissenschaft mit ihren ausdifferenzierten Fachdisziplinen eine Aura wie „Zauberschlösser" vor, die sie unfruchtbar mache hinsichtlich ihrer wahren Bestimmung, der Verbesserung des Lebens der Menschen.[5] Gerade in der Verbreitung beruflich-ökonomischer Bildung sah er zeitgenössisch großes Potential, dieses Ziel zu verwirklichen. Nicht zufällig forderte er gerade in diesem Bereich über Schulgründungen hinaus die feste Etablierung „wissenschaftlicher" Bildungsgänge ein, in denen „[n]icht das Vielwissen, wohl aber das Gründlichwissen"[6] im eigenen technisch-ökonomischen Fachbereich ermöglicht wurde. Auch ein solches „Gründlichwissen" spiegelte in seinen Augen das Konzept von Wissenschaft als „allumfassender Einheit":

> Die Wissenschaft steigt vom Allgemeinen zum Besonderen herab, aber auch zu ihrer Erprobung wieder von dem Besonderen zum Allgemeinen hinauf. In ihr muß vom Allgemeinen alles Licht ausgehen, wodurch das Besondere in Ein Gemeinsames vereinigt wird.[7]

Die christliche Religion sah Wessenberg als starke Befürworterin eines solchen Konzepts von Wissenschaft, das sich einerseits vom Standesdünkel der umfassenden Gelehrsamkeit wegbewegte, andererseits aber aus vielen Kleinteilen wieder am großen Ganzen einer menschlichen Erfassung der Welt arbeitete:

> In Ansehung der Wissenschaften kann der religiöse Glaube, wenn er unverdorben ist, nur ermunternd und fördernd seyn. Denn Licht ist sein Element. Ihm ist daher jedes Bestreben, Finsternisse zu verscheuchen, willkommen und wohlgefällig. […] So sehr unser Erlöser gegen die falsche Gelehrsamkeit der Schriftsteller eifert, die es geflissen darauf anlegten, dem Volk den Eingang in's Heiligthum der Wahrheit zu verschließen, so entfernt ist er, das Streben nach ächtem Wissen zu tadeln. […] nur die unnütze und stolze Wisserei verwarf er […].[8]

Werth, daß sie den Zusammenhang der Thatsachen und ihr Verhältniß zum Leben und zur Bildung und Wohlfahrt der Menschen nachweisen", Wessenberg: Gott und die Welt, 2 (1857), S. 181.

5 Vgl. Wessenberg: Ueber die Bildung (1833), S. 1.

6 Wessenberg: Gott und die Welt, 2 (1857), S. 181.

7 Wessenberg: Gott und die Welt, 2 (1857), S. 178.

8 Wessenberg, Ignaz Heinrich von: Betrachtungen über die wichtigsten Gegenstände im Bildungsgange der Menschheit, Aarau 1836, S. 184f.

Wichtig war es Wessenberg dabei allerdings, besonders auf den kategorialen Unterschied zwischen Religion und Wissenschaft hinzuweisen. „Rechte Wissenschaft" sei zwar „etwas Göttliches", könne selbst allerdings im Gegensatz zur Religion „keine Wahrheit schaffen": „aber sie strebt die Erkenntnis der Wahrheit so tief und fest als möglich zu begründen."[9] Kritisch setzte er sich daher mit der These Saint-Simons auseinander, die Geistlichkeit würde in naher Zukunft durch wissenschaftlich Gebildete ersetzt werden können. Nach den sozial-revolutionären Umwälzungen dieser Tage sei, so der französische Frühsozialist, eine neue, wissenschaftliche Religion im Entstehen begriffen, die auch die Moral herzuleiten vermöge.[10] Wessenberg, selbst Pastoralreformer und für eine Kritik am Zustand der Geistlichkeit offen, widersprach dem wie oben gezeigt energisch.[11] Die „Ergebnisse der Wissenschaft" vermöchten „die Aussprüche der Religion zu bestätigen" und „die philosophischen Angriffe auf den Christenglauben zu entkräften". Die Wissenschaft jedoch „überschreit[e] [...] ihre Grenzen", „sobald sie die Religion nach ihrem Maaßstabe gestalten" würde.[12] Bei aller Betonung, das Christentum schätze die Rationalität der wissenschaftlichen Methode, hielt Wessenbergs gerade angesichts des Angriffs Saint-Simons doch fest, dass das Christentum „mehr zum Gemüth [...], als an den Verstand sich wendet":

> Denn Allen ist ein Gemüth, ein Herz, ein Gewissen, ein sittliches Gefühl gegeben, das nur der Anregung bedarf, um dem Guten die Zustimmung zu ertheilen; wogegen der Verstand nur in sehr verschiedenen Graden unter die Einzelnen vertheilt ist. Eitel erscheint demnach der Anspruch der wissenschaftlich Gebildeten, durch die Wissenschaft die Moral begründen zu wollen.[13]

Für den Beruf des Geistlichen gab er insgesamt folgende Leitlinie aus:

> So wenig er je dem Beruf, die Moral auf die reine Lehre des Evangeliums zu begründen entsagen oder ihn an die Wissenschaft abtreten kann, so wenig hat er auch zu besorgen, von der Wissenschaft aus diesem Berufe verdrängt zu werden. [...] Um aber ihren Beruf in der Welt vollständig zu erfüllen, thut die Geistlichkeit wohl daran, die wissenschaftliche mit der religiösen Bildung in sich zu vereinigen.[14]

---

9 Wessenberg: Gott und die Welt, 2 (1857), S. 168.

10 Vgl. zu dieser Idee, die wesentlich mit der frühsozialistischen Utopie Saint-Simons verschränkt war, Strube: Sozialismus, Katholizismus und Okkultismus (2016), S. 85f.

11 Vgl. hierzu die Analyse zu *Frühsozialistischen Gesellschaftsentwürfen*.

12 Vgl. Von dem Ansehen (1831), S. 56.

13 Von dem Ansehen (1831), S. 56f.

14 Von dem Ansehen (1831), S. 57.

Für das so verstandene Postulat der Vereinigung wissenschaftlicher und religiöser Bildung stand Wessenberg nicht nur im *Archiv für die Pastoralkonferenzen* ein, wie gezeigt werden konnte. Auch seine wirtschaftspolitischen Aussagen der 1820er und frühen 1830er Jahre offenbarten gerade durch den Rekurs auf physikotheologische Denkmuster sowie auf die Idee der „Universal Economy" das Anliegen, religiöse Gewissheiten direkt mit wirtschaftswissenschaftlichen Erkenntnissen zu verweben. Letztere vermochten hier zwar die Wahrheit (der göttlichen Schöpfungs- und Erlösungsbotschaft sowie der daraus resultierenden christlichen Moral) nie selbst zu schaffen, sehr wohl allerdings „die Erkenntnis der Wahrheit so tief und fest als möglich zu begründen": Moralisches Handeln zeigte sich in Wessenbergs Argument oft genug auch als ökonomisch sinnvolles Handeln.

Dies schlägt den Bogen zu einem Vergleich der Ansichten Wessenbergs mit denen Périns. In Anbetracht des moralphilosophischen Hintergrunds Adam Smiths, ‚dessen' wissenschaftliche Disziplin Périn als Lehrstuhlinhaber vertrat, musste auch für ihn die Frage eine besondere Rolle spielen, wie die akademische Politische Ökonomie zum christlichen Moraldiskurs stehen konnte. Schon De Coux hatte seine „Economie politique" mit einer im explizit christlichen Sinne moralisch konnotierten „Economie sociale" unterlegt und argumentiert, ebendiese Grundlage gebe der Politischen Ökonomie nach Smith genau das, was ihr für eine sinnvolle Anwendung noch gefehlt habe, und mache sie zudem durch ihre klaren Lehrsätze erst wissenschaftlich abbildbar. In diesem Sinne machte Périn weiter, indem er zwar betonte, auch die Wissenschaft der Politischen Ökonomie sei eine Moralwissenschaft, da sie die Gesetzmäßigkeiten menschlicher Aktivität untersuche, allerdings eine „science morale d'un ordre inférieur à d'autres sciences morales": „L'écon. polit. ne peut donc pas être indépendante des sciences de l'ordre moral supérieur."[15]

Genau wie Wessenberg insistierte Périn auf der Unzulänglichkeit moralischer Vorgaben, die nicht explizit vom Christentum abgeleitet wurden. Ins Auge fällt für den Vergleich allerdings auch, dass der Belgier die christliche Ableitung einer Moral nicht jenseits, sondern innerhalb der akademischen Wissenschaften verortete. Dieser Punkt stellte sich als in jeder Hinsicht entscheidend für sein Selbstverständnis als katholischer Ökonom an einer katholischen Universität dar. Hier vertrat er eine katholische Politische Ökonomie, in der Wirtschaftsunterricht und Glaubensperformanz ineinander aufgingen, eine

---

15 Cours d'économie politique (1852–53), S. 3f. Freie Übersetzung: „[...] eine Moralwissenschaft niederer Ordnung im Verhältnis zu anderen Moralwissenschaften: Die Politische Ökonomie kann nie unabhängig von den Wissenschaften einer höheren Moralordnung sein."

wissenschaftliche Tätigkeit somit zu einer Art Gottesdienst wurde, in dem die göttliche Offenbarung wieder und wieder kommuniziert und gefeiert wurde.[16] Wissenschaft, katholisch verstanden, wurde damit zwar nicht zur Religion selbst, aber zu wesentlich mehr als einer rational-philosophischen Bestätigung der Wahrheit, die die Religion vorgab.

Hierin unterschied sich Périn maßgeblich von Wessenberg, wenngleich er Wissenschaft zunächst auf gleiche Weise wie der Theologe konnotierte: „La science parle à l'esprit, mais pour soumettre les volontés c'est le cœur qu'il faut gagner."[17] Während Périn nun aber die von ihm so betitelte „science rationaliste" mit den „principes éternels de l[a] foi"[18] sozial-religiös zu überformen suchte, um aus ihr gleichsam eine „science éternelle" zu machen, beharrte Wessenberg – die Überformung von der anderen Seite abwehrend – wesentlich deutlicher auf der kategorialen Unterscheidung von Religion und Wissenschaft. Wessenberg und Périn bekämpften damit die frühsozialistische Utopie auf unterschiedliche Art und Weise. Périn näherte sich, dies fällt unmittelbar ins Auge, mit seinem Selbstverständnis als katholischer Wissenschaftler, dessen wissenschaftliche und religiöse Performanz einander durchdrangen, dem Anliegen Saint-Simons immer auch bis zu einem gewissen Grad an. Diese Eigentümlichkeit lässt sich bereits im Milieu um Lamennais nachweisen, der sich nach seinem Bruch mit der Kirche in den 1830er Jahren nicht ohne Grund sozialistischen Strömungen zuwandte.[19]

Für Wessenberg dagegen stellten sich Wissenschaft und Religion als zwei wesentliche Sphären gesellschaftlichen Lebens dar, die sich, wo immer möglich, unterstützen, dabei aber stets auch ausdifferenzierbar bleiben sollten. Nichtsdestotrotz – und dies ist bei aller vermeintlichen Eindeutigkeit des Befundes besonders zu betonen – fand sich auch im Argument Wessenbergs ganz klar der Gedanke, dass jedwede wissenschaftliche Erkenntnis, rückgebunden an die oben erläuterte Idee der allumfassenden Einheit, an der sie teilhatte, im Kleinen und mit ihrem fachlich beschränkten Vokabular etwas spiegelte, was sie in ihrem eigenen Fachduktus längst nicht mehr ausdrücken konnte. In richtig betriebener Wissenschaft trete „das Göttliche" in Erscheinung, so Wessenberg – wissenschaftliche Erkenntnis fließe somit ein in religiöse Wahrheit. Dieser Prozess freilich war aus Sicht Wessenbergs gerade

---

16 Das Bild des Gottesdiensts hat bereits Delen in seinem Manuskript in ähnlicher Weise auf Périns akademisches Selbstverständnis angewandt, vgl. Delen: Economische utopie en katholieke wetenschap (2004), S. 119–123.

17 Périn: Des intérêts matériels (1841), S. 129. Freie Übersetzung: „Die Wissenschaft spricht den Geist an, aber um den Willen zu unterwerfen, muss man das Herz gewinnen."

18 Périn: Des intérêts matériels (1841), S. 128.

19 Vgl. Strube: Sozialismus, Katholizismus und Okkultismus (2016), S. 184–186, 189–193.

nicht durch katholische Absolutheitsansprüche in wissenschaftlichen Diskursen anzustoßen, wie sie Périn vertrat[20] – im Gegenteil: Hierzu setzte er auf eine von ihrem Anspruch her gerade nicht katholische Wissenschaft.

4.1.2 *Zwischen Sündenfall und „der Menschheit goldene[r] Zeit" – Katholisches Fortschrittsdenken in Zeiten ökonomischen Wachstums*

In enger Beziehung zum Wissenschaftsbegriff steht der Begriff des Fortschritts, dessen Verwendung in den Einzelargumentationen es im Folgenden zu erläutern gilt. Wie bereits in der Einleitung angedeutet, spielte er für die Kritik an der geistlichen Staatenwelt im 18. Jahrhundert eine zentrale, ja symbolische Rolle: Fortschrittlich, das hieß in protestantisch-kameralistischen Kontexten vor allem rational verwaltet und straff organisiert im Sinne steigender staatlicher Prosperität und erschien Zeitgenossen somit als das genaue Gegenteil des katholischen Glaubensvollzugs. Dies stellte die katholische Aufklärungsbewegung, so hat Lehner es formuliert, vor keine geringere Herausforderung, als „Öl und Wasser" miteinander zu verbinden.[21] Auch für einen Ultramontanismus aus der Tradition eines Lamennais', der nicht zuletzt durch den Titel seiner Zeitschrift (*L'Avenir*) eine katholische Besetzung von fortschrittsimplizierenden Liberalismen ausdrückte, stellte sich eine Operationalisierung des Fortschrittsbegriffs als unabdingbar dar.

Von Beginn an durchzogen das Werk Périns diesbezügliche Überlegungen, in logischer Weise verbunden mit solchen zur (christlichen) Geschichte. Schon in den 1840er Jahren äußerte er sich ansatzweise in diese Richtung.[22] 1854 widmete er der Thematik unter dem Titel *Du progrès matériel et du renoncement chrétien* eine umfängliche Denkschrift. Ein Streben nach Fortschritt und Perfektion – verstanden in einem christlichen Rahmen – stellte er darin für den Einzelnen und auch für die Gesellschaft als hohes Gut heraus:

> Nous nous garderons bien de méconnaître la puissance de perfectionnement qui est un des plus magnifiques attributs de notre nature raisonnable. L'homme a été créé perfectible, non en ce sens qu'il lui soit jamais possible de s'élever au-dessus des conditions de sa vie morale, telles que la faute originelle les a

20 Bezeichnenderweise hatte Périn hierzu in seinem Kurs gelehrt: „[…] l'économie polit. est une science expérimentale et non une science de l'ordre absolue. […] Des économistes célèbres ont prétendu que l'éc. pol. était une science de l'ordre absolu, une science exacte", Cours d'économie politique (1852–53), S. 5. Freie Übersetzung: „[…] die Politische Ökonomie ist eine experimentelle Wissenschaft und keine Wissenschaft absoluter Ordnung. […] Berühmte Ökonomen haben behauptet, dass die Politische Ökonomie eine Wissenschaft absoluter Ordnung, eine exakte Wissenschaft ist."

21 Vgl. Lehner: Die Katholische Aufklärung (2017), S. 9.

22 Vgl. Périn: Des intérêts matériels (1841).

> faites, mais en ce sens qu'il peut, par l'effort constant de sa volonté, soutenue de la grâce divine, parvenir à faire de jour en jour un meilleur usage de ses facultés. Et non-seulement les individus sont susceptibles de se perfectionner, mais aussi les sociétés. De génération en génération les lumières s'ajoutent aux lumières, les richesses aux richesses; par le travail continu de l'autorité spirituelle, les principes de la justice pénètrent de plus en plus dans les habitudes, et par suite dans les lois. Les sociétés avancent donc en intelligence, en moralité, en richesse.[23]

Fortschritte im Bereich der christlichen Moral sowie der Intelligenz, Letztere für Périn gleichbedeutend mit einer auch verstandesmäßigen Anerkennung der „autorité spirituelle" der katholischen Kirche, gingen in diesem Argument denen im Bereich des materiell konnotierten Reichtums voran und stellten ihn damit erst auf eine stabile Grundlage. In diesem Sinne warnte er davor, auf dem Fundament ökonomischer Wachstumstheorien eine soziale Ordnung zu etablieren, die dem materiellen Fortschritt als höchstem Wert huldigte und ihn – nach dem Verlust des traditionellen Christentums – gleichsam zur Religion machte:

> Il n'est point d'idée qui ait exercé de nos jours un empire aussi universel et aussi durable que celle du progrès matériel. Le progrès est aujourd'hui la religion de tous ceux qui ont abandonné la foi chrétienne [...].[24]

Den Ursprung einer solchen „Religion des Fortschritts" sah Périn, wie in den Analysen ausführlich herausgestellt, in den sensualistischen Lehren des 18. Jahrhunderts[25], ihre größtmögliche Verdichtung in sozialistischen

---

23 Périn: Du progrès matériel (1854), S. 30f. Freie Übersetzung: „Wir werden uns hüten, die Macht der Perfektionierung zu verkennen, die eines der großartigsten Merkmale unserer vernunftbegabten Natur ist. Der Mensch wurde zu seiner Perfektionierung erschaffen, nicht in der Hinsicht, dass es ihm jemals möglich wäre, sich über die Bedingungen seines moralischen Lebens zu erheben, die ihm durch die Erbschuld auferlegt wurden, sondern in der Hinsicht, dass er durch konstantes Mühen seines Willens und gestützt durch die göttliche Gnade jeden Tag zu einer besseren Nutzung seiner Fähigkeiten gelangen kann. Und nicht nur der Einzelne kann sich verbessern, sondern auch die Gesellschaft. Generation für Generation fügen sich Erleuchtung zu Erleuchtung, Reichtümer zu Reichtümern; durch die kontinuierliche Arbeit der geistigen Autorität werden die Prinzipien der Gerechtigkeit stärker und stärker zur Gewohnheit, hiernach zum Gesetz. Die Gesellschaften schreiten so in Intelligenz, Moral und Reichtum voran."

24 Périn: Du progrès matériel (1854), S. 1. Freie Übersetzung: „Es gibt in unseren Tagen keine Idee, die ebenso universell und stabil herrscht wie die des materiellen Fortschritts. Der Fortschrittsglaube ist heutzutage die Religion all' derer, die den christlichen Glauben verloren haben [...]."

25 Vgl. Périn: Du progrès matériel (1854), S. 4.

Theorien[26], denen er bereits in den 1840er Jahren eine deutliche ideelle Nähe zu sensualistischen Ansichten bescheinigt hatte.

Der aus seiner Sicht sensualistischen, sozialistischen und damit sowieso materialistischen „doctrine du progrès“ stellte Périn die christliche Lehre über den Menschen und sein Dasein in Gesellschaft gegenüber, die einen weit stabileren Fortschritt garantiere, da sie neben der materiellen die geistige Lebensdimension mitbedenke. Jeder Mensch, und damit im Großen auch die gesamte Gesellschaft, zeichne sich durch eine „Nature double, à la fois corps et âme“ aus, aus der geistige und auch materielle Bedürfnisse, „des besoins moraux et des besoins matériels“, hervorgingen.[27] Diese gleichermaßen zu achtenden Bedürfnisse gelte es nun, in ihre richtige Relation und Hierarchie zu setzen:

> Le développement matériel n'est en effet qu'une des faces et un des aspects secondaire du perfectionnement social, qui forme un ensemble dont toutes les parties se tiennent par les relations les plus étroites.[28]

Wahrhaften gesellschaftlichen Fortschritt sah Périn demzufolge in einem „retour à l'état de perfection primitive“, das heißt in einer Rückkehr zum gesellschaftlichen Urzustand vor dem Sündenfall, der durch eine Harmonie aller Elemente der menschlichen Natur gekennzeichnet gewesen sei: „[...] le caractère distinctif de cet état c'est l'harmonie de tous les éléments qui constituent la nature de l'homme [...].“[29]

Dieser Gedanke ermöglichte es Périn, christliche (Heils-)Geschichte und moderne Fortschrittsidee, auch im wirtschaftlichen Sinne, miteinander zu verknüpfen und somit die Geschichte des Christentums als Geschichte des Fortschritts zu erzählen. Das aus der Sündenfallerzählung abgeleitete Prinzip der

---

26 „C'est dans l'école socialiste que s'est opéré le travail d'achèvement de la doctrine du progrès; là tous les principes ont été franchement posés et toutes les conclusions nettement énoncées“, Périn: Du progrès matériel (1854), S. 8. Freie Übersetzung: „In der sozialistischen Schule geht die Lehre des Fortschritts ihrer Vollendung entgegen; dort wurden in offener Art und Weise alle Prinzipien dargelegt und daraus die ehrlichen Schlussfolgerungen gezogen.“

27 Vgl. Périn: Des intérêts matériels (1841), S. 91.

28 Périn: Du progrès matériel (1854), S. 32. Freie Übersetzung: „Die materielle Fortentwicklung ist in der Tat immer nur die nachgeordnete Seite und der sekundäre Aspekt der sozialen Perfektionierung, die eine Einheit formt, in der alle Teile aufs engste zusammenhängen.“

29 Périn: Des intérêts matériels (1841), S. 90. Freie Übersetzung: „[...] die spezifische Charakteristik dieses Zustands besteht in der Harmonie aller Elemente, die die menschliche Natur ausmachen [...]“. Vgl. hierzu später auch Périn: De la richesse, 1 (1861), Livre I, Chapitre XII.

Entsagung stand hierbei für mehr als eine schlichte Verzichtsübung, da es als sekundäre Konsequenz immer auch ein einträgliches materielles Auskommen in Aussicht stellte. Letzteres wurde damit zum bereits irdischen Symbol einer göttliches Heilslogik.

Wie für die Périn ideell äußerst nahestehende post- und gegenrevolutionäre französische Generation der „Romantic Catholics" typisch, fungierte die Französische Revolution auch in seiner Geschichtserzählung als zweiter Sündenfall: Die zumeist vom traditionellen Christentum losgelösten Freiheitsforderungen der Aufklärung sowie der mit der Revolution einhergegangene Verfall kirchlicher Machtstrukturen symbolisierten, nun zum zweiten Mal, die Korrumpierung einer gottgegebenen Ordnung. Klarer Auswuchs dieses in Périns Augen dramatisch falschen Wegs, Fortschritt zu denken und zu gestalten, war nicht zuletzt die Isolation wirtschaftsliberaler Forderungen von ihren christlichen Wurzeln – was diese erst zu sensualistischen und materialistischen Anschauungen gemacht habe.

Périn transferierte damit ein in katholisch-konservativen Kreisen verbreitetes geschichtstheologisches und -teleologisches Deutungsmuster auf die Ebene eines paradigmatischen Fortschrittsdiskurses, der angesichts seines sozio-ökonomischen Begleitkontextes nie unhinterfragt bleiben konnte. Der eher abstrakten Erkenntnis ökonomischen Wachstums stand die überbordende faktische Sichtbarkeit der sozialen Not gegenüber, was nicht nur ein Sprungbrett bot, um theoretische Anfragen zu stellen, sondern auch, um das in dieser Situation so nötige soziale Handeln am Nächsten als katholische Grundkompetenz zu profilieren und so insgesamt einen anderen, nämlich *katholischen* Fortschritt einzufordern.

Ein solcher *katholischer* Fortschritt stand im Verständnis Périns nicht nur dem wirtschaftlichen Wachstum positiv gegenüber, sondern befürwortete dazu klar auch das stete Wachstum der Bevölkerung – ganz gemäß der Vorgabe der biblischen Schöpfungsgeschichte, die Menschheit solle wachsen und sich vermehren.[30] Nicht zuletzt diese Position stellte sich als klarer Reibungspunkt zu den Ansichten eines Robert Malthus' dar[31] und spielte darüber hinaus auch eine gewisse Rolle für Périns Auseinandersetzung mit John Stuart Mill:

> M. J. S. Mill [...] formule expressément cette théorie de l'état stationnaire, comme la condition normale des sociétés. [...] Le repos dans les jouissances matérielles

30 Vgl. Périn: De la richesse, 1 (1861), S. 556.

31 Vgl. hierzu insgesamt auch Périn: De la richesse, 1 (1861), Livre IV, Chapitre II.

> est pour M. Mill l'idéal de la vie humaine, et la pratique des doctrines de Malthus le seul moyen d'y atteindre.[32]

Dem stellte Périn das Ideal einer moralisch ‚mit-wachsenden' christlichen Gesellschaft gegenüber, in der – selbst in Phasen rasanten Wachstums – der Verzicht eines jeden das zumindest lebensnotwendige Auskommen aller garantierte.[33]

Wie sah nun demgegenüber das religiöse und ökonomische Argument Wessenbergs rund um den Begriff des Fortschritts aus? Ähnlich wie Périn argumentierte der Theologe, die an sich lobenswerte Vermehrung materieller Reichtümer in diesen Tagen müsse gerade durch geistig-religiöse Bildung in besonderem Maße flankiert werden, um der Gefahr einer zu starken Fokussierung des materiellen Wohlergehens zu begegnen:

> Eine Nation gelange zum Gipfel des Ruhms, der Macht, des Reichthums. Sie vermag diesen Zustand nicht zu ertragen, sie stürzt in Weichlichkeit, Wollust und Verkehrtheit jeder Art, woferne nicht eine gründliche Ausbildung ihres Verstandes und Gemüthes die Einsicht und Angewöhnung der ächten Tugend verbreitet hat, die das Vergängliche durch das Ewige beherrscht.[34]

Die ganze „Weltgeschichte" hindurch, so Wessenberg hier weiter, habe man die „Nemesis […] still und ernst einherschreiten sehen, […] deren strafendem Blick noch keine Verunglimpfung der Menschheit" und vor allem „keine Verwahrlosung ihrer Bildung entgangen" sei.[35] Gerade jetzt sei Bildung zentral wie nie, um das Erreichte auch in der Dimension des „Ewigen" – das heißt der religiösen und ethischen Dimension – erfassen und behandeln zu können.

Fortschritt war für Wessenberg, so haben es bereits diverse Studien betont, eine „breite[] Bewegung"[36], die immer alle Sphären des gesellschaftlichen Lebens als miteinander verbundene umfasste. Mit der leitenden „Überzeugung von der Höherentwicklung der Menschheit in der Geschichte, die zwar von Gott getragen und in ihm ihren Anfang und ihr Ziel besitzt, die aber, um voranzukommen, den harten menschlichen Einsatz auf allen Lebensgebieten

---

32 Périn: De la richesse, 1 (1861), S. 583. In der Übersetzung von Weizenhofer: „J. S. Mill […] stellt ausdrücklich diese Theorie des Stillstandes als Normalzustand der Gesellschaften auf. […] Die Ruhe in den materiellen Genüssen ist für Mill das Ideal des menschlichen Lebens, und die Ausübung der Malthus'schen Lehren das einzige Mittel, dahin zu gelangen", Périn: Ueber den Reichthum, 2 (1868), S. 43.

33 Vgl. Périn: De la richesse, 1 (1861), S. 564f.

34 Wessenberg: Die Elementarbildung (1835), S. VI.

35 Vgl. Wessenberg: Die Elementarbildung (1835), S. VI.

36 Müller: Wessenberg (1975), S. 203.

verlangt"[37], konnte Wessenberg sich etwa für den Ausbau wirtschaftlicher Bildungsstrukturen einsetzen, ohne dabei die Religion immer explizit benennen zu müssen.

Hierbei unterschied er sich in wichtigen Nuancen von Périn, der gesellschaftlichen Fortschritt immer über ein explizit religiöses Grundbekenntnis herleitete, aus dem jede weitere Entwicklung erst anschließend folgen konnte. Auch Wessenberg ließ wie oben gesehen zwar anklingen, dass ohne die Ausbildung „ächte[r] Tugend" keine andere Lebensdimension hinreichend funktionieren konnte. Allerdings ging es ihm dabei, dies ist seinen Äußerungen und Wirkungsfeldern insgesamt zu entnehmen, vor allem um die Herausstellung, dass wahrer Fortschritt niemals einseitig, sondern immer nur im Zusammenspiel aller gesellschaftlichen Kräfte erzeugt werden könne. Dementsprechend behauptete er, der Fortschritt der Menschheit spiegele sich nicht nur in ihrer religiösen Verfassung, sondern auch im Bereich der Staatslehre, der Wissenschaft, der mechanischen und schönen Künste und nicht zuletzt im Bereich des Handels und Verkehrs – und zwar zu jeder Zeit und an jedem Ort der Welt.[38]

Freilich – und hier muss der Kreis wieder geschlossen werden – waren alle diese Felder für Wessenberg jeweils nur wohl oder falsch genutzte Ausdrucksplattformen ein und derselben christlichen Wahrheit, wie bereits in der vorangegangenen Analyse zum Begriff Wissenschaft aufgezeigt wurde. Das wiederum führte alle seine Gedanken, ganz im Sinne Périns, zurück zur Grundidee, dass das Christentum selbst beziehungsweise seine globale Verbreitung den größtmöglichen gesellschaftlichen Fortschritt auf Erden darstellte. Bezeichnenderweise beschloss er sein letztes großes Werk in den 1850er Jahren mit den Sätzen:

> Christen lasset uns alle sein oder werden, Christen im vollen Sinne des Wortes und aus allen unseren Kräften! Mit Entsagung alles Scheinwesens lasset uns also befleißen, daß der Geist liebreicher Verbrüderung die Grundlage und Seele der menschlichen Gesellschaft werde! Je mehr dies geschieht, wird sie von den Uebelständen der Noth und des Elends, in so weit die Unvollkommenheit unserer Natur es zuläßt, frei werden, und der Menschheit goldene Zeit wird kein Traumgesicht mehr sein.[39]

---

37 Speckamp, Ursula: Vervollkommnung der Menschheit auf Gott hin durch das Schöne. Ignaz Heinrich von Wessenberg als Literaturkritiker, Literaturtheoretiker, Dichter, Kunstkritiker, Kunsttheoretiker, Kunstsammler und Kunstförderer, in: Freiburger Diözesan-Archiv, 103 (1983), S. 207–244, hier 243.

38 Vgl. beispielhaft Wessenberg: Gott und die Welt, 2 (1857), S. 1–9.

39 Wessenberg: Gott und die Welt, 2 (1857), S. 496.

Auffällig ist an diesem Zitat, dass auch Wessenberg im Zusammenhang der Profilierung des Christentums als bestmögliche gesellschaftliche Ordnung mit dem Begriff der Entsagung gegenüber „scheinbaren“ Ordnungen arbeitete. Auch er ging, so konnte es schon in den Teilanalysen herausgestellt werden und wird es auch hier wieder ersichtlich, von einer doppelten Natur des Menschen aus, in der ein steter Kampf tobte zwischen dem körperlichen „Hang zu Trägheit“, durch den nur leiblich-materielle Bedürfnisse artikuliert wurden, und dem geistigen „Trieb zu Thätigkeit“, durch den auch geistige Bedürfnisse entwickelt wurden.[40] Die fortschreitende Überlagerung der ersteren durch die letzteren Bedürfnisse definierte Wessenberg insgesamt als Kulturfortschritt.[41] Wenngleich hier deutliche Parallelen zu den Ausführungen Périns ins Auge springen, der sich ebenfalls über eine so verstandene Dichotomie des menschlichen Daseins einen religiösen Zugang zu ökonomischen Diskursen legte, dürfen auch hier die unterschiedlichen Nuancierungen in den jeweiligen Argumentationen nicht unter den Tisch fallen. Fortschritt bedeutete für beide, den materiellen Interessen den rechten, das heißt niederen, Rang in einer Gesellschaftsordnung zuzuweisen und sie somit nicht als deren Essenz zu verstehen. Für Périn war dieser Vorgang in erster Linie eine religiöse Bekenntnisleistung, für Wessenberg dagegen vor allem eine umfängliche intellektuelle Bildungsleistung, die aber in ihrem Ergebnis wieder mit einer religiösen Wahrheit zusammenfiel und somit als indirekter Bekenntnisakt verstanden werden konnte.

Dass materielle Interessen hier aus katholisch-religiöser Sicht keineswegs verteufelt, sondern lediglich spezifisch arrangiert wurden, musste Périn im Kontext seiner betont exklusiven religiösen Argumentation, die gegen eine nicht ausdrücklich christliche Bildung und Wissenschaft polemisierte, wesentlich deutlicher betonen als Wessenberg: Im explizit religiösen Ideenkosmos Périns, der gerade in Frontstellung zur zeitgenössischen Wirtschaftswissenschaft stand, erschien eine Wertschätzung materieller Reichtümer zunächst als kategorialer Bruch und musste daher in besonderer Weise wieder und wieder hervorgehoben werden. Wessenberg dagegen konnte es bewenden lassen bei euphorischen Äußerungen zur Wirkmächtigkeit geistiger Bildung – denn diese schloss bei ihm auch eine Wertschätzung der modernen ökonomischen Theorien zur materiellen Reichtumserzeugung in ihrem zunächst nicht christlichen Anspruch gerade nicht aus.

Wessenberg würdigte die durch die Aufklärung initiierten Entwicklungen im Bildungsbereich immer wieder und erzählte somit die Geschichte des 18.

---

40 Vgl. Wessenberg: Betrachtungen über die wichtigsten Gegenstände (1836), S. 175.

41 Vgl. hierzu zusammenfassend schon Müller: Wessenberg (1916), S. 58.

und beginnenden 19. Jahrhunderts im Gegensatz zu Périn als Geschichte des Fortschritts, nicht des dramatischen Rückschritts.[42] Gleichwohl nahm er wie der Belgier die zunehmende soziale Not zum Anlass, um aufzuzeigen, dass sich die Dinge auf Erden trotz des richtigen Impulses nicht von allein so fügten, wie Gott es zum Wohle aller vorgesehen habe. Der Ausruf „Christen lasset uns alle sein oder werden" war in diesem Sinne als Mahnung zu verstehen, die Dynamik säkularer Fortschrittserzählungen in einem wohlwollenden Sinne genau zu prüfen und – wo es nötig erschien – auf eine christlich vertretbare Bahn zurückzulenken.

4.1.3 *Gottes Schöpfung und (ökonomische) Freiheit – Périn und Wessenberg im Kontext deistischer Weltbilder*

Mit welcher Semantik von (ökonomischer) Freiheit gelang es Périn und Wessenberg schlussendlich, einen paradigmatischen Liberalitätsdiskurs auf strukturelle Art und Weise theologisch aufzuladen? Das heißt hinsichtlich der Genese wirtschaftsliberalen Denkens vor allem: Wie sind sie aus heutiger Sicht von einer deistischen Argumentation mit moralphilosophischem Anspruch abzugrenzen, die von keinem Geringeren als Adam Smith selbst vorgetragen worden war?

Vielfach hat die Forschung bereits darauf hingewiesen, dass Smiths ökonomische und moralische Vorstellungen, die mittlerweile als zusammenhängend betrachtet werden, auch auf dezidiert theologischen Grundannahmen aufbauten.[43] Mit dem Deismus wird Smith einer verbreiteten „Religionsphilosophie der eur[opäsichen] und nordamer[ikanischen] Aufklärung" zugeordnet, in der der „Glauben an eine erste Ursache" vorherrschend war, „die die Welt geschaffen hat, aber nicht länger irgendeine Kontrolle als Vorsehung über sie ausübt".[44] Der „Smithsche Deismus" lässt sich wie folgt beschreiben:

> Die Theorien von Smith kommen ohne Gott nicht aus. Alle Letzt-Begründungen in der Moral- und Gesellschafts- wie der ökonomischen Theorie münden immer in Gott. Die Welt ist bei Smith nicht vorbehaltlos gegeben, sondern das Produkt des Designs Gottes. Ihre Struktureigenschaften werden auf Gott zurückgeführt. Auch das soziale und ökonomische Handeln der Menschen ist ein direktes Resultat dieses Designs.[45]

---

42 Vgl. hierzu insgesamt Wessenberg: Die Elementarbildung (1814); Wessenberg: Die Elementarbildung (1835) und hierzu erläuternd schon Müller: Wessenberg (1916), S. 63–68.

43 Vgl. aus der deutschsprachigen Forschung besonders Luterbacher-Maineri: Adam Smith (2008); Ötsch: Gottesbilder und ökonomische Theorie (2007).

44 Byrne u. a.: Art. Deismus, RRG4online.

45 Ötsch: Gottesbilder und ökonomische Theorie (2007), S. 169.

Smith ging von einem „gütigen und wohlwollenden Schöpfergott“ aus, der die Welt mit dem spezifischen Handlungsauftrag an den Menschen eingerichtet hat, „sich in die Welt einzufügen, wie der Schöpfer sie gemacht hat“, und das hieß immer auch, im Sinne der Allgemeinheit zu handeln.[46] Gerechtes Handeln innerhalb und für die Gemeinschaft stellte sich für Smith dabei nie nur als eine Forderung dar, die an die Menschen gerichtet wurde. Darüber hinaus sah er es als ihr inneres Bedürfnis an, dem sie – selbst durch scheinbar gegenläufiges Handeln im Sinne des individuellen Wohlergehens – in einem freien Wirtschaftssystem immer entsprechen würden:

> Der Mensch verhält sich nicht zuletzt aufgrund seiner Gefühle zwangsläufig so, dass Gerechtigkeit hergestellt wird. [...] Wo eine Wirtschaftspolitik dem natürlichen Lauf der Dinge nicht entgegenwirkt und vollkommene Freiheit sichert, dort wird auch Gerechtigkeit hergestellt. Dies geschieht beispielsweise durch das Streben des Menschen, seine Bedingungen zu verbessern. Auf den ersten Blick mutet dieses Streben nicht gerade lobenswert an, entsprechend Smiths positivem Weltbild ist es jedoch (gleichsam als Regelwidrigkeit in den menschlichen Gefühlen) gottgewollt und steigert als natürliches Streben sowohl das individuelle Wohl als auch das Wohl des Ganzen. Von selbst schlägt also die Erlangung des individuellen Vorteils in eine Förderung des Gemeinwohls um, Gerechtigkeit wird automatisch hergestellt. Das Verfolgen des eigenen Wohls ist so ins Ganze eingefügt und erhält einen höheren (ethischen) Zweck.[47]

Zwar lässt sich in alledem bei Smith, der „im Bereich der Gerechtigkeit nicht an eine vollständige Determiniertheit des Menschen“ glaubte, immer eine letzte „Spannung zwischen Autonomie und Heteronomie menschlichen Handelns“ ausmachen, die nie ganz aufgelöst werden konnte.[48] Vom Grundansatz her bleibt aber festzuhalten: „Ökonomisches Handeln erscheint in diesem Programm notwendigerweise als moralisches Handeln, der Kapitalismus wesensgemäß als moralisches Wirtschaftssystem.“[49]

Wie sind nun die Ansätze Périns und Wessenbergs vor diesem Hintergrund insgesamt einzuordnen und zu deuten? Wie luden sie – mit Blick auf eine solche Steilvorlage – den Diskurs der klassischen Nationalökonomie nach Smith mit einer traditionell christlichen Semantik auf, die Smith als Gegner insbesondere des katholischen Christentums nie bedienen konnte?

Beide, so konnte an verschiedenen Stellen gezeigt werden, rekurrierten auf die Vorgaben der göttlichen Schöpfungsordnung, wenn sie forderten,

---

46 Vgl. Luterbacher-Maineri: Adam Smith (2008), S. 406.
47 Luterbacher-Maineri: Adam Smith (2008), S. 407.
48 Vgl. Luterbacher-Maineri: Adam Smith (2008), S. 407.
49 Ötsch: Gottesbilder und ökonomische Theorie (2007), S. 175.

der Mensch solle sich im wirtschaftlichen wie sozialen Leben frei bewegen können. Hierbei ging es nicht nur um die freiheitliche Verwirklichung der „grande famille humaine" im christlich kontextualisierten Bild der „Universal Economy", sondern noch viel grundlegender um die Erschaffung des Menschen hin zur Freiheit seiner Selbstentfaltung. Diese Freiheit wurde von beiden bereits in einem exklusiven Sinne in der Tradition christlicher Lehraussagen verstanden. Périn fasste hierzu einmal zusammen:

> L'homme est une créature libre, et ce mot dit, à la fois, sa souveraineté et sa dépendance, sa grandeur et sa petitesse, sa force et sa faiblesse. Dieu seul possède la souveraineté dans sa pleine indépendance et dans sa liberté infaillible et absolue. [...] L'homme existe [...] pour Dieu avant tout, mais il existe aussi pour lui-même. En donnant à l'homme, pour fin suprême, la gloire de son auteur, Dieu a voulu qu'il trouvât dans cette fin son propre bonheur. Dieu a donné à l'homme avec la liberté la personnalité; il en a fait un centre d'activité spontanée et d'intérêt propre.[50]

Ein solches Verständnis menschlicher Freiheit zeigte sich in erheblichem Maße anschlussfähig für den Smithianischen Gedankengang, dass ein Verfolgen des eigenen Interesses sich erstens in die vorgegebene Weltordnung füge und sich dadurch zweitens automatisch zum Wohle der Gesamtheit auswirke. Was bei Smith als Automatismus menschlichen Verhaltens mit unbewusster Konsequenz gedeutet wurde, bisweilen umschrieben durch die berühmte „unsichtbare Hand"[51], deutete Périn als ein persönliches Aufgehen im Glauben an Gott und in der daraus resultierenden menschlichen Bestimmung. Dass diese Bestimmung sich auch in wirtschaftlicher Hinsicht zum Wohle aller auswirken musste, verdeutlichte das mit ihr zentral assoziierte Prinzip der Entsagung. In Périns Logik implizierte es nie allein Verzicht, sondern immer auch

---

50 Périn: De la richesse, 1 (1861), S. 67f. In der Übersetzung von Weizenhofer: „Der Mensch ist ein freies Geschöpf. Frei, dieses Wort enthält alles in sich, unsere Macht und Abhängigkeit, unsere Größe und Niedrigkeit, unsere Kraft und Schwäche. Gott allein besitzt die Herrschaft in ihrer vollen Unabhängigkeit und untrüglichen und absoluten Freiheit. [...] Der Mensch existirt [...] vor allem für Gott, aber er existirt auch für sich selbst. Dem Menschen ist einerseits der Ruhm seines Schöpfers als letztes Ziel vorgesetzt, aber andererseits wollte Gott, daß derselbe in diesem Ziele sein eigenes Glück fände. Gott hat dem Menschen mit der Freiheit auch die Persönlichkeit gegeben, und hat ihn zum Centrum seiner freien Thätigkeit und seines eigenen Interesses gemacht", Périn: Ueber den Reichthum, 1 (1866), S. 58f.

51 Vgl. zu dieser berühmt gewordenen, von Smith tatsächlich aber nur einige wenige Male bemühten Metapher Luterbacher-Maineri: Adam Smith (2008), S. 328–340. Smith nutzte die Metapher nicht nur im *Wealth of Nations*, sondern auch in seinem moralphilosophischen Hauptwerk *The Theory of Moral Sentiments*.

eine Selbstverwirklichung im Sinne höherer Heilszwecke und offenbarte somit heilsökonomische Züge:

> C'est ne donc pas l'intérêt propre que proscrit la doctrine catholique, mais seulement la fausse entente et l'abus de ce principe vrai en lui même. […] L'intérêt propre, épuré, réglé, contenu par l'esprit de renoncement, est donc une des forces dont Dieu se sert pour imprimer le mouvement au monde sociale.[52]

Die Tatsache, dass Périn Entsagung zum „Gesetz jeder freien Creatur"[53] erhob, zeigt an, dass er mit der Anerkenntnis Gottes und der Entscheidung für ein Leben im Glauben erst die Verwirklichung menschlicher Freiheit assoziierte. Ganz ähnlich äußerte sich auch Wessenberg:

> Kein vollgewichtigeres Wort ist je über die Freiheit gesagt worden, als was Christus aussprach: die Wahrheit macht frei. Sie allein vermag es. […] Wer nicht die Wahrheit ganz und vollständig will, wer sie nicht aus allen Kräften erfaßt, wird nie zum vollen Besitz und Gebrauch der Freiheit gelangen. […] Was kann einem Volk die freisinnigste Verfassung helfen, wenn seine Mehrheit aus Unfreien, das ist Solchen besteht, die, von selbstischen Trieben beherrscht, zu jedem Akt der Willkür aufgelegt sind? Unmöglich kann die äussere Freiheit sich behaupten, wenn die innere verloren gegangen ist. Die wahre Grundlage der Freiheit ist die moralische Kraft.[54]

Mit der Frage, ob die (Glaubens-)Wahrheit erst vollumfänglich frei machte, oder nicht vielmehr die Freiheit im Sinne einer liberalen Gesellschaftsordnung erst wahr machen konnte, da sie die volle Entfaltung des göttlichen Weltenplans ermöglichte, tangierten Wessenberg und Périn einen freiheitstheologisch gerade heute wieder vieldiskutierten Punkt.[55] Ihre eindeutige Positionierung

---

52 Périn: De la richesse, 1 (1861), S. 90ff. In der Übersetzung von Weizenhofer: „Die katholische Lehre ächtet also das Eigeninteresse nicht, sondern blos das falsche Verständniß und den Mißbrauch dieses an sich wahren Princips. […] Das geläuterte, geregelte, vom Geiste der Entsagung in Schranken gehaltene Eigeninteresse ist also eine von den Kräften, deren sich Gott bedient, um der socialen Welt Bewegung zu geben […]", Périn: Ueber den Reichthum, 1 (1866), S. 77ff.

53 Périn: Ueber den Reichthum, 1 (1866), S. 56.

54 Wessenberg: Betrachtungen über die wichtigsten Gegenstände (1836), S. 239.

55 Vgl. hierzu kontrovers Menke, Karl Heinz: Macht die Wahrheit frei oder die Freiheit wahr? Eine Streitschrift, Regensburg 2017; Striet, Magnus: Ernstfall Freiheit. Arbeiten an der Schleifung der Bastionen, Freiburg i. Br. u. a. 2018. Menke sucht hier die Forderung Striets „nach einer anthropozentrisch und soziologisch bestimmten Wende" hin zu einer Vorrangstellung der Freiheit gegenüber der Wahrheit theologisch zu problematisieren und merkt an: „Denn die Forderung nach einer Umkehr des Primats der Wahrheit vor der Freiheit ist alles andere als neu; im Gegenteil, sie zieht sich wie ein roter Faden durch die Kirchen- und Theologiegeschichte", Menke: Macht die Wahrheit frei (2017), S. 147f.

für ersteren und gegen letzteren Kausalzusammenhang unterschied sie vom deistischen Argument Adam Smiths, in dem eine freiheitliche Ordnung zur Grundbedingung der Möglichkeit wurde, die Wahrheit über die Schöpfung und ihren Schöpfer in vollem Umfang zu erfahren. Die herausgestellten physikotheologischen Einschläge im wirtschaftstheoretischen Argument Wessenbergs, über die dieser sich deistischen Denkweisen bisweilen stark annäherte, stellten zu keiner Zeit den Glauben an einen biblisch geoffenbarten Gott infrage, der im soteriologischen und eschatologischen Sinne weiterhin in der Welt wirkte und sie noch zu vollenden strebte. Das, was an irdischen und schöpfungs-inhärenten Mechanismen bereits funktionierte, war demzufolge immer nur ein Vorgeschmack dessen, was noch kommen sollte. Auf der anderen Seite konnte Freiheit aber immer auch zu einer ‚falschen' Freiheit werden, wenn der christliche Glaube ihr nicht vorausgegangen war – ein Punkt, der im antagonistischen Argument Périns wesentlich hervortrat, von Wessenberg dagegen eher am Rande artikuliert wurde.

Während Wessenberg in den Gedanken Smiths zumindest ein nachträgliches Ausdrucksfeld christlicher Wahrheit erkennen konnte, machte Périn dem moralphilosophisch sozialisierten Schotten immer wieder den Vorwurf, seine ökonomische Theorie getrennt von moralischen Fragen entworfen und somit denjenigen Ökonomen ein Sprungbrett geboten zu haben, die – ganz im Gegensatz zu Smith – keinerlei moralischen Anspruch mehr verfolgten. Périn erspürte damit den Umschwung der liberalen Wirtschaftstheorie nach Smith, der heute mit der Aussage beschrieben wird, dass wirtschaftssystemische „Moral von einem intrinsischen […] zu einem extrinsischen Konzept" geworden sei.[56]

Dieser Umschwung verlangte eine Erklärung, was dem Narrativ Périns zur Überlegenheit explizit christlicher moralischer Anschauungen nur entgegenkam: Eine intrinsische wirtschaftliche Moral, die sich allerdings hinter ökonomischen Logiken versteckte und nicht in ein religiöses Bekenntnis eingebunden war, musste sich aus seiner Sicht über kurz oder lang von selbst auflösen. Périn sah diesen Prozess aus der Retrospektive als vermeidbar an, hätte Smith nur von vornherein über christliche Wahrheiten argumentiert. Diese bezogen sich schließlich durch ihre Heilsperspektive auf mehr als einen deistischen Ursprung aller Moral, welcher irgendwann lediglich noch vorausgesetzt, nicht aber mehr verstanden wurde und somit in sozialexperimenteller Art und Weise ‚von außen' erklärt werden musste.

56 Ötsch macht diesen Umschwung „vor allem im Übergang von der Schottischen zur Englischen politischen Ökonomie" (etwa mit Malthus und Ricardo) fest, vgl. Ötsch: Gottesbilder und ökonomische Theorie (2007), S. 177.

Gerade Adam Smith hatte, so kann festgehalten werden, wirtschaftstheoretisch interessierte katholische Denker mit seiner Kritik am traditionellen Christentum nicht nur vor den Kopf gestoßen. Zugleich hatte er ihnen durch seine klaren theologischen und moralischen Bezüge eine beachtliche Bühne geboten, wirtschaftsliberales Gedankengut sowie den Verlauf seiner Ausformung nicht jenseits, sondern mittels ihrer Religiosität zu rezipieren – und damit aus der Provokation eine Inspiration zu machen. Diese Bühne bespielten Wessenberg und Périn auf ihre je eigene Art und Weise.

4.2 Fazit und Ausblick

4.2.1 *Katholiken und die moderne Ökonomie im 19. Jahrhundert – Aktualisierung der historiographischen Narrative*

Im Kontext des allgemein gesteigerten Interesses an historischen und aktuellen Interaktionspotentialen zwischen Religion und Wirtschaft erschien es folgerichtig, die entscheidende Ausformungs- und Implementierungsphase liberal-kapitalistischer Denkweisen sowie industrieller Strukturen auf dem Kontinent im 19. Jahrhundert in den Blick zu nehmen und hierbei insbesondere den so hartnäckigen Narrativen katholischer „Rückständigkeit" beziehungsweise katholischen „Mangels" durch einen neuen Untersuchungsansatz zu begegnen. Für den frankophonen Kontext wird in der internationalen Forschungslandschaft schon seit längerem von einem spezifischen „Catholic Economic Thought" gesprochen, der sich zu dieser Zeit als Rezeptionsstrang der klassischen Nationalökonomie nach Adam Smith ausbildete.[57] Die Beobachtung, dass hier im Gegensatz zur protestantisch-anglikanischen „Christian Political Economy" des angelsächsischen Raumes eine starke theologische Überformung ökonomischer Wissenschaft stattgefunden habe[58], stellte drei unmittelbar miteinander verbundene Fragen in den Raum: Wie rezipierten Katholiken die moderne Nationalökonomie, die an den Universitäten ab 1805 als Politische Ökonomie gelehrt wurde? Wie entdeckten sie dabei modern-ökonomische Denkweisen und Postulate, in kritischer oder befürwortender Art und Weise, als Ausdrucksfeld ihres theologischen Selbstverständnisses und somit ihres Glaubens? Inwiefern war diese Rezeption und Entdeckung verschränkt mit den spezifischen Herausforderungen, vor denen der Katholizismus in einem Jahrhundert dramatischer, auch religiöser Veränderungen stand?

57 Vgl. Almodovar/Teixeira: The Ascent and Decline (2008).
58 Vgl. Waterman: Revolution, Economics and Religion (1991), S. 12f.

Die Beantwortung dieser Fragen erforderte eine zugleich wirtschaftsgeschichtlich wie kirchen- und theologiegeschichtlich ansetzende Hermeneutik, die sich innerhalb der wirtschaftsgeschichtlich geprägten Überblicksdarstellungen zum französischen Katholizismus so bislang nicht finden lässt. Gänzlich unbearbeitet ist in dieser Hinsicht der deutsche Katholizismus, für den ein konstruktiver Zusammenfall von Theologie und Wirtschaftsliberalismus bisher nicht nachgewiesen werden konnte – erst recht nicht vor Mitte der 1860er Jahre, als Wortführer wie Döllinger und Ketteler überhaupt erst zu einer theologischen Beschäftigung mit volkswirtschaftlichen Fragen aufforderten.

Die zugleich wirtschafts- und theologiegeschichtlichen Analysen der Ideen des deutschen Theologen Ignaz Heinrich von Wessenberg sowie des belgischen Nationalökonomen Charles Périn im Zeitraum von 1800 bis 1865 unter den genannten Fragestellungen erweitern den Forschungsstand in mehrfacher Weise signifikant. Über fünf Untersuchungsfelder, die im Vorhinein als konfrontative, aber auch konstruktive Spannungsfelder zwischen ökonomischen Entwicklungsprozessen und katholischer Tradition im Betrachtungszeitraum ausgemacht wurden, konnte bei beiden eine Vermischung modern-ökonomischer und theologischer Grundannahmen und somit eine Entdeckung der modernen Ökonomie als Ausdrucksfeld katholischer Religiosität festgestellt werden. Die von ihnen vertretene Frömmigkeit, Theologie und Glaubensgeschichte stellten sich, so konnte auf allen fünf Feldern gezeigt werden, zu keiner Zeit als Hindernis dar, sich ökonomisches Wissen in großem Stil anzueignen und hiernach seine Anwendung einzufordern – im Gegenteil:

Mit einer für den deutschen wirtschaftspolitischen und -theoretischen Kontext erstaunlichen Vehemenz pochte Wessenberg schon in den badischen „Zollkriegen" der 1820er sowie den Beitrittsdebatten für den Deutschen Zollverein in den 1830er Jahren auf weitestgehend liberalisierte Formen von *Handel und Handelspolitik*. Vor dem Hintergrund eines tiefen Vertrauens in die Strukturlogiken der göttlichen Schöpfungsordnung, die er schon innerhalb seiner politischen Denkschriften, insbesondere aber in seinem Spätwerk explizierte, entsprach für ihn das Freihandelspostulat der klassischen Nationalökonomie der Einholung einer urchristlichen Wahrheit über den Wert des gesellschaftlichen Miteinanders, nicht Gegeneinanders. Eine Bereicherung, die – gemäß der Agitation eines „Zollkriegs" – auf Kosten anderer ging, stellte sich für ihn in diesem Kontext als zugleich religiöser wie ökonomischer Fehlschluss dar.

Das bereits im frühen Christentum, hiernach in großem Still allerdings erst wieder im Umfeld der spanischen Spätscholastik artikulierte Denkmuster einer von Gott anregten „Universal Economy", auf deren Marktplatz Gott die Menschen mit ihren verschiedenen lokalen Gaben zusammenbrachte und dabei auch unter einer gemeinsamen Glaubensbotschaft vereinte, konnte in der Argumentation Wessenbergs wie auch derjenigen Périns nachgewiesen werden. Périn ging dabei so weit, die Geschichte des Christentums als Geschichte des Welthandels zu erzählen, koppelte also die Verbreitung der christlichen Heilsbotschaft inhaltlich und methodisch an die Ausbildung global-liberaler Handelsstrukturen. Im Gegensatz zu Wessenberg zeigte er sich zwar offener für protektionistische Grundhaltungen, sollten diese zum Schutz der nationalen Industrien zunächst erforderlich sein. Auch hier machte er allerdings die christliche „conception de la vie sociale" zum Maßstab der Abwägung: Stets gelte es, die nur im Christentum zu findende Balance zwischen einer individuell und einer kollektiv sinnvollen Handlung wirtschaftlich zu realisieren.

Überlieferte Vorstellungen von einem christlichen Sozialleben standen auch beim Untersuchungsfeld *Zunfttradition, Gewerbereform und korporatives Denken* im Vordergrund. Périn und Wessenberg konnten als klare Befürworter der allgemeinen Gewerbefreiheit sowie der mit ihr einhergehenden Abschaffung der traditionellen Zunftstrukturen identifiziert werden. In der freien Konkurrenz, unterlegt mit einer christlichen Weltanschauung und dementsprechenden Ethik, sahen sie ein nicht mehr hinterfragbares wirtschaftliches Prinzip, das zur tugendhaften Arbeitsamkeit anspornte und gleichzeitig – als Ersatz der alten Korporationen – freie solidarische Zusammenschlüsse im christlichen Geist ermöglichte. Indem sie in der jüngsten Gestalt des Zunftsystems nicht mehr die christlichen Werte erkannten, die dieses im mittelalterlichen Kontext ausgezeichnet hatten, konnten sie liberale gewerbliche Strukturen befürworten, ohne dabei mit christlich-korporativen Idealen zu brechen.

Eine derart liberale Haltung erschien bei Wessenberg in den 1820er Jahren im deutschen wirtschaftspolitischen Kontext, wo man sich nur sehr zögerlich vollständig von Zunftstrukturen verabschiedete, wesentlich radikaler als bei Périn, in dessen wirtschaftspolitischer Umgebung die allgemeine Gewerbefreiheit schon seit der französischen Besatzungszeit eingeführt war. Auch konnte Périn bereits auf christliche Assoziationsmodelle zurückgreifen, die sich als Reaktion auf wirtschaftsliberale Strukturen im frankophonen Fabrik-Kontext ab den 1840er Jahren ausgebildet hatten. Ganz auf moralische Erbauung sowie den persönlichen Schutz der Arbeiter durch die Arbeitgeber ausgerichtet kamen sie Périns ökonomisch-theologischem Argument entgegen, eine Verbesserung der sozio-ökonomischen Situation könne allein aus freier christlicher Initiative hervorgehen. Die bereits konkreter auf eine ökonomische Interessenvertretung ausgerichtete und somit stärker an den alten Zunftgedanken angelehnte „corporation chrétienne", die die katholische „école corporatif" in Belgien ab den 1870er Jahren einforderte, erschien ihm demgegenüber als wirtschaftlicher wie religiöser Rückschritt.

Beim Thema *Bildung in Zeiten des sozio-ökonomischen Umbruchs* konnte sowohl bei Wessenberg wie bei Périn eine starke Aufwertung ökonomisch-industrieller Bildungsstrukturen hinsichtlich eines christlichen Bildungsverständnisses herausgearbeitet werden. Während Wessenberg sich in den 1830er Jahren vor allem für den Ausbau gewerblicher Bildungsstrukturen im Großherzogtum Baden einsetzte, machte Périn sich bereits unmittelbar nach seiner Lehrstuhlübernahme in den 1840er Jahren für eine frühkindlich beginnende und hiernach stufenweise weitergeführte christlich begleitete Heranführung an industrielle Arbeitsstrukturen und die hierzu benötigen Fähigkeiten stark. Beide insistierten in ihrem je eigenen Kontext auf der Wichtigkeit alltagspraktischer Bildung, stellten diese aber über eine Anbindung an Strukturen religiöser Sozialisation stets in den Kontext höherer Bildungskategorien. Nicht enzyklopädische „Vielwisserey" oder eine theologisch-elitäre Ausbildung machte aus ihrer Sicht Bildung notwendigerweise aus – auch eine wirtschaftspraktische Ausbildung lasse sich gerade dadurch, dass sie dem Einzelnen zumeist unmittelbar nützlich war, als fruchtbar hinsichtlich höherer Sinn- und Lebensfragen verstehen.

Der von Périn diesbezüglich betonte effektive Zusammenhang von „instruction" und „moralisation", der gerade in Zeiten des sozio-ökonomischen Umbruchs nicht vernachlässigt werden dürfe, ließ sich ähnlich auch in den pastoralreformerischen Initiativen Wessenbergs nachweisen. Zwar intendierte Wessenberg hier rhetorisch eine Reform des katholischen Frömmigkeitsvollzugs, die nicht in Périns Sinne gewesen wäre. Die Übereinstimmung von zeitgenössischem ökonomischen und (richtig angeordnetem) theologischen Wissen, die er hier zu demonstrieren suchte und gleichsam zur Motivation stilisierte, sich ökonomischen Verhaltensweisen aus katholischer Sicht zu öffnen, stand allerdings der Idee Périns, religiöse und ökonomische ‚Welten' gerade im Bildungsbereich miteinander zu verflechten, ausgesprochen nahe. Wessenbergs Pastoralreform konnte dadurch nicht zuletzt als Facette der Ökonomischen Aufklärung des deutschen Raumes herausgestellt werden, auf deren kameralistische Wissensautoritäten im Pastoraldiskurs mehrfach verwiesen wurde.

Sowohl Wessenberg als auch Périn setzten sich im Betrachtungszeitraum darüber hinaus mit *Frühsozialistischen Gesellschaftsentwürfen* auseinander. Das explizit religiöse Anliegen eines Saint-Simon, einem verteilungsgerechten Wirtschaftssystem ein „neues" wissenschaftlich geoffenbartes Christentum zu weihen, wurde von Wessenberg scharf angegriffen. So sehr er sich selbst für eine Verbindung von Religion und Wirtschaft einsetzte und eine wissenschaftlich gebildete Geistlichkeit forderte, so sehr warnte er vor einer religiösen Aufladung der kollektivistisch-ökonomischen Wirksamkeit des Einzelnen und der damit einhergehenden Verabsolutierung des Wissenschaftlichen und Materiellen.

Ähnlich, wenngleich mit andersartiger Konnotation argumentierte auch Périn, wenn er bereits zur Jahrhundertmitte feststellte, sozialistische Denkfiguren trieben den materiellen Fokus eines Wirtschaftsliberalismus auf die Spitze, der sich einem religiösen Bekenntnis verschloss. Immer wieder beschäftigte sich der katholische Ökonom bis 1865 mit sozialistischen Ansätzen, die er nicht nur als Feindbild christlicher Freiheits- und Eigentumsvorstellungen identifizierte, sondern darüber hinaus als Schreckensperspektive eines Liberalismus formulierte, der sich einmal von christlichen Werten abgewandt hatte. Damit diente ihm die Auseinandersetzung stets auch zur Demonstration der Notwendigkeit eines christlichen Zugangs zu wirtschaftsliberalen Prinzipien, die sich schließlich in genuiner Gegnerschaft zu sozialistischen Ideen verstanden wissen wollten.

Den Beweis zu führen, dass ein solcher christlicher Zugang der Erzeugung wirtschaftlicher Reichtümer nicht im Wege stand, sondern diese im Gegenteil innerhalb eines christlichen Gesellschaftsentwurfs stark befürwortete und als Fortschritt begriff, war Wessenberg wie Périn ein besonderes Anliegen. Hierbei rekurrierten sie bis zu einem gewissen Grad auf alte christliche *Armuts- und Reichtumsverständnisse*, in denen erst die gesellschaftliche Dichotomie von arm und reich heilsverheißende Austausch- und Vereinigungsperspektiven im christlichen Sinne ermöglichte. Gerade bei Wessenberg konnte die Parallelität dieses Gedankens zum nationalökonomischen Verständnis von Reichtum aufgezeigt werden: Reichtum implizierte nicht länger eine Anhäufung von Gütern, sondern ein dynamisches Einspeisen wirtschaftlicher Werte in Produktions- und Distributionszusammenhänge – also genau das, was eine christliche Heilsdynamik (heils-)ökonomisch machte.

Wenngleich Wessenberg und stärker noch Périn in traditioneller Art und Weise auf der Funktionalität einer freien christlichen Liebestätigkeit zur Bekämpfung zeitgenössischer Massenverelendung beharrten, so gingen sie nicht zuletzt durch ihre Bildungs- und Assoziationsforderungen das Problem auch darin wirtschaftsstrukturell an. Diese Herangehensweise resultierte gerade beim katholischen Ökonomen Périn aus der Grundannahme, jede wirtschaftliche Logik könne nur auf Basis einer christlichen Logik zum „bien-être universel" führen.

Auf allen fünf Untersuchungsfeldern, so ist an dieser Stelle zusammenzufassen, konnte aus katholischen Ideenkontexten heraus bereits in der ersten Hälfte des 19. Jahrhunderts eine religiös fundierte Annäherung an moderne wirtschaftliche Liberalitätsdiskurse erfolgen, was ein gänzlich neues Licht auf die historiographische Erfassung der Aushandlung einer sozio-ökonomischen ‚katholischen Identität' vor dem Hintergrund von Industrialisierung und wirtschaftlicher Liberalisierung zu werfen vermag. Obgleich es sich hier zunächst um Einzelbefunde handelt, über die sich in je eigener Form Gegennarrative zu Rückständigkeits- und Mangeldiagnosen über einen ökonomisch ‚zurückgebliebenen' Katholizismus im 19. Jahrhundert schreiben lassen, so weisen sie doch durch ihre spezifische Verflechtung mit den Herausforderungen für den Katholizismus in einer Zeit dramatischer Veränderungen weit über sich hinaus, wie in der *weiterführenden Diskussion* der Ergebnisse aufgezeigt werden konnte.

Wessenberg galt es hier zunächst als im badischen Kontext der 1820er und 1830er Jahre stark herausstechenden Wirtschaftspolitiker zu profilieren, wich der Theologe doch in vielerlei Hinsicht von den Ideen Friedrich Lists ab, der die deutsche Debatte dieser Tage wesentlich prägte und auch in Baden einige Anhänger gefunden hatte. Mit seiner Forderung nach einer sofortigen Einführung der allgemeinen Gewerbefreiheit wagte Wessenberg den wohl radikalsten Schritt in einem wirtschaftspolitischen Kontext, in dem eine schrittweise und zunächst stark auf Konsolidierung der eigenen staatswirtschaftlichen Situation ausgerichtete Liberalisierung angestrebt wurde. Der für den deutschen Kontext so typische Versuch einer Verbindung der alten kameralistischen Tradition mit den Forderungen Adam Smiths wurde von Wessenberg abgelehnt: Zumeist als einziger auf weiter Flur sprach er sich dafür aus, die liberalen Wirtschaftsprinzipien der klassischen Nationalökonomie bereits voll anzuwenden und somit statt schlichter Gewerbeförderung die Einführung einer neuen Wirtschaftsordnung anzustreben.

In der Debatte um den badischen Beitritt zum Deutschen Zollverein war Wessenberg nicht der Einzige, der Widerstand leistete. Auch hier fielen allerdings seine nicht nur wirtschaftspragmatischen, sondern in hohem Maße auch prinzipiellen Argumente gegen die mit dem Zollverein weiterhin manifestierten hohen Zollgrenzen zum Ausland ins Auge. Die Tatsache, dass Wessenberg sich damit aus historischer Sicht gegen einen Meilenstein der wirtschaftlichen Entwicklung im deutschen Raum stemmte, darf, so konnte gezeigt werden, nicht als Veto gegen Industrialisierungsprozesse verstanden werden. Es handelte sich lediglich um eine fall-spezifische Abwägung für die wirtschaftliche Situation Badens, die sich zu dieser Zeit so auch bei anderen Ökonomen finden ließ.

Das starke und für seinen Kontext außergewöhnliche Vertrauen, das Wessenberg insgesamt in die Ausgleichs- und Fortschrittskräfte eines bildungsstrukturell ermöglichten Wirtschaftsliberalismus setzte, bietet der

These Nährwert, dass der Theologe seine wirtschaftspolitische Position in besonderer Weise von seinen religiösen Grundannahmen ableitete. Diese Ableitung wiederum basierte nicht zuletzt auf spezifischen zeitgenössischen Diskursen, über die aufgeklärte Religiosität und wirtschaftliches Denken in Beziehung gesetzt werden konnten. Deutlich stand Wessenberg über seinen familiären Kontext in der Tradition eines josephinischen Reformabsolutismus, in dem der katholische Frömmigkeitsvollzug staatlichen Rationalisierungsmaßnahmen gebeugt wurde – wenngleich Wessenberg, wie gezeigt werden konnte, mit seinen wirtschaftsliberalen Forderungen zugleich weit über josephinische Wirtschaftspolitik hinausging. Darüber hinaus konnten diejenigen physikotheologischen Bezüge, die von der Forschung bereits in Wessenbergs schöpfungslyrischen Texten festgestellt wurden, nun auch hinsichtlich seines wirtschaftlichen Denkens nachgewiesen werden.

Trotz derart starker Bezüge zur protestantischen Aufklärungsrezeption ergibt es Sinn, Wessenbergs wirtschaftstheoretische und -politische Position als bisher gänzlich unbeachtete Facette einer Katholischen Aufklärung und nicht lediglich als Aufklärungsrezeption im katholischen Raum zu begreifen. Was ‚das Katholische' innerhalb seiner wie innerhalb Périns Entdeckung der modernen Ökonomie ausmachte, wird im Anschluss diskutiert.

Da Périn im Gegensatz zu Wessenberg mit seiner katholischen Politischen Ökonomie bereits in der Tradition französischer katholischer Rezeptionsstränge der Nationalökonomie stand und bei Papst Pius IX. nicht zuletzt wegen seines politischen Engagements in Belgien persönliche Wertschätzung erfuhr, lohnte es sich in seiner Betrachtung, die Quellenanalysen durch eine *Vorgeschichte* sowie einen abschließenden *Blick nach Rom* zu rahmen. Mit der Hierarchisierung zwischen christlichen und ökonomischen Ideen und Forderungen, die Périn rhetorisch wesentlich deutlicher als Wessenberg vornahm, machte er sich die Grundgedanken seines Mentors und Lehrstuhlvorgängers Charles de Coux zu eigen, vertrat diese allerdings bereits weit offensiver im Sinne der Versicherung kirchlicher Glaubens- und Wissensautorität. Er beurteilte nicht mehr nur wie De Coux aus katholischer Perspektive ökonomische Lehrsätze, sondern vermengte jene in seiner bereits systematisierten katholischen Politischen Ökonomie derart mit katholischen Glaubenssätzen, dass eine Unterscheidung zwischen dem, was noch Wirtschaft, und dem, was bereits Religion war, nicht mehr sinnvoll vorgenommen werden konnte.

Den methodisch somit nicht mehr debattierbaren katholischen Exklusivitätsanspruch in wirtschaftstheoretischen Diskursen formte er auf diese Weise zu einer Waffe gegen säkulare Liberalismen, die der Ausrichtung des Pontifikats Pius' IX. sehr zupass kam. Dass Périn von Pius bereits im Vorfeld des *Syllabus Errorum* von 1864 und hiernach zu weiteren Gelegenheiten positiv rezipiert wurde, erscheint nicht verwunderlich. Auch wenn sich im *Syllabus* kein expliziter Bezug zur wirtschaftstheoretischen Situationsbeschreibung finden lässt, die Périn im Vorfeld für den Papst verfasste, so ist der Anklang, den die Ideen des katholischen Ökonomen auch im römisch-kurialen Kontext fanden, unverkennbar. Noch im sozio-ökonomischen Dekret, das für das Erste Vatikanische Konzil 1869/70 vorbereitet worden war, dort allerdings wegen des Konzilsabbruchs nicht mehr debattiert oder approbiert wurde, sind wesentliche Linien seiner Argumentation erkennbar. Diese wurden allerdings, auch das verdeutlicht das Dokument, zu diesem Zeitpunkt bereits – je nach Sichtweise – angefochten oder ergänzt durch sozialpolitische Forderungen der Gruppe um Bischof Ketteler.

Mit seinem Anliegen, katholische Superiorität in zentralen Diskursen einer säkularen Moderne zu demonstrieren und zu verkörpern, steht Périn exemplarisch für das Phänomen, das Carol E. Harrison jüngst in ihrer Studie zu „Romantic Catholics […] in search of a modern faith" im postrevolutionären frankophonen Katholizismus erkannt hat.[59] Über Charles de Coux lässt sich eine Linie von Périn zu Lamennais ziehen, der so zentralen Gestalt für eine katholische Vereinnahmung von Freiheits- und Fortschrittsdiskursen zur Reetablierung kirchlicher Deutungs- und Handlungsmacht in den 1820er Jahren. Als akademischer Ökonom, der zugleich stark mit seinem wirtschaftswissenschaftlichen Umfeld interagierte, stand Périn damit in eigentümlicher Art und Weise zwischen der Reklamation eines ultramontan-romantisch verstandenen „modern faith" und der modernen Wirtschaftswissenschaft.

Korrespondenzen belegen, dass er sein ökonomisches Hauptwerk *De la richesse dans les sociétés chrétiennes* und auch frühere Schriften einigen namenhaften Ökonomen des frankophonen Kontextes zur Lektüre übersandte (zum Beispiel Chevalier, Passy, Wolowski, Le Hardy de Beaulieu, Arrivabene). Einige wertschätzende Antworten sind zu finden, darüber hinaus die Anfrage, ob eine derart exklusivistisch katholische Überformung berechtigter ethischer Anfragen an die wirtschaftliche Theoriebildung nötig sei.

Diese Kritik durchzog in verschiedenartiger Ausführung auch die Rezeption von Périns Schriften im *Journal des économistes*, wo sich etwa Passy 1866 in wohlwollender Absicht die Frage stellte, ob Ökonomie und Religion zwangsläufig dieselbe Sprache sprechen müssen, um in ihren ethischen Forderungen miteinander kompatibel sein zu können. Vertrete nicht auch die zeitgenössische liberale Wirtschaftswissenschaft moralische Ideale, die die Religion nur unterstützen könne?

---

59 Vgl. Harrison: Romantic Catholics (2014).

In dieser Hinsicht weit härter mit Périn ins Gericht gegangen war im selben Journal einige Jahre vorher bereits Molinari, Wortführer der belgischen Liberalen. Der Ökonom warf Périn vor, mit einem unreflektierten Sensualismus-Vorwurf gegen die liberale Schule zu polemisieren, und schlug auf gleiche Art zurück: Die soziale Misere im so katholischen Belgien verdeutliche nicht, dass die liberale Ökonomie ihren moralischen Halt verloren habe, sondern vielmehr, dass die katholische Kirche in ihrer langjährigen Geschichte eine sozioökonomisch unfähige Gesellschaft hervorgebracht habe.

Die gegenseitige Polemik fortführend erklärte Périn Ökonomen wie Molinari, die sich offen kirchenkritisch äußerten, gegenüber Papst Pius IX. zu Materialisten, jene dagegen, die den Ausgleich suchten, ohne allerdings *katholisch genug* zu sein, zu Spiritualisten. Unter letztere Kategorie fiel auch der deutsche protestantische Ökonom Roscher, dessen historische Methodik sich als genuin offen für eine kulturhistorische Lesart wirtschaftlicher Prozesse erwies.

Insgesamt konnte aufgezeigt werden, dass nicht die zeitgenössisch in hohem Maße anschlussfähigen wirtschaftspolitischen Forderungen Périns oder – noch interessanter – seine Einforderung wirtschaftsethischer Grundhaltungen im wirtschaftswissenschaftlichen Kontext für Irritationen sorgten. Vielmehr war es der von ihm Kraft seines Amtes als katholischer Ökonom vollzogene Abbruch des Dialogs zwischen Wirtschaft und Religion, der Verwirrung und bisweilen Empörung hervorrief. Dieser Befund erscheint theoretisch weiterführend, wenn man ihn in Beziehung zu systemtheoretischen Modellen rund um die Theorie einer funktional ausdifferenzierten Moderne setzt. Die moderne Wirtschaftswissenschaft fand im Kontext drängender sozialer Fragen ohne weiteres den Zugang zur ethischen und sogar religiösen Logik der katholischen Politischen Ökonomie Périns, fühlte sie sich doch gerade von den in dieser Hinsicht erhobenen Vorwürfen des Katholiken unmittelbar getroffen. Was sie nicht mitzutragen bereit war, war die Abschaffung der auch im Dialog prozessierten Differenz zwischen Religion und Wirtschaft zugunsten universalhistorischer christlicher Heilsperspektiven.

Insgesamt konnte für Wessenberg wie für Périn aufgezeigt werden, dass es sich bei ihren ökonomisch-theologischen Positionen um wirtschaftshistorisch überaus interessante Phänomene handelt, deren gänzliche Erfassung vor allem eine katholizismusgeschichtliche Kontextualisierung erfordert. Gerade eine solche Kontextualisierung vermag zu veranschaulichen, dass die gängigen historiographischen Narrative rund um die Beziehung des Katholizismus zur modernen Ökonomie im 19. Jahrhundert nicht zuletzt um die hier vollzogene Nachzeichnung intellektueller Prozesse zu aktualisieren sind, in denen gesellschaftlich anschlussfähiges wirtschaftliches Denken und Handeln von Katholiken für religiöses Engagement entdeckt wurden.

Dass solche Entdeckungen gänzlich unabhängig voneinander vor allem über spezifische *Semantiken von Wissenschaft, Fortschrift und* (*ökonomischer*) *Freiheit* erfolgen konnten, innerhalb derer Religion und Wirtschaft sich auf nicht unähnliche Weise gegenseitig durchdrangen, konnte schlussendlich vergleichend herausgestellt werden. Gerade Wessenbergs und Périns Verständnis von *Wissenschaft* erschien hinsichtlich der eingangs referierten Beobachtung Watermans unmittelbar relevant hinsichtlich einer Anknüpfung der aktualisierten Narrative an den internationalen Forschungsstand. Watermans Feststellung, die frühe frankophon-katholische Rezeption der Politischen Ökonomie bis zu den 1830er Jahren habe im Gegenzug zum protestantisch-anglikanischen angelsächsischen Strang zwischen ökonomischer Wissenschaft und Theologie nicht getrennt[60], erwies sich in dieser Hinsicht als anschlussfähig, aber auch differenzierungswürdig.

Waterman hatte sich weder auf Charles de Coux noch auf Charles Périn, sondern auf den in dieser Studie nur kurz erwähnten Katholiken Alban de Villeneuve-Bargemont bezogen, der nicht wie De Coux eine katholische Politische Ökonomie im wissenschaftlich-akademischen Kontext zu profilieren suchte. De Coux artikulierte wie gesehen gleich in seiner Antrittsrede an der Universität Leuven 1835 eine klare Differenzierung von theologischen Glaubenssätzen und ökonomischer Wissenschaft und betonte dementsprechend, in seinem Kurs keine Theologie zu lehren, sondern vielmehr eine Politische Ökonomie, die kompatibel sei mit christlichen Glaubenssätzen.

Dies änderte sich mit Périn, der als katholischer Wissenschaftler im Kampf um katholische Superiorität im liberalen Verfassungsstaat bereits ein anderes Selbstverständnis vertrat. Aus der Wirtschaftswissenschaft als „science rationaliste" erstrebte er, durch ihre generische und unmittelbare Anbindung an religiöse Perspektiven eine „science éternelle" zu machen, in der Wirtschaft (als Wissenschaftsinhalt) mit Religion und deren Wahrheitsanspruch zusammenfiel. Wirtschaftswissenschaft wurde ihm so nicht zur Theologie, wohl aber zur performativen Plattform, um die Universalität und Zeitlosigkeit katholischer Theologie zu feiern und – ganz gemäß der Implikation einer frohen Botschaft in schwierigen Zeiten – in jedweden Lebensbereich zu tragen.

Viel wichtiger erscheint zur Erfassung von Périn allerdings, dass er Wirtschaft insgesamt – mit ihrer wissenschaftlichen Theorie, ihrer Geschichte

60 Waterman: Revolution, Economics and Religion (1991), S. 12f.

und vor allem ihrer sozialen Dimension – als notwendigen und elementaren Teil von Religion begriff. Nicht zuletzt deshalb drängte er Pius IX. zu Beginn der 1860er Jahre in höflicher, aber bestimmter Art und Weise, sich den ökonomischen Entwicklungen und Theorien zu widmen und hier in offensiver Art und Weise kirchliche Machtansprüche kundzutun. Der Bereich der Wirtschaft, der ökonomisches Handeln im pastoralen Alltag genauso umfasste wie die zeitgenössische ökonomische Theoriebildung, der Bildungsfragen genauso beinhaltete wie Fragen nach der angemessenen Begründung politischer Entscheidungen und in dem maßgeblich wie nirgendwo sonst über das Schicksal von Menschen entschieden wurde, stellte sich im 19. Jahrhundert schließlich als Feld schlechthin dar, um die Religion als eine noch immer in hohem Maße benötigte gesellschaftliche Größe zu profilieren und somit genau das zu veranschaulichen, wofür der ultramontane Katholizismus um Pius IX. einstand.

Auch Wessenberg intendierte, seine Religion und Religiosität in dieser Weise herauszustellen, legte dem allerdings ein anderes Verständnis von ökonomischer Wissenschaft zugrunde. Wissenschaft im Allgemeinen verstand er zunächst als Möglichkeit, religiöse Lehren auf rationaler Ebene zu bestätigen und sie somit gegen säkulare Angriffe zu verteidigen. Gleichzeitig machte er gerade in seinen bildungstheoretischen Ausführungen deutlich, dass er unter dem Singularbegriff Wissenschaft methodisch immer auch die universelle Vereinigung von Erkenntnissen und somit etwas Höheres fasste als die rationale Akkumulation von Wissensbeständen. Wahrheit schaffen könne, so Wessenberg, zwar nur die Religion. Wissenschaft könne allerdings „etwas Göttliches" werden, wenn sie über die Zusammenfassung der Disziplinen und ihrer Erkenntnisse etwas spiegele, was sie in ihrem eigenen Fachduktus nicht ausdrücken konnte. Die Erkenntnisse und Theorien der zeitgenössischen Wirtschaftswissenschaft dienten dem Theologen demgemäß als Bausteine, die sich fruchtbar in die Erfassung der christlichen Glaubenswahrheit eingliedern ließen.

Eine ähnlich geartete Unterscheidung zwischen den Positionen Wessenbergs und Périns konnte hinsichtlich ihres konzeptuellen Verständnisses von *Fortschritt* in Zeiten ökonomischen Wachstums ausgemacht werden. Beide verstanden das katholische Christentum mit seinen sozialethischen, zugleich aber auch gesellschaftspraktischen Dimensionen als Garant eines steten gesellschaftlichen Fortschritts in geistiger wie materieller Perspektive. Während Wessenberg diesen Fortschritt bis zu einem gewissen Grad immer auch über die fruchtbare Interaktion christlicher Religiosität mit zunächst säkularen Wissens- und Handlungsfeldern definierte, führte für Périn nur die Alleinstellung explizit religiöser Lehrsätze, die sich freilich auch in andere Wissensbereiche einflechten ließen, zum „wahren" Fortschritt.

Die katholisch überformte Politische Ökonomie Périns konnte den Verzicht auf religiöse Sprache innerhalb des Fortschrittsnarrativs der modernen Wirtschaftswissenschaft nur als Rückschritt verstehen und rollte die Geschichte neu auf: Französische Aufklärung und Revolution hätten mit ihrer Fokussierung des Materiellen vor dem Religiösen den Sündenfall wiederholt, statt den paradiesischen Urzustand anzustreben, in dem das Materielle und die Religion noch in so fruchtbarem Einklang gewesen seien. Auch für Wessenberg bestand dieser Einklang vor allem in einer Hierarchisierung zwischen einer materiell-leiblichen und einer geistig-religiösen Lebensdimension, allerdings konnte diese für ihn auch darüber vollzogen werden, dass sich die Religion in ihrem Fortschrittsdiskurs in konstruktiver Weise für nicht religiöse Bildungsfelder öffnete und ihre Impulse in die christliche Heilsperspektive einfließen ließ.

Schlussendlich spielte auch die Semantik (*ökonomischer*) *Freiheit* für die Argumentationen Wessenbergs und Périns eine wichtige Rolle. Ebenso wie Smith sahen sie in der Etablierung wirtschaftsliberaler Strukturen die Voraussetzung dafür, dass sich die in der göttlichen Schöpfungsordnung angelegten sozialen Automatismen ungehindert entfalten konnten. Hierbei rekurrierten sie allerdings auf einen Freiheitsbegriff, der explizit theologisch aufgeladen, das heißt in der Tradition christlicher Lehraussagen verstanden, wurde. Der Gedanke der Erschaffung des Menschen hin zur Freiheit seiner Selbstentfaltung erwies sich hier als besonders anschlussfähig für eine wirtschaftsliberale Argumentation: Einerseits wurde wirtschaftliche Dynamik und somit Wachstum ermöglicht, andererseits standen ethische Vorgaben im Raum, die eine Selbstverwirklichung im christlichen Sinne maßgeblich ausmachten. Freies wirtschaftliches Handeln im eigenen Interesse war so immer zugleich Handeln im Sinne der wirtschaftlich-christlichen Gemeinschaft.

Für Wessenberg wie für Périn konnte Freiheit Derartiges immer nur als Konsequenz aus der Annahme einer christlichen Glaubenswahrheit bewirken. Die Logik der Wirtschaftstheorie Smiths implizierte dagegen den Vorrang der Freiheit vor der ökonomisch sichtbar gewordenen Wahrheit, schließlich wurde für eine deistische Argumentation die eschatologische Heilsperspektive nicht länger benötigt. Freiheit allein konnte aus christlicher Sicht immer auch zur ‚falschen' Freiheit werden, was zugleich soziale Notlagen zu erklären wie die Notwendigkeit auch ideeller christlicher Interventionen zu artikulieren vermochte.

4.2.2 *Katholische Rezeptionsweisen?*

Was berechtigt nun, bei den Herangehensweisen Wessenbergs und Périns von *katholischen* Rezeptionsweisen der modernen Ökonomie zu sprechen? Schließlich rekurrierten sie in ihrer je eigenen Art und Weise immer wieder auch auf christliche Wahrheiten und wurden mit Vorwürfen konfrontiert, ‚das Katholische' zu protestantisieren (Wessenbergs Pastoralreform) beziehungsweise ihre Ansichten fälschlicherweise als exklusiv katholische anstatt gemeinsam christliche (Roscher über Périn) oder gar gemeinsam ethische (Passy über Périn) zu verstehen.

Zunächst ist zu bedenken, dass zwar nicht Wessenberg, sehr wohl aber Périn über die frühen Rezeptionsstränge wirtschaftsliberalen Gedankenguts durch französische Katholiken wie De Coux in der Tradition einer stark anti-protestantischen Rhetorik stand. Mit der Revolution von 1789 war das protestantische Bekenntnis nach Jahrhunderten dramatischer Verfolgung und Vertreibung im katholischen Frankreich offiziell geduldet worden. Den vielfach vor allem als Bedeutungsverlust katholischer Religiosität erfahrenen revolutionären Entwicklungen, in denen auch atheistische und deistische Weltbilder zunehmend Anklang gefunden hatten, wurde in katholischen Intellektuellenkreisen nicht zuletzt durch rhetorische Kämpfe gegen den Protestantismus Paroli zu bieten versucht.[61] Das Feld der Ökonomie exklusivistisch katholisch zu vereinnahmen, stellte sich in diesem Kontext als strategisch vielversprechender Schachzug dar.

In den Analysen konnte herausgestellt werden, dass Périn seine *katholische* Politische Ökonomie immer auch als Gegenbewegung zu *protestantischen* Wirtschaftslogiken verstand. Jene seien von Beginn an vor allem individualistisch ausgerichtet gewesen, hätten somit dem Prinzip der Entsagung nur mit „hohlen Worten" zusprechen können und stünden in generischer Beziehung zum dezidiert antikatholischen Rationalismus und Industrialismus des 19. Jahrhunderts. Nicht umsonst arbeitete er sich immer wieder an den Theorien des protestantischen Priesters Robert Malthus ab, sah in diesen eine gefährliche Verabsolutierung der materiellen Interessen des Einzelnen und somit den Startpunkt eines Pfades, der in sozialistischen Forderungen und Religionskritik enden musste.

Indirekte Seitenhiebe gegen den Protestantismus setzte Périn darüber hinaus, indem er zur Begründung wirtschaftlicher Prinzipien aus der Geschichte der christlichen und bisweilen bereits dezidiert katholischen Kirche heraus immer wieder auf das Traditions- sowie das hierarchische Autoritätsargument setzte – beides Identitätsmarker, die die Kirche als Reaktion auf die reformatorischen Forderungen im 16. Jahrhundert besonders stark gemacht hatte.

Während man so bei Périn mit einiger Berechtigung von einer besonderen *katholischen* Rezeptionsweise der modernen Ökonomie sprechen kann, gestaltet sich die Sache bei Wessenberg komplexer. Keineswegs wetterte er

61 Vgl. Faccarello: A dance teacher (2017), S. 830f.

wie Périn gegen den Protestantismus, rezipierte sogar Grundlinien einer vor allem in protestantischen Kreisen vertretenen Physikotheologie wohlwollend und ließ im *Archiv für die Pastoralkonferenzen* protestantisch-kameralistische Denker wie Johann Georg Krünitz ausgiebig zu Wort kommen. Auch fand Wessenberg in Rom gerade nicht den Anklang, den Périn dort erfuhr, sodass das, was er wirtschaftstheoretisch und -praktisch vertrat, keineswegs als ‚kirchlich-autorisiertes' Gut angesehen werden konnte.

Nichtsdestotrotz lässt sich auch in Wessenbergs Herangehensweise zumindest ein spezifisch *katholischer* Aspekt ausmachen: Wenn er auch mit seiner Pastoralreform kameralistischen Initiativen zu einer Ökonomischen Aufklärung zugunsten der Verbesserung der allgemeinen staatswirtschaftlichen Situation sehr nahe kam, so zeigte sich doch in den politischen Debatten der 1820er und 1830er Jahre, dass er denjenigen noch immer kameralistisch geprägten Rezeptionsweisen der klassischen Nationalökonomie im deutschen Raum nicht folgen konnte, die weiterhin einen starken, die wirtschaftliche Liberalisierung aktiv steuernden Staat einforderten. Eine derartige Identifikation mit dem Staat als Ordnungs- und Handlungsmacht kann wiederum ohne weiteres in Kontinuität zu klassischen sozial-protestantischen Denkhaltungen gesehen werden, die sich auch im 19. Jahrhundert Geltung verschafften.[62]

Zwar war Wessenberg gerade nicht wie Périn aus dem Bedürfnis religiöser Entfaltung heraus gegen den Verfassungsstaat eingestellt, sondern engagierte sich innerhalb und zur Stärkung der konstitutionellen politischen Strukturen im Gegenteil mit hohem Einsatz. Gleichwohl sprach er sich gegen staatliche Regulierungswut aus, welche der Realisierung der gottgewollten Ordnung nur hinderlich sei, und vollzog so die für den Katholizismus im Kontext von Säkularisation und Nationalstaatsbildung so typische ideelle Distanzierung vom starken Staat. Erst diese Distanzierung bot Wessenberg – wie auch später Périn – die Grundlage, sich wirtschaftsliberal positionieren zu können.

Darüber hinaus machte gerade der starke Bezug Wessenbergs zur Frage, wie die katholische Glaubenspraxis innerhalb der gesellschaftlichen Umbruchssituation zu denken und zu reformieren, keinesfalls aber aufzugeben sei, seine vor diesem Hintergrund stattfindende Rezeption modern-ökonomischen Gedankenguts genuin *katholisch*. In seiner Ausgabe des *Wealth of Nations* markierte er nicht zufällig gerade die Stellen, die Smiths Kritik an katholisch-kirchlichen Strukturen anzeigten: die Ausführungen des Schotten zur Wichtigkeit einer gemeinnützigen Bildung sowie zur schädlichen

62 Vgl. Jähnichen, Traugott; Friedrich, Norbert: Geschichte der sozialen Ideen im deutschen Protestantismus, in: Grebing (Hg.): Geschichte der sozialen Ideen (2000), S. 867–1103, hier 873ff.

Bindung an eine eigennützig agierende Geistlichkeit. Auf beide Vorwürfe reagierte Wessenberg nicht nur als katholischer Pastoralreformer, sondern auch als katholischer Bildungspolitiker, der sich insbesondere für den Ausbau ökonomisch-gemeinnütziger Bildungsstrukturen im Großherzogtum Baden einsetzte. Die Lektüre des *Wealth of Nations* sprach ihn, so ist zu folgern, gerade in seinem *katholischen* Selbstverständnis als Kirchenreformer an.

Insgesamt kann festgehalten werden, dass weniger der Inhalt der ökonomischen Forderungen Wessenbergs und Périns die katholische Rezeptionsweise der modernen Ökonomie ausmachte als vielmehr die Motivation und auch Ambition, gerade diese Inhalte vor dem Hintergrund eines katholischen Selbstverständnisses zu formulieren. Das Selbstverständnis der beiden aus historischer Perspektive als katholisch-aufklärerisch beziehungsweise katholisch-ultramontan zu beschreiben, ergibt hinsichtlich der Hierarchisierung ökonomischer und theologischer Ideen, die von Wessenberg und Périn mit Unterschieden vorgenommen wurde, sicherlich auch für die Hermeneutik dieser Studie Sinn. Auch konnte allerdings gezeigt werden, dass Katholische Aufklärung und Ultramontanismus, versteht man sie als Forschungsbegriffe der heutigen Debatte, als Umschreibungen einer komplexen und nicht linear lesbaren historischen Wirklichkeit gesehen werden müssen. Auf denselben inhaltlichen Feldern konnte in beiden Kontexten mit oftmals ähnlichen Argumenten im Spannungsfeld von Religion und Wirtschaft eine klare theologisch fundierte Annäherung an wirtschaftsliberales Gedankengut erfolgen, wenngleich man in religionspolitischer Hinsicht so stark divergierte.

Sogar der abschließende direkte Vergleich der Positionen Wessenbergs und Périns hinsichtlich der Konzepte von Wissenschaft, Fortschritt und (ökonomischer) Freiheit konnte deutlich machen, wie nah sich die nur vermeintlich so unterschiedlichen Herangehensweisen der beiden Katholiken kamen, analysiert man sie abstrahierend auf einer höheren Reflexionsebene als Gegenentwürfe zu einer Wirtschaftswissenschaft, die sich dem explizit religiösen Bekenntnis verschloss. Von einem klaren Antagonismus aufklärerischer und ultramontaner Ideen im Katholizismus des 19. Jahrhunderts kann somit aus wirtschaftlicher Perspektive keine Rede sein.

Diese Erkenntnis sollte allerdings nicht dazu führen, derartige Zuschreibungen bezüglich des Erkenntnisgewinns in Frage zu stellen, den sie zu liefern vermögen. Als kontextuelle Ausgangspunkte bieten sie einen hervorragenden historischen Zugang zur Untersuchung *des Katholischen* in den Annäherungen an die moderne Ökonomie durch Katholiken, schließlich stellten sich sowohl die von der Forschung als aufklärerisch bezeichneten innerkatholischen Strömungen als auch ihre ultramontanen Mit- und Gegenströmungen als Facetten einer Selbstfindung des Katholizismus in der Auseinandersetzung mit den auch wirtschaftlichen Ideen der Aufklärung sowie den traditionell eher protestantisch konnotierten ökonomischen Lebensidealen dar. Beide Forschungsbegriffe gilt es vor dem Hintergrund dieser Überlegung jederzeit als dynamische zu fassen, sodass eine prinzipiell offene Relationierung der Attribute katholisch, ultramontan, aufklärerisch, modern und liberal ermöglicht wird. Eine solche ist unbedingt erforderlich, so konnte gezeigt werden, sucht man die Logiken der Entdeckung der modernen Ökonomie für die so vielfältig artikulierbare katholische Religiosität im 19. Jahrhundert zu entschlüsseln. Darüber hinaus erweist sie sich als unabdingbar, um die Vorgeschichte der Sozialenzyklika *Rerum Novarum* nicht nur als eine Geschichte der Tradition und Kontinuität, sondern auch als eine Geschichte der Traditionsabbrüche und erstaunlichen ideellen Allianzen zu schreiben.

4.2.3 *Auf dem Weg zur Sozialenzyklika Rerum Novarum (1891)? – Traditionen, Brüche und Auslassungen*

In gleich mehrfacher Hinsicht mündeten die katholischen Rezeptionsweisen der modernen Ökonomie durch Wessenberg und Périn nicht linear in der Enzyklika Papst Leos XIII. von 1891. Über 100 Jahre nach dem *Wealth of Nations* fand hier keine grundlegende Auseinandersetzung mit der Nationalökonomie Smiths und einer möglichen theologischen Grundlegung wirtschaftsliberaler Prinzipien mehr statt. Dementsprechend drückte sich im Text der Enzyklika nicht mehr das noch von Wessenberg und Périn artikulierte Vertrauen aus, eine liberale Marktwirtschaft könne sich zum Vorteil aller und insbesondere der mittlerweile so im Fokus stehenden Arbeiterschaft auswirken, läge ihr nur ein klares Bekenntnis zu christlichen Werten zugrunde – verbunden mit einer stark agierenden Kirche (eher Périn) sowie einem Staat, der angemessene Bildung für alle garantierte (eher Wessenberg). Den Staat profilierte die Enzyklika stattdessen, selbstredend noch immer zusammen mit einer starken Kirche, als hierarchisch intervenierenden Ordnungsgaranten zur Herstellung von Gerechtigkeit und somit als notwendige Gegenkraft zu einer liberalen Marktwirtschaft.

Gerade das Gerechtigkeitsdenken, das sich im päpstlichen Text ausdrückte, hatte nur noch oberflächlich etwas gemein mit den Ansätzen Wessenbergs und Périns, nach denen Gerechtigkeit vorrangig über die Sicherstellung der freien Entfaltung des Einzelnen auf Basis von Glauben und Bildung hergestellt werden konnte, nicht aber über den aktiv intervenierenden (Sozial-)Staat.[63]

63 Périn begehrte in fortgeschrittenem Alter gegen die Enzyklika nicht auf, sondern akzeptierte die päpstliche Lehrautorität, vgl. zu Périns publizistischen Reaktionen auf die Enzyklika Fèvre: Charles Périn (1903), S. 215–221. Périn-Anhänger Fèvre, der seine Schrift

In dieser Hinsicht hatte sich ein weiterer, in Anbetracht seiner offiziellen päpstlichen Legitimation heute wesentlich bekannterer katholischer Rezeptionsstrang zur Politischen Ökonomie durchgesetzt: derjenige um die italienischen Jesuiten Luigi Taparelli d'Azeglio (1793–1862) und Matteo Liberatore (1810–1892), die in der zweiten Hälfte des Jahrhunderts im wortführenden katholischen Journal *Civiltà Cattolica* Überlegungen zur sozio-ökonomischen Situation publizierten. Da sie sich vor allem an der scholastischen Philosophie des Thomas von Aquin orientierten und insbesondere dessen Konzepte von Ordnung, Hierarchie und Gerechtigkeit wiederaufnahmen, sahen sie den Ruf nach staatlicher Intervention als in hohem Maße vereinbar mit einer christlichen Gerechtigkeitsforderung an.[64]

Thomas hatte sich neben anderen Gerechtigkeitsformen bereits für eine herrscherlich zu gewährleistende Verteilungsgerechtigkeit stark gemacht und dabei bis zu einem gewissen Grad mit der traditionellen christlichen und später gerade katholischen Position gebrochen, staatliche Macht und gouvernementale Strukturen seien nicht mehr als ein notwendiges Übel.[65] Taparelli, Lehrer Liberatores und auch Papst Leos XIII., prägte in den 1880er Jahren den Terminus der Sozialen Gerechtigkeit, der auf die auch staatlich zu leistende „Erhaltung der Unabhängigkeit der in der Gesellschaft geeinten Personen" zielte.[66]

Die Rezeptionsweisen Périns und Wessenbergs entsprachen diesem Neuthomismus nicht, den auch Papst Leo XIII. von Beginn seines Ponifikats an vertrat.[67] Dies gilt auch, wenn sie einige von dessen Grundlinien, etwa die klare Befürwortung des Privateigentums[68] und damit die Verurteilung jeglichen Sozialismus, mitabbildeten.

Mit ihren anders gearteten theologischen Überformungen modernökonomischer Denkweisen hatten sie in vielerlei Hinsicht genau das bereits geleistet, was Ignaz von Döllinger erst 1863 für eine katholische Beschäftigung mit volkswirtschaftlichen Fragen einforderte: eine offene Distanzierung von

---

noch zu Lebzeiten des katholischen Ökonomen publizierte, deutet die Enzyklika hier allerdings fragwürdig als die umfassende päpstliche Approbation von dessen Lehren.

64 Vgl. Almodovar/Teixeira: The Ascent and Decline (2008), S. 72ff. Wie Périn werden sie hier der zweiten Generation eines „Catholic Economic Thought" zugeordnet.

65 Vgl. Viner: Essays (1991), S. 204–208.

66 Vgl. Utz: Der Begriff des Eigentumsrechts (1991), S. 138.

67 Wichtige Impulse in dieser Richtung setzte er bereits 1879, ein Jahr nach Antritt seines Pontifikats, vgl. Enzyklika *Aeterni Patris* (04.08.1879), in: Denzinger/Hünermann (Hgg.): Kompendium (2017), S. 784–787.

68 Insbesondere Taparelli profilierte dieses Prinzip für die katholische Soziallehre, vgl. Höffner: Christliche Gesellschaftslehre (2011), S. 217–222; Utz: Der Begriff des Eigentumsrechts (1991), S. 136–147.

scholastischer „Einseitigkeit“ – wenn Döllinger auch mit dieser Kategorie zunächst nur auf den kirchlichen „Rigorismus bezüglich des Zinswesens und den allzuweit ausgedehnten Begriff von Wucher“[69] abzielte. „Hier müsse man sich's zur Aufgabe machen, nachzuweisen“, so die Forderung Döllingers,

> wie die Kirche in ihren Institutionen und ihrer richtig verstandenen Lehre den Keim der bedeutendsten socialen und volkswirthschaftlichen Fortschritte in sich trage, und jedenfalls mit allen wirklichen Verbesserungen sich zu befreunden oder sie in ihren Organismus mit aufzunehmen fähig sei.[70]

Genau das hatten Wessenberg und Périn in ihren Schriften dargelegt. Wie einst Thomas von Aquin arbeiteten sie an einer Synthese zwischen dem ökonomischen Wissen ihrer Zeit und den Grundlinien christlicher Theologie, nahmen allerdings besonders auf die Ansätze der spanischen Spätscholastik Bezug, die sich bereits für die Logiken der freien Marktwirtschaft geöffnet hatten. Die dortige Reaktivierung des Gedankens der „Universal Economy“, des wohl ältesten ökonomisch-theologischen Denkmusters der Welt, das allerdings in der scholastischen Wirtschaftsauffassung des Thomas von Aquin verloren gegangen war[71], ermöglichte es ihnen, freie Waren- und Kapitalströme als Ausdruck der christlichen Heilsgeschichte zu begreifen.

In dieser Geschichte suchte der Schöpfergott die Menschheit durch Austausch und gegenseitige Ergänzung zu einen und stiftete das so dringend benötigte antiherrscherliche, zugleich aber ethische Ordnungsmoment für eine liberale Globalwirtschaft. Schließlich implizierten die nicht deistischen, sondern traditionell katholischen Grundannahmen Wessenbergs und Périns, dass eine Begegnung mit Gott und seinem nachirdischen Heilsversprechen in jedweder Lebensdimension auf Erden möglich war, nahm man nur den Glauben und mit ihm seine ethischen Regeln an.

Wie ist es nun zu erklären, dass sich derartige katholische Rezeptionsweisen der modernen Ökonomie zur Formulierung einer kirchlichen Sozialenzyklika nicht durchsetzen konnten, ja dass sie in den für die Enzyklika so wichtigen Strömungen des deutschen Katholizismus[72], wo sich keine Périn-nahe „école

69 Verhandlungen der Versammlung katholischer Gelehrten (1863), S. 77.

70 Verhandlungen der Versammlung katholischer Gelehrten (1863), S. 78.

71 Vgl. Viner: Essays (1991), S. 42f.

72 Aubert hat diesbezüglich auf das Paradox hingewiesen, dass sich trotz der im internationalen Vergleich verzögerten industriellen Entwicklung im deutschen Raum gerade dort entscheidende katholische Sozialinitiativen ausbildeten, vgl. Aubert, Roger: L'encyclique Rerum Novarum, une „charte des travailleurs“, in: Rosart, François; Zelis, Guy (Hgg.): Le monde catholique et la question sociale (1891–1950), Bruxelles 1992, S. 11–28, hier 15f.

d'Angers" entwickelte, zu keiner Zeit überhaupt Fuß fassten? Eine wirtschaftstheoretische Rezeption Wessenbergs, der kirchlich in Ungnade gefallen war und der den Bereich der Ökonomie in seinem theologischen Spätwerk nur als einen unter vielen streifte, fand nicht statt. Périn wurde zwar, wie gezeigt werden konnte, von dem unangefochtenen Wortführer in sozialkatholischen Belangen im deutschsprachigen Kontext und der zugleich prägenden Figur für die spätere Sozialenzyklika, Bischof Ketteler[73], bereits 1864 wohlwollend erwähnt, allerdings mit seinem Ansatz keineswegs vollumfänglich befürwortet.

Ketteler setzte bei seiner nun stattfindenden Auseinandersetzung mit volkswirtschaftlichen Fragen – ganz im Gegensatz zu Périn – sehr konkret bei einer Stärkung der ökonomischen Situation der Arbeiterschaft an, nicht mehr allein beim Gedanken der systeminternen Stärkung der christlichen Gesinnung, der seinen Blick auf die Soziale Frage noch zur Jahrhundertmitte dominiert hatte. Dass Périn letzteren Gedanken weiterhin vertrat, ihn aber als Ökonom des akademischen Kontextes strukturell hinsichtlich wirtschaftsliberaler Strukturen derart ausgebaut hatte und mittlerweile auf alle Facetten sozio-ökonomischer Debatten anwandte, unterschied ihn vom deutschen katholischen Kontext. Zwar fanden sich auch dort bereits früh Périn-ähnliche Stellungnahmen, die den Freiheitsbegriff des wirtschaftlichen Liberalismus hart angingen[74], kaum dagegen strukturelle Versuche, auf Basis eines dezidiert christlichen Freiheitsbegriffs dennoch wirtschaftsliberal zu argumentieren.[75]

Als Ausnahme ohne Auswirkung kann die 1865 vom Katholischen Broschüren-Verein herausgegebene Schrift *Industrie und Christenthum* gesehen werden, die der katholische Rechtsphilosoph und Staatswissenschaftler

---

73 Vgl. zum Einfluss Kettelers auf das Argument der Enzyklika Eissrich, Daniel: An Economist's View of the Work of Wilhelm Emmanuel von Ketteler and Its Influence on the Encyclical *Rerum novarum*, in: Backhaus, Jürgen u. a. (Hgg.): On the Economic Significance of the Catholic Social Doctrine. 125 Years of Rerum Novarum (The European Heritage in Economics, 19), Cham 2017, S. 11–25. Bezeichnenderweise findet Périn in diesem Jubiläumsband keine Erwähnung.

74 Vgl. beispielhaft die Denkschrift Franz von Baaders *Über das sogenannte Freiheits- oder passive Staatswirtschaftssystem* (1802), Auszüge ediert bei Grenner (Hg.): Katholizismus und wirtschaftlicher Liberalismus (1998), S. 20ff.

75 Vgl. hierzu auch die Reaktion der *Historisch-Politischen Blätter*, zentrale Texte ebenfalls ediert bei Grenner (Hg.): Katholizismus und wirtschaftlicher Liberalismus (1998). Positive Erwähnung fand Périn hier allerdings in den 1880er Jahren im Zusammenhang der Warnung vor sozialismusgleicher Staatsomnipotenz, vgl. Stegmann, Franz Josef: Von der ständischen Sozialreform zur staatlichen Sozialpolitik. Der Beitrag der Historisch-Politischen Blätter zur Lösung der Sozialen Frage (Zweimonatsschrift für Politische Studien, Beiheft 4), München/Wien 1965, S. 152.

Johann Joseph Roßbach verfasste. In starker Anlehnung an Périns Thesen in *De la richesse* betonte er darin die Freiheit als verbindendes Element zwischen Christentum und Industrie und forderte eine Überformung des wirtschaftlich-industriellen Freiheitsgedankens durch christliche „Wahrheit":

> Das Lebensprincip der Industrie ist die Freiheit. Auch das Christenthum will die Freiheit. Werdet nicht Knechte der Menschen. Das Christenthum aber will die Freiheit des Geistes und der Wahrheit; nur der Geist macht lebendig, der Buchstabe tödtet; jede Freiheit soll daher von diesem Geiste, von dem göttlichen Lebensgesetze erfüllt und durchdrungen sein. Diese Forderung stellt das Christenthum an jeden Fortschritt, folglich auch an den in der Naturwissenschaft und Industrie. Und liegt nicht darin die Probe, die höchste Blüthe der Freiheit, daß sie sich dem höchsten Lebensprincip unterwirft?[76]

Während Roßbach in dieser Broschüre das Werk Périns explizit erwähnte, hatte es bei ihm offenbar frühere Versäumnisse in dieser Hinsicht gegeben: Périn-Übersetzer Weizenhofer bemerkte im November 1865 in einem Brief an Périn, es habe Versuche des deutschen Katholiken gegeben, sich in Vorträgen mit den Gedanken Périns „berühmt zu machen" – Versuche, die er schnell habe vereiteln können.[77]

Dass Roßbach mit den Ideen Périns im deutschen katholischen Kontext wiederum nicht hätte derart berühmt werden können wie der katholische Ökonom im frankophonen Raum, ist stark anzunehmen. In der deutschen Staatenwelt hatte sich zu keiner Zeit eine derart liberale Ökonomieschule wie in Frankreich ausgebildet, dass katholische Denker für eine (freiheits-)theologische Auseinandersetzung einen klaren Fixpunkt gehabt hätten. Die starke Einbeziehung des Staates, die den deutschen Liberalismus als „Symbiose von kantischem Rechtsstaat, Smiths natürlicher Ordnung und traditioneller deutscher Polizeiwissenschaft"[78] von Beginn an prägte, spiegelte sich auf eigentümliche Art und Weise im deutschen Katholizismus, der die moderne Wirtschaftstheorie zunächst auf Basis von Staatstheorie rezipierte (Franz von Baader, Adam Müller) und mit Beginn der großflächigen Auseinandersetzung mit wirtschaftlichen Fragen in den 1860er Jahren erstaunlich schnell erneut beim Staat und der Forderung nach einer umfassenden Sozialgesetzgebung landete.

---

76 Roßbach, Johann Joseph: Industrie und Christenthum (Broschürenverein. No. 10), Frankfurt a. M. 1865, S. 23.

77 Vgl. Weizenhofer à Périn, 14.11.1865. Archives de l'Etat à Mons, Périn Charles, Correspondance. Lettres reçues, 371.

78 Müller: Staatstätigkeit (1991), S. 94.

Auf dem Weg zu *Rerum Novarum* fügten sich die neuthomistischen Wirtschaftsvorstellungen der italienisch-jesuitischen Linie mit derartigen Tendenzen ebenso fruchtbar zusammen wie die bereits gegen Périn artikulierten Forderungen der „école corporatif" in Frankreich und Belgien. Ihre Wortführer, die Franzosen Réné de La Tour du Pin und Albert de Mun, wurden wichtige Figuren in der 1884 gegründeten internationalen katholisch-sozialen Denkfabrik „Union de Fribourg", die wesentliche Vorarbeiten für die Enzyklika leistete. Die Périn-nahe und gegen jegliche Staatsintervention gerichtete „école d'Angers" hatte sich auf den der Enzyklika vorangehenden großen Sozialkongressen zwischen 1887 und 1890 in Lüttich dagegen nicht durchsetzen können.[79]

Die Tatsache, dass Ketteler und nach ihm die Enzyklika den aus heutiger Sicht so wichtigen Schritt in Richtung der kirchlichen Befürwortung sozialgesetzlicher Strukturen gingen, dabei aber den Moment tieferer katholisch-theologischer Identifikation mit wirtschaftsliberalem Denken, den Périn und Wessenberg explizierten, bereits unumkehrbar übersprungen hatten, verdeutlicht die Ambivalenzen der Annäherung des Katholizismus an die verschiedenen Aspekte dessen, was man heute als Moderne verstehen kann. Zweifelsohne steht die Wirtschaftstheorie Smiths für einen Aufbruch in neue Zeiten, ihre kategoriell wohlwollende Rezeption in katholischen Kontexten mithin für eine Öffnung des Katholizismus für eine gewisse konfessionelle Teilhabe an Modernisierungsprozessen. Die streng exklusivistische Überformung modern-ökonomischer Denkweisen, die Périn in diesem Zusammenhang vornahm, wurzelte wiederum in klar antimodernistischen Anschauungen, wollte sich also keinesfalls als Träger einer derartigen Annäherungsbewegung verstanden wissen.[80] Wessenbergs Anspruch war dies dagegen sehr wohl, dennoch benötigte auch er zur Annahme modern-ökonomischer Forderungen immer einen christlichen Gottesbezug.

Die sozialkatholischen Bewegungen um Ketteler ließen mit ihrer Forderung sozialpolitischer Garantien hiernach bis zu einem gewissen Grad das christliche Grundvertrauen, mit dem Glauben wende sich alles zum Besten, hinter

---

79 Vgl. Aubert: L'encyclique Rerum Novarum (1992), S. 17ff.; Schasching, Johannes: Der gesellschaftliche Ordnungsgedanke in Rerum novarum und Quadragesimo anno, in: Utz (Hg.): Die katholische Soziallehre (1991), S. 67–84, hier 67–74; Maeyer: Katholische Soziallehre (2003), S. 102; Stegmann/Langhorst: Geschichte der sozialen Ideen im deutschen Katholizismus (2000), S. 684 und zeitgenössisch auch schon Eblé: Les écoles (1905), S. 180–196. Moeys nennt das Jahrzehnt vor *Rerum Novarum* „The age of congresses and international social reform", vgl. Moeys: Subsidiary Social Provision (2017), S. 134–145.

80 Dies machte Périn, so sind die obigen Ausführungen an dieser Stelle zu ergänzen, auch zum klaren Gegner Döllingers.

der Umsetzung konkreter sozio-ökonomischer Maßnahmen zurückstehen. Dieser Ansatz lässt sich ebenfalls als Signum einer funktional ausdifferenzierten Moderne verstehen – gleichzeitig allerdings auch als Rückschritt hinter genau die Freiheitsideen, die zentrale Modernitätsdiskurse in hohem Maße prägten und diese intuitiv lesbar für theologisches Denken hielten, das schon immer mit Freiheitsbegriffen operiert hatte. Katholische Sozialpolitik war in diesem Sinne nicht mehr ganz so modern wie antimodernistischer katholischer Wirtschaftsliberalismus.

4.2.4 *Vom 19. Jahrhundert zu heutigen Debatten*

Die Entwicklung der Katholischen Soziallehre im 20. Jahrhundert stand in vielerlei Hinsicht im Zeichen des historischen Versäumnisses, sich als Kirche im 19. Jahrhundert – zusammen mit der Einforderung einer strukturell-ökonomischen Verbesserung der Lebens- und Arbeitssituationen in industrialisierten Kontexten – im konstruktiv-theologischen Sinne mit marktwirtschaftlichen Freiheitsidealen auseinandergesetzt zu haben. Das maßgeblich von der katholischen Freiburger Schule der Nationalökonomie um Walter Eucken zur Jahrhundertmitte entwickelte Konzept des Ordoliberalismus, das die Leitlinien der Wirtschaftspolitik einer Sozialen Marktwirtschaft mit vorgab, machte den Staat – bereits mehr im Sinne Smiths – zum Rahmengeber, nicht mehr aber zum offen eingeforderten Lenker beziehungsweise gar Verhinderer marktwirtschaftlicher Prinzipien. Dass darin wiederum viele Katholiken „einen verkleideten Liberalismus der alten Schule“ sahen, „den man nicht akzeptieren konnte und wollte“[81], zeigt, dass grundlegende Feindbilder nicht von heute auf morgen zu überwinden waren.

Eucken-Schüler Joseph Höffner widersprach derartigen Vorwürfen in den 1950er Jahren und wies auf „wesentliche Neuerungen gegenüber dem alten Liberalismus“ hin: Diese Marktwirtschaft sei nicht dasselbe wie eine freie Konkurrenz. Der Wettbewerb werde nun vom Staat veranstaltet und sei somit Ordnungsmittel, nicht regulatives Prinzip – ganz wie es schon die Enzyklika *Quadragesimo Anno* von 1931 angeregt hatte.[82] Im Kontext des

---

81 Marx, Reinhard: Wirtschaftsliberalismus und Katholische Soziallehre (Freiburg discussion papers on constitutional economics, 6/3), Freiburg i. Br. 2006, S. 7.

82 Vgl. zusammenfassend für die Position Höffners Marx: Wirtschaftsliberalismus (2006), S. 7. In der zum 40. Jahrestag von *Rerum Novarum* veröffentlichten Enzyklika, die insbesondere das Subsidiaritätsprinzip als leitenden Gedanken für die katholische Soziallehre entfaltete, hieß es diesbezüglich: „Die Wettbewerbsfreiheit – obwohl innerhalb der gehörigen Grenzen berechtigt und von zweifellosem Nutzen – kann aber unmöglich regulatives Prinzip der Wirtschaft sein. Die Erfahrung hat dies, nachdem die verderblichen individualistischen Theorien in die Praxis umgesetzt wurden, bis zum Übermaß

Zusammenbruchs planwirtschaftlicher Systeme ging Papst Johannes Paul II. 1991, exakt 100 Jahre nach *Rerum Novarum*, in der dementsprechend betitelten Enzyklika *Centesimus Annus* diesen Pfad weiter. Passender als von „Kapitalismus" schien es ihm nun sogar, von „freier Wirtschaft" zu sprechen, bei der „die Freiheit [...] in einen festen politischen Zusammenhang wie in eine stabile Form eingeschlossen wird, der sie in den Dienst der unversehrten menschlichen Freiheit stellt und sie als eine besondere Dimension einer Freiheit ansieht, der ein ethischer und religiöser Angelpunkt eigen ist".[83]

Dass eine solche Lesart wirtschaftsliberaler Strukturen bereits in direkter Interaktion mit der klassischen Nationalökonomie weit vor *Rerum Novarum* möglich war und somit das Diktum Johannes Pauls II. nur die späte Einholung früher katholischer Rezeptionsweisen der modernen Ökonomie darstellte, konnte die Studie aufzeigen. Die Tatsache, dass Wessenberg und Périn partiell sogar noch weitergegangen waren, indem sie den Wettbewerb sehr wohl als regulatives Prinzip verstanden, macht hier keinen signifikanten Unterschied: Während Wessenberg als darunterliegendes Ordnungsmittel eine starke staatliche Bildungspolitik sowie eine damit einhergehende grundlegend christliche und somit auch ethische Geisteshaltung einforderte, machte Périn eine ausschließlich katholische Gesellschaftsstruktur mit starkem ethischen Anspruch zur Grundvoraussetzung des freien Wettbewerbs. Beide Ansätze schufen damit auf ihre je eigene, freilich zeitbedingte Art genau den Rahmen für eine „freie Wirtschaft", den der Ordoliberalismus im 20. Jahrhundert auf staatsökonomischer Ebene einforderte.

Dass es in den heutigen, durch Wirtschaftskrisen sowie durch das an den Bettelmönch Franziskus angelehnte Pontifikat Bergoglios angeheizten Debatten zwischen Religion und Wirtschaft nicht mehr ausreicht, auf derartige theologische Ordnungskategorien abzuzielen wie einst Wessenberg und Périn, hat der Einstieg in diese Studie gezeigt: Die Forderung nach „mehr Liebe" beziehungsweise einer „Kultur der Liebe" erscheint „im Bankenturm" seltsam fehl am Platz und kaum in der Lage, die so nötigen wirtschaftsethischen Anfragen an die Finanzwirtschaft adäquat auszudrücken.

Als viel wichtiger kristallisiert sich aber heraus, dies zeigen die kritischen Kommentare der Wirtschaftsressorts auf derartige Empfehlungen, dass das in

bestätigt." Vgl. Enzyklika *Quadragesimo anno* (15.05.1931), in: Denzinger/Hünermann (Hgg.): Kompendium (2017), S. 950–959 und für die hier zitierte Volltextversion: Die sozialen Enzykliken (1953), S. 37–88, Zitat aus Abschnitt 88.

83 Enzyklika *Centesimus annus* (01.05.1991), in: Denzinger/Hünermann (Hgg.): Kompendium (2017), S. 1389–1399, Zitat aus Aschnitt 42. Euphorische Würdigung fand die Enzyklika, ihrem zeithistorischen Kontext entsprechend, im amerikanischen Katholizismus, vgl. Novak, Michael: Die katholische Ethik und der Geist des Kapitalismus, 2. Aufl., Trier 1998.

den päpstlichen und päpstlich approbierten Stellungnahmen der letzten Jahre durchscheinende pauschale Misstrauen gegenüber der Wirtschaftswelt – formuliert über eine eindeutige „Dichotomie von Gut und Böse" – eine nachhaltige ethische Einflussnahme auf ebendiese schwerlich möglich macht: „Nicht alle Wetten sind des Teufels."[84]

4.2.5 *Weiterführende Perspektiven und Forschungsdesiderate*

Das für die Studie gewählte methodische Design, das zunächst Spannungsfelder zwischen religiösen und wirtschaftlichen Diskursen um 1800 definierte und hiernach die äußerst dynamische Interaktion von Ideen aufzeigte, erweist sich als in hohem Maße anschlussfähig hinsichtlich aktueller Forschungstendenzen und regt zu weiterführenden Perspektiven an. Es lohnt sich, so ist deutlich geworden, auf historiographischer Ebene sehr bewusst analytische Spannungen zu erzeugen, um dynamische Rationalisierungs- und Kontextualisierungsprozesse von Ideen nachzeichnen zu können und sich so mittels einer anti-idealistischen Ideengeschichte sozialgeschichtlichen Perspektiven zu nähern.[85] Die innerhalb der jüngeren Ideengeschichte artikulierte Forderung, „Ideen stets in ihrem holistisch-synchronen Bezug zu betrachten"[86], erscheint für das 19. Jahrhundert gerade dort umsetzbar, wo es zum groß angelegten Zusammenprall von Selbstverständnissen und Machtinteressen kam, kurz: genau dort, wo die katholische Kirche auf Aufklärung und (ökonomische) Moderne traf – oder die moderne Ökonomie auf katholischen Antimodernismus.

Im genuin holistischen Zusammenhang religiöser Ideen stellte die Artikulation von Synchronität zu eher säkularen Wissensfeldern eine besondere Herausforderung, aber stets auch eine große Chance dar, das Bedürfnis nach Glaubenswahrheiten noch immer als akut zu profilieren. Die hochspannenden historischen Kommunikationsgeschehen, die sich vor diesem Hintergrund abspielten, verdienen weitere Erforschung. Nicht zuletzt ergibt sich die umgekehrt ansetzende Frage, inwiefern wirtschaftliche Perspektiven schon seit dem 19. Jahrhundert den holistischen Anspruch religiöser Denkweisen selbst für sich reklamierten – wenngleich oder gerade weil die Religion zu dieser Zeit noch einen weit höheren gesellschaftlichen Stellenwert besaß, als es heutzutage der Fall ist. Hierzu sollten gerade Gestalt und Relevanz religiöser

---

84 Zitate aus Nienhaus: Mehr Liebe im Bankenturm (24.05.2018).

85 Vgl. hierzu die „heutigen Perspektiven der Ideen- und Geistesgeschichte", Goering: Einleitung (2017), S. 49–53.

86 Goering: Einleitung (2017), S. 50.

Sprache in den wirtschaftlichen Diskursen nach Adam Smith methodisch näher unter die Lupe genommen werden.

Darüber hinaus eröffnen die Untersuchungsergebnisse neue Forschungsperspektiven hinsichtlich globalgeschichtlicher Fragestellungen sowie einer historischen Erfassung des Phänomens der Globalisierung. Bearbeitungen der Frage, inwiefern sich das Christentum als Akteur der Globalisierung fassen lässt, haben bislang noch keine wirtschaftsgeschichtlichen und dabei insbesondere wirtschaftstheoretischen Perspektiven angeboten, die sich einer theologie- und kirchengeschichtlichen Einbettung globalwirtschaftlichen Denkens und Handelns widmen.[87]

Dass sich derartige Einbettungen gerade über die gezielte Auswahl und Analyse einzelner Protagonisten darstellen lassen, deren ökonomische Positionen theologische wie kirchenpolitische Entwicklungen und Suchbewegungen in besonderer Weise bündeln, konnte gezeigt werden. Wünschenswert wären in dieser Hinsicht weitere Erschließungen eines so verstandenen theologisch-ökonomischen Denkens, das gerade Katholiken über den Kontext ihrer konfessionellen Geschichte stärker in den Fokus rückt.

87 Vgl. ohne entsprechende Ansätze jüngst noch Blaschke, Olaf; Solans, Francisco Javier Ramón (Hgg.): Weltreligion im Umbruch. Transnationale Perspektiven auf das Christentum in der Globalisierung (Religion und Moderne, 12), Frankfurt a. M. 2019.

Quellen- und Literaturverzeichnis

Ungedruckte Quellen

CITTÀ DEL VATICANO

Archivio Apostolico Vaticano (AAV)

Archivio particolare di Pio IX

Oggetti vari 1723

HEIDELBERG

Universitätsbibliothek

Nachlass Wessenberg, Ignaz Heinrich von (1774–1860)

Gedruckte Werke mit handschriftlichen Notizen:

Heid. Hs. 638: Beleuchtung der katholischen Zustände der Gegenwart

KONSTANZ

Stadtarchiv (StAKN)

Nachlass Wessenberg, Ignaz Heinrich von (1774–1860)

X XVII Ignaz Heinrich von Wessenberg:

G 825a 4

M 1626

N 1716

Wessenberg-Bibliothek

Staatswirtschaftliche Titel zur Lebenszeit Wessenbergs nach

Kreuz, F. A.: Katalog der v. Wessenbergischen Bibliothek, wissenschaftlich geordnet und aufgestellt (Juli 1862), Konstanz 1863.

LEUVEN

Verzameling Universiteitsarchief – KU Leuven

Collegedictaten en cursussen [*Kurs-Mitschriften*]:

77: Cours d'économie politique (1852–1853)

453: Economie politique (sine dato)

MONS

Archives de l'Etat

Nachlass Périn, Charles (1815–1905)

Correspondance. Lettres reçues:

30: Comte Arrivabene. 1853–1870

90: M. Chevalier. 1861
101: Charles de Coux. 1833–1864
103: Cardinal Czaki. 1876–1886
127: E. Ducpétiaux. 1863
169: Le Hardy de Beaulieu. 1863
172: L. Harmel. 1880–1887
191: Cardinal Jacobini. 1880–1881
222: Le Play. 1865
255: Montalembert. 1861
281: Passy. 1861–1874
301: Monseigneur de Ram. 1845–1860
371: Weizenhofer. 1863–1867
377: L. Wolowski. 1858–1874

Dossiers:
387: Dossier relatif au bref expédié par Pie IX à Charles Périn. 1875

Universités:
414: Université catholique de Louvain. Rapports de la „société littéraire", de sa fondation à 1840

Imprimés:
467: Journaux contenant des articles de Périn, ou consacré à Périn. 1848–1868

Annexes:
495: Cours d'économie politique par Ch. de Coux. 1844–1845

Gedruckte Quellen und Literatur

Abts, Johan; Vynck, Sharon: Charles Périn (ODIS Datenbank KADOC – KU Leuven, 2013), URL: https://www.odis.be/hercules/search2.php?searchMethod=simple&search=p%C3%A8rin (abgerufen am 28.06.2021).
Almodovar, António; Teixeira, Pedro: The Ascent and Decline of Catholic Economic Thought, 1830–1950, in: History of Political Economy, 40 (2008), S. 62–87.
Altermatt, Urs: Katholizismus – Antimodernismus mit modernen Mitteln?, in: Altermatt, Urs; Hürten, Heinz (Hgg.): Moderne als Problem des Katholizismus (Eichstätter Beiträge, 28), Regensburg 1995, S. 33–50.
Altermatt, Urs; Hürten, Heinz (Hgg.): Moderne als Problem des Katholizismus (Eichstätter Beiträge, 28), Regensburg 1995.

Apostolisches Mahnschreiben *Evangelii Gaudium* (24.11.2013), in: Denzinger, Heinrich; Hünermann, Peter (Hgg.): Kompendium der Glaubensbekenntnisse und kirchlichen Lehrentscheidungen. Enchiridion symbolorum definitionum et declarationum de rebus fidei et morum, 45. Aufl., Freiburg i. Br. u. a. 2017, S. 1549–1558.

Arnold, Claus: Kleine Geschichte des Modernismus, Freiburg i. Br. u. a. 2007.

Assemblée Générale des Catholiques en Belgique. Première Session à Malines: 18–22 Août 1863, Tome 1, Bruxelles 1864.

Aubert, Roger: Art. Pius IX., in: Lexikon für Theologie und Kirche, 8 (1999), Sp. 330–333.

Aubert, Roger: Das Fortbestehen des katholischen Liberalismus in Westeuropa, in: Jedin, Hubert (Hg.): Handbuch der Kirchengeschichte, Bd. VI/1. Die Kirche in der Gegenwart: Zwischen Revolution und Restauration, Freiburg i. Br. 1971, S. 349–368.

Aubert, Roger: Die anderen europäischen Kirchen, in: Jedin, Hubert (Hg.): Handbuch der Kirchengeschichte, Bd. VI/1. Die Kirche in der Gegenwart: Zwischen Revolution und Restauration, Freiburg i. Br. 1971, S. 173–196.

Aubert, Roger: Die erste Phase des katholischen Liberalismus, in: Jedin, Hubert (Hg.): Handbuch der Kirchengeschichte, Bd. VI/1. Die Kirche in der Gegenwart: Zwischen Revolution und Restauration, Freiburg i. Br. 1971, S. 320–347.

Aubert, Roger: Die Offensive der liberalen Regierungen in den nichtdeutschsprachigen Ländern, in: Jedin, Hubert (Hg.): Handbuch der Kirchengeschichte, Bd. VI/1. Die Kirche in der Gegenwart: Zwischen Revolution und Restauration, Freiburg i. Br. 1971, S. 705–725.

Aubert, Roger: Innerkatholische Kontroversen im Blick auf den Liberalismus, in: Jedin, Hubert (Hg.): Handbuch der Kirchengeschichte, Bd. VI/1. Die Kirche in der Gegenwart: Zwischen Revolution und Restauration, Freiburg i. Br. 1971, S. 738–760.

Aubert, Roger: Kirche und Staat in Belgien im 19. Jahrhundert, in: Conze, Werner (Hg.): Beiträge zur deutschen und belgischen Verfassungsgeschichte im 19. Jahrhundert, Stuttgart 1967, S. 5–25.

Aubert, Roger: La composition des commissions préparatoires du Premier Concile du Vatican, in: Iserloh, Erwin; Repgen, Konrad (Hgg.): Reformata Reformanda. Festgabe für Hubert Jedin zum 17. Juni 1965 (Reformationsgeschichtliche Studien und Texte, Supplementband 1: Zweiter Teil), Münster 1965, S. 447–482.

Aubert, Roger: L'encyclique Rerum Novarum, une „charte des travailleurs", in: Rosart, François; Zelis, Guy (Hgg.): Le monde catholique et la question sociale (1891–1950), Bruxelles 1992, S. 11–28.

Aubert, Roger: Vaticanum I (Geschichte der ökumenischen Konzilien, 12), Mainz 1965.

Ausgewählte Schriften zur Staats- und Wirtschaftslehre des Thomas von Aquino. Neue Übertragung mit Anmerkungen und einer kritischen Einführung v. Friedrich Schreyvogel, Jena 1923.

Backhaus, Jürgen u. a. (Hgg.): On the Economic Significance of the Catholic Social Doctrine. 125 Years of Rerum Novarum (The European Heritage in Economics, 19), Cham 2017.

Bangert, Michael: Bild und Glaube. Ästhetik und Spiritualität bei Ignaz Heinrich von Wessenberg (Studien zur christlichen Religions- und Kulturgeschichte, 11), Stuttgart 2009.

Bartier, John: Politische Parteien und soziale Klassen in Belgien, in: Conze, Werner (Hg.): Beiträge zur deutschen und belgischen Verfassungsgeschichte im 19. Jahrhundert, Stuttgart 1967, S. 93–146.

Bäumer, Remigius: Das Verhältnis von Staat und Kirche in der Sicht von Ignaz von Wessenberg, in: Portmann-Tinguely, Albert (Hg.): Kirche, Staat und katholische Wissenschaft in der Neuzeit. Festschrift für Heribert Raab zum 65. Geburtstag (Quellen und Forschungen aus dem Gebiet der Geschichte, Neue Folge: Heft 12), Paderborn u. a. 1988, S. 279–297.

Baumgartner, Konrad: Bemühungen um Seelsorge und Seelsorger im Kreis um Sailer und Wessenberg, in: Gatz, Erwin (Hg.): Der Diözesanklerus (Geschichte des kirchlichen Lebens, 4), Freiburg i. Br. u. a. 1995, S. 58–65.

Beaud, Michael: A History of Capitalism 1500–2000, 5. Aufl., New York 2001.

Beck, Joseph: Freiherr I. Heinrich v. Wessenberg – Sein Leben und Wirken. Zugleich ein Beitrag zur Geschichte der neuern Zeit. Auf der Grundlage handschriftlicher Aufzeichnungen Wessenbergs, Freiburg i. Br. 1862.

Bequé, Maurice; Louant, Armand: Le dossier „Rome et Louvain" de Charles Périn, in: Revue d'Histoire ecclésiastique, 50 (1955), S. 36–124.

Berger, Stefan; Przyrembel, Alexandra (Hgg.): Moralizing Capitalism. Agents, Discourses and Practices of Capitalism and Anti-Capitalism in the Modern Age, Cham 2019.

Berghoff, Hartmut; Vogel, Jakob (Hgg.): Wirtschaftsgeschichte als Kulturgeschichte. Dimensionen eines Perspektivenwechsels, Frankfurt a. M. 2004.

[Bericht über Diskussion der *Société économique*], in: Le Courier de Huy, 05.01.1862.

[Bericht über Périns Reaktion auf die Enzyklika *Quanta Cura*], in: Le Bien Public, 17.01.1865.

[Besprechung *De la richesse dans les sociétés chrétiennes*], in: Le Bien Public, 29.12.1861.

[Besprechung *De la richesse dans les sociétés chrétiennes*], in: L'Union, 11.01.1862.

[Besprechung *De la richesse dans les sociétés chrétiennes*], in: Journal de Bruxelles, 13.01.1862.

[Besprechung *De la richesse dans les sociétés chrétiennes*], in: Literarischer Handwerker, 11 (1863), S. 21f.

[Besprechung *De la richesse dans les sociétés chrétiennes*], in: Le Bien Public, 05.07.1868.

Birke, Adolph M.: Bischof Ketteler und der deutsche Liberalismus. Eine Untersuchung über das Verhältnis des liberalen Katholizismus zum bürgerlichen Liberalismus in der Reichsgründungszeit (Veröffentlichungen der Kommission für Zeitgeschichte bei der Katholischen Akademie in Bayern, Reihe B: Forschungen, 9), Mainz 1971.

Birnbacher, Dieter: Kapitalistische Wirtschaftsordnung als Mittel zum Zweck: John Stuart Mill, in: Hilger, Susanne (Hg.): Kapital und Moral. Ökonomie und Verantwortung in historisch-vergleichender Perspektive, Köln u. a. 2007, S. 67–77.

Bischof, Franz Xaver: Ignaz Heinrich von Wessenberg (1774–1860) – Kirchenreformer im frühen 19. Jahrhundert, in: Leimgruber, Stephan; Bürki, Bruno (Hgg.): Theologische Profile. Schweizer Theologen und Theologinnen im 19. und 20. Jahrhundert, Freiburg (Schweiz) 1998, S. 19–33.

Bischof, Franz Xaver: Ignaz Heinrich von Wessenbergs Bemühungen um die Fortbildung der Priester, in: Rottenburger Jahrbuch für Kirchengeschichte, 14 (1995), S. 91–108.

Bischof, Franz Xaver: Katholische Theologie zwischen Lagerbildung, Neuorientierung und Wissenschaftspathos. Döllingers Rede über Vergangenheit und Gegenwart der Katholischen Theologie, in: Bischof, Franz Xaver; Essen, Georg (Hgg.): Theologie, kirchliches Lehramt und öffentliche Meinung. Die Münchener Gelehrtenversammlung 1863 und ihre Folgen (Münchener Kirchenhistorische Studien, Neue Folge, 4), Stuttgart 2015, S. 35–47.

Bischof, Franz Xaver; Essen, Georg (Hgg.): Theologie, kirchliches Lehramt und öffentliche Meinung. Die Münchener Gelehrtenversammlung 1863 und ihre Folgen (Münchener Kirchenhistorische Studien, Neue Folge, 4), Stuttgart 2015.

Blankertz, Herwig: Bildung im Zeitalter der großen Industrie. Pädagogik, Schule und Berufsbildung im 19. Jahrhundert (Das Bildungsproblem in der Geschichte des Europäischen Erziehungsdenkens, 15), Hannover u. a. 1969.

Blaschke, Olaf; Solans, Francisco Javier Ramón (Hgg.): Weltreligion im Umbruch. Transnationale Perspektiven auf das Christentum in der Globalisierung (Religion und Moderne, 12), Frankfurt a. M. 2019.

Boelcke, Willi A.: Wirtschaftsgeschichte Baden-Württembergs von den Römern bis heute, Stuttgart 1987.

Borutta, Manuel: Antikatholizismus. Deutschland und Italien im Zeitalter der europäischen Kulturkämpfe (Bürgertum. Neue Folge: Studien zur Zivilgesellschaft, 7), Göttingen 2010.

Braive, Gaston; Lamberts, Emiel: Lettres de Charles de Coux à l'abbé de Haerne (1831–1832), in: Revue d'Histoire ecclésiastique, 66/3 (1971), S. 887–928.

Brandl, Manfred: Deutsche katholische Stimmen zu Sozialismus und Kommunismus, zur sozialen Lage und Industrialisierung bis 1850, in: Langner, Albrecht (Hg.): Katholizismus, konservative Kapitalismuskritik und Frühsozialismus bis 1850, München u. a. 1975, S. 165–193.

Brandt, Karl: Geschichte der deutschen Volkswirtschaftslehre, Bd. 1. Von der Scholastik bis zur klassischen Nationalökonomie, Freiburg i. Br. 1992.

Brandt, Karl: Geschichte der deutschen Volkswirtschaftslehre, Bd. 2. Vom Historismus bis zur Neoklassik, Freiburg i. Br. 1993.

Brants, Victor: Charles Périn. Notices sur sa vie et ses travaux (Extrait de l'Annuaire de l'Université catholique), Louvain 1906.

Braudel, Fernand: Sozialgeschichte des 15. bis 18. Jahrhunderts, Bd. 2. Der Handel, München 1986.

Braun, Karl-Heinz: Art. Wessenberg, Ignaz Heinrich von, in: Gatz, Erwin (Hg.): Die Bischöfe der deutschsprachigen Länder 1785/1803 bis 1945. Ein biographisches Lexikon, Berlin 1983, S. 808–812.

Braun, Karl-Heinz: Der Gottsucher. Wie stellt er die Gottesfrage?, in: Braun, Karl-Heinz (Hg.): „... wie unzählig viele sind noch gar nicht über den dürren Buchstaben hinweggekommen!". Bildung bei Ignaz Heinrich von Wessenberg (1774–1860) (Tagungsberichte der Katholischen Akademie der Erzdiözese Freiburg), Freiburg i. Br. 2014, S. 23–36.

Braun, Karl-Heinz: Die Causa Wessenberg, in: Braun, Karl-Heinz (Hg.): Kirche und Aufklärung. Ignaz Heinrich von Wessenberg (1774–1860) (Schriftenreihe der Katholischen Akademie der Erzdiözese Freiburg), Freiburg i. Br. 1989, S. 28–59.

Braun, Karl-Heinz: „Die Lebensgeister der Kirche, Glaube und Liebe, bedürfen, um stets ungeschwächt und ungestört zu wirken, der beständigen Erneuerung". Zum Kirchenbild Ignaz Heinrich von Wessenbergs, in: Decot, Rolf (Hg.): Kontinuität und Innovation um 1803. Säkularisation als Transformationsprozeß: Kirche, Theologie, Kultur, Staat (Veröffentlichungen des Instituts für Europäische Geschichte Mainz, Abteilung für Abendländische Religionsgeschichte, 65), Mainz 2005, S. 21–38.

Braun, Karl-Heinz: Einleitung, in: Braun, Karl-Heinz (Hg.): „... wie unzählig viele sind noch gar nicht über den dürren Buchstaben hinweggekommen!". Bildung bei Ignaz Heinrich von Wessenberg (1774–1860) (Tagungsberichte der Katholischen Akademie der Erzdiözese Freiburg), Freiburg i. Br. 2014, S. 9–16.

Braun, Karl-Heinz (Hg.): Kirche und Aufklärung. Ignaz Heinrich von Wessenberg (1774–1860) (Schriftenreihe der Katholischen Akademie der Erzdiözese Freiburg), Freiburg i. Br. 1989.

Braun, Karl-Heinz (Hg.): „... wie unzählig viele sind noch gar nicht über den dürren Buchstaben hinweggekommen!". Bildung bei Ignaz Heinrich von Wessenberg (1774–1860) (Tagungsberichte der Katholischen Akademie der Erzdiözese Freiburg), Freiburg i. Br. 2014.

Brechenmacher, Karl: Joseph Beck (1803–1883). Ein Badischer Spätaufklärer (Contubernium. Beiträge zur Geschichte der Eberhard-Karls-Universität Tübingen, 29), Tübingen 1984.

Brennan, Geoffrey H.; Waterman, Anthony M. C. (Hgg.): Economics and Religion: Are They distinct?, Boston u. a. 1994.

Brennan, Geoffrey H.; Waterman, Anthony M. C.: Introduction: Economics and Religion?, in: Brennan, Geoffrey H.; Waterman, Anthony M. C. (Hgg.): Economics and Religion: Are They distinct?, Boston u. a. 1994, S. 3–18.

Bruchhäuser, Hanns-Peter: Berufsbildung, in: Hammerstein, Notker; Herrmann, Ulrich (Hgg.): Handbuch der deutschen Bildungsgeschichte, Bd. 2. Vom späten 17. Jahrhundert bis zur Neuordnung Deutschlands um 1800, München 2005, S. 401–420.

Budgets économiques des classes ouvrières en Belgique – Subsistances, salaires, population (M. Ed. Ducpétiaux), in: Journal de Bruxelles, 23.05.1856.

Byrne, Peter u. a.: Art. Deismus (Religion in Geschichte und Gegenwart 4 Online, 1998–2007), DOI: http://dx.doi.org/10.1163/2405-8262_rgg4_COM_03476 (abgerufen am 14.02.2022).

Casper, Bernhard: „Sozialismus" im Sprachgebrauch der römischen Kurie um 1850, in: Langner, Albrecht (Hg.): Katholizismus, konservative Kapitalismuskritik und Frühsozialismus bis 1850, München u. a. 1975, S. 194–208.

Chafuen, Alejandro A.: Faith and Liberty. The Economic Thought of the Late Scholastics, Lanham 2003.

Collinet, Michaela: Frohe Botschaft für die Armen? Armut und Armenfürsorge in der katholischen Verkündigung des späten 18. und frühen 19. Jahrhunderts (Konfession und Gesellschaft, 49), Stuttgart 2015.

Conze, Werner (Hg.): Beiträge zur deutschen und belgischen Verfassungsgeschichte im 19. Jahrhundert, Stuttgart 1967.

Coux, Charles de: Cours d'économie sociale, discours préliminaire, in: L'Université Catholique. Recueil religieux, philosophique, scientifique et littéraire. Tome Premier: Première livraison (1836), S. 90–97.

Coux, Charles de: Cours d'économie sociale, seconde leçon, in: L'Université Catholique. Recueil religieux, philosophique, scientifique et littéraire, Tome Premier: Troisième livraison (1836), S. 274–281.

Coux, Charles de: Introduction à un Cours d'économie politique. Essais d'économie politique, Louvain 1832.

Coux-Euzennat, Marguerite-Marie de: Action institutionnelle ou engagement social. Lettres de Charles de Coux à Charles Périn, à Lacordaire et à l'abbé Maret de 1845 à 1849, in: Revue d'Histoire ecclésiastique, 85/3 (1990), S. 669–700.

Damberg, Wilhelm u. a.: The Formation of Christian Working-Class Organizations in Belgium, Germany, Italy and the Netherlands (1840–1920s), in: Voss, Lex Heerma van u. a. (Hgg.): Between Cross and Class. Comparative Histories of Christian Labour in Europe 1840–2000, Bern u. a. 2005, S. 49–80.

De l'amélioration du sort des classes ouvrières, 1, in: L'Indépendant – Edition du matin, 14.09.1848.

De l'amélioration du sort des classes ouvrières, 2, in: L'Indépendant – Edition du matin, 15.09.1848.

De l'amélioration du sort des classes ouvrières, 3, in: L'Indépendant – Edition du matin, 21.09.1848.

De l'amélioration du sort des classes ouvrières, 4, in: L'Indépendant – Edition du matin, 05.10.1848.

De l'amélioration du sort des classes ouvrières, 5, in: L'Indépendant – Edition du matin, 09.10.1848.

De l'amélioration du sort des classes ouvrières, 6, in: L'Indépendant – Edition du matin, 11.10.1848.

De l'Education professionelle des enfants pauvres, par M. L. Boullangé, inspecteur du travail des enfants dans les manufactures. Brochure in-8°. Paris, 1842, in: Journal des Economistes. Revue mensuelle de l'économie politique des questions agricoles, manufacturières et commerciales, 4 (1843), S. 345f.

Dean, James M.; Waterman, Anthony M. C. (Hgg.): Religion and Economics. Normative Social Theory, Boston u. a. 1999.

Decock, Wim; Birr, Christiane: Recht und Moral in der Scholastik der Frühen Neuzeit 1500–1750 (methodica – Einführungen in die rechtshistorische Forschung, 1), Berlin/Boston 2016.

Decock, Wim; Oosterhuis, Janwillem (Hgg.): Great Christian Jurists in the Low Countries (Law and Christianity, 1), Cambridge 2021.

Decot, Rolf (Hg.): Kontinuität und Innovation um 1803. Säkularisation als Transformationsprozeß: Kirche, Theologie, Kultur, Staat (Veröffentlichungen des Instituts für Europäische Geschichte Mainz, Abteilung für Abendländische Religionsgeschichte, 65), Mainz 2005.

Decretum de pauperum operariorumque sublevanda miseria, in: Sacrorum Conciliorum Nova et Amplissima Collectio, cujus Johannes Dominicus Mansi et post ipsius mortem Florentius et Venetianus editores ab anno 1758 ad annum 1798 priores triginta unum tomos ediderunt, nunc autem continuatat et absoluta. Tomus 53: Sacrosancti oecumenici concilii Vaticani, Pars 2, Arnhem/Leipzig 1927, Sp. 867–872.

D'hoker, Mark: Entre école et entreprise. L'origine et l'évolution de l'enseignement technique en Belgique, 1830–1914, in: Recherches sociologiques, 2 (1995), S. 15–42.

Delen, Bram: Economische utopie en katholieke wetenschap. Een intellectueel portret van Charles Périn (1815–1905), Onuitgegeven licentiaatsverhandeling, Leuven 2004.

Demeter, Ignaz: Was soll und kann in Landschulen gelehrt werden?, in: Archiv für die Pastoralkonferenzen in den Landkapiteln des Bisthums Konstanz (1805, 2), S. 40–66.

Denzinger, Heinrich; Hünermann, Peter (Hgg.): Kompendium der Glaubensbekenntnisse und kirchlichen Lehrentscheidungen. Enchiridion symbolorum definitionum et declarationum de rebus fidei et morum, 45. Aufl., Freiburg i. Br. u. a. 2017.

Der Briefwechsel 1806–1848 zwischen Ignaz Heinrich von Wessenberg und Heinrich Zschokke (Quellen zur Schweizer Geschichte: Neue Folge, 10), bearb. v. Rudolf Herzog und Othmar Pfyl, Basel 1990.

Der St. Simonismus in seiner weitern Entwickelung, in: Freimüthige Blätter über Theologie und Kirchenthum, IV/2 (1833), S. 19–32.

Derré, Jean-René: Lamennais, ses amis et le mouvement des idées à l'époque romantique 1824–1834, Paris 1962.

Deutschlands Gegensätze. Von einem Süddeutschen, besonderer Abdruck aus dem dritten Theil des „Prometheus“, Aarau 1833.

Die Briefe Johann Philipps von Wessenberg an seinen Bruder (Ignaz Heinrich von Wessenberg – Unveröffentlichte Manuskripte und Briefe, II), hg. v. Kurt Aland, Freiburg i. Br. u. a. 1987.

Die Reform der Deutschen Universitäten. Ein Beitrag zur Unterrichtsfrage unserer Zeit, Würzburg 1833.

Die sozialen Enzykliken. Rerum novarum. Quadragesimo anno, Stuttgart/Düsseldorf 1953.

Dijck, Marteen van: De wetenschap van de wetgever. De klassieke politieke economie en het Belgische landbouwbeleid 1830–1884, Leuven 2008.

Dijck, Marteen van: From Science to Popularization, and Back – The Science and Journalism of the Belgian Economist Gustave de Molinari, in: Science in Context, 21/3 (2008), S. 377–402.

Dijck, Marteen van; Truyts, Tom: Ideas, Interests, and Politics in the Case of Belgian Corn Law Repeal, 1834–1873, in: The Journal of Economic History, 71/1 (2011), S. 185–210.

Diner, Dan: Aufklärungen. Wege in die Moderne, Stuttgart 2017.

Dirsch, Felix: Solidarismus und Sozialethik. Ansätze zur Neuinterpretation einer modernen Strömung der katholischen Sozialphilosophie (Schriften des Instituts für Christliche Sozialwissenschaften der Westfälischen Wilhelms-Universität Münster, 55), Berlin 2006.

Discours prononcé par Monsieur le Professeur De Coux le 4 décembre 1835 à l'ouverture de son Cours d'économie politique à l'Université catholique de Louvain, Louvain 1835.

Dumont, Cécile; Louant, Armand: Inventaire des papiers Charles Périn (Archives de l'Etat à Mons), Bruxelles 1986.

Dumont, Cécile; Louant, Armand: Inventaire des papiers Charles Périn. Introduction (Archives de l'Etat à Mons), Bruxelles 1986.

Duroselle, Jean-Baptiste: Les débuts du catholicisme social en France (1822–1870), Paris 1951.

Eblé, Maurice: Les écoles catholiques d'économie politique et sociale en France. Evolution, position et rapports, Paris 1905.

Eckert, Georg; Sommer, Andreas Urs: Art. Utilitarismus (Enzyklopädie der Neuzeit Online, 2005–2012), DOI: http://dx.doi.org/10.1163/2352-0248_edn_COM_371210 (abgerufen am 14.02.2022).

Eissrich, Daniel: An Economist's View of the Work of Wilhelm Emmanuel von Ketteler and Its Influence on the Encyclical *Rerum novarum*, in: Backhaus, Jürgen u. a. (Hgg.): On the Economic Significance of the Catholic Social Doctrine. 125 Years of Rerum Novarum (The European Heritage in Economics, 19), Cham 2017, S. 11–25.

Enzyklika *Aeterni Patris* (04.08.1879), in: Denzinger, Heinrich; Hünermann, Peter (Hgg.): Kompendium der Glaubensbekenntnisse und kirchlichen Lehrentscheidungen. Enchiridion symbolorum definitionum et declarationum de rebus fidei et morum, 45. Aufl., Freiburg i. Br. u. a. 2017, S. 784–787.

Enzyklika *Centesimus annus* (01.05.1991), in: Denzinger, Heinrich; Hünermann, Peter (Hgg.): Kompendium der Glaubensbekenntnisse und kirchlichen Lehrentscheidungen. Enchiridion symbolorum definitionum et declarationum de rebus fidei et morum, 45. Aufl., Freiburg i. Br. u. a. 2017, S. 1389–1399.

Enzyklika *Fratelli Tutti* (03.10.2020), URL: http://www.vatican.va/content/francesco/de/encyclicals/documents/papa-francesco_20201003_enciclica-fratelli-tutti.html (abgerufen am 28.06.2021).

Enzyklika *Licet Multa* (03.08.1881), URL: https://www.vatican.va/content/leo-xiii/en/encyclicals/documents/hf_l-xiii_enc_03081881_licet-multa.html (abgerufen am 14.02.2022).

Enzyklika *Maximae Quidem* (18.08.1864), URL: https://www.papalencyclicals.net/Pius09/p9maxima.htm (abgerufen am 14.02.2022).

Enzyklika *Mirari vos arbitramur* (15.08.1832), in: Denzinger, Heinrich; Hünermann, Peter (Hgg.): Kompendium der Glaubensbekenntnisse und kirchlichen Lehrentscheidungen. Enchiridion symbolorum definitionum et declarationum de rebus fidei et morum, 45. Aufl., Freiburg i. Br. u. a. 2017, S. 706f.

Enzyklika *Quadragesimo anno* (15.05.1931), in: Denzinger, Heinrich; Hünermann, Peter (Hgg.): Kompendium der Glaubensbekenntnisse und kirchlichen Lehrentscheidungen. Enchiridion symbolorum definitionum et declarationum de rebus fidei et morum, 45. Aufl., Freiburg i. Br. u. a. 2017, S. 950–959.

Enzyklika *Quanta cura* (08.12.1864), in: Denzinger, Heinrich; Hünermann, Peter (Hgg.): Kompendium der Glaubensbekenntnisse und kirchlichen Lehrentscheidungen. Enchiridion symbolorum definitionum et declarationum de rebus fidei et morum, 45. Aufl., Freiburg i. Br. u. a. 2017, S. 741ff.

Enzyklika *Rerum novarum* (15.05.1891), in: Denzinger, Heinrich; Hünermann, Peter (Hgg.): Kompendium der Glaubensbekenntnisse und kirchlichen Lehrentscheidungen. Enchiridion symbolorum definitionum et declarationum de rebus fidei et morum, 45. Aufl., Freiburg i. Br. u. a. 2017, S. 816–819.

Enzyklika *Singulari nos* (25.06.1834), URL: https://www.papalencyclicals.net/Greg16/g16singu.htm (abgerufen am 15.07.2021).

Enzyklika *Vix pervenit* (01.11.1745), in: Denzinger, Heinrich; Hünermann, Peter (Hgg.): Kompendium der Glaubensbekenntnisse und kirchlichen Lehrentscheidungen. Enchiridion symbolorum definitionum et declarationum de rebus fidei et morum, 45. Aufl., Freiburg i. Br. u. a. 2017, S. 646–649.

Erbe, Michael: Belgien, Niederlande, Luxemburg. Geschichte des niederländischen Raumes, Stuttgart u. a. 1993.

Faccarello, Gilbert: A dance teacher for paralized people? Charles de Coux and the dream of a Christian political economy, in: The European Journal of the History of Economic Thought, 24/4 (2017), S. 828–875.

Faccarello, Gilbert: From the Foundation of Liberal Political Economy to its Critique. Theology and Economics in France in the Eighteenth Centuries, in: Oslington, Paul (Hg.): The Oxford Handbook of Christianity and Economics, Oxford 2014, S. 73–93.

Ferdinand, Ursula: Art. Malthusianismus (Enzyklopädie der Neuzeit Online, 2005–2012), DOI: http://dx.doi.org/10.1163/2352-0248_edn_COM_306676 (abgerufen am 14.02.2022).

Fèvre, Justin: Charles Périn. Créateur de l'Economie Politique chrétienne, Paris 1903.

Fillafer, Franz Leander: Aufklärung habsburgisch. Staatsbildung, Wissenskultur und Geschichtspolitik in Zentraleuropa 1750–1850, Göttingen 2020.

Filthaut, Ephrem: Deutsche Katholikentage 1848–1958 und die Soziale Frage, Essen 1960.

Fischer, Wolfram: Der Staat und die Anfänge der Industrialisierung in Baden 1800–1850, Bd. 1. Die staatliche Gewerbepolitik, Berlin 1962.

Fischer, Wolfram: Wirtschaft und Gesellschaft im Zeitalter der Industrialisierung. Aufsätze – Studien – Vorträge, Göttingen 1972.

Fleckenstein, Gisela; Schmiedl, Joachim (Hgg.): Ultramontanismus. Tendenzen der Forschung (Einblicke: Ergebnisse – Berichte – Reflexionen aus Tagungen der Katholischen Akademie Schwerte, 8), Paderborn 2005.

Fleckenstein, Gisela; Schmiedl, Joachim: Ultramontanismus in der Diskussion. Zur Neupositionierung eines Forschungsbegriffs, in: Fleckenstein, Gisela; Schmiedl, Joachim (Hgg.): Ultramontanismus. Tendenzen der Forschung (Einblicke: Ergebnisse – Berichte – Reflexionen aus Tagungen der Katholischen Akademie Schwerte, 8), Paderborn 2005, S. 7–19.

Francisco de Vitoria: Vorlesungen II (Relectiones). Völkerrecht – Politik – Kirche (Theologie und Kirche, 8), hg. v. Ulrich Horst u. a., Stuttgart 1997.

Franz, Ingmar: Katholische Publizistik und die Diskurse um Armut und Soziale Frage bis zum Kulturkampf, in: Maurer, Michaela; Schneider, Bernhard (Hgg.): Konfessionen in den west- und mitteleuropäischen Sozialsystemen im langen 19. Jahrhundert. Ein „edler Wettkampf der Barmherzigkeit"? (Studien zur Kultur- und Sozialgeschichte des Christentums in Neuzeit und Moderne, 1), Berlin 2013, S. 59–94.

Friedrich, Manfred: Art. Rotteck, Karl von, in: Neue Deutsche Biographie, 22 (2005), S. 138ff.

Fries, Heinrich; Schwaiger, Georg (Hgg.): Katholische Theologen Deutschlands im 19. Jahrhundert, Bd. 1, München 1975.

Fröhner, Annette: Präsentation und Qualität technischer Beschreibungen in der Oeconomisch-technologischen Encyklopädie von Johann Georg Krünitz, in:

Troitzsch, Ulrich (Hg.): „Nützliche Künste". Kultur- und Sozialgeschichte der Technik im 18. Jahrhundert (Cottbuser Studien zur Geschichte von Technik, Arbeit und Umwelt, 13), Münster u. a. 1999, S. 149–162.

Fröhner, Annette: Technologie und Enzyklopädismus im Übergang vom 18. zum 19. Jahrhundert. Johann Georg Krünitz (1728–1796) und seine Oeconomisch-technologische Enzyklopädie, Mannheim 1994.

Gatz, Erwin: Das erste Vatikanische Konzil und die soziale Frage, in: Annuarium Historiae Conciliorum, 1/2 (1971), S. 156–173.

Gatz, Erwin (Hg.): Der Diözesanklerus (Geschichte des kirchlichen Lebens, 4), Freiburg i. Br. u. a. 1995.

Gatz, Erwin (Hg.): Die Bischöfe der deutschsprachigen Länder 1785/1803 bis 1945. Ein biographisches Lexikon, Berlin 1983.

Gerteis, Klaus: Art. Leopold, Großherzog von Baden, in: Neue Deutsche Biographie, 14 (1985), S. 271.

Gerteis, Klaus: Art. Ludwig, Großherzog von Baden, in: Neue Deutsche Biographie, 15 (1987), S. 354f.

Gierl, Martin: Art. Wissenschaft (Enzyklopädie der Neuzeit Online, 2005–2012), DOI: http://dx.doi.org/10.1163/2352-0248_edn_COM_383212 (abgerufen am 14.02.2022).

Gilissen, John: Die belgische Verfassung von 1831. Ihr Ursprung und ihr Einfluß, in: Conze, Werner (Hg.): Beiträge zur deutschen und belgischen Verfassungsgeschichte im 19. Jahrhundert, Stuttgart 1967, S. 38–69.

Goering, Daniel Timothy: Einleitung: Ideen und Geistesgeschichte in Deutschland. Eine Standortbestimmung, in: Goering, Daniel Timothy (Hg.): Ideengeschichte heute. Traditionen und Perspektiven (Histoire, 112), Bielefeld 2017, S. 7–53.

Goering, Daniel Timothy (Hg.): Ideengeschichte heute. Traditionen und Perspektiven (Histoire, 112), Bielefeld 2017.

Gordon, Barry: Theological Positions and Economic Perspectives in Ancient Literature, in: Brennan, Geoffrey H.; Waterman, Anthony M. C. (Hgg.): Economics and Religion: Are They distinct?, Boston u. a. 1994, S. 19–40.

Gorges, Karl-Heinz: Georg Ratzinger (1844–1899) als christlicher Wirtschaftsethiker. Untersuchungen zur Kapitalismus- und Sozialismuskritik (Veröffentlichungen des Instituts für Gesellschaftswissenschaften Walberberg, 10), Siegburg 2015.

Graf, Friedrich Wilhelm: Art. Säkularisierung (Enzyklopädie der Neuzeit Online, 2005–2012), DOI: http://dx.doi.org/10.1163/2352-0248_edn_COM_343371 (abgerufen am 14.02.2022).

Graf, Friedrich Wilhelm: Beeinflussen religiöse Weltbilder den ökonomischen Habitus?, in: Berghoff, Hartmut; Vogel, Jakob (Hgg.): Wirtschaftsgeschichte als Kulturgeschichte. Dimensionen eines Perspektivenwechsels, Frankfurt a. M. 2004, S. 241–264.

Grawe, Christian: Art. Doppelnatur (Historisches Wörterbuch der Philosophie Online, 1971–2007), DOI: 10.24894/HWPh.736 (abgerufen am 14.02.2022).

Grebing, Helga (Hg.): Geschichte der sozialen Ideen in Deutschland. Sozialismus – Katholische Soziallehre – Protestantische Ethik. Ein Handbuch (Veröffentlichungen des Instituts für Soziale Bewegungen, Schriftenreihe A: Darstellungen, 13), Essen 2000.

Grenner, Karl Heinz (Hg.): Katholizismus und wirtschaftlicher Liberalismus in Deutschland im 19. und 20. Jahrhundert (Beiträge zur Katholizismusforschung, Reihe A: Quellentexte zur Geschichte des Katholizismus, 12), Paderborn u. a. 1998.

Grenner, Karl Heinz: Wirtschaftsliberalismus und katholisches Denken. Ihre Begegnung und Auseinandersetzung im Deutschland des 19. Jahrhunderts, Köln 1967.

Gründig, Maria E.: „Zur sittlichen Besserung und Veredelung des Volkes". Zur Modernisierung katholischer Mentalitäts- und Frömmigkeitsstile im frühen 19. Jahrhundert am Beispiel des Bistums Konstanz unter Ignaz H. von Wessenberg, Stuttgart 1997.

Guagnini, Anna: Technik, in: Rüegg, Walter (Hg.): Geschichte der Universität in Europa, Bd. 3. Vom 19. Jahrhundert zum Zweiten Weltkrieg (1800–1945), München 2004, S. 488–514.

Gueslin, André: L'invention de l'économie sociale. Le XIXe siècle français, Paris 1987.

Gurian, Waldemar: Die politischen und sozialen Ideen des französischen Katholizismus 1789–1914, Mönchengladbach 1929.

Hackl, Bernhard: Die staatliche Wirtschaftspolitik zwischen 1740 und 1792. Reform versus Stagnation, in: Reinalter, Helmut (Hg.): Josephinismus als aufgeklärter Absolutismus, Wien u. a. 2008, S. 191–272.

Hahn, Hans-Werner: Die Industrielle Revolution in Deutschland (Enzyklopädie Deutscher Geschichte, 49), 3., durchges. Aufl., München 2011.

Hahn, Hans-Werner: Geschichte des Deutschen Zollvereins, Göttingen 1984.

Hahn, Hans-Werner: Zwischen Fortschritt und Krisen. Die vierziger Jahre des 19. Jahrhunderts als Durchbruchsphase der deutschen Industrialisierung (Schriften des Historischen Kollegs: Vorträge, 38), München 1995.

Hahn, Hans-Werner; Hein, Dieter (Hgg.): Bürgerliche Werte um 1800. Entwurf – Vermittlung – Rezeption, Köln u. a. 2005.

Hahn, Hans-Werner; Kreutzmann, Marko (Hgg.): Der Deutsche Zollverein. Ökonomie und Nation im 19. Jahrhundert, Köln u. a. 2012.

Hammerstein, Notker; Herrmann, Ulrich (Hgg.): Handbuch der deutschen Bildungsgeschichte, Bd. 2. Vom späten 17. Jahrhundert bis zur Neuordnung Deutschlands um 1800, München 2005.

Handschuh, Christian: Die wahre Aufklärung durch Jesum Christum. Religiöse Welt- und Gegenwartskonstruktion in der Katholischen Spätaufklärung (Contubernium. Tübinger Beiträge zur Universitäts- und Wissenschaftsgeschichte, 81), Stuttgart 2014.

Hank, Rainer von: Aus der Kirche austreten?, in: Frankfurter Allgemeine Sonntagszeitung (11.10.2020).

Harrison, Carol E.: Romantic Catholics. France's postrevolutionary generation in search of a modern faith, Ithaca u. a. 2014.

Hasfeld, Robert: Berufsausbildung im Großherzogtum Baden. Zur Geschichte des „dualen Systems" im Handwerk (Studien und Dokumentationen zur deutschen Bildungsgeschichte, 63), Frankfurt a. M. 1996.

Häufle, Heinrich: Aufklärung und Ökonomie. Zur Position der Physiokraten im Siècle des Lumières (Münchener Romanistische Arbeiten, 48), München 1978.

Haverkamp, Frank: Staatliche Gewerbeförderung im Grossherzogtum Baden unter besonderer Berücksichtigung der Entwicklung des gewerblichen Bildungswesens im 19. Jahrhundert (Forschungen zur Oberrheinischen Landesgeschichte, 29), Freiburg i. Br. u. a. 1979.

Heinrich, Jörn: Art. Materialismus (Enzyklopädie der Neuzeit Online, 2005–2012), DOI: http://dx.doi.org/10.1163/2352-0248_edn_COM_307996 (abgerufen am 14.02.2022).

Held, Martin u. a. (Hgg.): Normative und institutionelle Grundfragen der Ökonomik. Jahrbuch 6: Ökonomie und Religion, Marburg 2007.

Hentschel, Volker: Art. Rau, Carl, in: Neue Deutsche Biographie, 21 (2003), S. 193.

Herrmann, Ulrich: Pädagogisches Denken, in: Hammerstein, Notker; Herrmann, Ulrich (Hgg.): Handbuch der deutschen Bildungsgeschichte, Bd. 2. Vom späten 17. Jahrhundert bis zur Neuordnung Deutschlands um 1800, München 2005, S. 97–133.

Hersche, Peter: Intendierte Rückständigkeit. Zur Charakteristik des geistlichen Staates im Alten Reich, in: Schmidt, Georg (Hg.): Stände und Gesellschaft im Alten Reich (Veröffentlichungen des Instituts für Europäische Geschichte Mainz: Abt. Universalgeschichte, Beiheft, 29), Stuttgart 1989, S. 133–149.

Hersche, Peter: „Klassizistischer" Katholizismus. Der konfessionsgeschichtliche Sonderfall Frankreich, in: Historische Zeitschrift, 262 (1996), S. 357–389.

Hersche, Peter: Muße und Verschwendung. Europäische Gesellschaft und Kultur im Barockzeitalter, Bd. 1, Freiburg i. Br. u. a. 2006.

Hersche, Peter: Muße und Verschwendung. Europäische Gesellschaft und Kultur im Barockzeitalter, Bd. 2, Freiburg i. Br. u. a. 2006.

Heusinger, Sabine: Die Zunft im Mittelalter. Zur Verflechtung von Politik, Wirtschaft und Gesellschaft in Straßburg (Vierteljahrschrift für Sozial- und Wirtschaftsgeschichte. Beihefte, 26), Stuttgart 2009.

Heyrman, Peter: Imagining the ‚bon patron catholique'. Industrial Entrepreneurs in Belgium and Northern France, and their Apostolate of the Factory (1870–1914), in: Schweizerische Zeitschrift für Religions- und Kulturgeschichte, 113 (2019), S. 109–134.

Hiepel, Claudia; Ruff, Mark (Hgg.): Christliche Arbeiterbewegungen in Europa 1850–1950 (Konfession und Gesellschaft, 30), Stuttgart 2003.

Hilger, Susanne (Hg.): Kapital und Moral. Ökonomie und Verantwortung in historisch-vergleichender Perspektive, Köln u. a. 2007.

Hochgeschwender, Michael; Löffler, Bernhard (Hgg.): Religion, Moral und liberaler Markt. Politische Ökonomie und Ethikdebatten vom 18. Jahrhundert bis zur Gegenwart, Bielefeld 2011.

Hoepke, Klaus-Peter: Geschichte der Fredericana. Stationen in der Geschichte der Universität Karlsruhe (TH) von der Gründung 1825 bis zum Jahr 2000 (Veröffentlichungen aus dem Universitätsarchiv Karlsruhe, 1), Karlsruhe 2007.

Höffner, Joseph: Christliche Gesellschaftslehre, hg. v. Lothar Roos, 3., durchges. Aufl., Erkelenz 2011.

Hölscher, Lucian (Hg.): Baupläne der sichtbaren Kirche. Sprachliche Konzepte religiöser Vergemeinschaftung in Europa (Bausteine zu einer europäischen Religionsgeschichte im Zeitalter der Säkularisierung, 10), Göttingen 2007.

Hölscher, Lucian: Die Entdeckung der Zukunft, 2. Aufl., Göttingen 2016.

Holzem, Andreas: Art. Wessenberg, Ignaz Heinrich von, in: Theologische Realenzyklopädie, 35 (2003), S. 662–667.

Holzem, Andreas: Christentum in Deutschland 1550–1850, Bd. 2. Konfessionalisierung, Aufklärung, Pluralisierung, Paderborn 2015.

Huber, Fridolin: Belehrung des Volkes über die Wallfahrten, in: Archiv für die Pastoralkonferenzen in den Landkapiteln des Bisthums Konstanz (1804, 2), S. 198–210.

Huber, Fridolin: Belehrung des Volkes über die Wallfahrten, Beschluß, in: Archiv für die Pastoralkonferenzen in den Landkapiteln des Bisthums Konstanz (1804, 2), S. 269–288.

Hug, Wolfgang: Geschichte Badens, 2., durchges. Aufl., Darmstadt 1998.

Ickstatt, Johann Adam von: Warum ist, oder war bisher der Wohlstand der Protestantischen Staaten so gar viel größer als der Katholischen?, Wien 1782.

Ignaz Heinrich von Wessenberg. Autobiographische Aufzeichnungen (Ignaz Heinrich von Wessenberg – Unveröffentlichte Manuskripte und Briefe, I/1), hg. v. Kurt Aland, Freiburg i. Br. u. a. 1968.

Ignaz Heinrich von Wessenberg. Kleine Schriften (Ignaz Heinrich von Wessenberg – Unveröffentlichte Manuskripte und Briefe, III), hg. v. Kurt Aland, Freiburg i. Br. u. a. 1979.

Ignaz Heinrich von Wessenberg. Reisetagebücher (Ignaz Heinrich von Wessenberg – Unveröffentlichte Manuskripte und Briefe, IV), hg. v. Kurt Aland, Freiburg i. Br. u. a. 1970.

Irwin, Douglas A.: Against the Tide. An Intellectual History of Free Trade, Princeton 1996.

Iserloh, Erwin: Die soziale Aktivität der Katholiken im Übergang von caritativer Fürsorge zu Sozialreform und Sozialpolitik, dargestellt an den Schriften Wilhelm Emmanuel von Kettelers, in: Iserloh, Erwin (Hg.): Kirche – Ereignis und Institution,

Bd. 1. Kirchengeschichte als Theologie. Aufsätze und Vorträge (Reformationsgeschichtliche Studien und Texte, Supplementband 3/1), Münster 1985, S. 266–284.

Iserloh, Erwin (Hg.): Kirche – Ereignis und Institution, Bd. 1. Kirchengeschichte als Theologie. Aufsätze und Vorträge (Reformationsgeschichtliche Studien und Texte, Supplementband 3/1), Münster 1985.

Iserloh, Erwin; Repgen, Konrad (Hgg.): Reformata Reformanda. Festgabe für Hubert Jedin zum 17. Juni 1965 (Reformationsgeschichtliche Studien und Texte, Supplementband 1: Zweiter Teil), Münster 1965.

Jaeger, Friedrich u. a.: Art. Moderne (Enzyklopädie der Neuzeit Online, 2005–2012), DOI: http://dx.doi.org/10.1163/2352-0248_edn_COM_312551 (abgerufen am 14.02.2022).

Jäger, Georg; Tenorth, Heinz-Elmar: Pädagogisches Denken, in: Jeismann, Karl-Ernst; Lundgreen, Peter (Hgg.): Handbuch der deutschen Bildungsgeschichte, Bd. 3. Von der Neuordnung Deutschlands bis zur Gründung des Deutschen Reiches 1800–1870, München 1987, S. 71–104.

Jähnichen, Traugott: Wirtschaftsethik. Konstellationen – Verantwortungsebenen – Handlungsfelder (Ethik – Grundlagen und Handlungsfelder, 3), Stuttgart 2008.

Jähnichen, Traugott; Friedrich, Norbert: Geschichte der sozialen Ideen im deutschen Protestantismus, in: Grebing, Helga (Hg.): Geschichte der sozialen Ideen in Deutschland. Sozialismus – Katholische Soziallehre – Protestantische Ethik. Ein Handbuch (Veröffentlichungen des Instituts für Soziale Bewegungen, Schriftenreihe A: Darstellungen, 13), Essen 2000, S. 867–1103.

Jedin, Hubert (Hg.): Handbuch der Kirchengeschichte, Bd. VI/1. Die Kirche in der Gegenwart: Zwischen Revolution und Restauration, Freiburg i. Br. 1971.

Jeismann, Karl-Ernst; Lundgreen, Peter (Hgg.): Handbuch der deutschen Bildungsgeschichte, Bd. 3. Von der Neuordnung Deutschlands bis zur Gründung des Deutschen Reiches 1800–1870, München 1987.

Jürgensen, Kurt: Lamennais und die Gestaltung des belgischen Staates. Der liberale Katholizismus in der Verfassungsbewegung des 19. Jahrhunderts (Veröffentlichungen des Instituts für Europäische Geschichte Mainz: Abt. Universalgeschichte, 29), Wiesbaden 1963.

Karl Marx – Friedrich Engels. Briefwechsel, Bd. 4. 1868–1883, Berlin 1950.

Keller, Erwin: Die Konstanzer Liturgiereform unter Ignaz Heinrich von Wessenberg, Freiburg i. Br. 1965.

Kempeneers, Joseph: Charles Périn 1815–1905 de l'école libérale d'inspiration chrétienne (La pensée catholique), Liège 1930.

Kenis, Leo: De theologische faculteit te Leuven in de negentiende eeuw 1834–1889 (Verhandelingen van de Koninklijke Academie voor Wetenschappen, Letteren en Schone Kunsten van België, 143), Brussel 1992.

Ketteler, Wilhelm Emmanuel von: Die Arbeiterfrage und das Christenthum, Mainz 1864.

Ketteler, Wilhelm Emmanuel von: Sämtliche Werke und Briefe, Abt. I, Bd. 1, Mainz 1977.

Kirchinger, Johann; Schütz, Ernst (Hgg.): Georg Ratzinger (1844–1899). Ein Leben zwischen Politik, Geschichte und Seelsorge, Regensburg 2008.

Klein, Ernst: Die Auseinandersetzungen Adam Müllers mit den wirtschaftstheoretischen und wirtschaftspolitischen Auffassungen seiner Zeit, in: Langner, Albrecht (Hg.): Katholizismus, konservative Kapitalismuskritik und Frühsozialismus bis 1850, München u. a. 1975, S. 99–122.

Klöckler, Jürgen: Der Bürger in Konstanz: Unnahbar und distanziert. Der letzte Konstanzer Bistumsverweser nach 1827, in: Braun, Karl-Heinz (Hg.): „… wie unzählig viele sind noch gar nicht über den dürren Buchstaben hinweggekommen!“. Bildung bei Ignaz Heinrich von Wessenberg (1774–1860) (Tagungsberichte der Katholischen Akademie der Erzdiözese Freiburg), Freiburg i. Br. 2014, S. 133–148.

Klueting, Harm: „Der Genius der Zeit hat sie unbrauchbar gemacht.“ Zum Thema Katholische Aufklärung. Oder: Aufklärung und Katholizismus im Deutschland des 18. Jahrhunderts. Eine Einleitung, in: Klueting, Harm (Hg.): Katholische Aufklärung – Aufklärung im katholischen Deutschland (Studien zum achtzehnten Jahrhundert, 15), Hamburg 1993, S. 1–35.

Klueting, Harm: Deutschland und der Josephinismus. Wirkungen und Ausstrahlungen der theresianisch-josephinischen Reformen auf die außerösterreichischen deutschen Territorien, in: Reinalter, Helmut (Hg.): Der Josephinismus. Bedeutung, Einflüsse und Wirkungen (Schriftenreihe der Internationalen Forschungsstelle „Demokratische Bewegungen in Mitteleuropa 1770–1850“, 9), Frankfurt a. M. u. a. 1993, S. 63–102.

Klueting, Harm (Hg.): Katholische Aufklärung – Aufklärung im katholischen Deutschland (Studien zum achtzehnten Jahrhundert, 15), Hamburg 1993.

Klueting, Harm: Katholische Aufklärung nach 1803? Theologie und Kirche unter dem Eindruck des Umbruchs, in: Rottenburger Jahrbuch für Kirchengeschichte, 34 (2015), S. 23–34.

Kluge, Arnd: Die Zünfte, Stuttgart 2007.

Koll, Johannes (Hg.): Nationale Bewegungen in Belgien. Ein historischer Überblick (Niederlande-Studien, 37), 2. Aufl., Münster 2009.

Konferenz-Resultate über die Frage: Wie kann das Volk am beßten belehrt und angehalten werden, an den abgebrachten Feyertagen zu arbeiten?, in: Archiv für die Pastoralkonferenzen in den Landkapiteln des Bisthums Konstanz (1804, 2), S. 3–24.

Koslowski, Peter: Die Ordnung der Wirtschaft. Studien zur Praktischen Philosophie und Politischen Ökonomie, Tübingen 1994.

Kothen, Robert: La pensée et l'action sociale des catholiques, 1789–1944, Louvain 1945.

Kracht, Hans Joachim: Adolph Kolping. Priester, Pädagoge, Publizist im Dienst christlicher Sozialreform. Leben und Werk aus den Quellen dargestellt, Freiburg i. Br. u. a. 1993.

Kreuz, F. A.: Katalog der v. Wessenbergischen Bibliothek, wissenschaftlich geordnet und aufgestellt (Juli 1862), Konstanz 1863.

Krünitz, Johann Georg: Oekonomische Encyklopädie oder allgemeines System der Staats-, Stadt-, Haus- und Landwirthschaft, in alphabetischer Ordnung, erschienen 1773–1858 in Berlin.

Kuttner, Antje: Ökonomisches Denken und Ethisches Handeln. Ideengeschichtliche Aporien der Wirtschaftsethik, Wiesbaden 2015.

Lamberts, Emiel (Hg.): De kruistocht tegen het liberalisme. Facetten van het ultramontanisme in België in de 19e eeuw (KADOC-Studies, 2), Leuven 1984.

Lamberts, Emiel: Het ultramontanisme in België, 1830–1914, in: Lamberts, Emiel (Hg.): De kruistocht tegen het liberalisme. Facetten van het ultramontanisme in België in de 19e eeuw (KADOC-Studies, 2), Leuven 1984, S. 38–63.

Lamberts, Emiel: Joseph de Hemptinne. Een kruisvaarder in redingote, in: Lamberts, Emiel (Hg.): De kruistocht tegen het liberalisme. Facetten van het ultramontanisme in België in de 19e eeuw (KADOC-Studies, 2), Leuven 1984, S. 64–109.

Lamberts, Emiel (Hg.): The Black International – L'Internationale noire 1870–1878. The Holy See and Militant Catholicism in Europe – Le Saint-Siège et le Catholicisme militant en Europe (KADOC-Studies, 29), Leuven 2002.

Langner, Albrecht: Katholische und evangelische Sozialethik im 19. und 20. Jahrhundert. Beiträge zu ideengeschichtlichen Entwicklungen im Spannungsfeld von Konfession, Politik und Ökumene, Paderborn u. a. 1998.

Langner, Albrecht (Hg.): Katholizismus, konservative Kapitalismuskritik und Frühsozialismus bis 1850, München u. a. 1975.

Langner, Albrecht: Zur konservativen Position in der politisch-ökonomischen Entwicklung Deutschlands vor 1848, in: Langner, Albrecht (Hg.): Katholizismus, konservative Kapitalismuskritik und Frühsozialismus bis 1850, München u. a. 1975, S. 11–74.

Lehmann-Brauns, Sicco: Art. Sensualismus (Enzyklopädie der Neuzeit Online, 2005–2012), DOI: http://dx.doi.org/10.1163/2352-0248_edn_COM_348591 (abgerufen am 13.12.2020).

Lehner, Ulrich L.: Die Katholische Aufklärung. Weltgeschichte einer Reformbewegung, Paderborn 2017.

Lehner, Ulrich L.: What is ‚Catholic Enlightenment'?, in: History Compass, 8/2 (2010), S. 166–178.

Leimgruber, Stephan; Bürki, Bruno (Hgg.): Theologische Profile. Schweizer Theologen und Theologinnen im 19. und 20. Jahrhundert, Freiburg (Schweiz) 1998.

Lenhart, Ludwig: Regens Moufang und das Vaticanum, in: Jahrbuch für das Bistum Mainz, 5 (1950), S. 400–441.

Leonhard, Jörg: Moral der Ökonomie und Ökonomie der Moral. Die Differenzierung der Political Economy im Großbritannien des 18. und 19. Jahrhunderts, in: Hochgeschwender, Michael; Löffler, Bernhard (Hgg.): Religion, Moral und liberaler Markt. Politische Ökonomie und Ethikdebatten vom 18. Jahrhundert bis zur Gegenwart, Bielefeld 2011, S. 69–87.

Liedhegener, Antonius (Hg.): Religion – Wirtschaft – Politik. Forschungszugänge zu einem aktuellen transdisziplinären Feld (Religion – Wirtschaft – Politik, 1), Zürich 2011.

Lill, Rudolf: Der Ultramontanismus. Die Ausrichtung der gesamten Kirche auf den Papst, in: Weitlauff, Manfred (Hg.): Kirche im 19. Jahrhundert, Regensburg 1998, S. 76–94.

Louant, Armand: Art. Périn, in: Biographie nationale de Belgique, II (1959), Sp. 665–670.

Louant, Armand: Charles Périn et Pie IX, in: Bulletin de l'Institut historique belge de Rome, 27 (1952), S. 181–220.

Ludwig, Mario: Die Sozialethik des John Stuart Mill. Utilitarismus, Zürich 1963.

Lundgreen, Peter: Fachschule, in: Jeismann, Karl-Ernst; Lundgreen, Peter (Hgg.): Handbuch der deutschen Bildungsgeschichte, Bd. 3. Von der Neuordnung Deutschlands bis zur Gründung des Deutschen Reiches 1800–1870, München 1987, S. 293–305.

Luterbacher-Maineri, Claudius: Adam Smith – Theologische Grundannahmen. Eine textkritische Studie (Studien zur theologischen Ethik, 119), Freiburg (Schweiz) 2008.

Madey, Johannes: Art. Charles-Henry-Xavier Périn, in: Biographisch-Bibliographisches Kirchenlexikon, 7 (1994), S. 191f.

Maeyer, Jan de: De rode baron. Arthur Verhaegen 1847–1917 (KADOC-Studies, 18), Leuven 1994.

Maeyer, Jan de: De ultramontanen en de gildenbeweging 1875–1896. Het aandeel van de Confrérie de St.-Michel, in: Lamberts, Emiel (Hg.): De kruistocht tegen het liberalisme. Facetten van het ultramontanisme in België in de 19e eeuw (KADOC-Studies, 2), Leuven 1984, S. 222–267.

Maeyer, Jan de: Katholische Soziallehre und christliche Arbeiterorganisationen in Belgien von der Freiburger Union (1884–1888) zur Union von Mechelen (1921–1960), in: Hiepel, Claudia; Ruff, Mark (Hgg.): Christliche Arbeiterbewegungen in Europa 1850–1950 (Konfession und Gesellschaft, 30), Stuttgart 2003, S. 99–119.

Maeyer, Jan de: La Belgique. Un élève modèle de l'école ultramontaine, in: Lamberts, Emiel (Hg.): The Black International – L'Internationale noire 1870–1878. The Holy See and Militant Catholicism in Europe – Le Saint-Siège et le Catholicisme militant en Europe (KADOC-Studies, 29), Leuven 2002, S. 361–386.

Marquardt, Wolfgang: Geschichte und Strukturanalyse der Industrieschule. Arbeitserziehung, Industrieunterricht, Kinderarbeit in niederen Schulen (ca. 1770–1850/70), Hannover (Univ. Diss.) 1975.

Marx, Reinhard: Wirtschaftsliberalismus und Katholische Soziallehre (Freiburg discussion papers on constitutional economics, 6/3), Freiburg i. Br. 2006.

Mathes, Richard: Löwen und Rom. Zur Gründung der Katholischen Universität Löwen unter besonderer Berücksichtigung der Kirchen- und Bildungspolitik Papst Gregors XVI. (Beiträge zur neueren Geschichte der katholischen Theologie, 18), Essen 1975.

Maurer, Michael: Bildung, in: Hahn, Hans-Werner; Hein, Dieter (Hgg.): Bürgerliche Werte um 1800. Entwurf – Vermittlung – Rezeption, Köln u. a. 2005, S. 227–238.

Maurer, Michaela: „Vater der Armen"?! Arme und Armut in der Verkündigung katholischer Bischöfe, in: Schneider, Bernhard (Hg.): Konfessionelle Armutsdiskurse und Armenfürsorgepraktiken im langen 19. Jahrhundert (Inklusion/Exklusion – Studien zu Fremdheit und Armut von der Antike bis zur Gegenwart, 15), Frankfurt a. M. 2009, S. 89–118.

Maurer, Michaela; Schneider, Bernhard (Hgg.): Konfessionen in den west- und mitteleuropäischen Sozialsystemen im langen 19. Jahrhundert. Ein „edler Wettkampf der Barmherzigkeit"? (Studien zur Kultur- und Sozialgeschichte des Christentums in Neuzeit und Moderne, 1), Berlin 2013.

Meeks, M. Douglas: Economics in Christian Scriptures, in: Oslington, Paul (Hg.): The Oxford Handbook of Christianity and Economics, Oxford 2014, S. 3–21.

Meerts, Kristin: De Leuvense hoogleraar Victor Brants. Een brugfiguur in het sociaal-katholicisme, in: Bijdragen tot de geschiedenis, LXV (1982), S. 197–233.

Meerts, Kristin: De Leuvense hoogleraar Victor Brants. Sociale ideeën tussen katholieke romantiek en realisme (1856–1891), in: Bijdragen tot de geschiedenis, LXVI (1983), S. 101–130.

Menke, Karl Heinz: Macht die Wahrheit frei oder die Freiheit wahr? Eine Streitschrift, Regensburg 2017.

Merk, Gerhard: Volkswirtschaftslehre und katholische Sozialtheorie, in: Zeitschrift für Evangelische Ethik, 11 (1967), S. 257–275.

Merk, Gerhard: Wessenbergs ökonomische und soziale Auffassungen, in: Freiburger Diözesan-Archiv, 88 (1968), S. 463–474.

Michel, Paul: Physikotheologie. Ursprünge, Leistung und Niedergang einer Denkform, Zürich 2008.

Michotte, Paul: Études sur les théories économiques qui dominèrent en Belgique de 1830 à 1886, Louvain 1904.

Michotte, Paul: Le mouvement scientifique en Belgique 1830–1905. Les sciences économiques, Louvain 1907.

Michotte, Paul: Un économiste belge: Charles Périn (Extrait de la Revue Sociale Catholique de juin–juillet 1905), Louvain 1905.

Miller, Jon: Art. Rationalismus (Enzyklopädie der Neuzeit Online, 2005–2012), DOI: http://dx.doi.org/10.1163/2352-0248_edn_COM_333557 (abgerufen am 28.04.2021).

Misner, Paul: Social Catholicism in Europe. From the Onset of Industrialization to the First World War, London/New York 1991.

Moeys, Hendrik: Social Policy by Other Means from a Comparative Historical Perspective. Continuity and Change in Nineteenth-Century Belgium (1820–1900), in: Journal of Comparative Policy Analysis (2018), S. 1–16.

Moeys, Hendrik: Subsidiarity Social Provision before the Welfare State. Political Theory and Social Policy in Nineteenth-Century Belgium, Leuven (Univ. Diss.) 2017.

Möhring, Christa: Die Geschichte des Blitzableiters. Die Ableitung des Blitzes und die Neuordnung des Wissens um 1800, Berlin (Univ. Diss.) 2005.

Molinari, Gustave de: Les économistes, les socialistes et le christianisme par M. Charles Périn, in: Journal des économistes. Revue mensuelle de l'économie politique des questions agricoles, manufacturières et commerciales, XXV (1850), S. 98–101.

Molle, Leen van (Hg.): Charity and Social Welfare (The Dynamics of Religious Reform in Northern Europe 1780–1920, 4), Leuven 2017.

Molle, Leen van: Social Questions and Catholic Answers. Social Reform in Belgium, c. 1780–1920, in: Molle, Leen van (Hg.): Charity and Social Welfare (The Dynamics of Religious Reform in Northern Europe 1780–1920, 4), Leuven 2017, S. 101–122.

Molle, Leen van; Maeyer, Jan de: Das Ausbalancieren von öffentlicher und privater Initiative auf dem Markt der Wohltätigkeit. Belgien im 19. Jahrhundert, in: Maurer, Michaela; Schneider, Bernhard (Hgg.): Konfessionen in den west- und mitteleuropäischen Sozialsystemen im langen 19. Jahrhundert. Ein „edler Wettkampf der Barmherzigkeit"? (Studien zur Kultur- und Sozialgeschichte des Christentums in Neuzeit und Moderne, 1), Berlin 2013, S. 257–282.

Moser, Arnulf: Wessenberg und die Berufsbildung, in: Freiburger Diözesan-Archiv, 98 (1978), S. 540–554.

Müller, Hans Peter: Das Großherzogtum Baden und die deutsche Zolleinigung, 1819–1835/36 (Europäische Hochschulschriften, Reihe 3: Geschichte und ihre Hilfswissenschaften, 217), Frankfurt a. M. 1984.

Müller, Johann Baptist: Ignaz Heinrich von Wessenberg, ein christlicher Pädagog. Ein Beitrag zur Geschichte der Pädagogik im 19. Jahrhundert, Paderborn 1916.

Müller, Volker: Staatstätigkeit in den Staatstheorien des 19. Jahrhunderts (Studien zur Sozialwissenschaft, 108), Opladen 1991.

Müller, Wolfgang: Ignaz Heinrich von Wessenberg (1774–1860), in: Fries, Heinrich; Schwaiger, Georg (Hgg.): Katholische Theologen Deutschlands im 19. Jahrhundert, Bd. 1, München 1975, S. 189–204.

Müller, Wolfgang: Wessenberg in heutiger Sicht, in: Zeitschrift für Schweizerische Kirchengeschichte, 58 (1964), S. 293–308.

Müller-Armack, Alfred: Genealogie der Wirtschaftsstile. Die geistesgeschichtlichen Ursprünge der Staats- und Wirtschaftsformen bis zum Ausgang des 18. Jahrhunderts, 3. Aufl., Stuttgart 1944.

Müller-Armack, Alfred: Religion und Wirtschaft. Geistesgeschichtliche Hintergründe unserer europäischen Lebensform, 2., unveränderte Aufl., Stuttgart u. a. 1959.

Nettement, Alfred: [Besprechung *De la richesse dans les sociétés chrétiennes*], in: L'Union – Edition du Soir, 16.06.1868.

Nienhaus, Lisa: Mehr Liebe im Bankenturm, in: Die Zeit, 24.05.2018.

Noch ein Wort über das Verhältniß Badens zum preußischen Zollverein, in: Badisches Volksblatt, 13.08.1834.

North, Michael (Hg.): Deutsche Wirtschaftsgeschichte. Ein Jahrtausend im Überblick, 2. Aufl., München 2005.

Novak, Michael: Die katholische Ethik und der Geist des Kapitalismus, 2. Aufl., Trier 1998.

Ockenfeld, Wolfgang (Hg.): Katholizismus und Sozialismus in Deutschland im 19. und 20. Jahrhundert (Beiträge zur Katholizismusforschung, Reihe A: Quellentexte zur Geschichte des Katholizismus, 11), Paderborn u. a. 1992.

Oeconomicae et pecuniariae quaestiones. Erwägungen zu einer ethischen Unterscheidung bezüglich einiger Aspekte des gegenwärtigen Finanzwirtschaftssystems (06.01.2018), URL: https://www.vatican.va/roman_curia/congregations/cfaith/documents/rc_con_cfaith_doc_20180106_oeconomicae-et-pecuniariae_ge.html (abgerufen am 17.01.2022).

Ortlepp, Helge: Die Wessenberg'schen Gründungen in Konstanz, in: Braun, Karl-Heinz (Hg.): Kirche und Aufklärung. Ignaz Heinrich von Wessenberg (1774–1860) (Schriftenreihe der Katholischen Akademie der Erzdiözese Freiburg), Freiburg i. Br. 1989, S. 85–105.

Oslington, Paul: Introduction, in: Oslington, Paul (Hg.): The Oxford Handbook of Christianity and Economics, Oxford 2014, S. XII–XVI.

Oslington, Paul (Hg.): The Oxford Handbook of Christianity and Economics, Oxford 2014.

Ötsch, Walter O.: Gottesbilder und ökonomische Theorie. Naturtheologie und Moralität bei Adam Smith, in: Held, Martin u. a. (Hgg.): Normative und institutionelle Grundfragen der Ökonomik. Jahrbuch 6: Ökonomie und Religion, Marburg 2007, S. 161–179.

Overhoff, Jürgen; Oberdorf, Andreas (Hgg.): Katholische Aufklärung in Europa und Nordamerika (Das achtzehnte Jahrhundert. Supplementa, 25), Göttingen 2019.

Passy, Frédéric: L'économie politique et la religion. Etude sur ce qu'on a appelé l'économie politique chrétienne, in: Journal des économistes. Revue de la science économique et de la statistique, IV (1866), S. 1–38.

Pellissier Tanon, Arnaud: Hédonisme et Propriété chez Frédéric Bastiat. Essai sur les critques portées sur son libéralisme par deux catoliques économistes, ses contemporains, in: Journal des Economistes et des Etudes Humaines, 4/4 (1993), S. 589–628.

Pellissier Tanon, Arnaud: The Labour Theory of Value and Social Justice. The Teachings of Social Catholic Criticisms of Bastiat's Doctrine, in: Journal des Economistes et des Etudes Humaines, 11, 2/3 (2001), S. 295–309.

Périn, Charles: Christliche Politik. Die Gesetze der christlichen Gesellschaften, einzig für Deutschland autorisierte Uebersetzung, Freiburg i. Br. 1876.

Périn, Charles: De la richesse dans les sociétés chrétiennes, Tome premier, Paris 1861.

Périn, Charles: De la richesse dans les sociétés chrétiennes, Tome second, Paris 1861.

Périn, Charles: Des intérêts matériels dans la société moderne, in: Société littéraire de l'Université catholique de Louvain. Choix de mémoires Louvain (1841), S. 84–130.

Périn, Charles: Du progrès des idées religieuses en économie politique, in: Revue de Bruxelles (Juin 1839), S. 101–129.

Périn, Charles: Du progrès matériel et du renoncement chrétien, Paris 1854.

Périn, Charles: Du socialisme dans les écrits des économistes, Paris 1850.

Périn, Charles: Le modernisme dans l'église. D'après des lettres inédites de la Mennais, Paris/Lyon 1881.

Périn, Charles: Le patron: sa fonction, ses devoirs, ses responsabilités, Lille/Paris 1886.

Périn, Charles: Le socialisme chrétien, Paris/Lyon 1879.

Périn, Charles: Les économistes, les socialistes et le christianisme, Paris 1849.

Périn, Charles: Les libertés populaires, Paris 1871.

Périn, Charles: Les lois de la société chrétienne, Paris 1875.

Périn, Charles: L'usure et la loi de 1807, Paris 1865.

Périn, Charles: Ueber den Reichthum in der christlichen Gesellschaft, Bd. 1, übers. v. Joseph Weizenhofer, Regensburg u. a. 1866.

Périn, Charles: Ueber den Reichthum in der christlichen Gesellschaft, Bd. 2, übers. v. Joseph Weizenhofer, Regensburg u. a. 1868.

Petermann, Thomas: Der Saint-Simonismus in Deutschland. Bemerkungen zur Wirkungsgeschichte (Europäische Hochschulschriften, Reihe 20: Philosophie, 126), Frankfurt a. M. u. a. 1983.

Plumpe, Werner; Köster, Roman: Art. Ökonomie, politische (Enzyklopädie der Neuzeit Online, 2005–2012), DOI: http://dx.doi.org/10.1163/2352-0248_edn_a3054000 (abgerufen am 13.11.2018).

Plumpe, Werner; Köster, Roman: Art. Ökonomische Klassik (Enzyklopädie der Neuzeit Online, 2005–2012), DOI: http://dx.doi.org/10.1163/2352-0248_edn_a3056000 (abgerufen am 13.11.2018).

Popplow, Marcus: Art. Technische Literatur (Enzyklopädie der Neuzeit Online, 2005–2012), DOI: http://dx.doi.org/10.1163/2352-0248_edn_COM_362955 (abgerufen am 09.02.2021).

Popplow, Marcus: Die Ökonomische Aufklärung als Innovationskultur des 18. Jahrhunderts zur optimierten Nutzung natürlicher Ressourcen, in: Popplow, Marcus (Hg.):

Landschaften agrarisch-ökonomischen Wissens. Strategien innovativer Ressourcennutzung in Zeitschriften und Sozietäten des 18. Jahrhunderts (Cottbuser Studien zur Geschichte von Technik, Arbeit und Umwelt, 30), Münster u. a. 2010, S. 2–48.

Popplow, Marcus (Hg.): Landschaften agrarisch-ökonomischen Wissens. Strategien innovativer Ressourcennutzung in Zeitschriften und Sozietäten des 18. Jahrhunderts (Cottbuser Studien zur Geschichte von Technik, Arbeit und Umwelt, 30), Münster u. a. 2010.

Popplow, Marcus: Vom Nutzen der Wissensgeschichte für die Technikgeschichte der Frühen Neuzeit, in: Wissensformen der Technik – Ferrum. Nachrichten aus der Eisenbahnbibliothek. Stiftung der Georg Fischer AG, 86 (2014), S. 6–14.

Portmann-Tinguely, Albert (Hg.): Kirche, Staat und katholische Wissenschaft in der Neuzeit. Festschrift für Heribert Raab zum 65. Geburtstag (Quellen und Forschungen aus dem Gebiet der Geschichte, Neue Folge: Heft 12), Paderborn u. a. 1988.

Potempa, Alina: Ein „schöne[s] Band, Allen gleich vortheilhaft"? Katholische Stimmen zum Freihandel in Spätaufklärung und Ultramontanismus, in: Schweizerische Zeitschrift für Religions- und Kulturgeschichte, 113 (2019), S. 87–108.

Pranzl, Rudolf: Das Verhältnis von Staat und Kirche/Religion im theresianisch-josephinischen Zeitalter, in: Reinalter, Helmut (Hg.): Josephinismus als aufgeklärter Absolutismus, Wien u. a. 2008, S. 17–52.

Priddat, Birger P.: Art. Physiokratie (Enzyklopädie der Neuzeit Online, 2005–2012), DOI: http://dx.doi.org/10.1163/2352-0248_edn_a3252000 (abgerufen am 13.11.2018).

Priddat, Birger P.: Produktive Kraft, sittliche Ordnung und geistige Macht. Denkstile der deutschen Nationalökonomie im 18. und 19. Jahrhundert (Beiträge zur Geschichte der deutsch-sprachigen Ökonomie, 13), Marburg 1998.

Ramm, Thilo: Der Frühsozialismus. Begriffs- und Wirkungsgeschichte, in: Langner, Albrecht (Hg.): Katholizismus, konservative Kapitalismuskritik und Frühsozialismus bis 1850, München u. a. 1975, S. 123–144.

Rauscher, Anton (Hg.): Der soziale und politische Katholizismus. Entwicklungslinien in Deutschland 1803–1963, Bd. 2, München/Wien 1982.

Rauscher, Anton; Roos, Lothar (Hgg.): Die soziale Verantwortung der Kirche. Wege und Erfahrungen von Ketteler bis heute, 2. Aufl., Köln 1977.

Recktenwald, Horst Claus: Der schottische Nationalökonom und Moralphilosoph und die Deutschen, in: Recktenwald, Horst Claus (Hg.): Ethik, Wirtschaft und Staat. Adam Smiths politische Ökonomie heute (Wege der Forschung, 617), Darmstadt 1985, S. 391–399.

Recktenwald, Horst Claus (Hg.): Ethik, Wirtschaft und Staat. Adam Smiths politische Ökonomie heute (Wege der Forschung, 617), Darmstadt 1985.

Reinalter, Helmut: Aufgeklärter Absolutismus und Josephinismus, in: Reinalter, Helmut (Hg.): Der Josephinismus. Bedeutung, Einflüsse und Wirkungen (Schriftenreihe der

Internationalen Forschungsstelle „Demokratische Bewegungen in Mitteleuropa 1770–1850“, 9), Frankfurt a. M. u. a. 1993, S. 11–21.

Reinalter, Helmut (Hg.): Der Josephinismus. Bedeutung, Einflüsse und Wirkungen (Schriftenreihe der Internationalen Forschungsstelle „Demokratische Bewegungen in Mitteleuropa 1770–1850“, 9), Frankfurt a. M. u. a. 1993.

Reinalter, Helmut: Einleitung. Der Josephinismus als Variante des Aufgeklärten Absolutismus und seine Reformkomplexe, in: Reinalter, Helmut (Hg.): Josephinismus als aufgeklärter Absolutismus, Wien u. a. 2008, S. 9–16.

Reinalter, Helmut (Hg.): Josephinismus als aufgeklärter Absolutismus, Wien u. a. 2008.

Reinalter, Helmut: Sozialreformen Josephs II., in: Reinalter, Helmut (Hg.): Josephinismus als aufgeklärter Absolutismus, Wien u. a. 2008, S. 163–190.

Rezsohazy, Rudolph: Origine et formation du catholicisme social en Belgique, 1842–1909, Louvain 1958.

Roos, Lothar: Kapitalismus, Sozialreform, Sozialpolitik, in: Rauscher, Anton (Hg.): Der soziale und politische Katholizismus. Entwicklungslinien in Deutschland 1803–1963, Bd. 2, München/Wien 1982, S. 52–158.

Roos, Lothar: Kirche – Politik – soziale Frage. Bischof Ketteler als Wegbereiter des sozialen und politischen Katholizismus, in: Rauscher, Anton; Roos, Lothar (Hgg.): Die soziale Verantwortung der Kirche. Wege und Erfahrungen von Ketteler bis heute, Köln 1977, S. 21–62.

Roover, Raymond de: Scholastic Economics. Survival and Lasting Influence from the Sixteenth Century to Adam Smith, in: The Quarterly Journal of Economics, 69/2 (1955), S. 161–190.

Rosart, François; Zelis, Guy (Hgg.): Le monde catholique et la question sociale (1891–1950), Bruxelles 1992.

Roscher, Wilhelm: Ansichten der Volkswirthschaft aus dem geschichtlichen Standpunkte, Bd. 1, 3., verb. Aufl., Leipzig/Heidelberg 1878.

Roßbach, Johann Joseph: Industrie und Christenthum (Broschürenverein. No. 10), Frankfurt a. M. 1865.

Rothe, Georg: Die Gewerbeschule des Großherzogtums Baden als frühes Modell einer Teilzeitschule im dual-alternierenden System, Karlsruhe 2011.

Rüegg, Walter (Hg.): Geschichte der Universität in Europa, Bd. 3. Vom 19. Jahrhundert zum Zweiten Weltkrieg (1800–1945), München 2004.

Sacrorum Conciliorum Nova et Amplissima Collectio, cujus Johannes Dominicus Mansi et post ipsius mortem Florentius et Venetianus editores ab anno 1758 ad annum 1798 priores triginta unum tomos ediderunt, nunc autem continuatat et absoluta. Tomus 53: Sacrosancti oecumenici concilii Vaticani, Pars 2, Arnhem/Leipzig 1927.

Salvadori, Stefania: Art. Spiritualisten (Enzyklopädie der Neuzeit Online, 2005–2012), DOI: http://dx.doi.org/10.1163/2352-0248_edn_COM_352800 (abgerufen am 13.12.2020).

Schasching, Johannes: Der gesellschaftliche Ordnungsgedanke in Rerum novarum und Quadragesimo anno, in: Utz, Arthur F. (Hg.): Die katholische Soziallehre und die Wirtschaftsordnung, Trier 1991, S. 67–84.

Schatz, Klaus: Art. Ultramontanismus, in: Lexikon für Theologie und Kirche, 10 (2001), Sp. 360ff.

Schatz, Klaus: Aufklärung, Staatskirchentum und Ultramontanismus im ersten Viertel des 19. Jahrhunderts, in: Braun, Karl-Heinz (Hg.): Kirche und Aufklärung. Ignaz Heinrich von Wessenberg (1774–1860) (Schriftenreihe der Katholischen Akademie der Erzdiözese Freiburg), Freiburg i. Br. 1989, S. 9–27.

Schatz, Klaus: Das Erste Vatikanum, in: Weitlauff, Manfred (Hg.): Kirche im 19. Jahrhundert, Regensburg 1998, S. 140–162.

Schatz, Klaus: Vaticanum I, Bde. 1–3 (Konziliengeschichte, Reihe A: Darstellungen), Paderborn u. a. 1992–1994.

Schatz, Klaus: Zwischen Säkularisation und Zweitem Vatikanum. Der Weg des deutschen Katholizismus im 19. und 20. Jahrhundert, Frankfurt a. M. 1986.

Schmidt, Bernward: Kleine Geschichte des Ersten Vatikanischen Konzils, Freiburg i. Br. 2019.

Schmidt, Georg (Hg.): Stände und Gesellschaft im Alten Reich (Veröffentlichungen des Instituts für Europäische Geschichte Mainz: Abt. Universalgeschichte, Beiheft, 29), Stuttgart 1989.

Schmiel, Martin: Landwirtschaftliches Bildungswesen, in: Jeismann, Karl-Ernst; Lundgreen, Peter (Hgg.): Handbuch der deutschen Bildungsgeschichte, Bd. 3. Von der Neuordnung Deutschlands bis zur Gründung des Deutschen Reiches 1800–1870, München 1987, S. 306–309.

Schneider, Bernhard: Armut und Konfession. Ergebnisse und Perspektiven (kirchen-) historischer Forschungen zum Armutsproblem unter besonderer Berücksichtigung des 19. Jahrhunderts und des deutschen Katholizismus, in: Schneider, Bernhard (Hg.): Konfessionelle Armutsdiskurse und Armenfürsorgepraktiken im langen 19. Jahrhundert (Inklusion/Exklusion – Studien zu Fremdheit und Armut von der Antike bis zur Gegenwart, 15), Frankfurt a. M. 2009, S. 9–58.

Schneider, Bernhard: Armutsdiskurse, Armenfürsorge und Industrialisierung im „deutschen" Katholizismus während des langen 19. Jahrhunderts, in: Steinberg, Swen; Müller, Winfried (Hgg.): Wirtschaft und Gemeinschaft. Konfessionelle und neureligiöse Gemeinsinnsmodelle im 19. und 20. Jahrhundert (Histoire, 43), Bielefeld 2014, S. 35–62.

Schneider, Bernhard: Christliche Armenfürsorge von den Anfängen bis zum Ende des Mittelalters. Eine Geschichte des Helfens und seiner Grenzen, Freiburg i. Br. u. a. 2017.

Schneider, Bernhard: „Katholische Aufklärung“: Zum Werden und Wert eines Forschungsbegriffs, in: Revue d’Histoire ecclésiastique, 93 (1998), S. 354–397.

Schneider, Bernhard (Hg.): Konfessionelle Armutsdiskurse und Armenfürsorgepraktiken im langen 19. Jahrhundert (Inklusion/Exklusion – Studien zu Fremdheit und Armut von der Antike bis zur Gegenwart, 15), Frankfurt a. M. 2009.

Schröder, Christian: Kooperation – Konfrontation – Koexistenz. Katholische Armenfürsorge in Deutschland zwischen Spätaufklärung und Ultramontanismus, in: Maurer, Michaela; Schneider, Bernhard (Hgg.): Konfessionen in den west- und mitteleuropäischen Sozialsystemen im langen 19. Jahrhundert. Ein „edler Wettkampf der Barmherzigkeit“? (Studien zur Kultur- und Sozialgeschichte des Christentums in Neuzeit und Moderne, 1), Berlin 2013, S. 143–162.

Schröder, Winifried: Der Deismus in der Philosophie der Neuzeit, in: Schröder, Winifried (Hg.): Gestalten des Deismus in Europa (Wolfenbütteler Forschungen, 135), Wiesbaden 2013, S. 7–27.

Schröder, Winifried (Hg.): Gestalten des Deismus in Europa (Wolfenbütteler Forschungen, 135), Wiesbaden 2013.

Schulz, Knut: Handwerk, Zünfte und Gewerbe. Mittelalter und Renaissance, Darmstadt 2010.

Seipel, Ignaz: Die wirtschaftsethischen Lehren der Kirchenväter, Graz 1972.

Siegert, Reinhart: Volksbildung im 18. Jahrhundert, in: Hammerstein, Notker; Herrmann, Ulrich (Hgg.): Handbuch der deutschen Bildungsgeschichte, Bd. 2. Vom späten 17. Jahrhundert bis zur Neuordnung Deutschlands um 1800, München 2005, S. 443–484.

Simon, Aloïs: Le Parti Catholique belge 1830–1945, Bruxelles 1958.

Simon, Aloïs (Hg.): L’Hypothèse Libérale en Belgique. Documents inédits 1839–1907, Wetteren 1956.

Skinner, Quentin: Bedeutung und Verstehen in der Ideengeschichte (1969/2009), in: Stollberg-Rilinger, Barbara (Hg.): Ideengeschichte, Stuttgart 2010, S. 61–94.

Skinner, Quentin: Wahrheit, Überzeugung und Interpretation, in: Goering, Daniel Timothy (Hg.): Ideengeschichte heute. Traditionen und Perspektiven (Histoire, 112), Bielefeld 2017, S. 55–68.

Smith, Adam: Untersuchungen über die Natur und die Ursachen des Nationalreichthums, Bd. 3, 2. Aufl., Breslau/Leipzig 1799.

Smith, Adam: Wohlstand der Nationen, übers. v. Max Stirner, hg. v. Heinrich Schmidt, Köln 2009.

Soete, Jean-Luc: L’ultramontanisme et la formation du parti catholique en Belgique de 1875 à 1884, in: Lamberts, Emiel (Hg.): De kruistocht tegen het liberalisme. Facetten van het ultramontanisme in België in de 19e eeuw (KADOC-Studies, 2), Leuven 1984, S. 200–221.

Sokoll, Thomas: The Moral Foundation of Modern Capitalism. Towards a Historical Reconsideration of Max Weber’s ‚Protestant Ethic‘, in: Berger, Stefan; Przyrembel,

Alexandra (Hgg.): Moralizing Capitalism. Agents, Discourses and Practices of Capitalism and Anti-Capitalism in the Modern Age, Cham 2019, S. 79–108.

Solari, Stefano: Catholic perspectives on poverty and misery: From nineteenth century French Catholic social economists to the contribution of the Jesuits, in: Cahiers d'économie Politique, 59 (2010), S. 185–203.

Söllner, Fritz: Die Geschichte des ökonomischen Denkens, 4. Aufl., Berlin/Heidelberg 2015.

Speckamp, Ursula: Vervollkommnung der Menschheit auf Gott hin durch das Schöne. Ignaz Heinrich von Wessenberg als Literaturkritiker, Literaturtheoretiker, Dichter, Kunstkritiker, Kunsttheoretiker, Kunstsammler und Kunstförderer, in: Freiburger Diözesan-Archiv, 103 (1983), S. 207–244.

Stackhouse, Max. L.: Weber, Theology and Economics, in: Oslington, Paul (Hg.): The Oxford Handbook of Christianity and Economics, Oxford 2014, S. 307–336.

Stander, Hennie: Economics in the Church Fathers, in: Oslington, Paul (Hg.): The Oxford Handbook of Christianity and Economics, Oxford 2014, S. 22–43.

Stegmann, Franz Josef: Der Frühsozialismus in katholischen Periodica, in: Langner, Albrecht (Hg.): Katholizismus, konservative Kapitalismuskritik und Frühsozialismus bis 1850, München u. a. 1975, S. 145–164.

Stegmann, Franz Josef: Von der ständischen Sozialreform zur staatlichen Sozialpolitik. Der Beitrag der Historisch-Politischen Blätter zur Lösung der Sozialen Frage (Zweimonatsschrift für Politische Studien, Beiheft 4), München/Wien 1965.

Stegmann, Franz Josef; Langhorst, Peter: Geschichte der sozialen Ideen im deutschen Katholizismus, in: Grebing, Helga (Hg.): Geschichte der sozialen Ideen in Deutschland. Sozialismus – Katholische Soziallehre – Protestantische Ethik. Ein Handbuch (Veröffentlichungen des Instituts für Soziale Bewegungen, Schriftenreihe A: Darstellungen, 13), Essen 2000, S. 599–866.

Steinberg, Swen; Müller, Winfried (Hgg.): Wirtschaft und Gemeinschaft. Konfessionelle und neureligiöse Gemeinsinnsmodelle im 19. und 20. Jahrhundert (Histoire, 43), Bielefeld 2014.

Stevens, Fred: Charles Périn, in: Decock, Wim; Oosterhuis, Janwillem (Hgg.): Great Christian Jurists in the Low Countries (Law and Christianity, 1), Cambridge 2021, S. 249–265.

Stollberg-Rilinger, Barbara: Einleitung, in: Stollberg-Rilinger, Barbara (Hg.): Ideengeschichte, Stuttgart 2010, S. 7–42.

Stollberg-Rilinger, Barbara (Hg.): Ideengeschichte, Stuttgart 2010.

Stratmann, Karl Wilhelm: Die Krise der Berufserziehung im 18. Jahrhundert als Ursprungsfeld pädagogischen Denkens (Kölner Arbeiter zur Pädagogik), Ratingen 1967.

Streminger, Gerhard: Adam Smith – Wohlstand und Moral. Eine Biographie, München 2017.

Striet, Magnus: Ernstfall Freiheit. Arbeiten an der Schleifung der Bastionen, Freiburg i. Br. u. a. 2018.

Strikwerda, Carl: A House Devided. Catholics, Socialists, and Flemish Nationalists in Nineteenth Centruy Belgium, Lanham 1997.

Strikwerda, Carl: Die belgische christliche Arbeiterbewegung 1880–2000, in: Hiepel, Claudia; Ruff, Mark (Hgg.): Christliche Arbeiterbewegungen in Europa 1850–1950 (Konfession und Gesellschaft, 30), Stuttgart 2003, S. 83–98.

Strube, Julian: Sozialismus, Katholizismus und Okkultismus im Frankreich des 19. Jahrhunderts. Die Genealogie der Schriften von Eliphas Lévi (Religionsgeschichtliche Versuche und Vorarbeiten, 69), Berlin/Boston (eBook-Ausgabe) 2016.

Syllabus Pius' IX. bzw. Sammlung von Irrtümern, die in verschiedenen Verlautbarungen Pius' IX. geächtet wurden (08.12.1864), in: Denzinger, Heinrich; Hünermann, Peter (Hgg.): Kompendium der Glaubensbekenntnisse und kirchlichen Lehrentscheidungen. Enchiridion symbolorum definitionum et declarationum de rebus fidei et morum, 45. Aufl., Freiburg i. Br. u. a. 2017, S. 743–753.

Teixeira, Pedro; Almodovar, António: Economics and Theology in Europe from the Nineteenth Century. From the Early Nineteenth Century's Christian Political Economy to Modern Catholic Social Doctrine, in: Oslington, Paul (Hg.): The Oxford Handbook of Christianity and Economics, Oxford 2014, S. 113–134.

Thumfart, Johannes: 400 Jahre Freiheit der Meere – 400 Jahre Ökonomische Theologie? Ideengeschichtliche Skizze zu Hugo Grotius und Francisco de Vitoria, nach Giorgio Agamben, Carl Schmitt und Max Weber, in: Weiß, Norman (Hg.): Hugo Grotius: Mare Liberum. Zur Aktualität eines Klassikertextes (Potsdamer Studien zu Staat, Recht und Politik, 2), Potsdam 2009, S. 25–33.

Thumfart, Johannes: Freihandel als Religion. Zur Ökonomischen Theologie in den völkerrechtlichen Entwürfen Hugo Grotius' und Francisco de Vitorias, in: Archiv des Völkerrechts, 62/2 (2008), S. 259–271.

Troeltsch, Ernst: Die Soziallehren der christlichen Kirchen und Gruppen (Ernst Troeltsch. Gesammelte Schriften, 1), 3. Neudr. d. Ausg. Tübingen 1922, Aalen 1977.

Troitzsch, Ulrich (Hg.): „Nützliche Künste". Kultur- und Sozialgeschichte der Technik im 18. Jahrhundert (Cottbuser Studien zur Geschichte von Technik, Arbeit und Umwelt, 13), Münster u. a. 1999.

Ueber den Aberglauben, der in Betreff des Glockenläutens bey Hochgewittern, des Wettersegens etc. unter dem Volke herrschet. Erste Konferenz, in: Archiv für die Pastoralkonferenzen in den Landkapiteln des Bisthums Konstanz (1805, 2), S. 3–17.

Ueber die Förderung der Gewerbe im Großherzogthum Baden, in: Badisches Volksblatt, 20.05.1834.

Utz, Arthur F.: Der Begriff des Eigentumsrechts in der katholischen Soziallehre und seine Beziehung zur Wirtschaftsordnung, in: Utz, Arthur F. (Hg.): Die katholische Soziallehre und die Wirtschaftsordnung, Trier 1991, S. 109–162.

Utz, Arthur F. (Hg.): Die katholische Soziallehre und die Wirtschaftsordnung, Trier 1991.

Verhandlungen der Ersten Kammer der Ständeversammlung des Großherzogthums Baden 1819. Erstes Heft, von ihr selbst amtlich herausgegeben, Karlsruhe 1819.

Verhandlungen der Ersten Kammer der Ständeversammlung des Großherzogthums Baden 1819. Zweytes Heft, von ihr selbst amtlich herausgegeben, Karlsruhe 1819.

Verhandlungen der Ersten Kammer der Ständeversammlung des Großherzogthums Baden 1820. Erste Abtheilung: Zweytes Heft, von ihr selbst amtlich herausgegeben, Karlsruhe 1820.

Verhandlungen der Ersten Kammer der Ständeversammlung des Großherzogthums Baden 1820. Zweyte Abtheilung: Fünftes Heft, von ihr selbst amtlich herausgegeben, Karlsruhe 1820.

Verhandlungen der Ersten Kammer der Ständeversammlung des Großherzogthums Baden 1820. Zweyte Abtheilung: Sechstes Heft, von ihr selbst amtlich herausgegeben, Karlsruhe 1820.

Verhandlungen der Ersten Kammer der Ständeversammlung des Großherzogthums Baden 1822. Erster Band: Zweytes Heft, von ihr selbst amtlich herausgegeben, Karlsruhe 1822.

Verhandlungen der Ersten Kammer der Ständeversammlung des Großherzogthums Baden 1822. Zweyter Band: Zweytes Heft, von ihr selbst amtlich herausgegeben, Karlsruhe 1822.

Verhandlungen der Ersten Kammer der Ständeversammlung des Großherzogthums Baden 1822. Zweyter Band: Beylagen, von ihr selbst amtlich herausgegeben, Karlsruhe 1822.

Verhandlungen der Ersten Kammer der Ständeversammlung des Großherzogthums Baden 1822. Dritter Band: Erstes Heft, von ihr selbst amtlich herausgegeben, Karlsruhe 1822.

Verhandlungen der Ersten Kammer der Ständeversammlung des Großherzogthums Baden 1822. Dritter Band: Zweytes Heft, von ihr selbst amtlich herausgegeben, Karlsruhe 1822.

Verhandlungen der Ersten Kammer der Ständeversammlung des Großherzogthums Baden 1822/23. Vierter Band: Erstes Heft, von ihr selbst amtlich herausgegeben, Karlsruhe 1822/23.

Verhandlungen der Ersten Kammer der Ständeversammlung des Großherzogthums Baden 1822/23. Vierter Band: Zweytes Heft, von ihr selbst amtlich herausgegeben, Karlsruhe 1822/23.

Verhandlungen der Ersten Kammer der Ständeversammlung des Großherzogthums Baden 1831. Erster Band, von ihr selbst amtlich herausgegeben, Karlsruhe u. a. 1831.

Verhandlungen der fünfzehnten Generalversammlung der katholischen Vereine Deutschlands zu Frankfurt am Main am 21., 22., 23. und 24. September 1863. Amtlicher Bericht, Frankfurt a. M. 1863.

Verhandlungen der Ständeversammlung des Großherzogthums Baden im Jahr 1837. Enthaltend die Protokolle der Zweiten Kammer mit deren Beilagen. Drittes Beilagenheft, von ihr selbst amtlich herausgegeben, Karlsruhe 1837.

Verhandlungen der Versammlung katholischer Gelehrten in München vom 28. September bis 1. Oktober 1863, Regensburg 1863.

Verhülsdonk, Andreas: Religion und Gesellschaft. Félicité Lamennais (Europäische Hochschulschriften, Reihe 13: Französische Literatur und Sprache, 164), Frankfurt a. M. u. a. 1991.

Viaene, Vincent: Belgium and the Holy See from Gregory XVI to Pius IX (1831–1859). Catholic Revival, Society and Politcs in 19th Century Europe (KADOC-Studies, 26), Leuven 2001.

Viaene, Vincent: Katholisches Reveil und ultramontane Pietät in Belgien (1815–1860), in: Fleckenstein, Gisela; Schmiedl, Joachim (Hgg.): Ultramontanismus. Tendenzen der Forschung (Einblicke: Ergebnisse – Berichte – Reflexionen aus Tagungen der Katholischen Akademie Schwerte, 8), Paderborn 2005, S. 111–134.

Viaene, Vincent: „La liberté comme en Belgique". The semantic stakes of „separation" between church and state in Belgium, in: Hölscher, Lucian (Hg.): Baupläne der sichtbaren Kirche. Sprachliche Konzepte religiöser Vergemeinschaftung in Europa (Bausteine zu einer europäischen Religionsgeschichte im Zeitalter der Säkularisierung, 10), Göttingen 2007, S. 117–135.

Viaene, Vincent: The Roman Question. Catholic Mobilisation and Papal Diplomacy during the Pontificate of Pius IX (1846–1878), in: Lamberts, Emiel (Hg.): The Black International – L'Internationale noire 1870–1878. The Holy See and Militant Catholicism in Europe – Le Saint-Siège et le Catholicisme militant en Europe (KADOC-Studies, 29), Leuven 2002, S. 135–178.

Viner, Jacob: Essays on the Intellectual History of Economics, Princeton 1991.

Vollmar, Paul: Die liturgischen Anschauungen des Ignaz Heinrich von Wessenberg (1774–1860), Zürich 1971.

Von dem Ansehen der Geistlichen in unsern Tagen, in: Freimüthige Blätter über Theologie und Kirchenthum, II/1 (1831), S. 47–57.

Vos, Louis: Konjunkturen des belgischen Patriotismus im 19. und 20. Jahrhundert, in: Koll, Johannes (Hg.): Nationale Bewegungen in Belgien. Ein historischer Überblick (Niederlande-Studien, 37), Münster 2009, S. 41–72.

Voss, Lex Heerma van u. a. (Hg.): Between Cross and Class. Comparative Histories of Christian Labour in Europe 1840–2000, Bern u. a. 2005.

Wachter, Karl: Gespräch zwischen einem Pfarrer und einem Bauern, in: Archiv für die Pastoralkonferenzen in den Landkapiteln des Bisthums Konstanz (1806, 1), S. 459–481.

Wachter, Karl: Von den Volkslustbarkeiten im moralischen Gesichtspunkt, in: Archiv für die Pastoralkonferenzen in den Landkapiteln des Bisthums Konstanz (1804, 2), S. 182–197.

Wallacher, Johannes: Die bleibende Bedeutung der politischen Ökonomie von Adam Smith, in: Hochgeschwender, Michael; Löffler, Bernhard (Hgg.): Religion, Moral und liberaler Markt. Politische Ökonomie und Ethikdebatten vom 18. Jahrhundert bis zur Gegenwart, Bielefeld 2011, S. 89–105.

Wäre der Beitritt Badens zum Preussischen Zollverein wünschenswerth? Von einem Badner, Konstanz 1834.

Wäre der Beitritt Badens zum Preussischen Zollverein wünschenswerth? Von einem Badner, zweite, verbesserte und sehr vermehrte Ausgabe, Konstanz 1834.

Wassilowsky, Günther: Die Geburt der säkularen Papstidee. Politische Ekklesiologie bei Joseph de Maistre, in: Decot, Rolf (Hg.): Kontinuität und Innovation um 1803. Säkularisation als Transformationsprozeß: Kirche, Theologie, Kultur, Staat (Veröffentlichungen des Instituts für Europäische Geschichte Mainz, Abteilung für Abendländische Religionsgeschichte, 65), Mainz 2005, S. 55–68.

Waterman, Anthony M. C.: Revolution, Economics and Religion. Christian Political Economy, 1798–1833, Cambridge 1991.

Waterman, Anthony M. C.: Theology and the Rise of Political Economy in Britain in the Eighteenth and Nineteenth Centuries, in: Oslington, Paul (Hg.): The Oxford Handbook of Christianity and Economics, Oxford 2014, S. 94–112.

Weber, Max: Die protestantische Ethik und der „Geist" des Kapitalismus. Textausgabe auf der Grundlage der ersten Fassung von 1904/05, hg. v. Klaus Lichtblau u. Johannes Weiß, 3. Aufl., Weinheim 2000.

Weber, Wilhelm: Wirtschaftsethik am Vorabend des Liberalismus. Höhepunkt und Abschluß der scholastischen Wirtschaftsbetrachtung durch Ludwig Molina S. J. (1535–1600) (Schriften des Institus für Christliche Sozialwissenschaften der Westfälischen Wilhelms-Universität Münster, 7), Münster 1959.

Weiß, Norman: Aspekte der Grotius-Rezeption am Beispiel von „Mare Liberum", in: Weiß, Norman (Hg.): Hugo Grotius: Mare Liberum. Zur Aktualität eines Klassikertextes (Potsdamer Studien zu Staat, Recht und Politik, 2), Potsdam 2009, S. 17–24.

Weiß, Norman (Hg.): Hugo Grotius: Mare Liberum. Zur Aktualität eines Klassikertextes (Potsdamer Studien zu Staat, Recht und Politik, 2), Potsdam 2009.

Weiß, Otto: Aufklärung – Modernismus – Postmoderne. Das Ringen der Theologie um eine zeitgemäße Glaubensverantwortung, Regensburg 2017.

Weitlauff, Manfred (Hg.): Kirche im 19. Jahrhundert, Regensburg 1998.

Weitlauff, Manfred: Zwischen Katholischer Aufklärung und kirchlicher Restauration. Ignaz Heinrich von Wessenberg (1774–1860), der letzte Generalvikar und Verweser des Bistums Konstanz, in: Rottenburger Jahrbuch für Kirchengeschichte, 8 (1989), S. 111–132.

Wessenberg, Ignaz Heinrich von: Ansichten über Volksaufklärung, in: Archiv für die Pastoral-konferenzen in den Landkapiteln des Bisthums Konstanz (1814, 1), S. 241–268.

Wessenberg, Ignaz Heinrich von: Betrachtungen über die wichtigsten Gegenstände im Bildungsgange der Menschheit, Aarau 1836.

Wessenberg, Ignaz Heinrich von: Blicke auf Schulwesen und Literatur, in: Archiv für die Pastoralkonferenzen in den Landkapiteln des Bisthums Konstanz (1807, 2), S. 249–300.

Wessenberg, Ignaz Heinrich von: Die badische Finanzgesetzgebung, in: Der Zeitgeist. Ein Volksblatt, 17 (08.08.1833), S. 65f.

Wessenberg, Ignaz Heinrich von: Die Elementarbildung des Volkes in ihrer fortschreitenden Ausdehnung und Entwickelung, neue, ganz umgearbeitete und doppelt vermehrte Auflage, Konstanz 1835.

Wessenberg, Ignaz Heinrich von: Die Elementarbildung des Volks im 18. Jahrhundert, Zürich 1814.

Wessenberg, Ignaz Heinrich von: Die Spielbank. Ein tragisches Schauspiel, Konstanz 1845.

Wessenberg, Ignaz Heinrich von: Gott und die Welt oder das Verhältniß aller Dinge zu einander und zu Gott, Bd. 1, Heidelberg 1857.

Wessenberg, Ignaz Heinrich von: Gott und die Welt oder das Verhältniß aller Dinge zu einander und zu Gott, Bd. 2, Heidelberg 1857.

Wessenberg, Ignaz Heinrich von: Konferenz-Nachricht, in: Archiv für die Pastoralkonferenzen in den Landkapiteln des Bisthums Konstanz (1805, 2), S. 239–249.

Wessenberg, Ignaz Heinrich von: Ueber die Bildung der Gewerbetreibenden Volksklassen überhaupt und im Großherzogtum Baden insbesondere. Nebst einem Anhange v. J. W. Straßer, Konstanz 1833.

Wessenberg, Johann von: Betrachtungen über einzelne Gegenstände der Staatswirthschaft, Freiburg 1856.

Wolf, Hubert: Art. Antimodernismus (Religion in Geschichte und Gegenwart 4 Online, 1998–2007), DOI: http://dx.doi.org/10.1163/2405-8262_rgg4_SIM_00806 (abgerufen am 05.05.2021).

Wolf, Hubert: Der „Syllabus Errorum" (1864). Oder: Sind katholische Kirche und Moderne unvereinbar?, in: Weitlauff, Manfred (Hg.): Kirche im 19. Jahrhundert, Regensburg 1998, S. 115–139.

Wolf, Hubert: Der Unfehlbare. Pius IX. und die Erfindung des Katholizismus im 19. Jahrhundert. Biographie, München 2020.

Wolf, Hubert: Verdammtes Licht. Der Katholizismus und die Aufklärung, München 2019.

Wünsche des Badischen Volkes an Seine Königliche Hoheit den Durchlauchtigsten Großherzog von Baden von einem treuergebenen Badischen Staatsbürger, Zürich 1830.

Ziegler, Bernhard: Geschichte des ökonomischen Denkens. Paradigmenwechsel in der Volkswirtschaftslehre, 2., überarb. Aufl., München 2008.

Ziegler, Dieter: Das Zeitalter der Industrialisierung (1815–1914), in: North, Michael (Hg.): Deutsche Wirtschaftsgeschichte. Ein Jahrtausend im Überblick, München 2005, S. 197–286.

Zöllner, Erich: Bemerkungen zum Problem der Beziehungen zwischen Aufklärung und Josephinismus, in: Reinalter, Helmut (Hg.): Der Josephinismus. Bedeutung, Einflüsse und Wirkungen (Schriftenreihe der Internationalen Forschungsstelle „Demokratische Bewegungen in Mitteleuropa 1770–1850", 9), Frankfurt a. M. u. a. 1993, S. 22–28.

Zschaler, Frank E.: Georg Ratzinger als Wirtschaftswissenschaftler, in: Kirchinger, Johann; Schütz, Ernst (Hgg.): Georg Ratzinger (1844–1899). Ein Leben zwischen Politik, Geschichte und Seelsorge, Regensburg 2008, S. 291–300.